AF859733

LES CONVENTIONS TRANSNATIONALES ENTRE PERSONNES PUBLIQUES

PRÉFACE

Les conventions transnationales entre personnes publiques constituent un phénomène dont l'importance, déjà grande, est sans cesse croissante, mais qui a été relativement peu exploré parce que les tribunaux étatiques n'ont guère eu l'occasion d'en connaître. La notion englobe toutes les conventions conclues entre des personnes publiques (États, collectivités locales, établissements publics, etc.) relevant de pays différents, et qui ne sont pas des traités.

Historiquement, de telles conventions ont été conclues à l'origine entre collectivités locales. D'abord limités aux accords de jumelage, apparus au lendemain de la deuxième guerre mondiale, ils ont diversifié et intensifié leurs objectifs dans le cadre de ce que l'on appelle la coopération transfrontalière : des collectivités locales situées de part et d'autre d'une frontière coopèrent ainsi pour régler des problèmes d'intérêt commun, concernant par exemple l'environnement, l'équipement ou l'urbanisme. Plus récemment s'est développée une coopération transfrontière, n'impliquant pas une proximité géographique ; elle s'établit, là encore, entre collectivités territoriales, mais aussi entre établissements publics nationaux ; les accords entre universités, ou entre instituts de recherche, relevant de pays différents en constituent des exemples.

Le régime juridique de ces accords est passablement mystérieux. Peu de textes leur sont consacrés. On les rencontre surtout dans le domaine de la coopération transfrontalière, où le Conseil de l'Europe a élaboré une Convention de Madrid, ouverte à la signature le 21 mai 1980 et ratifiée par une vingtaine d'États dont la France, puis un Protocole additionnel. Mais ces textes eux-mêmes ont un contenu extrêmement limité. D'où l'importance de cerner la nature des accords transnationaux : l'on pourra en déduire leur rattachement à un ordre juridique, et, à l'intérieur de celui-ci, à une catégorie d'actes pourvue d'un régime déterminé.

M. Mathias Audit s'est affronté à cette tâche, dans laquelle il n'avait eu, pratiquement, aucun devancier. Elle exige, en effet, des compétences multiples, rarement réunies chez une seule personne. Celle de l'internationaliste de droit public, d'abord : un contrat entre États pourrait bien, à première vue, relever du droit international, et il n'est pas exclu non plus qu'au moins une partie des accords conclus entre personnes publiques infra-étatiques y soit soumise ; cette thèse a d'ailleurs été défendue. Dans la mesure où le droit international serait, partiellement ou totalement, exclu, une pluralité d'ordres juridiques étatiques entre en jeu, et c'est alors l'internationaliste de droit privé qui paraît le mieux armé pour identifier celui dont les règles seront appliquées. De même pourra-t-il exprimer une opinion sur l'adaptation des règles matérielles ou procédurales que le caractère transnational de l'accord pourrait appeler. Mais, tant sur le terrain conflictuel que sur le terrain matériel ou procédural, le classement de l'accord dans le droit privé ou dans le droit public exerce nécessairement une influence, et pour y procéder une bonne connaissance du droit administratif est nécessaire.

Il fallait donc une certaine audace à un jeune auteur, privatiste internationaliste de formation, pour choisir de consacrer à un tel sujet sa thèse de doctorat. De l'avis unanime de son jury, M. Audit a réussi à acquérir la culture étendue qui lui permettait de le maîtriser, et de proposer des solutions à la fois théoriquement fondées et pratiquement utilisables.

La nature du sujet appelait également qu'une attention particulière soit apportée à l'agencement de la démonstration. M. Audit a opté pour une construction « à la française », faite d'oppositions binaires génératrices de divisions et subdivisions symétriques. L'ensemble est d'une rare élégance ; mais ce souci esthétique devait se concilier avec les exigences du sujet traité, qui appelait l'élucidation successive de questions logiquement enchaînées. M. Audit est parvenu à respecter cette logique dans le cadre formel qu'il s'est imposé. Derrière une façade statique se dissimule une démonstration dynamique. Les deux parties paraissent répartir harmonieusement les matières entre « le champ du droit international public » et « le champ du droit interne » : tels sont leurs intitulés. Mais cette symétrie est utilisée pour ordonner la progression d'un raisonnement qui suit une ligne continue. Dans le premier titre de la première partie, l'auteur démontre que tous les accords entre États, même lorsqu'ils sont dénommés contrats entre États ou arrangements administratifs, sont en réalité soumis au droit international public, et doivent être qualifiés de traités. Dès lors, ne présentant pas de spécificité notable par rapport aux autres traités, ils sont délaissés et l'attention se concentre, dans le titre II et dans toute la seconde partie, sur les accords infra-étatiques. Le titre II de la première partie répond par la négative à la question de leur inclusion dans le champ du droit international public. Ils se situent donc nécessairement dans le champ du droit interne, mais cette conclusion, atteinte dès la fin de la première partie, soulève plusieurs questions que la seconde partie doit résoudre : les accords infra-étatiques relèvent-ils du droit public interne ou du droit privé ? Donnent-ils naissance à des conflits de lois ? Quelles sont les juridictions compétentes, quelle est la loi applicable ? L'arbitrage peut-il être utilisé et si oui, quelles particularités son régime présente-t-il ? Là encore, à l'abri d'une symétrie entre « droit public » (premier titre de la seconde partie) et « droit international privé » (second titre de la seconde partie) le raisonnement se déroule et résout méthodiquement les questions dans l'ordre logique où elles apparaissent. Il faut d'abord qualifier les accords transnationaux ; pour M. Audit, ce sont des contrats de droit public. Dès lors on doit se demander s'ils relèvent de la méthode du conflit de lois ; oui, répond l'auteur, malgré le dogme selon lequel la juridiction administrative applique toujours sa propre loi, car l'État peut abandonner l'exclusivité de la compétence de ses propres lois. De même il peut abandonner l'exclusivité de la compétence de ses tribunaux. Tout cela appelle l'élaboration de règles de compétence internationale directe, de règles de reconnaissance des jugements étrangers et de règles de conflit de lois, pour lesquelles M. Audit propose des solutions, énoncées dans l'avant dernier chapitre de l'ouvrage, et qu'on laissera au lecteur le soin de découvrir. Mais il craint lui-même que leur adoption ne relève d'une « révolution culturelle » qu'il est peut-être utopique d'envisager. C'est pourquoi l'arbitrage (dernier chapitre), qui nécessite une réforme moins ambitieuse, et qui est prévu dans la plupart des accords infra-étatiques, devait être étudié.

Une telle démonstration ne pouvait être menée à bien que par un esprit d'une logique rigoureuse, capable d'atteindre un niveau élevé d'abstraction. Si les accords infra-étatiques sont essentiellement des constructions de la pratique, dont de nombreux exemples sont d'ailleurs cités et analysés dans l'ouvrage, ils suscitent des interrogations théoriques majeures sur leur nature même, irréductible à tout autre, sur l'identification des ordres juridiques, sur la distinction du droit public et du droit privé, sur le rôle du droit international privé à l'égard des règles du droit administratif, etc. M. Audit a beaucoup lu Ago, Anzilotti, Kelsen. Leur pensée l'inspire, même s'il se sépare le plus souvent de leurs conclusions, suivant sa propre voie avec une totale indépendance d'esprit.

Sa démonstration de l'inexistence d'une catégorie « contrats entre États » (par opposition à « traités ») est à cet égard exemplaire. L'auteur part de l'idée fondamentale, dont il est redevable à Anzilotti, que par le même vocable « État » les juristes désignent deux sujets différents, l'État dans l'ordre interne et l'État sujet du droit international. Un accord entre États n'est un traité, selon la définition même de celui-ci, que s'il est conclu par deux États en leur qualité de sujets du droit international. Or il est concevable, à première vue, qu'ils l'aient conclu en leur qualité de sujets du droit interne ; Anzilotti l'admettait d'ailleurs. Mais aucun critère n'est susceptible d'identifier les cas dans lesquels il en serait ainsi. D'une part, des traités peuvent intervenir en toute matière : le droit international est matériellement illimité. D'autre part l'applicabilité du droit international ne saurait être écartée par un acte de volonté, car un ordre juridique ne mérite son nom que s'il peut imposer ses prescriptions à ses sujets, même à l'encontre de leur volonté. Tout accord entre États est donc régi par le droit international. Le choix d'un droit étatique pour régir l'accord entre deux États n'est pas pour autant exclu, si le droit international l'admet, mais il ne réalise que l'incorporation des règles du droit choisi dans l'accord, qui ne cesse pas pour autant d'être un traité.

Cet échantillon du type de démonstration qu'affectionne M. Audit mettra, on l'espère, le lecteur en appétit. On peut ne pas suivre l'auteur dans toutes ses conclusions. Mais on ne peut lui dénier le mérite d'aller jusqu'au bout de l'analyse.

C'est, en définitive, une œuvre forte que M. Mathias Audit nous donne à lire. Il a su élaborer une véritable théorie des conventions transnationales entre personnes publiques, qui n'existait pas avant lui, et sa réflexion lui a permis, dépassant son sujet, d'approfondir la compréhension des relations entre ordres juridiques. On est en droit d'attendre de la carrière universitaire de M. Audit les plus brillants accomplissements.

Pierre MAYER

TABLE DES ABRÉVIATIONS

A.C.D.I.	Annuaire de la Commission du droit international
A.F.D.I.	Annuaire français de droit international
A.I.D.I.	Annuaire de l'Institut de droit international
A.J.D.A.	Actualité juridique, Droit administratif
A.J.I.L.	American Journal of International Law
Amer. journ. comp. law	American Journal of Comparative Law
Ann. can. D.I.	Annuaire canadien de droit international
Ann. coll. loc.	Annuaire des collectivités locales
Ann. int. just. const.	Annuaire international de justice constitutionnelle
Ann. La Haye D.I.	Annuaire de La Haye de droit international
Ann. suisse D.I.	Annuaire suisse de droit international
A.P.D.	Archives de philosophie du droit
Australian yearb. int. law	Australian Yearbook of International Law
B.Y.I.L.	British Yearbook of International Law
C.J.E.G.	Cahiers juridiques électricité-gaz
D.	Recueil Dalloz
D.P.C.I.	Droit et pratiques du commerce international
E.D.C.E.	Études et documents du Conseil d'État
Enc. pub. int. law	Encyclopedia of Public International Law
G.A.D.I.P.	Grands arrêts de la jurisprudence française de droit international privé
G.A.J.A.	Grands arrêts de la jurisprudence de droit administratif
I.C.L.Q.	International and Comparative Law Quarterly
Int. enc. comp. law	International Encyclopedia of Comparative Law
I.Y.I.L.	Italian Yearbook of International Law
J.-Cl.	Juris-classeur
J.C.P.	Juris-classeur périodique (la semaine juridique)
J.C.P. éd. E	Juris-classeur périodique - édition entreprise
J.D.I.	Journal du droit international
L.J.I.L.	Leyden journal of international Law
L.P.A.	Les petites affiches
Mc Gill law journal	University of Mac Gill Law Journal
N.E.D.	Notes et études documentaires
Netherlands yearb. int. law	Netherlands Yearbook of International Law

ÖZöRV	Osterreichische Zeitschrift für öffentliches Recht und Völkerrecht
Pol. yearb. int. law	Polish Yearbook of International Law
R.B.D.I.	Revue belge de droit international
R.C.A.D.I.	Recueil des cours de l'Académie de droit international
R.D.P.	Revue du droit public
Rec.	Recueil
Rép. Dalloz	Répertoire Dalloz
Rev. adm.	Revue administrative
Rev. arb.	Revue de l'arbitrage
Rev. crit.	Revue critique de droit international privé
Rev. dr. aff. int.	Revue de droit des affaires internationales
Rev. fr. fin. pub.	Revue française de finances publiques
Rev. hellénique D.I.	Revue hellénique de droit international
Rev. int. de droit économique	Revue internationale de droit économique
Rev. jur. Centre-Ouest	Revue juridique du Centre-Ouest
Rev. Jur. Thémis	Revue juridique Thémis
Rev. suisse dr. int. dr. eur.	Revue suisse de droit international et de droit européen
R.F.D.A.	Revue française de droit administratif
R.G.D.I.P.	Revue générale de droit international public
R.I.D.C.	Revue internationale de droit comparé
Riv. D.I.	Rivista di diritto internazionale
Riv. dir. int. civ. e proc.	Rivista di diritto internazionale privato e processuale
R.Q.D.I.	Revue québécoise de droit international
R.R.J.	Revue de la recherche juridique
R.T.D. civ.	Revue trimestrielle de droit civil
R.T.D. eur.	Revue trimestrielle de droit européen
S.F.D.I.	Société française pour le droit international
somm.	Sommaire
T.C.F.D.I.P.	Travaux du Comité français de droit international privé
ZaöRV	Zeitschrift für ausländisches öffentliches Recht und Völkerrecht

PLAN SOMMAIRE

INTRODUCTION

1. La multiplication de liens conventionnels entre personnes publiques est un phénomène récent. En droit interne, il s'explique, au moins en partie, par la décentralisation technique et territoriale, ainsi que par l'essor de la pratique du partenariat entre administrations[1]. La doctrine de droit administratif a dû procéder à l'analyse juridique des accords ainsi conclus[2].

Mais le même mouvement s'observe dans les relations internationales. Des conventions sensiblement identiques à celles que concluent, entre elles, les personnes publiques françaises sont passées entre ces dernières et des personnes publiques étrangères[3].

---

[1] E. FATÔME, M.-J. REDOR, "Le juge administratif et le partenariat" *in Le Juge administratif à l'aube du XXIe siècle*, G. GARDAVAUD, H. OBERDORF, dir., Presses universitaires de Grenoble, 1995, p. 93 et s. ; V. HÉMERY, "Le partenariat, une notion juridique en formation ?", *R.F.D.A.*, 1998, p. 347-357 ; P. BERNARD, "Les affaires mixtes ou l'œuvre commune", *A.J.D.A.*, 1990, p. 131-138.

[2] Plusieurs recherches universitaires ont été consacrées à cette question : J.-D. DREYFUS, *Contribution à une théorie générale des contrats entre personnes publiques*, Paris : L'Harmattan, 1997 ; F. ROLLIN, *Accord de volontés et contrat dans les relations entre personnes publiques*, th. multigr., Paris II, 1997 ; M.-H. BERNARD-DOUCHEZ, *Recherches sur la coopération entre personnes publiques*, th. multigr., Toulouse, 1978 ; C. GALIAY, *Les Contrats entre personnes publiques*, th. multigr., Toulouse, 1979 ; M.-P. STEINMETZ, *Les Conventions entre personnes publiques territoriales dans le cadre de la décentralisation*, th. multigr., Metz, 1989. Il existe également des contributions plus ponctuelles : J.-D. DREYFUS, "Actualité des contrats entre personnes publiques", *A.J.D.A.*, 2000, p. 575-580 ; J.-M. PEYRICAL, "Les contrats de prestation entre collectivités publiques", *id.*, p. 581-591 ; C. EMERY, "Intercommunalité et contrats entre personnes publiques", *id.*, p. 592-596 ; N. POULET-GIBOT LECLERC, "La contractualisation des relations entre personnes publiques", *R.F.D.A.*, 1999, p. 551-565 ; B. STIRN, "Le juge administratif et les contrats entre collectivités publiques", *A.J.D.A.*, 1990, p. 139-141 ; E. FATÔME, J. MOREAU, "Les relations contractuelles entre collectivités publiques. L'analyse juridique dans le contexte de la décentralisation", *id.*, p. 142-147 ; F. MODERNE, "L'évolution récente du droit des contrats administratifs : les conventions entre personnes publiques", *R.F.D.A.*, 1984, p. 1-20 ; J.-C. DOUENCE, "Les conventions entre personnes publiques" *in Mélanges Stassinopoulos*, Paris : LGDJ, 1974, p. 113-134.

[3] L'étude du droit comparé démontre l'existence dans tous les systèmes juridiques de la notion de personne publique : V. SIMONART, *La Personnalité morale en droit comparé*, Bruxelles : Bruylant, 1995, n° 78, p. 68 avec les réf. citées ; J. ZILLER, *Administrations comparées, Les Systèmes politico-administratifs de l'Europe des douze*, Paris : Montchrestien, 1993 ; J. CRETELLA JUNIOR, *Droit administratif comparé*, Sao Paulo : J. Bushatsky, 1973 ; H. PUGET, *Les Institutions administratives étrangères*, Paris : Dalloz, 1969. Pour le droit français, voy. not. : J.-B. AUBY, *La notion de personne publique en droit administratif*, th. multigr., Bordeaux, 1979 ; L. CONSTANS, *Le dualisme de la notion de personne morale administrative en droit français*, Paris : LGDJ, 1966 ; F. LINDITCH, *Recherche sur la personnalité morale en droit administratif*, Paris : LGDJ, 1997.

2. Ce phénomène est tout d'abord susceptible de concerner l'État lui-même. D'aucuns estiment en effet qu'existent, au côté des traités entre États souverains, des conventions entre plusieurs États, pris comme personnes morales de droit public[1]. De tels accords se reconnaîtraient, en particulier, par l'insertion d'une clause de soumission à un droit étatique et par leur objet, identique à celui de certaines conventions entre sujets de droit interne. C'est ainsi qu'un emprunt interétatique ou même une vente de matériel militaire seraient susceptibles de revêtir la forme d'une convention entre personnes publiques de l'État.

3. L'existence de conventions entre collectivités territoriales d'origine nationale différente est moins controversée. Les traditionnels jumelages sont là pour en attester. Ces derniers ont commencé à se développer au sortir de la seconde guerre mondiale, bien qu'ils soient directement issus du concept d'inter-municipalité débattu dès l'entre-deux-guerres, en particulier au sein de la Société des Nations[2]. L'idée cardinale de l'inter-municipalité était que les relations entre villes ou communes peuvent constituer le vecteur d'un renforcement de l'amitié entre les peuples. Telle est encore aujourd'hui la philosophie du jumelage.

Mais au côté du jumelage, sont nées au début des années 1970 de nouvelles formes de coopération entre collectivités territoriales dont la valeur n'est plus simplement symbolique. Ce phénomène est connu sous la dénomination de *coopération transfrontalière*. Il recouvre un mouvement conventionnel entre communes puis, par la suite, entre régions frontalières. À la différence du jumelage, les conventions conclues dans ce cadre ont souvent un véritable contenu prescriptif pour les parties. Cette caractéristique a permis aux collectivités concernées de mettre conventionnellement en place des projets ambitieux, comme la gestion commune de nappes phréatiques ou de rivières frontalières face aux problèmes liés à la pollution. On assiste également à la création de parcs naturels transfrontaliers.

4. Comme le montrent ces exemples, les premiers accords transfrontaliers portaient principalement sur des questions relatives à la protection de l'environnement. Mais, par la suite, les domaines de coopération se sont diversifiés[3]. On peut ainsi mentionner l'existence d'accords ayant pour objet des programmes d'assistance mutuelle en cas de catastrophe naturelle, la mise en place d'une planification territoriale commune, l'organisation conjointe de festivals ou d'autres manifestations culturelles[4]. Les méthodes utilisées ont également suivi une évolution, certaines conventions constituant de véritables délégations transfrontalières de service public. Il arrive, de cette manière, qu'une ville française

---

1 En ce sens : S. LEMAIRE, *Les Contrats entre personnes publiques internes en droit international privé*, th. multigr., Paris I, 1999, spéc. tome I, p. 102-122.

2 U. BORSI, "Municipalisme et internationalisme" *in Mélanges Hauriou*, p. 81-93, cité par Y. CLAISSE, *Le Droit de la coopération décentralisée*, Paris : LGDJ, 1994, note 31, p. 15.

3 Voy. les ex. proposés par C. RICQ, *Manuel de coopération transfrontalière à l'usage des collectivités locales et régionales en Europe*, Strasbourg : Conseil de l'Europe, 2ème éd., 1995, p. 25 et s.

4 Sur ce dernier thème, voy. not. : *Guide juridique de la coopération culturelle transfrontalière*, Min. de la Culture/DRAC d'Alsace, Presses Universitaires de Strasbourg, 1995 ; *Pratique des échanges culturels internationaux : les collectivités territoriales*, P. ALLIÈS, E. NÉGRIER, F. ROCHE, dir., Association Française d'Action Artistique, Paris : Ministère des Affaires étrangères, 1994.

confie le traitement de ses ordures ménagères à un syndicat intercommunal suisse ou allemand.

5. De proche en proche, certaines zones frontalières européennes sont devenues des espaces homogènes. Dépassant le cadre national, les collectivités frontalières y cultivent une coopération à tous les niveaux. Une multitude d'accords transfrontaliers a été conclue pour régler les problèmes d'intérêt commun en matière de services publics, de développement économique, d'environnement, d'équipement ou d'urbanisme, pour ne citer que quelques domaines. En outre, la construction européenne a eu une incidence non négligeable sur le développement de la coopération transfrontalière[1]. Le processus d'intégration européenne a progressivement transformé "*ces zones jusqu'alors périphériques dans le cadre de l'État nation, en zones carrefours dans la nouvelle Europe en cours de construction*"[2]. Il existe désormais, à certaines de nos frontières, de véritables pôles économiques transfrontaliers reposant sur tout un écheveau d'accords entre les collectivités concernées[3]. Une nouvelle appellation est d'ailleurs évoquée à leur propos, celle d'eurorégion.

6. Au début des années 1980, une *coopération transfrontière* s'est développée parallèlement à la coopération transfrontalière. Elle met en présence des collectivités qui ne sont pas limitrophes et qui, parfois, sont même géographiquement très éloignées l'une de l'autre. Ainsi, nombreuses sont les collectivités françaises qui soutiennent des projets de développement économique dans les collectivités de l'hémisphère Sud ou d'Europe de l'Est[4]. Tandis que la coopération transfrontalière avait pour principal objectif la réglementation de problèmes d'intérêt commun, la coopération transfrontière a fait place à des actions plus désintéressées. Il n'est pas rare aujourd'hui qu'une collectivité française finance le forage de puits au Sahel ou participe à l'encadrement du personnel d'une municipalité andine. Certaines villes françaises, par exemple, font bénéficier de grandes métropoles du tiers-monde de

---

[1] P. MOREAU, J.-P. TENOUX, "L'Union européenne cherche à doper la coopération transfrontalière", *Les Échos*, 13 février 1996, p. 19 ; F. GROSRICHARD, "Le Comité des régions d'Europe défend la coopération transfrontalière", *Le Monde*, 15 janvier 1997. *Adde*, P. ETCHELEKU, "La coopération Aquitaine-Navarre-Euskadi en vitesse de croisière", *Les Échos*, 13 février 1996, p. 19.

[2] M. ROUSSET, *L'Action internationale des collectivités locales*, Paris : LGDJ, 1998, p. 10. Ainsi, dans le préambule d'une convention-cadre entre le Conseil général des Alpes Maritimes et le Conseil provincial de Cuneo adoptée en 1986 pour la partie française et en 1988 pour la collectivité italienne, peut-on lire la très significative phrase suivante : "*Considérant que les hasards de l'histoire les ont séparées par une frontière qui les a repoussées à la périphérie de leurs territoires nationaux respectifs, faisant ainsi dépendre leur développement de capitales lointaines (...)*" : *transfront* (88) 7, p. 2.

[3] G. WACKERMANN, "Belfort, Colmar, Mulhouse, Bâle, Fribourg-en-Brisgau : un espace économique transfrontalier", *N.E.D.*, n° 4824, Paris : La Documentation française, 1986 ; J. MENANTEAU, "La première agglomération transfrontalière se bâtit autour de Longwy", *Le Monde*, 3 avril 1997, p. 11 ; M. SCOTTO, "L'aménagement du territoire à l'heure européenne. L'Alsace veut une coopération transfrontalière sans entraves", *Le Monde*, 31 mars 1995 ; du même auteur, "Le premier train régional transfrontalier est né entre Bâle et Mulhouse", *Le Monde*, 3 juin 1997, p. 20.

[4] F. GROSRICHARD, "La coopération Nord-Sud entre les villes s'accentue", *Le Monde*, 3 juillet 1990, p. 19 ; G. MICHEL, "Coopération décentralisée : la consolidation", *Marchés Tropicaux*, 29 décembre 1995, p. 2899-2901 ; du même auteur, "La coopération décentralisée et l'Afrique", *id.*, 23 décembre 1994, p. 2715-27117 ; J.-B. NAUDET, "Des communes au secours de la Roumanie", *Le Monde*, 7-8 mars 1993, p. 22 ; J. PELLETIER, "Les espoirs de la coopération décentralisée", *Relations internationales et stratégiques*, n° 4, 1991 ; M. VALO, "Les collectivités locales développent leur coopération avec les pays pauvres", *Le Monde*, 4 avril 1997, p. 13.

leur expérience en matière d'urbanisme, de sécurité publique ou de transport public[1]. Cette coopération n'est d'ailleurs pas toujours sans arrière-pensée et peut avoir, dans certains cas, pour but d'ouvrir des marchés à des entreprises locales[2].

Mais la coopération transfrontière ne se situe pas uniquement dans le cadre de l'aide au développement. Il existe également des accords entre collectivités d'États industrialisés. Les régions, les départements ou les villes françaises sont parties à des conventions avec des États fédérés d'Amérique du Nord et du Canada ou encore avec des collectivités japonaises[3]. Ces accords abordent quantité de domaines comme la coopération économique, culturelle, touristique ou universitaire.

7. L'ensemble de cette action extérieure des collectivités territoriales, jumelage, coopération transfrontalière et transfrontière, est regroupé sous les termes de *coopération décentralisée*[4]. Cette appellation englobe d'ailleurs la coopération internationale entre personnes publiques rattachées à une collectivité territoriale. En France, ces entités sont les établissements publics locaux, créés par une collectivité territoriale, et les établissements publics territoriaux, créés par plusieurs de ces collectivités. À titre d'exemple, les chambres de commerce ou d'agriculture entretiennent des relations bilatérales[5]. Des relations conventionnelles peuvent naître entre centres hospitaliers[6], ou encore entre institutions culturelles telles que les musées ou les théâtres[7]. D'ailleurs, celles-ci s'organisent souvent sous le couvert d'un accord-cadre entre les collectivités territoriales dont dépendent ces organismes.

---

[1] G. FOMERAND, "Coopération internationale décentralisée et évaluation financière des projets de développement urbain dans l'espace francophone", *Rev. fr. fin. pub.*, 1991, p. 159-180.

[2] PETITEVILLE (F.), *La Coopération décentralisée, Les Collectivités locales dans la coopération Nord-Sud*, Paris : L'Harmattan, 1995, p. 149.

[3] Voy. les ex. de conventions proposés dans le recueil d'accords de MM. LUCHAIRE, DOLEZ, et VANTROYS : *Les Relations extérieures des Régions françaises*, Paris : La Documentation française, 1992.

[4] Ainsi, le Délégué pour l'action extérieure des collectivités locales estime que l'expression de "coopération décentralisée" recouvre désormais "*toutes les formes de l'action extérieure des collectivités locales et non plus seulement celles qui ont trait au développement des collectivités des pays du Sud : coopération transfrontalière, coopération inter-régionale, coopération avec les collectivités des pays de l'Est, des pays du Nord, coopération extérieure de nos départements et territoires d'outre-mer*" : H. PERROT, *Les Nouvelles étapes de la coopération décentralisée*, Rapport d'activité 1991-1992 du Délégué, Min. des Affaires étrangères, nov. 1992, p. 24. Une circulaire interministérielle définit, quant à elle, la coopération décentralisée comme "*la relation entre des collectivités territoriales françaises et des collectivités territoriales étrangères*" : circulaire n° INT/B/94/00147/B relative à la coopération des collectivités territoriales françaises avec des collectivités territoriales étrangères, repr. par H. PERROT, *Le Perfectionnement des instruments internes et externes de la coopération décentralisée à la française*, Rapport d'activité 1994-1995 du Délégué pour l'action extérieure des collectivités locales, sept. 1995, annexe VI-1 ; et également par I. BOINVILLIERS, *Coopération décentralisée, Acteurs, pratiques, procédures*, Paris : Ministère des Affaires étrangères/Les éditions du GRET, 1996, p. 297-306.

[5] I. BOINVILLIERS, *Coopération décentralisée, Acteurs, pratiques, procédures*, Paris : Ministère des Affaires étrangères/Les éditions du GRET, 1996, p. 168-173 ; J. BILLET, *Les Relations extérieures des régions et des collectivités locales en vue d'une amélioration des échanges économiques*, rapport présenté au Conseil économique et social, Paris : J.O., 1992, p. 32 et s.

[6] J. SOURDILLE, *Rapport sur la coopération scientifique et technologique avec les pays d'Europe centrale et orientale*, Assemblée nationale (n° 1481) et Sénat (n° 583), Paris : J.O., 1994, t. I, p. 122.

[7] *Pratique des échanges culturels internationaux...*, *op. cit.*, p. 53 et p. 55 ; F. PETITEVILLE, *op. cit.*, p. 74.

8. Enfin, et même si ce phénomène est moins étudié que la coopération décentralisée, les établissements publics nationaux concluent également des conventions avec leurs homologues étrangers. La recherche scientifique est à cet égard un domaine privilégié. Les instituts de recherche sont tous conventionnellement liés à certains de leurs homologues étrangers. Ces accords vont de la simple coopération ponctuelle à l'établissement d'un laboratoire commun. De même, peut-on affirmer sans risque de se tromper que toutes les universités françaises entretiennent des relations bilatérales avec des établissements étrangers d'enseignement supérieur[1].

9. Cet aperçu de la pratique conventionnelle montre qu'il existe là un phénomène d'une ampleur peut-être insoupçonnée par certains. Or, envisagé d'un point de vue juridique, celui-ci présente incontestablement une "étrange" spécificité. En effet, les accords qui viennent d'être décrits semblent tout à la fois s'apparenter à plusieurs catégories juridiques, sans se couler véritablement dans le moule d'aucune d'entre elles.

Ainsi, le fait qu'ils soient conclus entre des entités publiques d'origine nationale différente pourrait les rattacher au droit international public. Toutefois, le droit des gens ne régit que les relations entre États souverains. Or, il paraît pour le moins délicat de soutenir qu'une simple personne publique est investie du pouvoir d'engager l'État souverain. On est tenté alors de s'en remettre au droit interne, d'autant que, pour certains, les relations conventionnelles entre États souverains peuvent elles-mêmes être régies par le droit interne[2]. Si l'on admet l'existence de ces "contrats entre États souverains", la soumission à un droit interne d'accords entre simples personnes publiques d'origine nationale distincte paraît concevable.

10. Mais le problème se trouve alors déplacé. En effet, les accords envisagés par cette étude ont pour principale particularité d'impliquer des personnes publiques issues de systèmes juridiques différents. Ils mettent par conséquent en présence plusieurs droits internes, ce qui entraîne la nécessité d'opérer un choix. L'analogie avec le contrat international entre personnes privées est tentante ; mais celui-ci participe du droit international privé, et cette matière est traditionnellement considérée comme circonscrite aux seuls rapports de droit privé. Or, de prime abord, les conventions passées entre deux personnes publiques, même étrangères l'une à l'autre, semblent difficilement assimilables à des rapports de droit privé.

11. A la croisée des chemins du droit international public et du droit international privé et, plus généralement, du droit public et du droit privé, ces accords semblent ne s'apparenter à aucune catégorie juridique connue. Leur nature juridique reste donc à découvrir. Il est vrai que cette découverte a été en partie amorcée par une doctrine importante, spécialement publiciste. On aura l'occasion au cours du déroulement de cette étude de présenter et d'étudier les différentes propositions qui ont été faites à cet égard. Toutefois, on peut dès à présent prendre

---

[1] Sur la coopération européenne inter-universitaire : *Revue du Marché Commun*, n° spécial, 1970.

[2] Voy. not. : J. VERHOEVEN, "Traités ou contrats entre États ? Sur les conflits de lois en droit des gens", *J.D.I.*, 1984, p. 5-36 ; F.A. MANN, "About the proper law of contracts between States" *in International Studies*, Oxford : Clarendon Press, 1973, p. 241-255.

le parti d'affirmer qu'elles sont souvent décevantes ; ceci pour une raison finalement assez simple qui est que, bien souvent, les auteurs n'envisagent la problématique juridique de ces accords qu'au seul regard de la matière dont ils sont les spécialistes.

12. Ainsi, le spécialiste de droit administratif ou de droit constitutionnel s'intéressera en premier lieu à l'atteinte que ces conventions sont susceptibles de porter à l'unité de l'État et à son monopole en matière de relations extérieures. Une fois ces questions résolues, il exposera les conditions dans lesquelles la compétence pour conclure de tels accords peut être envisagée. En revanche, leur qualification et le régime qui leur est applicable resteront le plus souvent dans l'ombre. Quant à l'internationaliste de droit public, il s'intéressera avant tout à l'appartenance de ces conventions au droit international public. Puis, cette question résolue, en général en faveur d'une exclusion du droit des gens, il considérera alors que la question n'est plus de son ressort. Enfin, l'internationaliste de droit privé ne sera normalement pas amené à connaître du problème en raison de l'exclusion traditionnellement admise du droit public de la matière des conflits de lois.

Mais il semble, en réalité, que chacune de ces matières appréhende un aspect, mais un aspect seulement, du phénomène. Dès lors, le fait de ne l'envisager que du point de vue de l'une d'entre elles, revient en définitive à n'en proposer qu'une vision tronquée. Pour tenter d'échafauder une théorie juridique, il est nécessaire non seulement d'associer mais aussi de concilier les exigences du droit international public, du droit international privé et du droit administratif, le traitement du problème dans son intégralité étant à ce prix.

13. Tel sera donc l'objectif de la présente étude. Afin de mener celle-ci dans des conditions satisfaisantes, des précisions s'imposent. Il faut ainsi indiquer que l'aspect institutionnel que peuvent revêtir certaines de ces conventions ne sera pas évoqué dans ce travail. En effet, la création d'une entité commune à plusieurs personnes publiques relevant de systèmes juridiques différents pose des questions spécifiques, principalement celle de déterminer si cette entité est en mesure de bénéficier de la personnalité morale et si elle peut disposer d'un pouvoir réglementaire, qui dépassent le cadre conventionnel[1].

---

[1] Sur cette question, voy. not. : F. BENOÎT-ROHMER, "Les groupements d'intérêt public de coopération transfrontalière" *in Guide juridique de la coopération culturelle transfrontalière*, *op. cit.*, p. 245-291 ; C. RICQ, "Les institutions interrégionales transfrontalières en Europe" *in Les Cahiers du CNFPT*, n° 30, 1990, p. 127-140 ; H. SADOCK, N. VINCENT, "Les associations et fondations transfrontalières" *in Guide juridique de la coopération culturelle*..., *op. cit.*, p. 199-243. Pour des exemples d'organismes transnationaux créés par accord entre personnes publiques : M. BERNAD Y ALVAREZ DE EULATE, "Un organisme de coopération transfrontalière : la Communauté de Travail des Pyrénées, organisation et fonctionnement", *A.F.D.I.*, 1984, p. 819-834 ; B. DOLEZ, "L'organisation des espaces transfrontaliers" *in Le Renouveau de l'aménagement du territoire en France et en Europe*, J.-C. NÉMERY (dir.), Paris : Économica, 1994, p. 643-653 ; I. LUBEN, *Une Structure transfrontalière en Europe centrale des Alpes à l'Adriatique*, Dossier n° 40, Paris : Fondation pour les Études de Défense nationale, 1991 ; R. MARTINENGO, *La Communauté de travail des Alpes occidentales*, rapp., *transfront* (86) 13 ; J. SEKUTOWICZ, "Sar-Lor-Lux : un modèle de coopération interrégionale au cœur de l'Europe", *Rev. adm.*, 1989, p. 11-14. Afin de mesurer l'ampleur de ce phénomène, on relèvera que l'arc alpin ne compte pas moins de 9 organismes de ce type. Par ordre chronologique : Regio Basiliensis (1963), Arge-Alp (Communauté de travail des Alpes centrales, 1972), Alpes-Adria (Communauté de travail des Alpes orientales, 1978), Cotrao (Communauté de travail des Alpes occidentales, 1982), Communauté de travail du Jura (1985),

En outre, ne seront étudiés que les accords entre personnes publiques internes *stricto sensu*. Cette précision conduit à exclure, d'une part, les conventions entre une personne publique interne et une personne privée et, d'autre part, celles qui peuvent être conclues entre une de ces personnes publiques et une organisation internationale. Pour les premières, la question a déjà été largement traitée en particulier sous l'angle des contrats d'État[1]. Quant aux secondes, elles ne l'ont guère été jusqu'ici mais posent, en tout état de cause, des problèmes très différents de ceux soulevés par les conventions entre personnes publiques d'origine nationale différente[2].

14. Ces précisions apportées, il convient de caractériser davantage les accords qui font l'objet de la présente recherche. L'utilisation de la *notion de transnationalité* paraît ici appropriée. Des auteurs remarquent que "*les relations*

Conseil du Léman (1987), Conseil Valais-Vallée d'Aoste (1990), Bodensee Rat (1991), Regio Insubrica (1995). La Cotrao, Arge-Alp et Alpes Adria se sont réunis au sein de la Conférence des présidences des Communautés de travail de l'Arc alpin par une déclaration commune des trois communautés en date du 15 janvier 1988 : P. ECKLY, *La Coopération transfrontalière et l'Administration française*, Strasbourg : Conseil de l'Europe, note 83, p. 34. Ce phénomène ne concerne d'ailleurs pas uniquement les collectivités territoriales. Ainsi, il existe depuis 1982 une Association des Chambres de Commerce et d'Industrie de la Méditerranée : C. JOLY, "La coopération infra-étatique en Méditerranée : vers un nouveau multilatéralisme" *in La Méditerranée, espace de coopération, En l'honneur de M. Flory*, Paris : Economica, 1994, p. 289-295, spéc. p. 292.

[1] B. AUDIT, *L'Arbitrage transnational et les contrats d'État*, La Haye : Nijhoff, 1987 ; D. BERLIN, *Le Régime juridique international des accords entre États et ressortissants d'autres États*, th. multigr., Paris I, 1981 ; D. BETTEMS, *Les Contrats entre États et entreprises étrangères*, Le Mont-sur-Lausanne : Méta-Éditions, 1989 ; J.-M. JACQUET, "L'État, opérateur du commerce international", *J.D.I.*, 1989, p. 621-690 ; du même auteur, "La loi de l'État contractant" *in Mélanges dédiés à L. Boyer*, Presses de l'Université des sciences sociales de Toulouse, 1996, p. 283-294 ; P. KAHN, "Souveraineté de l'État et règlement du litige. Régime juridique du contrat d'État", *Rev. arb.*, 1985, p. 641-661 ; J.-F. LALIVE, *Contrats entre États et entreprises étatiques et personnes privées, R.C.A.D.I.*, 1984 (III), vol. 181, p. 11-283 ; C. LEBEN, "Retour sur la notion de contrat d'État et sur le droit applicable à celui-ci" *in Mélanges offerts à H. Thierry, L'évolution du droit international*, Paris : Pedone, 1998, p. 247-280 ; P. LEBOULANGER, *Les Contrats entre États et entreprises étrangères*, Paris : Économica, 1985 ; P. MAYER, "Le mythe de l'ordre juridique de base (ou *Grundlegung*)" *in Mélanges Goldman*, Paris : Litec, 1982, p. 199-216 ; du même auteur, "La neutralisation du pouvoir normatif de l'État en matière de contrats d'État", *J.D.I.*, 1986, p. 5-78 ; REGLI, *Contrats d'État et arbitrage entre État et personnes privées*, Genève : Georg, 1983 ; P.-Y. TSCHANZ, "Contrats d'État et mesures unilatérales de l'État devant l'arbitre international", *Rev. crit.*, 1985, p. 47-84 ; P. WEIL, *Problèmes relatifs aux contrats passés entre un État et un particulier, R.C.A.D.I.*, 1969 (III), vol. 128, p. 95-240 ; du même auteur, "Droit international et contrat d'État" *in Mélanges Reuter*, Paris : Pedone, 1981, p. 549-582 ; du même auteur, "Principes généraux du droit et contrats d'État" *in Mélanges Goldman, op. cit.*, p. 387-414.

[2] Il existe très peu d'études portant sur les relations conventionnelles entre personnes publiques et organisations internationales : D. ZAVALA, *Les Prêts de la Banque Mondiale aux services publics industriels et commerciaux, Une étude des contrats*, Paris : Pedone, 1982. Mais sans doute pourrait-on trouver une source d'inspiration dans les écrits sur les relations du même ordre entre personnes privées et organisations internationales : H. BATIFFOL, *Problèmes des contrats privés internationaux*, cours IHEI, 1961-1962, p. 80-84 ; P. GLAVINIS, *Les Litiges relatifs aux contrats passés entre organisations internationales et personnes privées*, Paris : LGDJ, 1991 ; R.H. HARPIGNIES, "Settlement of disputes of a private law character to which the United Nations is a party", *R.B.D.I.*, 1971, p. 451-468 ; F. SEYERSTED, *Applicable law in external relations of Intergovernmental Organisations with Private parties, R.C.A.D.I.*, 1967 (III), vol. 122, p. 434-624. En revanche, les relations institutionnelles entre personnes publiques et organisations internationales font l'objet d'une doctrine plus abondante : C. AUTEXIER, "Les fondements et les problèmes juridiques posés par les relations CEE/collectivités locales", *Après Demain*, mai-juin 1989, n° 314-315, p. 26-32 ; J. BIANCARELLI, "CEE et collectivités territoriales, la dynamique institutionnelle", *A.J.D.A.*, 1991, p. 835-845 ; J.-C. GAUTRON, "La politique régionale de la Communauté et les relations extérieures des collectivités locales" *in Le Droit appliqué à la coopération interrégionale en Europe*, Paris : LGDJ, 1995, p. 81-97 ; *adde*, H. GROUD, "La représentation des collectivités locales auprès des institutions européennes", *Ann. coll. locales*, 1996, p. 268-283.

transétatiques, ou transnationales (les deux mots sont équivalents) sont celles des relations internationales qui mettent en présence deux êtres dont l'un au moins n'est pas un État"[1]. Cela signifie que tout rapport de droit non interétatique ayant une dimension extra-territoriale et échappant de ce fait à l'emprise d'un seul ordre juridique, doit être qualifié de transnational.

15. Mais ce constat est de nature sociologique et non juridique. Car s'il existe des relations transnationales, il n'existe pas à proprement parler de droit transnational[2], en l'absence d'un ordre juridique spécifique à ce type de rapports de droit[3]. Par conséquent, pour accéder à la vie juridique, une relation transnationale devra être appréhendée par un ou plusieurs ordres juridiques. Le droit international privé se charge de l'opération de répartition qui en résulte mais seulement pour ce qui est des relations transnationales entre personnes privées, ou plus exactement des relations qui, si elles étaient purement internes, relèveraient du droit privé. C'est ainsi que toute convention transnationale entre personnes privées sera appréhendée par un ordre interne sous la dénomination de "contrat international". Mais qu'en est-il alors des relations transnationales entre personnes publiques ? Elles ne ressortissent ni au domaine traditionnel du droit international public, ni à celui du droit international privé. Il ne paraît donc pas possible de les rattacher *prima facie* à un ordre juridique. C'est ce qui explique qu'elles ne puissent être identifiées, en première analyse, que sous le seul angle sociologique de la transnationalité.

16. L'objectif de ce travail est précisément de rapatrier les conventions transnationales entre personnes publiques dans le domaine du droit, autrement dit de définir leur régime juridique. Pour ce faire, on cherchera tout d'abord à déterminer si elles appartiennent au champ du droit international public (**Première partie**). Dans l'hypothèse où certaines d'entre elles s'en verraient exclues, il faudra en déduire qu'elles relèvent du champ du droit interne (**Seconde partie**).

---

1 J. COMBACAU, S. SUR, *Droit international public*, 5ème éd., 2001, p. 4. *Adde*, J. ROBERT, *Le Phénomène transnational*, Paris : LGDJ/Éditions de l'AFA, 1989, p. 3 ; P. MERLE, "Le concept de transnationalité" *in Humanité et droit international, Mélanges Dupuy*, Paris : Pedone, 1991, p. 222-231.

2 Même P.C. JESSUP, en dépit de la généralisation qu'il entreprit des termes "droit transnational", ne considérait pas celui-ci comme un droit spécifique mais entendait recouvrir sous ce terme générique l'ensemble des règles, de source interne et internationale, appelées à régir les relations sociales non exclusivement circonscrites à un État. Ceci est manifeste dans le passage suivant où l'auteur fait état de ce qu'il entend par "droit transnational" : "Plutôt que les termes 'droit international', j'utiliserai les termes 'droit transnational', dans le but d'embrasser toutes les règles qui régissent les faits ou les actes qui transcendent les frontières nationales. En font partie à la fois le droit international public et le droit international privé, à l'instar des autres règles qui ne font pleinement partie d'aucune de ces deux catégories habituelles" ("*I shall use, instead of 'international law', the term 'transnational law' to include all laws which regulates actions or events that transcend national frontiers. Both public and private international law are included, as are other rules which do not wholly fit into such standard categories*") : *Transnational Law*, New Haven : Yale University press, 1956, p. 2.

3 On objectera que l'existence d'un tiers ordre juridique, distinct à la fois des droits internes et du droit international, est parfois avancée. Mais en dehors même du fait que ceci constitue une hypothèse contestable sur laquelle on aura l'occasion de revenir (*infra*, n° 100-103), ce droit transnational est celui de la "communauté des marchands", mieux connu sous la dénomination de *lex mercatoria*. Or, quoi qu'il advienne de la qualité d'ordre juridique de cette dernière, les conventions transnationales entre personnes publiques n'appartiennent pas à ce monde du commerce international.

Cependant, avant d'entrer ainsi dans le vif du sujet, l'éclaircissement de certaines notions est nécessaire à la mise en place d'une problématique. Les notions dont il s'agit sont liées au phénomène conventionnel dans les relations internationales (**Chapitre préliminaire**).

Chapitre préliminaire

LE PHÉNOMÈNE CONVENTIONNEL DANS LES RELATIONS INTERNATIONALES

17. Les accords objets de la présente étude mettent en présence deux personnes publiques de pays différents. A ce titre, ils appartiennent au monde des relations internationales. Pourtant, selon l'opinion la plus répandue, les relations conventionnelles internationales "*s'ordonnent autour de deux figures bien connues : le traité pour ce qui relève des relations entre sujets de droit international public et le contrat pour ce qui relève des relations entre personnes privées*"[1]. Des personnes publiques, il n'est donc fait aucune mention. D'ailleurs, d'une manière plus générale, "*l'analyse classique qui figure dans la plupart des manuels de droit international, tend à s'ordonner autour d'une distinction relativement tranchée entre les sujets du droit international public (États, organisations internationales et, sous réserve de certaines controverses, mouvements de libération nationale) et les personnes privées (individus, personnes morales de droit privé)*"[2]. Quant aux ouvrages de droit international privé, ils reprennent peu ou prou cette analyse. Si on y évoque incidemment la notion de personnes publiques, c'est uniquement quand elles agissent sous le couvert du droit privé[3]. Or lorsque deux personnes publiques, même de nationalités différentes, concluent une convention, il semble *a priori* que l'on soit bien loin d'une stricte relation de droit privé.

18. Qu'en est-il alors de ces accords où les parties ne sont pas les États en tant que sujets du droit international mais les personnes publiques du droit interne[4] ?

---

[1] G. BURDEAU, "Les accords conclus entre autorités administratives ou organismes publics de pays différents" *in Mélanges Reuter*, Paris : Pedone, 1981, p. 103-126, spéc. p. 103.

[2] *Ibid.*

[3] D'ailleurs, l'objet traditionnel du droit international privé est de réglementer les relations internationales de droit privé : B. AUDIT, *Droit international privé*, Paris : Economica, 3ème éd., 2000, n° 7, p. 4 ; H. BATIFFOL, P. LAGARDE, *Traité de droit international privé*, t. I, Paris : LGDJ, 8ème éd., 1993, n° 2, p. 13 ; D. HOLLEAUX, J. FOYER, G. de LA PRADELLE, *Droit international privé*, Paris : Masson, 1987, p. 10 ; Y. LOUSSOUARN, P. BOUREL, *Droit international privé*, Paris : Dalloz, 7ème éd., 2001, n° 1, p. 1 ; P. MAYER, V. HEUZÉ, *Droit international privé*, Paris : Montchrestien, 7ème éd., 2001, n° 1-5, p. 1-4.

[4] Ces "*services de l'État, plus ou moins décentralisés, ou même (ces) personnes morales de droit public (communes, établissements publics, agences, etc.)*" évoqués par REUTER : *Introduction au droit des traités*, Paris : PUF, 3ème éd. (revue et augmentée par P. CAHIER), 1995, n° 72, p. 29. Précisons que

S'agit-il de contrats ? De traités ? Voire de conventions d'un autre type ? Pour répondre à ces questions, il convient de décomposer le phénomène conventionnel tel qu'il se présente dans les relations internationales. Pour ce faire, on commencera par examiner les conventions reconnues par le droit, c'est-à-dire le contrat et le traité (**section 1**). Il ressortira de cette étude que ces deux catégories d'accords reposent sur une même substance conventionnelle et ne diffèrent qu'en fonction de leur ordre juridique de rattachement. Ensuite, on s'apercevra qu'au côté du traité et du contrat, il n'existe pas d'autres formes conventionnelles dans les relations internationales (**section 2**).

SECTION 1
LES CONVENTIONS RECONNUES PAR LE DROIT DANS LES RELATIONS INTERNATIONALES : LE CONTRAT ET LE TRAITÉ

19. Dans les relations internationales, le droit laisse place à deux types d'instruments conventionnels : le contrat et le traité. On procédera en premier lieu à leur identification (**§ 1**). On tâchera ensuite de les distinguer (**§ 2**), puis de mettre en œuvre la distinction ainsi opérée (**§ 3**).

§ 1. - L'IDENTIFICATION DU CONTRAT ET DU TRAITÉ

20. Étymologiquement, le terme de "convention" vient du latin *convenio*, lui-même dérivé de *convenire* qui signifie venir ensemble, donc être d'accord[1], c'est-à-dire finalement donner son consentement. Or ce dernier mot a pour origine *consentire* qui signifie également être d'accord[2]. Comme leurs dérivés en français, ces deux termes évoquent une action identique sous des angles différents. Ils ont une fonction distincte et mettent en lumière les deux facettes d'une même opération bilatérale. Dans *consentire* - consentir -, l'observation de l'action se concentre sur chacun des sujets ; ce qui explique sa parenté avec "consentement", concept qui ne peut se comprendre sans référence à une individualité. En revanche, *convenire* - convenir - déplace l'attention au cœur de l'action, là où les consentements se rencontrent. C'est alors qu'existe une convention. Celle-ci est l'acte par lequel les volontés s'accordent sur un ou des points donnés. Or cet acte connaît, dans les relations internationales, deux visages juridiques qui seront successivement identifiés : le contrat (**A**) et le traité (**B**).

---

les "*services de l'État, plus ou moins décentralisés*" relèvent également d'une "*personne morale de droit public*", celle de l'État.

[1] J. GHESTIN, *Les Obligations, La Formation du contrat*, Paris : LGDJ, 3ème éd., 1993, n° 5, p. 5.

[2] *Ibid.*, n° 6, p. 6.

A. - L'IDENTIFICATION DU CONTRAT

21. La première catégorie conventionnelle étudiée est celle du contrat. On tentera donc d'en déterminer la notion (**1°**). Mais on pourrait être plus précis et s'attacher au contrat international (**2°**). Toutefois, si ce dernier présente une incontestable spécificité, celle-ci n'est pas suffisante. Il participe de la même essence contractuelle que n'importe quel autre contrat.

1° - La notion de contrat

22. A l'instar de M. Ghestin qui a consacré une étude approfondie à cette question, l'objectif n'est ici de traiter "*ni de la fonction, ni du régime du contrat, mais seulement de la notion de contrat, c'est-à-dire du point de savoir ce que c'est qu'un contrat et ce qui est contrat*"[1]. Or cette opération s'avère bien délicate eu égard aux multiples utilisations de ce concept. On y a en effet recours dans toutes les branches du droit, ce qui a donné lieu au développement de conceptions parfois difficilement conciliables[2] ; à telle enseigne que certains auteurs ont été amenés à douter de l'existence d'un seul et même concept[3]. Ces doutes se sont fait connaître à l'examen du seul droit français, mais ils sont encore plus vifs au contact du droit comparé. Chaque système juridique est autonome et entretient, à ce titre, une conception du contrat qui lui est propre. Un auteur a d'ailleurs démontré qu'il était impossible de donner une définition fonctionnelle du contrat commune à plusieurs systèmes juridiques, même en se limitant aux seuls droits anglais, américain, italien et français[4]. M. Alpa, s'appuyant sur des notions périphériques au contrat comme les pourparlers, les *gentleman's agreements*, les accords préliminaires et les lettres d'intention, démontre que tous ces appendices contractuels n'ont pas une valeur juridique identique selon le droit envisagé. Mais s'agit-il là d'un obstacle à toute tentative de définition du contrat ? Nous ne le pensons pas.

23. Même si la notion prend des significations différentes selon le droit ou le régime auquel on se réfère, il n'en reste pas moins possible d'identifier "un noyau dur". Au centre de tout contrat, il y a incontestablement une rencontre de volontés et la création d'obligations protégées par le droit[5]. Ainsi, dans une étude comparative,

---

[1] "La notion de contrat", *Droits*, n° 12, 1990, p. 7-24, spéc. p. 7. Cet article a fait l'objet d'une seconde parution : *D.*, 1990, chr., p. 147-156.

[2] Que l'on pense aux différences existant entre un contrat synallagmatique classique et un contrat dont la motivation profonde n'est pas l'échange mais la création d'une personne morale, ou entre un contrat de droit privé et un contrat administratif, plus encore au contrat utilisé comme technique d'administration (sur ce dernier thème, voy. not. : M. VASSEUR, "Un nouvel essor du concept contractuel. Les aspects juridiques de l'économie concertée et contractuelle", *R.T.D. civ.*, 1964, p. 5-48 ; J. CAILLOSSE, "Sur la progression en cours des techniques contractuelles d'administration" *in Le Droit contemporain des contrats*, L. CADIET (dir.), Paris : Economica, 1987, p. 89-124).

[3] C'est le cas de M. TRUCHET pour qui "*parler de critère renvoie implicitement à l'idée qu'il y aurait une notion fondamentale de contrat, une essence contractuelle, des contrats par nature. Or je ne crois pas à une telle notion*" : "Le contrat administratif, qualification juridique d'un accord de volontés" *in Le Droit contemporain des contrats*, *op. cit.*, p. 185-206, spéc. p. 186.

[4] G. ALPA, "Le contrat individuel et sa définition", *R.I.D.C.*, 1988, p. 327-350. Pour un point de vue similaire : A. VON MEHREN, *The Contract*, *Int. enc. comp. law*, vol. VII, ch. 1, 1982, n° 4, p. 5.

[5] Et ce, même si certains systèmes juridiques mettent l'accent sur d'autres éléments (comme par

les définitions du contrat admises dans neuf pays européens ont-elles été confrontées. Or les ressemblances qui s'en dégagent sont indéniables, même si tel ou tel aspect de la définition est écarté par certains pays ou si les formulations retenues sont différentes[1]. L'enseignement que nous apporte l'anthropologie est également significatif, puisqu'il en ressort que toutes les sociétés humaines connaissent le contrat[2].

24. Nul ne conteste que le concept de contrat existe dans tous les systèmes juridiques et correspond à une même réalité conventionnelle. Par conséquent, il ne paraît pas illégitime de retenir pour dénommer cette réalité la définition du contrat telle qu'elle est formulée par la doctrine française. M. Ghestin propose à cet égard de définir le contrat comme "*un accord de volontés, qui sont exprimées en vue de produire des effets de droit et auxquels le droit objectif fait produire de tels effets*"[3]. Cette définition n'est toutefois pas exempte de toute critique. Elle néglige en particulier le fait que certains accords où les volontés se sont exprimées en vue de *ne pas produire* d'effet de droit seront tout de même considérés comme des contrats. C'est le cas des engagements d'honneur, dont il arrive qu'ils soient requalifiés par la jurisprudence en instruments contractuels[4]. Mais, mise à part cette observation, il y a lieu de constater que cette définition recouvre bien la réalité du concept contractuel tel qu'il est généralement compris. On la retiendra donc dans cette optique.

2° - La spécificité du contrat international

25. Le contrat international est bien évidemment le type de contrat que l'on rencontre dans les relations internationales. Logiquement, c'est donc une définition de celui-ci qui devrait être proposée dans ces pages. Tel n'est pourtant pas le point de vue adopté ici. En effet, qu'il soit envisagé sous l'angle du critère conflictuel (a)

---

exemple le *consideration* du droit anglais) ou si l'accord de volontés semble partir en déliquescence avec l'essor de mécanismes comme la lettre d'intention : G. ALPA, art. préc., p. 334. Notons que, pour un auteur, la cause du droit français joue un rôle équivalent au concept de *consideration* du droit anglais : K. ZWEIGERT, "Du sérieux de la promesse. Remarques de droit comparé sur la distinction des actes qui obligent de ceux qui n'obligent pas", *R.I.D.C.*, 1964, p. 33-44.

[1] *La Formation du contrat*, R. RODIÈRE (dir.), Paris : Pedone, 1976. Voy. le tableau récapitulatif (p. 12-13) et les différents rapports nationaux.

[2] N. ROULAND, *Anthropologie juridique*, Paris : PUF, 1988, n° 158-159, p. 265-267.

[3] J. GHESTIN, "La notion de contrat", *op. cit.*, p. 24. Un auteur italien, G. MONATERI, a vu dans cette définition du contrat couramment admise en droit français une synecdoque - figure rhétorique qui indique la partie pour le tout -, en ce qu'elle ne fait pas mention de la cause, même si, en vertu de l'article 1131 du Code civil, elle en suppose l'existence en tant que qualité nécessaire : "Règles et technique de la définition dans le droit des obligations et des contrats en France et en Allemagne : la synecdoque française", *R.I.D.C.*, 1984, p. 7-57. *Contra*, G. ROUHETTE, "La définition du contrat et la méthode juridique française", *Droits*, n° 12, 1990, p. 58-66. Mais une telle opinion procède d'une confusion entre les deux étapes successives que sont la qualification et le régime applicable. Avant de pouvoir affirmer que l'article 1131 a vocation à s'appliquer, encore faut-il être certain que l'on soit en présence d'un contrat. Une définition ne peut intégrer un élément dont elle conditionne elle-même l'application. Il s'agit là d'un vice irréductible que l'on peut ramener à la constatation suivante : en affirmant "ce contrat est nul pour défaut de cause", on a comme présupposé admis être en présence d'un contrat. Dès lors, l'existence d'une cause ne peut entrer dans la définition du contrat.

[4] Sur cette question : *infra*, n° 118-120.

comme sous celui du critère économique (b), un contrat international n'est jamais substantiellement différent d'un contrat dit interne.

a) Le critère conflictuel

26. Selon une première acception, est international le contrat qui présente des liens avec plus d'un système juridique[1]. Cette pluralité de liens engendre une compétence concurrente des systèmes juridiques intéressés ou, en d'autres termes, un conflit de lois. On peut considérer que la Convention de Rome sur la loi applicable aux obligations contractuelles ouverte à la signature le 19 juin 1980 s'en remet à une telle définition du contrat[2]. Ses dispositions sont en effet applicables "*dans les situations comportant un conflit de lois*"[3]. C'est donc la présence d'un tel conflit qui donne naissance à un contrat international. Mais ceci n'affecte pas sa nature profonde et il reste, dans sa substance, identique à un contrat interne. La présence d'un conflit de lois engendre simplement l'application de règles spécifiques qui, principalement, permettent aux parties ou au juge de soumettre ce contrat à une loi différente de celle du for. Mais en dehors de ce régime particulier, le contrat international se rattache à la notion de contrat telle qu'elle est retenue dans les relations internes.

27. D'ailleurs, et d'une manière plus générale, tout le droit international privé repose sur une projection des catégories internes sur le plan international et le contrat ne relève pas, à cet égard, d'un traitement particulier. Il est vrai qu'un auteur, M. Heuzé, a récemment proposé une nouvelle lecture des rapports entre la notion de contrat et le droit international privé[4]. Cet auteur ne reconnaît cependant aucune spécificité au contrat international. Il estime simplement que, dans le cadre de la mise en œuvre de la règle de conflit en matière contractuelle, la notion de contrat ne doit pas être calquée sur la catégorie telle que retenue par le droit substantiel du for. Pour le jeu de la règle de conflit, la notion de contrat doit être plus large que celle en vigueur dans les relations internes au système juridique du for. Mais ceci n'emporte pas la reconnaissance d'une quelconque spécificité au contrat international. Il s'agit simplement pour l'ordre juridique du for de s'écarter au profit des conceptions retenues par un autre ordre interne, celui désigné par la règle de conflit.

---

[1] J.-M. JACQUET, *Le Contrat international*, Paris : Dalloz, 1992, p. 5.

[2] Sur cette convention : J. FOYER, "Entrée en vigueur de la Convention de Rome du 19 juin 1980 sur la loi applicable aux obligations contractuelles", *J.D.I.*, 1991, p. 601-630 ; du même auteur, "Le contrat d'*electio juris* à la lumière de la Convention de Rome du 19 juin 1980" *in Mélanges Loussouarn*, Paris, Dalloz, 1994, p. 169-179 ; H. GAUDEMET-TALLON, "Le nouveau droit international privé européen des contrats", *R.T.D. eur.*, 1981, p. 215-285 ; M. GIULIANO et P. LAGARDE, *Rapport concernant la Convention sur la loi applicable aux obligations contractuelles*, *J.O.C.E.*, 1980, n° C 282 ; P. LAGARDE, "Le nouveau droit international privé des contrats après l'entrée en vigueur de la Convention de Rome du 19 juin 1980", *Rev. crit.*, 1991, p. 287-340.

[3] Art. 1, al. 1.

[4] V. HEUZÉ, "La notion de contrat en droit international privé", *T.C.F.D.I.P.*, 1995-1998, p. 319-335.

En conséquence, le contrat international envisagé sous l'angle du critère conflictuel est substantiellement identique à un contrat interne. La référence à un critère économique n'altère pas ce constat.

b) Le critère économique

28. En vertu de ce second critère, est international le contrat qui met en cause les intérêts du commerce international[1]. Or une telle définition semble bien s'attacher à la substance du contrat international qui, ainsi, pourrait ne plus dépendre des conceptions du droit interne. Une partie de la doctrine le soutient. Contestant une "*vision bartinienne, qui réduit le contrat international à n'être que la projection de la catégorie du droit interne sur le plan du droit international*"[2], elle observe que le contrat international "*embrasse un champ économique très vaste, qui couvre tant les opérations d'échange que celles relatives aux financements, à la technologie, aux services et à la production*", qu'il met en présence "*des parties de nature assez particulière telles que des États ou des entités publiques, des groupes multinationaux*" et que son "*insertion dans un espace non homogène l'expose à des risques inhabituels*" qui rendent nécessaires "*la mise au point de toute une gamme de clauses extrêmement originales*"[3].

29. Mais même si tout ceci démontre l'existence d'une pratique, voire de règles spécifiques aux contrats internationaux, on ne peut pas en déduire pour autant que ces règles s'appuient sur un canevas contractuel différent de celui existant dans les relations internes. Elles n'affectent pas la nature profonde du contrat international qui reste identique à celle d'un contrat interne. Dès lors, on admettra qu'à ce stade du développement, c'est le contrat dans toute la généralité de ce concept qu'il importe d'identifier et non, plus spécifiquement, le contrat international.

B.- L'IDENTIFICATION DU TRAITÉ

30. Les relations internationales connaissent une deuxième forme conventionnelle bien connue : le traité. L'identification de cette notion (**1°**) va permettre de constater que la définition de ce concept telle qu'elle est admise par la doctrine et les textes repose en grande partie sur une analogie contractuelle (**2°**).

---

[1] J.-M. JACQUET, *Le Contrat international*, *op. cit.*, p. 9.

[2] B. OPPETIT, "Autour du contrat international", *Droits*, n° 12, 1990, p. 107-115, spéc. p. 108. Et l'auteur de stigmatiser le fait que "*le droit international privé n'appréhende pas la notion de contrat international dans tous ses aspects : il ne se préoccupe en règle générale que de son rattachement à un ordre juridique, étatique ou interétatique (...) ; mais il ne se soucie pas de son contenu, et même lorsque la jurisprudence tend à dépasser le critère juridique et formel de l'internationalité (le rattachement à des normes émanant de plusieurs états) pour s'attacher à un critère d'ordre économique ou matériel (la mise en jeu des intérêts du commerce international), elle ne procède que par référence à l'environnement externe du contrat et non en considération de sa substance même, et dans la seule mesure où le constat de son internationalité justifie la mise en oeuvre des méthodes du droit international privé*" : *id.*, p. 107.

[3] *Ibid.*, p. 108.

1° - La notion de traité

31. La doctrine de droit international public a développé une définition du traité qui fait l'objet d'un large consensus chez les spécialistes de cette matière[1]. La formule que l'on retrouve le plus souvent est la suivante : "*Le traité désigne tout accord conclu entre deux ou plusieurs sujets du droit international, destiné à produire des effets de droit et régi par le droit international*"[2].

Cette première définition peut être complétée par les dispositions de la Convention de Vienne sur le droit des traités signée le 23 mai 1969[3]. Élaborée sous l'égide de la Commission du Droit International, elle comporte un article 2, paragraphe I-a, qui comprend certains éléments relatifs à la définition du traité. Il est rédigé de la manière suivante : "*L'expression traité s'entend d'un accord international conclu par écrit entre États et régi par le droit international, qu'il soit consigné dans un document unique ou dans plusieurs instruments connexes, et quelle que soit sa dénomination particulière*". La formule a d'ailleurs été conservée par la Convention, à nouveau signée à Vienne le 21 mars 1986, sur le droit des traités entre États et organisations internationales ou entre organisations internationales[4]. Dans les termes retenus par ces deux textes, on note la grande latitude laissée aux parties quant à la forme utilisée, à l'exception toutefois des accords oraux exclus de la codification[5].

32. De plus, l'utilisation ou non du mot "traité" dans un accord ne préjuge pas de sa qualification. D'ailleurs, dans la pratique internationale, un grand nombre de dénominations sont utilisées[6] et la Cour Internationale de Justice, dans un arrêt du

---

1 Notons que les expressions "droit international", "droit international public" et "droit des gens" sont données pour équivalentes dans le cadre de cette étude.

2 QUOC DINH, P. DAILLIER, A. PELLET, *Droit international public*, Paris : LGDJ, 6ème éd., 1999, n° 62, p. 118. Pour d'autres définitions identiques ou équivalentes : S. BASTID, *Les Traités dans la vie internationale*, Paris : Economica, 1985, n° 16, p. 22 ; P.-M. DUPUY, *Droit international public*, Paris : Dalloz, 4ème éd., 1998, n° 231 ; P.-M. MARTIN, *Droit international public*, Paris : Masson, 1995, n° 243, p. 124 ; P. REUTER, *Introduction au..., op. cit.*, n° 64, p. 26. De même, la doctrine anglaise représentée par Lord Mc NAIR définit le traité de la manière suivante : "Un accord écrit par lequel deux ou plusieurs États ou organisations internationales créent ou ont l'intention de créer une relation mutuelle dans le cadre du droit international" ("*a written agreement by which two or more States or international organisations create or intend to create a relation between themselves operating within the sphere of international law*") : *The Law of Treaties*, Oxford : Clarendon Press, 1961, p. 4. Pour une définition sensiblement différente, voy. celle proposée par MM. COMBACAU et SUR : *Droit international public*, Paris : Montchrestien, 5ème éd., 2001, p. 76-77.

3 Et entrée en vigueur le 27 janvier 1980. Sur cette Convention : R. AGO, *Le Droit des traités à la lumière de la Convention de Vienne, Introduction, R.C.A.D.I.*, 1971 (III), vol. 134, p. 303-330 ; P. REUTER, *La Convention de Vienne du 23 mai 1969 sur le droit des traités*, Paris : Colin, 1970 ; S. ROSENNE, *A Guide to the Legislative History of the Vienna Convention*, Leyden : Sijthoff, 1970 ; I. SINCLAIR, *The Vienna Convention on the Law of Treaties*, Manchester University Press, 2ème éd., 1984 ; S. NAHLIK, "La conférence de Vienne sur le droit des traités. Une vue d'ensemble", *A.F.D.I.*, 1969, p. 24-53.

4 Sur cette Convention : P. MANIN, "La Convention de Vienne sur le droit des traités entre États et organisations internationales ou entre organisations internationales", *A.F.D.I.*, 1986, p. 454-473.

5 Ceci ne signifie pas pour autant qu'un accord oral ne puisse être qualifié de traité. D'ailleurs, la doctrine ne rejette pas totalement la possibilité d'accords oraux : J. COMBACAU, S. SUR, *op. cit.*, p. 77 ; NGUYEN QUOC DINH, P. DAILLIER, A. PELLET, *op. cit.*, n° 63, p. 120 ; P. REUTER, *Introduction au..., op. cit.*, n° 66-67, p. 27.

6 En dehors du terme de traité, on peut citer ceux de convention, protocole, déclaration, charte, pacte, accord, *modus vivendi*, échange de notes, échange de lettres, mémorandum d'accord, *etc*.

1er juillet 1994, a opportunément rappelé "*qu'un accord international peut prendre des formes variées et se présenter sous des dénominations diverses*"[1]. Mais indépendamment de cette liberté de forme laissée aux parties, ce qui retient au premier chef l'attention tant dans la définition doctrinale du traité que dans celle retenue par la Convention de Vienne, c'est l'analogie qu'elles véhiculent avec le droit interne des contrats.

2° - L'analogie contractuelle en droit des traités

33. On est d'emblée frappé par la similitude que présente à bien des égards la définition généralement admise du traité, qu'elle soit doctrinale ou consacrée par la Convention de Vienne, avec celle du contrat retenue en droit interne[2]. Dans les deux cas, il doit exister un accord de volontés destiné à produire des effets de droit. Et, dans les deux cas également, ces effets de droit doivent recevoir l'aval d'un droit objectif. Cette ressemblance terminologique s'explique en réalité historiquement. En effet, tout le droit des traités a été construit à partir d'une analogie avec le contrat[3]. Encore aujourd'hui, la Convention de Vienne en porte la marque. On peut citer les références faites à la règle *pacta sunt servanda*, à l'effet relatif ou aux vices du consentement[4]. De même, la doctrine contemporaine fait souvent appel au contrat pour décrire le droit des traités. Ainsi, pour Reuter, "*il est normal que les traités, tous les traités, se situent dans le cadre d'une conception fondamentalement contractuelle*"[5].

34. C'est là une opinion très répandue, mais il existe des points de vue divergents. Certains auteurs estiment que l'analogie contractuelle est inconciliable avec l'autre visage du traité. Car si celui-ci est une convention, il est également une source ou un procédé de création du droit. Or, pour certains, le traité présente là une dimension normative que n'expliquerait pas l'analogie contractuelle. C'est ainsi que sous cet aspect, "*les traités ne peuvent en général être considérés comme de simples contrats créateurs de droits et d'obligations subjectifs entre les seuls sujets de droit public international*"[6]. L'analogie contractuelle ne serait donc pas en mesure de

---

[1] Affaire de la *Délimitation maritime et des questions territoriales entre Qatar et Bahreïn*, *Rec.*, 1994, p. 120. Sur cette affaire : J. KLABBERS, "Qatar v. Bahreïn : the concept of 'treaty' in international law", *Archiv des Völkerrechts*, 1995, p. 361-376.

[2] *Supra*, n° 24.

[3] Ainsi deux éminents auteurs, de traditions juridiques pourtant différentes, ont analysé le traité par analogie avec le contrat : G. RIPERT, *Les Règles du droit civil applicables aux rapports internationaux*, *R.C.A.D.I.*, 1933 (II), vol. 44, p. 569-661, spéc. p. 588-591 ; H. LAUTERPACHT, *Private Law Sources and Analogies of International Law*, Londres : Longmans, Green & co, 1927, p. 156-159.

[4] Ces principes directement empruntés au droit des contrats sont respectivement visés aux art. 26, 34 et 48 et s. de la Convention de Vienne du 23 mai 1969.

[5] P. REUTER, *Introduction au...*, *op. cit.*, n° 59, p. 24 ; *adde*, P.-M. DUPUY pour qui "*le traité est d'abord un contrat ; il résulte de l'accord de deux ou plusieurs volontés en vue de réaliser un but et un objet déterminés*" : *op. cit.*, n° 232.

[6] J. DEHAUSSY, M. SALEM, "Sources du droit international. Les traités. Effets des traités : Force obligatoire des normes conventionnelles à l'égard des parties", *J.-Cl. Droit international*, fasc. 12-1, n° 2. De même, le problème des effets *extra partes* des traités se poserait "*en termes très différents de ceux des effets des contrats dans l'ordre interne*" : *id*, n° 4. *Adde*, E. RAFTOPOULOS, *The*

transcrire la seconde dimension du traité, celle de source de droit. On contrôlera la justesse de ce propos en tentant de dégager ce qui distingue les deux formes conventionnelles.

§ 2. - LA DISTINCTION ENTRE LE CONTRAT ET LE TRAITÉ

35. Avant d'être distingués, le contrat et le traité doivent d'abord être comparés. Or on constate que ces deux institutions ont une donnée commune : elles s'appuient l'une et l'autre sur l'existence d'un accord de volontés dont la vocation est de produire des effets de droit ; c'est-à-dire que cet accord a finalement pour fonction de lier, en droit, les parties signataires. Mais si l'accord de volontés a bien cette fonction, en revanche, il n'est pas à l'origine de cette force obligatoire (**A**). Et, c'est à partir des conséquences de cette origine *extra partes* (**B**) qu'une distinction entre le contrat et le traité pourra être proposée.

A. - L'ORIGINE *EXTRA PARTES* DE LA FORCE OBLIGATOIRE

36. Le propre d'une convention juridique est de revêtir une force obligatoire pour les parties. Or l'origine de cette force obligatoire ne se situe jamais dans la volonté des parties. Ceci se vérifie pour le contrat (**1°**), comme pour le traité (**2°**).

1° - Dans le cas d'un contrat

37. La théorie de l'autonomie de la volonté a un temps tenté d'expliquer la force obligatoire du contrat par référence à la volonté des parties[1]. Mais c'est là une philosophie plus politique que juridique dont les faiblesses ont très vite été démontrées[2]. Selon cette doctrine, le contrat puiserait sa force obligatoire dans la volonté des parties. Or cela n'explique pas pourquoi "*c'est la volonté passée, volonté morte, qui devrait prévaloir sur la volonté présente, volonté vivante, de celui qui refuse d'exécuter le contrat*"[3]. En outre, elle revient à ériger la volonté

Inadequacy of the Contractual Analogy in the Law of Treaty, Athènes : Hellenic Institute of International and Foreign Law, 1990.

1 Pour une étude historique retraçant les diverses étapes de l'élaboration de la théorie de l'autonomie de la volonté, puis de sa critique : V. RANOUIL, *L'Autonomie de la volonté, Naissance et évolution d'un concept*, Paris : PUF, 1980.

2 D'abord par E. GOUNOT : *Le Principe de l'autonomie de la volonté en droit privé, Contribution à l'étude critique de l'individualisme juridique*, th., Dijon : Rousseau, 1912. Puis, plus récemment, par G. ROUHETTE, *Étude critique de la notion de contrat*, th. multigr., Paris, 1965, not. p. 47-48 : "*Classiquement, la notion de contrat se meut au sein de la doctrine de l'autonomie de la volonté ; or cette doctrine a une signification politique, et elle traduit le rêve d'une société individualiste dont chaque personne serait le centre et dont la finalité serait l'épanouissement de la personnalité de chacun ; son essence est tout autant d'ordre économique, et elle révèle une foi profonde dans les vertus du libéralisme qui peut seul assurer le plus grand bien du plus grand nombre ; enfin sa thèse central réside dans l'affirmation métaphysique que l'homme est un être libre, capable de se lier lui-même, mais seulement par un acte souverain de sa volonté*".

3 J. GHESTIN, "La notion de contrat", art. préc., p. 11 ; *adde*, H. KELSEN, "La théorie juridique de la

individuelle en source autonome de droit. Or il y a là une antinomie avec la notion même de droit, dont la fonction de régulateur social implique nécessairement qu'il se place au-dessus des volontés individuelles. Celles-ci ne peuvent donc pas fonder la force obligatoire du contrat. Dans ces conditions, l'accord de volontés se résume à une procédure. Cette procédure reste incontestablement la pierre angulaire du contrat mais c'est le système juridique qui lui imprime sa force obligatoire[1].

38. Dans ce cadre, rien n'interdit toutefois "*de reconnaître une certaine compétence déléguée, octroyée, aux volontés individuelles, afin qu'elles fixent elles-mêmes, ou tout au moins choisissent, les règles qui régiront leurs relations particulières pour une opération juridique déterminée*"[2]. Ceci correspond au principe de liberté contractuelle. Le droit définit un espace à l'intérieur duquel les parties contractantes peuvent définir les règles auxquelles elles entendent soumettre leurs rapports respectifs. Dans la mesure où l'accord de volontés n'outrepasse pas ce cadre, alors, le droit lui accorde la force obligatoire[3].

Aujourd'hui, la plupart des auteurs contemporains ont fait leur deuil de la doctrine de l'autonomie de la volonté[4], et plus personne ne doute de l'origine *extra partes* de la force obligatoire du contrat. On s'apercevra qu'il en va de même pour l'accord de volontés à l'origine d'un traité, même si pour ce dernier la réponse est moins évidente eu égard à sa qualité de source de droit.

2° - Dans le cas d'un traité

39. Le traité est une convention entre sujets du droit international mais c'est également une source de droit. C'est même la principale source que connaît le droit international[5]. Selon une terminologie plus adaptée, on dira qu'il participe à l'élaboration normative du droit international. C'est un procédé volontaire ou

---

convention", *A.P.D.*, 1940, p. 33-76.

1 J. GHESTIN, "La notion de contrat", art. préc., p. 13 ; *adde*, selon une image souvent reprise, "*le contact des volontés individuelles formant le contrat ne crée pas plus d'énergie juridique que le commutateur ne crée d'énergie électrique : dans les deux cas, l'énergie vient d'ailleurs*" : X. MARTIN, "Anthropologie et Code Napoléon", *Bull. Soc. fr. Idées et Hist. Relig.*, 1984, p. 39-62, spéc. p. 43.

2 J. GHESTIN, "La notion de contrat", art. préc., p. 12.

3 Ainsi, pour M. RÉMY, "*le contrat n'est qu'une norme individuelle prise dans la grande pyramide normative ; sa validité (c'est-à-dire sa force) ne lui vient que de sa conformité aux normes supérieures ; son contenu n'est qu'un arbitrage d'intérêts opéré d'en haut par le Droit objectif*" : "Droit des contrats : questions, positions, propositions" *in Le Droit contemporain des contrats*, *op. cit.*, p. 271-282, spéc. p. 273.

4 Du moins en ce qu'elle expliquerait la force obligatoire du contrat. Bien des auteurs assimilent, en revanche, l'autonomie de la volonté à la liberté contractuelle, c'est-à-dire à cet espace à l'intérieur duquel le droit objectif permet aux volontés de s'accorder. Sous cette acception, elle est bien évidemment acceptable. En ce sens, voy. not : A. BÉNABENT, *Droit civil, Les Obligations*, Paris : Montchrestien, 7e éd., 1999, n° 25-27, p. 17-19 ; J. FLOUR, J.-L. AUBERT, *Les Obligations*, t. I : *L'Acte juridique*, Paris : Armand Colin, 8ème éd., 1998, n° 99-100, p. 62-63.

5 L'article 38 du statut de la Cour Internationale de Justice cite comme premier ensemble de règles applicable par la Cour "*les conventions internationales, soit générales, soit spéciales, établissant des règles expressément reconnues par les États en litige*".

conventionnel de création normative[1]. Or cette double nature ne va pas sans générer une certaine ambiguïté au sein même de la notion.

40. Comme l'avait déjà remarqué un auteur dès les années 1930, le traité "*est en quelque sorte à la fois au-dessus et au-dessous du droit positif*"[2]. Ceci se concrétise en particulier dans la définition du traité consacrée par la Convention de Vienne et par une majorité d'auteurs[3]. Celle-ci pose que l'accord entre États est "*régi*" par le droit international. De la même manière, un contrat est un accord de volontés régi par le droit. Certains estiment que le contrat donne naissance à une norme[4]. C'est également le cas du traité. Mais dans le cas d'un contrat et même si l'on considère qu'existe une norme contractuelle, il est une règle d'un niveau supérieur qui vient se placer au-dessus de l'accord de volontés, à l'instar de l'article 1134 du Code civil français. Or il est admis qu'il n'existe pas de hiérarchie formelle des normes dans l'ordre juridique international[5].

41. Dès lors comment cet accord peut-il être régi par un droit dont il est par ailleurs l'une des sources ? La norme de droit international à laquelle un traité est censé donner naissance a la même valeur que la norme à laquelle il est réputé être soumis[6]. C'est la quadrature du cercle. Sans doute conscients de ce vice logique, MM. Combacau et Sur proposent une définition du traité quelque peu différente qui ne fait pas explicitement référence à cette soumission : "*Un traité est un accord international, imputable à deux ou plusieurs sujets du droit international, par lequel les parties sont liées et qui doit être exécuté de bonne foi*"[7]. Mais, même dans cette

---

1 P. REUTER, "Le traité international, acte et norme", *A.P.D.*, t. XXXII, 1987, p. 111-117 ; du même auteur, *Introduction au...*, *op. cit.*, n° 50-55, p. 20-23.

2 P. CHAILLEY, *La Nature juridique des traités internationaux selon le droit contemporain*, Paris : Sirey, 1932, p. 62.

3 A l'instar de la définition proposée par MM. NGUYEN QUOC DINH, DAILLIER et PELLET citée *supra*, n° 31.

4 En vertu d'une vision organiciste de l'ordre juridique, il paraît difficile de parler de norme contractuelle dans la mesure où cela impliquerait que les sujets de l'ordre interne deviennent, lorsqu'ils contractent, les organes de cet ordre. En revanche, dans une optique plus kelsenienne où l'accent est mis non sur l'organe normateur mais sur la norme elle-même, il n'est plus alors inconcevable de parler de norme contractuelle : "*La convention est obligatoire dans la mesure où l'ordre juridique la considère comme un état de fait créateur de droit, ou, en d'autres termes, dans la mesure où une norme d'un degré supérieur (la loi, ou une norme coutumière) autorise les sujets à créer (par délégation) une norme d'un degré inférieur*" : H. KELSEN, "La théorie juridique de la convention", art. préc., n° 13, p. 47. Ce qui est certain, c'est qu'on ne peut pas parler de *norme étatique* à propos d'un contrat : P. MAYER, *La Distinction entre règles et décisions et le droit international privé*, Paris : Dalloz, 1973, n° 16, p. 12 ; *adde*, V. HEUZÉ, *La Réglementation française des contrats internationaux*, Paris : GLN-Joly, 1990, p. 14 et s.

5 J. COMBACAU, S. SUR, *op. cit.*, p. 25 ; NGUYEN QUOC DINH, P. DAILLIER, A. PELLET, *op. cit.*, n° 60, p. 114. La seule tentative connue de mise en place d'une hiérarchie formelle des normes internationales est constituée par l'article 7 de la Convention de La Haye de 1907 créant une Cour internationale des prises. Mais tout d'abord ce texte plaçait les conventions internationales en tête de liste, ce qui n'évacue pas le problème visé au texte, et surtout il n'est jamais entré en vigueur.

6 C'est pourquoi l'analogie suivante est trompeuse : "*Les normes internationales font l'objet d'un processus formel d'élaboration dans lequel interviennent au premier chef les États, à la fois auteurs et destinataires principaux de ces règles (de même qu'en droit interne les parties à un contrat en sont les auteurs et les destinataires)*", NGUYEN QUOC DINH, P. DAILLIER, A. PELLET, *op. cit.*, n° 45, p. 90. Cette affirmation est en opposition avec le constat selon lequel il n'existerait pas de hiérarchie formelle des normes en droit international, constat que font ces mêmes auteurs : *id.*, n° 60, p. 114.

7 *Op. cit.*, p. 76-77.

définition, les auteurs postulent l'existence d'au moins deux normes de droit international. La première impose l'exécution de bonne foi des accords conclus entre sujets du droit des gens. La seconde pose le principe *pacta sunt servanda*. C'est donc qu'il y a là encore une soumission au droit des gens.

42. Par conséquent les dispositions d'un traité s'apparentent, à notre sens, à des obligations conventionnelles tout à fait identiques à celles qu'un contrat peut créer. Elles sont soumises à l'ordre juridique international d'une manière ou d'une autre. C'est inéluctable. Sans même évoquer l'éventualité d'un droit objectif à l'image du *jus cogens* tant décrié[1], il y a au minimum une règle à laquelle l'accord de volontés entre États est soumis. C'est celle qui consacre la force obligatoire de l'accord. Comme le dit M. Combacau, "*un traité n'est qu'un acte juridique entre sujets de droit ; pas plus qu'un contrat, il n'est apte par lui-même à produire un effet légal ; il ne peut qu'établir l'accord de ses auteurs en vue de le lui voir produire. Pour que la signification qu'ils attribuent au texte convenu se réalise au regard du droit international, il faut qu'une règle appartenant à celui-ci reconnaisse l'effet de l'acte qui l'incorpore. Telle est la fonction de la règle pacta sunt servanda*"[2]. Ne pas admettre l'existence de cette règle revient à nier l'existence même de l'ordre juridique international. En effet, si cette règle n'existe pas, cela signifie que l'accord de volontés entre États n'est finalement pas avalisé par le droit. Si cette opinion est logiquement admissible, il faut avoir à l'esprit son implication ultime : la négation de l'ordre juridique international[3].

Dès lors, sauf à nier l'existence du droit international, il convient de reconnaître que la force obligatoire du traité, comme celle du contrat, est conférée par un ordre juridique. Les conséquences de cette origine *extra partes* vont maintenant être examinées.

---

[1] Voy. not. la polémique initiée par P. WEIL à ce sujet : "Vers une normativité relative en droit international public ?", *R.G.D.I.P.*, 1982, p. 5-47 ; et les réponses qu'elle a suscitées : A. PELLET, "Le 'bon droit' et l'ivraie. Plaidoyer pour l'ivraie (Remarques sur quelques problèmes de méthodes en droit international du développement)" *in Le Droit des peuples à disposer d'eux-mêmes, Mélanges offerts à C. Chaumont*, Paris : Pedone, 1984, p. 465-493 ; C. LEBEN, "Une nouvelle controverse sur le positivisme en droit international public", *Droits*, n° 5, 1987, p. 121-130.

[2] *Le Droit des traités*, Paris : PUF, 1991, p. 67.

[3] Comme le dit M. DUPUY, le droit international est d'abord caractérisé par un "*phénomène d'équivalence normative*", lequel exclut "*en principe toute hiérarchie des normes entre elles*". Pourtant, "*il est permis de penser que le droit international, dans la mesure où il constitue un ordre juridique n'échappe pas totalement à cette exigence logique. C'est ainsi, quel que soit le statut qu'on lui donne, que la règle pacta sunt servanda, établissant le caractère obligatoire des engagements contractuels, mais sans doute aussi le principe de l'égalité souveraine des États présentent l'une et l'autre de tels caractères. La généralisation de leur méconnaissance (qui existe à l'état endémique mais reste quoi qu'on en dise, statistiquement exceptionnelle) reviendrait à ruiner l'existence du droit international en tant qu'ordre juridique*" : *Droit international public, op. cit.*, n° 265.

B. - LES CONSÉQUENCES DE L'ORIGINE *EXTRA PARTES* DE LA FORCE OBLIGATOIRE

43. L'origine *extra partes* de la force obligatoire du contrat et du traité implique la nature factuelle de l'accord de volontés (**1°**) ; ce qui emporte des conséquences quant à la juridicité de ce dernier (**2°**).

1° - La nature factuelle de l'accord de volontés

44. Comme ce ne sont pas les parties qui impriment à l'accord de volontés une force obligatoire, il faut en déduire qu'un tel accord ne produit pas *per se* des effets de droit. La source de la juridicité de l'accord est extérieure aux parties. Mais ceci a une conséquence directe sur la nature de l'accord de volontés. Dès lors qu'il ne produit pas d'effets de droit par lui-même, il faut en conclure qu'un tel accord ne se situe pas *ab initio* dans le domaine du droit, mais dans celui du fait[1].

45. Cette nature factuelle explique qu'il n'y ait aucune différence intrinsèque entre les accords qui sont à l'origine soit d'un contrat, soit d'un traité. Comme ils relèvent du domaine du fait, ils ne peuvent être tributaires des catégories juridiques et des différences attachées à celles-ci. Dans les deux cas, on est en présence d'un même phénomène : celui de l'accord, qui est propre et inhérent à toute vie sociale. Le droit prend en compte et régule ce phénomène social, au même titre que n'importe quel phénomène de ce type. Il n'existe pas de contrats ou de traités par nature, mais simplement des accords que le droit va considérer comme étant soit des contrats, soit des traités[2]. C'est pourquoi rien ne permet de différencier en eux-mêmes deux accords dont l'un sera considéré par le droit comme un traité et l'autre comme un contrat.

Qu'est-ce qui permet alors de différencier, en droit, deux accords de volontés identiques et d'affirmer que l'un est un contrat et l'autre un traité ? La différence se

---

[1] On souscrit ici à la remarque faite par l'interlocuteur anonyme de M. COMBACAU dont le propos est retranscrit ainsi par l'auteur : "*Les contrats se développent dans un cadre légal, et trouvent leur base juridique en même temps que leur garantie dans la loi qui juridicise le pur fait que, sans elle, constituerait la rencontre de deux volontés*" : "Sur une définition restrictive du droit. Dialogue sans issue" *in Mélanges Burdeau*, Paris : LGDJ, 1977, p. 1033-1052, spéc. p. 1036. Cette observation peut d'ailleurs être rapprochée de la phrase suivante écrite par CARRÉ DE MALBERG : « *Le contrat, de même que le délit, constitue seulement un fait dans lequel la volonté des parties contractantes joue, il est vrai, un rôle essentiel, puisque c'est elle qui détermine le contenu et la circonstance des obligations à naître ; mais les effets de droit attaché à ce fait, et pareillement la valeur obligatoire de ce contenu, sont une création de la loi, car ils ont pour fondement juridique la règle législative qui impose aux contractants le devoir de se conformer d'une façon adéquate à leurs stipulations* » : *La Formation du droit par degrés*, n° 56.

[2] Ainsi, cette remarque de l'auteur anglais P.S. ATIYAH, grand spécialiste de la matière contractuelle : "Il semble ainsi impossible de considérer que le concept de contrat puisse être déclaré exister en dehors du domaine du droit et que le droit se contente de régir un phénomène préexistant. C'est seulement grâce au droit lui-même que l'on peut connaître l'objet des règles contractuelles et savoir ce que c'est qu'un contrat" (" *It thus seems impossible to assume that the concept of contract itself can be said to exist outside the arena of law, and that the law merely regulates this pre-existing phenomenon. Only with the aid of the law itself can we know what contract law is about, and what a contract is*") : *Essays on contract*, Oxford : Clarendon Press, 1986, p. 1. C'est l'accord - *agreement* en anglais - qui constitue le *pre-existing phenomenon*. Cette remarque pourrait s'étendre aux traités.

situe au niveau de l'ordre juridique faisant produire des effets de droit ou, selon une autre formulation, assurant la juridicité de ce simple fait que constitue l'accord de volontés.

2° - La juridicité de l'accord de volontés

46. Il est certain que le caractère juridique d'un fait est "*relatif à un ordre juridique donné : un fait n'est pas juridique par lui-même, mais bien à raison de la relation dans laquelle il se trouve avec cet ordre donné*"[1]. L'accord de volontés n'est pas soumis à cet égard à un traitement particulier. Les parties ont entendu faire produire des effets à leur accord. Mais ceci ne constitue finalement qu'une "proposition normative", celle-ci devant recevoir l'aval d'un ordre juridique, être conforme aux critères que celui-ci pose pour recevoir la qualité de norme. Comme le dit Anzilotti, "*ce n'est pas la volonté comme telle qui produit des effets juridiques*" mais "*c'est le droit qui, étant donné une déclaration de volonté correspondant à certaines conditions, y rattache la naissance ou l'extinction de droits et d'obligations déterminés des sujets en cause*"[2].

47. Pour différencier un contrat d'un traité, il convient alors de s'attacher à l'ordre juridique qui juridicise l'accord de volontés à l'origine de l'un ou de l'autre. Si cet ordre juridique est le droit international, on est en présence d'un traité. Si c'est un ordre interne, on est en présence d'un contrat. Pour différencier deux accords de volontés *a priori* identiques, le droit procède donc à leur rattachement à deux ordres juridiques différents. Comme l'écrit Kelsen, le contrat et le traité sont les visages juridiques d'un même phénomène conventionnel ; le contrat étant la convention de droit interne tandis que le traité est celle du droit international public[3]. Il convient donc moins de s'intéresser aux accords qu'aux ordres juridiques. Pour savoir si un accord donné doit être qualifié de traité ou de contrat, il devient inutile d'examiner ses caractéristiques propres. En revanche, il faut interroger les différents ordres juridiques en présence, pour déterminer si le rapport de droit véhiculé par la convention relève de la compétence de l'un ou de l'autre.

48. La question est de savoir à quel type d'accord de volontés, un ordre juridique donné va faire produire des effets de droit. Or il nous semble que la réponse est la suivante : à ceux conclus par ses sujets. Un accord de volontés conclu entre sujets du droit international relèvera du droit international tandis qu'un accord identique conclu entre sujets du droit interne relèvera d'un ordre interne.

Cette proposition appelle toutefois quelques éclaircissements sur la notion de sujet de droit. À notre sens, il n'existe pas de sujets de droit "par nature". Seules

---

1 D. ANZILOTTI, *Cours de droit international*, vol. I : *Introduction - Théorie générale*, trad. GIDEL, Paris : Sirey, 1929, réimpr. Éd. Panthéon-Assas, 1999, avant-propos P.-M. DUPUY 8t C. LEBEN, p. 333.

2 *Ibid.*, p. 339.

3 "*Par le terme de 'contrat' on désigne un phénomène du droit interne. Mais le même phénomène existe également - sous le terme de 'traité' - en droit international*" : "La théorie juridique de la convention", *op. cit*, p. 33.

existent des entités - individus ou groupements d'individus -, auxquelles un ordre juridique en particulier accorde cette qualité ou, selon une expression jugée équivalente, accorde la personnalité juridique[1]. Ce faisant, cet ordre juridique déclare reconnaître cette entité comme destinataire de ses normes, l'autorisant à déduire de celles-ci des droits subjectifs.

49. C'est ainsi que le droit international public attribue la personnalité juridique aux États et aux organisations internationales, c'est-à-dire en fait à des groupements d'États. En revanche, les personnes privées, qu'elles soient physiques ou morales, sont dépourvues de toute personnalité internationale. On en veut pour preuve leur incapacité à conclure un traité ou à engager la responsabilité d'un État au regard du droit international. En ce qui concerne le droit interne, la situation est plus complexe. En raison de l'existence d'une pluralité d'ordres juridiques internes, on ne peut pas *a priori* utiliser l'expression de sujets *du* droit interne. Celle de sujet *d'un* droit interne ou *d'un* ordre interne semble plus orthodoxe. Mais, dans la pratique, chaque ordre étatique accorde la personnalité juridique à l'ensemble des personnes physiques, même étrangères, ainsi qu'à l'ensemble des personnes morales, même créées en vertu d'un système juridique étranger[2]. Dès lors, à condition d'admettre qu'elle signifie *sujet des ordres juridiques internes*, l'expression de *sujet du droit interne* peut être employée.

50. Ces précisions faîtes, on proposera de reconnaître que le traité est l'accord de volontés conclu entre sujets du droit international public et auquel l'ordre juridique international fait produire des effets de droit. De la même manière, le contrat est l'accord de volontés conclu entre sujets du droit interne et auquel un ordre interne fait produire des effets de droit. Une question se pose alors lorsque l'on est confronté à une même entité qui cumule les conditions de sujet de chacun des deux ordres : l'État. Elle sera examinée en son temps à travers l'étude des contrats d'État[3] puis celle des contrats entre États[4]. Mais on dispose désormais d'une clef permettant de déterminer si un accord donné s'apparente à un contrat ou à un traité.

§ 3. - LA MISE EN ŒUVRE DE LA DISTINCTION ENTRE LE CONTRAT ET LE TRAITÉ

51. Il a été vu que l'accord de volontés, qu'il soit à l'origine d'un contrat ou d'un traité, relève du domaine du fait. C'est en définitive l'*ordre juridique de rattachement* de l'accord qui permet de distinguer un contrat d'un traité. Le premier

---

[1] "*La personnalité - ou la qualité de sujet de droit, les deux expressions ont le même sens - est conférée par un ordre juridique, et ne peut s'apprécier que par rapport à lui*" : J. COMBACAU, S. SUR, *op. cit.*, p. 308.

[2] Ceci n'exclut pas que l'ordre juridique en question réserve un statut particulier aux personnes étrangères, physiques ou morales, ou même leur refuse certains droits. Le fait qu'un système juridique est mis en place une "condition des étrangers" démontre même que celui-ci attribue une personnalité juridique aux dits "étrangers".

[3] *Infra*, n° 53 et s.

[4] *Infra*, Chapitre I.

est un accord auquel un ordre interne fait produire des effets de droit alors que le second est un accord auquel l'ordre international fait produire de tels effets. Cette proposition délimite en principe les domaines respectifs des deux types de convention et elle doit être confirmée à travers un examen de la réception du contrat en droit international (**A**) puis de celle du traité en droit interne (**B**).

A. - LA RÉCEPTION DU CONTRAT EN DROIT INTERNATIONAL

52. Comme ils mettent en présence un authentique sujet du droit international en la personne de l'État contractant, les contrats d'État feront l'objet d'une étude particulière (**1°**). Puis seront examinés les contrats volontairement soumis au droit international (**2°**). Mais, dans un cas comme dans l'autre, on verra que le contrat est en réalité étranger au droit international.

1° - Les contrats d'État

53. Il s'agit d'étudier ici l'hypothèse d'un rattachement objectif des contrats d'État, c'est-à-dire conclus entre un État et une entreprise étrangère, au droit des gens ; autrement dit, indépendamment de toute démarche volontaire de la part des parties contractantes. Or différentes théories ont tenté d'opérer un tel rattachement. Certaines ont assimilé les contrats d'État à de véritables traités (a). D'autres ont postulé l'existence d'une branche du droit des gens, le droit international des contrats (b), qui leur serait consacré. Enfin, le droit international a parfois été considéré comme leur ordre juridique de base (c).

a) Les contrats d'État comme traités

54. Une partie de la doctrine soutient que certains accords passés entre États et entreprises étrangères sont en réalité des traités. Il est vrai que, bien souvent, les auteurs prônant cette thèse n'utilisent pas explicitement le terme de traité. Ils évoquent plus volontiers une soumission naturelle, et non pas volontaire, aux règles du droit international public[1]. Mais le traité est le seul acte conventionnel

---

[1] M. BÖCKSTIEGEL est sans doute un des auteurs qui a le plus ouvertement soutenu cette opinion à l'occasion de sa thèse intitulée *Der Staat als Vertragspartner ausländischer Privatunternehmen*, th. Francfort-sur-le-Main, 1971, citée par W. WENGLER, "Les accords entre États et entreprises étrangères sont-ils des traités de droit international ?", *R.G.D.I.P.*, 1972, p. 313-345, spéc. p. 316. L'idée d'une soumission naturelle de certains contrats d'État au droit international est présente chez des auteurs tels que : R.Y. JENNINGS, "State Contracts in International Law", *B.Y.I.L.*, 1961, p. 156-182, spéc. p. 178 ; F. CASTBERG, *International Law in Our Time*, *R.C.A.D.I.*, 1973 (I), vol. 138, p. 1-260, spéc. p. 8 ; J.A. BARBERIS, *La Personnalité juridique internationale*, *R.C.A.D.I.*, 1983 (I), vol. 179, p. 145-304, spéc. p. 205 ; J.N. HYDE, *Economic Development Agreements*, *R.C.A.D.I.*, 1962 (I), vol. 105, p. 267-374, spéc. p. 306. Déjà dans un article publié en 1944, MANN évoquait la possibilité de "*contrats prédisposés à l'application du droit international public*" : "The Law Governing State Contracts", *B.Y.I.L.*, 1944, p. 11-23, spéc. p. 19.

connu du droit des gens[1]. Dès lors, c'est bien au traité que ces auteurs font référence.

Ces contrats d'État sont souvent désignés sous le nom d'accords de développement économique ou de contrats d'investissement. Certains ont pu constater que cette opinion doctrinale n'est professée qu'à l'égard d'accords d'investissement conclus par les États du tiers-monde avec des entreprises occidentales. En revanche, personne ne propose de qualifier de traités les accords conclus par des États occidentaux avec des partenaires étrangers[2]. Pourtant, chacun sait qu'un des principes fondamentaux du droit international est l'égalité de ses sujets. Une telle différence de traitement paraît effectivement difficilement explicable[3].

55. Mais ce n'est pas là la seule critique que l'on peut formuler à l'encontre de l'assimilation des contrats d'État aux traités. Il en est une plus fondamentale. On a vu qu'un traité ne peut être conclu qu'entre sujets du droit international public[4]. Or les personnes privées, même lorsque ce sont des entreprises d'un poids économique particulièrement important, n'ont pas originellement cette qualité[5] : ce sont toujours des sujets du droit interne. Et, cette condition ne peut pas varier à l'occasion d'une activité juridique donnée. Ce n'est pas parce qu'une personne privée conclut avec un État étranger qu'elle acquiert la qualité de sujet du droit international public. Cette nouvelle qualité ne pourrait d'ailleurs être qu'éphémère, limitée à une opération ponctuelle ; le nouvel élu ne pouvant en profiter par la suite.

56. En outre, et de manière plus fondamentale, on ne voit pas comment la nature d'un sujet de droit pourrait ainsi varier en fonction de celle de son cocontractant. La qualité de sujet de droit est en effet un préalable à toute activité juridique. Dès lors, pour pouvoir organiser ses rapports conventionnels sous le couvert du droit international, l'entreprise privée doit préalablement bénéficier de la qualité de sujet de cet ordre juridique. Cette qualité ne peut logiquement lui être conférée par l'activité juridique elle-même.

57. En résumé, la personne privée contractant avec un État n'a pas originairement la qualité de sujet du droit international. En outre, il n'est pas logiquement admissible qu'elle acquière celle-ci à l'occasion de l'accord. Dès lors, le débat sur cette question est clos. Les personnes privées ne disposant d'aucune

---

1 On laissera pour le moment de côté l'éventualité d'un Droit international des contrats comme branche du droit des gens, cette hypothèse étant examinée *infra*, n° 58-61.

2 "*On ne peut enfin s'empêcher de remarquer que l'internationalisation a toujours été invoquée à sens unique. Cet argument n'a jamais été opposé à un État occidental qui n'accepterait certainement pas que soit remise en cause la compétence de son pouvoir central sur les biens situés sur son territoire*" : D. BETTEMS, *Les Contrats entre États et entreprises étrangères*, Le Mont-sur-Lausanne : Méta-Éditions, 1989, n° 99, p. 126.

3 D'autant que l'on n'est pas ici dans l'hypothèse où il y a soumission volontaire au droit international. Dans ce dernier cas, la différence de traitement s'explique : certains États acceptent de s'en remettre au droit international et d'autres s'y refusent.

4 C'est un élément de sa définition : *supra*, n° 31.

5 Rigoureux dans son raisonnement, M. BÖCKSTIEGEL va jusqu'à accorder une personnalité internationale limitée aux personnes privées parties à ces accords : *op. cit.*, *loc. cit.*

manière de la qualité nécessaire, les contrats d'État ne sont pas des traités[1]. D'ailleurs, la Cour Permanente de Justice Internationale a indirectement fait cette constatation dans les affaires des emprunts contractés par les États serbe et brésilien auprès de porteurs français. Les juges internationaux ont affirmé qu'il s'agissait là de contrats nécessairement soumis à la loi d'un État déterminé[2] ; ce qui *de facto* excluait que l'on puisse retenir la qualification de traité. Par la suite, la Cour Internationale de Justice s'est prononcée explicitement sur la question dans l'affaire de l'*Anglo-Iranian Oil Company*, en affirmant qu'un accord entre un État et une personne privée ne saurait constituer un traité[3].

b) Le droit international des contrats

58. Pour bien des auteurs, l'assimilation d'un contrat d'État à un traité s'avère gênante. Derrière le traité, il y a la mise en jeu de deux souverainetés qui, bien évidemment, ne se retrouve pas dans un *state contract* en raison de la présence d'un partenaire privé. C'est vraisemblablement de ce constat qu'est née l'idée d'un droit international des contrats. Sous cette appellation, on a entendu réunir "*l'ensemble des règles de droit international public relatives aux contrats entre un État et un ressortissant étranger*"[4]. Il s'agirait donc d'une branche du droit international public régissant les contrats d'État mais dont les règles seraient différentes de celles prévues pour les traités[5]. Certaines sentences arbitrales ont d'ailleurs consacré ce nouveau corps de règles à l'image du fameux arbitrage rendu dans l'affaire *Texaco-Calasiatic* où il est fait explicitement référence à cette "*branche particulière et nouvelle du droit international : le droit international des contrats*"[6].

---

1 En ce sens : D. BETTEMS, *op. cit.*, n° 97-100, p. 125-127 ; P. LEBOULANGER, *Les Contrats entre États et entreprises étrangères*, Paris : Economica, 1985, n° 381-387, p. 209-214 ; W. WENGLER, art. préc., *passim*.

2 *Rec.*, série A, n° 20/21, p. 41 et p. 121.

3 Arrêt du 22 juillet 1952, *Rec.*, p. 93. Le litige portait sur un accord conclu le 29 avril 1933 entre l'Iran et l'*Anglo Iranian Oil Company* dont le Royaume-Uni revendiquait la qualification de traité. Mais la Cour constata que "*ce contrat n'est rien de plus qu'un contrat de concession entre un gouvernement et une société privée étrangère*".

4 P. WEIL, *Problèmes relatifs aux contrats passés entre un État et un particulier, R.C.A.D.I.*, 1969 (III), vol. 128, p. 95-240, spéc. p. 189.

5 P. WEIL, "Droit international et contrat d'État" *in Mélanges Reuter*, Paris : Pedone, 1981, p. 549-582, spéc. n° 16, p. 566 ; du même auteur, "Un nouveau champ d'influence pour le droit administratif français : le droit international des contrats", *E.D.C.E.*, 1970, p. 13-25.

6 § 32 de la sentence prononcée le 19 janvier 1977 par l'arbitre unique René-Jean DUPUY, *Texaco Overseas petroleum Company (TOPCO), California Asiatic Oil Company (Calasiatic) c/ Gouvernement de la République arabe de Libye*, publiée en anglais *in I.L.M.*, p. 1-37, *I.L.R.*, 1979, vol. 53, p. 389-512 ; publiée en français *in J.D.I.*, 1977, p. 350-389. Pour des commentaires, voy. not. : G. COHEN-JONATHAN, "L'arbitrage Texaco-Calasiatic c. Gouvernement libyen", *A.F.D.I.*, 1977, p. 452-479 ; A.A. FATOUROS, "International Law and the Internationalized Contract", *A.J.I.L.*, 1980, p. 134-141 ; J.-F. LALIVE, "Un grand arbitrage pétrolier entre un gouvernement et deux sociétés privées étrangères", *J.D.I.*, 1977, p. 319-349 ; F. RIGAUX, "Des dieux et des héros. Réflexions sur une sentence arbitrale", *Rev. crit.*, 1978, p. 435-459. Pour des commentaires des trois sentences rendues à propos des nationalisations pétrolières libyennes : R.B. VON MEHREN, P.N. KOURIDES, "International Arbitration between States and Foreign Private Parties : The Libyan Nationalization Cases", *A.J.I.L.*, 1981, p. 447-552 ; B. STERN, "Trois arbitrages, un même problème, trois solutions. Les nationalisations pétrolières libyennes devant l'arbitrage international", *Rev. arb.*, 1980, p. 3-43.

59. Il convient maintenant d'examiner comment un contrat donné pourrait se trouver soumis à cette partie du droit des gens. Une telle soumission pourrait résulter d'un choix de loi fait par les parties. Mais telle n'est pas l'hypothèse qui, pour le moment, nous préoccupe[1]. Plus novatrice est l'idée que certains contrats d'État seraient "*immédiatement*"[2] régis par le droit international des contrats.

Mais comme il ne s'agit pas de l'ensemble de ces accords, comment distinguer alors ceux des contrats d'État qui par nature relèveraient du droit des gens ? M. Weil, dont on aura compris qu'il est à l'origine de ce droit international des contrats, propose à cet égard plusieurs indices. Il s'appuie tout d'abord sur les traités dits d'investissement conclus entre deux États. Les contrats conclus en application, dans le cadre, ou sous le couvert de ces conventions interétatiques, seraient fondés sur le droit international[3]. Plus largement, l'insertion d'un tel contrat dans les relations politico-économiques existant entre deux États serait également un facteur de soumission au droit international des contrats[4].

60. On constate immédiatement que tous ces indices relèvent de l'environnement juridique voire économique du contrat et ne reposent pas sur des qualités intrinsèques à l'accord. Mais ce n'est pas la seule critique. L'élaboration d'un droit international des contrats n'échappe pas au reproche formulé à l'encontre des théories qui assimilent certains contrats d'État à des traités. Même s'il ne s'agit plus du droit des traités mais d'une branche spécifique du droit des gens, la question de la sujétion à cet ordre juridique subsiste. Pour que le droit international puisse être retenu comme directement applicable à certains contrats d'État, il importe d'octroyer au contractant non étatique une personnalité internationale qualifiée de limitée[5]. Et on a vu que cette sujétion momentanée est incompatible avec la structure du droit international en tant qu'ordre juridique[6].

61. Par ailleurs, et de manière plus pratique, force est de constater que plus d'un quart de siècle après le cours de M. Weil à l'Académie de La Haye, cette branche du droit international que l'auteur appelait de ses vœux[7] est toujours bien pauvre en normes. Il est vrai que cet auteur a dégagé un certain nombre de règles qu'il estime appartenir au droit international des contrats[8]. Mais il s'appuie

---

[1] Sur la soumission volontaire au droit international public : *infra*, n° 67 et s.

[2] Selon l'expression employée par M. VERHOEVEN : "Droit international des contrats et droit des gens", *R.B.D.I.*, 1978-79, p. 207-230, spéc. p. 213.

[3] "Droit international et...", art. préc., n° 25, p. 575.

[4] *Ibid.*, n° 26, p. 576.

[5] P. WEIL, *Problèmes relatifs aux contrats...*, *op. cit.*, p. 185 ; *adde*, D. IJALAYE, *The Extension of Corporate Personality in International Law*, Leyden : Sijthoff, 1978. Dans sa sentence, DUPUY expose "*qu'aux fins de l'interprétation et de l'exécution du contrat, il convient de reconnaître au cocontractant privé des capacités internationales spécifiques*" (§ 47). Commentant ce passage, M. VERHOEVEN a fait la très pertinente remarque suivante : "*Il paraît (...) difficile d'envisager une personnalité par rapport à l'objet (le contrat) d'une règle et non par rapport à l'ordre juridique, avec l'appareil normatif et coercitif qui lui est propre, dans lequel cette règle s'inscrit*" : "Droit international des...", art. préc., p. 219. *Contra*, G. COHEN-JONATHAN, art. préc., p. 458.

[6] *Supra*, n° 56.

[7] Sinon dont il ne décrétait l'existence.

[8] P. WEIL, *Problèmes relatifs aux contrats...*, *op. cit.*, p. 194 et p. 205 et s. ; du même auteur, "Droit

principalement sur la pratique arbitrale pour démontrer l'existence de ces règles[1]. Or cela n'est absolument pas révélateur. Les arbitres internationaux ne sont pas les organes de l'ordre juridique international. Dès lors, le fait que certains principes reçoivent un écho au travers de plusieurs sentences ne démontre pas l'émergence d'un nouveau corps de règles au sein du droit international public.

c) Le droit international comme ordre juridique de base

62. Le dernier avatar de la volonté de relier les contrats d'État au droit international, indépendamment de toute soumission volontaire, se présente sous le visage de la théorie de l'ordre juridique de base ou *Grundlegung*. Cette dernière procède d'une distinction entre le droit applicable à un accord et son ordre juridique de base. Ainsi, certains contrats d'État seraient-ils enracinés dans l'ordre juridique international[2]. Ils seraient fondamentalement assujettis à ce droit et plus particulièrement au droit international des contrats que l'on retrouve ici. À partir de là, les parties pourraient choisir un droit applicable pouvant être un droit national, un autre système de normes, voire le droit international lui-même. La possibilité d'*electio juris* s'appréciera au regard de cet ordre juridique de base[3].

63. Cette distinction entre *Grundlegung* et *proper law*[4] a été reprise dans la sentence précitée rendue dans l'affaire *Texaco-Calasiatic*. L'arbitre s'y exprimait de la manière suivante : "*Dans la présente affaire, 'l'ordre juridique dont dérive le caractère obligatoire du contrat' est le droit international lui-même, cependant que 'la loi qui régit le contrat' est le système de droit (...) mis au point par les parties (...). Les contrats de concession litigieux se situent dans le domaine du droit international et (...) celui-ci leur donnait le droit de choisir la loi qui allait régir leurs relations contractuelles*"[5].

Mais cette construction doctrinale implique au préalable d'admettre la possibilité que certains contrats d'État soient enracinés dans l'ordre juridique international. Or on vient de voir que ceci n'est pas admissible dans la mesure où le droit international des contrats ne semble pas exister et, surtout, où il n'est pas possible de reconnaître une personnalité internationale de circonstance.

---

international et...", art. préc., n° 19, p. 568.

1 "Droit international et...", art. préc., *loc. cit.*

2 Comme le dit M. WEIL, "*ceux des contrats d'État qui sont fondés dans l'ordre international constitueraient ainsi une catégorie spécifique d'actes juridiques internationaux, à côté des traités, des actes unilatéraux des États et des organisations internationales et des actes judiciaires ou arbitraux*" : "Droit international et...", art. préc., n° 12, p. 562. *Adde*, D. BERLIN, *Le Régime juridique international des accords entre États et ressortissants d'autres États*, th. multigr., Paris I, 1981, p. 314 et s. ; G. VAN HECKE, "Les accords entre un État et une personne privée étrangère", *A.I.D.I.*, vol. 57 (I), 1977, p. 192-265.

3 P. WEIL, "Droit international et...", art. préc., n° 15, p. 565.

4 Selon les termes utilisés par M. WEIL : "Droit international et...", art. préc., *passim*.

5 Sentence préc., § 26 et § 35.

64. Hormis cette argumentation "en aval", M. Mayer a également démontré l'inutilité de l'ordre juridique de base et les contradictions qu'il colporte[1]. Le raisonnement de cet auteur repose sur la règle *Pacta sunt servanda* qui fonde la force obligatoire du contrat. Il est manifeste que celle-ci "*ne peut se trouver que dans un seul ordre juridique, non dans deux : (elle) est, ou bien dans la Grundlegung, ou bien dans la proper law*".

Si ce principe est situé dans la *Grundlegung*, c'est-à-dire dans l'ordre juridique de base, il faut alors en déduire que la loi choisie par les parties, autrement dit la *proper law*, ne régit pas le contrat mais s'y trouve incorporée, car la source de la force obligatoire du choix de loi est alors identique à celle des clauses contractuelles. Les tenants de la *Grundlegung* se refusent toutefois à une telle conséquence et lui donnent pour seul rôle de désigner la loi qui régira le contrat[2]. La règle *Pacta sunt servanda* est donc située dans la *proper law*[3]. Mais alors l'enracinement dans un ordre juridique de base perd toute utilité.

65. En effet, sa fonction est de permettre à la juridiction saisie de désigner la loi applicable. Mais, dans le cas d'une juridiction étatique, il est une règle de conflit de lois qui assure d'ores et déjà cette fonction[4]. Dans le cas d'un tribunal arbitral, celui-ci détient ce pouvoir en vertu de l'accord compromissoire passé entre les parties[5], qui elles-mêmes détiennent la possibilité de recourir à l'arbitrage du fait des législations internes autorisant cette forme de justice. Dès lors, dans un cas comme dans l'autre, toute référence à la *Grundlegung* est superflue. La détermination de la *lex contractus* ne nécessite pas d'y avoir recours.

66. En conclusion, les contrats d'État ne sont donc pas des traités. L'idée que le droit international pourrait contenir des règles spécifiques aux contrats d'État et servir à certains d'entre eux d'ordre juridique de base doit également être écartée. Une seule possibilité subsiste, celle pour les parties à un contrat d'État de se référer volontairement au droit international en tant que loi applicable. Mais les contrats d'État perdent alors leur spécificité et cette possibilité doit être examinée pour l'ensemble des contrats internationaux.

---

[1] "Le mythe de l'ordre juridique de base (ou *Grundlegung*)" *in Mélanges Goldman*, Paris : Litec, 1982, p. 199-216 ; *adde*, J.-M. JACQUET, *Principe d'autonomie et contrats internationaux*, Paris : Economica, 1983, p. 137 et s. ; également, la sentence *Aminoil c/ Koweït* du 24 mars 1982, et le commentaire de G. BURDEAU, *A.F.D.I.*, 1982, p. 455-470.

[2] P. WEIL, "Droit international et...", art. préc., p. 559 et p. 567.

[3] P. MAYER, "Le mythe de...", art. préc., p. 209.

[4] *Ibid.*, p. 214.

[5] *Ibid.*, p. 215 : "*L'arbitre est à l'intérieur d'un système créé par le contrat et ne possède aucun pouvoir hétéronome par rapport aux parties ; celles-ci ne lui demandent donc pas de fonder, par l'application de règles de droit ou ex aequo et bono, la force obligatoire de leurs engagements, mais plus modestement d'énoncer le contenu de leurs obligations en fonction d'une part des règles que le contrat pose, ou auxquelles il se réfère, ou que les parties décident de retenir au moment du litige, d'autre part des circonstances de fait qu'elles portent à sa connaissance*".

2° - *Les contrats volontairement soumis au droit international*

67. Il s'agit ici du cas où deux parties à un contrat insèrent dans celui-ci une clause d'*electio juris* désignant non pas un droit interne, comme c'est communément le cas, mais le droit international. Ces clauses sont relativement fréquentes en matière de contrat d'État[1]. Mais elles peuvent très bien être insérées dans un contrat entre personnes privées ; la problématique n'en sera pas affectée. On examinera le cadre (a), la valeur (b) puis le contenu de cette désignation (c).

a) Le cadre de la désignation volontaire

68. On doit en premier lieu se demander dans quels cas la clause de soumission au droit international pourra recevoir une quelconque effectivité. Or force est de constater que, pour être de quelque utilité, cette clause de droit applicable devra être doublée d'une clause d'arbitrage, car si c'est un juge étatique qui est saisi du litige, il ne pourra, au moins dans le cadre de la Convention de Rome du 19 juin 1980 sur la loi applicable aux obligations contractuelles, soumettre le contrat à d'autres normes que celles émanant d'un État[2].

69. En revanche, l'arbitre étant tout entier soumis à la volonté des parties quant à la détermination des règles applicables au litige[3], il devra faire application du droit international désigné ; et ce, d'autant plus que la plupart des textes internes ou internationaux régissant l'arbitrage n'obligent pas l'arbitre à statuer selon un droit étatique. Dans le respect de la volonté des parties, il lui est possible de se référer à des normes non étatiques comme la fameuse *lex mercatoria* et pourquoi pas alors au droit international ? Indépendamment de la question de savoir si l'arbitre trouvera au sein du droit international des règles susceptibles de régir le contrat[4], on peut affirmer que rien ne s'oppose en principe à ce qu'il s'y réfère.

b) La valeur de la désignation volontaire

70. Il faut maintenant s'interroger sur la valeur théorique de cette référence. En d'autres termes, cette clause de droit applicable a-t-elle pour effet de transformer le contrat en traité ? Au premier abord, il apparaît quelque peu embarrassant de laisser ainsi la qualification d'un acte à la discrétion des parties. Mais, même en dehors de cela, cette question appelle sans conteste une réponse absolument négative. En effet, le traité est un accord entre sujets du droit international public. À moins de retenir - une fois encore - que les personnes privées bénéficient de cette qualité, on ne voit

---

1 Lors de sa session d'Athènes, l'Institut de droit international a adopté le 11 septembre 1979 une résolution dont l'article 2 prévoit que "*les parties peuvent notamment choisir comme loi du contrat (...) le droit international*" : *Rev. crit.*, 1980, p. 427.

2 P. LAGARDE, "Le nouveau droit international privé des...", art. préc., n° 19, p. 300-301.

3 Sauf l'éventualité, qui ne nous intéresse pas au premier chef mais qu'on ne peut omettre de signaler, de la prise en compte d'une loi de police étrangère à la *lex contractus*.

4 Ce dont on peut légitimement douter : *infra*, n° 74 et s.

pas comment il serait possible de qualifier de traité les conventions conclues par des personnes privées entre elles ou avec des États et volontairement soumises au droit international.

71. Mais, le principe de la désignation volontaire étant admis, il y a pourtant bien une soumission indéniable du contrat au droit international. Néanmoins, cette soumission est différente de celle qui existe dans le cas d'un traité. En effet, le contrat dans lequel est insérée une clause désignant le droit des gens reste en réalité soumis au droit interne. Relevant du cadre de l'arbitrage, de telles conventions sont, avec l'ensemble de l'institution arbitrale, fondamentalement soumises au droit interne. À partir du moment où ce n'est pas un arbitrage de droit international public entre sujets de ce droit - ce qui n'est pas notre hypothèse -[1], l'arbitrage est foncièrement une institution relevant du droit interne. Ce sont les droits internes qui autorisent le recours à cette forme de justice et, d'ailleurs, rien ne les empêche de retirer du jour au lendemain cette concession faite aux arbitres. Surtout, au bout du processus arbitral, il y a toujours une loi et donc un ordre juridique étatique pour assurer l'exécution de la sentence, voire, dans certains cas, pour annuler celle-ci.

72. Le droit international ne sert donc que de système de référence à l'arbitre comme pourrait, en d'autres occasions, le faire une loi-type ou un règlement uniforme élaborés par des organismes tels que la Commission des Nations Unies pour le Droit du Commerce International ou la Chambre du Commerce International. L'arbitre le met en œuvre afin d'évaluer les demandes des parties au litige. Sur ce fondement, il prononce sa sentence mais celle-ci n'est qu'un acte juridictionnel privé "*dont la force obligatoire n'existe que dans la mesure où un État lui en confère une*"[2]. En dernière analyse et quel que soit le système de référence utilisé par l'arbitre, le droit objectif qui assure sa juridicité à l'accord de volontés reste donc toujours un droit interne.

c) Le contenu de la désignation volontaire

73. Il convient maintenant de déterminer les règles auxquelles une telle stipulation se rapporte. On laissera ici de côté l'hypothèse où les parties ont entendu se soumettre aux règles d'une convention internationale en particulier[3]. En effet, les clauses dites *paramount* ne constituent pas une véritable référence au droit international[4]. Il faut que les parties aient renvoyé aux règles générales du droit international public et non à tel ou tel traité en particulier.

74. Mais quelles sont alors les règles qu'il convient de prendre en compte au sein du droit international général ? La question est délicate. Il existe bien des principes dans certains domaines bien spécifiques. Ainsi, une résolution de

---

[1] Sur ce type d'arbitrage : NGUYEN QUOC DINH, P. DAILLIER, A. PELLET, *op. cit.*, p. 831 et s.

[2] P. MAYER, "Le mythe de...", art. préc., p. 216.

[3] Les parties se sont, par exemple, référées aux dispositions de la Convention de Vienne sur la vente internationale de marchandises du 11 avril 1980 ou à celles de tel autre traité sur le transport maritime.

[4] On s'expliquera sur cette affirmation : *infra*, n° 91, note 2.

l'Assemblée générale des Nations Unies rappelle qu'en cas de nationalisation, "*le propriétaire recevra une indemnisation adéquate, conformément aux règles en vigueur dans l'État qui prend ces mesures dans l'exercice de sa souveraineté et en conformité avec le droit international*"[1]. Mais, tout d'abord, ces principes sont d'une faible intensité normative. Ensuite, ils sont parcellaires. Si un contrat se réfère au droit international, ce dernier doit pouvoir lui procurer un corps de règles complet et structuré permettant de résoudre tous les problèmes susceptibles de survenir à l'occasion de sa conclusion ou de son exécution. Le contrat doit être encadré dans son ensemble. L'existence de règles éparses régissant, par exemple, la souveraineté sur les ressources naturelles ne saurait suffire. Des questions beaucoup plus générales de consentement ou de validité de certaines clauses peuvent se poser.

75. C'est un régime général susceptible d'être appliqué au contrat qu'il s'agit de déceler au sein du droit international. Le droit international des contrats pourrait faire l'affaire. Malheureusement, son existence est très hypothétique. Et, même en ce qui concerne les règles peu nombreuses qu'on lui prête, il a été vu que rien ne permet d'en affirmer l'existence dans l'ordre international[2]. Reste alors le droit des traités. Il est le seul groupe de règles appartenant au droit international général suffisamment systématisé pour régir, dans son ensemble, un contrat. En outre, il emprunte nombre de ses principes aux droits contractuels nationaux[3]. Mais cela n'implique pas pour autant que le régime du traité soit totalement adapté à un rapport contractuel. Le traité met en présence deux entités souveraines ; ce qui n'est pas le cas du contrat. C'est pourquoi le droit des traités comporte des dispositions qui ne sont pas transposables au contrat. Que l'on pense, par exemple, au mécanisme des réserves qui, en droit interne, serait très vraisemblablement assimilé à des clauses abusives ou à des conditions potestatives[4].

76. Pourtant, il s'agit du seul corps de règles envisageable. Et si une clause se réfère au droit international, c'est bien le droit des traités qu'il faudrait appliquer[5]. L'arbitre pourra toujours écarter la *professio juris* en soulignant que le droit désigné

---

1 Résolution 1803 (XVII), § 4.

2 *Supra*, n° 61.

3 *Supra*, n° 33. Il semble d'ailleurs, que dans la sentence *Aminoil c/ Koweït* rendue le 24 mars 1982, le tribunal arbitral se soit référé à la théorie des vices du consentement, telle qu'exposée dans la Convention de Vienne sur le droit des traités, pour l'appliquer à un *state contract* : G. BURDEAU, "Droit international et contrats d'État. La sentence *Aminoil c/ Koweït* du 24 mars 1982", *A.F.D.I.*, 1982, p. 456-470, spéc. p. 463.

4 Certains auteurs comme M. KASSIR ne sont pas de cet avis et estiment que le droit international volontairement désigné pourra régir "*l'ensemble du contrat et non plus seulement les actes de souveraineté de l'État*" : *Étude du contrat sans loi*, th. multigr., Paris I, 1992, p. 563. Cet auteur s'offusque même à l'encontre de ceux qui voudraient "*réduire le droit international public à la seule sacralité des engagements*". Ce serait "*une dénaturation inacceptable, une régression de ce droit, le ramenant à un stade primitif très inadapté aux besoins de notre époque*" : *id.* Mais est-ce dénaturer ou discréditer un droit que de constater qu'il n'est pas adapté à un certain type de relations juridiques ?

5 La Convention de Washington du 18 mars 1965 pour le règlement pacifique des différends relatifs aux investissements entre États et ressortissants d'autres États a une disposition susceptible de palier la carence normative du droit international : "*Faute d'accord (sur le droit applicable) entre les parties, le Tribunal applique le droit de l'État partie au différend y compris les règles relatives aux conflits de lois - ainsi que les principes de droit international en la matière*". Il n'est pas alors nécessaire de découvrir un "droit contractuel" au sein du droit des gens. Toutefois, cette disposition s'applique uniquement lorsque les parties n'ont pas elles-mêmes fixé le droit applicable.

ne comporte pas de règles susceptibles d'encadrer le contrat. Plus encore, il pourra procéder à une interprétation de la volonté des parties. Il y a en effet de fortes chances pour que celles-ci n'aient pas entendu se référer au droit des gens. Par "droit international", elles visaient des principes ou usages propres au commerce international, souvent qualifiés d'anationaux[1] et couramment appliqués dans le cadre de l'arbitrage. Dégagés par la pratique arbitrale, ces principes souvent regroupés sous l'appellation de *lex mercatoria*, prennent en ligne de compte les nécessités propres au commerce international. Or l'arbitre peut tout à fait appliquer ce système de référence qui, s'il ne constitue pas un ordre juridique, n'en est pas moins un corps de règles adéquat[2]. Il est en mesure de rendre ainsi la véritable signification de leur choix aux parties qui, se souciant peu d'orthodoxie juridique, s'étaient référées au droit international[3].

77. On doit en conclure que les conventions entre personnes privées ou entre personnes privées et États, volontairement soumises au droit international, ne sont pas des traités mais bien des contrats. Le droit des gens a ici une simple fonction de réservoir de règles. Il n'est pas l'ordre juridique qui donne vie à l'accord. Dès lors, il ne fait maintenant plus de doute que le concept de contrat n'a aucune place véritable en droit international, et il est temps de procéder à l'étude de celle du traité en droit interne.

B. - LA RÉCEPTION DU TRAITÉ EN DROIT INTERNE

78. A la différence du contrat en droit international, le traité a une réelle place dans l'ordre interne. Mais celle-ci se limite à la dimension non conventionnelle du traité. Il a en effet été vu que le traité est également un procédé de création normative[4]. Or c'est cette fonction qui déploie ses conséquences au sein de l'ordre interne. C'est le cas, par exemple, lorsqu'un plaideur invoque, à l'occasion d'un procès interne, les dispositions d'une convention internationale. L'appréhension de la réception du traité en droit interne emporte toutefois un préalable nécessaire : l'examen de la nature des relations entre les deux ordres juridiques (**1°**). C'est seulement à la suite de cette étude que pourront être appréciés les effets du traité en droit interne (**2°**).

---

[1] Mais en réalité empruntés ou aménagés à partir des systèmes juridiques nationaux.

[2] Il pourra s'avérer parcellaire sur un point particulier et l'arbitre devra alors s'efforcer de dégager un nouveau principe. Quoi qu'il en soit, ce système de référence se révélera toujours mieux adapté à un contrat, même d'État, que le droit des traités.

[3] Ce raisonnement a été suivi par une sentence rendue en 1996 sous les auspices de la Chambre de Commerce international : *Clunet*, 1997, p. 1077, obs. ARNALDEZ. Le litige portait sur une garantie bancaire émise par une banque allemande au profit d'une banque espagnole. Le contrat prévoyait expressément que "*cette garantie est régie par le droit international*". En accord avec les parties, le tribunal arbitral écarta l'application du droit des gens pour lui substituer des principes issus de la *lex mercatoria* et en particulier les Règles uniformes de la CCI relatives aux garanties sur demande.

[4] *Supra*, n° 34.

1° - Les relations entre les ordres juridiques internes et international

79. La querelle doctrinale opposant les partisans du monisme à ceux du dualisme est l'une des plus célèbres du droit international public[1]. Sans prétendre la retracer dans le détail, chacun sait que l'alternative théorique est la suivante : soit l'ordre international et l'ordre interne ne font qu'un tandis que l'un a une position hiérarchiquement supérieure à l'autre, soit les deux systèmes se juxtaposent entretenant des champs d'application entièrement séparés. Autant le dire tout de suite, le modèle que présente la théorie moniste ne nous semble pas correspondre à la réalité des relations entre le droit international et les droits internes. La diversité des systèmes étatiques (a) a pour conséquence immédiate l'existence d'un système dualiste général (b).

a) La diversité des systèmes étatiques

80. La différence entre les systèmes dualiste et moniste est d'abord une affaire de choix de la part des États : "*Il appartient aux constitutions nationales, ou aux règles qui en tiennent lieu, de déterminer la position générale de chaque État*"[2]. Il est en effet manifeste que les États n'adoptent pas toujours la même attitude par rapport au droit international. Ainsi, si la France et beaucoup de pays occidentaux ont opté pour un système moniste, ce n'est pas le cas de tous les États. Nombreux sont les systèmes juridiques qui fonctionnent sur un mode dualiste. C'est le cas, par exemple, de certains États sud-américains ou du Royaume Uni.

81. Les différences des systèmes ainsi adoptés se font ressentir à deux niveaux. Il existe, tout d'abord, une disparité quant au mode d'insertion du droit international dans l'ordre interne. Dans un pays moniste, comme la France, la constitution prévoit une insertion automatique des traités internationaux dès lors que ceux-ci ont été régulièrement ratifiés. En revanche, dans un État dualiste, comme le Royaume Uni, l'entrée en vigueur d'une convention internationale susceptible d'affecter les droits des particuliers est précédée d'une loi qui reprend les dispositions de celle-ci et même parfois les adapte[3]. De cette première différence, il en découle une seconde relative à la hiérarchie des dispositions issues du traité. Dans un système moniste, la norme d'origine conventionnelle sera supérieure aux normes d'origine interne tandis

---

[1] Voy. not. : D. ANZILOTTI, *op. cit.*, p. 49-65 ; H. KELSEN, *Les Rapports de système entre le droit international et le droit interne*, *R.C.A.D.I.*, 1926 (IV), vol. 14, p. 231-329 ; H. MOSLER, *L'Application du droit international public par les tribunaux internes*, *R.C.A.D.I.*, 1957 (I), vol. 91, p. 619-711 ; G. SPERDUTI, "Dualism and Monism. A Confrontation to be Overcomed", *I.Y.I.L.*, 1977, p. 31-49 ; H. TRIEPEL, *Droit international et droit interne*, Paris : Pedone, 1920 ; du même auteur, *Les Rapports entre le droit international et le droit interne*, *R.C.A.D.I.*, 1923, vol. 1, p. 73-121 ; M. VIRALLY, "Sur un pont aux ânes : les rapports entre droit international et droits internes" *in Mélanges offerts à Henri Rolin, Problèmes de droit des gens*, Paris : Pedone, 1964, p. 488-505, repr. *in Le Droit international en devenir, Essais écrits au fil des ans*, Paris : PUF, 1990, p. 103-117 ; P. de VISSCHER, *Les Tendances internationales des constitutions modernes*, *R.C.A.D.I.*, 1952 (I), vol. 80, p. 511-578.

[2] J. COMBACAU, S. SUR, *op. cit.*, p. 178.

[3] I. BROWNLIE, *Principles of Public International Law*, Oxford University Press, 4ème éd., 1990, p. 47-48.

que, dans un système dualiste, elle est forcément de rang équivalent puisque le traité n'apparaît que sous la forme d'une loi de transposition.

b) Le système dualiste général

82. Les droits étatiques peuvent donc opter pour l'un des deux systèmes. Mais, en réalité, la divergence est moindre qu'il n'y paraît : qu'un État place dans sa Constitution un acte d'introduction générale des normes du droit international, comme l'article 55 de la Constitution du 4 octobre 1958, ou que celles-ci nécessitent des actes d'introduction particuliers et contingents, comme au Royaume Uni, la démarche est substantiellement identique. Un acte interne est nécessaire à l'introduction de la disposition internationale[1].

83. Il est à cet égard significatif qu'un traité contraire à la Constitution française, et reconnu comme tel par le Conseil constitutionnel, ne soit ratifié qu'après modification du texte de 1958[2]. Même un pays réputé moniste comme la France fonctionne, dans la pratique, sur un mode dualiste. Dans le cas contraire, la Constitution pourrait être amendée par traité sans modification préalable[3]. En fin de compte, le fait même que les États puissent effectuer un choix entre dualisme et monisme, et qu'ils puissent modifier ce choix, démontre qu'une seule combinaison est cohérente. Le système qui régit objectivement et universellement les rapports entre droit international et droits étatiques repose sur une séparation entre ces ordres juridiques.

84. D'ailleurs cette séparation nette entre les ordres juridiques s'explique au point de vue théorique. Le monisme réduit l'activité juridique à un ordre mondial reposant sur une norme fondamentale[4]. Or ceci postule deux propositions qui nous paraissent, pour la première, erronée et, pour la seconde, au mieux très aléatoire.

---

[1] M. COMBACAU développe une opinion équivalente à celle du texte dans le passage suivant : "*... ainsi, qu'un État inscrive dans sa constitution, acte qu'il prétend toujours fondateur de son droit interne et dont il ne reconnaîtra jamais qu'il résulte d'une délégation de l'ordre international, une disposition par laquelle il accepte la supériorité de celui-ci sur celui-là, cela aboutit certes au triomphe des règles internationales sur les règles étatiques en cas d'incompatibilité entre elles ; triomphe contingent cependant, car il résulte d'une décision interne librement prise par l'État et librement révocable, et non pas d'une exigence extrinsèque au système juridique étatique*" : "Le droit international : bric-à-brac ou système ?", *A.P.D.*, t. XXXI, 1986, p. 85-105, spéc. p. 94.

[2] L'article 54 de la Constitution de la Ve République est rédigé comme suit : "*Si le Conseil constitutionnel (...) a déclaré qu'un engagement international comporte une clause contraire à la Constitution, l'autorisation de le ratifier ou de l'approuver ne peut intervenir qu'après la révision de la Constitution*".

[3] Le Conseil d'État a explicitement énoncé que la suprématie conférée par l'article 55 aux engagements internationaux "*ne s'applique pas, dans l'ordre interne, aux dispositions de nature constitutionnelle*" : C.E., ass., 30 octobre 1998, *Sarran et Levacher*, *Rec.*, p. 368, *A.J.D.A.*, 1998, p. 1039, chron. Ch. MAUGÜE. La Cour de cassation a d'ailleurs repris cette solution dans un arrêt d'Assemblée plénière en date du 22 juin 2000 : *D.*, 2000, jur., p. 865, note B. MATHIEU et M. VERPEAUX. Sur ces deux arrêts : *G.A.D.I.P.*, n° 85-86.

[4] Il s'agit ici de la forme la plus couramment admise du monisme, dite à prédominance du droit international. L'autre monisme, à prédominance du droit interne, ne compte pratiquement plus aucun partisan, tant les contradictions qu'il comporte sont flagrantes. Cette théorie revient en effet à considérer qu'il existe autant de droits internationaux que d'États, autrement dit qu'il n'existe plus de droit international du tout. En ce sens : J. COMBACAU, S. SUR, *op. cit.*, p. 179.

Tout d'abord, l'existence d'un seul ordre juridique regroupant droit interne et droit international suppose que les ordres juridiques étatiques tiennent fondamentalement leur validité du droit des gens[1]. Or ceci ne nous semble pas conforme à la réalité. Chaque ordre étatique est *premier* et puise en lui-même la source de sa validité en tant qu'ordre juridique. La norme constitutionnelle qui fonde cette validité ne résulte pas d'une délégation du droit des gens[2]. Le fait qu'un acte interne - constitution ou loi - soit toujours nécessaire à l'introduction d'un traité dans l'ordre interne démontre, par l'expérience, la véracité de cette proposition. Mais, en outre, le monisme implique l'existence d'une norme fondatrice. Il doit exister une règle génératrice de l'ensemble constitué par le droit international et les droits internes, capable, du fait de sa position au sommet de la pyramide, de justifier et d'imposer la position d'ordre supérieur du droit international aux États. Or l'existence de cette *Grundnorm* est plus que douteuse[3].

85. C'est pourquoi, il nous semble que la théorie moniste doit être écartée au profit du dualisme. Seul ce dernier propose un modèle qui rende compte de la réalité des relations entre l'ordre international et les ordres internes. On est donc en présence d'ordres juridiques distincts. Mais le fait qu'ils soient distincts ne signifie pas nécessairement qu'ils s'ignorent. Cela implique simplement qu'ils définissent comme ils l'entendent la nature de leurs relations. Le droit international n'a pas le choix. Il doit se considérer comme supérieur aux droits étatiques, sous peine de

---

[1] Dans le passage suivant, KELSEN, l'un des fondateurs du monisme, admet explicitement l'existence d'un rapport de validité entre la norme constitutionnelle et le droit des gens : "C'est ce principe général d'effectivité, une norme positive du droit international qui est appliquée à un ordre juridique interne en particulier. Ainsi, les normes fondamentales de chaque ordre juridique national reposent elles-mêmes sur une norme générale de l'ordre juridique international. Si l'on conçoit le droit international comme un ordre juridique auquel tous les États (c'est-à-dire tous les ordres juridiques nationaux) sont subordonnés, alors la norme fondamentale d'un ordre juridique national n'est pas une simple présupposition de la pensée juridique, mais une norme légale positive, une norme de droit international appliquée à l'ordre juridique d'un état donné. Ainsi, l'ordre juridique international, au moyen du principe d'effectivité, détermine non seulement les sphères de validité, mais aussi la raison de la validité des ordres juridiques nationaux" ("*It is this general principle of effectiveness, a positive norm of international law, which is applied to an individual national legal order. Thus the basic norms of the different national legal orders are themselves based on a general norm of the international legal order. If we conceive of international law as a legal order to which all the states (and that means all the national legal orders) are subordinated, then the basic norm of a national legal order is not a mere presupposition of juristic thinking, but a positive legal norm, a norm of international law applied to the legal order of a concrete state. Thus the international legal order, by means of the principle of effectiveness, determines not only the spheres of validity, but also the reason of validity of the national legal orders*") : *Principles of international law*, New York : Holt, Rinehart & Winston, 2ème éd., 1966, p. 562. Cette thèse est également développée dans un autre ouvrage de KELSEN : *General theory of law and state*, New York : Russel & Russel, 1945, p. 367-368.

[2] Ainsi, pour ANZILOTTI, "*le droit international est supérieur à l'État en ce sens qu'il constitue une limite juridique de sa puissance, mais non pas dans le sens que la puissance de l'État soit une délégation du droit international ; cette dernière thèse, qui, d'ailleurs, n'est pas logiquement nécessaire, a contre elle, non seulement l'expérience historique, mais encore et principalement la conviction des États, auxquels rien ne répugne davantage que l'idée d'exercer un pouvoir à eux concédé par l'ordre international. Il résulte de tout ceci que la norme fondamentale, de laquelle émane tout ordre juridique interne, a en elle-même, à titre originaire et non dérivé la vis obligandi. Émanant de normes fondamentales autonomes, le droit international et le droit interne sont, par suite, des ordres séparés*" : *op. cit.*, p. 51. C'est une différence avec les organisations internationales qui, quant à elles, reposent sur une norme fondamentale dont la validité dépend du droit international. Voy. R. MONACO, "Le caractère constitutionnel des actes institutifs d'organisations internationales" *in Mélanges Rousseau*, Paris : Pedone, 1974, p. 153-172.

[3] M. VIRALLY, "Notes sur la validité du droit et son fondement" *in Mélanges Charles Eisenmann*, Paris : Cujas, 1977, p. 453-467.

perdre sa raison d'être. En revanche, les États sont libres de choisir la place qu'ils entendent laisser dans leur propre ordonnancement aux normes d'origine internationale. Ils peuvent opter pour un système, que l'on qualifiera d'étatique afin de le distinguer du système général, soit dualiste, soit moniste. Mais on a vu que ce choix ne remet pas en question, et même participe en réalité à la démonstration de l'existence d'un système dualiste général.

86. On ne saurait toutefois conclure sur ce point sans remarquer qu'ont été avancées des thèses alternatives à l'opposition entre monisme et dualisme. La plus connue est sans doute la théorie pluraliste dont Virally a fait la promotion dans un article resté célèbre[1]. Celle-ci propose de présenter sous un jour nouveau les relations entre le droit interne et le droit international. Même si l'auteur s'en défend[2], il nous semble que cette théorie pluraliste ne change rien aux données fondamentales du dualisme. Tout d'abord, elle rejette le caractère délégué du droit interne par le droit international[3]. Ensuite, elle affirme la supériorité de ce dernier[4], mais pour constater aussitôt que celle-ci n'est établie "*en tout cas que dans l'ordre international*"[5]. En réalité, c'est le dualisme étatique que l'auteur rejette et non le dualisme général : "*Le terme de dualisme nous place dans la perspective particulière de celui qui raisonne à partir d'un État déterminé, pour se demander si les tribunaux de cet État doivent appliquer le droit international*"[6]. Le pluralisme n'est par conséquent qu'un nouveau nom affublé au dualisme et, d'ailleurs, Kelsen lui-même tenait les deux expressions pour équivalentes[7].

C'est donc en se référant à une conception dualiste, c'est-à-dire réaliste, des rapports entre les deux ordres juridiques que l'on peut apprécier les effets du traité en droit interne.

2° - Les effets du traité dans l'ordre interne

87. Dans l'ordre interne, le traité ne se présente pas sous le visage d'une convention. Il est alors une source de droit, au même titre que la loi ou le règlement. Cependant, ce n'est pas le traité dans son ensemble qui, de cette façon, s'insère dans

---

[1] M. VIRALLY, "Sur un pont aux ânes...", art. préc., *passim*. Pour une défense plus récente du pluralisme : F. RIGAUX, *Les Situations individuelles dans un système de relativité générale, Cour général de droit international privé, R.C.A.D.I.*, 1989 (I), vol. 213 ; *adde*, du même auteur, "La relativité générale des ordres juridiques" *in L'Extranéité ou le dépassement de l'ordre juridique étatique*, Actes du colloque organisé par l'I.E.D.I. de la Faculté de Lausanne, 27-28 novembre 1997, E. WYLER, A. PAPAUX, dir., Paris : Pedone, 1999, p. 75-86.

[2] M. VIRALLY, "Sur un pont aux ânes...", art. préc., note 30, p. 116.

[3] "*Affirmer que le droit interne est délégué par le droit international, c'est-à-dire procède de ce dernier, ne représente qu'une fiction, et presque un contresens à l'égard de la véritable nature du droit international*" : *ibid.*, p. 109.

[4] *Ibid.*, p. 110.

[5] *Ibid.*, p. 112. Et l'auteur de poursuivre : "*La méthode que nous avons suivie empêche d'en déduire la supériorité du droit international dans l'ordre interne, en raison même de l'autonomie qui lui est reconnue*".

[6] *Ibid.*, note 30, p. 116.

[7] *Théorie pure du droit*, trad. C. EISENMANN, Paris : Dalloz, 1962, p. 430.

l'ordre interne mais uniquement les dispositions d'incidence interne que celui-ci comprend (b). Pour appréhender clairement celles-ci, il faut préalablement examiner les règles du droit interne gouvernant les traités (a).

a) Les règles internes gouvernant les traités

88. Deux types de règles internes régissent les traités, chacun saisissant les conventions internationales sous un angle différent. Pour illustrer cette division, on s'appuiera sur les dispositions contenues dans le Titre VI de la Constitution du 4 octobre 1958 intitulé "Des traités et accords internationaux".

Dans une première série de règles, le traité est bien envisagé comme une convention. C'est également le cas du droit international public au travers du droit des traités. Mais, à la différence de ce dernier, le droit interne ne saisit que très partiellement le traité sous cet angle conventionnel. Il ne s'intéresse qu'aux mécanismes permettant l'élaboration d'une volonté conventionnelle de l'État et, ce faisant, désigne les différents organes qui vont participer au processus volontaire. Il répartit en particulier les rôles entre les pouvoirs exécutif et législatif. Mais ses prétentions s'arrêtent là, tout le reste relevant du droit international public, lequel régit le traité envisagé comme une convention dans sa globalité. Le droit interne ne s'intéresse donc qu'à la mise au point d'une volonté de l'État. En France, les articles 52 et 53 de la Constitution de 1958 règlent principalement cette question[1]. Une fois la convention internationale conclue par une autorité à laquelle le droit interne octroyait bien la capacité d'engager l'État, les dispositions concernées s'écartent. Ces règles du droit constitutionnel épuisent leurs effets dans la conclusion et, le cas échéant, la ratification ou l'approbation du traité.

89. L'État étant valablement engagé au regard du droit interne, c'est alors qu'intervient la seconde catégorie de règles. On a vu que selon une vision réaliste des relations entre les systèmes internes et le système international, le droit interne est maître de l'admission de normes internationales au sein de son ordre juridique[2]. La régulation de ces immixtions dans l'ordre interne est en général effectuée par la constitution ou la pratique constitutionnelle. Le droit interne détermine ainsi les dispositions du traité qui devront ou non faire l'objet d'un acte spécial d'introduction et définit leur rang au sein de la hiérarchie étatique[3]. Ces dispositions

---

[1] Art. 52 : "*Le président de la République négocie et ratifie les traités. Il est informé de toute négociation tendant à la conclusion d'un accord international non soumis à ratification.*"
Art. 53 : "*Les traités de paix, les traités de commerce, les traités ou accords relatifs à l'organisation internationale, ceux qui engagent les finances de l'État, ceux qui modifient les dispositions de nature législative, ceux qui sont relatifs à l'état des personnes, ceux qui comportent cession, échange ou adjonction de territoire, ne peuvent être ratifiés ou approuvés qu'en vertu d'une loi. Ils ne prennent effet qu'après avoir été ratifiés ou approuvés. Nulle cession, nul échange, nulle adjonction de territoire n'est valable sans le consentement des populations intéressées.*"
Ce sont là les principes fondamentaux consacrés par la Constitution. Il existe d'autres règles internes qui aménagent et précisent ces principes. Pour une étude d'ensemble : E. ZOLLER, *Droit des relations extérieures*, Paris : PUF, 1992.

[2] *Supra*, n° 84. Cette maîtrise existe aussi vis-à-vis des normes des autres ordres internes ; le droit international privé est chargé d'en effectuer la régulation : *infra*, n° 543.

[3] En France, c'est en grande partie l'article 55 qui poursuit cet office : "*Les traités ou accords*

pourront alors être invoquées devant un tribunal interne. On constate aisément que le traité n'est plus ici appréhendé sous un angle conventionnel mais au titre de texte législatif, au sens large. Une fois son insertion effectuée, la disposition du traité a une valeur identique à une loi ou à un règlement, hormis la question de son rang hiérarchique. Elle est d'une facture équivalente et son aspect conventionnel est complètement gommé.

Mais encore faut-il alors se demander quelles sont précisément ces dispositions du traité dont le droit interne règle l'immixtion au sein de l'ordre étatique.

b) Les dispositions conventionnelles d'incidence interne

90. Certains traités n'intéressent que les États. C'est le cas des grandes conventions internationales emportant codification de normes coutumières généralement élaborées sous l'égide de la Commission du droit international. C'est aussi vrai pour un emprunt inter-étatique ou un traité d'alliance. Mais il existe également de nombreux traités dont les dispositions intéressent les sujets internes.

Or, au sein d'une convention internationale de ce type, deux catégories de dispositions coexistent. Elles se différencient en fonction de leurs destinataires et de l'ordre juridique au sein duquel elles déploient leurs effets. Certaines lient directement les États parties au traité et relèvent du droit international, tandis que d'autres concernent les sujets du droit interne et prospèrent au sein de ce dernier[1].

91. Imaginons une convention internationale qui prévoit de faire bénéficier, sous certaines conditions énumérées dans le traité, les ressortissants du pays X du régime de sécurité sociale du pays Y. Le national X qui demande à bénéficier de ce régime devant un tribunal Y doit remplir les conditions posées par la convention internationale. Une de ces conditions pourrait être d'avoir travaillé pendant au moins dix ans dans le pays Y. Derrière cette condition, se superposent en réalité deux dispositions. La première peut être formulée de la manière suivante : "*Pour bénéficier du régime de sécurité sociale de Y, un national X doit avoir travaillé sur le sol de ce pays pendant au moins 10 ans*". À la lecture de cette disposition, on constate tout de suite qu'elle s'adresse en priorité aux ressortissants de X, c'est-à-dire à des sujets de droit interne. Mais concerne-t-elle également les États X ou Y ? On pourrait le penser puisqu'elle ressort du traité que X et Y ont conclu. Pourtant, ce n'est pas le cas : ni X, ni Y ne cherchent à bénéficier d'un régime de sécurité sociale. C'est donc que la condition posée dans le traité implique une deuxième disposition s'adressant cette fois à l'État concerné. Elle peut être formulée de la

régulièrement ratifiés ou approuvés ont, dès leur publication, une autorité supérieure à celle des lois, sous réserve pour chaque accord ou traité, de son application par l'autre partie."

[1] Parfois l'absence de dispositions du traité pouvant avoir une incidence interne prête à hésitation, comme ce fût amplement commenté à la suite de la jurisprudence "Lejeune" consacrant la non invocabilité devant les juridictions civiles de la Convention de New York du 26 janvier 1990 sur les droits de l'enfant : Civ. 1re, 10 mars 1993, *Rev. crit.*, 1993, p. 449, note LAGARDE, *D.*, 1993.II.361, note MASSIP ; *adde*, C. NEIRINCK, P.-M. MARTIN, "Un traité bien maltraité. A propos de l'arrêt *Lejeune*", *J.C.P.*, 1993.I.3677. Le Conseil d'État reconnaît, pour sa part, un effet direct à certaines dispositions de la Convention de New York : C.E., 10 mars 1995, *D.*, 1995.II.617, note BENHAMOU.

manière suivante : "*Y s'engage à faire bénéficier tous les nationaux X ayant travaillé sur son sol pendant au moins dix ans du régime de sécurité sociale qu'il réserve à ses nationaux*"[1].

92. Une même clause du traité comporte donc deux dispositions s'adressant à des sujets de droit différents. Et leurs différences ne s'arrêtent pas là, ces deux dispositions déploient également leurs effets dans des ordres juridiques différents. Le national X est un sujet du droit interne. Par conséquent, il n'est astreint à des droits et à des obligations qu'en vertu du seul droit interne. S'il veut bénéficier d'une disposition d'un traité, il faut donc qu'une règle interne ait en quelque sorte avalisé celle-ci et l'ait marqué du sceau de l'ordre interne. Comme le remarque M. Combacau, "*l'application effective des normes d'origine conventionnelle par les organes internes dérive (...) d'une règle ou d'une décision étatique, donnant à l'ensemble du droit conventionnel de l'État ou à tel de ses éléments un statut de 'droit interne d'origine internationale' puisque, en dernier ressort, il n'entre en vigueur que par la grâce d'un élément de l'ordre juridique de l'État*"[2]. En France, cette fonction est principalement assurée par l'article 55 de la Constitution de 1958. Si ce texte n'existait pas, un justiciable devant les juridictions françaises ne pourrait pas invoquer les dispositions d'un traité[3].

93. En se conformant aux dispositions du traité qui le concernent, on ne peut pas dire que le national X satisfait à une obligation imposée par le droit international. En revanche, on peut dire qu'il se conforme à une norme d'origine internationale dont le respect lui est imposé par le droit interne. Il n'en va pas de même pour l'État Y qui, s'il ne met pas en place le régime d'équivalence prévu dans le traité, viole directement l'obligation de droit international public[4]. Il s'agit d'une obligation juridique relevant du droit international à laquelle il se soumet en concluant le traité et à laquelle il est par suite soumis en tant que sujet de cet ordre particulier. Cette obligation internationale est très différente des normes fixées par le traité qui s'adressent aux sujets de droit interne. L'origine de ces dernières est

---

[1] La distinction entre les différentes dispositions d'un traité peut également se comprendre à travers l'exemple des clauses dites *paramount*, par lesquelles des parties choisissent de soumettre un contrat aux dispositions d'un traité. Par de telles stipulations, très fréquentes dans le monde maritime, les parties se réfèrent en réalité aux normes à vocation interne du traité et non aux obligations conventionnelles qui s'imposent aux États. Pour une affaire où les parties à un connaissement s'étaient référées à la Convention de Bruxelles du 25 août 1924 : com., 4 février 1992, *Rev. crit.*, 1992, p. 495, note P. LAGARDE.

[2] *Droit des traités*, *op. cit.*, p. 79.

[3] La Cour de cassation estime avec raison que "*les particuliers sont sans qualités pour invoquer en justice une atteinte au droit des gens*" : crim., 4 juin 1964, *Argoud*, *J.C.P.*, 1964.II.13806, rapport COMTE. Dans un avis consultatif en date du 3 mars 1928, la CPJI affirmait déjà que "*l'objet même d'un accord international (peut) être l'adoption par les parties de règles déterminées créant des droits et des obligations pour les individus*" mais, ajoutait-elle, "*un accord international ne peut comme tel créer directement des droits ou des obligations pour les particuliers*" : affaire de la *Compétence des tribunaux de Dantzig*, *Rec.*, série B, n° 15, p. 17-18.

[4] "*L'État partie au traité ne répond pas de l'observation intégrale de ces règles par leurs destinataires, mais seulement de leur application, à savoir de leur application correcte, par les tribunaux nationaux. Lorsqu'une convention, par exemple, fait obligation aux États qui y ont été parties d'introduire dans leur droit national une loi uniforme sur la lettre de change et que, par application de ce droit, le juge national constate un défaut de payement d'une dette cambiaire, ce n'est certainement pas une violation du droit international public qu'il constate*" : W. WENGLER, "Réflexions sur l'application du droit international public par les tribunaux internes", *R.G.D.I.P.*, 1968, p. 921-990, spéc. p. 929.

internationale mais, en dehors du rang hiérarchique qui leur est attribué, elles ne diffèrent en rien d'une norme d'origine législative ou réglementaire. Par le truchement de la Constitution, elles ont été intégrées à l'ordre interne.

94. En droit interne, le traité n'apparaît donc pas comme une convention. Il n'a cette qualité qu'au regard du droit international. De même, il n'est de contrat qu'au regard d'un droit interne. Dès lors, la distinction entre de ces deux types de convention par leur ordre juridique de rattachement se vérifie[1]. On va maintenant pouvoir constater qu'ils constituent les seules conventions reconnues par le droit dans les relations internationales.

SECTION II
L'ABSENCE DE CONVENTIONS DISTINCTES DU CONTRAT ET DU TRAITÉ DANS LES RELATIONS INTERNATIONALES

95. Le contrat et le traité se différencient par leur ordre juridique de rattachement. Mais sont-ils les seules formes conventionnelles que l'on rencontre dans les relations internationales ? N'existe-t-il pas d'autres types de conventions ? Des conventions qui auraient pour particularité de se rattacher ni au contrat, ni au traité. Pour pouvoir envisager un tel type de convention, il faudrait que les parties aient choisi de placer leur relation conventionnelle en dehors des droits internes et international. Cela peut se comprendre de deux manières : soit elles ont entendu se défaire de toute loi nationale et il s'agit alors d'un contrat sans loi (**§ 1**), soit elles ont cherché plus radicalement à éviter tout effet d'ordre juridique et c'est alors un engagement non contraignant ou un engagement d'honneur (**§ 2**). Ces deux types d'accord seront successivement étudiés et nous verrons qu'en réalité l'un et l'autre ne constituent pas un type de convention différent, mais se rattachent en définitive soit au traité, soit au contrat.

§ 1. - L'ÉVICTION VOLONTAIRE DE TOUTE LOI NATIONALE

96. L'éventualité de l'éviction volontaire de toute loi nationale ne se pose pas pour le traité qui, par définition, n'est soumis à aucun droit étatique. Seul le contrat a donc pu être réputé sans loi. On exposera les enjeux de cette théorie dite du contrat sans loi (**A**) avant de présenter sa réfutation par la pratique internationale (**B**).

---

[1] *Supra*, n° 51.

A. - LES ENJEUX THÉORIQUES DU CONTRAT SANS LOI

97. On sait qu'une des particularités du contrat international est de mettre en concurrence plusieurs lois étatiques. C'est même l'un des critères retenus pour le distinguer du contrat interne[1]. Cette pluralité aurait, selon certains, pour conséquence une baisse d'intensité normative de chacune des prétendantes. Aucune loi ne paraîtrait "*s'imposer de manière évidente et exclusive*"[2] ; d'où l'idée d'un contrat qui ne serait soumis à aucune d'entre elles de par la volonté des parties. La question de la juridicité d'un tel contrat sans loi se pose alors. Seul le droit permet en effet d'accorder la force obligatoire à l'accord de volontés unissant les parties. Car "*un contrat quelconque ne peut exister* in vacuo, *mais doit reposer sur un droit*"[3]. Dès lors, puisque ce n'est pas dans un droit interne, où les parties à un contrat sans loi puisent-elles la juridicité de leur convention ? On peut envisager deux cas de figure : soit elles la tirent de leur propre volonté et c'est l'hypothèse du contrat-ordre juridique (**1°**), soit elles s'en remettent à un tiers ordre juridique (**2°**).

1° - Le contrat - ordre juridique

98. En vertu de cette théorie, l'accord de volontés se juridicise lui-même et constitue un ordre juridique à part entière. Les parties créent du droit de toutes pièces. Leur volonté se constitue en un ordre juridique. La théorie de Verdross concernant les contrats d'État repose, dans sa conception initiale, sur ce schéma. Pour cet auteur, les "contrats de développement économique" constituent des ordres juridiques autosuffisants[4]. Le contrat puise en lui-même sa force obligatoire. La pensée de l'auteur a par la suite évolué. Ces accords ne constitueraient plus leur propre ordre juridique mais seraient finalement dépourvus d'ordre juridique - *rechtsordnungslose Verträge* -. Ils resteraient néanmoins soumis à une réglementation émanant des principes généraux du droit, eux-mêmes élaborés à partir du droit comparé[5]. Mais même en admettant ce dernier raisonnement, il faut

---

1 *Supra*, n° 26.

2 L. PEYREFITTE, "Le problème du contrat dit sans loi", D. 1965, chr., p. 113-120, spéc. p. 120 ; *adde*, J.-M. JACQUET, *Principe d'autonomie et..., op. cit.*, n° 83 et s., p. 66 et s. ; V. HEUZÉ, *La Réglementation française des..., op. cit.*, n° 199 et s., p. 111 et s. ; P. LEVEL, "Le contrat dit sans loi", *T.C.F.D.I.P.*, 1964-1966, p. 209-231. Pour une analyse approfondie de la question : W. KASSIR, *Étude du contrat sans loi, op. cit., passim.*

3 Sentence *Aramco c/ Gouvernement de l'Arabie saoudite* du 23 août 1958, *Rev. crit.*, p. 272 et s., spéc. p. 312.

4 A. VERDROSS, "Protection of Private Property under Quasi-International Agreements" *in Varia Juris Gentium, Liber amicorum Jean Pierre Adrien François*, Leyden : Sijthoff, 1959, p. 355-362 ; du même auteur, "Die Sicherung von auslandischen Privatrecht aus Abkommen zur wirtschaftlichen Entwicklung mit Schiedskauseln", *ZaöRV*, 1957-58, p. 635-650. On retrouve cette doctrine chez M. BOURQUIN, "Arbitration and Economic Development Agreement", *Business Lawyer*, 1960, p. 860-879 ; et RAY, "The Law Governing Contracts Between States and Foreign Nationals", *Southwest Legal Institute*, 1961, p. 1-15. *Contra*, F.A. MANN, "Die Verträge des Völkerrechtssubjekte und die Parteiautonomie" *in Ius et Lex, Festgabe zum 70. Geburtstag von Max Gutzwiller*, Bâle : Verlag Helbing & Lichtenhahn, 1959, p. 465-487. Pour un exposé plus complet et une critique de cette théorie du contrat-ordre juridique : W. KASSIR, *op. cit.*, p. 252-256.

5 Voy. "Gibt es Verträge, die weder dem innerstaatlichen Recht noch dem Völkerrecht unterliegen ?", *ZfRV*, 1965, p. 133 et 134, et "Zwei Schweizer Schiedssprüche über quasi-völkerrechtliche Verträge", *Schw. JiR*, 1964, p. 24. Ces deux articles sont cités par J.A. BARBERIS, *op. cit.*, p. 205 et p. 276.

bien que la juridicité de l'accord de volontés trouve sa source quelque part. Comme l'auteur ne se prononce pas sur ce point, il estime vraisemblablement que la volonté des parties reste à l'origine de la juridicité du contrat.

99. Or on considère normalement que les parties à un contrat ne sont pas intrinsèquement dotées de la capacité d'édicter des règles de droit[1]. Il s'agit là d'un rejet des conséquences extrêmes de la théorie de l'autonomie de la volonté qui voit dans la volonté individuelle une puissance créatrice de droit[2]. Pour être reconnu comme contrat, et en particulier bénéficier de la force obligatoire, un accord de volontés doit recevoir l'aval d'un ordre juridique. C'est pourquoi la théorie du contrat-ordre juridique est totalement à exclure entre particuliers. Elle est, à première vue, plus pertinente dans le cas des contrats d'État où l'un des cocontractants est un législateur. Ce dernier étant à l'origine de son propre ordre juridique, on peut imaginer qu'il puisse en faire naître un autre à l'occasion du contrat. Mais s'il est doté d'une telle faculté, il l'est en toutes circonstances. Ceci signifie qu'à l'occasion d'un contrat interne, il pourra décider que cette convention n'est pas soumise au droit commun mais constitue son propre droit. Il y aurait une atteinte grave à l'impérativité et à la prévisibilité du droit. Il convient donc d'admettre que ce n'est pas l'État-législateur qui conclut mais l'État-sujet de droit[3]. Par conséquent, celui-ci ne peut créer un ordre juridique autonome à l'occasion d'un contrat d'État. D'ailleurs, le contrat sans loi est aujourd'hui plus volontiers évoqué dans le cadre d'un tiers ordre juridique.

2° - Le tiers ordre juridique

100. D'une facture plus élaborée que la précédente, certaines théories tirent la juridicité du contrat sans loi d'un tiers ordre juridique, distinct à la fois des ordres internes et de l'ordre international[4]. Ce sont là toutes les différentes doctrines dites "mercatoristes", qui en appellent à l'existence d'un droit transnational. Il existerait dans les relations commerciales internationales un ensemble de pratiques et d'usages répandus et développés au point de constituer de véritables règles de droit[5].

---

1 Ce serait aller à l'encontre de la fonction même du droit qui est principalement de régler les relations sociales. Or celles-ci ne peuvent être réglementées par chaque individu de manière subjective. Seule la collectivité ou le corps social peut s'élever au-dessus de l'individualité et sécréter des règles aptes à remplir cette fonction.

2 *Supra*, n° 37.

3 Sur cette distinction : *infra*, n° 146.

4 M. VIRALLY, "Un tiers droit ? Réflexions théoriques" *in Mélanges Goldman*, *op. cit.*, p. 373-385.

5 La littérature est très abondante sur ce sujet. On consultera en priorité les travaux de B. GOLDMAN : "Frontières du droit et *lex mercatoria*", *A.P.D.*, 1964, t. IX, p. 177-192 ; "La *lex mercatoria* dans les contrats et l'arbitrage internationaux : réalité et perspectives", *J.D.I.*, 1979, p. 475-505 ; "Nouvelles réflexions sur la *lex mercatoria*" *in Mélanges P. Lalive*, Bâle/Francfort-sur-le-Main : Helbing & Lichtenhahn, 1993, p. 241-255 ; *adde*, P. FOUCHARD, E. GAILLARD, B. GOLDMAN, *Traité de l'arbitrage commercial international*, Paris : Litec, 1996, n° 1443 et s. Pour un point de vue critique : P. LAGARDE, "Approche critique de la *lex mercatoria*" *in Mélanges Goldman*, *op. cit.*, p. 125-150.

101. Selon une première approche, que l'on qualifiera d'immédiate, il serait possible d'envisager de tels "contrats sans loi étatique" dans la mesure où on admet que la *lex mercatoria* est un ordre juridique. En vertu de ce qui a été développé plus haut[1], il s'agirait bien d'accords de volontés auquel un ordre juridique fait produire des effets de droit. Même s'il ne s'agit ni d'un droit interne, ni du droit international, à partir du moment où on est bien en présence d'un ordre juridique, cela paraît admissible.

102. C'est, en réalité, en aval que se situe l'objection. C'est la qualité d'ordre juridique attribuée à la *lex mercatoria* qui paraît contestable. Tout d'abord, un ordre juridique implique une certaine unité dans la mise en œuvre de ses normes. Or, dans le cas qui nous occupe, les arbitres du commerce international n'ont entre eux aucun lien concret permettant une application unitaire du droit. C'est ainsi qu'un même principe pourra recevoir une interprétation différente à l'occasion d'instances arbitrales distinctes[2]. Ensuite, l'ordre juridique est avant tout un système. Or il est manifeste que le "milieu" du commerce international n'est soumis à aucune systématisation. D'aucuns ont entendu se fonder sur la théorie développée par l'auteur italien Santi Romano[3], afin d'asseoir la qualité d'ordre juridique de la *lex mercatoria*[4]. Mais il ne faudrait pas omettre que, pour Santi Romano, un groupe social ne se constitue en ordre juridique que s'il atteint un degré de cohésion suffisant. C'est cette cohésion qui engendre des "*mécanismes et engrenages multiples (...), rapports d'autorité et de force qui créent, modifient, appliquent, font respecter les normes juridiques sans s'identifier à celles-ci*"[5]. Or il est douteux que ce phénomène se manifeste dans le commerce international. Enfin, le théoricien italien ne néglige pas l'importance de la sanction dans sa construction de l'ordre juridique[6]. Or il n'existe pas de sanctions propres aux usages du commerce international[7]. Les opérateurs du commerce international ont recours aux sanctions prévues par les droits étatiques.

Toutes ces objections ont conduit, comme nous allons le voir, à une réfutation de la théorie du contrat sans loi dans la pratique internationale.

---

1 *Supra*, n° 35.

2 Ainsi, MM. BATIFFOL et LAGARDE constatent, décisions à l'appui, que la *lex mercatoria* est tantôt invoquée pour annuler des contrats de corruption, tantôt prise en compte pour valider certains de ces contrats : *op. cit.*, t. I, n° 365, p. 588, avec la jurisprudence citée.

3 *L'Ordre juridique*, trad. L. FRANÇOIS et P. GOTHOT, Paris : Dalloz, 1975.

4 F. OSMAN, *Les Principes généraux de la lex mercatoria : contribution à l'étude d'un ordre juridique anational*, Paris : LGDJ, 1992 ; *adde*, du même auteur, "La *lex mercatoria* comme dépassement de l'ordre juridique étatique" *in L'Extranéité ou le dépassement de l'ordre juridique étatique*, Actes du colloque organisé par l'I.E.D.I. de la Faculté de Lausanne, 27-28 novembre 1997, E. WYLER, A. PAPAUX, dir., Paris : Pedone, 1999, p. 111-154.

5 *Op. cit.*, p. 10.

6 *Ibid.*, p. 15-17.

7 Il est certes toujours possible pour un opérateur du commerce international de prendre une sanction à l'encontre d'un cocontractant négligent, par exemple en le bannissant de la liste de ses fournisseurs. Mais il s'agit là d'une sanction individuelle et non d'une sanction institutionnelle générée par, si tant est qu'elle existât, la *societas mercatorum* dans son ensemble. Or la seule existence de sanctions prises individuellement ne permet pas de conclure à la formation d'un véritable ordre juridique transnational. *Contra* : B. GOLDMAN, "Frontières du droit et *lex mercatoria*", art. préc., p. 191-192 ; F. OSMAN, "La *lex mercatoria* comme...", art. préc., p. 139-143.

B. - LA RÉFUTATION DU CONTRAT SANS LOI DANS LA PRATIQUE INTERNATIONALE

103. La question du contrat sans loi se présente différemment selon qu'elle se pose devant une juridiction étatique (**1°**) ou devant un tribunal arbitral (**2°**).

1° - Le contrat sans loi devant une juridiction étatique

104. Les tribunaux étatiques ont envisagé, voire consacré implicitement[1] et beaucoup plus rarement explicitement[2], le contrat sans loi. Toutefois, dès 1929, la Cour permanente de Justice internationale en condamnait le principe dans un *dictum* resté célèbre : "*Tout contrat qui n'est pas un contrat entre États en tant que sujets du droit international a son fondement dans une loi nationale*"[3]. Les juridictions nationales lui emboîtèrent le pas et c'est ainsi qu'en 1950, la Cour de cassation finit par affirmer que "*tout contrat est nécessairement rattaché à la loi d'un État*" dans l'affaire dite des *Messageries Maritimes*[4].

105. Par la suite, les conventions internationales les plus récentes ont repris ce même principe[5]. L'article 3 de la Convention de Rome du 19 juin 1980 précise en particulier que "*le contrat est régi par la loi choisie par les parties*". En outre, si aucune loi n'a été choisie par les parties, l'article 4 prévoit alors que "*le contrat est régi par la loi du pays avec lequel il présente les liens les plus étroits*". L'utilisation du verbe "régir" a pour effet de placer la volonté des parties au-dessous du droit applicable ; ce qui prohibe toute admissibilité d'un contrat-ordre juridique. De plus, la référence explicite faite aux lois étatiques par l'article 4 écarte l'éventualité d'un contrat régi par un tiers ordre juridique. La *lex mercatoria* ne peut donc pas fonder la force obligatoire du contrat. En revanche, il est permis aux contractants d'incorporer certains de ses principes à leur convention[6]. En conséquence, le débat est désormais clos. Devant un tribunal étatique, un contrat sera toujours soumis à une loi.

---

[1] C'est une interprétation possible de l'arrêt *American Trading Co* rendu par la Cour de cassation le 5 décembre 1910 : *G.A.D.I.P.* n° 11. Voy. à ce sujet : P. MAYER, V. HEUZÉ, *Précis*, n° 696, p. 472.

[2] Paris, 24 avril 1940, *S.*, 1942.2.29, note NIBOYET.

[3] Affaires des *Emprunts serbe et brésilien* : *Rec.*, série A, n° 20/21, p. 41 et p. 121. Sur ce *dictum* : *infra*, n° 143.

[4] Civ., 21 juin 1950, *Rev. crit.*, 1950, p. 609, note BATIFFOL, *J.C.P.*, 1950.II.5812, note LÉVY, *S.*, 1952.1.1, note NIBOYET, *D.*, 1951.749, note HAMEL, *G.A.D.I.P.* n° 22. Dès 1936, le *Reichsgericht* allemand avait pris une décision en ce sens : R.G., 28 mai 1936, *Juristische Wochenschrift*, 1936, p. 208. Le contrat sans loi fit toutefois une réapparition surprenante dans un arrêt *Zanarelli* rendu le 5 mars 1969 par la chambre sociale de la Cour de cassation : *Rev. crit.*, 1969, p. 279, note BATIFFOL, *J.C.P.*, 1970.II.16491, note P.L., *J.D.I.*, 1970, p. 570, obs. RIBETTES.

[5] Voy. not. : W. KASSIR, *op. cit.*, p. 183.

[6] P. LAGARDE, "Le nouveau droit international privé des...", art. préc., n° 19, p. 300-301.

2° - Le contrat sans loi devant un tribunal arbitral

106. Un arbitre du commerce international n'est pas soumis aux mêmes contingences qu'une juridiction étatique. Dépourvu de *lex fori*, il est tout entier soumis à la volonté des parties quant à la définition de sa mission. Par conséquent si le contrat arbitral, compromis ou clause compromissoire, exclut l'application de toute loi nationale ou se réfère à la *lex mercatoria*, l'arbitre est tenu de trancher le litige conformément à cette volonté. Comme l'a écrit Monsieur Mayer, "*la volonté des parties s'impose directement à lui, car il ne tient ses pouvoirs que d'elles ; il doit la respecter, sans chercher à justifier ce devoir*"[1]. Même si les parties se réfèrent à des principes aussi vagues que peuvent l'être les principes généraux du droit, la bonne foi ou l'équité, l'arbitre est contraint de s'y tenir. Il en va de même si la convention incorpore une loi nationale dont les dispositions sont alors en position d'infériorité par rapport aux clauses contractuelles. Mais s'agit-il pour autant de contrats sans loi ?

107. Rien n'est moins sûr. En effet, "*l'ensemble, contrat et sentence, n'accède à la vie juridique que par l'application des règles étatiques qui confèrent l'autorité de la chose jugée, sous certaines conditions, aux sentences arbitrales*"[2]. Il se trouve que de nombreux États, au rang desquels la France[3], ne contrôlent pas lors de la demande d'*exequatur* ou de reconnaissance de la sentence la loi appliquée par le tribunal arbitral. Dans l'affaire *Valenciana*, la Cour de cassation a même jugé qu'un arbitrage rendu en application de la *lex mercatoria* était un arbitrage "en droit"[4]. On comprend, dans ces conditions, que l'expression de contrat sans loi ait toujours cours dans les écrits sur l'arbitrage. Mais ce contrat est le fruit de la permissivité des législations étatiques. Il y a toujours une norme étatique qui permet aux arbitres de ne pas nécessairement soumettre les contrats à une loi. Si, un jour, les droits nationaux décident de subordonner la reconnaissance des sentences arbitrales à la soumission du contrat à une loi étatique, on ne pourra plus parler de contrat sans loi. C'est la permissivité étatique qui démontre qu'en réalité il n'existe pas de véritable contrat sans loi.

108. En conséquence, on peut finalement affirmer qu'au-dessus de tout contrat plane nécessairement l'ombre d'une loi nationale. Par conséquent, le contrat sans loi n'est pas une catégorie conventionnelle différente du contrat classique. La volonté d'éviter l'application d'une loi nationale est en dernière analyse toujours vouée à l'échec. Mais qu'en est-il de la volonté des parties d'éviter tout effet de droit ?

---

[1] P. MAYER, *Droit international privé*, Paris : Montchrestien, 6ème éd., 1998, n° 706, p. 465.

[2] *Ibid.*, p. 466.

[3] Avec l'art. 1502 du nouveau Code de procédure civile.

[4] Civ. 1re, 22 octobre 1991, *Rev. crit.*, 1992, p. 113, note OPPETIT, *J.D.I.*, 1992, p. 456, note LAGARDE.

§ 2. - L'ÉVICTION VOLONTAIRE DE TOUT EFFET DE DROIT

109. Il arrive que les parties entendent ne pas faire produire d'effet de droit à leur accord. Pour ce faire, elles disposent de deux techniques. La première est de conclure un engagement non contraignant ; c'est-à-dire de ne rendre compte dans leur *instrumentum* d'aucun engagement ferme. De par la formulation des stipulations, elles s'ingénient à faire montre d'aucune volonté de se lier. La seconde technique consiste à conclure un engagement d'honneur[1]. Cette pratique diffère, à notre sens, de la précédente[2]. L'existence d'un engagement d'honneur implique que les parties cherchent à s'entendre sans s'engager juridiquement. Plus précisément, elles prennent des engagements fermes dont elles subordonnent "*l'exécution à leur loyauté respective*"[3], tout en s'interdisant "*de soumettre leurs différends à des tribunaux, même arbitraux*"[4]. Les parties ont conclu un acte conventionnel qui, sous une forme ou sous une autre, comporte une clause d'*exclusio juris* prévoyant l'impossibilité de recourir à une juridiction ou proscrivant tout lien de droit entre elles. Mais quoi qu'il en soit ces deux formes d'exclusion volontaire du droit reçoivent un traitement identique. Elles seront passées en revue (**A**) avant que ne soit discutée la valeur d'une telle éviction volontaire de tout effet de droit (**B**).

A. - UNE PRATIQUE CONVENTIONNELLE

110. Cette pratique existe tant entre sujets internes (**1°**) qu'entre États (**2°**), et repose toujours sur un mécanisme volontaire d'éviction du droit.

---

[1] Comme le soulignent MM. MALAURIE et AYNÈS, "*entre États, ou entre membres d'une même famille, ou entre amis, ou aujourd'hui, dans les relations d'affaires existent souvent des engagements d'honneur dits encore gentlemen's agreements*" : *Droit civil, Les Obligations*, 7e éd., Paris : Cujas, 1997, n° 351, p. 202. Un autre auteur remarquait également que cette pratique "*apparaît aujourd'hui comme un phénomène très courant qui couvre un important domaine, allant des rapports inter-étatiques aux relations entre sujets du droit privé et, parmi ces dernières, de celles qui se nouent entre proches, parents ou amis, à l'intérieur d'un groupe familial ou social restreint, jusqu'à celles du monde du travail ou de la profession, en passant par les nombreuses illustrations qu'en offre la vie économique et commerciale sous la forme de protocoles d'actionnaires, de présidents ou de banquiers, de conventions hors statuts, d'engagements comportant des promesses de révision de prix ou de remboursement d'un créancier dans la mesure des possibilités ou en cas de retour à meilleure fortune...*" : B. OPPETIT, "L'engagement d'honneur", *D.*,1979, chr., p. 107-116, spéc. p. 108. *Adde*, D. AMMAR, *L'Engagement d'honneur*, th. multigr., Paris I, 1990 ; W. WENGLER, "*Les conventions 'non juridiques' (nichtrechtliche Verträge) comme voie à côté des conventions en droit (Rechtsverträge)*" *in Nouveaux itinéraires en droit, Hommage à F. Rigaux*, Bruxelles : Bruylant, 1993, p. 637-656.

[2] Ce n'est pas l'opinion de la majorité des auteurs qui, particulièrement en droit international public, ne font pas de réelles différences entre *gentlemen's agreements* et *non binding agreements*. Voy. not. : F. MÜNCH, "Non-Binding Agreements", *ZaöRV*, 1969, p. 1-11 ; M. VIRALLY, "Sur la notion d'accord" *in Festschrift für Rudolf Bindschedler*, Berne : Staempfli & Cie, 1980, p. 159-172. Il en existe pourtant une. Dans l'engagement non contraignant - ou *non binding agreement* -, les parties ne s'obligent à rien. On ne peut pas en particulier évoquer l'exécution de l'accord car il n'y a en réalité rien à exécuter. Dans l'engagement d'honneur - ou *gentlemen's agreement* -, les parties entendent s'obliger mais en dehors du droit. L'exécution de l'accord repose sur la confiance mutuelle. Elle est soumise à un système de valeur autre que le droit s'apparentant à la morale.

[3] P. MALAURIE, L. AYNÈS, *op. cit., loc. cit.*

[4] *Ibid.*

1° - Dans les relations entre sujets internes

111. Ripert et Boulanger soulignaient déjà que "*l'on ne peut pas voir des contrats dans les accords qui n'obligent que suivant les lois de la politesse mondaine dont les rites sont souvent fort bien établis et respectueusement suivis*"[1]. De même, on considère généralement que des rapports fondés sur la complaisance ou l'amitié ne peuvent créer de lien contractuel[2]. Mais ces accords de volontés sont le plus souvent oraux, sinon ils résultent d'un comportement tel que, par exemple, la remise d'un objet[3] ou encore le fait de garer sa voiture dans un parking[4].

112. Plus significative est l'hypothèse où les parties ont rédigé un *instrumentum* et inséré dans celui-ci une clause visant à proscrire tout effet de droit. La jurisprudence britannique nous fournit l'exemple d'un accord sur la base duquel une entreprise anglaise s'engageait à expédier un stock de papiers peints à un destinataire américain[5]. On aurait pu y voir une banale vente internationale de marchandises, si les parties n'avaient précisé dans leur accord qu'elles n'entendaient aucunement s'engager sur le plan juridique ; à telle enseigne d'ailleurs qu'après plusieurs expéditions, les "acheteurs" refusèrent tout paiement en s'appuyant sur la clause[6].

C'était là un exemple topique d'engagement d'honneur. Certains auteurs les rapprochent des contrats sans loi[7], mais bien que présentant des similitudes, ils n'en sont pas moins différents. Dans le contrat sans loi, les parties entendent soit faire reposer la juridicité de leur contrat sur leur accord de volontés, soit s'en remettre à

---

[1] *Traité de droit civil*, d'après le Traité de Planiol, t. 2, *Les Obligations*, 1957, n° 63, p. 28, cité par A. LAUDE, *La Reconnaissance par le juge de l'existence d'un contrat*, Presses Universitaires d'Aix-Marseille, 1992, n° 464, p. 301.

[2] A. LAUDE, *op. cit.*, p. 301-339 ; A. VIANDIER, "La complaisance", *J.C.P.*, 1980.I.2987 ; D. MAYER, "L'amitié", *J.C.P.*, 1974.I.2663 ; J. BEDOURA, *L'Amitié et le droit civil*, th. multigr., Tours, 1976.

[3] Pour une affaire où un portraitiste avait remis au préposé d'un bar un album contenant ses œuvres, album qui a ensuite disparu : com., 25 septembre 1984, *Bull. civ.* IV, n° 242, p. 201. La Cour de cassation a finalement considéré "*que c'est dans l'exercice de leur pouvoir souverain que les juges du fond ont retenu que la remise de l'album litigieux par Madame Mouton à l'employé de Monsieur Lapeyre avait été acceptée par pure complaisance*".

[4] Voy. not. : civ. 1re, 10 mars 1981, *Bull. civ.* I, n° 85, p. 71 ; civ. 1re, 29 octobre 1984, *Bull. civ.* I, n° 287, p. 244 ; civ. 1re, 24 juin 1986, *Bull. civ.* I, n° 185, p. 182.

[5] C'est l'affaire *Rose and Frank v. Crompton Bros* (Kings Bench Division [1923] KB 261), citée par G. ALPA, "Le contrat individuel et sa définition", art. préc., p. 335 ; et par B. OPPETIT, art. préc., n° 14, p. 113. *Adde*, sur le droit anglais en la matière, S. HEDLEY, "Keeping contract in its place. *Balfour vs Balfour* and the enforceability of informal agreements", *Oxford Journal of Legal Studies*, 1985, p. 391-415.

[6] L'accord contenait la clause suivante : "Les parties ne regardent pas cet arrangement comme un accord formel ou juridique, et n'entendent pas plus octroyer une telle portée au mémorandum écrit. Elles ne sauraient se prévaloir de cet accord devant les tribunaux. Ce dernier exprime seulement le but recherché par les parties, qu'elles s'efforceront mutuellement d'atteindre de bonne foi" ("*This arrangement is not entered into, nor is this memorandum written as a formal or legal agreement, and shall not be subject to legal jurisdiction in the Law courts (...) but is only a definite expression and record of the purpose and intention of the parties concerned, to which they each honourably pledge themselves*"). Les juges ont estimé qu'il n'y a avait pas "d'accord ou d'entente générale" mais que chacun des ordres exécutés (expédition de stocks de marchandises) constituait autant de parfaits contrats de vente : G. ALPA, art. préc., p. 336. Pour d'autres clauses de ce type : B. OPPETIT, art. préc., p. 113.

[7] Voy. not. : A. LAUDE, *op. cit.*, n° 671-674, p. 404-406 ; B. OPPETIT, art. préc., n° 7, p. 109.

un tiers ordre juridique. Dans l'engagement d'honneur, il s'agit de proscrire toute référence au droit et de faire reposer l'exécution de l'accord sur la confiance mutuelle ou "l'honneur" des participants[1]. D'ailleurs, ce phénomène comme celui de l'engagement non contraignant se manifeste aussi dans les relations entre États.

2° - Dans les relations entre États

113. Dans le cadre des relations interétatiques, il existe de nombreuses conventions internationales où les parties se contentent d'affirmer leur confiance mutuelle et l'amitié indéfectible qui va désormais unir leurs deux peuples. Il s'agit là d'une pratique courante. Ces accords ont essentiellement une valeur psychologique ou politique[2]. Mais de la même manière que dans les relations entre personnes privées, il existe des accords entre États dans lesquels ceux-ci excluent toute application du droit international.

114. Ainsi, l'Acte final de la Conférence sur la Sécurité et la Coopération en Europe fait à Helsinki le 1er août 1975 précise qu'il exprime la "*volonté politique*" de ses auteurs et n'est pas "*un traité ou un accord international*"[3]. De même, la Charte de Paris pour une nouvelle Europe qui institutionnalise le processus de la C.S.C.E. prévoit expressément que son texte "*n'est pas recevable pour être enregistré au titre de l'article 102 de la Charte des Nations Unies*"[4]. Or, par ses dispositions substantielles, cette convention ressemble à s'y méprendre à un traité international classique. Il y est prévu en particulier la création d'une structure permanente et d'une instance arbitrale. En outre, on y décèle des implications financières à la charge des parties.

---

1 C'est pourquoi le contrat sans loi a été étudié séparément : *supra*, n° 96 et s.

2 La littérature de droit international public sur ce sujet est bien fournie, voy. not. : R. MONACO, "Accords internationaux non obligatoires et effets juridiques préliminaires" *in Liber amicorum honouring I. Seidl-Hohenveldern*, Köln : Carl Heimanns Verlag, 1988, p. 383-401 ; M. BOTHE, "Legal and Non-Legal Norms", *Netherlands yearb. int. law*, 1980, p. 65-95 ; M. VIRALLY, "Sur la notion d'accord", art. préc., *passim* ; du même auteur, "La distinction entre textes internationaux de portée juridique et textes internationaux dépourvus de portée juridique", *A.I.D.I.*, vol. 60 (I), 1983, p. 116-257 ; F. MÜNCH, art. préc., *passim*.

3 NGUYEN QUOC DINH, P. DAILLIER, A. PELLET, *op. cit.*, n° 252, p. 383-386. A l'époque, le ministre français des Affaires étrangères avait d'ailleurs fait la déclaration suivante : "*Ce document a valeur d'engagement moral et politique mais il n'est pas un traité dont la non-observation pourrait être considérée comme une infraction au droit international*" : Réponse à Mme Scellier, sénateur, *J.O.* débats Sénat, 19 août 1976, p. 2447. Voy. J.-F. PRÉVOST, "Observations sur la nature juridique de l'Acte final d'Helsinki", *A.F.D.I.*, 1975, p. 129-153.

4 NGUYEN QUOC DINH, P. DAILLIER, A. PELLET, *op. cit.*, *loc. cit.* Sur les engagements d'honneur en droit international public : A. AUST, "The theory and practice of informal international instruments", *I.C.L.Q.*, 1986, p. 787-812 ; P.-M. EISEMANN, "Le Gentlemen's agreement comme source du droit international", *J.D.I.*, 1979, p. 326-348, spéc. n° 9-13, p. 331-338 ; J.E.S. FAWCETT, "The legal character of international agreements", *B.Y.I.L.*, 1953, p. 381-400 ; W. FIEDLER, V° "Gentlemen's agreement", *Enc. of Public International Law*, vol. 7, 1984 ; E. LAUTERPACHT, "Gentlemen's Agreement" *in Internationales Recht und Wirtschaftsordnung, Festschrift für F.A. Mann*, 1977, p. 381-398 ; F. MÜNCH, art. préc. ; O. SCHACHTER, "Les actes concertés à caractère non conventionnel" *in Le Droit international, Bilan et perspective*, M. BEDJAOUI (dir.), t. I, Paris : Pedone/Unesco, 1991, p. 277-282.

Comme les sujets internes, il arrive donc que les États préfèrent s'engager en dehors du droit. Mais, dans un cas comme dans l'autre, cette éviction volontaire de tout effet juridique doit faire l'objet d'une appréciation.

B. - LA VALEUR DE CETTE ÉVICTION VOLONTAIRE

115. Le processus volontaire d'éviction de tout effet de droit est souvent associé à la théorie du non-droit. Les parties se seraient volontairement placées en dehors du phénomène juridique. Il convient donc d'observer les relations qu'entretiennent le non-droit et la volonté des parties (**1°**), avant de s'interroger sur la possibilité de remettre en cause une telle volonté d'éviction (**2°**).

1° - Le non-droit et la volonté des parties

116. Depuis qu'elle a été proposée par le doyen Carbonnier, l'expression de non-droit fait toujours recette[1]. Son utilisation n'est d'ailleurs pas toujours pertinente. Devant une question de qualification particulièrement complexe, la tentation d'y recourir cède parfois à la facilité[2].

Mais examinons la pertinence de cette notion, ou plutôt de cette anti-notion, en matière conventionnelle. L'idée de départ est que "*tout le social n'est point juridique*"[3]. Il existerait des espaces, voire de simples interstices hors de portée du droit. Le phénomène se manifesterait en matière conventionnelle. M. Carbonnier fait ainsi remarquer que, suivant le système consensualiste, "*la volonté est créatrice d'engagement juridique*"[4] ; mais il ajoute aussitôt qu'il ne s'agit pas de n'importe quelle volonté. Rappelant la définition de l'acte juridique, il souligne que seule "*une manifestation de volonté qui est destinée à produire des effets de droit*"[5] peut être prise en compte. Inversement, une volonté peut ne pas être destinée à entrer dans la sphère du droit. Il s'agit alors d'une manifestation du non-droit[6]. C'est à partir de cette conception de la volonté conventionnelle qu'a émergé l'idée selon laquelle les parties pourraient conclure des conventions non juridiques[7], c'est-à-dire des

---

1 J. CARBONNIER, "L'hypothèse du non-droit", *A.P.D.*, 1963, p. 55-74 ; *adde*, *L'Hypothèse du non-droit*, Faculté de Liège, XXXe séminaire, 1978 ; M. DOUCHY, "La notion de non-droit", *R.R.J.*, 1992, p. 433-476.

2 Comme le dit Mme DOUCHY, "*trop souvent employé comme paradigme, le non-droit - un peu comme le sui generis - permet au juriste de tout résoudre sans rien expliquer*" : art. préc., p. 435.

3 J. CARBONNIER, "L'hypothèse du...", art. préc., p. 55.

4 *Ibid.*, p. 65.

5 *Ibid.*

6 On note que le doyen Carbonnier a inséré dans son texte certaines atténuations qui limitent la portée de ses affirmations. Ainsi, "*la volonté des parties peut se proposer de maintenir hors du droit, dans le non droit, la relation envisagée*" : *ibid.* Si la volonté se propose, c'est qu'il ne s'agit pas d'un pouvoir discrétionnaire. De même, "*l'autonomie de la volonté n'est pas seulement la liberté de créer du droit : elle est aussi la liberté, largement ouverte aux hommes, de demeurer dans la pure absence qu'est le non-droit*" : *id.* Si une liberté est largement ouverte, cela signifie corrélativement qu'elle est encadrée.

7 W. WENGLER : "*Les conventions 'non juridiques' (nichtrechtliche Verträge) comme voie à côté des*

conventions se situant à l'extérieur de la sphère du droit. Mais que faut-il entendre par là ? Cela signifie-t-il que la volonté des parties a le pouvoir de placer la convention hors de portée de l'ordonnancement juridique ? Certainement pas, car comme nous allons le voir le choix fait par les parties peut toujours être remis en cause.

2° - *La remise en cause de la volonté des parties*

117. La volonté des parties quant à l'exclusion de tout effet de droit doit être avalisée par l'ordre juridique. Ce dernier peut remettre en cause le choix fait par les contractants. Ceci se vérifie dans les relations entre sujets internes (a) comme dans les rapports entre États (b), même si pour ces derniers la question est plus controversée.

a) Dans les relations entre sujets internes

118. Le plus souvent, l'ordre juridique pertinent ne fera pas produire d'effets de droit à un engagement non contraignant. Il considérera que l'engagement n'est pas suffisamment ferme pour créer des obligations juridiques à la charge des parties et l'accord restera dans le domaine du fait. Il ne faut pas pour autant en conclure qu'il y a alors une totale démission de l'ordre juridique. L'accord est en effet toujours susceptible d'être requalifié. L'ordre juridique procédera alors à un abaissement de son seuil de juridicité. Des accords ne comportant pas d'engagement ferme pourront toujours être considérés par l'ordre juridique pertinent comme obligatoires. C'est cet ordre juridique et non ses sujets qui fixe le seuil de juridicité en deçà duquel l'accord ne produira aucun effet de droit. Et ce seuil lui-même peut varier. On citera à cet égard l'exemple des lettres d'intention. Voilà des actes qui *a priori* n'ont rien de conventionnel, dont le signataire ne fait bien souvent que de vagues promesses et qui, pourtant, ont parfois été requalifiés en contrats, voire en actes de cautionnement par la jurisprudence[1].

119. De même, dans le cas d'un engagement d'honneur, la volonté d'éviction des parties peut être remise en cause par l'ordre juridique, lequel a toujours le dernier mot. Il est significatif à cet égard que le juge étatique n'hésite pas à écarter des clauses d'*exclusio juris* et à juridiciser des engagements d'honneur[2]. En présence d'une clause d'*exclusio juris*, il pourra refuser de prendre en compte la volonté des parties, en particulier si l'une d'entre elles se réfugie abusivement

conventions en droit (Rechtsverträge)", art. préc., *passim*.

[1] Ainsi la Cour de cassation a pu juger que "*malgré son caractère unilatéral, une lettre d'intention peut, selon ses termes, lorsqu'elle a été acceptée par son destinataire et eu égard à la commune intention des parties, constituer à la charge de celui qui l'a souscrite un engagement de faire ou de ne pas faire pouvant aller jusqu'à l'obligation d'assurer un résultat, voire encore constituer un cautionnement*" : com., 21 décembre 1987, *Rev. crit.*, 1989, p. 344, note JOBARD-BACHELLIER.

[2] Pour des exemples tirés de la jurisprudence française : A. LAUDE, *op. cit.*, n° 675-683, p. 406-412. Pour un essai de systématisation du rôle des tribunaux en la matière : *id.*, n° 684-693, p. 413-419.

derrière la clause pour échapper à ses engagements, ou si l'accord tend à échapper à des dispositions impératives ou d'ordre public.

120. Dans ce domaine, la volonté est donc subordonnée à un aval de l'ordre juridique. Il n'est pas de convention non juridique, mais uniquement des conventions considérées comme ne créant pas d'obligation juridique par leur ordre juridique de rattachement et ce, au regard des critères posés par ce dernier[1]. S'agissant d'accords de volontés conclus entre sujets du droit interne, c'est un ordre interne qui poursuit cet office. Il détermine, à ses propres conditions, s'il entend faire produire à l'accord concerné des effets de droit. Si tel est le cas, l'accord deviendra un contrat.

121. On peut donc en conclure que les engagements non contraignants entre sujets internes ou bien leurs engagements d'honneur ne sont pas constitutifs d'une catégorie alternative de convention. Il s'agit seulement d'accord de volontés auquel un ordre interne accepte de ne pas faire produire d'effets de droit[2]. En définitive, ces accords sont donc potentiellement des contrats.

b) Dans les relations entre États

122. La remise en cause de la volonté des parties est moins évidente en droit international public. Et pourtant, il nous semble qu'elle procède d'une même logique qu'en droit interne. Tout d'abord, "*la considération qu'ils ne relèvent pas de pacta sunt servanda ne les fait pas pour autant sortir du champ du droit international*"[3]. C'est ainsi que la présence d'un engagement d'honneur ou même non contraignant peut lier les États par le biais de la bonne foi ou de l'estoppel[4]. Ces engagements peuvent même donner lieu à l'émergence d'une règle coutumière internationale[5]. Il est donc manifeste que ces engagements entre États s'inscrivent dans le cadre du droit international.

---

[1] Cette remarque pourrait d'ailleurs être étendue à tout le "non-droit". Voy. la sévère critique qu'orchestre A. SÉRIAUX à son propos : "Question controversée : la théorie du non droit", *R.R.J.*, 1995, p. 13-30.

[2] Dans le cas d'un engagement d'honneur affecté d'une dimension internationale, on peut se demander quel est l'ordre juridique interne qui sera chargé d'apprécier la juridicité ou le défaut de juridicité de l'accord. Cette question est d'importance puisque les différents systèmes juridiques nationaux sont susceptibles d'entretenir des conceptions différentes en ce domaine. Deux solutions sont à cet égard envisageables. Selon la première, c'est la loi du for qui détermine si l'accord crée ou non des obligations juridiques entre les parties. Si c'est le cas, il s'agira alors d'un contrat qui, suite à cette qualification, sera soumis à la loi désignée par la règle de conflit en matière contractuelle. On reconnaît ici une application pure et simple de la qualification *lege fori*, c'est-à-dire fondée sur les catégories du for. Une autre solution pourrait être de soumettre la question de l'éventuelle rejuridicisation des engagements d'honneur à la *lex causæ*, c'est-à-dire à la loi désignée par la règle de conflit.

[3] J. COMBACAU, S. SUR, *op. cit.*, p. 86 ; *adde*, P.-M. EISEMANN, art. préc., n ° 18-25, p. 344-348.

[4] J. COMBACAU, S. SUR, *op. cit.*, p. 89 ; NGUYEN QUOC DINH, P. DAILLIER, A. PELLET, *op. cit.*, n° 254, p. 388.

[5] NGUYEN QUOC DINH, P. DAILLIER, A. PELLET, *op. cit.*, n° 254, p. 388-389.

123. Mais peuvent-ils faire l'objet d'une requalification en traité, à l'image des engagements entre sujets internes qui peuvent l'être en contrat ? En fait, si la requalification de tels engagements en traités est malaisée en droit international, c'est moins pour des motifs liés au respect de la volonté étatique qu'en raison de l'absence de juridiction objective dans les relations entre États.

En effet, la compétence des tribunaux internationaux "*ne leur est pas automatiquement attribuée par une règle objective qu'activerait simplement la requête d'une partie au litige, comme le fait en droit interne celle du demandeur ; la volonté d'une des parties de faire trancher par le tribunal le différend qui l'oppose à une autre n'a pas pour effet de saisir ce tribunal : pour le faire valablement et lui attribuer le pouvoir de juger, il faut que l'autre partie consente, ou ait à l'avance consenti, à le lui attribuer*"[1]. La requalification d'un engagement d'honneur ou d'un engagement non contraignant implique la saisine d'un juge. Or, comme celle-ci repose dans l'ordre international sur la volonté des parties, il est peu probable que les parties à ces engagements s'accordent pour aller devant le juge.

124. Dans ces conditions, pourrait-on conclure que l'éviction de tout effet juridique est possible dans les relations entre États ? En d'autres termes, si les parties ont entendu ne pas faire produire d'effet de droit à leur accord, le droit international ne pourrait qu'avaliser ce choix. Nous ne le pensons pas. On en veut pour preuve qu'une fois la barrière de la juridiction obligatoire franchie, il est tout à fait possible pour une juridiction internationale de requalifier un engagement d'honneur ou non contraignant, dès lors qu'elle y décèle de véritables obligations juridiques pour les parties. Ainsi, dans une affaire *Heathrow Airport User Charges* opposant la Grande-Bretagne aux États-Unis, les arbitres ont fait produire des effets de droit à un *memorandum of understanding*, c'est-à-dire un acte qui, en principe, se limite à engager moralement les parties[2].

---

[1] J. COMBACAU, S. SUR, *op. cit.*, p. 27 ; *adde*, G. de GEOUFFRE de LA PRADELLE, "La fonction des juridictions de l'ordre international", *J.D.I.*, 1998, p. 389-429, spéc. p. 415. Ce défaut de juridiction objective constitue incontestablement une carence du droit international quant à la réalisation ou à la protection des droits subjectifs des États ; à telle enseigne que ceux-ci s'en remettent parfois aux tribunaux internes pour faire constater l'inexécution d'obligations conventionnelles. Ainsi, le Gouvernement suisse a saisi les juridictions administratives françaises d'un recours pour excès de pouvoir tendant à l'annulation d'une décision de refus d'extradition de deux ressortissants iraniens, prise en contradiction avec la convention européenne d'extradition de 1957 : C.E., 14 décembre 1994, *Gouvernement suisse*, *Rec.*, p. 549, *A.J.D.A.*, 1995, p. 56, concl. VIGOUROUX, *R.D.P.*, 1995, p. 781, note CHAPPEZ, *D.*, 1995, somm. com., p. 179, obs. JULIEN-LAFERRIERE, *J.C.P.*, 1995. II. 22389, note NGUYEN VAN TUONG, *R.F.D.A.*, 1995, p. 109, note LABAYLE, *id.*, p. 396, note RUZIE, *R.G.D.I.P.*, 1995, p. 705, note ALLAND. Pour une affaire similaire : C.E., 15 octobre 1993, *Royaume Uni de Grande Bretagne et d'Irlande du Nord et gouverneur de la Colonie de Hong Kong*, *Rec.*, p. 269, concl. VIGOUROUX, *R.F.D.A.*, 1993, p. 1179, concl. VIGOUROUX, *id.*, 1994, p. 346, note RUZIE, *A.J.D.A.*, 1993, p. 848, chron. MAUGUE et TOUVET, *J.C.P.*, 1993. IV. 2643, obs. ROUAULT, *D.*, 1994. II. 109, note JULIEN-LAFERRIERE, *J.C.P.*, 1994. II. 22253, note ESPUGLAS, *J.D.I.*, 1994, p. 89, note CHAPPEZ, *R.D.P.*, 1994, p. 525, *Gaz. Pal.*, février 1994, p. 108, note CHABAND, *R.G.D.I.P.*, 1994, p. 1016, note ALLAND.

[2] *A.J.I.L.*, 1994, p. 738-744. Pour des commentaires : J.H. Mc NEILL, "International agreements : recent U.S.-U.K. practice concerning the memorandum of understanding", *id.*, p. 821-826 ; J. SKILBECK, "The US/UK arbitration concerning Heathrow Airport users charges", *I.C.L.Q.*, 1995, p. 171-179. Rappr. : la décision prise dans l'affaire du *Plateau continental de la mer Égée* où la Cour Internationale de Justice a estimé que la question de savoir si un communiqué conjoint "*constitue ou non un tel accord (un accord juridique) dépend essentiellement de la nature de l'acte ou de la transaction dont il fait état*" et que, pour le déterminer, il convient de "*tenir compte des termes*

125. Dès lors, on peut affirmer que l'engagement entre États, quelle que soit la volonté des parties quant à l'effet juridique de celui-ci, est toujours potentiellement un traité ; de même que celui entre sujets internes est toujours potentiellement un contrat. Son ordre juridique de rattachement[1] est soit le droit international, soit un ordre interne. Mais, en tout état de cause, il ne constitue pas une convention d'un troisième type, au côté du traité et du contrat.

126. Le rapport qu'entretient un accord de volontés avec l'ordre juridique auquel il se rattache est donc toujours le même, que l'on soit en présence d'un ordre interne ou de l'ordre international. C'est toujours lui qui définit si et dans quelle mesure l'accord est juridiquement obligatoire, même si concernant le droit des gens ce constat est moins évident en raison de l'absence de juridiction objective. En définitive, tandis que le contrat et le traité reposent sur des accords de volontés portant "proposition normative"[2], les engagements non contraignants ou d'honneur se constituent en "proposition a-normative". Mais, dans un cas comme dans l'autre, l'effectivité de cette proposition ne peut s'apprécier qu'à la faveur de l'ordre juridique de rattachement.

- CONCLUSION DU CHAPITRE PRÉLIMINAIRE -

127. Ce chapitre préliminaire avait pour fonction de fixer les fondations d'une réflexion sur les conventions transnationales entre personnes publiques. Il s'agissait en particulier de délimiter le domaine des différents instruments conventionnels que l'on rencontre dans les relations internationales. On a vu que le phénomène conventionnel s'y limite au contrat et au traité. Il n'existe pas d'autres types de conventions qui ne soient pas assimilables, ne serait-ce que potentiellement, à l'un de ces deux concepts.

Quant à ces deux catégories juridiques, elles s'appuient sur une même donnée de fait qui est l'accord de volontés et se différencient par leur ordre juridique de rattachement. Ceci a pour conséquence qu'un accord passé entre sujets du droit international est un traité dans la mesure où cet ordre juridique lui fait produire des effets de droit. De même, un accord de volontés entre deux sujets du droit interne est un contrat, si un ordre interne lui fait produire des effets de droit.

---

employés et des circonstances dans lesquelles le communiqué a été élaboré" : *Rec.*, 1978, p. 39, § 95.

[1] *Supra*, n° 51.

[2] *Supra*, n° 46.

Première partie

LE CHAMP DU DROIT INTERNATIONAL PUBLIC

128. Les développements du chapitre préliminaire ont permis de déterminer qu'un traité est un accord auquel le droit international fait produire des effets de droit. Mais le droit international, à l'instar de tout ordre juridique, n'entend gratifier de tels effets que les accords conclus entre des entités dont il juge qu'elles sont destinataires de ses normes ou, en d'autres termes, auxquelles il attribue la qualité de sujet de droit[1] ; ce qui bien évidemment est le cas des États[2]. On en déduit donc qu'en principe un accord entre États est un traité[3]. Mais derrière la simplicité de cette équation se cachent, en réalité, des données complexes. En effet, un État n'est jamais monolithique. Il se subdivise en plusieurs personnes publiques. Parmi celles-ci, on distingue l'État lui-même qui, incontestablement, est une personne morale de droit public[4], mais aussi l'ensemble des personnes publiques dites infra-étatiques, c'est-à-dire les États fédérés, les collectivités territoriales et la multitude de personnes publiques spécialisées que l'on regroupe, en droit français, sous

---

1 *Supra*, n° 48.

2 Le fait que le droit international attribue la qualité de sujet de droit aux États et que, par ailleurs, il puisse se définir comme le droit des relations interétatiques présente, pour certains auteurs, un caractère "*tautologique*", car "*c'est au droit international lui-même qu'il faut s'adresser pour connaître quels sont ses sujets, de sorte que l'on se trouve en présence d'une contradiction irréductible*" : C. DOMINICÉ, "Observations sur la définition du droit des gens" *in Festschrift für R. Bindschedler*, Berne : Verlag Stämpfli & Cie, 1980, p. 71-90, spéc. p. 72-73 ; *adde*, I. DETTER, *The International Legal Order*, Aldershot : Dartmouth, 1994, p. 1. Il ne nous semble cependant pas qu'il y ait là une quelconque contradiction. Il est vrai que le droit international définit lui-même ses sujets et, en particulier, les États. Mais, ce faisant, il n'énonce pas ce qu'*est un État*, mais ce qu'il convient de *considérer comme un État* dans le cadre du fonctionnement de l'ordre juridique international. En ce sens : J. COMBACAU, S. SUR, *op. cit.*, p. 224.

3 Ou bien un engagement non contraignant ou un engagement d'honneur si, au regard des critères du droit international, il n'y a pas création d'un lien conventionnel.

4 "*L'État, personne morale de droit public au même titre que les collectivités territoriales ou que les établissements publics, est doté de la personnalité juridique*" : B. DELCROS, *L'Unité de la personnalité juridique de l'État*, Paris : LGDJ, 1976, p. 1.

l'appellation d'établissements publics. Or, dans un sens, une convention entre deux collectivités territoriales de pays différents met en présence deux États. En revanche, sa soumission au droit international est sujette à caution.

129. Il nous importe donc d'établir ici dans quelle mesure un accord entre personnes publiques relevant de pays différents est sous l'emprise du droit international public. On observera que cette soumission n'est envisageable qu'à partir du moment où ces personnes publiques, soit sont dotées d'une personnalité internationale propre, soit peuvent se revendiquer de la personnalité internationale de l'État. La pertinence de l'une ou l'autre des deux branches de cette alternative sera successivement envisagée pour les accords entre personnes publiques de l'État (**titre I**), puis pour les accords entre personnes publiques infra-étatiques (**titre II**).

Titre I

LES ACCORDS ENTRE PERSONNES PUBLIQUES DE L'ÉTAT

130. L'utilisation du terme "État" est toujours source d'équivoque, tant sont multiples les sens qu'il est possible de lui conférer. Ainsi des auteurs ont-ils pu noter que "*l'État est une personne morale d'un type tout à fait particulier, et parler de l'État comme personne morale ce n'est saisir qu'une petite partie de sa réalité*"[1]. Par suite, il est bien des définitions possibles de l'État, "*selon qu'on le considère du point de vue des relations internationales, ou comme détenteur de la souveraineté (c'est-à-dire comme un centre de pouvoir pouvant imposer des règles de droit obligatoires pour tous les autres acteurs juridiques sur un territoire donné), ou encore comme l'ensemble des pouvoirs publics institués*"[2]. Il en résulte que tout discours juridique sur l'État achoppe sur l'amphibologie de ce terme.

131. Or, il s'agit ici de déterminer si un accord conclu entre deux personnes publiques de l'État implique le sujet éponyme du droit international. On concédera que cette proposition souffre d'une ambiguïté certaine et l'on tentera, le moment venu, d'en éclaircir la signification[3]. Mais, pour l'instant, on s'en tiendra au constat selon lequel l'État est une personne morale de droit public, et se différencie des autres personnes morales du même type, dites infra-étatiques, que sont les collectivités territoriales ou les établissements publics. Cette distinction existe, en substance, dans tous les systèmes juridiques[4]. Ajoutons que cette personne publique de l'État est complexe et divisée en de multiples organismes ou autorités chargés de tâches particulières[5]. On peut citer toutes les composantes de l'État central avec ses

---

[1] F. DREYFUS, F. d'ARCY, *Les Institutions politiques et administratives de la France*, Paris : Économica, 3ème éd., 1989, p. 207.

[2] *Ibid.*

[3] *Infra*, n° 145.

[4] V. SIMONART, *La Personnalité morale en droit comparé*, Bruxelles : Bruylant, 1995, n° 25, p. 27 et n° 41, p. 39.

[5] J.-B. AUBY, *La Notion de personne publique en droit administratif*, th. multigr., Bordeaux I, 1979, p. 128-146 ; B. DELCROS, *op. cit.*, *passim*.

ministères et agences de toutes sortes. Mais il y a également les autorités déconcentrées qui composent le bras de l'État sur l'ensemble du territoire. Or, des accords sont conclus à tous les échelons de la personne morale de l'État. Il existe, par exemple, des conventions entre ministères ou, encore, entre autorités déconcentrées.

132. La question se pose de déterminer si l'ensemble de ces accords relève du droit international, autrement dit s'ils impliquent la personnalité internationale de l'État. Ceci nécessite, en premier lieu, de s'interroger sur la faculté pour deux États de conclure une convention de droit interne, c'est-à-dire un contrat (**chapitre I**). On devra, ensuite, se prononcer sur la valeur juridique de tous ces accords, plus ou moins informels, que concluent les ministères, les autorités déconcentrées, ou même des organismes comme les autorités administratives indépendantes, avec leurs homologues étrangers. Ils sont, en général, rassemblés sous l'appellation d'arrangements administratifs (**chapitre II**).

Chapitre I

LES CONTRATS ENTRE ÉTATS

133. La Convention de Vienne du 23 mai 1969 définit le traité comme un accord entre États "*régi par le droit international*". Or, ceci laisse *a priori* ouverte la possibilité d'accords interétatiques "régis par un droit interne". Les États pourraient ainsi, dans certaines circonstances, conclure des contrats.

La plupart des rapporteurs qui se sont succédé devant la Commission du droit international, à l'occasion de l'élaboration de la Convention de Vienne sur le droit des traités, ont d'ailleurs reconnu l'existence de ces contrats. Ainsi, pour Brierly, le premier d'entre eux, "les sujets du droit international peuvent passer des contrats de droit interne, de la même manière que les autres sujets de droit. Et ces transactions de droit privé n'acquièrent pas les caractères d'un traité simplement parce que les parties sont des sujets du droit international"[1]. De même, pour Fitzmaurice, "les États peuvent passer entre eux des accords portant sur l'acquisition des lieux destinés à l'exercice de leur mission diplomatique sur le territoire de leur cocontractant ou des accords de nature purement commerciale. De tels accords peuvent être régis entièrement par des règles de droit privé (c'est-à-dire des règles de droit interne et non de droit international)"[2].

134. Enfin, le successeur de Fitzmaurice aux fonctions de rapporteur, Humphrey Waldock, pouvait conclure de manière définitive que "l'expression 'régi par le droit international' permet de distinguer les accords internationaux régis par le droit international public et ceux qui, bien que conclus entre États, sont régis par le

---

1 *Rapport sur le droit des traités, A.C.D.I.*, 1950, II, p. 228 : "*It is possible for International persons to contract, in the same manner as other categories of persons, under domestic law. And transactions of private law nature do not acquire the character of treaties merely because the parties thereto are international persons*".

2 *Rapport sur le droit des traités, A.C.D.I.*, 1959, II, p. 95 : "*There may be agreements between States, such as agreements for the acquisition by one Government from another of premises for its diplomatic mission in the territory of that Government ; or else some other purely commercial transactions between Governments - the incidence of which may be regulated entirely by the appropriate system of private (i.e., national, not international) law*".

droit interne de l'une des parties - ou par le droit interne d'un État tiers choisi par les États parties"[1].

135. Au vu de ces opinions, il semble donc que l'admission de contrats entre États rencontre pratiquement l'unanimité[2]. D'ailleurs, en doctrine, la faculté pour les États de soumettre au droit interne certaines de leurs relations conventionnelles fait également l'objet d'un large consensus[3]. Pourtant, il ne nous semble pas, pour notre part, que les États bénéficient de cette liberté. On tentera de faire la démonstration que les accords interétatiques relèvent nécessairement du droit international public en identifiant (**section I**), puis en analysant la notion de contrats entre États (**section II**).

SECTION I
L'IDENTIFICATION DES CONTRATS ENTRE ÉTATS

136. La notion de contrat entre États se résume finalement à la question suivante : les États peuvent-ils, dans leurs relations réciproques, conclure des contrats en lieu et place des classiques traités ? Il y a lieu de présenter le domaine de cette question (**§ 1**), avant d'exposer la pratique conventionnelle sur laquelle s'appuie la théorie des contrats entre États (**§ 2**).

§ 1. - LE DOMAINE DES CONTRATS ENTRE ÉTATS

137. La signification des termes "contrats entre États" doit être précisée. En effet, dans cette expression, le mot "État" ne peut en aucun cas désigner le sujet du droit international (**A**). Les contrats entre États ne peuvent être, en fin de compte, que des contrats entre personnes publiques de l'État (**B**).

---

1 Commentaire article par article du projet de convention adopté par la C.D.I., *Rapport de la Commission à l'Assemblée générale*, A/6309, *A.C.D.I.*, 1966, vol. II, p. 193-298, spéc. §6 : "*the phrase 'governed by international law' serves to distinguish between international agreements regulated by public international law and those which, although concluded between States, are regulated by the national law of one of the parties (or by some other national law system chosen by the parties)*".

2 Parmi les rapporteurs de la C.D.I., seul LAUTERPACHT écarte l'existence de contrats entre États : *Rapport sur le droit des traités*, *A.C.D.I.*, 1953, II, p. 100. On aura l'occasion de revenir sur l'opinion de cet auteur : *infra*, n° 224.

3 Ainsi, l'existence de contrats entre États ne rencontre aucune objection chez les auteurs suivants : S. BASTID, *op. cit.*, n° 16, p. 22 ; J. COMBACAU, S. SUR, *op. cit.*, p. 78 ; P.-M. DUPUY, *op. cit.*, n° 241 ; P. REUTER, *Introduction au...*, *op. cit.*, n° 75, p. 30. D'autres restent cependant plus circonspects : NGUYEN QUOC DINH, P. DAILLIER, A. PELLET, *op. cit.*, n° 62, p. 118.

A. - L'INEXISTENCE DE CONTRATS ENTRE SUJETS DU DROIT INTERNATIONAL

138. L'inexistence de contrats entre sujets du droit international résulte de l'impossibilité pour une entité d'être soumise à un ordre juridique dont elle n'est pas le sujet (**1°**). C'est tout le sens du fameux *dictum* de la Cour permanente de Justice internationale dans les affaires des emprunts serbe et brésilien (**2°**).

1° - L'impossibilité d'être soumis à un ordre juridique sans en être le sujet

139. A l'occasion d'une étude, parmi les plus approfondies sur la question des contrats entre États, M. Verhoeven a pu procéder à l'affirmation suivante : "*Il semble (...) qu'il faille accepter le 'contrat entre États' pour ce qu'il est, c'est-à-dire pour un accord entre deux sujets de l'ordre juridique international qui n'est pas soumis au droit des gens*"[1]. Pour cet auteur, la question des contrats entre États ne se poserait qu'en présence de deux sujets du droit international, ce qui revient à admettre l'existence d'accords entre sujets du droit des gens régis par un droit interne.

140. Or une telle opinion nous semble critiquable. Elle constitue en réalité une sorte de non-sens, puisqu'un contrat est un accord de volontés auquel un ordre interne fait produire des effets de droit. En effet, un ordre juridique ne peut faire produire de tels effets à un accord conclu entre des entités qu'il ne reconnaît pas comme destinataires de ces normes ou, en d'autres termes, auxquelles il n'attribue pas la qualité de sujet de droit[2]. Par conséquent, un véritable contrat ne peut impliquer que des sujets du droit interne. Et un sujet du droit international n'est pas, par définition, un sujet du droit interne. Dès lors, il ne peut exister de contrats entre sujets du droit international.

141. On objectera, sans doute, que cette démonstration n'a de sens que si l'on en adopte les deux prémisses de départ, à savoir qu'un contrat est un accord de volontés auquel un ordre interne fait produire des effets de droit et qu'un ordre juridique ne peut faire produire d'effets de droit à un accord conclu entre entités qu'il ne reconnaît pas comme sujet. Mais en dehors même du fait que celles-ci nous semblent avérées[3], on observera que M. Verhoeven adhère implicitement à l'une comme à l'autre. Ainsi, il ne fait pas de doute que l'auteur estime qu'un contrat est une convention de droit interne[4]. En ce qui concerne l'impossibilité pour un accord d'être juridicisé par un ordre juridique alors même que les parties ne se voient pas attribuer la qualité de sujet de droit par celui-ci, l'auteur semble également l'admettre à l'occasion d'une critique des idées de M. Salmon. Ce dernier, dans une étude sur les contrats de la B.I.R.D., considère que la relation qui s'établit entre la

---

1 "Traités ou contrats entre États ? Sur les conflits de lois en droit des gens", *J.D.I.*, 1984, p. 5-36, spéc. p. 35 ; *adde*, *id.*, p. 18-19.

2 *Supra*, n° 48-50.

3 *Ibid.*

4 "Traités ou contrats entre...", art. préc., not. p. 6-7.

Banque mondiale et les États ou les particuliers auxquels elle consent des prêts "*échappe par sa nature au droit international public et paraît se situer sur le plan du droit interne des organisations internationales*"[1]. Critiquant à juste titre ce point de vue, M. Verhoeven considère en effet que l'on voit mal ces conventions "*être régies par le droit interne de l'organisation, sauf à admettre que tout contractant, privé ou étatique, de la Banque mondiale devient ipso facto sujet de son ordre juridique*"[2]. Or, il nous semble que la même remarque est valable pour les contrats - accords de volontés auxquels un ordre interne fait produire des effets de droit - entre sujets du droit des gens.

142. On admettra donc, dans ces conditions, que l'expression "contrat entre États" ne peut s'entendre d'un contrat entre sujets du droit international. Il s'agit nécessairement d'un contrat entre sujets du droit interne. Et c'est bien là le sens qu'il convient de conférer au très célèbre *dictum* retenu par la Cour permanente de Justice internationale dans les affaires des emprunts serbe et brésilien.

2° - Le **dictum** *de la C.P.J.I. dans les affaires des emprunts serbe et brésilien*

143. Tout accord obligatoire entre sujets du droit international est un traité[3], tandis qu'un contrat ne peut mettre en présence que des sujets du droit interne. Cependant, ces deux types de convention sont proches, ce qui fait parfois naître une certaine équivoque. Ainsi, dans deux arrêts remarqués opposant la France aux États serbe et brésilien[4], la Cour permanente de Justice internationale a-t-elle énoncé le *dictum* suivant :

> "*Tout contrat qui n'est pas un contrat entre des États en tant que sujets du droit international a son fondement dans une loi nationale*"[5].

Le terme "contrat" y est employé à deux reprises, mais avec des significations différentes. Dans le premier cas, il s'agit du contrat au sens propre, c'est-à-dire conforme à l'acception qui lui a jusqu'ici été conférée. La Cour précise d'ailleurs qu'il "*a son fondement dans une loi nationale*", ce qui correspond à notre accord de volontés auquel un ordre interne fait produire des effets de droit. Dans le second cas, si c'est le terme "contrat" qui est utilisé par les juges internationaux, c'est en réalité au concept de traité qu'il est fait référence. On comprend alors pourquoi les accords de volontés "*entre des États en tant que sujets du droit international*" n'ont pas leur "*fondement dans une loi nationale*" puisqu'il s'agit de traités, lesquels relèvent du droit des gens. Mais en insérant la locution "*en tant que*", la Cour internationale

---

1 "Les contrats de la BIRD", *A.F.D.I.*, 1956, p. 635-642, spéc. p. 642.

2 "Traités ou contrats entre...", art. préc., p. 22.

3 Ainsi, selon ROUSSEAU, "*en droit international, on doit appeler traité tout accord conclu entre deux sujets du droit des gens*" : *Principes généraux du droit international public*, t. I, Paris : Pedone, 1970, p. 143.

4 Arrêts n° 14 et n° 15 du 22 juillet 1929, *Rec.*, série A, n° 20/21, *D.P.*, 1930.2.45, note DECENCIÈRE-FERRANDIÈRE, *S.*, 1929.4.17, *Rev. crit.*, 1929, p. 427, note NIBOYET, *J.D.I.*, 1929, p. 572 et p. 837, comm. PRUDHOMME.

5 *Rec.*, p. 41 et p. 121.

ouvre une brèche dans la délimitation entre le domaine du contrat et celui du traité. Les juges, en effet, laissent entendre qu'il existerait des contrats entre États, "*en tant que*" sujets de droit interne, autrement dit entre personnes publiques de l'État.

B. - L'ÉVENTUALITÉ DE CONTRATS ENTRE PERSONNES PUBLIQUES DE L'ÉTAT

144. Seuls sont admissibles, dans leur principe, des contrats mettant en présence deux États en tant que sujets du droit interne[1]. Une telle opinion nécessite toutefois de se pencher, d'une part, sur la dualité de la personnalité interne et internationale de l'État (**1°**) et, d'autre part, sur l'aporie de la soumission de l'État à son propre droit (**2°**).

1° - La dualité de personnalité interne et internationale de l'État

145. Pour bien comprendre ce que la Cour internationale a entendu affirmer en employant dans le *dictum* précité la locution "*en tant que*", il est indispensable de se référer à la pensée d'Anzilotti. Le *dictum* est en effet directement influencé par le grand juriste italien qui présidait alors la Cour permanente. Pour Anzilotti, on peut admettre que "*dans un ordre juridique interne déterminé, un État entre en rapports de droit avec un autre État ; par exemple si un État achète à un autre État un palais ou obtient de lui la concession de construire ou d'exploiter des lignes de chemin de fer, etc.*"[2]. L'auteur poursuit en soulignant qu'il "*n'est pas difficile de voir que dans ces cas le mot 'État' désigne un sujet juridique différent de celui auquel se réfère le même mot en droit international*"[3]. Une telle opinion résulte directement d'une construction dualiste des relations entre le droit international et le droit interne. Chaque ordre juridique est premier et prend en compte de manière autonome la réalité socio-politique, c'est-à-dire factuelle, que constitue l'État[4]. Il désigne une certaine réalité de l'État qu'il entend considérer comme destinataire de ses normes.

146. Ainsi, le droit international s'adresse à l'État souverain, c'est-à-dire à "*un centre de pouvoir pouvant imposer des règles de droit obligatoires pour tous les acteurs juridiques sur un territoire donné*"[5]. En revanche, le droit interne s'adresse

---

[1] En ce sens : S. LEMAIRE, *Les contrats des personnes publiques internes en droit international privé*, th. multigr., Paris I, p. 102 et s.

[2] *Cours de droit international, op. cit.*, p. 53-54.

[3] *Ibid.*, p. 54.

[4] "*Ici comme dans beaucoup d'autres occasions, la considération de l'identité de substance du substratum de fait, qui sert de base à la personnification (ce type donné d'organisation sociale), a prévalu sur les exigences d'une considération rigoureusement normative, laquelle est le propre de la science du droit qui, partant du concept que la personnalité exprime une corrélation entre une entité et un ordre juridique déterminé, ne peut pas ne pas avoir deux sujets différents là où le langage commun semble en désigner un seul.*" : *ibid.* Cette dualité de l'État en fonction de l'ordre juridique auquel il est fait référence se retrouve chez deux autres auteurs : S. LEMAIRE, *op. cit.*, p. 18-73 ; M. REGLADE, "La notion juridique de l'État en droit public interne et en droit international public" *in Mélanges G. Scelle*, t. II, Paris : LGDJ, 1950, p. 507-533, spéc. p. 530.

[5] F. DREYFUS, F. d'ARCY, *op. cit.*, *loc. cit.*

à la personne publique de l'État, c'est-à-dire à un acteur juridique bénéficiant d'un statut un peu particulier, sans être fondamentalement différent de celui que le droit interne attribue aux personnes privées. À un même vocable, correspondent donc deux concepts juridiques : un État-personne morale de droit public, sujet du droit interne, et un État-souverain, sujet du droit international. Et comme on a pu constater qu'il est absolument exclu qu'un contrat puisse être passé entre sujets du droit international[1], il faut en conclure qu'il n'est de contrats qu'entre États en tant que personnes publiques, c'est-à-dire sujets du droit interne.

147. Une telle affirmation nécessite toutefois d'admettre qu'un État-personne publique puisse être soumis à un droit à l'origine duquel il se trouve par ailleurs, en tant qu'État-souverain. Car là où le droit distingue deux personnes juridiques, il n'existe qu'une réalité socio-politique. C'est le même État, au point de vue factuel, qui est à la source de l'ordre juridique interne et qui est le sujet de celui-ci.

2° - L'aporie de la soumission de l'État à son propre droit

148. Dans le cadre interne, il est manifeste que l'État est à la fois un être souverain[2], et un sujet de droit. Cette double identité ne pose pas de problème lorsque l'État est sujet d'autres ordres internes, ce qui arrive parfois lors d'une opération juridique donnée. À cette dernière occasion, il ne sera d'ailleurs pas un sujet "classique", puisqu'il bénéficiera du corps spécifique de règles que sont les immunités de juridiction et d'exécution propre à chaque ordre interne[3]. En revanche, la circonstance qu'il puisse être le sujet de son propre droit a pu susciter l'interrogation de certains auteurs, tant il paraît difficilement admissible que l'État soit à la fois acteur et source de la vie juridique interne[4].

---

[1] *Supra*, n° 50.

[2] Celui-là même auquel le droit des gens attribue la qualité de sujet de droit.

[3] Les immunités de juridiction et d'exécution sont des normes propres à chaque ordre interne. Celui-ci traite comme il l'entend le plaideur étatique étranger, en espérant vraisemblablement être payé de retour. Il est vrai que la Commission du Droit International a adopté un projet d'articles sur les immunités juridictionnelles des États et de leurs biens (texte publié à la *R.G.D.I.P.*, 1992, p. 466 et s., avec un commentaire critique de C. KESSEDJIAN et C. SCHREUER, *id.*, p. 304 et s.) et que, bien souvent, cette question est traitée par les ouvrages de droit international public. Mais cela ne signifie pas pour autant que ce soit là des règles du droit des gens. Il s'agit, en réalité, de règles internes chargées d'encadrer une relation juridique qui se noue dans l'ordre interne. On peut évidemment soutenir que le fondement de ces règles est à chercher dans le droit international public et, en particulier, dans l'égalité souveraine des États. Nous y voyons plutôt une volonté de solidarité entre les États voire, plus égoïstement, une espérance de réciprocité pour les États qui instituent un régime d'immunités. En toute hypothèse, ce fondement est bien lâche dans la mesure où il ne semble pas que le droit des gens impose la mise en place de ce régime. C'est pourquoi l'affirmation suivante nous semble contestable : "*Le rejet ou l'octroi de l'immunité est une décision prise par un État à l'égard d'un autre État. La forme interne que revêt cet acte unilatéral, puisqu'il s'agit d'une décision judiciaire des tribunaux internes, ne remet pas en cause la vocation du droit international public à le réglementer. La théorie des immunités de l'État est ainsi vouée à se trouver dans le droit international public*" : M. COSNARD, *La Soumission des États aux tribunaux internes*, Paris : Pedone, 1996, p. 15-16. En aucun cas, nous semble-t-il, le droit des gens ne réglemente le rejet ou l'octroi d'une immunité décidés par un ordre interne.

[4] Différentes théories ont été avancées pour tenter d'expliquer cette aporie. Sur celles-ci : F. LINDITCH, *Recherche sur la personnalité morale en droit administratif*, Paris : LGDJ, 1997, p. 81-119.

149. Et, pourtant, il ne nous semble pas qu'il y ait de véritable incompatibilité à ce que l'État soit le créateur des normes auxquelles il est, par ailleurs, assujetti. Il est vrai qu'on a pu contester qu'une "*seule et même personne soit, en une seule qualité, à la fois créateur du droit et soumise au droit créé par elle*"[1]. Mais un tel argument ne paraît guère valable. En effet, on ne voit aucun illogisme à ce qu'une entité définisse sa conduite par des règles qu'elle-même élabore. C'est même une nécessité dans le cas de l'État qui, en sa qualité d'ordre juridique premier[2], ne se voit imposer aucune source extérieure de juridicité. L'État peut décider à la faveur d'un choix, et dans le plein exercice de sa souveraineté, de se soumettre aux normes qu'il produit. Ainsi Carré de Malberg pouvait-il constater que "*l'État se limite lui-même en s'imposant de n'exercer sa domination, que dans certaines conditions et certaines règles*"[3], c'est là le fondement de la théorie développée par cet auteur dite de l'autolimitation de l'État.

150. D'ailleurs, l'opinion selon laquelle l'État ne peut se soumettre à son propre droit a, avant tout, un fondement moral. Elle consiste à affirmer le caractère antinomique de la soumission de l'État à ses propres normes avec la notion même de droit : "*Le droit implique la distinction de celui qui pose la règle et de celui à qui elle s'impose. Si une même personne, en une seule qualité, pose une règle et dit se l'imposer à elle-même tout en conservant compétence à l'effet de modifier la règle posée, il n'y a pas droit, mais simple apparence de droit*"[4]. Mais cela implique l'existence d'une certaine transcendance dans la notion de droit, laquelle imposerait qu'une même entité ne puisse se soumettre aux règles qu'elle crée. Or, nous ne croyons guère à celle-ci, bien éloignée d'une vision réaliste, c'est-à-dire positiviste du droit, en vertu de laquelle le droit se résume à l'existence d'un ordre juridique.

151. Conformément à une démarche d'obédience positiviste, cet argument moral ne tient plus et il n'y a pas alors de difficulté à considérer qu'en droit, le terme "État" a deux significations. Il renvoie, d'une part, à l'État-souverain qui est à la fois à l'origine de l'ordre juridique interne et le sujet du droit international public et, d'autre part, à la personne morale de droit public qui est le sujet du droit interne. On ajoutera, en guise de conclusion sur ce thème, que c'est cette seconde acception qu'il convient de retenir du mot "État" dans l'expression "contrat entre États".

§ 2. - LA PRATIQUE DES CONTRATS ENTRE ÉTATS

152. À l'origine des interrogations théoriques suscitées par l'éventuelle existence de contrats entre États, il est une pratique conventionnelle bien particulière. Celle-ci repose à la fois sur une analogie avec le droit privé (**A**), et sur des clauses d'*electio juris* insérées dans des accords entre États (**B**).

---

1 F.-P. BÉNOIT, *Le Droit administratif français*, Paris : Dalloz, 1968, p. 29.

2 Sur cette qualité : *supra*, n° 82-85 et *infra*, n° 532.

3 R. CARRE de MALBERG, *Contribution à la théorie générale de l'État*, t. I, Paris : Sirey, 1920 (réimpr. CNRS, 1962), p. 256.

4 F.-P. BÉNOIT, *op. cit., loc. cit.*

A. - L'ANALOGIE AVEC LE DROIT PRIVÉ

153. Les accords interétatiques, dont on a pu affirmer qu'ils constituent des contrats, portent sur des matières qui, dans l'ordre interne, sont du domaine du droit privé. Il s'agit principalement d'opérations financières, industrielles ou commerciales entre États.

Pour celles-ci, "*à moins que son droit interne le lui interdise, un État pourra choisir de conclure avec un autre sujet de droit international (État ou organisation intergouvernementale) un accord que l'un et l'autre décideront de soumettre au droit interne d'un pays déterminé*"[1]. Il s'agira alors non d'un traité mais d'un contrat. Cette pratique est réputée relativement courante en matière d'emprunt international[2]. Dès 1923, Fischer Williams remarquait, dans un cours à l'Académie de droit international de La Haye, que certains emprunts entre États ressemblaient en tout point à des contrats conclus entre États et banquiers étrangers[3]. Il lui paraissait "*bon de rechercher si les règles posées pour les emprunts privés des États peuvent être étendues aux transactions entre États*"[4], puisqu'en empruntant un État agit de la même manière qu'une personne privée[5]. Toutefois, Fischer Williams ne tirait de ce constat aucune conséquence quant à la nature des accords cités.

154. Par extension, les auteurs se sont référés ensuite aux domaines économique et commercial. La pratique tendrait "*à se développer encore, du fait de l'interventionnisme accru de l'État dans le domaine économique et commercial, qui l'incite souvent, par souci pragmatique, à recourir aux procédés du droit privé*"[6]. On pense, par exemple, au cas des accords relatifs aux ambassades ou aux bâtiments consulaires[7]. Une étude mentionne le recours à cette pratique entre les États-Unis et quelques pays européens dans le domaine militaire[8]. De la même manière, un auteur

---

[1] P.-M. DUPUY, *Droit international public*, *op. cit.*, n° 241.

[2] G. VAN HECKE, *Problèmes juridiques des emprunts internationaux*, Leiden : E.J. Brill, 2ème éd., 1964, p. 28-31. *Contra*, Z.A. KRONFOL, "The proper law of international loans", J. *World Trade L.*, 1976, p. 129-145, spéc. p. 135-137.

[3] J. FISCHER WILLIAMS, *Le Droit international et les obligations financières qui naissent d'un contrat*, *R.C.A.D.I.*, 1923, vol. 1, p. 293-361, spéc. p. 295-297. A la même époque, une étude de la Harvard Law School sur la codification des traités discute également de la nature juridique d'accords entre États semblables à des contrats entre particuliers : *Research in International Law, III, Law of treaties*, *A.J.I.L.*, Suppl. 1935, vol. 29, spéc. p. 693-695.

[4] J. FISCHER WILLIAMS, *op. cit.*, p. 314.

[5] *Ibid.*, p. 317.

[6] P.-M. DUPUY, *Droit international public*, *op. cit.*, *loc. cit.*

[7] C. JESSUP, *A Modern law of nations*, Archon Books, 1968, p. 142. Voy. cependant les remarques de J. SALMON à propos du contrat de bail signé entre l'Unesco et l'État français : *A.F.D.I.*, 1958, p. 453-465. Pour l'auteur, il s'agit d'un traité quand bien même les parties utilisent le terme "contrat". Il en veut pour preuve que ledit contrat est "*contraire à la fois à la législation sur les baux emphytéotiques et à la législation domaniale en France*" : *id.*, p. 457. Mais ceci ne constitue pas un argument puisqu'il pourrait s'agir d'un contrat nul. Un autre accord associant, cette fois, la France à l'Allemagne est expressément dénommé "contrat" par les parties signataires. Il a pour objet les droits de la France sur la forêt du Mundat. Toutefois, sa publication par décret au Journal Officiel semble indiquer qu'en dépit de cette dénomination, il s'agit d'un traité en bonne et due forme : D. publ. n° 94-524, 21 juin 1994 : *J.O.*, 28 juin 1994, p. 9324.

[8] N.L. ROBERTS, "Private and public international law aspects of government contracts", *Military Law Review*, 1967, p. 1-60. Il s'agit de tout un réseau d'accords avec les pays membres de l'O.T.A.N. visant à réglementer les achats effectués à l'étranger (*offshore*) par les États-Unis et destinés à fournir

estime que si l'Angleterre décide d'acquérir 1.000 tonnes de bœuf congelé auprès du gouvernement argentin sur le fondement d'un contrat d'une forme couramment utilisée dans le commerce de la viande, il ne s'agira alors plus d'un traité mais d'un contrat de droit privé[1]. On trouve même trace de contrats entre États dans des textes interétatiques comme les accords d'Alger du 19 janvier 1981 sur le règlement des différends entre les États-Unis et l'Iran[2]. Le tribunal arbitral institué par ces accords se voit reconnaître compétence relativement aux "*demandes officielles des États-Unis et de l'Iran l'un contre l'autre, nées d'arrangements contractuels entre eux en vue de l'achat et la vente de biens et de services*"[3].

155. L'analogie avec le droit privé est donc patente. À celle-ci s'ajoute, en général, la présence, dans l'accord, d'une clause désignant un droit étatique. Tel n'est toutefois pas toujours le cas. Ainsi, un échange de notes entre le Secrétaire d'État américain et l'ambassadeur d'Allemagne aux États-Unis daté des 9 et 16 décembre 1966, et relatif au retour en République fédérale de toiles de maîtres, a été considéré par une Cour d'appel allemande comme un "trust au sens du droit américain"[4], alors même qu'il ne contenait aucune clause explicite en ce sens. La juridiction précisait même que le trust était "régi par les règles du droit américain"[5]. Cependant, hormis cette décision, qui a fait l'objet d'une vive critique, c'est la présence de clauses de droit applicable qui a le plus souvent amené la doctrine à reconnaître l'existence de contrats entre États.

B. - DES CLAUSES D'*ELECTIO JURIS* DANS LES ACCORDS ENTRE ÉTATS

156. Certains accords interétatiques comportent des clauses renvoyant à l'application d'un droit interne. C'est là une pratique peu courante mais dont on ne peut nier l'existence (**1°**). Elle se manifeste notamment en matière d'emprunts internationaux. En outre, il y a lieu de préciser qu'on ne peut évoquer un contrat entre États sans que cette clause soit considérée comme emportant une véritable soumission de l'accord au droit choisi. C'est bien là la portée qu'il convient de lui conférer (**2°**).

---

aux forces armées américaines stationnées sur place les produits, services et fournitures nécessaires à leurs besoins. Les accords envisagent, à cet effet, deux modalités différentes : les contrats sont passés soit avec des entreprises privées, soit avec le gouvernement de l'État-hôte.

1 A.D. Mc NAIR, *The Law of Treaties*, Oxford : Clarendon Press, 1961, p. 4.

2 *J.D.I.*, 1981, p. 776-783, comm. B. AUDIT, "Les accords d'Alger du 19 janvier 1981 tendant au règlement des différends entre les États-Unis et l'Iran", *id.*, p. 713-775.

3 *Ibid.*, p. 764.

4 "*Trust agreement in the sense of American law*".

5 "*The trust relationship being governed by American law*". Sur cette affaire : F.-A. MANN, "Another Agreement between States under National Law ?", *A.J.I.L.*, 1974, p. 490-497.

*1° - La pratique des clauses d'*electio juris

157. Un survol des pratiques conventionnelles interétatiques montre qu'il arrive parfois que deux États insèrent dans leur accord une clause de renvoi à un droit étatique. Ainsi, le 25 février 1982, un accord de troc portant sur de la bauxite a été conclu entre les États-Unis et la Jamaïque[1]. Or la convention, qui mettait en présence les deux gouvernements[2], prévoyait l'application du droit de l'État de New York et un arbitrage sous l'égide de la Chambre de Commerce Internationale de Paris.

De même, des accords relatifs à l'approvisionnement des troupes américaines stationnées en Europe, passés entre les États-Unis et divers pays européens, comportent des clauses désignant le droit américain[3]. On peut également citer un accord entre l'Union soviétique et la Yougoslavie, en date du 25 juillet 1947, dont l'un des articles peut être interprété comme se référant au droit soviétique[4].

158. Mais c'est, le plus souvent, dans le domaine des emprunts entre États que l'on rencontre de telles clauses. Ainsi, un accord du 25 février 1957 entre le Royaume-Uni et l'Eximbank de Washington, décrite comme "*an agency of the United States of America*"[5], contient la clause suivante :

---

1 E.C. LEE, "Bauxite for butter : the U.S.-Jamaican agreement and the future of barter in U.S. trade policy", *Law and Policy in Int. Business*, 1984, vol. 16, p. 239-261.

2 Cet accord était bien conclu entre deux États, ainsi qu'en atteste son préambule : "Le gouvernement de la Jamaïque représenté par la Bauxite and Alumina Trading Company Ltd (ci-après désigné BATCO) et le gouvernement des États-Unis représenté par la Commodity Credit Corporation, une agence américaine dépendant du Département de l'Agriculture (ci-après désignée CCC), s'engagent dans cet accord le 25 février 1982." ("*This Agreement is hereby entered into this 25th day of February 1982, by and between the Government of Jamaica represented by the Bauxite and Alumina Trading Company Ltd (hereinafter called BATCO) and the Government of the United States represented by the Commodity Credit Corporation, an agency and instrumentality of the United States within the Department of Agriculture (hereinafter called the CCC)*").

3 N.L. ROBERTS, art. préc., p. 42 et s.

4 Cité par F.-A. MANN qui considère que " L'article 13 stipule qu'en cas de litige, si les parties ne saisissent pas les juridictions étatiques, celui-ci sera de la compétence du tribunal arbitral pour le commerce extérieur de la Chambre de Commerce de l'Union à Moscou. Même si cette clause n'exclut pas la saisine des juridictions yougoslaves, on peut en déduire une référence au profit du droit russe" ("*nach Artikel 13 des Vertrags sind Streitigkeiten, falls die Parteien sich nicht an staatliche Gerichte wenden, von dem Aussenhandelsschiedsgericht der Handelskammer für die Gesamtunion in Moskau zu entscheiden. Obwohl diese Klausel eine Anrufung jugoslawischer Gerichte nicht ausschliesst, wird man aus ihr eine Verweisung auf russisches Recht entnehmen dürfen*") : "Die Verträge des Völkerrechtssubjekte und die Parteiautonomie" *in Ius et Lex, Festgabe zum 70. Geburtstag von Max Gutzwiller*, Bâle : Verlag Helbing & Lichtenhahn, 1959, p. 465-487, spéc. p. 471.

5 L'Attorney-General des États-Unis a, le 30 septembre 1966, fait la déclaration suivante : " La responsabilité contractuelle d'Eximbank engage les États-Unis d'une manière générale, et les personnes qui seront regardées juridiquement comme victimes d'un préjudice trouvant sa source dans cette responsabilité contractuelle pourront en réclamer réparation et, éventuellement, le paiement de dommages-intérêts aux États-Unis " ("*Eximbank's contractual liabilities constitute general obligations of the United States backed by its full faith and credit and (...) persons in whose favour it has incurred contractual liabilities in accordance with law have acquired valid general obligations of the United States and are therefore in a position to reach beyond Eximbank and its assets to the United States for a source of payment if necessary*"), *The Economist*, 29 janvier 1972, p. 93, repris par F.-A. MANN, "About the proper law of contracts between States" *in International Studies*, Oxford : Clarendon Press, 1973, p. 241-255, spéc. p. 242.

"Toutes les questions relatives à la mise en œuvre ou à l'interprétation de cet accord et des notes (qui lui sont adjointes), ou encore relatives à l'exécution ou à la non-exécution des obligations qui en découlent seront examinées au regard du droit de l'État de New York."[1]

159. Une stipulation similaire se retrouve dans quatre autres accords de prêt conclus par le Danemark avec la Jordanie, le Brésil, l'Iran et la Malaisie entre 1966 et 1968. M. Mann reproduit l'exemple suivant tiré de l'accord d'emprunt conclu entre la Malaisie et le Danemark et signé le 29 février 1968 :

"Cet accord et tous les droits et obligations qui en découlent seront régis par le droit danois, à moins qu'il n'en soit disposé autrement dans l'accord."[2]

160. Dans les premières années de son existence, la B.I.R.D.[3] a également passé un nombre important d'accords d'emprunt avec des États, qui contenaient la clause suivante :

"Les clauses de cet accord et celles des bons d'emprunt seront interprétées au regard du droit de l'État de New York (E.U.) alors en vigueur."[4]

161. Par la suite, la Banque a préféré éviter toute soumission d'ordre général à un droit interne dans ses conventions de prêt. Cette clause est en effet tombée en désuétude. L'ensemble des accords était réputé relever du droit international public en vertu d'une nouvelle clause-type rédigée de la manière suivante : "Les droits et obligations de la banque, de l'emprunteur et de la caution, concernés par le contrat de prêt et l'accord en garantie, seront regardés comme juridiquement valables et pouvant donner lieu à une exécution forcée en vertu des termes de ces deux accords,

---

1 "*All questions with respect to the execution or interpretation of this Agreement and the notes or with respect to performance or non-performance hereunder or thereunder shall be interpreted according to New York law*", cité par H. LAUTERPACHT, "United Kingdom contemporary practice", *I.C.L.Q.*, 1957, p. 506-532, spéc. p. 529, et par Z.A. KRONFOL, art. préc., p. 136. Un deuxième accord entre les mêmes parties, en date du 11 février 1965, contient une stipulation identique, tandis qu'on dénombre une troisième convention, en date du 3 novembre 1969, où la question du droit applicable n'est plus évoquée : F.-A. MANN, "About the proper law of...", art. préc., *loc. cit.*

2 "*Unless otherwise provided for in the Agreement, the Agreement and all the rights and obligations deriving from it shall be governed by Danish law*" : F.-A. MANN, "About the proper law of...", art. préc., p. 247. L'accord contient, en outre, une clause compromissoire également reproduite par l'auteur avec l'ensemble de l'*instrumentum* : *id.*

3 La BIRD est bien évidemment une organisation internationale et non un État. Toutefois, l'analogie avec un accord purement interétatique est admissible.

4 "*The provisions of this Agreement and of the Bonds shall be interpreted in accordance with the law of the State of New York, United States of America, as at the time in effect*", cité par F.-A. MANN, "The proper law of contracts concluded by international persons", *B.Y.I.L.*, 1959, p. 34-57, spéc. p. 38. Cette disposition a fait l'objet d'une polémique entre M. MANN et des juristes de la Banque. L'auteur d'origine allemande mais installé en Angleterre y voit une référence à l'ensemble du droit new yorkais (*id.*), tandis que ces derniers considèrent qu'il n'y a là qu'une incorporation des règles new yorkaises d'interprétation des conventions : SOMMERS, BROCHE, DELAUME, "Conflict Avoidance in International Loans and Monetary Agreements", *Law and Contemporary Problems*, 1956, p. 463-485, spéc. p. 479 ; G. DELAUME, "The proper law of loans concluded by international persons : a restatement and a forecast", *A.J.I.L.*, 1962, p. 63-87, spéc. p. 70 ; *adde*, du même auteur, "Des stipulations de droit applicable dans les accords de prêt et de développement économique et de leur rôle", *R.B.D.I.*, 1968, p. 336-349.

nonobstant toute disposition contraire du droit de quelque État ou quelque institution que ce soit"[1]. Il était toutefois toujours fait référence au droit étatique sur des questions ponctuelles comme la méthode de paiement, la taxation ou la possibilité d'émettre des obligations[2].

*2° - La portée des clauses d'*electio juris

162. La portée des clauses *d'electio juris* doit se comprendre comme une implication de l'ordre interne dans son ensemble, l'application du droit international se trouvant totalement écartée. Pour pouvoir véritablement parler de contrats entre États, il faut qu'un accord interétatique relève intégralement d'un ordre interne. Il en va ainsi non seulement du droit applicable à l'accord, mais aussi des juridictions compétentes. Ainsi, M. Van Hecke pose la question suivante : "*Si le contrat est soumis au droit international son inexécution donnera lieu aux sanctions établies par le droit des gens : intervention diplomatique, représailles, arbitrage. Quelle sera la situation lorsque le contrat est soumis au droit privé interne ?*"[3]. Pour l'auteur, il n'y aurait pas de véritable changement : "*Quelle que soit la règle de droit applicable au contrat, le litige né de son inexécution est un 'litige entre États'. Il est donc de la compétence de la Cour de Justice Internationale qui appliquera, à sa solution, le droit privé interne désigné par le droit international privé général ou commun aux États contractants*"[4].

163. Or, cette opinion ne nous semble pas consacrer l'existence des contrats entre États. Si l'accord relève en définitive de l'ordre international, c'est qu'il n'est pas un contrat de droit interne mais bel et bien un traité. Pour qu'il y ait contrat, l'ordre interne doit englober l'accord dans son ensemble, y compris en ce qui concerne la compétence juridictionnelle. Le doyen Batiffol était de cet avis : "*S'il s'agit d'un traité, la juridiction internationale est compétente si les États sont convenus d'y faire appel dans ce traité ou antérieurement. Si au contraire, il s'agit d'un contrat, on conçoit la possibilité de saisir les tribunaux internes. Il faudra certes que l'État défendeur y consente renonçant à son immunité de juridiction, mais c'est la solution de principe*"[5]. Pour qu'existe un contrat entre États, il faut donc que la clause d'*electio juris* entraîne une véritable soumission au droit interne. L'accord interétatique sera alors soumis aux règles et aux juridictions du droit interne. C'est uniquement en ce sens que peut être comprise la notion de contrats entre États qui va maintenant être analysée.

---

1 "*The rights and obligations of the Bank, the borrower and the Guarantor under the Loan Agreement and the Guarantee Agreement shall be valid and enforceable in accordance with their terms notwithstanding the law of any State or political subdivision thereof, to the contrary*" : Section 10.01 des Conditions générales citée par G. DELAUME, *Transnational Contracts*, t. I, booklet 2, New York : Oceana, 1989, p. 32.

2 *Ibid.*, p. 33.

3 *Problèmes juridiques des emprunts internationaux, op. cit.*, p. 31.

4 *Ibid.*

5 *Problèmes relatifs aux contrats privés internationaux*, cours IHEI, 1956-57, p. 27. Dans le même sens, voy. l'intervention de FEILCHENFELD à la suite d'une contribution de BORCHARD intitulée "International Loans and International Law", *Proceedings of the American Society of International Law*, 1932, spéc. p. 179.

SECTION II
L'ANALYSE DES CONTRATS ENTRE ÉTATS

164. L'État étant à la fois une personne publique du droit interne et un sujet du droit international, comment déterminer, à l'occasion d'un accord donné, si c'est la personne publique qui s'engage ou le sujet du droit international ? Plus fondamentalement, est-il admissible que deux États concluent un contrat en se prévalant de leur personnalité interne, alors même que leurs relations sont normalement régies par le droit international ? Autant de questions auxquelles nous essaierons de répondre.

165. Mais en guise de préliminaires, il convient de faire une précision concernant la nature des signataires. En effet, la personne publique de l'État a pour particularité d'être très diverse et constituée d'une multitude d'autorités différentes. Or, si toutes ces autorités ne relèvent que d'une seule et même personne morale, celle de l'État, un très petit nombre d'entre elles est officiellement investi de la compétence d'engager la personnalité internationale de l'État ou, selon une expression équivalente, d'exercer la capacité internationale de celui-ci. Il s'agit principalement des chefs de gouvernement et du ministre des Affaires étrangères ou d'autorités agissant sous délégation expresse de ceux-ci[1].

166. Or, la question des contrats entre États n'est réellement pertinente qu'en présence d'une concurrence entre le traité et le contrat. C'est pourquoi il est important, au moins dans un premier temps[2], d'éviter que ne viennent interférer des problèmes de compétence. Pour ce faire, on partira du présupposé que les accords en question sont conclus par des autorités qui peuvent, au regard de leur droit interne, à la fois engager l'État en tant que personne internationale dans un traité, et conclure au nom de l'État pris comme personne interne un contrat. Lorsqu'un accord est signé par une telle autorité, la confusion est donc complète. Pourtant, on pourra constater qu'un accord signé dans ces conditions ne peut jamais être qualifié de contrat (**§ 1**), mais doit nécessairement recevoir la qualification de traité (**§ 2**).

§ 1. - L'INEXISTENCE DE CONTRATS ENTRE ÉTATS

167. Afin de démontrer l'inexistence de contrats entre États, on envisagera successivement les différentes thèses qui ont mené à la reconnaissance de ces derniers. Celles-ci participent de deux logiques. La première repose sur une analyse en termes de qualification (**A**), tandis que la seconde s'attache à une analyse en termes de conflit de lois (**B**).

---

1 Ces autorités sont, en effet, considérées comme représentant l'État au regard du droit international : A. WATTS, *The Legal Position in International Law of Heads of States, Heads of Governments and foreign Ministers*, *R.C.A.D.I.*, 1994 (III), vol. 247, p. 9-130.

2 Lors de l'étude des arrangements administratifs, on réintroduira les problèmes de compétence en les confrontant alors avec ce qui aura été énoncé à propos des contrats entre États : *infra*, chap. II.

A. - L'ANALYSE EN TERMES DE QUALIFICATION

168. Pour la plupart des auteurs qui se sont penchés sur celle-ci, la question des contrats entre États se pose essentiellement en termes de qualification[1]. En vertu d'une telle opinion, certains accords entre États ne relèveraient pas du droit international mais, au contraire, du droit interne. En raison de leurs caractéristiques, il s'agirait là de contrats et non de traités. Une telle opinion suppose toutefois de rechercher ceux des accords interétatiques qui s'avèrent soumis au droit interne (**1°**). Mais quand bien même une telle recherche pourrait aboutir, elle ne permet pas, en dernière analyse, de démontrer l'existence de contrats entre États, et ce en raison du caractère matériellement illimité du droit international (**2°**).

1° - La recherche des accords interétatiques soumis au droit interne

169. A lire le *dictum* précité de la Cour permanente, certains accords seraient donc conclus entre États "en tant que sujets du droit interne". Tous les auteurs qui admettent la possibilité de contrats entre États reconnaissent, cependant, que ceux-ci ne sauraient être que marginaux. Aucun d'entre eux ne conçoit que le contrat puisse constituer la forme générique des conventions interétatiques. Le traité serait donc la règle, et le contrat l'exception. L'exception devant être différenciée du principe, ces auteurs ont cherché à mettre en place des *critères* permettant d'isoler les hypothèses dans lesquelles un accord entre États est soumis à un droit interne et doit donc être qualifié de contrat.

170. On observe que ce critère ne peut être découvert au sein des structures étatiques contractantes. Bien que retenue par certains[2], la compétence du signataire doit en particulier être écartée. On a, en effet, présupposé que les signataires de l'accord avaient le pouvoir d'engager l'État à la fois dans un traité et dans un contrat[3]. La mise au point d'un critère doit donc s'attacher aux caractéristiques propres de l'accord. Signalons que les critères purement formels seront laissés de côté, parce qu'ils n'intéressent pas la substance de l'acte mais de simples formalités

---

[1] C'est notamment le cas des auteurs suivants : H. BATIFFOL, P. LAGARDE, *Traité de droit international privé*, t. II, Paris : LGDJ, 7ème éd., 1983, n° 577, p. 282 ; H. BATIFFOL, *Problèmes relatifs aux contrats privés internationaux*, cours IHEI, 1956-1957, p. 25-29 ; *Problèmes des contrats privés internationaux*, cours IHEI, 1961-1962, fasc. II, p. 85-91 ; *Les Sources internationales du droit international privé*, cours IHEI, 1969-1970, p. 47 ; "Contribution de la juridiction internationale au droit international privé" *in Mélanges Rousseau*, *op. cit.*, p. 17-32, spéc. p. 19 ; P. GAUTIER, *Essai sur la définition des traités entre États*, Bruxelles : Bruylant, 1993, p. 376-468 ; J.-P. JACQUÉ, *Éléments pour une théorie de l'acte juridique en droit international public*, Paris : LGDJ, 1972, p. 259-266 ; R. KOVAR, "La distinction 'gestion publique - gestion privée' et le régime des conventions en droit international" *in Recueil d'études en hommage à C. Eisenmann*, Paris : Cujas, 1975, p. 423-439 ; S. LEMAIRE, *Les Contrats des personnes publiques internes en droit international privé*, th. multigr., Paris I, t. I, p. 102-122 ; J. MASQUELIN, *Le Droit des traités dans l'ordre juridique et la pratique diplomatique belges*, Bruxelles : Bruylant, 1980, n° 65, p. 82.

[2] J. MASQUELIN, *op. cit.*, *loc. cit.* ; D. MYERS, "The Names and Scope of Treaties", *A.J.I.L.*, 1957, p. 574-605, spéc. p. 600-601.

[3] D'ailleurs, ainsi que le remarque M. VERHOEVEN, "*il dépend du respect ou de la méconnaissance des limites d'une compétence que l'acte soit valable ou nul ; il ne saurait en dépendre qu'il soit un contrat ou un traité*" : "Traités ou contrats entre...", art. préc., n° 12, p. 17.

annexes et, qu'à ce titre, ils ne sont pas susceptibles d'affecter la nature de celui-ci[1]. On envisagera donc exclusivement les critères suivants : la finalité de l'opération (a), la volonté des parties (b) et l'objet de l'accord (c).

a) La finalité de l'opération

171. Dans les motifs de la sentence rendue à l'occasion de l'affaire dite des "cargaisons déroutées"[2], le président Cassin reprenait l'idée sous-entendue par la Cour Permanente de Justice Internationale dans le *dictum* des emprunts serbe et brésilien. Mais tandis que la juridiction internationale tranchait, en réalité, une question de loi applicable à un emprunt étatique souscrit par des particuliers, le tribunal arbitral aborde directement la question des contrats entre États et propose à cette occasion un critère.

172. Pendant l'occupation de la Grèce par les forces allemandes, la marine britannique avait, avec le consentement du gouvernement grec en exil, dérouté les navires de commerce voguant vers les ports helléniques et pris possession de leurs cargaisons afin de les utiliser dans l'intérêt de l'effort de guerre allié. Un accord intervint le 11 février 1942 entre les gouvernements grec et britannique pour régler les conséquences financières de ces mesures. Le litige portait sur la question de savoir si la loi anglaise du 18 septembre 1949 portant dévaluation de la livre devait ou non s'appliquer à l'accord. Il fallait donc préalablement déterminer si celui-ci était soumis à un droit interne, éventuellement le droit anglais, ou au droit international public. La réponse apportée fut la suivante : "*L'accord du 11 février 1942 est un accord international d'ordre financier intervenu entre deux États en tant que sujets du droit international et se rapporte directement aux conséquences d'une guerre menée en commun par eux contre une tierce puissance ; à ce titre, il est incontestablement régi par le droit international (...) et non par le droit interne de l'un quelconque des États en cause*"[3].

173. Le critère retenu par la sentence est donc que l'accord "*se rapporte directement aux conséquences d'une guerre menée en commun par eux contre une tierce puissance*". La finalité de l'accord décide de son ordre d'appartenance. Mais un tel critère est extrêmement vague. En outre, il implique de déterminer à partir de quel moment un accord se "*rapporte*" au droit international ou au droit interne.

---

[1] Ainsi, il ne semble pas que le défaut d'enregistrement d'un accord auprès du Secrétariat des Nations-Unies, en vertu de l'article 102 (1) de la Charte, puisse lui faire perdre sa qualité de traité et encore moins lui faire acquérir celle de contrat : D. HUTCHINSON, "The significance of the registration or non-registration of an international agreement in determining whether or not it is a treaty", *Current Legal Problems*, 1993, vol. 46, p. 257-290. Déjà, M. MANN remarquait que " La juridicité d'un document n'est pas déterminée par l'accord ou le refus d'enregistrement du Secrétariat " ("*the legal character of a document is not determined by the Secretariat's refusal of, or acceptance for, registration*") : "About the proper law of...", art. préc., p. 255. M. GAUTIER cite, à cet égard, l'exemple d'une convention conclue le 19 juin 1981 entre un département ministériel américain et le Centre d'étude de l'énergie nucléaire, un organisme belge de droit privé, et enregistrée auprès du Secrétaire général des Nations Unies à la demande des États-Unis : *op. cit.*, p. 261.

[2] Sentence rendue le 10 juin 1955, *Rev. crit.*, 1956, p. 278, note BATIFFOL, *Rev. arb.*, 1956, p. 15, *A.F.D.I.*, 1956, p. 430, comm. D.H. VIGNES.

[3] *Rev. crit.*, 1956, p. 285-286.

Enfin, il ne prend pas appui sur des qualités intrinsèques de l'accord, mais s'attache à l'environnement juridique ou même politique de celui-ci. Dès lors, ce prétendu critère n'en est pas un, et il doit donc être écarté.

b) La volonté des parties

174. On a parfois observé que l'existence d'accords entre États comportant des clauses désignant un droit interne est à l'origine des contrats entre États. C'est pourquoi la volonté des parties a été avancée comme critère de distinction entre le traité et le contrat. La présence d'un choix de loi serait révélatrice de l'existence d'un contrat au lieu d'un traité entre les deux États[1].

175. Mais qu'entend-on ici par la volonté des parties ? Il ne saurait être question d'autonomie de la volonté au sens du règlement d'un *conflit de lois préexistant* par le choix des parties. Tel n'est pas, en effet, l'objet des critères qu'il s'agit ici de dégager. Nous nous situons en amont du raisonnement conflictualiste pour déterminer si la volonté des États parties peut faire qu'un accord entre elles ne soit pas *ab initio* soumis au droit international, mais relève d'un droit interne.

176. Or, si tel était le cas, il s'agirait d'une conception par trop absolutiste de la volonté des États. Celle-ci serait préalable à tout ordonnancement juridique et il faudrait alors admettre que cette manifestation de volonté étatique puisse se faire en toute hypothèse et, en particulier, dans toute matière et pour tout objet. Une telle conception aboutit à faire du droit international un ordre juridique "facultatif". On peut même se demander s'il n'en perd pas sa juridicité. En tout cas, une grande part de son effectivité lui est déniée, sa seule force obligatoire étant celle que les États voudront bien lui accorder ponctuellement. Or, c'est la faculté de s'imposer à eux dans certaines circonstances, et en dehors de toute manifestation de volonté de leur part, qui constitue la raison d'être du droit international. Les États n'ont pas souhaité instituer une sorte de système de règles auquel ils pourraient se référer au coup par coup.

177. Même si l'on adopte l'opinion soutenue par certains, selon laquelle le droit international public trouve son origine dans la volonté des États[2], cette source volontariste présente la particularité de ne pas avoir à être réaffirmée au moment de la formation d'un rapport bilatéral. C'est là ce qui, de notre point de vue, fait du droit des gens un ordre juridique et non un simple réservoir de règles. Dans le cas contraire, deux États pourraient convenir de s'en partager un troisième, et soumettre cet accord au droit de l'un d'eux. Le droit international ne pourrait alors rien y faire. On voit les conséquences ultimes qu'emporterait d'une telle proposition.

178. Quelle place peut-on alors concéder à la volonté dans la conclusion des contrats entre États ? Elle ne peut pas être admise comme un critère de

---

[1] Voy. not. : S. LEMAIRE, *op. cit.*, p. 110-112.

[2] Sur cette doctrine dite du volontarisme juridique, voy. not. : NGUYEN QUOC DINH, P. DAILLIER, A. PELLET, *op. cit.*, n° 51, p. 98-100, avec les réf. citées.

détermination des accords interétatiques qui ne seraient pas *ab initio* soumis au droit international, sauf à rendre l'ordre international facultatif. Seuls des critères objectifs sont en mesure d'exercer cet office. La volonté ne pourra intervenir que dans un deuxième temps. Une fois constaté, de manière objective et indépendamment de toute volonté des parties, que l'accord n'est pas naturellement soumis au droit international, on en déduit qu'il est sous l'emprise d'une concurrence des différents ordres internes ou même, selon une autre opinion, d'une concurrence des ordres internes et du droit international[1]. Un processus volontaire est alors envisageable pour résoudre ce conflit de lois et déterminer l'ordre - interne voire international - dont relève cet accord. Ici comme ailleurs, la volonté, même s'il s'agit de celle des États, ne peut créer le conflit de lois ; elle ne peut que le résoudre.

179. Un parallèle est possible avec la doctrine subjectiviste connue du droit international privé des contrats[2]. Même dans son expression la plus radicale, le principe d'autonomie, aussi étendu soit-il, n'y est considéré comme effectif qu'après un préalable. Son intervention suppose la présence d'éléments objectifs rattachant le contrat à plusieurs ordres juridiques. C'est ce que caractérise la notion de "contrat international". Si on laissait la volonté créer une situation de conflit de lois au sein d'un contrat ou d'un accord, les règles impératives perdraient leur raison d'être[3]. Le respect de la part d'impérativité inhérente à tout ordre juridique digne de ce nom est à ce prix. Tous les textes internes ou internationaux répondent à l'exigence suivante : un contrat interne est normalement soustrait au principe d'autonomie[4].

180. La volonté étatique ne peut donc avoir qu'un *rôle secondaire* dans la distinction entre le traité et le contrat entre États[5]. Soit certains accords déterminés objectivement ne relèvent pas *ab initio* du droit international, et il appartient alors aux parties de déterminer quel en est le droit applicable ; soit tous les accords interétatiques sont *ab initio* soumis au droit international, et la possibilité éventuelle ainsi que la valeur du choix d'un autre droit sont alors fonction de son autorité[6]. Mais quelle que soit l'hypothèse retenue, la volonté ne peut faire le départ entre la qualification de traité et celle de contrat. Le critère de distinction doit donc être recherché ailleurs.

---

[1] Il s'agit là de la thèse développée par M. VERHOEVEN : "Traités ou contrats entre...", art. préc., *passim*.

[2] Sur cette doctrine dite du subjectivisme pur, voy. not. : P. MAYER, V. HEUZE, *Précis*, n° 696-697, p. 472-473.

[3] Ainsi, la Convention de Rome sur la loi applicable aux obligations contractuelles du 19 juin 1980 prévoit que "*le choix par les parties d'une loi étrangère, assorti ou non de celui d'un tribunal étranger, ne peut, lorsque tous les autres éléments de la situation sont localisés au moment de ce choix dans un seul pays, porter atteinte aux dispositions auxquelles la loi de ce pays ne permet pas de déroger par contrat, ci-après dénommées dispositions impératives*" (art. 3 §3) : D. publ. n° 91-242, 28 février 1991 : *J.O.*, 3 mars 1991, p. 3072.

[4] Sur cette question, voy. M. GIULIANO, *La Loi applicable aux contrats : problèmes choisis*, *R.C.A.D.I.*, 1977 (V), vol. 158, p. 183-270, spéc. p. 221-224.

[5] *Contra* ; P. GAUTIER, *op. cit.*, p. 448 : "*La volonté des parties contractantes demeure donc la seule valeur qui doit servir de référence pour distinguer le contrat du traité. Certes l'importance du critère matériel n'est pas niée. En cas de doute quant à la nature d'un accord, l'on pourra y faire référence, mais à titre de simple indice de la volonté des parties et nullement en tant qu'élément constitutif du traité*".

[6] Cette hypothèse sera envisagée *infra*, n° 206 et s.

c) L'objet de l'accord

181. En l'absence de toute effectivité du critère volontariste, l'objet de l'accord pourrait permettre d'individualiser ceux des accords interétatiques qui relèvent du droit interne. On établirait, de cette manière, les hypothèses où les États parties ont contracté en tant que sujets du droit interne[1]. Cela implique toutefois de définir les matières, objets de conventions interétatiques, qui ne relèvent pas du droit international. Or, l'opération est délicate. Ainsi, dans la sentence Cassin, on aurait pu penser que la "matière" litigieuse - financière - ne ressortissait pas nécessairement au domaine du droit des gens. L'arbitre a pourtant estimé que l'accord devait recevoir la qualification de traité. Plusieurs fondements ont, toutefois, été avancés afin de distinguer les matières appartenant au droit international de celles incombant au droit interne.

182. Selon une première opinion, il faudrait chercher une limitation au droit des gens dans son caractère public. Celui-ci se désintéresserait de toute question de pur droit privé[2]. Mais, comme le fait remarquer M. Masquelin, on ne fait là que repousser la difficulté "*car il faudra pouvoir faire le départ entre ce qui est nécessairement de droit privé et ce qui est de droit public. Et là aussi les critères absolus font défaut*"[3]. En revanche, l'affirmation selon laquelle le droit international pourrait se limiter aux seules questions de souveraineté paraît plus intelligible. Il est alors possible de soutenir avec Batiffol qu'un traité "*implique que l'accord qu'il constate a pour objet des problèmes qui ne peuvent concerner que les États et non les particuliers : délimitation de frontières, législation uniforme...*"[4]. L'auteur a cherché un élément de comparaison, qu'il sait imparfait, dans la dichotomie établie par le droit français entre le contrat administratif et le contrat, dit de l'administration, soumis au droit privé[5].

183. D'autres ont repris cette distinction en avançant que "*seuls les contrats conclus pour l'exécution d'un service public et contenant des 'clauses exorbitantes du droit commun' seraient des actes juridiques internationaux, régis comme tels par le droit international public. Les autres contrats seraient des actes juridiques internes*"[6]. Cependant, on distingue mal la portée, en droit international, de concepts

---

[1] D. ANZILOTTI est le premier à avoir dégagé cette dualité de personne recouverte par le terme État et à avoir, de la sorte, posé la première pierre de la problématique des contrats entre États. C'est ainsi que "*l'État peut passer un contrat civil de prêt avec un autre État, dans lequel chacun d'entre eux agit comme sujet d'un ordre juridique déterminé, qu'il s'agisse de l'ordre juridique de l'État prêteur, ou de l'État emprunteur ou même de l'ordre juridique d'un État tiers : comme sujets de droit international ils peuvent, à l'inverse, passer un traité, dont l'objet serait également la prestation d'une somme donnée d'argent*" (*op. cit.*, p. 342). Et l'auteur de poursuivre en soutenant que "*la question ne regarde donc pas l'objet de l'acte, mais le sujet qui appelle l'acte à l'existence*" (*id.*, voy. également p. 356-357). On peut alors se demander comment, dans l'esprit d'ANZILOTTI, il est possible de déterminer si l'État a agi en tant que sujet de tel ou tel ordre puisque l'objet est réputé n'avoir aucune incidence. L'auteur ne propose en effet aucun critère alternatif.

[2] J. MASQUELIN, *op. cit.*, *loc. cit.*

[3] *Ibid.*

[4] Note préc. sous l'*Affaire des cargaisons déroutées*, p. 301.

[5] *Traité*, *op. cit.*, t. II, n° 577, p. 282 : "*On n'échappera guère au rapprochement avec la distinction, certes laborieuse, du droit interne entre les contrats administratifs relevant comme tels du droit public et les contrats de l'administration qui sont soumis au droit privé*".

[6] J.-P. JACQUÉ, *op. cit.*, p. 265. Toutefois, cet auteur arrive à la conclusion que "*le contrat ne devra*

tels que "clause exorbitante du droit commun" ou "service public". Ils se justifient dans un environnement essentiellement inégalitaire comme celui des relations entre l'État, ses organes et des personnes privées. Or, l'égalité complète entre ses sujets est l'un des piliers du droit international. En outre, ce sont là des concepts essentiellement français et inconnus de bien des systèmes juridiques. Dès lors, leur transposition en droit international est loin de couler de source[1].

184. La distinction entre gestion privée et gestion publique telle que la connaît le droit des immunités, bien qu'également apparentée au droit administratif français, semble plus universelle. C'est pourquoi certains auteurs ont proposé de la transposer aux conventions entre États[2]. Toutefois, le droit des immunités a permis de révéler le caractère passablement obscur de cette distinction. La partition entre gestion publique et gestion privée est aussi délicate à effectuer que la distinction entre droit privé et droit public. En outre, il a été observé qu'une distinction entre acte de gestion et acte de souveraineté n'est pas d'une grande pertinence en ce qui concerne notre question dans la mesure où "*les deux contractants sont toujours, par hypothèse, placés sur un pied d'absolue égalité juridique*"[3].

185. Dès lors, la mise au point d'un critère à partir de l'objet des accords interétatiques semble difficilement praticable, tant il paraît délicat de rattacher certaines matières au seul droit international ou au seul droit interne. En outre, ce critère présente le grave inconvénient de ne pas correspondre à la réalité du droit international.

être soumis au droit interne qu'en présence d'une volonté claire et sans équivoque. L'objet du contrat et l'absence de 'clauses exorbitantes' du droit interne sont des indices qui permettent de préciser la nature de l'acte, mais l'élément essentiel reste la volonté des parties" : *id.*, p. 266.

1 Un autre auteur a toutefois repris l'esprit de cette proposition de distinction, inspirée du droit administratif français, mais tout en l'adaptant à son environnement international. Pour S. LEMAIRE, un accord inter-étatique pourra être qualifié de contrat entre États s'il ne comporte pas un *objet de droit des gens* : *op. cit.*, p. 117 et s. On sera donc nécessairement en présence d'un traité soit lorsque la convention porte sur une matière exclusivement régie par le droit des gens ("*Cette thèse se fonde sur l'idée que certains objets ne recouvrent aucune signification en dehors de l'ordre juridique international, seul compétent pour faire respecter les engagements qui s'y réfèrent*" : *op. cit.*, p. 119, *in fine*), soit lorsqu'elle constitue une modalité d'exécution d'une mission de droit des gens ("*c'est [alors] la finalité de l'accord qui le rattachera au droit des gens*" : *op. cit.*, p. 120).

2 R. KOVAR, art. préc., *passim*. Ainsi, cette opinion du jurisconsulte britannique BECKET : "*Un accord entre deux gouvernements n'est pas un accord international au sens de la Charte s'il concerne une transaction d'un caractère identique à celle qui pourrait intervenir entre deux personnes ou deux sociétés privées*", citée par B. KASME, *La Capacité de l'O.N.U. de conclure des traités*, Paris : LGDJ, 1960, p. 112. A l'occasion d'une étude intitulée "Le droit applicable aux entreprises internationales communes, étatiques ou paraétatiques", domaine proche de celui des contrats entre États, M. SEIDL-HOHENVELDERN a repris cette distinction entre activités *jure gestionis* et *jure imperii* : *A.I.D.I.*, vol. 60 (I), 1983, p. 1-43. On peut d'ailleurs regretter que la transposition, ainsi opérée par cet auteur, à cette matière d'une distinction propre aux immunités ne fasse l'objet d'aucune espèce de justification et soit posée comme un fait d'ores et déjà établi.

3 G. VAN HECKE, *op. cit.*, p. 29. On peut toutefois constater que le Tribunal administratif de Paris a fait application d'un critère qui s'apparente à la distinction entre gestion publique et gestion privée. Dans une affaire opposant l'État yougoslave à une entreprise française, les juges du Tribunal ont en effet considéré qu'un échange de lettre franco-yougoslave ne constitue pas une convention internationale au motif qu'il n'a pas été passé "*avec un autre État dans l'intérêt général*", mais pour la défense d'intérêts privés : Trib. adm. Paris, 10 février 1970, *Soc. européenne d'études et d'entreprises*, *J.C.P.*, 1971.II.16810, note RUZIÉ, *A.F.D.I.*, 1971, p. 1015, *id.*, 1976, p. 688, chron. LACHAUME. Sur les développements de cette affaire : civ., 14 juin 1977, *SEEE c/ République socialiste fédérale de Yougoslavie et autres*, *Bull.* I, n° 277, *J.D.I.*, 1977, p. 864, rapp. PONSARD, note OPPETIT, *A.F.D.I.*, 1978, p. 1054, chron. LACHAUME.

2° - *Le caractère matériellement illimité du droit international*

186. Le critère de l'objet de l'accord interétatique implique finalement de dégager certaines matières qui, par nature, ne seraient pas réglementées par le droit international. Ainsi, pour Batiffol, la question des contrats entre États revient à se demander "*si la matière en jeu est de celles qui ne concernent que les États ou de celles qui pourraient se présenter aussi bien dans les rapports entre personnes privées*"[1]. On sait que la solution suggérée par l'auteur s'inspire du droit administratif français[2].

187. Mais il convient de préciser que ce critère, s'il est admis, doit être considéré comme doté d'une valeur absolue, à savoir qu'un accord ayant pour objet une matière ressortissant au droit interne ne pourra en aucun cas être réglementé par le droit des gens. Ce ne sera jamais un traité mais toujours un contrat.

Or, cette dernière conséquence est pour le moins gênante en ce qu'elle suppose une délimitation matérielle du droit des gens. La théorie du doyen Batiffol sous-entend, en effet, que le droit international public ne peut régir que des questions relevant de prérogatives étatiques : frontière, guerre... Dans ces conditions, il est logique qu'un accord de pur droit privé lui échappe[3]. Mais, d'un autre côté, on doute qu'une telle délimitation matérielle du droit des gens corresponde à sa pratique et à son développement. La définition même du droit international public donne à réfléchir sur ce point. Pour la majorité des auteurs, il s'agit du droit de la société internationale ou des rapports interétatiques.

188. Un État ne change pas de nature par le simple fait qu'il se comporte comme un particulier ; sans compter que les contrats entre États sont épinglés en doctrine comme de véritables curiosités[4]. La pratique nous dévoile tous les jours des accords "de pur droit privé", des emprunts par exemple, conclus par deux États, et qui sont considérés comme des traités quand aucune clause d'*electio juris* n'y est stipulée. M. Mann donne des exemples de ces "*commercial treaties*"[5] qui devraient,

---

1 Note préc. sous la sentence Cassin, p. 301.

2 *Supra*, n° 182.

3 "*Un traité implique que l'accord qu'il constate a pour objet des problèmes qui ne peuvent concerner que des États et non des particuliers : délimitation de frontières, législation uniforme... Si au contraire un État achète du matériel à un autre État, lui consent un emprunt, s'engage à exécuter des travaux à son profit, l'opération peut se présenter sous une forme identique à celle qu'emploieraient des particuliers.*" : note préc. sous la sentence Cassin, *loc. cit.*

4 Voy. les exemples cités *supra*, n° 157 et s.

5 "The proper law of...", art. préc., p. 213-214. A propos d'un emprunt conclu entre le Danemark et la Malaisie (*supra*, n° 159), le même auteur remarque également que " la forme employée pour les accords danois pourrait tout à fait avoir été employée pour des traités au sens strict " ("*Denmark's Agreements are in a form which could be employed for treaties in the strict sense of the term*") : "About the proper law of...", art. préc., p. 254. Rappr. : C.A. Paris, 18 juillet 1945, concl. BOISSARIE, *Gaz. pal.*, 1945, II, 33. Il était question dans cette affaire des "accords Worms", conclus le 4 juillet 1940 entre les gouvernements français et britannique, au sujet de la cession par la France à la Grande-Bretagne de l'affrètement et de la cargaison de navires. Ces accords furent qualifiés par le Procureur général BOISSARIE de "*cession de droits privés par un État à un autre État*" (*id.*, p. 34). La Cour elle-même a estimé que l'accord "*se bornait à régler le sort de marchandises, c'est-à-dire de traiter d'intérêts privés*" (*id.*, p. 36). Mais la Cour comme le Procureur général n'en ont pas pour autant déduit qu'il s'agissait là d'un contrat entre États. Ils ont, en effet, qualifié la convention d'accord en forme simplifiée, c'est-à-dire de traité.

selon le système de Batiffol, être considérés comme des contrats de droit interne et ne le sont pourtant pas[1].

189. La thèse de Batiffol, reposant sur un ordre international qui ne traiterait que de certaines questions, ne correspond donc pas à la réalité de ce système juridique[2]. Son caractère matériellement illimité fait ainsi obstacle à toute tentative de démontrer l'existence de contrats entre États par la voie d'une analyse en termes de qualification. Certains auteurs ont toutefois organisé leur démonstration autour de la notion de conflit de lois.

B. - L'ANALYSE EN TERMES DE CONFLIT DE LOIS

190. Pour certains auteurs, la question des contrats entre États se poserait essentiellement en termes de conflit de lois[3]. Une telle opinion nécessite toutefois de rechercher ceux des accords interétatiques qui sont soumis à ce conflit, c'est-à-dire à une concurrence d'ordres juridiques compétents[4] (**1°**). Or on verra que si cette première étape, l'identification des accords pour lesquels existe un conflit, peut être franchie, c'est en revanche l'étape suivante, celle du règlement de ce conflit, qui pose problème : on se heurte alors au caractère spatialement indéterminé du droit international (**2°**).

---

1 Conscients des inconvénients du système proposé par BATIFFOL, certains auteurs ont tenté de le réformer. Ainsi, pour M. JACQUÉ, "*les réflexions de M. Batiffol ouvrent des voies intéressantes. Mais ces voies doivent être suivies avec prudence. Il est exceptionnel que deux sujets du droit international décident de conclure un accord régi par le droit interne. Il est difficile de déterminer la nature interne ou internationale d'un acte juridique en se fondant exclusivement sur son objet. Le contrat ne devra être soumis au droit interne qu'en présence d'une volonté claire et sans équivoque. L'objet du contrat et l'absence de 'clauses exorbitantes' du droit interne sont des indices qui permettent de préciser la nature de l'acte, mais l'élément essentiel reste la volonté des parties*", *op. cit.*, p. 266 ; *adde*, P. GAUTIER, *op. cit.*, p. 448. Mais en considérant que "*l'élément essentiel [est] la volonté des parties*", cet auteur se rallie en réalité au critère volontariste. Or, on a pu voir que la qualification ne peut reposer sur la volonté des parties, sous peine de rendre ineffectif l'ordre international : *supra*, n° 178-179.

2 Ce constat suscite une remarque plus générale sur les caractéristiques du droit international. On a vu que l'analogie avec le droit privé tient une place importante dans la problématique des contrats entre États : *supra*, n° 153 et s. C'est au sein des matières qui, dans l'ordre interne, relèvent du droit privé que les États auraient, selon certains, la possibilité de conclure des contrats. Or, une telle opinion procède d'une conception erronée du droit international public. Envisagé comme une sorte d'excroissance du droit public interne, il régirait en priorité les relations internationales de nature publique ; au droit international privé revenant la charge de traiter des relations internationales de nature privée. Tout ceci n'est pourtant que le fruit d'une ressemblance terminologique. Le droit international public n'est pas ancré dans le droit public interne. Il n'y a entre eux aucun lien de nature, ni de domaine. Le premier est un ordre juridique à part entière, le second n'est qu'une branche du droit interne. Le droit des gens se définit par ses sujets et il est exclusif de toute distinction privé/public. En ce sens : P. MAYER, "La neutralisation du pouvoir normatif de L'État en matière de contrats d'État", *J.D.I.*, 1986, p. 5-78, spéc. note 18, p. 14 ; F. RIGAUX, *Droit public et droit privé dans les relations internationales*, Paris : Pedone, 1977, p. 415-416.

3 J. VERHOEVEN, "Traités ou contrats entre...", art. préc. ; P. JESSUP, "Modernization of the law of international contractual agreements", *A.J.I.L.*, 1947, p. 378-405, spéc. p. 392-394 ; *adde*, même si l'adoption de l'analyse conflictualiste est moins manifeste chez ce dernier, F.A. MANN, "Another Agreement between...", *op. cit* ; "The proper law of...", art. préc. ; "About the proper law of...", art. préc. ; "Die Verträge des Völkerrechtssubjekte...", art. préc.

4 C'est bien là le sens de l'expression "conflit de lois". Sur cette notion : *infra*, n° 523-525.

1° - La recherche des accords interétatiques soumis à un conflit de lois

191. L'analyse en termes de conflit de lois implique d'admettre que lorsqu'un accord est conclu entre États, il n'est pas *ab initio* soumis au droit international public. Et puisque cet accord ne relève pas immédiatement d'un ordre juridique, c'est qu'il en met plusieurs en concurrence. Deux interprétations sont alors possibles. *Certains* accords entre États seraient, selon la première, soumis à un conflit de lois, tandis que, selon la seconde, *l'ensemble* des accords interétatiques ferait l'objet d'une telle soumission.

192. La première interprétation nécessite de mettre en place un critère afin de distinguer les accords qui font l'objet d'une compétence concurrente de la part des ordres internes, de ceux qui restent, en tout état de cause, soumis au droit des gens. Or on a vu, à une autre occasion[1], les difficultés de mise en place d'un critère de ce type. C'est pourquoi une seconde interprétation a été préconisée, en particulier par M. Verhoeven[2]. Elle consiste à considérer que c'est l'ensemble des accords conclus entre États qui est naturellement soustrait au droit international. Tous seraient soumis à une compétence concurrente des différents ordres juridiques, le droit des gens ne disposant que d'une vocation "éventuelle" à les régir[3].

193. La conséquence d'une telle opinion est qu'un accord de paix ou de délimitation frontalière n'est pas alors nécessairement soumis au droit international. Il pourrait être régi par un droit interne. M. Verhoeven prend ainsi l'exemple d'un *contrat* de frontière[4]. Mais celui-ci suscite instinctivement une objection : "*l'accord de frontière est nécessairement un traité parce que la frontière n'a de sens que par rapport au droit des gens*"[5]. L'auteur l'écarte toutefois en rappelant que le droit international privé connaît ces difficultés de qualification où le droit applicable à une situation se trouve en présence d'une notion étrangère à sa tradition juridique et doit l'adapter[6]. Il entend transposer ce système aux relations entre le droit international et les droits internes. Deux particuliers n'auraient pas la possibilité de conclure un contrat de frontière car ils disposeraient d'une chose qui ne leur appartient pas. Une telle prohibition ne pourrait évidemment pas s'appliquer à des États.

194. La différence entre un traité et un contrat tiendrait alors à ce que "*l'ordre juridique international se refusera sans doute à donner au 'contrat' de frontière, qui n'est pas régi par ses règles, la protection qu'il accordera au 'traité' de frontière et à cautionner en conséquence l'inviolabilité qui en découle*"[7]. Les questions de frontière seraient donc appréhendées par le droit international public

---

1 *Supra*, n° 181 et s.

2 "Traités ou contrats entre...", art. préc., *passim*.

3 Il s'agit là d'un minimum. Si ce droit n'avait aucune vocation à régir les accords interétatiques, la notion de traité cesserait tout simplement d'exister.

4 "Traités ou contrats entre...", art. préc., p. 19-23.

5 *Ibid.*, p. 21.

6 Le trust en droit français par exemple.

7 "Traités ou contrats entre...", art. préc., p. 23.

comme l'une de ses compétences exclusives, mais il ne s'agirait pas pour autant d'une matière objectivement soumise à cet ordre.

195. Pour M. Verhoeven, tous les accords entre États font, théoriquement, l'objet d'une concurrence entre les ordres internes et le droit des gens. Mais ce dernier bénéficie, dans la plupart des hypothèses, d'une compétence exclusive qui écarte les prétentions des droits étatiques. L'auteur rejette ainsi toute tentative qui viserait à établir comme nécessaire une répartition des accords interétatiques entre l'ordre international et les ordres internes. En d'autres termes, pour l'auteur belge, aucun accord entre États n'est *ab initio* soumis au droit des gens, même si presque tous relèvent de sa compétence exclusive. Un accord interétatique ne pourra être qualifié de contrat que s'il fait seulement l'objet d'une compétence concurrente du droit international, et que celle-ci n'est pas retenue lors du règlement du conflit de lois.

196. On observera que cette construction n'échappe pas, en réalité, à la difficile mise en place de critères. En effet, il faudra bien déterminer, à moment ou à un autre, quels sont les accords interétatiques qui font l'objet d'une compétence exclusive et, corrélativement, ceux dont le droit international admet qu'ils soient soumis à la compétence concurrente des ordres internes. Comme dans l'analyse en termes de qualification, il convient donc de procéder à une répartition au sein de l'ensemble des accords entre États. Mais ce n'est pas la seule critique. L'analyse en termes de qualification se heurte également à une objection plus conséquente, celle du caractère spatialement indéterminé du droit international.

2° - Le caractère spatialement indéterminé du droit international

197. Une fois qu'ont été déterminés les accords interétatiques faisant l'objet d'un conflit de lois, il convient de procéder au règlement de ce conflit. Pour ce faire, il est nécessaire de déterminer les ordres juridiques dont la compétence entre en concurrence. Or on remarquera que le droit international fait nécessairement partie de ceux-ci. En effet, il est impossible de ne pas considérer que le droit international n'a pas une vocation à régir ces accords. On devrait, dans le cas contraire, considérer qu'il n'est pas susceptible de régir *une partie des accords entre États*, ce qui une fois de plus remet en cause son caractère matériellement illimité. Dès lors, le droit international compte parmi les ordres juridiques compétents. C'est là une situation nouvelle pour le droit international privé, plus habitué à régler des conflits de lois mettant exclusivement en présence des ordres internes. Telle est pourtant la solution préconisée par M. Verhoeven dans sa contribution à la question des contrats entre États[1].

---

[1] "Traités ou contrats entre...", art. préc., n° 21-28, p. 25-35. M. VERHOEVEN évoque cette possibilité d'un conflit de lois mettant en présence des droits internes et le droit international dans deux autres contributions à cette question : "Droit international public, droit international privé et droit national" *in L'Extranéité ou le dépassement de l'ordre juridique étatique*, Actes du colloque organisé par l'I.E.D.I. de la Faculté de Lausanne, 27-28 novembre 1997, E. WYLER, A. PAPAUX, dir., Paris : Pedone, 1999, p. 17-35, spéc. p. 26-30 ; "Droit international privé et droit international public : où est la différence ?", *A.P.D.*, t. XXXII, 1987, p. 23-35, spéc. p. 32.

198. Les ordres juridiques étatiques ainsi que le droit international ont donc une aptitude égale à régir l'accord. Il y a, par conséquent, un conflit de lois à résoudre. Si le conflit est résolu en faveur du droit international, l'accord interétatique devra être qualifié de traité. S'il est résolu au profit d'un droit interne, il s'agira d'un contrat. Ainsi, c'est un choix de loi qui permettra de résoudre ce conflit. M. Mann estime même que l'on peut envisager une volonté implicite[1]. Ce recours au principe d'autonomie donnerait lieu à l'élaboration d'une "*forme supérieure de la loi d'autonomie*"[2]. Quand les États contractent entre eux, "*ils auraient le choix entre l'application du droit international (hypothèse qui reste évidemment la plus usuelle) et l'exclusion au moins partielle de ce droit*"[3].

199. Mais l'accord est dans une situation traditionnelle de conflit de lois ; il n'est *ab initio* rattaché ni au droit des gens, ni à un droit interne. Donc, si les cocontractants ne manifestent pas la volonté de se référer à un ordre juridique pour régir leur accord, le juge ou l'arbitre devra déterminer le droit applicable. Or, cette recherche, même si elle passe par la découverte d'une volonté implicite ou hypothétique, s'appuie de toute manière sur des éléments objectifs de localisation[4] : lieu d'exécution ou de conclusion, monnaie ou langue utilisées, nationalité, *etc*.

200. L'utilisation de tels indices permettra sans aucun problème de désigner un droit étatique. C'est ainsi que d'aucuns ont considéré comme soumis au droit américain un accord de prêt consenti par les États-Unis à la Communauté Européenne du Charbon et de l'Acier[5]. Ces auteurs ont, en particulier, pris en compte les liens de rattachement suivants : les lieux de conclusion, de paiement et de remboursement étaient situés aux États-Unis ; la monnaie de compte était le dollar, la langue utilisée l'anglais et la terminologie renvoyait au droit anglo-saxon[6].

201. On voit alors que ces facteurs de localisation ne permettraient en aucun cas de désigner le droit international. C'est là un ordre juridique très particulier qui, notamment, est dépourvu d'assise spatiale ; ce qui rend inopérantes à son égard des notions telles que le lieu d'exécution ou de conclusion. Il n'est pas non plus caractérisé par l'utilisation d'une langue ou d'une monnaie déterminée. L'ordre juridique international n'étant pas spatialement délimité, on aboutit donc à une impasse : à défaut de choix, celui-ci ne peut jamais être déclaré applicable. La solution qui vient immédiatement à l'esprit, et qui est sous-entendue par un auteur

---

1 F.A. MANN, "The proper law of contracts concluded by...", art. préc., p. 40.

2 Selon l'expression employée par M. RIGAUX : *Les Situations individuelles dans un système de relativité générale, Cour général de droit international privé, R.C.A.D.I.*, 1989 (I), vol. 213, spéc. p. 207.

3 *Ibid.*

4 Que l'on dise que ce contrat est régi par le droit allemand parce que c'est ce que les parties ont voulu en plaçant le lieu d'exécution en Allemagne ou, encore, parce que le lieu d'exécution est en Allemagne revient au même pour notre propos. Comme le dit BATIFFOL, le seul renvoi à la volonté des parties "*ne nous avance pas beaucoup ; parce que, à moins que les États ne l'aient dit - et jusqu'ici ils ne le disent guère - il faudrait déduire leur volonté implicite des circonstances de la cause*" : *Problèmes des contrats privés internationaux, op. cit.*, p. 86.

5 *United States Treaties and other International Agreements*, V (1954), t. I, p. 525.

6 BLONDEEL, VANDER EYCKE, *Revue de la Banque*, 1955, p. 249-280, spéc. p. 274.

comme M. Mann[1], revient à considérer que, dans la mesure où le choix d'un droit interne n'a pas été effectué, l'accord est un traité. Mais alors l'accord n'est pas dans une situation conflictuelle. Il relève naturellement et *ab initio* du droit international et c'est sous la protection de ce dernier que le choix d'une loi étatique peut éventuellement se faire[2].

202. M. Verhoeven, conscient de cet obstacle, tente de le contourner en appuyant son analyse sur la doctrine unilatéraliste telle qu'elle a été appliquée au droit international privé des contrats par M. Gothot[3]. Il cherche, ce faisant, à concilier "*volonté des États contractants et volonté des lois*"[4]. Par "loi", il faut ici entendre les ordres juridiques auxquels l'accord pourrait être soumis. Cette méthode permet d'éviter la recherche de points de contacts entre la situation - ici l'accord entre deux États - et les divers ordres en présence, recherche que le caractère spatialement indéterminé du droit international met en échec. Par la voie de l'unilatéralisme, on ne s'intéresse plus qu'au champ que délimite lui-même l'ordre juridique.

203. Notons cependant que la théorie de M. Gothot en est restée au stade de l'essai doctrinal et n'a reçu aucun écho en droit positif. Appliquée, de surcroît, à la question des contrats entre États, elle suscite une interrogation : dans quelle mesure la "volonté" du droit international va-t-elle s'écarter devant la volonté des États parties ? L'unilatéralisme repose sur le principe que chaque ordre juridique délimite lui-même sa sphère de compétence. Il le fait pour l'ensemble de ses règles ou pour certaines d'entre elles seulement[5]. Or, force est de constater qu'une telle "volonté" de l'ordre juridique est difficile à discerner au sein du droit international. Plus encore, on ne peut pas déceler au sein de ce système juridique la volonté d'un législateur distinct des États eux-mêmes. On ne voit alors pas ce qui pourrait empêcher les États de faire part d'une volonté différente de celle qui émanerait du droit international à l'occasion d'une convention particulière de quelque type que ce soit.

204. L'utilisation de la théorie de M. Gothot ne semble donc pas appropriée. Nous voici donc ramenés à l'impasse précédente : en cas d'absence de choix d'un droit applicable au sein d'un accord interétatique faisant l'objet d'un conflit de lois, le droit international privé des contrats ne laisse pas de place pour une désignation du droit des gens. Un tel accord devrait donc, en toute logique, être toujours soumis à un droit interne. Or, on constate aisément que cela ne correspond pas à la réalité des relations internationales. Lorsqu'un accord est passé entre États, alors même que son objet est purement de "droit privé", il sera éventuellement considéré comme un contrat s'il existe une clause d'*electio juris* en faveur d'un droit interne. Mais, à

---

1 "The proper law of...", art. préc., p. 41.

2 Cette hypothèse sera étudiée *infra*, n° 212 et s.

3 "La méthode unilatéraliste face au droit international privé des contrats", *T.C.F.D.I.P.*, 1975-77, p. 201-218.

4 "Traités ou contrats entre...", art. préc., n° 29, p. 36.

5 L'article 310 du Code civil par exemple.

défaut, il sera toujours regardé comme un traité. Dès lors, l'utilisation de la méthode conflictuelle montre ici ses limites.

205. On doit donc admettre que les accords interétatiques ne sont pas dans une situation de conflit de lois. Ils relèvent *ab initio* de la compétence d'un ordre juridique. Et cet ordre juridique est le droit international[1]. Il n'y a donc pas, à proprement parler, de contrats entre États.

§ 2. - LA SEULE EXISTENCE DE TRAITÉS ENTRE ÉTATS

206. L'échec de l'analyse en termes de conflit de qualification a permis de démontrer qu'il n'existe pas d'accords interétatiques qui soient *ab initio* soumis à un régime de droit interne, car cela nécessiterait de limiter matériellement le droit international. Quant à l'analyse en termes de conflit de lois, elle postule que certains accords entre États sont soumis à la concurrence des ordres internes et du droit international. Or, en raison de son caractère spatialement indéterminé, le droit des gens ne peut pas participer à un processus de conflit de lois. Il convient donc d'en conclure que tout accord entre États, conclu par des autorités qui sont investies de la compétence d'engager l'État-personne interne comme l'État-personne internationale, est un traité. Une telle conclusion peut d'ailleurs se prévaloir du respect des catégories juridiques (**A**). Elle nécessite toutefois de révéler, dans ce cadre, la valeur des clauses d'*electio juris* (**B**).

A.- LE RESPECT DES CATÉGORIES JURIDIQUES

207. La qualification de traité est dictée par la logique, mais elle assure en outre le respect des catégories juridiques. Cela se vérifie au regard du droit des traités (**1**°), comme du droit constitutionnel (**2**°).

1° - Le respect du droit des traités

208. Il apparaît gênant pour certains de mettre sur le même plan un traité de paix et, par exemple, l'achat par l'Angleterre de 1.000 tonnes de bœuf congelé au

---

[1] S'exprimant sur les contrats d'État et la question de leur ordre juridique de base, M. Mayer a formulé certains propos qui sont transposables aux contrats entre États : "*Le choix fondamental qui s'offre à l'égard de ces contrats [on parle ici de state contracts] oppose en effet le droit international, le 'tiers ordre juridique' pour ceux qui admettent son existence, et les droits étatiques. Résoudre cette alternative n'est pas régler un conflit entre ordres juridiques concurrents ayant a priori une vocation égale à régir la situation. La nature du contrat révèle son appartenance à l'un de ces ordres juridiques. On pourra dans certains cas hésiter, les auteurs pourront diverger ; il n'en existe pas moins une réalité à découvrir. Chacun admet que la soumission au droit international d'un traité conclu entre deux États souverains ne passe pas par la résolution d'un conflit entre le droit international et les droits étatiques*" : P. MAYER, "Le mythe de l'ordre juridique de base...", art. préc., p. 212. *Contra*, J.-M. JACQUET, "La loi de l'État contractant" *in Mélanges dédiés à L. Boyer*, Presses de l'Université des sciences sociales de Toulouse, 1996, p. 283-294, spéc. p. 288-289.

gouvernement argentin[1]. Il est vrai que la soumission de ces deux accords au même droit international public et, plus particulièrement, au droit des traités peut paraître curieuse, tant les intérêts en jeu sont dissemblables.

209. Mais c'est sans compter que le traité, comme le contrat d'ailleurs, ne se définit pas par son contenu. Comme le dit M. Verhoeven, "*la Convention de Vienne sur le droit des traités comme les législations nationales sur les contrats visent substantiellement la seule volonté de convenir et non le contenu de la convention. Celle-ci est l'objet de la règle contractuelle, quel que soit l'objet de la convention conclue*"[2]. En droit interne, les règles du droit des contrats régiront pareillement la vente d'un réfrigérateur et la fourniture d'une usine clés en main. Le droit des traités participe d'une logique identique. Il est aussi susceptible d'encadrer un accord de paix qu'une vente de viande congelée.

2° - Le respect du droit constitutionnel

210. La doctrine favorable aux contrats entre États ne semble tenir aucun compte des exigences du droit constitutionnel des États en cause. La plupart des auteurs se prononcent au seul regard du droit international : deux États peuvent-ils soustraire leur accord à cet ordre juridique ? Il en résulte une soumission au droit interne et la qualification contractuelle qui s'ensuit. Mais la question des contrats entre États ne concerne pas uniquement le droit international. Elle a également des implications sur le droit constitutionnel. Si deux États concluent un contrat en lieu et place d'un traité, ils échappent par là même aux règles constitutionnelles gouvernant la volonté conventionnelle de l'État pris comme personne internationale.

211. Prenons, à titre d'exemple, l'hypothèse d'un prêt interétatique dont on a vu qu'il est souvent invoqué comme pouvant faire l'objet d'un contrat entre États. On sait qu'en France, l'article 53, alinéa 1er, de la Constitution de 1958 dispose que "*les traités (...) qui engagent les finances de l'État (...) ne peuvent être ratifiés ou approuvés qu'en vertu d'une loi*". Dès lors, si l'on admet qu'il existe de véritables contrats entre États, c'est-à-dire des accords interétatiques entièrement soumis à un droit interne, l'exécutif, en concluant un prêt par contrat et non par traité, pourra prétendre s'exonérer de la ratification parlementaire alors même que le prétendu contrat "engage les finances de l'État". En fin de compte, la logique et le respect des catégories juridiques nous conduisent à considérer qu'il n'existe que des traités entre États. On pourrait en déduire hâtivement que la question des contrats entre États s'en trouve résolue. Les États n'auraient à leur disposition qu'une seule technique conventionnelle[3] : le traité. Mais il reste à déterminer la valeur des clauses désignant un droit interne comme applicable à la convention.

---

[1] Ex. préc. *supra*, n° 154.

[2] "Traités ou contrats entre...", art. préc., p. 22-23.

[3] Du moins lorsqu'ils contractent entre eux.

B. - LA VALEUR DES CLAUSES D'*ELECTIO JURIS* AU SEIN DES TRAITÉS

212. Des exemples d'accords interétatiques comportant des clauses de choix en faveur d'un droit interne ont été présentés. Ils évoquent autant de manifestations du principe d'autonomie de la volonté. On sait pourtant qu'une telle valeur ne peut leur être octroyée. Sans conflit de lois préalable, il ne peut y avoir de loi d'autonomie. L'accord naissant sous l'égide du droit des gens, c'est lui qui réglemente l'expression de la volonté des parties. Deux valeurs sont alors susceptibles d'être données par le droit international à ce choix de loi : soit il y a une véritable soumission de l'accord au droit interne choisi (**1°**), soit il ne s'agit que d'une forme d'incorporation de la loi choisie dans le traité (**2°**).

1° - Une véritable soumission de l'accord au droit choisi

213. L'accord relevant initialement du droit international, il devient contrat par sa soumission volontaire à un droit interne. La convention est en quelque sorte transférée d'un ordre juridique vers un autre.

214. La pensée de M. Mann repose sur un tel raisonnement[1]. L'auteur invoque deux arguments à l'appui de son propos. En premier lieu, les États ne pourraient conclure des contrats de droit interne qu'en raison de la carence du droit international en normes susceptibles de régler les problèmes, très spécifiques, des relations commerciales internationales[2]. Mais il ne peut s'agir là que d'une *motivation* des États à soumettre leurs relations à un droit étatique, et l'on ne saurait, en revanche, y trouver une *justification* en droit.

215. En second lieu, M. Mann propose la justification suivante qui paraît plus pertinente :

> "Bien que les personnes internationales contractent en général en application du droit international, aucune règle n'empêche qu'ils soumettent leur transaction à un système de droit interne qu'ils ont sélectionné"[3].

Un point ne fait aucun doute à la lecture de ce passage : la clause d'*electio juris* n'est envisagée qu'à travers le droit international. C'est la présence ou, en l'occurrence, l'absence d'une règle de droit des gens qui autorise ou non, en amont, la soumission de l'accord interétatique à une loi interne. L'accord entre les deux États est donc naturellement soumis au droit international, mais celui-ci laisse

---

[1] D'ailleurs, cet auteur évoque "*the submission of a treaty to a municipal system of law*" : "The proper law of contracts concluded...", art. préc., p. 40. Même si l'expression n'est pas très heureuse, c'est bien qu'il s'agit, à l'origine, d'un traité.

[2] "The proper law of...", art. préc., p. 34-35.

[3] "*Although international persons usually contract on the footing of international law, there does not exist any legal rule which precludes them from submitting their transaction to a system of municipal law selected by them*" : *ibid.*, p. 38.

ouverte la possibilité d'un transfert volontaire de l'accord dans le giron d'un droit étatique. Il n'y a là aucune résolution d'un conflit de lois[1].

216. Dans un autre article sur les contrats entre États, M. Mann étudie une clause insérée dans un accord d'emprunt passé entre la Malaisie et le Danemark[2] et délivrant compétence au droit danois. Après avoir précisé que le contrat est soumis à la loi danoise, l'auteur énonce : "C'est au droit danois de déterminer ce qui relève, par exemple, du *jus cogens*, de la mise en œuvre de la clause *rebus sic stantibus* ou de ce que le droit international public considérerait comme un abus de droit"[3]. C'est pour le moins surprenant. En effet, soit l'emprunt est régi par le droit international qui s'applique alors directement sans passer par le relais d'un droit interne, soit c'est le droit danois qui le régit, il se suffit alors à lui-même sans avoir à reprendre et à réinterpréter des principes du droit des gens. Il y a là une incohérence certaine.

217. Mais, mis à part cette conclusion contestable, M. Mann soutient que le droit international n'interdit pas à ses sujets de soumettre leurs transactions à un système interne ; ce qui revient à dire qu'il les y autorise. Il y aurait donc une norme de droit international allant dans ce sens. On perçoit cependant qu'au moins en ce qui concerne certaines matières ou certains domaines, le droit international ne les y autorise justement pas. On imagine mal, par exemple, une délimitation de frontière régie par un droit interne[4]. L'hypothèse d'une législation uniforme est encore plus flagrante.

218. Dans le système préconisé par M. Mann, la fonction de l'ordre international est donc de valider le choix de loi, ce qui ne sera pas toujours possible : frontière, législation uniforme, *etc*. La validité proprement dite du contrat relève ensuite de la *lex contractus* désignée par les parties. Dans le cas d'un choix possible, tout l'accord - devenu un contrat - sera soumis à un droit interne, à l'exception de la seule clause d'*electio juris* qui restera régie par le droit des gens.

219. On peut effectivement envisager la possibilité d'une norme internationale autorisant le choix de loi dans le cas, par exemple, d'accords interétatiques ayant un objet uniquement commercial. Il pourrait s'agir d'un principe coutumier dont l'existence reste néanmoins à démontrer. Mais outre son caractère largement divinatoire, ce mécanisme de transfert d'un ordre juridique vers un autre paraît bien curieux. On ne voit guère comment une situation pourrait naître sous un ordre juridique qui, ensuite, autoriserait les parties à se transférer vers un autre, et ce

---

[1] En ce sens : A. CURTI-GIALDINO qui remarque que "*la désignation du droit étatique de la part des sujets internationaux ne remplit pas la fonction qui est typique de l'autonomie de la volonté en droit international privé, celle de déterminer, vis-à-vis d'un rapport concret, laquelle parmi toutes ou plusieurs lois étatiques, dont quelques-unes pourraient prétendre être appliquées indépendamment d'une désignation, est compétente*" : *La Volonté des parties en droit international privé, R.C.A.D.I.*, 1972 (III), vol. 137, p. 745-915, spéc. p. 808 ; *adde*, Z.A. KRONFOL, art. préc., p. 136.

[2] Clause reproduite *supra*, n° 159.

[3] "*It is Danish law that decides upon such matter as jus cogens or the operation of the clausula rebus sic stantibus or what public international law would consider as abuse of right*" : "About the proper law of...", art. préc., p. 251.

[4] Quoi qu'en pense M. VERHOEVEN : "Traités ou contrats entre...", art. préc., n° 18, p. 23.

d'autant que le système de l'incorporation mène à un résultat identique mais par une voie qui nous paraît moins hétérodoxe.

2° - L'incorporation de la loi dans le traité

220. L'incorporation est l'ultime mécanisme susceptible de justifier la stipulation des clauses d'élection de droit. Tout accord entre États est donc soumis au droit international et reste un traité même en présence de l'une de ces clauses. Deux types d'incorporation sont envisageables : contractuelle (a) et normative (b).

a) L'incorporation contractuelle

221. Le choix de la loi incorpore celle-ci dans le traité et lui donne une valeur "contractuelle". Même MM. Verhoeven et Batiffol reconnaissent que cette solution est acceptable dans son principe[1]. Cela signifie que les dispositions de l'accord sont soumises au droit international ; le droit choisi est chargé de compléter les lacunes du consensualisme et n'a qu'une valeur supplétive. En outre, le droit désigné se trouve figé au jour de la conclusion du traité.

222. Une autre solution, plus soucieuse de la volonté des parties, peut être envisagée. En effet, si les parties ont, par exemple, fait une déclaration selon laquelle "l'accord est soumis au droit canadien", il est quelque peu gênant de prétendre que ce choix ne peut avoir qu'une valeur supplétive. En dépit de la volonté clairement exprimée des parties en faveur d'une soumission de leur accord à la loi choisie, les stipulations contractuelles resteraient tout de même supérieures aux dispositions de la loi choisie. Il pourrait être à la fois intéressant et constructif d'imaginer un système plus respectueux de la volonté des parties, qui concilie cohérence théorique et pratique des États.

223. Un premier pas en ce sens consisterait à reconnaître la possibilité d'une référence - ou incorporation - mobile. Celle-ci prendrait en compte les changements du droit choisi[2]. Les dispositions du traité, ainsi que le droit international général applicable à celui-ci, seraient ainsi complétées par un droit interne dont on prendrait en compte l'évolution. Toutefois, celui-ci n'aurait toujours qu'une valeur supplétive. Si les parties se sont expressément réclamées de cette supplétivité, il n'y a pas de difficulté à l'admettre[3]. En revanche, si elles n'ont laissé aucun doute sur leur

---

[1] J. VERHOEVEN, "Traités ou contrats entre...", art. préc., n° 25, p. 30-31 ; H. BATIFFOL, "Subjectivisme et objectivisme en droit international privé des contrats" *in Mélanges Maury*, t. I, Paris : Dalloz/Sirey, 1960, p. 39-53, spéc. p. 45.

[2] Ainsi que le constate M. MAYER, "*il n'est pas théoriquement impossible que les parties acceptent de faire dépendre le contenu de leurs obligations des modifications de la loi à laquelle elles se sont référées*" : "Le mythe de...", art. préc., p. 206.

[3] Ainsi, les statuts de la Banque des Règlements Internationaux dont le siège est à Bâle ont été établis par traité mais il y est stipulé que les statuts sont "subsidiairement" soumis à la loi suisse. On trouve la même clause dans l'acte fondateur de la société Eurofima (société européenne pour le financement du matériel de chemin de fer). Quant à la société Eurochemic, c'est la loi belge de son siège qui est

intention de soumettre totalement leur accord à un droit interne[1], un système encore plus respectueux de leur volonté doit être dégagé : celui de l'incorporation normative.

b) L'incorporation normative

224. Il ne faut pas perdre de vue que le traité participe à l'élaboration normative du droit international[2]. Et les États parties ont l'initiative de cette création normative. À ce titre, rien ne les empêche de puiser leur "matériel normatif" dans un système interne[3]. D'ailleurs, dans son premier rapport à la Commission du Droit international sur le droit des traités, Hersch Lauterpacht adopte un point de vue similaire. Il reconnaît qu'un accord entre sujets du droit international peut être régi par des règles issues d'un droit interne sans pour autant qu'il s'agisse d'un contrat, car il est un principe selon lequel les accords entre États "sont tous en dernier recours régis par le droit international"[4]. Et ce principe n'est pas affecté par l'existence d'une clause de renvoi à un droit interne :

> "Il en est ainsi même si (...) les parties stipulent qu'il sera régi par la loi interne de l'une d'elles. Dans ce cas, le droit spécifiquement choisi résulte de la volonté des parties. La conséquence de ces stipulations est de transformer la loi applicable en loi conventionnelle exprimant, pour reprendre les termes de l'article 38 des statuts de la Cour Internationale de Justice, les règles expressément reconnues par les parties au litige"[5].

225. Le traité est donc régi par le droit étatique auquel les parties se sont référées, mais il n'en devient pas pour autant un contrat car il n'y aucun transfert vers l'ordre interne. C'est l'inverse qui se produit : le droit choisi acquiert la qualité de droit international par l'intermédiaire du traité. Il prend la valeur de règles que les parties se sont données. Il n'y a donc pas une clause d'élection de droit mais un emprunt par le traité des règles d'un droit interne afin d'enrichir les normes conventionnelles de droit international auxquelles les parties sont naturellement soumises. Il n'est plus alors question de valeur supplétive, dans la mesure où les parties ne l'ont pas entendu ainsi.

---

désignée. Ces exemples ont été donnés par H. BATIFFOL : *Les Contrats en droit international privé comparé*, Mc Gill University, Institut de droit comparé, 1981, p. 73-74.

1 Comme dans une clause du type "cet accord sera régi par le droit canadien".

2 *Supra*, n° 39.

3 A. CURTI GIALDINO, *op. cit.*, *loc. cit.*

4 "*Are all governed, in the last resort by international law*" : *Rapport sur le droit des traités*, *A.C.D.I.*, 1953, II, p. 100.

5 "*This is so even if (...) the parties stipulate that it shall be governed by the municipal law of one of them. For in that case the specific law thus agreed upon is the consequence of the will of the parties. As the result of some such provision the law applicable is transformed into conventional law expressing, in the terminology of Article 38 of the Statute of the International Court of Justice rules expressly recognized by the contesting parties*" : *ibid.*

- CONCLUSION DU CHAPITRE I -

226. Lorsqu'un accord interétatique est conclu par des autorités habilitées à engager internationalement l'État, il ne peut en aucun cas s'agir d'un contrat. Le caractère à la fois matériellement illimité et spatialement indéterminé du droit international fait échec à toute tentative de reconnaître l'existence de contrats entre États. Même lorsqu'il existe une clause désignant un droit interne, c'est toujours l'ordre juridique international qui, en dernière analyse, fait produire des effets de droit à un accord entre États. Toutefois, la question des contrats entre États n'est pas totalement épuisée. Elle est, en effet, susceptible de réapparaître sous une forme différente à l'occasion de l'étude des arrangements administratifs.

Chapitre II

LES ARRANGEMENTS ADMINISTRATIFS

227. L'étude des "contrats entre États" a permis de montrer que lorsqu'un accord est paraphé par le chef de l'État, le chef du gouvernement ou le ministre des Affaires étrangères de deux pays, il s'agit alors nécessairement d'un traité. Mais ceci n'épuise pas l'ensemble des questions liées aux accords entre personnes publiques de l'État. Il faut maintenant considérer l'hypothèse dans laquelle les signataires de l'accord, tout en relevant de l'État-personne interne, n'ont pas la compétence d'engager l'État en tant que sujet du droit des gens. En effet, la pratique montre que le chef de l'État, le chef du gouvernement ou le ministre des Affaires étrangères ne sont pas les seules autorités au sein de la personne interne de l'État qui passent des accords. Nombre d'autorités ou d'organismes, d'administrations techniques ou autres entretiennent un réseau conventionnel avec leurs homologues étrangers. Ces conventions, dont l'importance pratique passe souvent inaperçue, sont appelées accords ou arrangements administratifs.

228. Ces accords se caractérisent donc par la personne de leurs autorités signataires, lesquelles doivent présenter deux traits essentiels : relever de la personne interne d'un État et ne pas être l'un des détenteurs traditionnels du *jus tractandi* ou, selon la terminologie anglo-saxonne, du *treaty-making power*. Il s'agit alors de déterminer si, en dépit de l'incompétence de ses signataires, un arrangement administratif pourrait impliquer la personnalité internationale de l'État. Il en résulterait, le cas échéant, qu'à l'instar des prétendus "contrats entre États" ces accords font en définitive partie du champ du droit international. C'est la conclusion qui s'imposera lorsque nous aurons procédé à l'identification (**section I**) puis à l'analyse (**section II**) de ces accords.

SECTION I
L'IDENTIFICATION DES ARRANGEMENTS ADMINISTRATIFS

229. Un arrangement administratif peut être défini comme un accord passé entre autorités ou organismes relevant d'une personne étatique interne mais non dotés, *expressis verbis*, de la capacité d'engager l'État en tant que personne internationale. Par conséquent, pour identifier les arrangements administratifs, il convient en premier lieu d'examiner les conditions nécessaires à l'engagement de l'État dans un traité (**§ 1**), car c'est en contrepoint de ces conditions que s'est développée la pratique des arrangements administratifs (**§ 2**).

§ 1. - L'ENGAGEMENT DE L'ÉTAT DANS UN TRAITÉ

230. L'engagement de l'État dans un traité s'apprécie à l'aune de deux ensembles de règles, relevant de deux ordres juridiques différents. En effet, cette question est appréhendée à la fois par le droit interne (**A**) et le droit international (**B**).

A. - L'ENGAGEMENT DE L'ÉTAT DU POINT DE VUE INTERNE

231. Le droit interne définit à la fois des principes gouvernant la volonté conventionnelle de l'État (**1°**), et la représentation de celui-ci (**2°**).

1° - Le droit interne et la volonté conventionnelle de l'État

232. Dans chaque système juridique interne, le droit constitutionnel fixe les modalités selon lesquelles l'État pourra être considéré comme lié par un traité. Il encadre ainsi l'expression de la volonté conventionnelle de l'État ; celle-ci pouvant revêtir deux formes distinctes : la conclusion en forme solennelle (a) et la conclusion en forme simplifiée (b).

a) La conclusion en forme solennelle

233. La conclusion en forme solennelle est le mode d'expression traditionnel de la volonté des États à être liés par un traité. Elle se présente sous la forme d'une procédure à deux étapes. La première phase est celle d'authentification du traité. Elle est constituée par la signature du texte et "*consiste dans l'attestation solennelle que les États qui ont participé à la négociation ont arrêté telles dispositions de façon définitive comme texte du traité. L'authentification est l'opération par laquelle ce texte définitif est établi. C'est un acte ou une procédure visant à certifier* *l'exactitude, l'authenticité*"[1]. La seconde phase est la ratification et constitue l'expression définitive par l'État de son consentement à être lié. Il s'agit d'un "*acte par lequel l'autorité étatique la plus haute, détenant la compétence constitutionnelle de conclure les traités internationaux, confirme le traité élaboré par ses plénipotentiaires, consent à ce qu'il devienne définitif et obligatoire et s'engage solennellement au nom de l'État à l'exécuter*"[2]. Cette ratification émane normalement du chef de l'État. Mais il peut arriver qu'une autre autorité de l'État, comme le chef du Gouvernement ou le ministre des Affaires étrangères, procède à cette confirmation solennelle de l'engagement de l'État. On emploie alors plus volontiers les termes d'acceptation, d'accession ou d'approbation. Quoi qu'il en soit, dans les régimes parlementaires, l'engagement définitif de l'État est, pour tout ou partie des matières, soumis à la condition d'un vote du Parlement.

234. En France, la Constitution de 1958 pose au titre VI les conditions relatives à la conclusion par la France d'un traité en la forme solennelle. Ainsi, l'article 52 §1 dispose que "*le président de la République négocie et ratifie les traités*". Toutefois, dans certaines hypothèses, la ratification du président est soumise à l'aval du Parlement[3]. Et, c'est l'article 53 qui fixe les matières pour lesquelles une autorisation parlementaire est exigée :

> "*Les traités de paix, les traités de commerce, les traités ou accords relatifs à l'organisation internationale, ceux qui engagent les finances de l'État, ceux qui modifient des dispositions de nature législative, ceux qui sont relatifs à l'état des personnes, ceux qui comportent cession, échange ou adjonction de territoire, ne peuvent être ratifiés ou approuvés qu'en vertu d'une loi*"[4].

Il ressort de la lecture de ce texte que, pour les matières désignées, la ratification du président de la République est soumise à un vote du Parlement. Mais ce même article 53 pose également cette condition pour des accords qui seraient non pas "*ratifiés*", mais "*approuvés*" ; ce qui laisse une place pour des accords où la compétence d'engager définitivement l'État serait attribuée à un autre organe[5]. Même si le Titre VI ne dit mot quant à l'autorité d'approbation de ces traités, on peut supposer qu'il s'agit du gouvernement[6] et plus précisément du chef de celui-ci,

---

[1] S. BASTID, *op. cit.*, p. 38.

[2] NGUYEN QUOC DINH, P. DAILLIER, A. PELLET, *op. cit.*, n° 81, p. 139. Voy. également : J. COMBACAU, S. SUR, *op. cit.*, p. 119-120 ; J. COMBACAU, *Le Droit des traités*, *op. cit.*, p. 41-43 ; S. BASTID, *op. cit.*, p. 40-46 ; M. FRANKOWSKA, "De la prétendue présomption en faveur de la ratification", *R.G.D.I.P.*, 1969, p. 62-68 ; H. BLIX, "The Requirement of Ratification", *B.Y.I.L.*, 1953, p. 352-380 ; F. DEHOUSSE, *La Ratification des traités*, Paris : Sirey, 1935.

[3] Soulignons que "*cette autorisation est d'une nature particulière, puisqu'elle ne constitue pas un ordre de ratifier, ni l'expression de l'engagement définitif de l'État. C'est un simple acte-condition*" : NGUYEN QUOC DINH, P. DAILLIER, A. PELLET, *op. cit.*, n° 90, p. 151. En ce sens : J. COMBACAU, *Le Droit des traités*, *op. cit.*, p. 42.

[4] Dans certains cas, l'autorisation de ratifier est accordée à la faveur d'un référendum. Voir les art. 53 §3 et 11 de la Constitution de 1958.

[5] J. DHOMMEAUX, "La conclusion des engagements internationaux en droit français : dix-sept ans de pratique", *A.F.D.I.*, 1975, p. 815-858, spéc. p. 823 : "*Ainsi tout comme le Président de la République peut ratifier les traités soit de manière autonome (article 52) soit après y avoir été autorisé (article 53), un autre organe pourrait approuver les traités avec ou sans autorisation*".

[6] *Ibid.*, p. 829.

voire de son ministre des Affaires étrangères. En droit constitutionnel français, la conclusion en forme solennelle prend donc deux formes selon qu'il s'agit d'un accord ratifié par le président de la République ou approuvé par le gouvernement[1]. Dans les deux hypothèses, la matière de l'accord pourra rendre nécessaire l'obtention d'une autorisation parlementaire[2].

Cependant, parallèlement à cette conclusion en forme solennelle, la pratique internationale a vu se développer des formes plus souples et plus immédiates de conclusion de traités.

b) La conclusion en forme simplifiée

235. Dans le cas d'une conclusion en forme simplifiée, l'État se voit définitivement engagé dès la signature du traité. Cette dernière remplit ici une double fonction, celle de l'authentification du texte et de l'expression du consentement de l'État. Il n'y a plus alors de seconde étape à l'occasion de laquelle le texte de l'accord serait ratifié, accepté ou approuvé[3]. Cette procédure courte existe depuis toujours à l'état endémique dans tous les pays[4], mais c'est aux États-Unis qu'elle a été proprement formalisée sous les termes d'*executive agreement.* Elle permit, au président américain, de faire l'économie de la soumission de textes conventionnels à un examen parfois difficile des parlementaires[5]. Cette pratique s'est par la suite développée dans d'autres pays.

236. En France, la Constitution de 1958 n'est pas explicite en ce qui concerne la reconnaissance d'accords en forme simplifiée. L'article 52 §2 prévoit que le président de la République est tenu "*informé de toute négociation tendant à la conclusion d'un accord international non soumis à ratification*". Cette disposition distingue donc deux catégories parmi les "*engagements internationaux de la France*" : les "traités" et les "accords internationaux". Les premiers sont négociés par le président de la République ou en son nom et soumis à sa ratification. Des

---

1 On notera qu'il n'existe aucun domaine précis attaché à l'un ou à l'autre.

2 Le Conseil d'État estime qu'il appartient au juge administratif de contrôler la régularité de la ratification ou de l'approbation d'un traité ou d'un accord international. C'est ainsi qu'un engagement international dont la ratification ou l'approbation est intervenue sans avoir été autorisée par la loi dans les cas relevant de l'article 53 de la Constitution ne peut être regardé comme régulièrement ratifié ou approuvé au sens de l'article 55 de ce même texte : C.E., ass., 18 décembre 1998, *SARL du parc d'activités de Blotzheim et SCI Haselaecker*, *R.F.D.A.*, 1999, p. 315, concl. G. BACHELIER, *A.J.D.A.*, 1999, p. 127, chron. F. RAYNAUD et P. FOMBEUR.

3 NGUYEN QUOC DINH, P. DAILLIER, A. PELLET, *op. cit.*, n° 82-84, p. 142-144 ; J. COMBACAU, S. SUR, *op. cit.*, p. 119 ; J. COMBACAU, *Le Droit des traités*, *op. cit.*, p. 39-40 ; S. BASTID, *op. cit.*, p. 46-48 ; L. WILDHABER, V° "Executive Agreements", *Enc. pub. int. law*, vol. VII, 1984 ; G.J. HORVATH, "The Validity of Executive Agreements", *ÖZÖRV*, 1979, p. 105-131 ; P.F. SMETS, *La Conclusion des accords en forme simplifiée : étude de droit international et de droit constitutionnel belge et comparé*, Bruxelles : Bruylant, 1969 ; C. CHAYET, "Les accords en forme simplifiée", *A.F.D.I.*, 1957, p. 1-13.

4 Que l'on pense aux signatures de conventions d'armistice. Sur ce sujet : A.C. KISS, *Répertoire de la pratique française en matière de droit international public*, t. I, Paris : CNRS, 1962, n° 332, 579, 589 et 618.

5 A. CRAS, "Les 'executive agreements' aux États-Unis", *R.G.D.I.P.*, 1972, p. 973-1045.

seconds, on ne sait pour le moment qu'une chose : le chef de l'exécutif doit être tenu informé de leur négociation. Le Titre VI laisse finalement la place à deux interprétations.

237. Selon la première, ces "accords internationaux" pourraient correspondre aux traités soumis à l'approbation du gouvernement dont l'existence est mentionnée à l'article 53 *in fine* de la Constitution[1]. Il en résulterait alors que la Constitution française ne traite pas des accords en forme simplifiée. Il n'y aurait donc en droit français que des traités négociés par le président de la République ou en son nom et soumis à sa ratification ; et des accords internationaux négociés par le Gouvernement ou en son nom et faisant l'objet d'une approbation de sa part, le président de la République étant seulement tenu informé de la négociation. L'État français ne pourrait donc pas se trouver engagé dans un traité dès la signature de celui-ci.

238. En revanche, selon une seconde interprétation du titre VI, les accords internationaux visés à l'article 52 §2 pourraient ne pas recouvrir ceux dont l'approbation est évoquée par l'article 53 *in fine*. Ceci laisserait place à une troisième catégorie d'accords qui ne seraient subordonnés ni à une ratification, ni à une approbation, autrement dit, à des accords en forme simplifiée engageant l'État dès leur signature[2]. En retenant cette interprétation combinée des articles 52 §2 et 53 *in fine* de la Constitution, on peut affirmer que le droit constitutionnel français reconnaît l'existence d'accords internationaux qui engagent l'État dès leur signature.

2° - Le droit interne et la représentation de l'État

239. Le droit interne reconnaît donc deux formes de conclusion de traités : une forme solennelle et une forme simplifiée. Il convient maintenant de préciser qui, au sein de l'organigramme étatique, est compétent pour représenter l'État et, le cas échéant, procéder à la conclusion d'un traité. On l'a d'ores et déjà affirmé à plusieurs reprises, en droit interne, les porte-voix de la volonté conventionnelle de l'État sont le chef de l'État, le chef du gouvernement ainsi que le ministre des Affaires étrangères et ce, en France comme ailleurs[3]. Par conséquent, un accord directement signé par l'une de ces autorités engage immédiatement l'État, s'il est en forme simplifiée. S'il est en forme solennelle, la signature aura valeur d'authentification du texte conventionnel[4]. Mais il est bien évident que ces autorités se font parfois représenter dans l'exercice de cette fonction. C'est alors qu'intervient le mécanisme des lettres de pouvoirs[5]. On y distingue les pouvoirs simples, signés

---

[1] *Supra*, n° 234.

[2] En ce sens : J. COMBACAU, S. SUR, *op. cit.*, p. 121.

[3] Comme le démontre les études comparatives traitant des procédures internes de conclusion des traités : *National Treaty Law and Practice*, M. LEIGH, M.R. BLAKESLEE, dir., Studies in Transnational Legal Policy, Washington : The American Society of International Law, 1995 ; *L'Expression du consentement des États à être lié par un traité*, Strasbourg : Conseil de l'Europe, 1987.

[4] Pour des traités directement signés par le président de la République française et dont le Parlement a, par la suite, autorisé la ratification : chr. D. RUZIÉ, *R.F.D.A.*, 1996, p. 824 ; *id.*, p. 1242.

[5] En France, la remise de celles-ci est encadrée par les circulaires des 2 mars 1982, 6 juillet 1984 et 22

par le ministre des Affaires étrangères, en vue de la négociation ou de la signature d'un accord en forme simplifiée, et les pleins pouvoirs, signés par le président de la République et délivrés en vue de la négociation ou de la signature d'un accord en forme solennelle[1].

Mais, en dehors de ce cadre, le droit interne ne reconnaît pas à l'ensemble des autorités relevant de l'État-personne publique la compétence pour représenter l'État-souverain et, le cas échéant, signer un traité en son nom.

B. - L'ENGAGEMENT DE L'ÉTAT DU POINT DE VUE INTERNATIONAL

240. La volonté conventionnelle (**1**°) puis la représentation de l'État (**2**°) doivent être à nouveau examinées mais, cette fois-ci, sous l'angle du droit international. Pour ce faire, on raisonnera principalement à partir des dispositions de la Convention de Vienne du 23 mai 1969 sur le droit des traités, en tenant pour acquis que ce texte rend bien compte du droit international positif[2].

1° - Le droit international et la volonté conventionnelle de l'État

241. La Convention de Vienne sur le droit des traités consacre plusieurs articles à la question de l'engagement de l'État dans un traité[3]. Les rédacteurs de cette Convention ont pris soin de ne pas enserrer les relations conventionnelles interétatiques dans un cadre trop rigide. C'est ainsi qu'il n'est fait aucune différence entre les différents modes de conclusion prévus par le droit interne. En droit international, les accords conclus sous une forme solennelle ou simplifiée sont de même nature. Ils constituent des traités strictement identiques au regard du droit des gens. Ceci ressort explicitement de l'article 11 de la Convention en vertu duquel "*le consentement d'un État à être lié par un traité peut être exprimé par la signature, l'échange d'instruments constituant un traité, la ratification, l'acceptation, l'approbation ou l'adhésion, ou par tout autre moyen convenu*". Ce texte enseigne également que le droit international n'oblige pas les parties à recourir à l'une ou l'autre des procédures en fonction, par exemple, de la matière ou de l'enjeu de l'accord. Les États peuvent retenir le mode de conclusion de leur choix. À défaut de

---

janvier 1988 : publiées *in Ministère des Affaires étrangères, attributions, organisation*, Paris : éd. J.O., 1989, respectivement, p. 247, p. 257 et p. 270.

[1] G. BURDEAU, "Les engagements internationaux de la France et les exigences de l'État de droit", *A.F.D.I.*, 1986, p. 837-856, spéc. p. 842.

[2] Cette remarque préalable s'imposait car il y a là, pour certains, matière à contestation, particulièrement en ce qui concerne la partie V de la Convention sur laquelle nous nous appuierons largement (J. COMBACAU, S. SUR, *op. cit.*, p. 76). Mais cette étude outrepasserait les limites de son objet si elle prenait partie sur une telle polémique. D'ailleurs, même si la Convention de Vienne de 1969 peut s'avérer contestable quant à sa légitimité ou quant à la technique juridique qu'elle utilise, elle reste, quoi qu'on en dise, la référence en matière de droit des traités.

[3] Les articles 11 à 17 ont directement trait à cette question. Voy. not. : A. BOLINTINEANU, "Expression of consent to be bound by a treaty in the light of the 1969 Vienna Convention", *A.J.I.L.*, 1974, p. 672-686 ; S. ROSENNE, "Consent and related words in the codified law of treaty" *in Mélanges Rousseau*, Paris : Pedone, 1974, p. 229-248.

stipulations sur ce point, on s'attachera aux circonstances entourant la conclusion[1]. Les conditions posées par le droit international quant à la volonté conventionnelle des États, telles qu'exposées par la Convention de Vienne, sont donc des plus souples.

2° - *Le droit international et la représentation de l'État*

242. La Convention de Vienne s'est dotée d'un ensemble de règles qui traitent de la représentation de l'État lors de la conclusion d'un traité. En vertu de l'article 7 §1, une autorité sera considérée comme représentant valablement un État "*si elle produit des pleins pouvoirs appropriés*"[2]. Toutefois, l'article 7 §2 énumère les personnes considérées comme représentant l'État sans avoir à produire ces pleins pouvoirs. Il s'agit principalement - et ce n'est guère étonnant - des chefs d'État, des chefs de gouvernement et des ministres des Affaires étrangères. En outre, les pleins pouvoirs ne seront pas non plus exigés "*s'il ressort de la pratique des États intéressés ou d'autres circonstances qu'ils avaient l'intention de considérer cette personne comme représentant l'État à ces fins et de ne pas requérir la présentation des pleins pouvoirs*". Cette dernière hypothèse correspond, selon une doctrine autorisée, à celle des arrangements en forme simplifiée[3].

243. Mais, en dehors des cas énumérés à l'article 7, un organe ne sera pas considéré comme représentant valablement l'État. Il ne ressort donc pas de cette disposition que l'ensemble des autorités composant l'État-personne publique soit qualifié pour représenter l'État-souverain au regard du droit des gens ; ceci, car ils ne disposent pas de pleins pouvoirs et ne sont pas inclus dans la liste des autorités que la Convention dispense de cette exigence.

§ 2. - LA PRATIQUE DES ARRANGEMENTS ADMINISTRATIFS

244. Les conditions posées par le droit international comme celles prévues par le droit interne, quant à l'engagement de l'État dans un traité, semblent donc ne laisser aucune place à des accords signés par des autorités relevant de la personne

---

[1] Ainsi, pour ce qui est de l'accord en forme simplifiée, la Convention de Vienne prévoit à l'article 12 §1 que "*le consentement d'un État à être lié par un traité s'exprime par la signature du représentant de cet État :*
a) lorsque le traité prévoit que la signature aura cet effet ;
b) lorsqu'il est par ailleurs établi que les États ayant participé à la négociation étaient convenus que la signature aurait cet effet ; ou
c) lorsque l'intention de l'État de donner cet effet à la signature ressort des pleins pouvoirs de son représentant ou a été exprimé au cours de la négociation."

[2] Sur ce texte : D. HUTCHINSON, "The juridical Nature of Article 7 of the Vienna Convention on the Law of Treaties", *Australian yearb. of int. law*, 1996, p.187-224.

[3] J.-M. JACQUÉ, *op. cit.*, p. 101, citant en ce sens WALDOCK : "*Cet article tend essentiellement à faire ressortir les risques que comporte la dispense de produire des pleins pouvoirs et, si cette disposition est supprimée, une catégorie importante de traités, à savoir les accords en forme simplifiée, ne sera pas couverte par le projet*", Documents officiels de la conférence de Vienne, vol. I, p. 82.

interne d'un État sans être, *expressis verbis*, investies du *jus tractandi*. Ceci ne signifie d'ailleurs pas que les arrangements administratifs soient totalement ignorés, en particulier par les États[1]. Cela implique simplement qu'au regard du droit interne, comme du droit international, il ne semble pas que l'on doive considérer que ces accords engagent la personnalité internationale de l'État[2]. Et, pourtant, cette pratique conventionnelle est très courante, comme en atteste un recensement des divers types d'arrangements administratifs (**A**) dont on précisera ensuite la nature (**B**).

A. - LES DIVERS TYPES D'ARRANGEMENTS ADMINISTRATIFS

245. Les arrangements administratifs ne sont pas une pratique récente et la doctrine a très tôt rendu compte de leur existence[3]. D'un point de vue historique, ils

---

1 Diverses circulaires ministérielles françaises évoquent les arrangements administratifs. Ainsi, une circulaire du Premier ministre en date du 30 mai 1997 et relative à l'élaboration et à la conclusion des accords internationaux apporte les précisions suivantes : "*A côté des accords internationaux conclus au nom des chefs d'État ou de gouvernement, la pratique internationale admet la conclusion d'arrangements administratifs, conclus avec leurs homologues étrangers par des ministres. Ces arrangements constituent une catégorie inconnue du droit international. En conséquence, tout en engageant l'État, ils présentent l'inconvénient de n'offrir aucune sécurité quant à leur exécution par l'autre partie. Il ne faut donc recourir à ces instruments que dans des circonstances particulières, pour compléter ou préciser un accord existant, ou, à la rigueur, pour organiser une coopération administrative de portée limitée*" : *J.O.*, 31 mai 1997, p. 8415, *R.G.D.I.P.*, 1997, p. 591-608, spéc. p. 593. La circulaire admet l'engagement de l'État mais semble ne pas placer celui-ci au niveau du droit international. D'ailleurs, il est précisé dans le même texte que les "*les arrangements administratifs peuvent être signés sans pouvoirs*" : *id.*, p. 599. De même, dans une autre circulaire du 2 mars 1982 relative à la Sous-Direction des accords et traités, il est signifié que "*les pouvoirs ne sont pas nécessaires pour la signature des arrangements administratifs qui n'engagent pas l'État et ne lient que les administrations concernées*" : préc. Il en va de même d'un dernier texte de ce type en date du 22 janvier 1988 et relatif à la délivrance des pouvoirs et signature des accords internationaux : "*Seuls les arrangements administratifs - liant deux administrations dans la stricte limite de leurs compétences - en sont dispensés*", préc. Soulignons dès à présent que cet engagement de la seule administration alors que celle-ci n'est pas investie de la personnalité morale soulève des interrogations : *infra*, n° 263.

2 Sauf à ce que le droit interne soumette expressément certains arrangements administratifs au régime des traités. A titre d'exemple, l'article 41 de la loi du 12 avril 1996 portant statut d'autonomie de la Polynésie française dispose que "*le président du gouvernement [de Polynésie] négocie et signe des arrangements administratifs, dans le respect des accords internationaux, avec les administrations des États du Pacifique ou des organismes régionaux du Pacifique, dans les domaines de compétence du territoire*" : Loi n° 96-373 du 12 avril 1996, *J.O.*, 13 avril 1997, p. 5699. Ce même article 41 précise toutefois que la conclusion de ces arrangements administratifs se fait "*dans les conditions définies à l'article 40*". Or, en vertu de ce dernier texte, "*les autorités de la République peuvent délivrer pouvoir au président du gouvernement [de Polynésie] pour négocier et signer des accords dans les domaines de compétence de l'État ou du territoire avec un ou plusieurs États, territoires ou organismes régionaux du Pacifique et avec les organismes régionaux dépendant des institutions spécialisées des Nations Unies*". Mais l'utilisation des termes d'arrangements administratifs est alors abusive puisqu'il s'agit en réalité de traités conclus en bonne et due forme. Pour un commentaire critique de ces dispositions : V. GOESEL-LE BIHAN, "Sur quelques aspects récents du droit constitutionnel français des relations extérieures", *A.F.D.I.*, 1997, p. 58-81, spéc. p. 70-74.

3 J. BASDEVANT, *La Conclusion et la rédaction des traités et des instruments diplomatiques autres que les traités*, *R.C.A.D.I.*, 1926 (V), vol. 15, p. 537-642, spéc. p. 539 et s. ; J. MERVYN JONES, "International agreements other than 'inter-state treaties'. Modern developments", *B.Y.I.L.*, 1944, p. 111-122 ; C. ROUSSEAU, *Principes généraux de droit international public*, t. I, Paris : Pedone, 1944, p. 255-256 ; N. VEICOPOULOS, "Accords internationaux conclus en forme simplifiée et *gentlemen's agreements*", *Revue du Droit international, de Sciences diplomatiques et politiques*, 1949, p. 162-174, spéc. p. 166.

ont d'abord concerné des entités directement inféodées au gouvernement, à l'image des administrations postales ou ferroviaires[1]. Aujourd'hui encore, la pratique des arrangements administratifs touche au premier chef les autorités relevant de l'exécutif (**1°**). Toutefois, même si le phénomène est moins connu, on rencontre également des arrangements administratifs signés par des entités qui relèvent de la personne publique de l'État sans dépendre pour autant du pouvoir exécutif (**2°**). Précisons qu'il ne s'agit pas ici de procéder à un relevé exhaustif de cette pratique conventionnelle. Il en sera simplement donné un aperçu, ce préalable s'avérant nécessaire à l'organisation d'une réflexion juridique[2].

1° - Les arrangements administratifs des autorités relevant de l'exécutif

246. Les départements ministériels (a) comme les autorités déconcentrées (b) passent des arrangements administratifs avec leurs homologues étrangers.

a) Les départements ministériels

247. La pratique des arrangements administratifs concerne au premier chef les ministères techniques et leurs départements[3]. Ceux-ci nouent directement des liens conventionnels avec leurs homologues étrangers, sans passer par le Ministère des Affaires étrangères. Ainsi un accord très important est-il intervenu en matière aérienne le 26 mars 1996, entre les secrétariats américain et français aux transports, mettant fin à une série de mesures de rétorsion visant leurs compagnies aériennes respectives[4]. Dans un domaine totalement différent, on peut citer un protocole

---

[1] Ainsi, cet accord entre l'administration postale du Royaume-Uni et l'administration chérifienne des postes et des télégraphes pour l'échange de mandats de poste, signé à Londres le 12 juillet 1948 et à Rabat le 28 août 1948 (*U.N.T.S.*, 1951, vol. 90, p. 84), cité par H. LAUTERPACHT, *Rapport sur le droit des traités*, *A.C.D.I.*, 1954, II, p. 125. Voy. également les ex. donnés par J. MERVYN JONES, art. préc., *passim* ; ainsi que ceux mentionnés dans le projet de codification du droit des traités élaboré par la Harvard Law School, *Research in International Law, III, Law of treaties*, *A.J.I.L.*, Suppl. 1935, vol. 29, spéc. p. 699.

[2] On s'appuiera principalement sur des exemples issus de la pratique française. Pour une étude spécifique à d'autres pays : J.-P. PLOUFFE, "Les arrangements internationaux des agences et ministère du Canada", *Ann. can. D.I.*, 1983, p. 176-216 ; M. LIS, "Inter-departmental Agreements in the Law of Treaties and Polish Practice", *Pol. yearb. int. law*, 1985, p. 183-206. Sur la pratique aux Pays-Bas, voy. : J. KLABBERS, *The Concept of Treaty in International Law*, The Hague/London/Boston : Kluwer Law International, 1996, appendice, p. 260-267. Sur la pratique aux États-Unis : D.J. KUCHENBECKER, "Agency-level executive agreements : a new era in U.S. treaty practice", *Colombia journal of transnational law*, 1979, p. 1-77 ; W.M. THIEBAUT, "Legal Status of Memorandum of Understandings in the US", *European Space Agency - Bulletin*, n° 38, 1984, p. 99-104.

[3] Il n'est pas inutile de rappeler que les ministères ne sont jamais dotés d'une personnalité morale autonome : G. TIMSIT, *Administrations et États : étude comparée*, Paris : PUF, 1987, p. 50-51 ; F.DREYFUS, F. d'ARCY, *op. cit.*, p. 208 : "*Soulignons ici que les ministères n'ont pas la personnalité morale ; ainsi lorsqu'un ministre signe un marché il le fait au nom de l'État*". Il y a toutefois eu, à une certaine époque, un débat doctrinal sur cette question : B. DELCROS, *op. cit.*, p. 183-193.

[4] J. de GALARD, Y. COCHENNEC, "Vers un accord bilatéral France/États-Unis", *Air & Cosmos*, n° 1559, 29 mars 1996, p. 22. Pour un autre accord du même type : Y. COCHENNEC, "Compromis américano-japonais sur le fret", *Air & Cosmos*, n° 1560, 5 avril 1996. Voir également : *Recueil général des traités de la France*, 2ème série, *Accords bilatéraux non publiés*, 1958-1974 (vol. II),

d'accord entre l'Administration postale française et la Régie des Postes belges, en date du 1er avril 1980, qui fixe les conditions d'utilisation commune des réseaux de distributeurs automatiques de billets. Il porte la signature, pour la partie française, du secrétaire d'État aux PTT et, pour la partie belge, du ministre des PTT[1]. Des accords de ce type sont susceptibles d'intéresser tous les domaines de compétence d'un gouvernement. Il en va ainsi en matière de défense[2], d'enseignement[3], de recherche[4] ou encore d'environnement[5] pour ne citer que quelques exemples.

248. Une partie de ces arrangements n'est d'ailleurs pas signée directement par le ministre mais par l'une des autorités qui lui sont subordonnées. Ainsi, en février 1982, le Délégué général français pour l'armement[6] a conclu un *memorandum of understanding* avec le Secrétariat indien à la Défense. Cet accord a garanti, au nom de la France, les engagements à venir de la société Dassault-Bréguet qui devait livrer des mirages 2000 à l'Inde. La transaction proprement dite a fait l'objet ultérieurement d'un contrat de vente entre le constructeur et l'État étranger, en avril 1982[7]. Dans un autre domaine, celui de l'économie et plus précisément de la monnaie, il arrive que les banques centrales[8] ou la Direction du Trésor[9] passent ce type d'accords. Enfin, pour clore cette illustration de la diversité thématique de ces conventions, citons cet arrangement administratif conclu le 1er juillet 1966, à Lisbonne, et relatif à la formation professionnelle des travailleurs de l'industrie du

---

R. PINTO, H. ROLLET, dir., Paris : La Documentation française, 1977, n° 704.

1 *R.T.N.U.*, n° 20772, 25 février 1982.

2 Le 28 mai 1996, les ministres de la Défense français et chilien ont signé un "*arrangement relatif à la coopération dans le domaine de la défense*" : inéd. Dans le même domaine, un rapport présenté par M. DE DECKER à l'Assemblée de l'Union de l'Europe Occidentale (UEO), et intitulé *Les Forces armées européennes*, fait référence à nombre d'accords passés entre ministres de la défense du continent européen (n° 63, 86, 87 et 112 du rapport), voire entre chefs d'état-major (n° 105) et visant tous à créer des forces armées communes : Assemblée de l'UEO, 40e session (3e partie), 15 juin 1995, doc. 1468. Les forces armées elles-mêmes font usage d'accords de jumelage. Ainsi, le 11 octobre 1995, le Groupe d'action sous-marine de la Marine nationale a été jumelé à la 9e Flottille de la Marine polonaise grâce à la signature d'un protocole entre les deux commandants d'unité. Les deux parties prévoient, entre autres, la mise en place d'exercices conjoints : *Cols bleus*, n° 2334, 13 janvier 1996, p. 24. Ce jumelage fait suite à un arrangement signé en 1992 par les ministres polonais et français de la Défense. Pour un jumelage entre deux bases aériennes, allemande et française, voy. *Cassic Info*, n° 2, avril 1995, p. 49-50.

3 *R.F.D.A.*, 1988, p. 340-341.

4 Comme cet arrangement entre les ministères français de l'Industrie et allemand de l'Intérieur cité par G. BURDEAU, "Les accords conclus entre...", art. préc., note 14, p. 108.

5 Le 27 février 1996, ont été signés deux protocoles, l'un sur les forêts de montagne, l'autre sur le tourisme, par les ministres de l'environnement des pays alpins réunis à Brdo (Slovénie) : *A.F.P. Sciences*, n° 1019, 29 février 1996, p. 16.

6 Dépourvue de personnalité morale propre, la Délégation Générale pour l'Armement (D.G.A.) dépend directement du ministre de la Défense. Elle a deux fonctions principales : subvenir aux besoins des armées en matière d'armement et assister les entreprises françaises sur le marché international des armes de guerre.

7 J.-C. MARTINEZ, *Le Commerce des armes de guerre*, Paris : PUF, 1983, p. 82. Les arrangements administratifs sont une pratique courante en matière de coopération internationale relative à l'armement, voy. : J.-C. ALLARD, "L'organisation des programmes d'armement en coopération. Aspects juridiques", *L'Armement*, n° 50, 1995, p. 118-123.

8 Comme l'arrangement de Bâle du 9 septembre 1968 réunissant 12 banques centrales : Chr. de D. CARREAU, J. de la ROCHÈRE et T. FLORY, *A.F.D.I.*, 1969, p. 661.

9 Pour trois protocoles signés par un directeur adjoint du Trésor au Ministère de l'Économie et des Finances avec un directeur de la coopération internationale au Secrétariat d'état aux Affaires étrangères tunisien : R. PINTO, H. ROLLET, *op. cit.*, n° 668, 669 et 670.

bâtiment destinés à l'immigration en France[1]. Il est signé, d'un côté, par le directeur de l'Office National Français d'Immigration et, de l'autre, par un représentant du Fonds de Développement de la Main d'Œuvre portugais.

À travers ces exemples, on constate que tous les domaines de compétence ministérielle se prêtent à la conclusion d'arrangements administratifs. En vérité, des accords de ce type sont conclus à tous les niveaux des structures ministérielles et le phénomène s'étend jusqu'aux autorités déconcentrées.

b) Les autorités déconcentrées

249. Il n'est pas de pays au monde dont l'administration soit tout entière concentrée dans la seule capitale[2]. Pour survivre l'État doit "*reconnaître à des agents (...) répartis sur tout le territoire un certain pouvoir de décision*"[3]. Ces services extérieurs ou déconcentrés de l'administration "*peuvent être définis comme des services (bureau, sous-direction, directions) intégrés à la hiérarchie de l'administration ministérielle, mais répartis sur l'ensemble du territoire*"[4]. Les autorités dites déconcentrées sont donc toujours des organes de la personne publique de l'État. Ils s'opposent en cela au phénomène de la décentralisation dans laquelle il y a création de personnes publiques autonomes par rapport à l'État[5].

En France, la principale autorité déconcentrée est le préfet. Il chapeaute la majeure partie des services extérieurs de l'État présents dans son département ou sa région. Or, il arrive que les préfets passent des conventions avec des partenaires étrangers[6]. Le 7 février 1985, par exemple, un accord a été signé par le Préfet d'Alsace et le *Regierungspräsident* de Karlsruhe sur l'assistance mutuelle en cas de catastrophe ou d'accident grave[7]. De même, un accord relatif à l'assistance mutuelle en cas d'incident survenant à la centrale nucléaire de Chooz a été conclu, à Charleville-Mézières, le 25 octobre 1968 entre le Préfet du département des Ardennes et le Gouverneur de la province de Namur[8].

250. D'autres catégories d'autorités déconcentrées concluent aussi des accords, à l'image de celui passé par la Direction Régionale des Affaires Culturelles de Haute-Normandie avec le Comité de l'Environnement de l'East Sussex en Grande Bretagne. Les deux parties se sont engagées à un programme de coopération dans le

---

1 R. PINTO, H. ROLLET, *op. cit.*, n° 544.

2 Pour l'Europe des douze : J. ZILLER, *Administrations comparées, Les Systèmes politico-administratifs de l'Europe des douze*, Paris : Montchrestien, 1993, n° 583-603, p. 336-347.

3 C. DEBBASCH, *Institutions et droit administratifs*, t. I, *Les Structures administratives*, Paris : PUF, 4ème éd., 1991, p. 181.

4 J. ZILLER, *op. cit.*, n° 585, p. 337.

5 *Ibid.*, n° 583, p. 336.

6 Voy. not. : L'action internationale du corps préfectoral, *Administration*, 2000, n° 2, p. 1-72.

7 Texte publié par le Conseil de l'Europe : *Transfront/office* (85) 7.

8 Cité par P. ECKLY, *La Coopération transfrontalière et l'administration française*, coll. Études et travaux, Strasbourg : Conseil de L'Europe, 1989, note 37, p. 17. Cet accord a d'ailleurs été modifié par un avenant du 14 novembre 1979.

domaine de l'archéologie[1]. Enfin, pour donner un dernier exemple, une convention relative à la coopération régionale et internationale dans le domaine de l'éducation a été signée le 11 avril 1996, à Saint-Denis de la Réunion, par le recteur de l'Académie de la Réunion et le ministre de l'Éducation de l'Île Maurice[2].

2° - *Les arrangements administratifs des autorités indépendantes de l'exécutif*

251. Il est vrai que ce sont majoritairement les autorités relevant directement du pouvoir exécutif qui ont recours aux arrangements administratifs[3]. Toutefois, de tels accords sont parfois conclus par des autorités juridictionnelles ou politiques (a) ainsi que par des autorités administratives indépendantes (b). Ils répondent bien aux critères de l'arrangement administratif tels que précédemment posés[4] puisque leurs signataires, en dépit d'un indéniable statut particulier, relèvent d'une personne publique de l'État[5] et ne sont pas détenteurs du *jus tractandi.*

a) Les autorités juridictionnelles ou politiques

252. Les institutions juridictionnelles ou politiques françaises concluent des conventions à l'étranger. Une "convention de jumelage" a, par exemple, été signée à Rabat le 5 septembre 1995 entre la Cour de cassation et la Cour suprême du Royaume du Maroc[6]. Le Conseil d'État, pour sa part, est membre d'une association internationale des hautes juridictions administratives[7]. Le monde parlementaire n'est pas en reste puisque l'Assemblée nationale a conclu le 9 mars 1995 un "protocole

---

1 Cité dans *A.F.P. Sciences*, n° 1000, 19 octobre 1995. Il est vrai que cette convention ressort de la catégorie des arrangements administratifs, telle que nous l'avons définie, uniquement du point de vue français puisque la partie anglaise est une personne publique indépendante de l'État.

2 Citée par F. BRIAL, *Décentralisation territoriale et coopération internationale, Le Cas de l'Outre-mer français*, Paris : L'Harmattan, 1997, note 62, p. 280.

3 C'est ainsi que les arrangements administratifs sont généralement assimilés aux *inter-departemental agreements* connus des pays anglo-saxons. Or, ceux-ci sont souvent définis comme des accords conclus directement entre les départements ministériels des différents États ("*agreements concluded directly between the Government Departments of different States*") ; ce qui renvoie exclusivement aux autorités ou organismes relevant de l'exécutif : Déclaration du Royaume-Uni communiquée au Secrétariat des Nations-Unies *in Law and Practices concerning the Conclusion of Treaties*, New York : United Nations Legislative Series, 1953, p. 121.

4 *Supra*, n° 228.

5 La question se pose surtout pour les autorités juridictionnelles et politiques dont la nature très particulière au sein de l'organigramme étatique pourrait faire penser qu'elles ne relèvent pas véritablement de la personne publique de l'État. Mais comment alors expliquer que la responsabilité de l'État puisse être engagée pour fait de la justice ou fait des lois ? Sur ces régimes de responsabilité : R. CHAPUS, *Droit administratif général*, t. I, Paris : Montchrestien, 12ème éd., 1998, p. 1191-1198 et p. 1233-1240.

6 *Rapport de la Cour de cassation 1995*, Paris : La Documentation française, 1996, p. 63-65. Même si cela ne rentre pas dans le cadre de notre sujet, on signalera à titre informatif qu'il existe également des relations bilatérales entre professions judiciaires comme cette "convention de coopération" conclue le 22 novembre 1996 entre le Barreau de Paris et l'*American Bar Association* : signalée au D. 1996, n° 43, *Flash*, p. 7.

7 *Rapport public 1991*, Paris : La Documentation française, 1992, p. 307-308. Sur les relations internationales du Conseil constitutionnel avec d'autres juridictions de même nature : L. SOLYOM, "Sur la coopération des Cours constitutionnelles", *Ann. int. just. const.*, 1996, p. 31-48.

d'accord" avec le Conseil suprême de la République d'Arménie visant à favoriser la coopération interparlementaire[1].

b) Les autorités administratives indépendantes

253. Ces organismes dont le nombre ne cesse d'augmenter sont de création relativement récente. Ils ont en général pour fonction de surveiller et de réguler un secteur d'activités donné[2]. S'ils sont dotés d'une certaine indépendance de fonctionnement par rapport à l'État, ils ne bénéficient pas pour autant d'une personnalité autonome[3]. La plupart d'entre eux entretiennent des relations internationales qui ne prennent pas, il est vrai, systématiquement un tour conventionnel. Celles du Conseil de la concurrence se limitent, par exemple, à des rencontres informelles avec des institutions étrangères[4].

En revanche, les relations internationales de la Commission Nationale Informatique et Liberté font l'objet d'arrangements administratifs. Ainsi, à partir de 1979, cet organisme s'est-il fait représenter à une Conférence internationale annuelle des commissaires à la protection des données[5]. Et, en 1989, cette Conférence a créé un groupe de travail permanent dont on peut penser qu'il a fait l'objet d'une convention entre les organismes participants, parmi lesquels se trouve la CNIL[6].

254. La Commission des Opérations de Bourse est sans doute l'autorité administrative indépendante qui est allée le plus loin dans cette voie. Elle a, en effet, mis en place une politique de relations internationales qui repose explicitement sur la conclusion de conventions. Ceci ne résulte d'ailleurs pas d'un choix mais, concernant cet organisme, d'une nécessité. Dans un monde contemporain où les opérations boursières ne connaissent plus de frontières, les organismes régulateurs sont contraints de coopérer entre eux. Ces accords sont au nombre d'une quinzaine et vont de la simple formulation de principes déontologiques communs[7] à la mise en

---

[1] *B.A.N.*, n° 55, 13 avril 1995, p. 60.

[2] F. GAZIER, Y. CANAC, "Étude sur les autorités administratives indépendantes", *E.D.C.E.*, 1983-84, p. 13 et s. (avec en annexe une étude de chacune d'elles) ; C.A. COLLIARD, G. TIMSIT, *Les Autorités administratives indépendantes*, Paris : PUF, 1988.

[3] Ainsi que l'exposent MM. DREYFUS et d'ARCY, "*formellement, il s'agit d'autorités appartenant à l'administration de l'État. Ce ne sont ni des organismes rattachés directement au Parlement, comme cela existe dans certains pays, ni des juridictions. Par ailleurs, leur autonomie n'est pas obtenue par l'octroi de la personnalité morale qui ferait d'eux des établissements publics : dans la mesure où ils n'ont pas de tâches de gestion administrative, cette formule n'est pas adaptée*" : *op. cit.*, p. 263.

[4] *Rapport 1996*, Paris : éd. J.O., 1997, p. 115-118.

[5] CNIL, *Rapport d'activité 1994*, Paris : La Documentation française, 1995, p. 137-138 et 158. A noter qu'il existe une autre conférence identique à celle-ci, mais réservée aux organismes européens : *id.*, p. 138-139 et 155.

[6] *Ibid.*, p. 138.

[7] Déclaration commune de la COB et du Securities and investments board (Royaume-Uni) le 19 mars 1990, *Bull. COB*, n° 234, mars 1990.

place d'un système très élaboré de transactions transfrontalières[1], en passant par l'échange d'informations[2] ou l'assistance mutuelle dans la lutte contre la fraude[3].

Cet aperçu de la pratique des arrangements administratifs permet d'observer qu'il s'agit là d'un phénomène très répandu. Des organismes ou autorités entretiennent des relations conventionnelles avec leurs homologues étrangers à de nombreux échelons de l'État. Or, il convient maintenant de relever que cette pratique des arrangements administratifs a une nature avant tout factuelle.

B. - LA NATURE FACTUELLE DES ARRANGEMENTS ADMINISTRATIFS

255. L'existence d'une terminologie spécifique, celle "d'arrangement administratif", peut induire en erreur. D'aucuns pourraient penser que celle-ci renvoie à une notion juridique. Or, nous verrons que ce n'est pas le cas (**1°**). Il s'agit en réalité d'une simple appellation descriptive d'un fait (**2°**).

1° - L'absence de notion juridique

256. Afin d'identifier les notions qui lui sont propres[4], le droit utilise un vocabulaire spécifique[5]. C'est pourquoi l'appellation d'arrangement administratif laisse entendre qu'il s'agit là d'un véritable concept juridique. Mais cette utilisation d'un vocable particulier est source d'erreur, car l'expression "arrangement administratif" ne recouvre en aucun cas une notion juridique. En effet, à une telle notion est obligatoirement associé un ensemble de règles qui lui est propre, un "régime juridique". Une simple appellation particulière ne suffit pas à constituer un concept. Or, on ne rencontre de régime spécifique aux arrangements administratifs dans aucun système juridique. Afin de corroborer cette affirmation, on envisagera

---

[1] Il s'agit de l'accord avec la Commodity Futures Trading Commission (CFTC) en date du 6 juin 1990 (*Bull. COB*, n° 237, juin 1990, p. 36-58) qui permet aux opérateurs d'un des deux marchés de proposer sur l'autre marché des contrats à terme ou d'option. Pour ce faire, ils doivent bénéficier d'une autorisation au titre de cet accord auprès de l'organisme receveur. Une liste des contrats pouvant être offerts, le cas échéant sur le marché américain ou sur le marché français, est publiée en annexe de l'accord.

[2] Comme l'Accord administratif d'échange d'informations signé avec la Commission Bancaire et Financière belge (C.B.F.), *Bull. COB*, n° 271, juillet-août 1993, p. 108-112 ; ou celui avec la Comision Nacional del Mercado de Valores (C.N.M.V.), *Bull. COB*, n° 272, septembre 1993, p. 33-38.

[3] M.D. MANN, P.A. LEDER, M. KIMEL, "Coopération transfrontalière : la clé du combat contre la fraude internationale sur les valeurs mobilières", *Revue d'économie financière*, 1995, p. 223-257. *Adde*, ce rapport parlementaire américain : *Securities and future markets, Cross-border information sharing is improving, but obstacles remain*, Report of the chairman, Subcommitee on telecommunication and finance, Commitee on Energy and commerces, House of representatives, Washington : U.S. General Accounting Office, july 1992.

[4] Sur le rôle des concepts dans la science du droit : C. ATIAS, *Épistémologie juridique*, Paris : PUF, 1985, n° 81-82, p. 152-157.

[5] Ceci ne signifie pas nécessairement que la terminologie utilisée soit spécifique au droit. Mais alors c'est son acception qui se singularise. Un terme utilisé par le droit, s'il est également utilisé dans le langage commun, n'aura pas pour autant la même signification. Ainsi, le terme d'obligation n'est-il pas équivalent selon qu'il est employé dans le cadre du droit ou dans celui du langage commun.

successivement le droit international, le droit interne et l'hypothèse d'un tiers ordre juridique.

257. En droit international, selon l'opinion la plus répandue, le seul instrument conventionnel connu est le traité. Il est vrai toutefois qu'un auteur réputé a, semble-t-il, professé une opinion différente et ce, justement, à propos des arrangements administratifs. Selon Reuter, pour ces arrangements auxquels il associait d'ailleurs les accords infra-étatiques[1], "*il faut rechercher si le service engage l'État ; en cas de réponse négative, se posera la question de savoir s'il s'agit d'un accord international de forme particulière, mais s'apparentant étroitement aux traités entre États*"[2]. À lire cette remarque, il y aurait donc une catégorie particulière d'actes conventionnels, dont l'auteur donne à penser qu'elle relevait du droit des gens sans être pour autant des traités. Toutefois, cette opinion n'est pas explicitée plus avant par Reuter, lequel estime par ailleurs que ces accords particuliers existent lorsque l'État n'est pas engagé. Mais la soumission au droit international s'explique alors difficilement puisque celui-ci ne reconnaît comme sujets que les États et les organisations internationales. Dès lors, si l'État n'est pas engagé, le droit international n'est plus impliqué. Ou peut-être faut-il entendre que l'État n'est pas *valablement* engagé ? Dans cette dernière hypothèse, il s'agit tout simplement d'un traité nul et non d'une catégorie conventionnelle à part. Par conséquent, on peut affirmer que le droit international ne dispose pas d'un régime juridique spécifique aux arrangements administratifs.

258. La même conclusion s'impose à l'examen des droits internes où il n'existe pas non plus de régime juridique propre aux arrangements administratifs. S'il faut reconnaître que, dans certains pays, des règles régissent la conclusion de ces accords[3], celles-ci ne visent que des questions de compétence interne[4]. En aucun cas, elles ne créent un régime spécifique applicable à ces conventions dans leur ensemble. Donc, pas plus qu'en droit international, il n'existe en droit interne de régime correspondant aux arrangements administratifs[5].

259. Certains ont alors imaginé que les arrangements administratifs pourraient constituer des accords *sui generis*[6]. Qu'entend-on par cette expression ? Il ne peut être question d'un accord qui puise sa juridicité dans la volonté des parties, car un accord de volontés relève du domaine du fait et ne dispose d'une force obligatoire qu'à la faveur d'un ordre juridique. Mais il a été vu que n'existe de régime juridique propre aux arrangements administratifs ni dans l'ordre interne, ni dans l'ordre international. C'est donc qu'à l'existence d'accords *sui generis* doit être associée celle d'un ordre juridique tiers. Or, l'expérience montre qu'il n'existe pas d'ordre

---

[1] *Infra*, Chapitre I : « Les accords infra-étatiques ».

[2] P. REUTER, *Introduction au…*, *op. cit.*, n° 72, p. 29.

[3] Essentiellement des règles constitutionnelles qui seront examinées *infra*, n° 267.

[4] Elles ont en réalité pour fonction de déléguer la compétence d'engager l'État en droit international ; les conventions conclues en application de ces règles sont donc des traités.

[5] En ce sens : P. GAUTIER : *Essai sur la définition…*, *op. cit.*, p. 236-237.

[6] En ce sens, voy. not. : J. VAN DEN BRANDHOF, "Administratieve Overeenkomsten in het Internationaal Publiekrecht", *Nederlands juristenblad*, 1986, n° 40, p. 1277, cité et critiqué par P. GAUTIER : *Essai sur la définition…*, *op. cit.*, p. 236.

juridique différent à la fois du droit international et des droits internes, qui compterait parmi ses catégories juridiques l'arrangement administratif. Une dernière proposition vise à qualifier l'ensemble de ces accords d'engagement d'honneur[1]. Mais on a vu qu'il ne s'agit pas là d'une catégorie autonome. L'engagement d'honneur dérive soit du contrat, soit du traité[2].

260. En conséquence, s'il n'existe aucun régime *spécifique* aux arrangements administratifs ni en droit interne, ni en droit international, ni dans un hypothétique ordre tiers, c'est qu'il ne s'agit pas là d'un concept juridique[3]. On ne peut donc pas traiter ces accords comme une catégorie particulière de convention telle que le contrat et le traité. Quelle signification donner alors à cette locution ? Il ne s'agit en réalité que d'une appellation permettant de décrire un fait, une pratique conventionnelle.

2° - Une appellation descriptive d'un fait

261. Par arrangements administratifs, on désigne les accords passés par des autorités ou administrations relevant de la personne interne de l'État, mais non investies du *jus tractandi*. Ce dernier fait l'objet d'un monopole au profit du chef de l'État, du chef du gouvernement et du ministre des Affaires étrangères. Or, les autres organismes ou autorités court-circuitent le canal traditionnel des relations extérieures de l'État. Ils préfèrent, pour des raisons techniques, voire politiques, conclure directement des conventions sans passer par l'intermédiaire du Ministère des Affaires étrangères[4]. Il s'agit donc d'un phénomène conventionnel qui *ab initio*

---

1 Ainsi, pour J.-P. PLOUFFE, un arrangement administratif est "*essentiellement une entente écrite de coopération à caractère non obligatoire*" : art. préc., p. 177. Cette opinion est largement partagée par la doctrine canadienne : A.E. GOTLIEB, "Canadian Treaty-Making : Informal Agreements and Interdepartmental Agreements" *in* MACDONALD, MORRIS et JOHNSTON, dir., *Canadian Perspective on International Law Organization*, Toronto : University of Toronto Press, 1974, p. 228-243, spéc. p. 241 ; A.M. JACOMY-MILLETTE, *Le Rôle des provinces dans les relations internationales*, Études internationales, t. X, 1979, n° 2, p. 317. Aux Pays-Bas, A. SONDAAL est également de cet avis : *De Nederlandse Verdragspratijk*, Asser Instituut, Gravenhage, 1986, p. 28 et s., cité et critiqué par P. GAUTIER : *Essai sur la définition..., op. cit.*, p. 229 et s. En France, VIRALLY n'écarte pas *a priori* la qualification d'engagement d'honneur. Il estime en effet qu'un "*texte infra-conventionnel*" ne se verra reconnaître une portée juridique que si les deux critères formel et matériel sont concordants, c'est-à-dire "*si sont réunies les conditions formelles nécessaires à l'apparition d'un lien conventionnel (ou d'engagements juridiques unilatéraux) et l'intention, de la part des auteurs du texte, de faire produire des effets de droit*" : *La Distinction entre..., op. cit.*, Exposé préliminaire, p. 297. Mme GOESEL-LE BIHAN, pour sa part, voit dans les arrangements administratifs une manifestation du non-droit, voire de l'infra-droit : *La Répartition des compétences en matière de conclusion des accords internationaux sous la Ve République*, Paris : Pedone, 1995, p. 292-295.

2 *Supra*, n° 125.

3 Le terme *spécifique* est ici essentiel. On ne veut pas dire qu'il n'existe pas dans ces systèmes juridiques - les droits internes et le droit international - un régime *applicable* aux arrangements administratifs. Mais celui-ci recouvre un domaine plus large que les seuls arrangements administratifs et a donc une autre appellation qui, en l'occurrence, correspond à un véritable concept. L'arrangement administratif n'est pas en soi un concept juridique, mais cela ne signifie pas pour autant qu'il n'entre pas dans une catégorie définie par le droit. Il est d'une nature factuelle et sa nature juridique reste à découvrir.

4 Dans le cas de la France, un auteur récuse cet éclatement de la politique étrangère et les libertés prises par certains ministres au détriment du Ministère des Affaires étrangères. Il stigmatise en particulier "*la pratique de la signature d'arrangements administratifs (qui) s'est récemment développée en dehors de toute coordination interministérielle*" : B. ADRIEN, "Un problème majeur : le démembrement de la

s'est développé en dehors des canons traditionnels du droit. C'est pourquoi il est de nature factuelle. Par "arrangements administratifs", il faut entendre l'appellation descriptive de cette pratique conventionnelle des différentes administrations et autorités étatiques, autrement dit un fait. Et, puisqu'il s'agit d'un fait, ces accords posent alors avant tout un problème de qualification.

SECTION II
L'ANALYSE DES ARRANGEMENTS ADMINISTRATIFS

262. Les arrangements administratifs sont donc simplement l'appellation d'un phénomène conventionnel de nature factuelle. Mais à quelle catégorie juridique ce fait doit-il être rattaché ? On tentera de répondre à cette question lors de la qualification des arrangements administratifs (**§ 1**) à l'issue de laquelle leur statut sera précisé (**§ 2**).

§ 1. - LA QUALIFICATION DES ARRANGEMENTS ADMINISTRATIFS

263. Afin de qualifier les arrangements administratifs, on doit en premier lieu s'interroger pour déterminer qui est susceptible d'être engagé par un tel accord ? On estime parfois qu'il s'agit des administrations elles-mêmes[1]. Or, cette opinion doit absolument être écartée. En effet, "*le sujet effectif de l'obligation assumée est peut-être la seule administration, mais, en droit strict, le sujet de l'obligation ne peut être que l'État*"[2] puisqu'il est le détenteur de la personnalité juridique. On en revient alors à une alternative déjà rencontrée : soit c'est l'État en tant que personne interne qui est engagé et alors on est en présence d'un contrat, soit c'est la personne internationale et il s'agit d'un traité. Les catégories susceptibles d'accueillir les arrangements administratifs sont donc exclusivement le contrat et le traité, et il faut maintenant se prononcer et trancher entre ces deux qualifications possibles.

264. Pour ce faire, on examinera tout d'abord l'hypothèse où une délégation du *jus tractandi* a lieu en faveur des autorités signataires d'un arrangement administratif (**A**). Dans ce cas, l'arrangement administratif devra incontestablement être qualifié de traité. Mais on verra que c'est également le cas en l'absence de délégation du *jus tractandi* (**B**).

---

politique étrangère", *Politique étrangère*, 1985, p. 975-982, spéc. p. 978. Voy. la réponse de S. COHEN : "En miettes ? Fictions et fonction du discours sur 'l'éclatement' de la politique extérieure", *Politique étrangère*, 1986, p. 143-151.

[1] VAN DEN BRANDHOF, "Administratieve overeenkomsten in het internationaal publiekrecht", *Nederlands Juristenblad*, 1986, p. 1277-1282, cité par J. KLABBERS, *op. cit.*, p. 103.

[2] V. GOESEL-LE BIHAN, *op. cit.*, p. 291. En ce sens : H. BLIX, *Treaty Making Power*, Londres : Stevens & Sons, 1960, p. 20.

A. - EN PRÉSENCE D'UNE DÉLÉGATION DU *JUS TRACTANDI*

265. Certains arrangements administratifs sont conclus sous le couvert d'une délégation du *jus tractandi*. Ils sont alors assimilables à des accords en forme simplifiée. Une telle délégation de compétence en vue de conclure un traité présente deux visages. Elle est soit d'origine interne (**§ 1**), soit d'origine conventionnelle (**§ 2**).

1° - Les délégations d'origine interne

266. Les délégations du *jus tractandi* d'origine interne sont organisées par le système juridique de chaque État. Certaines sont prévues par la Constitution (a), d'autres effectuées par un acte exprès (b).

a) Les délégations constitutionnelles

267. Dans certains pays, la Constitution prévoit la possibilité d'une délégation du *jus tractandi* à certaines autorités autres que le chef de l'État, le chef du gouvernement ou le ministre des Affaires étrangères. Il semble d'ailleurs que ce soit une tradition ancienne puisque, dès 1944, un auteur faisait le constat suivant : "on peut peut-être prendre appui sur certaines dispositions légales pour montrer qu'il existe une base juridique suffisante pour fonder ces accords en droit interne anglais. La constitution autrichienne de 1920 contenait une disposition autorisant le Président à déléguer sa compétence pour conclure des traités à un département ministériel. Les constitutions du Danemark, d'Irak et du Salvador contenaient des dispositions autorisant les départements ministériels à conclure des accords avec les États étrangers"[1]. Aujourd'hui encore, la Loi fondamentale allemande prévoit que "*les dispositions régissant l'administration fédérale s'appliquent par analogie aux accords administratifs*". Ces derniers ne "*sont susceptibles de couvrir que les domaines qui, en droit interne, sont de la compétence du pouvoir réglementaire, c'est-à-dire dans lesquels le Gouvernement jouit déjà d'une délégation de compétence législative*"[2]. On retrouve des dispositions similaires dans les Constitutions autrichienne, danoise ou luxembourgeoise[3].

268. Hormis le fait que seul un petit nombre de pays met en œuvre de telles délégations d'origine constitutionnelle, on notera qu'elles ne concernent que les

[1] *"There exist certain statutory provisions which might, perhaps, be relied upon, for the purpose of showing that a basis exists for some such agreements in English municipal law. The Austrian constitution of 1920 contained a provision authorizing the President to delegate his treaty-making power to a state department. The constitutions of Denmark, Irak and El Salvador contained provisions authorizing agreements by state departments with foreign states"* : J. MERVYN JONES, art. préc., p. 115.

[2] J. WOEHRLING, "La conclusion et la mise en œuvre des traités dans le fédéralisme allemand", *Rev. Jur. Thémis*, vol. 14, 1979-80, p. 73-108, spéc. p. 84.

[3] *L'Expression du consentement des..., op. cit.*, respectivement p. 7, p. 24 et p. 62 ; *adde*, H. BLIX, *Treaty Making Power, op. cit.*, p. 21.

ministères ou, en dernière analyse, des départements ministériels. Par conséquent, elles ne recouvrent pas l'ensemble des arrangements administratifs susceptibles d'être conclus au sein d'une personne publique de l'État.

b) Les délégations par acte exprès

269. En dehors de toute disposition constitutionnelle, une délégation par acte interne est envisageable. Le chef de l'exécutif ou le ministre des Affaires étrangères délègue sa compétence à une autre autorité afin de l'habiliter à engager l'État internationalement[1].

270. La nature de cette délégation de compétence au regard du droit administratif français est toutefois problématique. Il convient en effet de déterminer s'il s'agit là d'une délégation de pouvoir ou d'une délégation de signature[2].

La délégation de pouvoir entraînant un véritable transfert de la compétence d'engager l'État dans un accord de droit international public vers l'autorité désignée dans l'acte, la qualification en délégation de signature semble préférable. Cette dernière permet au déléguant de rester le détenteur du pouvoir d'engager internationalement l'État. Le délégataire ne lui est pas substitué, il n'agit qu'au nom du déléguant[3].

271. Mais au-delà de ce problème de qualification, il n'est pas certain que le régime de la délégation de compétence, tel qu'il est posé par le droit administratif, soit le plus adéquat pour rendre compte de cette translation du *jus tractandi*. En effet, si on se place du point de vue des relations internationales, l'acte de délégation doit être assimilable à une lettre de pleins pouvoirs. L'article 12 de la Convention de Vienne l'impose puisqu'il prévoit que l'État est engagé dès la signature "*lorsque l'intention de l'État de donner cet effet à la signature ressort des pleins pouvoirs de son représentant*". Par conséquent, un arrangement administratif sera assimilé à un accord en forme simplifiée, à la condition que l'autorité déléguée produise un acte de délégation l'autorisant à engager l'État par sa signature. Il faut donc se tourner

---

[1] Le principe de la délégation est parfois rappelé par la loi. Ainsi, l'article 40 de la loi n° 96-373 du 12 avril 1996 portant statut d'autonomie de la Polynésie française dispose que "*Les autorités de la République peuvent délivrer pouvoir au président du gouvernement [de Polynésie] pour négocier et signer des accords dans les domaines de compétence de l'État ou du territoire avec un ou plusieurs États, territoire ou organismes régionaux du Pacifique et avec les organismes régionaux dépendant des institutions spécialisées des Nations Unies*" : *J.O.*, 13 avril 1997, p. 5699. Les articles 28 et 29 de la loi n° 99-209 du 19 mars 1999 relative à la Nouvelle Calédonie mettent également en place un mécanisme prévoyant la délivrance de pouvoirs par les autorités de l'État au profit du président du gouvernement du territoire : *J.O.*, 21 mars 1999, p. 4197.

[2] La différence entre ces deux formes de délégation est essentielle. En effet, "*la délégation de pouvoir modifie la répartition des compétences ; elle réalise un transfert juridique de compétence. Au contraire, la délégation de signature ne fait que décharger matériellement le délégant de l'exercice de certaines de ses attributions, dont il reste le titulaire*" : R. CHAPUS, *op. cit.*, t. I, n° 1296, p. 994. *Adde*, A. de LAUBADÈRE, J.-C. VENEZIA, Y. GAUDEMET, *Traité de droit administratif*, t. I, Paris : LGDJ, 14ème éd., 1996, n° 926, p. 667 ; J. RIVERO, J. WALINE, *Droit administratif*, Paris : Dalloz, 17ème éd., 1998, n° 256, p. 243.

[3] *Contra*, V. GOESEL-LE BIHAN qui voit là une délégation de pouvoir : *op. cit.*, p. 288.

vers la réglementation interne de la lettre de pleins pouvoirs[1]. En tout état de cause, au regard du droit international comme du droit interne, cette délégation ne saurait être tacite[2].

2° - Les délégations d'origine conventionnelle

272. Un arrangement administratif est également susceptible de recevoir la qualification de traité en raison d'une délégation d'origine conventionnelle, c'est-à-dire prévue par un traité de couverture. Nombre d'arrangements administratifs sont en effet pris dans le cadre d'un tel traité[3], celui-ci pouvant intervenir antérieurement (a) ou postérieurement (b) à l'arrangement lui-même.

a) Les traités de couverture antérieurs

273. Dans un tel cas de figure, les arrangements administratifs sont des accords d'exécution pris en application d'un traité[4]. Les États chargent leurs administrations respectives de s'entendre sur les modalités techniques de mise en place de la convention internationale. Dès 1856, un traité postal anglo-français renvoyait à la conclusion d'accords postérieurs à la fois les conditions d'exécution de la convention et la nomination des services compétents pour veiller à l'échange des correspondances entre les deux pays[5]. La même année, les chefs des deux administrations postales ont d'ailleurs conclu un accord en application du traité[6].

274. Cette pratique s'est prolongée jusqu'à nos jours. Ainsi une convention internationale entre le Gouvernement de la République française et celui de la République argentine sur la coopération entre les douanes des deux pays, fait à Paris le 4 juin 1987, dispose que "*les administrations intéressées établissent par voie d'arrangements particuliers et dans le cadre de leurs disponibilités budgétaires les modalités de prise en charge des personnes envoyées dans l'une ou l'autre*

---

[1] En France, les circulaires des 2 mars 1982, 6 juillet 1984 et 22 janvier 1988 encadrent la remise des lettres de pleins pouvoirs. Comp. l'exemple de la Pologne où une résolution du Conseil d'État et du Conseil des ministres du 28 décembre 1968 réglemente la pratique des *inter-departemental agreements* : M. LIS, art. préc., p. 188. Au Mexique, c'est une loi qui est chargée d'encadrer la conclusion des arrangements administratifs : J. KLABBERS, *op. cit.*, p. 103-104.

[2] *Contra* : P. CHAILLEY, *La Nature juridique des traités selon...*, *op. cit.*, p. 209 et s. ; B. CONFORTI, *International Law and the Role of Domestic Legal Systems*, Dordrecht/Boston : Martinus Nijhoff/Norwell, 1993, note 84, p. 81.

[3] Ainsi, selon J. MASQUELIN, les arrangements "*portent généralement sur des questions de détails qui constituent la mise en œuvre des principes établis par le traité. Ils constituent en quelque sorte des accords complémentaires qui forment avec le traité le règlement global d'une matière*" : *op. cit.*, p. 81. *Adde*, H. KRAUS pour qui "*les traités d'exécution (Ausführungsverträge) sont souvent conclus en forme d'accords administratifs*" : *Système et fonctions des traités internationaux*, *R.C.A.D.I.*, 1934 (IV), vol. 50, p. 317-397, spéc. p. 353.

[4] P. GAUTIER, *Essai sur la définition...*, *op. cit.*, p. 237-241.

[5] Articles 35 et 36 : *British and Foreign State Papers*, XLVI, p. 195, cité par J. MERVYN JONES, art. préc., p. 117.

[6] *British and Foreign State Papers*, LII, p. 1123, cité par J. MERVYN JONES, art. préc., *loc. cit.*

administration au titre de la coopération instaurée par le présent accord"[1]. De même, le protocole franco-britannique relatif à l'ouverture du tunnel sous la Manche, conclu en 1991, prévoit que ses "*modalités d'application pourront faire l'objet en tant que de besoin d'arrangements administratifs ou techniques entre les autorités compétentes des deux États*"[2]. On rencontre des traités de couverture comme ceux-ci dans les matières financière[3], fiscale[4], d'assistance mutuelle en cas d'accident grave[5] ou de sécurité sociale[6] par exemple.

275. Les effets d'un traité de couverture intervenant *a priori* s'apparentent sans aucune difficulté à une délégation de compétence. Et d'ailleurs, "*force est de remarquer que l'acte de délégation est non seulement international, mais la délégation consentie impersonnelle et plus générale : l'acte international de base se borne à indiquer l'organe bénéficiaire de la délégation, et l'objet de la délégation, certes circonscrit à l'exécution de l'accord, couvre l'ensemble des arrangements futurs nécessaires à cet effet*"[7]. Ajoutons que la délégation est également concertée ou bilatérale ; ce qui signifie qu'elle s'effectue simultanément au sein de la structure des deux États parties au traité de couverture.

276. Il ne semble pas qu'il y ait de difficulté à admettre cette délégation du point de vue du droit international. En effet, l'article 7 de la Convention de Vienne sur le droit des traités prévoit "*(qu')une personne est considérée comme représentant un État (...) pour exprimer le consentement de l'État à être lié par un traité (...) s'il ressort de la pratique ou d'autres circonstances qu'ils avaient l'intention de considérer cette personne comme représentant l'État à ces fins et de ne pas requérir la présentation de pleins pouvoirs*". L'existence d'un traité de couverture permet donc à l'autorité administrative de se passer de la production de pleins pouvoirs. L'arrangement administratif sera donc un traité. Comme l'exprime un auteur, "*du côté de l'ordre interne, le caractère exprès de la délégation consentie fonde ainsi la validité de la répartition des compétences au regard des principes du droit public. Du côté de l'ordre international, la nature contractuelle de l'acte de délégation assure de surcroît son opposabilité à l'État contractant*"[8]. Les arrangements pris en application d'un traité de couverture sont donc des traités[9] et,

---

1 Art. 6 : *Recueil des Traités et Accords de la France*, Paris : JORF, 1987, n° 65.

2 Art. 47 : *R.F.D.A.*, 1994, p. 343.

3 A.C. KISS, *Répertoire...*, *op. cit.*, t. I, n° 401.

4 Comme l'arrangement conclu entre le ministère français des Finances (Direction générale des Impôts) et le ministère norvégien des Finances et des Douanes, en application de la Convention du 22 septembre 1953 tendant à éviter les doubles impositions : *Recueil général des traités de la France*, 2ème série, *Accords bilatéraux non publiés*, 1958-1974 (vol. I), R. PINTO, H. ROLLET, Paris : La Documentation française, 1977, n ° 63.

5 Pour des exemples d'accords d'exécution conclus en ce domaine par des autorités déconcentrées française et belge : P. GAUTIER, *Essai sur la définition...*, *op. cit.*, notes 530 et 531, p. 279 et 280.

6 Comme les arrangements conclus entre les administrations françaises et grecques consécutivement à la Convention franco-hellénique sur le sécurité sociale du 19 avril 1958 : R. PINTO, H. ROLLET, *op. cit.*, vol. I, n° 282, 283, 284, 285. Comp. : A.C. KISS, *Répertoire...*, *op. cit.*, t. I, n° 839.

7 V. GOESEL-LE BIHAN, *op. cit.*, p. 287.

8 *Ibid.*, p. 288.

9 En ce sens : C.A. Aix, 3 août 1885, *in* A.C. KISS, *Répertoire...*,*op. cit.*, t. I, n° 584 : "*Attendu que l'article 14 du règlement arrêté les 18-29 novembre 1875, entre les administrations postales de France et d'Italie, reproduit l'article 6 du traité international du 4 mars 1869 (...). Attendu que la*

plus précisément, des accords en forme simplifiée puisqu'ils ne sont pas soumis à ratification ou approbation.

b) Les traités de couverture postérieurs

277. Le traité est également susceptible d'intervenir *a posteriori* ; c'est-à-dire qu'il avalise les arrangements d'ores et déjà conclus entre les administrations. Ainsi un accord franco-allemand, sous forme d'échange de lettres en date des 22 octobre et 21 décembre 1987, a entériné un accord entre les ministres des Finances et de l'Intérieur français et leurs homologues allemands, relatif à la création au poste frontière de Lauterbourg-Neulauterburg de bureaux à contrôles nationaux juxtaposés[1]. De même, la France et la Suisse ont à plusieurs reprises confirmé, sous la même forme d'échange de lettres ayant valeur d'accords internationaux, de simples arrangements administratifs intervenus entre les responsables des douanes des deux pays et visant le régime des contrôles frontaliers[2].

278. Lorsque le traité de couverture est postérieur à l'arrangement, il n'y a pas de réelle délégation du *jus tractandi*. Les États ont en définitive repris l'arrangement administratif à leur compte et, de la sorte, en ont fait un accord de droit international public. La question de la nature juridique de l'arrangement ne se pose donc plus. Reste évidemment à qualifier l'arrangement dans la période qui précède l'intervention de l'accord interétatique. Un effet rétroactif du traité quant à la qualification de l'arrangement est admissible, si une telle interprétation n'est pas contredite par les termes mêmes du traité. L'article 28 de la Convention de Vienne de 1969 impose en effet un principe de non-rétroactivité des traités "*à moins qu'une intention différente ne ressorte du traité ou ne soit par ailleurs établie*". S'il ressort du traité que les parties n'ont en aucune façon voulu se reporter à la date de l'arrangement, on tombe alors dans l'hypothèse de l'absence d'une délégation du *jus tractandi* que nous examinerons plus bas[3]. Mais gageons que cet effet rétroactif sera le plus souvent admis. En effet, l'accord entre les administrations a donné naissance à une situation de fait nouvelle, telle que, par exemple, la création d'un bureau à contrôle juxtaposé. Or, c'est l'existence de cette situation de fait que l'accord inter-étatique permet d'entériner.

279. Lorsque les arrangements administratifs font l'objet d'une délégation du *jus tractandi,* qu'elle soit d'origine interne ou conventionnelle, leur qualification ne pose donc pas de réelles difficultés. Ce sont des accords en forme simplifiée. Il en va tout autrement lorsque la capacité d'engager internationalement l'État n'a pas été transférée.

---

convention précitée est obligatoire, les administrations postales ayant agi en vertu des pouvoirs que leur confère l'article 13 du traité constitutif de l'Union générale des postes conclu à Berne le 9 octobre 1974, promulgué par décret du Président de la République le 4 septembre 1875".

[1] *J.O.*, 30 juin 1988, p. 8620.

[2] Voy. not. : *R.F.D.A.*, 1990, p. 263 ; *R.F.D.A.*, 1992, p. 722 ; *J.O.*, 21 juin 1995, p. 9377 et s.

[3] *Infra*, n° 280 et s.

B. - EN L'ABSENCE D'UNE DÉLÉGATION DU *JUS TRACTANDI*

280. Seule une petite fraction des arrangements administratifs rencontrés dans la pratique est assortie d'une délégation de la compétence d'engager internationalement l'État. Quelle qualification retenir alors pour la majorité de ces accords ? Si l'on en croit une étude du Conseil d'État, "*les arrangements administratifs ne constituent des engagements internationaux que dans la mesure où ils sont prévus dans des accords internationaux pour en assurer une bonne application*"[1]. Faut-il en déduire que lorsque n'existe pas de traité de couverture, il s'agit de contrats[2] ? Il n'est pas de réponse immédiate à cette question. On constate simplement que la qualification de l'ensemble des arrangements administratifs oscille entre les deux catégories juridiques que sont le traité, d'une part, et le contrat, d'autre part. Afin de trancher en faveur de l'une ou de l'autre, un critère de qualification doit être mis au point, c'est-à-dire un outil conceptuel permettant d'identifier dans quel cas un accord sera considéré comme un traité et dans quel autre il s'agira d'un contrat.

281. Pour ce faire, on commencera par écarter les critères dénués de toute pertinence (**1°**). Puis, on examinera le critère de la compétence du signataire (**2°**). Toutefois, celui-ci ne s'avérera pas totalement efficace. Dès lors, la proposition d'un nouveau critère devra être formulée (**3°**).

---

1 *Droit international et droit français*, Étude du Conseil d'État, N.E.D. n° 4818, 1986, p. 10. De la même manière, le Manuel à l'usage des agents du Ministère des Affaires étrangères définit l'arrangement administratif comme "*un document signé par les représentants qualifiés des administrations des deux États et destiné à préciser les conditions d'application d'un accord*", cité par V. GOESEL-LE BIHAN, *op. cit.*, p. 286. C'est là une longue tradition puisque déjà en 1938, le service juridique du Quai d'Orsay estimait que les administrations peuvent "*passer entre elles des accords, mais seulement lorsqu'elles y sont habilitées par une convention internationale*", cité par A.C. KISS, *Répertoire...*, *op. cit.*, t. I, n° 583. Pour certains auteurs au contraire, même en l'absence de traité de couverture, tout ou partie des arrangements administratifs doit être qualifié de traités. Ainsi, pour P.-M. DUPUY, "*les accords passés directement entre ministères sont considérés la plupart du temps comme de véritables traités internationaux*" : *op. cit.*, n° 235, p. 201. H. LAUTERPACHT semble partager ce point de vue : "Aucun argument ne permet d'estimer que des instruments de ce type, sous prétexte de larges pouvoirs discrétionnaires laissés aux parties pour leur mise en œuvre ou de leur nature purement administrative, n'ont pas les caractères essentiels d'un traité international" ("*There is no warrant for the suggestion that instruments of that nature do not, on account of either the large measure of discretion inherent in their application or of their purely administrative character, exhibit the essential characteristics of an international treaty*"), *Rapport sur le droit des traités, A.C.D.I.*, 1954, II, p. 125. *Adde*, L. OPPENHEIM, *International Law, a Treatise*, t. I, Londres : Longmans, 8ème éd., 1955, p. 900-901 ; B. VIERDAG, "De praktijk van de zogenoemde internationale administratieve accoorden" *in* "Spanningen tussen recht en praktijk in het verdragenrecht", *Mededelingen van de Nederlandse Vereniging voor Internationaal Recht*, Kluwer, n° 99, 1989, p. 36 et s., spéc. p. 47-52, cité par P. GAUTIER, *Essai sur la définition...*, *op. cit.*, p. 242.

2 Ainsi, pour Mme BURDEAU, "*puisqu'il est admis que les États puissent conclure des accords soustraits au droit international public, rien n'empêche de penser que des accords entre administrations centrales constituent des contrats*" : "Les accords conclus entre...", art. préc., p. 109. Mais, pour notre part, nous réfutons la possibilité pour les États souverains de soustraire leurs relations conventionnelles au droit international, l'admission de la qualification contractuelle est donc plus problématique.

1° - Les critères dénués de pertinence

282. Une partie de la doctrine a proposé des critères qui ne peuvent être retenus en raison de leur caractère inopérant. Ils reposent, d'une part, sur l'objet de l'accord (a) et, d'autre part, sur la volonté des parties (b).

a) L'objet de l'accord

283. Certains auteurs ont recherché un critère de qualification dans l'objet de l'accord. Les arrangements administratifs seraient des traités lorsqu'ils portent sur des matières relevant du droit public, et des contrats lorsqu'ils traitent de questions de droit privé. Selon une variante, ce serait des contrats lorsque les parties se sont comportées comme des personnes privées[1]. L'observation du phénomène des arrangements administratifs appelle toutefois une première remarque. Le plus souvent, les questions réglées par ces accords sont loin de s'apparenter à celles rencontrées dans des contrats entre personnes privées. La plupart des matières abordées sont d'une nature publique ou régalienne. Il suffit de revenir, un instant, sur les exemples cités lors de l'examen de cette pratique conventionnelle pour s'en convaincre[2]. L'objet des accords cités est, dans l'immense majorité des cas, très éloigné des préoccupations des personnes privées. Ce constat discrédite donc quelque peu la tentative d'analogie avec le droit privé.

284. Mais en dehors de cette critique d'ordre empirique, le critère de l'objet de l'accord est également confronté à une objection théorique qui mène irrémédiablement à sa réfutation.

Le critère de l'objet avait été examiné lors de l'étude des "contrats entre États"[3]. À cette occasion, il a été exposé qu'un tel critère n'est pas en mesure de fonder une distinction entre le traité et le contrat, en ce qu'il implique une délimitation matérielle du droit international public aux seuls rapports qui, dans l'ordre interne, seraient qualifiés de droit public. Or, une fois de plus, cette délimitation n'existe pas. Le droit international régit les rapports entre États quels qu'ils soient.

---

1 A.D. Mc NAIR, *op. cit.*, p. 20-21 ; D.P. O'CONNEL, *International Law*, vol. I, London : Stevens & Sons Ltd, 1965, p. 224 ; J.-P. PLOUFFE, art. préc., p. 185-186. *Adde*, cette déclaration du Royaume-Uni communiquée au Secrétariat des Nations-Unies : "Quant aux accords interministériels (soit les accords directement conclus entre les départements ministériels d'États différents), ceux-ci sont en général des accords portant sur des questions de droit privé plutôt que sur des questions de droit international (par exemple : accords sur, ou en rapport avec, l'achat de marchandises, ou pour la vente commerciale de biens ou d'approvisionnements)" ("*As regards inter-departemental agreements (i.e., agreements concluded directly between the Government Department of different States) these agreements are, generally speaking, arrangements which concern matters of private law rather than matters of an international legal character (e.g. arrangements for, or in connexion with, the purchase of goods, or for the sale on a commercial basis of materials or suplies)*", *Law and Practices concerning the Conclusion of Treaties, op. cit., loc. cit.*

2 Que l'on pense par exemple aux accords passés par la COB ou le Ministère de la Défense.

3 *Supra*, n° 181 et s.

285. En outre, le distinguo entre droit public et droit privé est propre à l'ordre interne et il ne se retrouve pas dans les relations internationales où la répartition entre droits internes et droit international s'effectue en fonction de la nature des sujets en cause. Une relation entre sujets du droit international relèvera de cet ordre juridique, tandis qu'un rapport entre sujets internes est de la compétence des ordres internes. Ce constat, établi lors de l'étude de la question des contrats entre États, demeure valide dans le cas des arrangements administratifs, car ce qui est ici en cause, c'est la nature même de l'ordre international. Tout critère relatif au contenu de l'accord doit donc être écarté.

b) La volonté des parties

286. Un autre critère à avoir été proposé par la doctrine repose sur la volonté des parties. En s'appuyant sur celle-ci, l'observateur pourrait affirmer qu'un arrangement administratif donné est un contrat ou un traité selon que les parties l'auront soumis au droit international ou au droit interne. D'ailleurs, il arrive que des arrangements administratifs contiennent des clauses de renvoi à un droit interne. Ainsi, une référence au droit belge des marchés publics est faite par un accord entre le secrétaire d'État belge à l'Environnement et le Ministère hollandais des Travaux publics conclu le 29 septembre 1989, et relatif à un programme de surveillance de la pollution en mer du Nord[1].

287. Mais ceci est loin d'être significatif de l'ensemble des arrangements administratifs. Force est en effet de constater que ceux-ci, dans leur immense majorité, ne contiennent aucune clause de droit applicable. En l'absence de choix implicite ou explicite d'un droit interne ou du droit international, il s'avère donc nécessaire de poser une présomption en faveur de l'application de l'un des deux droits.

288. Selon certains, la soumission au droit des gens serait ainsi le principe et résulterait d'une absence de choix par les parties d'un droit interne : "*On doit supposer que les accords de droit entre administrations sont, à défaut d'une intention expresse en sens contraire (renvoi au droit interne), soumis au droit des gens*"[2]. Mais on rencontre également l'opinion inverse, en vertu de laquelle la soumission au droit interne serait le principe tandis qu'un renvoi intentionnel au droit international serait admis : "D'une façon générale, les accords interministériels, c'est-à-dire les accords conclus entre les départements ministériels de deux nations, ne sont pas des traités et sont en principe soumis au droit privé,

---

[1] Cité par P. GAUTIER, *Essai sur la définition...*, *op. cit.*, p. 227-228. L'accord se reporte expressément à l'article 17 §2-5° de la loi belge du 14 juillet 1976 relative aux marchés publics qui permet de traiter de gré à gré lorsque les travaux, fournitures ou services ne sont réalisés qu'à titre de recherche, d'essai, d'étude, de mise au point ou de développement. De même, l'accord prescrit un cautionnement, conformément à un arrêté ministériel du 10 août 1977 établissant le cahier général des charges des marchés publics.

[2] P. GAUTIER, *Essai sur la définition...*, *op. cit.*, p. 241.

même si, à l'occasion, ils peuvent être volontairement soumis au droit international"[1].

289. Dans les deux cas, on procède à un enracinement dans un ordre juridique donné, le droit des gens dans le premier et le droit interne dans le second. Mais cela signifie alors que la question de la qualification est déjà tranchée avant même que le choix de l'un des ordres juridiques ne soit énoncé. La volonté n'est pas ici un critère de qualification, mais elle propose simplement un aménagement à celle-ci. S'il y a contrat, les parties pourront se référer au droit international. Au contraire, s'il y a traité, le choix d'un droit interne sera possible. Certains soutiendront que ce choix a pour effet de changer l'ordre juridique de rattachement et d'influer ainsi sur la qualification[2]. À notre sens, il s'agit plus simplement du choix d'un système de référence. Quoi qu'il advienne de ce choix, le problème de fond n'est pas tranché : les arrangements administratifs sont-ils originairement des traités ou des contrats ? Le critère volontariste tel qu'envisagé par ces auteurs ne permet pas de trancher la question.

290. On pourrait alors l'envisager sous une autre forme. En l'absence de tout enracinement dans un ordre juridique prédéterminé, il conviendrait de s'appuyer sur la volonté des parties pour déterminer la qualification de l'accord. Cependant, l'efficacité du critère volontariste sous cette forme prête à discussion. En l'absence de choix d'un droit par les parties, la découverte de ce qu'elles ont voulu semble bien artificielle, pour ne pas dire divinatoire. Et même en dehors de cette difficulté particulière d'utilisation, la place laissée à la volonté est ici trop importante puisqu'elle conditionne la qualification de l'acte et, par ce biais, l'ordre juridique applicable. Elle se positionne donc antérieurement à tout ordonnancement juridique et non sous le couvert de celui-ci. Or, cette place laissée à la volonté est excessive, pour ne pas dire inadmissible. Ainsi que nous l'avons déjà observé, la volonté ne peut être prise en compte qu'après une détermination objective de l'ordre juridique ou des ordres juridiques pertinents[3].

On en revient donc à un critère objectif qui reste à déterminer. Celui-ci pourrait être constitué, pour ainsi dire naturellement, par la compétence du signataire.

---

1 *"Generally speaking, interdepartmental agreements, that is between corresponding government departments of two nations, are not treaties and are ordinarily subject to private law, though on occasions they may be subject intentionally to international law"* : D.P. O'CONNEL, art. préc., *loc. cit.* Voy. également un accord conclu le 30 novembre 1959 entre "le Post-master General du Royaume-Uni, le directeur général des postes et télégraphes danois (...), le directeur général des Postes et Télégraphes islandais et la Great Northern Telegraph Company Limited (une société incorporée au Danemark)" (*"the United Kingdom Postmaster-General, the Danish General Directorate of Posts and Telegraphs, (...) the Icelandic General Directorate of Posts and Telegraphs and the Great Northern Telegraph Company Limited (a company incorporated in Denmark)"*) qui, selon LAUTERPACHT, n'est pas un traité car "la clause dans laquelle les parties s'interrogent sur la question du droit applicable indique qu'elles n'entendaient pas soumettre leur accord au droit international" (*"the clause in which the parties refer to the problem of the proper law of the contract indicates that they did not contemplate that it would be governed by international law"*) : "The contemporary practice of the United Kingdom in the field of International Law", *I.C.L.Q.*, 1961, p. 546-586, spéc. p. 575.

2 F.A. MANN soutient cette opinion à propos des contrats entre États : *supra*, n° 215.

3 *Supra*, n° 178.

2° - Le critère de la compétence du signataire

291. La compétence - ou l'incompétence - du signataire pour engager l'État dans un traité est un critère qui semble, à première vue, séduisant. On disposerait d'un outil pour trancher tout problème de qualification en présence d'un accord suspect. Si le signataire est détenteur du *jus tractandi*, c'est qu'il a engagé l'État-souverain et, de ce fait, a conclu un traité. S'il n'en est pas détenteur, il s'agira d'un contrat[1]. Sur ce modèle, les arrangements administratifs seraient donc des contrats à moins qu'existe une délégation, unilatérale ou concertée[2], au profit des signataires du pouvoir d'engager internationalement l'État. Ajoutons que cette interprétation consacrerait l'existence de véritables contrats entre États ou, plus précisément, de contrats entre personnes publiques de l'État[3]. Mais un examen plus approfondi de cette proposition amène à en tempérer les conclusions.

292. Pour faire ce constat, il conviendra de revenir sur la question de l'engagement de l'État dont la caractéristique essentielle est de se situer aux confins du droit interne et du droit des gens (a). Puis, on s'intéressera au système retenu par la Convention de Vienne (b).

a) L'engagement de l'État aux confins des deux ordres juridiques

293. L'État-souverain, c'est-à-dire en tant que sujet du droit des gens, peut-il être engagé par la signature d'un arrangement administratif ? Toute la problématique des arrangements administratifs tourne, en définitive, autour de cette question. Or, la réponse à celle-ci est conditionnée par l'appréciation des conditions nécessaires à l'engagement de l'État dans un traité. Mais cette appréciation peut s'effectuer de diverses manières.

294. Selon une première méthode, dite constitutionnaliste, le droit international s'en remettrait totalement aux droits internes des parties contractantes pour ce qui a trait à l'expression de leur volonté conventionnelle[4]. Ainsi, un projet de codification

---

1 Cette opinion est, par exemple, soutenue par certains représentants de la doctrine canadienne : A.M. JACOMY-MILLETTE, *L'Introduction et l'application des traités internationaux au Canada*, Paris : LGDJ, 1971, p. 121 ; A.E. GOTLIEB, *Canadian Treaty Making*, Toronto : Butterworths, 1968, p. 24 : "dans la pratique internationale, les accords interministériels, conclus entre deux homologues au sein de leur gouvernement respectif, peuvent être considérés comme soumis au droit privé, particulièrement lorsqu'ils n'ont pas été autorisés ou approuvés par le chef de gouvernement de l'État en cause" ("*In international practice, interdepartmental agreements between two corresponding departments of governments may be considered as being subject to private law, particularly when not authorized or approved by the head of the government of the state concerned*"). D. MYERS, aux États-Unis, a un point de vue similaire : "The name and scope of treaties", *A.J.I.L.*, 1957, p. 574-605, spéc. p. 600-601.

2 C'est-à-dire une délégation opérée de manière autonome au sein de chaque structure étatique, ou bien par le biais d'un traité de couverture.

3 Lors de l'examen des "contrats entre États", la question de la compétence du signataire n'avait pas été abordée. On était parti de l'hypothèse où le signataire bénéficie de la double compétence de conclure un contrat ou un traité. Et, dans ce dernier cas, on a vu qu'il n'existe pas à proprement parler de "contrats entre États".

4 Parmi les partisans de cette première thèse, on peut citer : P. CHAILLEY, *op. cit.*, p. 170-236 ; K. STRUPP, *Éléments de droit international public*, Paris : Rousseau, 1927, p. 182 ;

du droit des traités élaboré par l'Université de Harvard prévoit qu'un État ne peut être lié par un traité conclu, en son nom, par une autorité ou un organe qui n'est pas compétent en vertu de son droit interne[1]. De même, lors de l'édification de la codification du droit des traités, les deux premiers rapporteurs spéciaux de la Commission du Droit International, à savoir Brierly et Lauterpacht, adoptèrent une position comparable[2].

295. D'aucuns se sont interrogés sur les conséquences qu'impliquerait cette théorie quant à la nature du droit international. Sachant qu'en dernière analyse, les traités se trouvent tributaires du droit interne, le droit des gens en serait affecté en tant qu'ordre juridique[3]. Il est vrai que l'affirmation selon laquelle "*la détermination de la compétence à conclure des traités rentre nécessairement dans la compétence du droit constitutionnel et que, par suite, il appartient à celui-ci d'une façon exclusive de fixer les conditions sous lesquelles peut naître une volonté étatique tendant à la conclusion des traités*" est inquiétante, car "*cela revient à dire que les normes constitutionnelles ont efficacité dans le domaine du droit international, c'est-à-dire que le droit international n'est pas un ordre juridique autonome*"[4].

296. Pourtant, si l'on y regarde de plus près, tout ceci se ramène à une question de rhétorique. En effet, il suffit d'affirmer que le droit international procède à un renvoi aux droits internes quant à la détermination de l'organe compétent pour conclure un traité, et son statut d'ordre juridique n'est plus alors bouleversé[5]. Il renverrait aux droits internes et tirerait lui-même les conséquences de ce renvoi : si les règles internes de compétence n'ont pas été respectées, l'accord ne produira pas d'effet au regard du droit des gens. Envisagé sous cet angle, le système constitutionnaliste est donc théoriquement acceptable. C'est finalement à travers son application pratique que ce système montre ses faiblesses[6]. En effet, il complique sérieusement les relations conventionnelles puisque chaque État partie devra se renseigner très précisément sur les dispositions du droit interne de ses

---

P. GUGGENHEIM, *Traité de droit international public*, t. I, Genève : Georg, 2ème éd., 1967, p. 141 et note 3, p. 145. Pour un exposé complet et une critique de cette théorie : J. HOSTERT, "Droit international et droit interne dans la Convention de Vienne sur le droit des traités du 29 mai 1969", *A.F.D.I.*, 1969, p. 92-121, spéc. p. 101-105.

1 préc., article 21.

2 Pour Brierly : article 4, *A.C.D.I.*, 1952, II, p. 51. Comp. l'article 2 de ce même projet : *id.*, II, 1951, p. 73. Pour Lauterpacht : article 4, *A.C.D.I.*, 1954, II, p. 106.

3 Ainsi, selon M. HOSTERT, une telle opinion laisserait "*au droit interne de chaque État le soin de déterminer les organes et les procédures dont dépendaient la formation et l'expression de la volonté d'un État de s'engager par un traité, en d'autres termes, le droit international se référait au droit interne en cette matière. En dernière analyse celui-ci l'emportait donc sur le droit international car des engagements contractuels ne pouvaient valablement naître que si les règles de droit interne étaient respectées*" : art. préc., p. 101.

4 D. ANZILOTTI, *op. cit.*, p. 362.

5 D. ANZILOTTI fait cette remarque : "*Au contraire, il est concevable que le droit international renvoie au droit interne, en établissant que la déclaration de la volonté de conclure le traité est imputable à l'État si, et dans la mesure où elle émane de l'organe constitutionnellement compétent : la compétence constitutionnelle serait ainsi, par la volonté de l'ordre juridique international, une présupposition de l'applicabilité des normes internationales dont dépend l'imputation*" : *ibid.* Mais l'auteur italien estime que cette norme de droit international n'existe pas : *id.*, p. 363-367.

6 En ce sens : P. CAHIER, "La violation du droit interne relatif à la compétence pour conclure des traités comme cause de nullité des traités", *Riv. D.I.*, 1971, p. 226-245, spéc. p. 228.

cocontractantes. Or, cela semble pratiquement impossible en présence d'une convention multilatérale.

297. C'est pour cette raison qu'a été proposée une deuxième théorie dite internationaliste. Elle soutient que le droit international pourrait affirmer une autonomie complète sur la question de l'engagement de l'État en imposant ses propres critères, par lesquels il considérera qu'un État est bel et bien engagé[1]. Ainsi, ne serait prise en compte que la manifestation extérieure de la volonté de l'État. Ce dernier sera engagé dans un traité, au regard du droit international, à partir du moment où l'organe signataire est considéré comme représentatif de l'État dans les relations internationales. Le troisième rapporteur devant la C.D.I., opérant une rupture avec ses prédécesseurs, a adopté ce point de vue internationaliste. Pour Fitzmaurice, les actes relatifs à la conclusion d'un traité sont valables et engagent l'État dès lors qu'ils sont l'œuvre de l'organe exécutif[2].

298. L'admission de l'une ou l'autre de ces deux théories aurait eu pour conséquence une résolution aisée du problème posé par les arrangements administratifs. Elle aurait permis de les qualifier très simplement en faisant jouer le critère de la compétence du signataire. À cet égard, le système juridique à partir duquel devait s'apprécier cette compétence importe peu. Les deux conceptions, internationaliste et constitutionnaliste, sont l'une et l'autre théoriquement admissibles. Selon la première, le traité est l'accord signé par des organes étatiques que le droit international considère, selon ses propres critères, comme représentatifs de l'État. Selon la seconde, le traité est l'accord signé par des organes étatiques habilités par leurs droits internes respectifs à représenter l'État. L'application de l'un ou l'autre de ces systèmes permettait de déterminer le domaine du traité ; le reste des accords relève alors de la catégorie des contrats.

299. Mais la Convention de Vienne n'a adopté ni le système constitutionnaliste, ni le système internationaliste. Conformément aux conclusions du quatrième rapporteur de la Commission, Humphrey Waldock, les rédacteurs ont choisi une voie médiane[3]. Celle-ci, indépendamment de ses mérites, combine certaines exigences du droit interne avec les impératifs du droit international. Or, il en résulte que le critère de la compétence du signataire ne permet plus aussi aisément de qualifier les arrangements administratifs que dans les théories constitutionnaliste et internationaliste.

---

[1] Parmi les partisans de cette seconde thèse, on peut citer : D. ANZILOTTI, *op. cit.*, p. 359-367 ; A. CAVAGLIERI, *Règles générales du droit de la paix*, *R.C.A.D.I.*, 1929 (I), vol. 26, p. 315-581, spéc. p. 500-501 ; G. SCELLE, *Précis du droit des gens*, t. II, Paris : Sirey, 1934, p. 455 ; I. SEIDL-HOHENVELDERN, "Transformation or Adoption of International Law into Municipal Law", *I.C.L.Q.*, 1963, p. 88-124, spéc. p. 102-103 ; H. BLIX, *Treaty-Making Power*, *op. cit.*, p. 392-397 ; E. VITTA, *La Validité des traités internationaux*, Leyden : Biblioteca Visseriana, 1940, p. 68-69. Pour un exposé de cette thèse : J. HOSTERT, art. préc., p. 105.

[2] Article 9 du premier *Rapport sur le droit des traités*, *A.C.D.I.*, 1956, II, p. 111. Rappr. : article 10 du troisième *Rapport*, *A.C.D.I.*, 1958, II, p. 25.

[3] *A.C.D.I.*, 1963, II, p. 42-47. Cette solution intermédiaire avait les faveurs d'une partie de la doctrine : J. BASDEVANT, *op. cit.*, p. 581 ; A.D. Mc NAIR, *op. cit.*, p. 77.

b) Le système adopté par la Convention de Vienne

300. Le constat de l'incompétence du signataire d'un accord administratif a-t-il pour conséquence d'écarter la qualification de traité ? Pour répondre à cette question, il faut bien évidemment s'appuyer sur les règles de la Convention de Vienne intéressant la compétence de l'autorité signataire d'un accord. Il en est de deux types : certaines permettent de prendre en compte les exigences du droit interne en la matière, tandis que d'autres posent des exigences propres au droit international.

301. Concernant la première hypothèse, il a été observé qu'à défaut de délégation, le droit interne refuse aux autorités signataires d'un arrangement administratif le droit d'engager l'État en droit des gens[1]. En principe, ces autorités ne sont pas investies du *jus tractandi*[2]. Quelle est la valeur de ces restrictions au regard du droit international ?

302. La Convention de Vienne comporte une disposition qui permet de prendre partiellement en compte les exigences du droit interne sur ce point. Il s'agit de l'article 46 §1 :

> "*Le fait que le consentement d'un État à être lié par un traité a été exprimé en violation d'une disposition de son droit interne concernant la compétence pour conclure des traités ne peut être invoqué par cet État comme viciant son consentement, à moins que cette violation n'ait été manifeste et ne concerne une règle de son droit interne d'importance fondamentale*".

À la lecture de cet article, on constate que la Convention de Vienne ne prend effectivement en considération que certaines des exigences du droit interne. En d'autres termes, elle ne fait pas produire un effet général, en droit international, aux dispositions pertinentes des droits internes. À l'origine, les auteurs de ce texte visaient en priorité les hypothèses de ratifications imparfaites[3].

303. Toutefois, l'article 46 vise *expressis verbis* "*une disposition de son droit interne concernant la compétence pour conclure des traités*". Dès lors, la problématique des arrangements administratifs entre dans le cadre ainsi délimité. Il s'agit bien de règles du droit interne relatives à la compétence de conclure des traités. La violation invoquée doit néanmoins être "*manifeste*", ce caractère étant lui-même défini comme "*objectivement évident pour tout État se comportant en la matière conformément à la pratique habituelle et de bonne foi*".

---

1 *Supra*, n° 239.

2 V. GOESEL-LE BIHAN, *op. cit.*, p. 294.

3 C'est-à-dire des ratifications intervenues sans l'autorisation du Parlement alors que celle-ci est imposée par la Constitution. Voy. les ex. donnés par P. CAHIER, "La violation du droit interne relatif à...", art. préc., p. 232-238 ; *adde*, W.K. GECK, "The Conclusion of Treaties in Violation of the Internal Law of a Party", *ZaöRV*, 1967, p. 429-458, spéc. p. 442-444 ; T. MERON, "Article 46 of the Vienna Convention on the Law of Treaties", *B.Y.I.L.*, 1978, p. 175-199.

304. Or, il n'est pas certain que cette condition soit remplie par les arrangements administratifs. En effet, les deux parties ont conscience qu'il y a violation d'une règle interne. À dire vrai, il y a en général une violation par chaque signataire des règles de compétence propres à son droit interne. En outre, on peut s'interroger sur le caractère fondamental de ces règles. Si, par exemple, les parties signataires ont respecté leur domaine de compétence matérielle et n'ont fait qu'étendre celui-ci aux relations extérieures, il n'est pas certain que le monopole de l'exécutif en la matière sera considéré comme étant d'importance fondamentale. C'est affaire de jugement et, quoi qu'il en soit, ce n'est pas ici le centre de nos préoccupations. On se contentera, pour le moment, de constater que l'article 46 est susceptible d'affecter la validité des arrangements administratifs et de s'interroger sur la nature de cette disposition.

Il n'y a toutefois pas de difficulté réelle sur ce dernier point. L'article 46 pose sans conteste un cas de nullité du traité. Mais il faut alors en déduire qu'il est étranger à notre débat. Ce texte a trait à la volonté conventionnelle de l'État, à l'expression de son consentement à se lier au regard du droit international et non à la qualification même de traité.

305. L'article 46 de la Convention de Vienne ne permet ni de qualifier les arrangements administratifs de traité, ni d'écarter cette qualification. En effet, s'il s'avère que les arrangements administratifs relèvent du droit international, celui-ci les tiendra éventuellement pour nuls en raison de l'incompétence du signataire, sur le fondement de l'article 46. Mais le fait que cet ordre juridique puisse les tenir pour nuls ne signifie pas pour autant que ces accords sont des traités. L'inverse se vérifie également : l'existence d'un cas de nullité du droit des gens susceptible d'affecter les arrangements administratifs n'a pas pour conséquence d'exclure ceux-ci de la catégorie des traités. En réalité, qualification et nullité constituent deux questions distinctes et successives. Il ne peut donc pas être tiré argument de l'article 46 pour exclure les arrangements administratifs du champ du droit international, comme pour les y inclure. Avant d'affirmer que les arrangements administratifs sont susceptibles d'être affectés par une nullité du droit international, encore faut-il s'assurer que ce sont bien des actes soumis à ce droit, donc des traités.

306. Mais en dehors de l'article 46, la Convention de Vienne comporte également un article 7 qui intéresse les arrangements administratifs. Lors de l'examen de ce texte[1], on est arrivé à la conclusion que les signataires d'un arrangement administratif ne sont pas considérés, par le droit international, comme représentant valablement l'État. Or, aux termes de l'article 8, "*un acte relatif à la conclusion d'un traité accompli par une personne qui ne peut, en vertu de l'article 7, être considérée comme autorisée à représenter un État à cette fin est sans effet juridique*". En d'autres termes, la signature d'un accord par une personne physique qui ne peut se prévaloir d'une des dispositions de l'article 7 sera privée "*(d')effet juridique*" au regard du droit des traités. Comme pour l'article 46, on en vient alors à s'interroger sur la nature de ces articles 7 et 8.

---

[1] *Supra*, n° 242-243.

307. Pour une part importante des auteurs qui se sont penchés sur cette question, la combinaison de ces deux textes pose une condition de *validité* de l'accord. L'article 8 doit donc être considéré comme un vice du consentement, soit un cas de nullité qui vient s'ajouter à ceux visés aux articles 46 et suivants de la Convention[1]. Mais si tel est la nature de ce texte, on observera qu'il ne saisit pas l'accord de volontés au stade de sa qualification. Dès lors, comme toute nullité, il ne permet ni de retenir, ni d'écarter la qualification des arrangements administratifs en traités.

308. D'autres auteurs ont toutefois une opinion différente. Ils jugent, en effet, qu'en cas d'incompétence d'un ou des signataires, il convient de considérer que l'acte ne peut être qualifié de traité[2]. En d'autres termes, l'article 8 poserait une condition d'*imputabilité* et non de *validité*[3]. Selon cette nouvelle interprétation, la signature d'un accord sera imputable à l'État-souverain uniquement si les formalités de l'article 7 sont respectées.

Cette dernière interprétation nous paraît cependant trop exclusive. En réalité, la nature des articles 7 et 8 ne devrait pas être considérée comme identique dans toutes les hypothèses. Concernant un arrangement administratif, il y a lieu de constater que les deux autorités signataires sont insérées dans la structure de l'État. Certes, elles ne disposent pas du *jus tractandi* et, dès lors, ce pan de la souveraineté ne leur est pas accessible. Mais elles participent à l'activité de l'État souverain dans le cadre interne. C'est pourquoi, les concernant, les articles 7 et 8 devraient être considérés comme des conditions de validité de l'accord et non d'imputabilité. En revanche, pour les autres entités comme les personnes privées ou même les personnes publiques infra-étatiques, ces articles devraient être considérés comme posant une condition d'imputabilité. Ceci constitue le fondement du nouveau critère que nous entendons proposer.

3° - La proposition d'un nouveau critère

309. On proposera de faire *coïncider les limites de la personne interne de l'État avec celles du traité*. Un critère de qualification des arrangements administratifs pourrait donc se situer dans la personnalité de l'État. On sait que ce dernier mot renvoie à deux réalités juridiques, le sujet de droit international et celui du droit interne. À partir de ce constat, Anzilotti a pu suggérer qu'un contrat existe lorsque c'est le premier qui s'engage et un traité lorsque c'est le second[4]. Mais cela ne fait que repousser la difficulté, puisqu'il faut alors élaborer un autre critère permettant d'affirmer à l'occasion d'un accord étatique donné lequel de ces sujets

---

[1] En ce sens : J. VERHOEVEN, *Les Nullités du droit des gens*, Paris : Pedone, 1981, p. 23 et p. 35 ; P. CAHIER, "Les caractéristiques de la nullité en droit international et tout particulièrement dans la Convention de Vienne de 1969 sur le droit des traités", *R.G.D.I.P.*, 1972, p. 645-691, spéc. p. 669.

[2] A.D. Mc NAIR, *op. cit.*, p. 42 et p. 221 ; P. GUGGENHEIM, *La Validité et la nullité des actes juridiques internationaux*, *R.C.A.D.I.*, 1949 (I), vol. 74, p. 191-268, spéc. p. 205.

[3] D. HUTCHINSON, art. préc., p. 216-222.

[4] *Op. cit.*, p. 53-54.

s'était engagé. C'est ce qui avait conduit à écarter ce critère[1]. On en propose ici une nouvelle version. Au lieu de procéder, comme cet auteur, à une distinction en vertu de la personne de l'État qui s'engage, on procédera ici au contraire à un recouvrement des "deux États". Cela signifie qu'à partir du moment où les signataires d'un accord relèvent de leurs États-personnes morales internes respectifs, il s'agit d'un traité. En vertu de ce nouveau critère, tous les arrangements administratifs sont donc des traités[2].

310. Tout ceci part du constat que c'est au sein de l'État, sujet de droit interne, que se situe la faculté d'engager internationalement l'État, sujet du droit international. Techniquement, le "petit" État représente donc le "grand", sans qu'il faille y voir pour autant une identification des deux personnalités étatiques. Il est bien évident que le "grand" État va bien au-delà de la personne publique du même nom. Il recouvre l'ensemble des institutions étatiques et, au-delà, c'est la nation tout entière qu'il représente[3]. Mais il n'en reste pas moins que le siège de la personnalité internationale de l'État se situe dans sa personne interne. Par conséquent, il ne paraît pas illégitime de fixer comme limite à la qualification d'un traité les limites mêmes de la personne interne de l'État. En vertu de cette proposition, tous les accords passés entre autorités ou organismes relevant de la personne publique de l'État seraient imputables à l'État-souverain au regard du droit international. Ce système simple permet d'identifier facilement les accords soumis au droit international et évite les pièges du vocabulaire car tout accord entre États - au sens interne comme international - est un traité. Il n'y aurait donc pas lieu de distinguer l'autorité signataire pour ce qui est de la qualification. Il en va évidemment autrement pour ce qui est de la validité de l'engagement.

§ 2. - LE STATUT DES ARRANGEMENTS ADMINISTRATIFS

311. Un arrangement administratif est donc toujours imputable à l'État-souverain. Il doit donc recevoir la qualification de traité. Mais cela ne résout pas toutes les difficultés posées par ces accords. À l'aune de cette qualification, leur statut sera examiné en droit international (**A**) puis en droit interne (**B**).

---

[1] *Supra*, n° 170.

[2] Cette conception est partagée par M. WENGLER, au moins lorsque les autorités signataires relèvent de l'exécutif : "Agreements of States with other parties tant States in international relations", *Rev. hellénique D.I.*, 1955, p. 113-130, spéc. p. 125.

[3] J.-D. MOUTON, "La notion d'État et le droit international public", *Droits*, n° 16, 1993, p. 45-58, spéc. p. 54. Devant la Cour Internationale de Justice lors de l'*Affaire des emprunts norvégiens*, M. GROS a, au nom de la France, fait la déclaration suivante à propos des établissements publics : "*Au point de vue du droit international, ces personnes publiques se confondent avec l'État*" : *Rec.* C.I.J., *Mémoires, plaidoiries et documents*, vol. II, 1957, p. 72.

A. - LE STATUT DES ARRANGEMENTS ADMINISTRATIFS EN DROIT INTERNATIONAL

312. En l'absence de délégation du *jus tractandi*, un arrangement administratif est un traité nul (1°). Toutefois, dans bien des cas, il pourra faire l'objet d'une confirmation (2°).

1° - Des traités affectés d'une nullité

313. Quant à leur validité, les arrangements administratifs se divisent en deux groupes. Ceux de ces accords qui bénéficient d'une délégation d'origine interne ou internationale du *jus tractandi* sont incontestablement des traités valides, au moins sur la question de la compétence de leurs signataires. En revanche, les arrangements qui n'ont pas fait l'objet d'une telle délégation sont nuls pour défaut de compétence de leurs signataires. Il a, en effet, été vu que le droit international public est susceptible d'affecter leur validité à deux égards. Tout d'abord, au niveau de la représentation de l'État, les articles 7 et 8 de la Convention de Vienne exigent la présentation des pleins pouvoirs pour des autorités qui ne seraient ni le chef de l'État, ni celui du gouvernement, ni même le ministre des Affaires étrangères. Or, il va de soi que ces pleins pouvoirs n'existent pas dans le cas d'un arrangement administratif. Ensuite, dans une moindre mesure, l'article 46 de la Convention de Vienne est susceptible de faire écho en droit international aux exigences du droit interne relatives au défaut de compétence des signataires d'un accord administratif.

314. Ces cas de nullité doivent cependant être replacés dans le cadre de la Convention de Vienne, car la philosophie inspirant ce texte vise à éviter que la pratique conventionnelle entre États ne soit handicapée par un cadre normatif trop rigide. La nullité d'un traité n'y est envisagée qu'en dernière extrémité, celui-ci pouvant en particulier faire l'objet d'une confirmation.

2° - Des traités susceptibles de confirmation

315. La Convention de Vienne reprend une distinction héritée du droit civil entre nullité relative et nullité absolue[1]. Ainsi, s'agissant d'un cas de nullité relative, la convention permet la régularisation des traités qui sont affectés par les dispositions de l'article 46[2]. L'article 45 dispose à cet égard qu'un État "*ne peut invoquer une cause de nullité d'un traité (...) si après avoir eu connaissance des faits, cet État (...) doit, à raison de sa conduite, être considéré comme ayant acquiescé (...) à la validité du traité*". Dès lors, il existe toujours pour les États-parties une possibilité d'échapper à la nullité du traité. Ceci se retrouve dans le

---

[1] NGUYEN QUOC DINH, P. DAILLIER, A. PELLET, *op. cit.*, n° 130, p. 206. Sur le fondement et les origines de cette distinction en droit civil, voy. not. : F. TERRÉ, P. SIMLER, Y. LEQUETTE, *Droit civil, Les Obligations*, 7ème éd., Paris : Dalloz, 1999, n° 80-83, p. 92-94.

[2] Sur la confirmation dans le système de nullités du droit international : J. VERHOEVEN, *Les Nullités du droit des gens*, *op. cit.*, p. 77 et s.

cadre des articles 7 et 8 relatifs au défaut de compétence du signataire. L'article 8 précise, en effet, qu'un accord conclu par un signataire ne répondant pas aux critères de l'article 7 est dépourvu d'effet juridique, "*à moins qu'il ne soit confirmé ultérieurement par cet État*".

316. Par conséquent, les deux cas de nullité affectant les arrangements administratifs au regard du droit des gens ne sont pas rédhibitoires. Il suffit que les États se comportent comme si ces accords étaient valables pour que la nullité qui affecte ces derniers s'en trouve écartée. Finalement, on pourrait admettre que les articles 46 et 8 constituent une sorte de garde-fou pour les États impliqués dans des arrangements administratifs. Si ces derniers ne soulèvent pas la question de la validité, c'est qu'en définitive, ils ne renient pas cette pratique conventionnelle de leurs administrations respectives. Mais lorsqu'un État considère que les signataires d'un arrangement sont allés trop loin, par exemple, en dépassant leur champ de compétence interne, il pourrait toujours, suite à la prise de connaissance de cet état de fait, contester la validité de l'accord auprès de l'État cocontractant. Ainsi, la pratique des arrangements administratifs, dont l'utilité est indéniable[1], pourrait continuer à prospérer tout en étant contrôlée à la tête de l'État par le biais des mécanismes de validité prévus par la Convention de Vienne.

317. Au regard du droit des gens, les arrangements administratifs conclus en dehors de toute délégation du *jus tractandi* sont donc des traités affectés *a priori* d'une cause de nullité. Toutefois, si les États impliqués dans l'accord ne soulèvent pas cette question de validité, c'est que celui-ci est confirmé. Reste alors à examiner le statut de ces traités en droit interne.

B. - LE STATUT DES ARRANGEMENTS ADMINISTRATIFS EN DROIT INTERNE

318. On est arrivé à la conclusion qu'un arrangement en tant qu'accord signé par des autorités relevant de deux États-personnes publiques est un traité. Ce traité est néanmoins exposé à une épée de Damoclès, puisqu'il est susceptible d'être annulé à la demande d'un des États impliqués lorsque n'existe pas de délégation du *jus tractandi*. Si aucune dénonciation n'est intervenue lors de la prise de connaissance de l'accord par les autorités centrales, on pourra toutefois en conclure qu'une confirmation tacite a été opérée.

319. Par suite, si la question de la validité n'est pas soulevée au regard du droit international, ou si les signataires de l'accord bénéficient d'une délégation unilatérale ou concertée du *jus tractandi*, il faut s'interroger sur les effets que cet accord peut entraîner en droit interne, car, à l'instar d'une partie des traités, un arrangement administratif est susceptible de contenir des dispositions dont un sujet interne pourrait entendre se prévaloir devant une juridiction étatique. Cette insertion normative des arrangements administratifs dans l'ordre interne est-elle possible ? Il

---

[1] V. GOESEL-LE BIHAN, *op. cit.*, p. 294-295.

va de soi que cette question n'a d'incidence qu'en présence d'un "système moniste étatique"[1], où l'introduction des normes d'un traité dans l'ordre interne ne nécessite pas la promulgation d'une loi. Mais au-delà de ce constat, elle dépend des conceptions propres à chacun des ordres internes. Néanmoins, en prenant appui sur le système français, on verra qu'aucun effet interne ne devrait, en principe, être reconnu aux arrangements administratifs en raison des obstacles qui émergent au stade de la publication (**1°**), et surtout en vertu de la hiérarchie des normes (**2°**).

1° - L'obstacle de la publication

320. D'après la lettre de l'article 55 de la Constitution, seuls "*les traités ou accords régulièrement ratifiés ou approuvés ont, dès leur publication, une autorité supérieure à celle des lois*". À la lecture de ce texte, seuls les accords internationaux qui, d'une part, ont été conclus en forme solennelle et, d'autre part, ont été publiés bénéficient d'une incidence interne[2]. Ceci exclut les accords engageant l'État dès leur signature, autrement dit, les accords en forme simplifiée et, par extension, les arrangements administratifs conclus dans le cadre d'une délégation ou ayant fait l'objet d'une confirmation. D'ailleurs, les juridictions administratives et judiciaires refusent en principe d'appliquer un texte non ratifié, non approuvé ou non publié[3].

321. Il est vrai que l'exigence d'une conclusion en forme solennelle est parfois écartée. Les tribunaux admettent que des accords en forme simplifiée publiés au Journal Officiel produisent des effets en considérant implicitement que la signature du décret de publication par le président de la République vaut approbation ou ratification : "*Du fait de sa publication au Journal Officiel, en vertu d'un décret du Président de la République (...) l'accord susvisé (...) s'impose au juge ; qu'il doit être considéré comme intégré dans l'ordre juridique français avec une autorité supérieure à celle de la loi interne*"[4]. Mais, à moins qu'un traité de couverture

---

1 *Supra*, n° 85.

2 Aux termes du décret du 14 mars 1953, modifié par celui du 11 avril 1986 (*R.G.D.I.P.*, 1953, p. 182 et *id.*, 1986, p. 370), font d'ailleurs l'objet d'une publication les accords "*de nature à affecter, par leur application, les droits des particuliers*". Une circulaire du 31 mai 1997 a également précisé qu'en cas "*de non-publication, en effet, l'accord, s'il est d'effet direct, n'est pas opposable aux personnes et, d'une manière générale, n'est pas invocable dans l'ordre juridique interne*" : préc. Sur ces questions : H. BATIFFOL, P. LAGARDE, *op. cit.*, t. I, p. 53-56 ; P. LEVEL, "La publication en tant que condition d'application des traités internationaux", *Rev. crit.*, 1961, p. 83-104.

3 Ainsi, le Conseil d'État a-t-il jugé que l'on ne pouvait faire état d'une convention non publiée pour contester la légalité d'un décret déclarant d'utilité publique les travaux de construction d'une centrale nucléaire : C.E., 23 décembre 1981, *Commune de Thionville, Rec.*, p. 484, *A.F.D.I.*, 1982, p. 975. Rappr. : C.E., 11 avril 1962, *Sté Savana, Rec.*, p. 423, concl. FOURNIER ; C.E., 17 février 1971, *Dames Hagège et Dames Chiche, D.*, 1971.II.729 ; C.E., 26 juillet 1985, *Hans Blaser, R.F.D.A.*, 1985, p. 926, note RUZIÉ ; Cass., Ass. plén., 11 mars 1953, *Gambino, D.*, 1953.II.297, concl. BLANCHET ; Civ., 16 mai 1961, *D.*, 1961.II.489, note BERR ; Com., 2 mai 1972, *Gaz. Pal.* 1972, 2, 564, B. IV, n° 142, p. 126. *Adde*, S. BASTID, *op. cit.*, p. 105-106 ; E. PICARD, V° "Droit international (La juridiction administrative au regard du)", *Rép. Dalloz Contentieux administratif*, n° 292 et s.

4 C.A. Paris, 18 juin 1968, *Dame Klarsfeld c. Office franco-allemand pour la jeunesse*, *J.D.I.*, 1969, p. 671-672, *J.C.P.*, 1968.15.752, note RUZIÉ. Rappr. : C.E., 30 octobre 1964, *Sté Prosagor, Rec.*, p. 496 ; C.E., 21 juillet 1972, *Consorts Cazabon, Rec.*, p. 553 ; C.E., 20 mai 1966, *Sieur Sadji, Rec.*, p. 756. *Adde*, J. DHOMMEAUX, art. préc., p. 831-832.

postérieur soit intervenu, l'arrangement administratif ne fait pas en principe l'objet d'une publication de cette nature[1].

322. On doit toutefois considérer que les tribunaux sont parfois allés jusqu'à appliquer des accords non publiés. Il en va ainsi lorsqu'il résulte des circonstances de l'espèce que l'existence de l'accord ne pouvait être ignorée par la partie à laquelle il est opposé[2]. Or, il est envisageable d'étendre cette jurisprudence aux arrangements administratifs. Mais ceci n'est cependant pas souhaitable car l'insertion des dispositions d'un arrangement administratif dans l'ordre interne emporterait des conséquences néfastes sur la structure normative de ce dernier.

2° - L'obstacle de la hiérarchie des normes

323. L'insertion en droit interne de dispositions issues d'un arrangement administratif peut poser des difficultés relatives à la hiérarchie des normes qui structure les systèmes juridiques étatiques. En effet, dans les pays à système moniste comme la France, la Constitution autorise le traité à produire un effet dans l'ordre interne et place celui-ci au-dessus des lois. Or, admettre l'effet interne d'un arrangement administratif, c'est permettre à une autorité généralement dotée d'un simple pouvoir réglementaire d'édicter une norme par voie conventionnelle qui sera supérieure à la loi, même dans un domaine constitutionnellement réservé à celle-ci. Il y a donc là un réel danger de complète désorganisation du système étatique[3]. Selon ce système, les dispositions d'un accord conclu par un préfet seraient supérieures à une loi votée par le Parlement.

324. Afin de remédier à cet inconvénient, on pourrait proposer d'introduire la norme issue de l'arrangement au niveau hiérarchique de son signataire. Ainsi, un accord signé par un ministre aurait la valeur d'un arrêté ministériel. Mais ceci nécessiterait l'élaboration d'une hiérarchie des normes *d'origine internationale* qui ne ressort pas, en général, des constitutions étatiques. Ainsi, en France, il n'existe que l'article 55 de la Constitution de 1958. Et, hors de ce texte, "*les arrangements administratifs ne se voient reconnaître aucune valeur juridique inférieure*"[4]. C'est pourquoi un justiciable ne peut pas se prévaloir des dispositions d'un arrangement administratif devant un tribunal français[5].

---

[1] Il peut arriver qu'exceptionnellement un arrangement administratif soit publié au Journal officiel : C.E., 28 juillet 2000, Centre cardio-thoracique de Monaco, *JCP*, 2001. II. 10521, concl. P. FOMBEUR.

[2] C.A. Paris, 18 mars 1969, *Baranez c. Crédit du Nord*, *J.D.I.*, 1970, p. 66, note RUZIÉ ; C.A. Paris, 7 juin 1969, *Clerget c. Représentation commerciale de la R.D.V.*, *J.D.I.*, 1969, p. 895, note PINTO ; T.G.I. de Paris, Ordonnance du 6 juillet 1970, *R.S.F. de Yougoslavie c. Société Européenne d'Études et d'Entreprise*, *J.D.I.*, 1971, p. 131, note KAHN. Cette jurisprudence est approuvée par un auteur : R. PINTO "Le juge devant les traités non publiés de la France" *in Mélanges offerts à M. Waline, Le Juge et le droit public*, t. I, Paris : LGDJ, 1974, p. 231-239, spéc. p. 237-239.

[3] Dans un système à "dualisme étatique", la difficulté disparaît dans la mesure où l'incorporation de chaque traité est conditionnée par un vote du parlement.

[4] V. GOESEL-LE BIHAN, *op. cit.*, p. 292.

[5] En ce sens : *ibid.*, p. 291-292.

325. Le Conseil d'État a, d'ailleurs, eu l'occasion d'affirmer ce principe dans un arrêt *Consorts Châtelain* rendu le 18 juin 1965[1]. À la fin du XVIIe siècle, la famille Châtelain s'était installée près de Besançon, sur les bords du Doubs, au lieu-dit le Refrain. Ce petit territoire appartenait alors au Prince-évêque de Bâle. À la fin du XVIIIe siècle, Louis XVI et le Prince-évêque délimitèrent leurs possessions respectives par convention. Du coup, la famille Châtelain devint française et obtint un droit exclusif de pêche sur la rive française du Doubs, devenu fleuve frontalier. La situation dura jusqu'en 1957, date à laquelle le préfet du Doubs décida de réglementer la pêche dans son département, ce qui eut pour conséquence de réduire les droits des consorts Châtelain. Ces derniers firent alors valoir l'antériorité de leurs droits et saisirent la juridiction administrative à cet effet.

L'arrêté préfectoral trouvait, entre autre, son origine dans une convention relative à la réglementation de la pêche dans les eaux du Doubs signée par le conservateur des Eaux et Forêts du Doubs et l'inspecteur fédéral, chef du service de la pêche en Suisse. Mais le Conseil d'État refusa tout effet à cet accord au motif que "*signé par des chefs de service administratif, (il) ne constitue pas un traité international au sens de l'article 26 de la Constitution du 27 octobre 1946 alors en vigueur*".

326. En dernière analyse, l'insertion d'un arrangement administratif ne serait admissible qu'en vertu d'un acte interne reprenant les dispositions de l'accord. C'est, semble-t-il, le système en vigueur en Allemagne[2]. En France, il ne rencontrerait aucun obstacle institutionnel. Le ministre signataire d'un arrangement peut très bien reprendre les dispositions de celui-ci au travers d'un arrêté ministériel. Toutefois, il ne semble pas s'agir là d'une pratique répandue.

- CONCLUSION DU TITRE I -

327. A l'issue de ce premier Titre, une conclusion importante peut être tirée quant au champ du droit international public. Elle consiste à reconnaître que tous les accords de volontés entre États sont des traités et ce, que l'on entende par État la personne du droit interne ou celle du droit international, car à partir du moment où les deux signataires sont des autorités ou organes relevant de l'État-personne publique, on est en présence d'un traité.

Il n'existe donc pas de contrats entre États et les arrangements administratifs sont, en réalité, des accords soumis au droit international public. On peut maintenant poursuivre nos investigations en s'intéressant aux accords conclus entre personnes publiques infra-étatiques et tenter, ainsi, de découvrir les dernières limites du droit international.

---

[1] C.E., 18 juin 1965, *Rec.*, p. 366, et *R.G.D.I.P.*, 1966, p. 202.

[2] J. WOEHRLING, "La conclusion et la mise en œuvre des...", art. préc., p. 95.

Titre II

LES ACCORDS ENTRE PERSONNES PUBLIQUES INFRA-ÉTATIQUES

328. A ce stade du développement, le débat n'a porté que sur la personne publique de l'État. Or, comme on l'a vu, celle-ci est d'une nature particulière[1]. La notion de personne publique ne prend, en définitive, tout son sens qu'avec la création d'entités qui, bien que rattachées à l'État-souverain, sont juridiquement autonomes de l'État-personne interne. Elles participent à l'activité régalienne et structurent institutionnellement celle-ci. C'est un moyen pour l'État de se décharger "*d'une partie de la tâche administrative sur des collectivités locales et d'autres personnes administratives secondaires qui ont leur administration propre, leurs services à elles*"[2]. Ceci exclut bien évidemment toutes les personnes privées, même lorsqu'elles sont en charge d'un service public[3], ainsi que les cas où l'État lui-même emprunte une forme sociétaire du droit privé[4], car il ne s'agit plus alors d'une personne publique[5].

329. Ces personnes morales de droit public autres que l'État se classent en deux grandes catégories : d'une part, celles qui ont une assise territoriale et, d'autre part, celles qui n'en ont pas, qualifiées de spécialisées. À la première catégorie correspondent, en droit français, les collectivités territoriales. Issues du mouvement

---

[1] *Supra*, n° 145.

[2] H. PUGET, *Les Institutions administratives étrangères*, Paris : Dalloz, 1969, n° 9, p. 10.

[3] R. CHAPUS, *Droit administratif général*, *op. cit.*, t. I, n° 212 et s. ; A. de LAUBADÈRE, J.-C. VENEZIA, Y. GAUDEMET, *Traité de droit administratif*, *op. cit.*, t. I, p. 823 et s. ; J. RIVERO, J. WALINE, *op. cit.*, p. 243 et s.

[4] Ceci recouvre la catégorie, assez mal définie au demeurant, des entreprises publiques que l'on retrouve dans de nombreux États : C. DEBBASCH, *Institutions et droit administratifs*, t. I, *Les Structures administratives*, Paris : PUF, 4ème éd., 1991, p. 480-525 ; G. TIMSIT, *Administrations et États : étude comparée*, Paris : PUF, 1987, p. 201-203.

[5] A l'image de M. ZILLER, nous ignorerons "*volontairement la problématique propre aux entreprises publiques*", pour ne "*les prendre en compte uniquement lorsqu'elles ont la forme juridique de services administratifs*" : *Administrations comparées, Les Systèmes politico-administratifs de l'Europe des douze*, Paris : Montchrestien, 1993, n° 544, p. 312.

de la décentralisation[1], ce sont en France la commune, le département et, de création plus récente, la région.

330. Ces différentes strates de collectivités territoriales se retrouvent d'ailleurs dans tous les systèmes juridiques[2]. Parallèlement à celles-ci, on rencontre également des personnes publiques dites spécialisées[3]. Ces organismes tirent, en général, leur compétence directement des personnes publiques primaires que sont l'État et les autres collectivités territoriales.

Celles-ci préfèrent, dans le cadre d'un choix de gestion, individualiser un service donné et lui conférer la personnalité de droit public. Ce sont "*des services qui auraient pu être ou qui, dans le passé, ont été de simples services de l'État ou des collectivités territoriales et ont été érigés en personnes juridiques. Dotés d'organes et pourvus de ressources, ils jouissent d'une autonomie comparable à celle des autorités locales, parfois même plus étendue*"[4]. En France, il s'agit des établissements publics, dont on rencontre un équivalent dans chaque système étatique[5].

331. Ces différentes personnes publiques infra-étatiques ont traditionnellement pour champ d'action le territoire national, laissant à l'État la charge du domaine international. Or, depuis quelque temps, elles tendent à se départir de ce cadre en se tournant vers l'étranger[6]. C'est ainsi que sont aujourd'hui couramment conclues des

---

1 "*La décentralisation, qu'elle qu'en soit les formes, repose sur une donnée juridique : la reconnaissance de la personnalité juridique. La décentralisation c'est d'abord l'admission de personnes publiques autres que l'État*" : C. DEBBASCH, *op. cit.*, p. 189.

2 "*Au dessous de l'État existent, dans tous les pays, des collectivités locales ou régionales, investies de personnalité, ayant des organes, un budget, des services. Elles sont de différentes catégories et portent des noms divers ; on distingue en général les collectivités dites intermédiaires, régions, provinces, comitats, comtés, qui correspondent à peu près à un de nos départements, (...) et, avec de moindres dimensions le plus souvent, des districts, qui équivalent d'ordinaire à nos arrondissements (...) ; à la base sont les communes, fréquemment réparties au moins en deux sortes, communes urbaines et communes rurales ou paroisses. Toutes ces collectivités ont un territoire qui constitue et limite leur champ d'action, ce sont des collectivités territoriales. Sur ce territoire se trouve une population*" : H. PUGET, *op. cit.*, n° 9, p. 15.

3 C'est bien ce qu'exprimait un auteur en ces termes : "*À côté des collectivités à base territoriale (...) qui sont des personnes publiques à compétence ou générale ou très étendue pour les habitants d'une aire géographique, État, États-membres dans un État fédéral, régions, départements, provinces, comtés, éventuellement districts, communes, il existe à peu près partout, d'autres personnes publiques ou semi-publiques à compétence spéciale, qui sont dénommées établissements publics, autorités spéciales, personnes autonomes, corporations publiques, sociétés nationales*" : *ibid.*, n° 132, p. 91.

4 *Ibid.*, n° 11, p. 16.

5 L'Italie connaît également le concept d'établissement public. Ce pays, tout comme la Belgique et l'Irlande, fait d'ailleurs une distinction entre établissements à caractère administratif et établissements industriels et commerciaux. En Allemagne, on retrouve le même phénomène avec des formes juridiques de droit fédéré ou fédéral appelées *Körperschaften* - corporation -, *Anstalten* - établissement - ou *Stiftungen* - fondations. Au Royaume Uni, existe la notion de *quasi-autonomous non-governmental organisation*, plus connus sous le diminutif de *quango* ou de *non departmental public bodies*.

6 Pour un auteur comme A. PILLET, écrivant au début du XXe siècle, il y a là comme une sorte d'hérésie. Il estime, en effet, que les actions des personnes publiques sont limitées au territoire national "*précisément parce qu'elles sont dépositaires de la puissance publique et qu'on ne*

conventions entre personnes publiques infra-étatiques de pays différents, ou même entre personnes publiques infra-étatiques et États étrangers.

332. On regroupera ce phénomène conventionnel sous l'appellation d'accords infra-étatiques, à l'étude desquels nous allons procéder dans un premier temps (**chapitre I**). On aura ainsi l'opportunité de déterminer si l'ensemble des accords infra-étatiques, ou certains d'entre eux, doit recevoir la qualification de traité. En d'autres termes, s'ils sont directement régis par l'ordre juridique international. Mais quelle que soit la réponse apportée à cette première question, on constatera qu'en tout état de cause le rôle du droit des gens ne s'arrête pas là. Il exerce également une incidence indirecte sur certains accords infra-étatiques. Il est, en effet, de plus en plus fréquent que les États organisent le cadre juridique des conventions passées entre leurs collectivités infra-étatiques respectives au moyen de traités (**chapitre II**).

---

comprendrait pas qu'elles puissent exercer leurs fonctions à l'étranger" : *Des Personnes morales en droit international privé*, Paris : Sirey, 1914, n° 203, p. 300.

Chapitre I

LES ACCORDS INFRA-ÉTATIQUES

333. Une grille de lecture du phénomène conventionnel tel qu'il existe dans les relations internationales se dessine pas à pas. Ainsi, peut-on dès à présent affirmer que l'accord conclu par l'intermédiaire d'autorités relevant de deux personnes publiques de l'État est un traité. Le champ du droit des gens s'étend donc au moins jusque-là. Mais va-t-il au-delà ? Au-delà de la personne interne de l'État ? Ceci revient à se demander si l'ordre juridique international est susceptible de régir les accords conclus entre personnes publiques infra-étatiques. A cet ensemble, on ajoutera d'ailleurs un autre type d'accords dont la nature juridique reste également indéfinie. Il s'agit des conventions qui mettent en présence, d'un côté, une personne publique de l'État et, de l'autre, une personne infra-étatique[1].

334. Il est vrai que "*l'ordre juridique international étant par excellence l'affaire des États, il est légitime de croire que tout accord qui avoue pour seules parties des États (...) est a priori un traité ; dès l'instant où ses signataires affichent une personnalité propre, distincte de l'État, il est naturel en revanche de présumer que l'accord est un contrat, au moins parce qu'il ne pourrait a priori pas constituer un traité*"[2]. Cette hypothèse appelle toutefois une vérification, d'autant que bien des auteurs se fondent sur l'existence de "contrats entre États" afin de justifier la qualification contractuelle des accords infra-étatiques[3]. En effet, "*à partir du moment où cette possibilité est reconnue à l'État, agissant en tant que personne publique de droit interne, on voit mal au nom de quoi on pourrait interdire aux*

[1] Ainsi qu'a pu le noter M. WENGLER, "parfois, les gouvernements étatiques contractent avec une entité publique d'un autre État : banque nationale, société nationale de chemins de fer, commune, *etc.*" ("*state governments sometimes contract with public corporate bodies of other states, such as state banks, national railway enterprises, cities, etc.*") : "Agreements of States with...", art. préc., p. 117.

[2] J. VERHOEVEN, "Traités ou contrats entre...", art. préc., p. 8.

[3] Voy. not. : V. GOESEL-LE BIHAN, *La Répartition des compétences en matière de conclusion des accords internationaux sous la Ve République*, Paris : Pedone, 1995, p. 275-278 ; G. BURDEAU, "Les accords conclus entre autorités...", art. préc., p. 109 ; P.-M. DUPUY, "La coopération régionale transfrontalière et le droit international", *A.F.D.I.*, p. 837-860, spéc. p. 849 ; R. LAFORE, "L'action à l'étranger des collectivités territoriales", *R.D.P.*, 1985, p. 763-811, spéc. p. 773.

collectivités territoriales ou aux établissements publics, dotés de leur propre personnalité juridique, de recourir aux mêmes procédés contractuels"[1]. Certes, mais lorsque cette possibilité est déniée à l'État[2], la qualification contractuelle n'est plus alors aussi immédiate.

Afin de reprendre ce débat, on procédera donc à l'identification (**section I**), puis à l'analyse des accords infra-étatiques (**section II**).

SECTION I
L'IDENTIFICATION DES ACCORDS INFRA-ÉTATIQUES

335. Des accords infra-étatiques sont conclus par toutes les catégories de personnes publiques. Sans prétendre procéder à un relevé exhaustif de cette pratique conventionnelle, on tâchera d'en présenter un aperçu en prenant des exemples majoritairement issus de la pratique française ou européenne. Dans cette optique, on distinguera d'une part les accords infra-étatiques des collectivités territoriales (**§ 1**) et, d'autre part, ceux des établissements publics (**§ 2**).

§ 1. - LES ACCORDS INFRA-ÉTATIQUES DES COLLECTIVITÉS TERRITORIALES

336. En matière d'accords infra-étatiques, les conventions entre collectivités locales font l'objet d'une attention particulière. L'action extérieure des villes, départements et régions connaît, en effet, un engouement jamais démenti depuis une vingtaine d'années[3]. Celle-ci a été accompagnée par la conclusion de conventions, d'abord de jumelage, puis transfrontalières et enfin transfrontières. L'ensemble de ces catégories d'accords est aujourd'hui réuni sous l'appellation générique de conventions de coopération décentralisée. Seront donc étudiées tout d'abord les prémices de la coopération décentralisée (**A**), puis sa généralisation (**B**).

A. - LES PRÉMICES DE LA COOPÉRATION DÉCENTRALISÉE

337. Les collectivités territoriales ont commencé à se tourner vers l'étranger en développant des opérations de jumelage (**1°**). À partir des années soixante-dix, les régions frontalières ont ensuite mis en place des actions de coopération plus poussées (**2°**).

---

[1] P.-M. DUPUY, "La coopération régionale transfrontalière et...", art. préc., *loc. cit.*

[2] Comme nous le pensons : *supra*, Chap. I, « Les contrats entre États ».

[3] Pour une explication de ce développement : R. LAFORE, "L'action à l'étranger des collectivités territoriales", *R.D.P.*, 1988, p. 763-811, spéc. p. 763-767.

1° - Le jumelage

338. Les prémices de la coopération décentralisée sont à rechercher dans les accords de jumelage dont l'existence remonte à plusieurs dizaines d'années. Ce phénomène est d'ailleurs quantitativement très important[1]. Nombreuses sont les communes françaises ou européennes qui affichent le ou les noms de cités étrangères avec lesquelles elles sont jumelées[2]. Selon un auteur, on peut distinguer plusieurs types de jumelage : le "*jumelage réconciliation*" noué entre les communes françaises et allemandes dans l'après-guerre, le "*jumelage compréhension*" constitué pendant la guerre froide par des communes d'Europe de l'Ouest avec des communes socialistes d'Europe de l'Est et, enfin, le "*jumelage coopération*" établi entre communes européennes et communes africaines au lendemain des indépendances[3]. Cette tradition n'est d'ailleurs pas propre au continent européen et existe par exemple outre-Atlantique dans des proportions non-négligeables, comme le révèle ce constat établi par un auteur : "Plus de 830 villes ont établi des relations de jumelage avec plus de 1270 communes ou municipalités dans 90 pays étrangers"[4].

339. Très nombreux et universellement répandus, ces accords de jumelage n'en sont pas moins juridiquement pauvres[5]. Ils s'apparentent aux engagements non contraignants qui ont été définis plus haut[6]. Les partenaires évitent d'y formuler des obligations précises et se contentent de proclamer leur volonté indéfectible de coopérer. Force est de constater cependant que, de temps à autre, le jumelage peut être à l'origine d'une opération plus concrète entre les collectivités concernées[7]. Mais il s'agit là de cas marginaux et il a fallu attendre le développement de la coopération transfrontalière dans les années soixante-dix pour rencontrer des accords entre collectivités territoriales revêtant une véritable consistance juridique.

---

1 Voy. : *Les Communes et l'Europe, Guide pratique des jumelages*, éd. Office des publications officielles des Communautés européennes, diff. Journaux Officiels, 1994 ; *L'Art du jumelage : pourquoi, avec qui, comment réaliser et développer un jumelage*, document du Conseil des communes et régions d'Europe, Strasbourg : Conseil de l'Europe, 1991.

2 "*Il n'est guère de communes, en France, qui ne soient jumelées avec des communes étrangères et qui n'affichent fièrement leur jumelage à côté de leur église du XIIe, de leur IUT ou de leur piscine*" : Y. MADIOT, "Coopération décentralisée", *J.-Cl. Collectivités territoriales*, vol. I, fasc. 60, n° 2.

3 Cette distinction est avancée par F. PETITEVILLE, *La Coopération décentralisée, Les Collectivités locales dans la coopération Nord-Sud*, Paris : L'Harmattan, 1995, p. 12.

4 "*Over 830 cities and other municipal governments have established official 'sister city' relationships with over 1,270 cities and communities in 90 other countries*" : R.B. BILDER, "The Role of States and Cities in Foreign Relations", *A.J.I.L.*, 1989, p. 821-831, spéc. p. 822.

5 Comme l'écrit M. PETITEVILLE : "*Les échanges effectués dans le cadre de ces jumelages avaient une portée essentiellement culturelle, qui les maintenait dans des relations platoniques et sans réelle portée de droit*" : *op. cit., loc. cit.*

6 *Supra*, n° 109.

7 Une enquête sur la coopération des collectivités françaises avec leurs homologues étrangers dans le domaine culturel donne des exemples de coopération effective issue de simples jumelages : *Pratique des échanges culturels internationaux : les collectivités territoriales*, P. ALLIÈS, E. NÉGRIER, F. ROCHE, Association Française d'Action Artistique, Paris : Ministère des Affaires étrangères, 1994, p. 46-73. *Adde*, les exemples proposés par I. BOINVILLIERS, *op. cit.*, p. 39.

2° - La coopération transfrontalière

340. Les termes de "coopération transfrontalière" désignent un mouvement de partenariat qui s'est établi entre des communes frontalières principalement en Europe et en Amérique du nord. Il s'est ensuite étendu aux régions frontalières[1].

Les liens ainsi tissés entre communes séparées par une frontière sont bien évidemment de toute sorte. Ils vont de la simple rencontre entre élus ou de la réunion d'information à la signature de véritables accords. Or, ceux-ci ont la particularité de s'être éloignés du jumelage au caractère avant tout symbolique pour aller vers la stipulation de véritables obligations envers les parties[2]. Ce caractère contraignant des accords a permis de considérables avancées sur le terrain des réalisations concrètes. C'est ainsi qu'ont pu être mis en place des services publics communs souvent sur des questions touchant de près ou de loin à la protection de l'environnement[3].

341. A titre d'exemple, un accord conclu le 20 décembre 1974 entre la ville de Sarreguemines et l'*Abwasserverband Saar* de Sarrebruck prévoit la construction et l'exploitation conjointe d'une station de traitement des eaux usées[4]. De même, la ville de Clivio en Italie a confié ce traitement à un établissement intercommunal suisse, le syndicat pour l'épuration des eaux de Mendrisio et alentour, par une convention signée le 7 mai 1982[5]. Dans un domaine différent, un accord entre

---

1 M. BERNAD Y ALVAREZ DE EULATE, *La Coopération transfrontalière régionale et locale*, *R.C.A.D.I.*, 1993 (VI), vol. 243, p. 293-417 ; U. BEYERLIN, V° "Transfrontier cooperation between local or regional authorities", *Enc. pub. int. law*, vol. VI, 1983 ; V. VON MALCHUS, "La coopération des régions frontalières européennes", *Revue de droit international, de sciences diplomatiques et politiques*, 1972, p. 206-250, *id.*, 1973, p. 52-76.

2 "*A but principalement culturel, le jumelage n'est pas inutile mais sa portée reste faible. Dans le courant des années 1970 et surtout, au début des années 1980, une nouvelle 'race' d'accords entre collectivités publiques françaises et étrangères (sous forme de convention) fait son apparition. Des accords dont le contenu est de plus en plus éloigné des conventions de jumelage. Il prend une forte 'coloration' économique, essentiellement dans les zones frontalières*" : Y. MADIOT, art. préc., *loc. cit.*

3 Il n'est d'ailleurs pas fortuit que la naissance du mouvement transfrontalier soit concomitante à l'émergence d'une politique de protection de l'environnement. C'est ainsi que les premières études doctrinales du phénomène de la coopération transfrontalière l'ont été à propos de la protection de l'environnement. Voy. : P.-M. DUPUY, "La frontière et l'environnement" *in La Frontière*, SFDI, Colloque de Poitiers, Paris : Pedone, 1980, p. 268-286 ; P. KROMAREK, "Décentralisation et coopération transfrontalière", *Environment policy and law*, 1982, p. 119-131 ; *adde*, les différentes contributions aux ouvr. coll. suivants : *La Protection de l'environnement dans les régions frontalières*, Paris : OCDE, 1979 ; *La prévention des pollutions transfrontalières et la coopération des collectivités locales et régionales*, Conseil de l'Europe, Conférence des pouvoirs locaux et régionaux, Congrès d'Aix-la-Chapelle (3-5 avril 1979), CONG-TFP (79) ; *Les Problèmes juridiques posés par les pollutions transfrontalières*, M. BOTHE, M. PRIEUR, RESS, dir., Berlin, 1984. Encore de nos jours les deux questions restent souvent liées : E. OUYAHIA, "Régions transfrontalières et environnement sur l'arc méditerranéen", *Sciences de la société*, n° 37, 1996, p. 173-183 ; S. GODARD, *Contribution à l'étude des aspects juridiques de la coopération transfrontalière appliquée à la protection de l'environnement*, thèse multigr., Bordeaux I, 1987.

4 Voy. le texte de cette convention et son commentaire par U. HÜLSHOFF : "La protection de l'environnement dans la région Sarre-Lorraine" *in La Protection de l'environnement dans..., op. cit.*, p. 270-295, spéc. p. 284-286 (commentaire) et p. 289-295 (texte de l'accord). Signalons que le texte en est également diffusé par le Conseil de l'Europe : *transfront/office* (84) 8.

5 *Transfront/Office* (85) 21. Dans le même domaine, on peut également évoquer une convention entre la commune de Büsingen (Allemagne) et celle de Dörflingen (canton de Schaffhouse en Suisse) signée et entrée en vigueur le 21 décembre 1970 : citée par P.-M. DUPUY, "La coopération régionale

Strasbourg et l'*Ortenaukreis* d'Offenburg en Allemagne vise le traitement des déchets ménagers en provenance de l'*Ortenaukreis* par l'usine d'incinération de la Communauté urbaine de Strasbourg[1]. L'acheminement et la fourniture d'eau potable donnent également lieu à de nombreux accords entre communes frontalières[2]. Un tableau, publié en 1979 et recensant de multiples conventions transfrontalières conclues en Europe ou en Amérique du Nord, laisse apparaître les thèmes suivants : la lutte contre les incendies de forêts, la pollution, ou le bruit, l'aménagement de cours d'eau, l'enlèvement et l'incinération des ordures, la fourniture d'eau potable, la protection de la faune et de la flore, la gestion en commun des eaux frontalières ou des nappes phréatiques, la réglementation en commun de la chasse ou de la pêche, *etc.*[3] ; autant de domaines où des accords ont été conclus entre collectivités frontalières.

342. Au fil du développement du mouvement transfrontalier, certaines des collectivités concernées ont initié des projets plus ambitieux en cherchant à véritablement imbriquer leurs économies respectives. C'est ainsi que des accords traitant de questions comme le développement technologique[4] ou la création de pôles économiques transfrontières ont été conclus[5]. Les collectivités utilisent cette forme de coopération comme un moyen d'affronter ensemble des problèmes identiques. Loin de leurs capitales respectives, les communes, puis les autres collectivités, ont trouvé là une voie exogène de développement, évitant de cette façon un passage obligé par le pouvoir central[6]. À la frontière italienne, l'exemple de Menton et Vintimille est révélateur de l'état avancé dans lequel la coopération transfrontalière se trouve bien souvent aujourd'hui[7]. Les deux villes ont initié des

---

transfrontalière et le droit international", *A.F.D.I.*, 1977, p. 837-860, spéc. note 22, p. 842.

1 Signé le 6 mars 1974, repr. *in La Protection de l'environnement dans..., op. cit.*, p. 264-269.

2 Voy. not. l'accord de gestion et de purification de l'eau conclu entre la ville allemande de Selfkant et une association hollandaise de traitement de l'eau : *transfront/office* (83) 8 ; l'accord de drainage de l'eau entre le Bade-Wurtemberg et le canton de Schaffhouse en Suisse : *transfront/Office* (83) 13. *Adde*, M.T. PONTE IGLESIAS, "Les accords conclus par les autorités locales de différents États sur l'utilisation des eaux frontalières dans le cadre de la coopération transfrontalière", *Rev. suisse dr. int. dr. eur.*, 1995, p. 103-134.

3 *La Protection de l'environnement dans..., op. cit.*, p. 65-83. Pour d'autres listes de thèmes donnant lieu à des conventions de coopération transfrontalière : A.C. KISS, "La frontière - coopération" *in La Frontière, op. cit.*, p. 183-223 ; H. SMETS, "Améliorer les conditions de la coopération internationale pour la protection de l'environnement dans les régions frontalières" *in La Prévention des pollutions transfrontalières et la...*, CONG-TFP (79) 24, spéc. p. 4-6.

4 Voy. les conclusions finales du Congrès sur "Le développement technologique dans les régions transfrontalières" organisé par l'Association des régions frontalières européennes (ARFE) du 15 au 17 septembre 1988 à Gronau en Allemagne : *transfront* (88) 10.

5 G. WACKERMANN, "Belfort, Colmar, Mulhouse, Bâle, Fribourg-en-Brisgau : un espace économique transfrontalier", *N.E.D.*, n° 4824, Paris : La Documentation française, 1986. Sur ce type de regroupement entre villes frontalières : D. DÜRR, "Les agglomérations transfrontalières" *in Le Renouveau de l'aménagement du territoire en France et en Europe*, J.-C. NÉMERY (dir.), Paris : Économica, 1994, p. 625-641.

6 Un auteur rend compte de cette particularité économique et politique des régions frontalières : "*La plupart des régions frontalières européennes, c'est-à-dire les régions qui se situent aux frontières des États européens, sont à ranger, du point de vue de leur localisation, parmi les régions d'Europe les moins favorisées. Ces régions frontalières, qui appartenaient initialement dans leur quasi-totalité à un milieu culturel commun, ont subi depuis la création des États nationaux les conséquences de leur situation marginale par rapport aux centres nationaux parfois très éloignés*" : V. VON MALCHUS, art. préc., p. 206.

7 Sur cette coopération, voy. les commentaires suivants : P. NDIAYE, "La coopération transfrontalière

projets ou des réalisations communes dans un bon nombre de secteurs : schéma de planification territoriale commun, centre de traitement des déchets ménagers, projet de formation universitaire, *etc.* À la suite du domaine économique, la culture a également donné lieu à la conclusion d'accords transfrontaliers. Ainsi, le 29 mars 1990, la ville de Maubeuge s'est unie à la province belge du Hainaut. Il s'agit par cet accord de créer un centre culturel transfrontalier qui comporte, notamment, la création d'un atelier de décors et de costumes, la formation de techniciens aux métiers de la scène, et des projets artistiques communs[1].

343. Prenant la suite des communes, les régions frontalières ont à leur tour entrepris de nouer des liens conventionnels avec leurs voisins étrangers. La conclusion de conventions de ce type s'est très vite répandue en Europe[2] comme en Amérique du Nord[3]. À l'origine, les partenaires cherchaient souvent à harmoniser

---

des collectivités décentralisées sur l'arc méditerranéen", *Sciences de la société*, n° 37, 1996, p. 151-171, spéc. p. 157 ; K. WERNER, D. SENIGOUT, "La coopération transfrontalière de proximité, un enjeu majeur de développement", *Rev. fr. fin. pub.*, 1991, p. 141-158, spéc. p. 146-147. Un pacte transfrontalier du même ordre uni, depuis juillet 1988, les deux villes de Comines-France et Comines-Warneton (Belgique) séparées en 1713 par le traité d'Utrecht : *id.*, p. 146.

1 Cité par M. BERNAD Y ALVAREZ DE EULATE, cours préc., p. 387. Pour une analyse juridique de ce type de coopération : *Pratique des échanges culturels internationaux : les collectivités territoriales, op. cit.* ; *Guide juridique de la coopération culturelle transfrontalière*, Min. de la Culture/DRAC d'Alsace, Presses Universitaires de Strasbourg, 1995.

2 Pour une liste des différentes zones frontalières européennes accompagnée à chaque fois de synthèses sur les coopérations qui y sont pratiquées : C. RICQ, *Manuel de coopération transfrontalière à l'usage des collectivités locales et régionales en Europe*, Strasbourg : Conseil de l'Europe, 2ème éd., 1995, p. 57-71 ; *Interregional and cross-border cooperation in Europe*, Proceedings of the Conference on interregional cooperation - Regions in Partnership (Brussels, 14-15 déc. 1992), Bruxelles/Strasbourg : Commission européenne, 1994 ; S. ERCMANN, "General report for Europe" *in Transatlantic colloquy on cross-border relations, European and north american perspectives*, Zürich : Schulthess, 1987, p. 23-82, spéc. p. 26-52. Pour des exemples propres à certaines régions en particulier : J.-P. ALLINE, "Les perspectives historiographiques de la frontière pyrénéenne : thèmes fondateurs et nouveaux liens transfrontaliers", *Les cahiers du LERASS*, n° 24, 1991, p. 33-62 ; M. DAYNAC, "Coopération économique des territoires frontaliers dans le sud de l'Europe. Quelques pistes de recherche", *Inter-Régions*, 1991, p. 153-159 ; M. EHRMANN, "La coopération transfrontalière dans la région du Rhin supérieur", *Rev. Trésor*, 1991, p. 197 ; C. OLIVESI, J.-P. PASTOREL, "Pour la coopération transfrontalière Corse-Sardaigne : le programme INTERREG", *Rev. adm.*, 1991, p. 201-204 ; des mêmes auteurs, "La place de la Corse dans la coopération méditerranéenne", *Rev. adm.*, 1990, p. 201-206 ; N. LEVRAT, "La coopération transfrontalière franco-suisse et l'échéance européenne de 1992", *Ann. Fac. Clermont-Ferrand*, 1989, p. 104-126 ; P. KUKAWKA, "Les relations entre la région Rhône-Alpes et Genève", *id.*, p. 127-135 ; C. FISCHER, G.P. TORRICELLI, "Transports et coopération interrégionale dans les Alpes. Un bilan mitigé", *Sciences de la société*, n° 37, 1996, p. 132-149. De même, le Conseil de l'Europe a publié plusieurs monographies sur la coopération dans telle ou telle région frontalière européenne, voy. : *Coopération transfrontalière en Europe, Liste des documents publiés*, Strasbourg : Conseil de l'Europe, éd. 1997 ou subséquente. Pour une analyse du phénomène de la coopération interrégionale en Europe : R. BALME, S. BROUARD, F. BURBAUD, "Coopération inter-régionale et genèse de l'espace public européen", *Sciences de la société*, n° 34, 1995, p. 79-95 ; Y. LUCHAIRE, "Les régions et l'Europe", *Ann. coll. loc.*, 1990, p. 23-35 ; J. ROBERT, "La coopération entre les collectivités territoriales et notamment régionales au sein de la CEE", *Après Demain*, n° 314-315, 1989, p. 19-22.

3 A titre d'exemple, les États fédérés du Canada et du nord des États-Unis concluent de tels accords depuis fort longtemps : P.R. JOHANNSON, "British Columbia's relations with the United States", *Canadian Public Administration*, 1978, p. 212-233 ; R.H. LEACH, D.E. WALKER et T.A. LEVY, "'Province-State Trans-border Relations: a Preliminary Assessment", *Canadian Public Administration*, 1973, p. 468-482. L'un d'eux a même donné lieu à un contentieux au début du XXe siècle : aff. *Mc Henry vs Brady*, 163 *North Western Reporter* 540 (1917). De même, le Québec est lié à la Louisiane : R.S. RODGERS, "Conclusion of a Quebec-Louisiana Agreement on Cultural Cooperation", *A.J.I.L.*, 1970, p. 380-394. *Adde*, les nombreux accords recensés dans *La Protection de l'environnement dans..., op. cit.*, p. 81-83, et l'étude comparative suivante : *Transatlantic colloquy on cross-border relations..., op. cit., passim.*

leur politique d'aménagement du territoire[1]. La coopération s'est ensuite diversifiée. Ainsi, un accord de coopération transmaritime a été signé le 26 octobre 1989 entre la Basse-Normandie et le Hampshire dans le but de renforcer leur développement économique et ce, dans la perspective du marché intérieur européen[2].

344. De même, la Région Nord Pas-de-Calais a cherché à créer un parc naturel transfrontalier avec la Région wallonne voisine[3] ou à promouvoir le tourisme en coopération avec le Comté du Kent[4]. Lors de la construction du tunnel sous la Manche, le Nord Pas-de-Calais s'est également rapproché du Comté de Leeds en Angleterre. Ceci s'est concrétisé, dans un premier temps, par la signature le 14 février 1987 d'une charte de coopération pour la promotion et le développement du tourisme qui reprend les stipulations d'un accord préexistant entre le parc naturel du Boulonnais et les *districts* de Canterbury, Douvres, Shephway et Thanet. Puis, le 24 avril 1987, a été signé un protocole d'accord au contenu beaucoup plus ambitieux, visant à la constitution d'une eurorégion. Ses dispositions concernent aussi bien l'aménagement du territoire et le développement économique que la formation professionnelle, en passant par la culture, la protection de l'environnement ou le tourisme[5].

Mais ce dernier accord participe en réalité déjà d'un mouvement dépassant le strict cadre transfrontalier, pour devenir transfrontière. C'est alors la généralisation de la coopération décentralisée vers des relations entre collectivités sans frontière commune.

---

[1] C. ESTROSI, *La Coopération transfrontalière au service de l'aménagement du territoire*, rapport du Conseil économique et social, n° 25, Paris : J.O.R.F., 1996 ; *La Coopération transfrontalière dans le cadre de l'aménagement durable du territoire en Europe centrale*, Aménagement du territoire européen - Série d'études, n° 55, Strasbourg : Conseil de l'Europe, 1993 ; M. ABTS, "L'Union Économique Benelux : la concertation frontalière en matière d'aménagement du territoire", *transfront* (86) 3 ; M. ARNOLD, "La coordination des schémas d'aménagement des régions frontalières. Le cas de l'Alsace, de la Rhénanie-Palatinat, du pays de Bade et de la Suisse du Nord-Ouest", Aménagement du territoire européen - Série d'études, Strasbourg : Conseil de l'Europe, 1977.

[2] Cité par M. BERNAD Y ALVAREZ DE EULATE, cours préc., p. 336.

[3] Il s'agissait du Parc naturel transfrontalier des plaines de la Scarpe et de l'Escaut dont l'acte de création a été signé à Hergnies le 7 octobre 1983 : *transfront/office* (84) 3. Toutefois, ce projet est, semble-t-il, mort-né.

[4] Accord repr. *in Les Relations extérieures des Régions françaises*, Y. LUCHAIRE, B. DOLEZ et A. VANTROYS, Paris : La Documentation française, 1992, p. 302. L'Est de la France est à la pointe du mouvement transfrontalier : J.-M. ERNECQ, "La coopération inter-régionale dans le Nord-Pas-de-Calais" *in Coopération décentralisée et coopération multilatérale francophone*, G. CONAC, C. DESOUCHES, J.-C. NEMERY, dir., Paris : Economica, 1989, p. 163-167 ; J.-C. BURCKEL, "Évolution de la coopération interrégionale dans l'espace du Rhin supérieur : l'exemple de l'Alsace" *in Le Droit appliqué à la coopération interrégionale en Europe*, Paris : LGDJ, 1995, p. 7-14. Le *Compte rendu d'activités de la Région Lorraine pour 1994* présente les nombreuses actions de coopération transfrontalières de cette région dans des domaines aussi variés que le développement économique, l'emploi et la formation, l'enseignement supérieur et la recherche, l'aménagement du territoire, les transports, l'environnement, le tourisme, la culture, *etc.* : p. 399 et s., spéc. p. 401. Voy. également la Déclaration commune pour une coopération transfrontalière entre la région Wallonne et le Nord-Pas-de-Calais en date du 1er octobre 1985 : *transfront/office* (85) 22. Une déclaration de ce type unit également la Lorraine à la Sarre : *transfront* (89) 1. *Adde*, J. SEKUTOWICZ, "Sar-Lor-Lux : un modèle de coopération interrégionale au cœur de l'Europe", *Rev. adm.*, 1989, p. 11-14.

[5] Y. LUCHAIRE, "L'euro-région, fille naturelle du tunnel sous la Manche ?" *in Le Tunnel sous la Manche entre États et marchés*, G. MARCOU, R. WICKERMAN, Y. LUCHAIRE, dir., Presses universitaires de Lille, 1992, p. 378-315.

B. - LA GÉNÉRALISATION DE LA COOPÉRATION DÉCENTRALISÉE

345. La conclusion de conventions entre collectivités territoriales de pays différents a dépassé, au début des années quatre-vingt, le cadre des relations transfrontalières. En France, les spécialistes fixent la date de naissance de cette nouvelle forme de coopération au 28 juin 1980 lorsque Gaston Defferre signa, en tant que député-maire de Marseille et président du Conseil régional de Provence-Alpes-Côte d'Azur, une "convention d'amitié et de collaboration" avec le président du Conseil populaire d'Alger. Cet accord avait été précédé d'une autre convention au moins aussi retentissante. Le 30 mai 1980, M. Pierre Mauroy, président du Conseil régional Nord-Pas-de-Calais, conclut au nom de cette région un protocole d'accord avec le gouvernement du Maryland[1]. Ces deux accords précurseurs sont significatifs des deux axes autours desquels s'est généralisée la coopération décentralisée, à savoir l'aide au développement (**1°**) et la coopération avec les collectivités d'États industrialisés (**2°**).

1° - L'aide au développement

346. Alors que les collectivités frontalières cherchaient à tirer profit de leur proximité géographique pour gérer en commun des services publics ou aménager ensemble leurs territoires respectifs, la généralisation de la coopération décentralisée a donné lieu à des opérations plus désintéressées, en particulier dans le cadre de l'aide aux pays en voie de développement.

347. C'est ainsi que les collectivités françaises ont mis en place des actions de solidarité avec les pays du Sud ou de l'Est de l'Europe[2]. Dans un but philanthropique ou humanitaire[3], des villes ont cherché à partager leur expérience de la gestion de l'espace urbain en particulier dans les domaines de la voirie, de la sécurité publique, de l'urbanisme, ou des transports publics[4]. La ville de Marseille, par exemple, a tissé tout un canevas de conventions avec un grand nombre de métropoles du tiers-monde afin d'aider celles-ci à gérer leur espace urbain[5]. Le département du Loiret, quant à lui, a mis en place une convention d'assistance à la Préfecture départementale de Butare au Rwanda afin de former des animateurs de

---

[1] Le texte de ces deux accords a fait l'objet d'une reproduction : *Les Relations extérieures des Régions françaises*, *op. cit.*, respectivement p. 317 et p. 291. Notons toutefois que la portée pratique des premiers accords relatifs à la coopération décentralisée ne les éloignait pas tellement du simple jumelage, voy. à ce sujet : J.-C. BOUZELY, "L'action extérieure des collectivités territoriales", *Rev. adm.*, 1989, p. 251-252 et *id.*, 1987, p. 373-374.

[2] J.-L. AUTIN, "La coopération décentralisée pour le développement : entre légitimité et légalité", *Les Cahiers du CNFPT*, n° 30, 1990, p. 73-80 ; Y. LUCHAIRE, "La coopération décentralisée Nord-Sud", *id.*, p. 81-88. G. CONAC, "La coopération décentralisée", *Droits africains 1989-1990*, n° 11, Paris : Centre d'études juridiques et politiques du monde africain, 1990.

[3] Ceci a d'ailleurs une incidence en matière de légalité de ces accords : *infra*, n° 483 et s.

[4] Sur cette ingénierie urbaine : F. PETITEVILLE, *op. cit.*, p. 55-89 ; G. FOMERAND, "Coopération internationale décentralisée et évaluation financière des projets de développement urbain dans l'espace francophone", *Rev. fr. fin. pub.*, 1991, p. 159-180.

[5] Pour un tableau descriptif de ces différents accords : F. PETITEVILLE, *op. cit.*, p. 74-77.

plans de développement municipaux[1]. Parallèlement ou corrélativement à cette aide humanitaire, certaines actions de coopération ont une optique plus industrielle ou économique[2]. Les collectivités locales françaises ou européennes cherchent alors à ouvrir des marchés aux entreprises installées sur leur territoire. Ainsi, un protocole de coopération conclu entre le Nord-Pas-de-Calais et la région de Tianjin en Chine a débouché sur la conclusion de deux contrats commerciaux signés par les Charbonnages de France et sur la participation d'une entreprise de travaux publics d'Arras à la construction d'une autoroute Beijing-Tianjin-Tanggu[3].

2° - *La coopération avec les collectivités d'États industrialisés*

348. Le deuxième axe de la coopération décentralisée est constitué par la conclusion d'accords avec les collectivités de grands États industrialisés[4]. Celles-ci peuvent être européennes, à l'image de l'accord "Euro-gateway" réunissant le département de l'Hérault, la région de Glasgow et la Rhénanie-Westphalie. Conclu en septembre 1991, il "*permet aux entreprises petites et moyennes situées sur le territoire des trois collectivités de s'installer sur des zones d'activités et de bénéficier, pendant trois ans, du soutien des trois agences de développement*"[5]. Mais il existe également des actions de coopération décentralisée avec des collectivités extra-européennes.

349. Les collectivités francophones du Canada, à cet égard, constituent des partenaires privilégiés. La Franche-Comté a ainsi signé des protocoles d'accord avec le Outaouais au Québec[6]. On peut également faire mention d'un autre protocole de ce type conclu entre la Montérégie également située au Québec et la région Midi-Pyrénées. Il vise à mettre en place une politique de coopération industrielle, scientifique, culturelle et touristique[7]. On rencontre aussi des partenariats avec des États fédérés américains, comme l'accord précité entre le Nord-Pas-de-Calais et le Maryland[8]. De même, la région Provence-Alpes-Côte d'Azur a conclu une convention d'amitié et un accord culturel avec la Floride[9]. Il existe même des conventions avec des collectivités d'États comme le Japon[10] ou Israël[11]. Une étude systématique des relations internationales d'un Conseil général, en l'occurrence celui du Languedoc-Roussillon, montre que cette collectivité a passé, entre 1984

[1] T. FANDARD, "Jumelage coopération entre la préfecture de Butare au Rwanda et le département du Loiret en France", *Les Cahiers du CNFPT*, n° 30, 1990, p. 97-100.

[2] Sur ce pan de la coopération décentralisée : F. PETITEVILLE, *op. cit.*, p. 139-168, avec les réf. citées.

[3] *Ibid.*, p. 149.

[4] Y. DELAHAYE, "La coopération décentralisée entre pays développés", *Les Cahiers du CNFPT*, n° 30, 1990, p. 40-45.

[5] Y. MADIOT, art. préc., n° 9.

[6] *Les Relations extérieures des Régions françaises, op. cit.*, p. 212.

[7] *Ibid.*, p. 280.

[8] *Supra*, n° 345.

[9] *Les Relations extérieures des Régions françaises, op. cit.*, p. 323-324.

[10] Il existe un projet d'accord de coopération entre la région d'Ile-de-France et Tokyo : *ibid.*, p. 239.

[11] Protocole entre le Conseil régional Provence-Alpes-Côte d'Azur et l'Union des Pouvoirs Locaux en Israël : *ibid.*, p. 322.

et 1993, pas moins de 12 accords bilatéraux et de 5 multilatéraux[1]. Ce mouvement ne concerne, d'ailleurs, pas uniquement les régions ou les départements de métropole. Il touche également l'outre-mer[2]. En outre, il concerne aussi les villes qui, de manière un peu plus récente, se sont également investies dans des actions de coopération décentralisée[3].

350. Ces différents exemples permettent de se rendre compte de l'effervescence de l'action extérieure des collectivités territoriales. Ce sont à la fois les partenaires et les types de coopération qui se multiplient. En outre, la nature des accords conclus peut être très diverse. Ces accords vont de la simple proclamation d'amitié à la construction d'une station d'épuration en commun par deux communes frontalières, en passant par un projet de développement local institué par une collectivité européenne au profit d'une collectivité africaine. Cette diversité s'accroît encore lorsqu'on examine les accords passés par les établissements publics.

§ 2. - LES ACCORDS INFRA-ÉTATIQUES DES PERSONNES PUBLIQUES SPÉCIALISÉES

351. Si les relations internationales entre collectivités locales sont de plus en plus étudiées, le même phénomène au niveau des autres personnes publiques infra-étatiques est, en revanche, largement ignoré, en particulier par la doctrine. Pourtant, un processus identique à celui de la coopération décentralisée existe au profit des autres entités publiques. La conclusion d'accords infra-étatiques par les personnes publiques spécialisées est en plein essor. Pour en faire la démonstration, on s'appuiera sur la pratique conventionnelle infra-étatique des établissements publics français. Le champ de compétence de ces personnes publiques étant très varié, on ne retiendra que certains domaines où la conclusion d'accords infra-étatiques est particulièrement significative. Il s'agit de la coopération en matière scientifique, universitaire et culturelle (**A**), et celle en matière économique et industrielle (**B**).

---

[1] P. NDIAYE, "L'ouverture des régions sur le monde. Dix années de politique 'internationale' du conseil régional de Languedoc-Roussillon", *Sciences de la société*, n° 37, 1996, p. 159-176. L'éventail géographique des partenaires est très large. On y retrouve tous les courants de la coopération décentralisée : certains accords ont un partenaire directement frontalier, d'autres s'inscrivent dans une perspective européenne ou encore d'aide au développement. Enfin, le Languedoc-Roussillon entretient également un partenariat avec des collectivités de grands États industrialisés.

[2] Sur la coopération décentralisée des territoires et départements d'outre-mer : F. BRIAL, *Décentralisation territoriale et coopération internationale, Le Cas de l'Outre-mer français*, Paris : L'Harmattan, 1997 ; D. DORMOY, "Les relations internationales et l'outre-mer : l'exemple polynésien", *A.J.D.A.*, 1992, p. 575-580 ; du même auteur, "Le cadre juridique des relations extérieures des collectivités territoriales de l'outre-mer français" *in Le Droit appliqué à la..., op. cit.*, p. 185-194. A titre d'exemple, les régions ultrapériphériques de l'Union européenne ont signé le 29 mars 1995 à Pointe-à-Pitre un protocole de coopération. Celui-ci réunit les Açores, les Îles Canaries, la Guadeloupe, la Guyane, Madère, la Martinique et la Réunion : *R.G.D.I.P.*, 1995, p. 669.

[3] Ainsi, "Eurométropoles" créé en novembre 1990 réunit pas moins de vingt des principales villes européennes dans le but de coopérer dans les domaines de l'industrie, du tertiaire, de l'enseignement et de la recherche, des transports et des communications : Y. MADIOT, art. préc., n° 11. Sur ce thème : P. DOMMERGUES, N. GARDIN, *Les Stratégies internationales des métropoles européennes*, Paris : Symos, 1989.

A. - LA COOPÉRATION EN MATIÈRE SCIENTIFIQUE, UNIVERSITAIRE ET CULTURELLE

352. Un domaine privilégié pour la conclusion d'accords entre personnes publiques spécialisées est incontestablement celui de la recherche. Il est en effet très courant que des organismes scientifiques nationaux passent des accords entre eux. Cela va de l'échange d'informations et de documentations scientifiques ou de chercheurs jusqu'à l'élaboration de projets en commun[1]. Ainsi, le 20 juillet 1970, le Centre National de la Recherche Scientifique a conclu un protocole d'échanges de scientifiques avec la National Science Foundation américaine[2]. En 1996, l'établissement public français a également renouvelé une collaboration remontant à 1969 avec l'Académie Russe des Sciences et l'Académie Bulgare des Sciences par la conclusion de deux nouvelles conventions[3]. Dans ce cadre, une convention de jumelage a permis de créer un laboratoire commun de biophysique entre des unités du CNRS et de l'Université de Sofia[4].

L'Institut National de la Recherche Agronomique a adopté une démarche similaire et développe également de nombreuses coopérations internationales, à l'image de ce "Mémoire d'entente de coopération scientifique et technique en matière de recherche dans le domaine agricole et agro-alimentaire" conclu le 6 juillet 1996 avec l'Académie des Sciences agricoles de Russie[5]. L'exploitation de l'espace étant, par définition, une activité où l'on ne saurait se passer de collaboration internationale, le Centre National d'Études Spatiales développe également une politique conventionnelle internationale. Les accords conclus par cet établissement public sont multiples. On peut citer celui signé avec l'Agence spatiale russe le 20 mai 1996 à Moscou[6]. Il concerne l'installation d'équipements de réception de données de satellites français d'observation de la Terre dans la station d'Obninsk en Russie[7]. Toujours dans le domaine scientifique, le Commissariat à l'Énergie Atomique est également signataire d'accords internationaux comme cet accord-cadre concernant les "*applications pacifiques des techniques nucléaires*

---

[1] S. COURTEIX, *Recherche scientifique et relations internationales*, Paris : LGDJ, 1972, p. 39-82 ; J. SOURDILLE, *Rapport sur la coopération scientifique et technologique avec les pays d'Europe centrale et orientale*, Assemblée nationale (n° 1481) et Sénat (n° 583), Paris : JORF, 1994.

[2] *Le Progrès scientifique*, n° 151, janv.-fév. 1972, p. 55-57. Le texte d'un accord du CNRS avec le Conseil des Arts canadien est reproduit en annexe de l'article de M. PLOUFFE, art. préc., p. 209-211.

[3] *CNRS - Info*, 1er février 1996 ; et *AFP Sciences*, n° 1016, 8 février 1996, p. 3.

[4] *Ibid.*

[5] Inéd.

[6] *AFP Sciences*, n° 1031, 23 mai 1996, p. 7. Pour plusieurs "arrangements spécifiques de coopération" du CNES avec l'Agence spatiale brésilienne (A.E.B.) : *AFP Sciences*, n° 983, 22 juin 1995, p. 7 ; *id.*, n° 1032, 30 mai 1996, p. 6.

[7] Ce type d'accords entre agences chargées de l'Espace permet au propriétaire d'un satellite de rester en contact avec celui-ci quelle que soit sa position orbitale et ce, par l'intermédiaire de stations-sol étrangères. Pour une étude des accords de ce type passés par la NASA : P.A. SALIN, "Les contrats Landsat de télédétection signés par les agences spatiales américaines avec les stations-sol étrangères", *A.F.D.I.*, 1992, p. 998-1008 ; et du même auteur, "Présentation de quelques contrats bilatéraux de télédétection commerciale entre opérateurs de satellites et stations-sol", *Rev. dr. aff. int.*, 1992, p. 219-234.

avancées" signé le 13 septembre 1996 à Paris avec la Commission Vietnamienne à l'Énergie Atomique[1].

353. Les universités et les autres établissements d'enseignement supérieur participent, au côté des organismes de recherche, à la coopération en matière scientifique. L'accord traite alors en particulier du sort des résultats scientifiques éventuellement obtenus, ce qui pose souvent des questions de propriété intellectuelle dont les universités ne sont pas toujours averties. Mais ils initient également une coopération sur des questions proprement universitaires comme l'échange d'étudiants ou l'organisation de cursus joints. Les accords de ces deux catégories sont extrêmement nombreux. On peut même affirmer, sans craindre de se tromper, que l'ensemble des universités françaises y a recours[2].

354. Dans le domaine culturel, la Réunion des Musées Nationaux[3] a conclu de nombreux accords avec des musées ou des organismes équivalents à l'étranger. Elle co-organise des expositions, prête des œuvres à des musées étrangers[4] ou, au contraire, en reçoit en prêt[5]. Il existe aussi des relations bilatérales entre les musées eux-mêmes. Ainsi, le Louvre et le Metropolitan Museum de New York ont-ils conclu un programme de coopération dès 1973[6]. Dans le même ordre d'idée, l'opéra de Lyon est lié à celui de Genève[7]. De même, les musées, les écoles d'art, les

1 *AFP Sciences*, n° 1048, 19 septembre 1996, p. 16. Deux accords du CEA conclus le 23 février 1975, l'un avec l'État iranien et l'autre avec un établissement public de ce pays, sont d'ailleurs en partie à l'origine du contentieux *Eurodif* qui a donné lieu à un arrêt de la Cour de cassation : Civ. 1re, 14 mars 1984, *Rev. crit.*, 1984, p. 644, note BISCHOFF, *J.D.I.*, 1984, p. 598, note OPPETIT, *D.*, 1984.II.629, rapp. FABRE, note ROBERT, *J.C.P.*, 1984.II.20205, concl. GULPHE, note SYNVET, *Rev. arb.*, 1985, p. 69, note COUCHEZ, *G.A.D.I.P.*, n° 63.

2 A titre d'exemple, un accord a été signé entre les universités de Grenoble et de Phnom Penh le 23 février 1995 à Ho Chi Minh-Ville : *AFP Sciences*, n° 967, 2 mars 1995, p. 3. On peut affirmer que la très grande majorité des universités françaises sont engagées dans des collaborations internationales. Elles sont, pour la plupart, dotées de services chargés des relations internationales qui élaborent des conventions-types. Une liste inédite des conventions conclues par l'Université de Perpignan fait apparaître pas moins d'une cinquantaine de partenaires différents dans des domaines aussi divers que les études anglaises (Sheffield University), la sédimentologie marine (Université de Dakar), la biologie animale (Université de Shanghai), la fonction publique (École nationale de la magistrature de Ouagadougou) ou le droit (Université de Ténériffe). Voy. également l'accord de coopération académique signé le 30 janvier 1996 à Paris entre l'Institut National Agronomique de Paris-Grignon (INA-PG) et la faculté d'agronomie de l'Université de Tokyo : *AFP sciences*, n° 1015, 1er février 1996, p. 26. Parfois, du côté français, le signataire n'est pas une université mais une autorité relevant de l'État-personne publique comme dans ces accords conclus avec des universités iraniennes par le directeur général des Affaires culturelles et techniques au Ministère des Affaires étrangères : R. PINTO, H. ROLLET, *op. cit.*, n° 230, 231, 232 et 258.

3 Crée en 1895, la RMN a connu des formes juridiques diverses et n'est devenue un établissement public à caractère scientifique et culturel qu'en 1990 (décret n° 90-1026 du 14 novembre 1990).

4 Ainsi, pour une collaboration avec la ville de Memphis aux États-Unis qui a contribué à restaurer le château de Malmaison et qui, en contrepartie, s'est vu prêter des œuvres pour une rétrospective Napoléon, voy. *Rapport d'activité 1993*, p. 59.

5 Lors de l'exposition Cézanne organisée fin 1995 au Grand Palais, la National Gallery de Londres prêta trois œuvres du peintre. A cette occasion, un accord écrit extrêmement précis fut conclu. Y était entre autre visés les problèmes de transport, de conditionnement, d'assurance, de responsabilité, *etc.* : inédit.

6 E. GHAZALI, *Contribution à l'étude des accords culturels*, th. multigr., Paris I, 1977, p. 330-337.

7 *Pratique des échanges culturels internationaux...*, *op. cit.*, p. 53.

conservatoires ainsi que l'opéra de Marseille organisent de nombreux échanges avec des institutions étrangères[1].

B. - LA COOPÉRATION EN MATIÈRE ÉCONOMIQUE ET INDUSTRIELLE

355. La conclusion d'accords infra-étatiques ne se limite bien évidemment pas à la recherche scientifique, à la formation universitaire ou à la culture. Les relations économiques et industrielles sont également des thèmes récurrents en matière d'accords infra-étatiques.

En 1951 a, par exemple, été conclu entre la SNCF et les chemins de fer allemands un accord de pool ferroviaire appelé "Wagon Europ"[2]. On peut également citer l'exemple de Gaz de France qui passe couramment de tels accords. Une convention de ce dernier avec un organisme algérien, la Sonatrach, concernant la fourniture de gaz est même évoquée par un arrêt de la Cour de cassation[3]. À un tout autre niveau, les Chambres de commerce ou d'agriculture entretiennent également des relations bilatérales en matière économique ou industrielle, souvent d'ailleurs sous le couvert d'un accord-cadre entre collectivités territoriales[4]. Par exemple, la coopération initiée dès 1986 entre le département des Côtes d'Armor et le Gouvernat de Gabès en Tunisie s'est traduite par la signature d'un protocole de coopération en 1990. Or, dans ce cadre, un accord de coopération agricole a été signé par la chambre d'agriculture du département et celle du Sud tunisien[5].

Les établissements publics, comme toutes les collectivités territoriales, concluent donc des accords. Après avoir pris la mesure de l'ampleur de ce phénomène conventionnel, il est temps maintenant de procéder à son analyse juridique.

---

[1] *Ibid.*, p. 55. Voy. la coopération entre le Musée de Dakar et les musées de Marseille faisant suite à un accord-cadre de coopération pluri-sectorielle et pluri-annuelle signé le 23 janvier 1991 entre les deux villes : F. PETITEVILLE, *op. cit.*, p. 74.

[2] Cité par G. BURDEAU, "Les accords conclus entre autorités administratives de...", art. préc., note 32, p. 114. Voy. également le n° spécial d'*Industries et travaux d'outremer* consacré à la "Coopération ferroviaire internationale" : n° 231, février 1973.

[3] Civ. 1re, 1er octobre 1985, B. I, n° 236, p. 211, *Rev. crit.*, 1986, p. 527, note AUDIT, *J.D.I.*, 1986, p. 170, note OPPETIT, *J.C.P.*, 1986.II.20566, concl. GULPHE, note SYNVET. Dans cette affaire, un particulier entendait saisir des sommes appartenant à la Sonatrach en application de la convention qu'elle avait passée avec GDF.

[4] I. BOINVILLIERS, *op. cit.*, p. 168-173.

[5] *Ibid.*, p. 29. Pour une convention réunissant les chambres de commerce et d'industrie des régions méditerranéennes : C. JOLY, "La coopération infra-étatique en Méditerranée : vers un nouveau multilatéralisme" *in La Méditerranée, espace de coopération, En l'honneur de M. Flory*, Paris : Economica, 1994, p. 289-295, spéc. p. 292.

SECTION II

L'ANALYSE DES ACCORDS INFRA-ÉTATIQUES

356. Comme tout accord de volontés, les accords infra-étatiques présentent incontestablement une nature factuelle. Ils posent donc un problème de qualification. Celui-ci ne saurait cependant être résolu en prétendant que les accords infra-étatiques sont de simples engagements d'honneur[1] car, une fois de plus, il ne s'agit pas là d'une forme conventionnelle autonome. Elle est dérivée soit du contrat, soit du traité. De même, on ne saurait prétendre que les accords infra-étatiques sont, à eux seuls, constitutifs d'une catégorie juridique. Car cela reviendrait à postuler l'existence d'un tiers ordre juridique, distinct du droit international et des droits internes[2], autrement dit, d'un ordre juridique *sui generis*[3]. Or, il est manifeste que celui-ci n'existe pas. Par conséquent, c'est toujours en partant du même point de départ que l'analyse des accords infra-étatiques va s'orchestrer : si ces accords mettent en présence deux sujets du droit international ils doivent être qualifiés de traité, sinon il s'agit de contrats. Il convient donc, dans un premier temps, de s'intéresser à la personnalité internationale des personnes publiques infra-étatiques (**§ 1**) avant de qualifier les accords que ces dernières concluent entre elles (**§ 2**).

---

[1] Cette analyse n'a semble-t-il jamais été soutenue. On peut toutefois citer l'exemple de l'accord instituant la Communauté de travail des Pyrénées qui regroupe des collectivités françaises et espagnoles et qu'un commentateur a qualifié de "*compromis mutuel à caractère non normatif*" : M. BERNAD ALVAREZ DE EULATE, "Un organisme de coopération transfrontalière : la Communauté de travail des Pyrénées. Organisation et fonctionnement", *A.F.D.I.*, 1984, p. 819-835, spéc. p. 831. Mais l'auteur ne généralise pas ce constat à tous les accords infra-étatiques ou de coopération transfrontalière. Dès lors, il ne semble pas qu'il intronise l'engagement d'honneur en une catégorie juridique à part entière.

[2] Puisqu'on rappellera que le traité est la convention de droit des gens et le contrat, celle de droit interne : *supra*, n° 47.

[3] Un auteur fait ici un parallèle avec le commerce international en évoquant "*cet ordre juridique intermédiaire que constitue le droit transnational qui ne saurait se limiter à la lex mercatoria et envahirait ainsi le droit administratif dans ses rapports avec le droit international*" : C. SCHNEIDER, "La souveraineté de l'État au carrefour du droit international et du droit administratif. Réflexions sur les développements récents du droit transnational de l'action extérieure des collectivités infra-étatiques" *in Mélanges G. Peiser*, Presses universitaires de Grenoble, 1995, p. 423-449, spéc. p. 423. D'autres auteurs envisagent cette éventualité d'un nouvel ordre juridique avant de l'écarter : N. LEVRAT, *Le Droit applicable aux accords de coopération transfrontière entre collectivités publiques infra-étatiques*, Paris : PUF, 1994, p. 283-290 ; B. DOLEZ, *Coopération décentralisée et souveraineté de l'État, Contribution à l'étude du régime juridique de l'action extérieure des collectivités territoriales*, thèse multigr., Lille II, 1993, p. 274-283 ; M. BOTHE, "Rechtsprobleme grenzüberschreitender Planung", *Archiv des Öffentlichen Rechts*, 1977, p. 68-89, spéc. p. 76. M. GAUTIER estime que ce serait là la meilleure solution : "*Au lieu de vouloir à tout prix affirmer que l'on se trouve en présence d'un traité, avec le risque de devoir finalement constater sa non-validité, ne convient-il pas plutôt de reconnaître la réalité d'une classe intermédiaire d'accords qui ne sont assimilables ni aux contrats de droit interne, ni aux traités et qui sont soumis à un droit particulier, un droit des relations infra-étatiques ? C'est probablement cette dernière solution qui paraît le plus raisonnable en raison des spécificités inhérentes à la conclusion d'accords internationaux par des organismes publics dotés d'une autonomie interne et vis-à-vis desquels l'application des règles relatives à la conclusion des traités semblent inadaptée*". Mais l'auteur constate ensuite que "*cette nouvelle classe d'accords internationaux (...) reste vague quant au régime juridique qui lui serait spécifique*" : *Essai sur la définition...*, *op. cit.*, p. 272.

§ 1. - LA PERSONNALITÉ INTERNATIONALE DES PERSONNES PUBLIQUES INFRA-ÉTATIQUES

357. La personnalité internationale des personnes infra-étatiques peut s'envisager de deux manières. Soit elle est conférée par l'ordre juridique international lui-même. Il s'agit alors d'une personnalité internationale autonome. Soit c'est l'État dont dépend la personne infra-étatique qui confère à celle-ci une personnalité internationale et on parle alors de personnalité internationale dérivée. Mais nous allons constater qu'en définitive les personnes publiques infra-étatiques ne bénéficient d'une personnalité internationale ni autonome (**A**), ni même dérivée (**B**).

A. - L'ABSENCE DE PERSONNALITÉ INTERNATIONALE AUTONOME

358. Comme tout ordre juridique, le droit des gens s'adresse à des sujets. Bien que ceux-ci soient en priorité constitués par les États et les organisations internationales, on se demandera si les personnes infra-étatiques ne pourraient pas également bénéficier de cette qualité, indépendamment de toute reconnaissance par l'État-souverain dont elles relèvent. Or, une réponse négative s'impose. Les personnes publiques infra-étatiques ne bénéficient pas d'une personnalité conférée par le droit international public, que ce soit dans le cadre d'un État unitaire (**1°**) ou fédéral (**2°**).

1° - Dans le cadre d'un État unitaire

359. Les personnes infra-étatiques disposent-elles d'une authentique qualité de sujet du droit des gens ? Si tel était le cas, les accords infra-étatiques devraient corrélativement recevoir la qualification de traités. Force est d'ailleurs de constater que la qualité de sujets du droit des gens est parfois attribuée à des entités autres que les États et les organisations internationales. Il est dans l'air du temps de multiplier les sujets de l'ordre international. Ont, par exemple, été évoqués les mouvements de libération nationale, les personnes privées dans le cadre de la protection internationale des droits de l'homme, ou les sociétés privées contractant avec des États dans le commerce international. Aussi est-il tentant d'ajouter à cette liste les organes publics contractant avec leurs homologues étrangers ?

360. Il faut pourtant y renoncer car, sous des dehors séduisants, une telle démarche véhicule un paralogisme. En effet, si ces entités sont de véritables sujets du droit des gens, il en résulte que les relations avec l'État dont elles émanent devraient être régies par ce droit. Or, ce n'est manifestement pas le cas. Comme l'expérience le montre, dans tous les pays du monde les relations entre un État et les autres personnes publiques relèvent du droit public interne, administratif ou constitutionnel.

Ainsi, en France, le Conseil constitutionnel a lui-même réaffirmé ce principe, somme toute évident. En 1983, cette juridiction a été invitée à se prononcer sur la nature juridique d'une convention fiscale passée entre l'État et le territoire de Nouvelle-Calédonie, dont la loi soumise à son examen portait approbation. Dans un premier temps, le Conseil a affirmé le principe selon lequel rien ne s'oppose à ce que l'État passe des conventions avec les personnes publiques infra-étatiques, communes, départements, régions ou territoires d'outre-mer. Mais il a pris le soin de préciser que ce ne sont pas des traités. En effet, "*de telles conventions, de pur droit interne, puisent leur force obligatoire (...) dans la loi française en vigueur*"[1]. On ne saurait être plus clair et il faut donc en conclure qu'au moins les personnes publiques infra-étatiques *stricto sensu*, c'est-à-dire à l'exclusion du cas particulier des États fédérés, ne sont pas titulaires d'une personnalité internationale autonome[2].

2° - Dans le cadre d'un État fédéral

361. La question de la personnalité internationale autonome des personnes infra-étatiques se pose avec plus d'acuité dans le cadre d'un État fédéral. En effet, certains États fédérés ont revendiqué ou revendiquent encore aujourd'hui une personnalité internationale à part entière[3]. Généralement ceci prend d'ailleurs un tour largement politique comme au Canada ou en Belgique. Ainsi, dans le premier de ces deux pays, la Province de Québec a-t-elle tenté de passer dans le domaine des affaires culturelles, qui relève de sa compétence interne, des traités. Un accord de ce type conclu avec la France le 27 février 1965 fit grand bruit, en particulier à Ottawa[4].

362. A cette prétention, on oppose le même argument que celui développé à l'égard des autres personnes infra-étatiques. De l'attribution de la qualité de sujet du droit international à ces États fédérés, il faudrait déduire que les rapports entre ceux-ci et leur État fédéral sont régis par ce même droit international. Et il est vrai qu'une certaine doctrine semble admettre que le droit international puisse s'appliquer dans les rapports entre États fédérés d'une même fédération, ou entre un État fédéral et ses entités fédérées[5]. Mais, en réalité, les motivations de ces auteurs reposent sur le

---

1 Décision n° 83-160 D.C. du 19 juillet 1983, *Rec.*, p. 43.

2 En ce sens : F. OSMAN, "Un nouveau champ d'exploration pour le droit international privé : la coopération transfrontière entre collectivités publiques infra-étatiques", *Rev. crit.*, 1997, p. 403-445, spéc. p. 412 ; P. NDIAYE, *Les Collectivités territoriales et l'ordre international, État et perspectives de la décentralisation des relations internationales dans le cadre unitaire français*, thèse multigr., Montpellier I, 1994, p. 31-32 ; O. AUDEOUD, "Les collectivités infra-étatiques dans la vie internationale" *in L'État souverain à l'aube du XXIe siècle*, SFDI, Colloque de Nancy, Paris : Pedone, 1994, p. 139-169, spéc. p. 157-158.

3 Sur ce thème : R. DEHOUSSE, *Fédéralisme et relations internationales*, Bruxelles : Bruylant, 1991 ; *Federalism and International Relations*, H.J. MICHELMANN, P. SOLDATOS, dir., Oxford : Clarendon Press, 1990 ; *Les États fédérés dans les relations internationales*, Société Belge de Droit International, Colloque de Bruxelles, Bruxelles : Bruylant, 1984 ; L. di MARZO, *Component Units of Federal States and International Agreements*, Alhen aan den Rijn : Sijthoff & Noordhoff, 1980.

4 Chr. C. ROUSSEAU, *R.G.D.I.P.*, 1965, p. 775-777.

5 Sur ce thème : A. BLECKMANN, "Völkerrecht im Bundesstaat ? Gedanken zum zweiten coburg-urteil des Bundesverfassungsgericht von 30 Januar 1973", *Ann. suisse D.I.*, 1973, p. 9-48 ; W.B. COWLES, *International Law as Applied between Subdivisions of Federations*, *R.C.A.D.I.*,

constat suivant lequel, bien souvent, les constitutions fédérales ne prévoient rien sur ce type de relations. C'est pourquoi il a été proposé d'emprunter, à titre supplétif, au droit international des principes permettant de régir celles-ci. Le droit des gens pourrait, en effet, être adapté à ce type de rapports.

Cependant, il convient de ne pas se méprendre sur la signification à donner à cette référence. Il s'agit d'un emprunt de principes au droit des gens et non d'une soumission à celui-ci. Ces principes seront insérés dans le droit constitutionnel, sous la condition d'ailleurs que celui-ci le permette[1]. Il ne s'agit en aucun cas de soumettre à l'ordre international les rapports internes à un État souverain, serait-il fédéral. Ceci aurait pour conséquence d'instituer l'État fédéré en État souverain. Or, cette conséquence n'est pas admissible car "*les membres d'une fédération ne sont pas des 'États souverains', c'est-à-dire 'au sens du droit des gens' : juridiquement, ils dépendent entièrement du pouvoir central. Ils gardent, en droit ou en fait, le titre d'États par courtoisie ou par habilité politique*"[2].

Par conséquent, les États fédérés comme les autres personnes infra-étatiques ne bénéficient pas d'une personnalité internationale autonome. Nous allons voir qu'ils ne sont pas non plus investis d'une personnalité dérivée.

B. - L'ABSENCE DE PERSONNALITÉ INTERNATIONALE DÉRIVÉE

363. Il a été établi que l'ordre international ne confère pas lui-même la qualité de sujet aux personnes infra-étatiques. En revanche, celle-ci est attribuée à l'État souverain. Deux cas de figure sont alors envisageables. Dans le premier, l'État reste le seul titulaire de la personnalité internationale mais aménage l'exercice de celle-ci en habilitant certaines personnes publiques à le représenter au regard du droit des gens et, le cas échéant, à signer des traités en son nom. On est alors en présence d'un problème de compétence interne très similaire à celui rencontré lors de l'étude des arrangements administratifs[3]. Mais il existe une seconde hypothèse. L'État pourrait doter certaines de ses personnes publiques d'une véritable personnalité internationale. Elle serait dérivée, puisqu'elle est accordée par l'État et non par l'ordre juridique international, et vraisemblablement également limitée à certaines matières. Dans ce cadre, la personne infra-étatique pourrait en son nom propre conclure des traités qui n'engageraient qu'elle et non l'État dans son ensemble[4].

---

vol. 74, 1949 (I), p. 659-754.

[1] Y. LEJEUNE, *Le Statut international des collectivités fédérés à la lumière de l'expérience suisse*, Paris : LGDJ, 1984, n° 211-214, p. 284-288.

[2] *Ibid.*, n° 19, p. 38.

[3] *Supra*, Chap. II.

[4] En pratique, ces deux hypothèses ne sont pas toujours distinguées bien que, par leurs conséquences quant à la personne engagée, elles soient fort différentes. Rien n'est alors plus sûr que de se fixer sur la terminologie. Rappelons à ce propos que la *capacité internationale* - ou capacité de droit international - est le pendant de la personnalité internationale - ou sujétion au droit international. On opposera donc au cours de ce paragraphe l'éventuelle *capacité internationale* des personnes infra-étatiques, serait-elle dérivée d'un choix arbitraire de l'État, à la *compétence* - ou au *pouvoir* - de celles-ci de représenter la personnalité internationale de l'État et donc d'exercer effectivement la capacité internationale de ce

364. Or, on verra que s'il arrive - au demeurant très rarement - qu'une personne infra-étatique représente l'État au regard du droit international, l'expérience montre que dans le cadre des États unitaires (**1°**) comme fédéraux (**2°**), il n'est jamais reconnu de personnalité internationale dérivée.

1° - Dans le cadre d'un État unitaire

365. Dans un État unitaire, il ne fait absolument aucun doute qu'aucune personnalité internationale dérivée n'est attribuée aux personnes infra-étatiques. Seul l'État est investi d'une capacité internationale. En outre, l'exercice de celle-ci est un monopole de l'exécutif. Par conséquent, le pouvoir de représenter l'État-sujet du droit des gens ne peut excéder les limites de la personne publique de l'État. Une personne infra-étatique n'en est jamais investie. Que ce soit en leur nom ou au nom de l'État, les personnes publiques infra-étatiques ne sont pas en mesure de conclure un traité[1]. Elles n'en ont ni la capacité, ni la compétence.

366. La solution ne fait, par exemple, aucun doute au regard du droit français. Les collectivités infra-étatiques y sont dépourvues de toute compétence pour engager l'État dans un traité[2], et *a fortiori* de toute capacité pour s'engager elles-mêmes au regard du droit des gens. Dans un avis rendu le 16 mai 1980, l'Assemblée générale du Conseil d'État a estimé que les dispositions constitutionnelles excluent que l'on puisse "*conférer aux collectivités territoriales compétence pour passer des accords ou traités internationaux*"[3]. Le tribunal administratif de Nouméa a ainsi censuré une délibération de l'Assemblée territoriale de Nouvelle-Calédonie habilitant son exécutif, c'est-à-dire le président du gouvernement du territoire, à signer un accord avec des États du Pacifique[4]. En Italie, la Cour constitutionnelle a également affirmé à plusieurs occasions la position suivante : "*Dans notre système constitutionnel, la formulation d'accords avec des sujets propres d'autres organisations relève exclusivement de la compétence des organes de l'État souverain (...) Seul l'État a le pouvoir de conclure des accords (quelle que soit leur dénomination particulière) avec des collectivités territoriales d'un État étranger (...) Les régions n'ont pas, par principe, de compétences extérieures à leur domaine*

---

dernier.

1 E. ZOLLER, *Droit des relations extérieures*, Paris : PUF, 1992, n° 11, p. 22. Mme GOESEL-LE BIHAN fait cette observation : "*Dans la société internationale d'aujourd'hui, aucun État étranger n'accorde à l'ensemble de ses collectivités secondaires une capacité internationale, même limitée*" : *op. cit.*, p. 217.

2 E. ZOLLER, "La conclusion et la mise en œuvre des traités dans les États fédérés et unitaires", *R.I.D.C.*, 1990, p. 735-750, spéc. p. 739.

3 Avis n° 326-996, reproduit dans *Droit international et droit français*, *op. cit.*, p. 110.

4 T.A. Nouméa, 9 avril 1985, *Haut-commissaire de la République en Nouvelle Calédonie*, *A.F.D.I.*, 1986, p. 925. L'article 29 de la Loi organique du 19 mars 1999 relative à la Nouvelle-Calédonie (*J.O.*, 21 mars 1999, p. 4197) prévoit désormais que, dans les domaines de compétence du territoire, le congrès peut autoriser par délibération le président du gouvernement à négocier des accords internationaux avec des États. A l'issue de la négociation, les autorités de la République confient au président du gouvernement les pouvoirs lui permettant de signer ces accords. Sur cette question : V. GOESEL-LE BIHAN, "La Nouvelle-Calédonie et l'accord de Nouméa, un processus inédit de décolonisation", *A.F.D.I.*, 1998, p. 24-75, spéc. p. 38-46.

territorial propre"[1]. De même, en Espagne, le Tribunal constitutionnel a considéré comme nulle et non avenue, au regard de la Constitution, une convention passée entre le service de l'environnement de la Junte de Galice et la Direction générale de l'environnement du gouvernement danois[2]. Le Conseil d'État belge, quant à lui, a eu à examiner un accord conclu entre la Communauté française de Belgique et le Canton suisse du Jura. Or, selon cette juridiction, ladite convention ne pouvait pas être qualifiée de traité car elle ne mettait pas en présence deux sujets du droit des gens[3].

367. Ces exemples illustrent bien qu'aucun État à structure unitaire ne reconnaît de *capacité* internationale à ses personnes infra-étatiques. En revanche, leur absence de *compétence* quant à l'exercice de la capacité internationale de l'État appelle une précision. Il arrive, en effet, que le pouvoir central émette des actes de délégation au profit d'autorités relevant de personnes infra-étatiques. C'est ainsi que le maire d'une ville pourra être désigné pour conclure un traité. À titre d'exemple, des accords internationaux ont été signés dans sa ville par le maire d'Annecy[4]. D'aucuns en déduiront que la commune d'Annecy, personne infra-étatique française, a été à cette occasion investie de la compétence d'engager la France dans un traité. Ce serait là une appréciation erronée. En effet, ce n'est pas alors la personne publique infra-étatique qui est visée mais l'autorité elle-même, en l'occurrence le maire. Celui-ci est investi de la compétence d'engager l'État-sujet du droit des gens par une lettre de pleins pouvoirs. À cette occasion, il n'est plus envisagé comme l'exécutif d'une collectivité territoriale mais comme une autorité relevant de l'État-personne publique[5]. Le droit administratif français connaît ces

---

[1] Cour constitutionnelle, arrêts n° 32 de 1960, n° 21 de 1968, n° 170 de 1975 et n° 187 de 1985, cités par E. ZOLLER, *op. cit.*, n° 11, p. 23. Pour le texte de deux de ces jugements : n° 170, 18 juin-3 juillet 1975, *I.Y.I.L.*, 1976, p. 309-314 ; n° 187, 28 juin 1985, *id.*, 1985, p. 166-168. On consultera à profit la doctrine italienne sur ces questions. Voy. not. : A. ARONOVITZ, "Les compétences internationales des régions italiennes", *Revue de droit international, de sciences diplomatiques et politiques*, 1995, p. 145-162 ; C. MORVIDUCCI, "The international activities of the italian regions", *I.Y.I.L.*, 1976, p. 201-223.

[2] Il s'agit d'un arrêt en date du 20 juillet 1989 (137/1989), cité par L. FAVOREU, "Les juridictions constitutionnelles et l'action extérieure des collectivités territoriales" *in Le Droit appliqué à la coopération interrégionale en..., op. cit.*, p. 35-46, spéc. p. 45. Le Tribunal a précisé que l'acte est "*illégitime depuis une perspective interne, constitutionnelle*" : M. BERNAD Y ALVAREZ DE EULATE, cours préc., note 85, p. 336.

[3] Avis du Conseil d'État belge en date du 28 février 1989 sur un projet de décret "*portant assentiment de l'accord de coopération entre la Communauté française de Belgique et la République et Canton du Jura, fait à Bruxelles le 21 décembre 1988*" : *Doc. C.C.F.*, sess. ord. 1988-1989, n° 63/1, p. 4-6. Voy. également, à propos d'un accord entre la Communauté française de Belgique et le Rwanda, un avis dans le même sens du Conseil d'État en date du 5 février 1990 : *Doc. C.C.F.*, sess. ord. 1989-1990, n° 106/1, p. 4 et s. Il importe, toutefois, de souligner que cette solution n'aurait sans doute plus cours aujourd'hui en Belgique. En effet, une réforme constitutionnelle du 5 mai 1993 autorise désormais les entités fédérés à conclure des traités : P. GAUTIER, "Le régime des traités dans l'État fédéral - I°. La conclusion des traités", *R.B.D.I.*, 1994, p. 31-57. Quant à savoir si de tels traités les engagent personnellement ou engagent la fédération dans son ensemble, on se reportera aux développements, n° 371.

[4] Par ailleurs, il est vrai, chargé des transports au gouvernement : chr. D. RUZIÉ, *R.F.D.A.*, 1996, p. 1242 ; *id.*, 1995, p. 1248.

[5] En ce sens : l'art. 40 de la loi n° 96-312 du 12 avril 1996 portant statut d'autonomie de la Polynésie française qui permet au président du gouvernement du territoire de "*négocier et signer des accords dans les domaines de compétence de l'État ou du territoire avec un ou plusieurs États, territoires ou organismes régionaux du Pacifique et avec les organismes régionaux des institutions spécialisées des Nations Unies*" à la condition que les autorités de la République lui en ait délivré le pouvoir : *J.O.*, 13

mécanismes de dédoublement fonctionnel. C'est précisément le cas pour le maire qui, selon les hypothèses, agit soit comme autorité exécutive de la collectivité territoriale qu'il préside, soit comme agent de l'État[1]. Un parallèle peut ici être fait avec la mise en œuvre des traités dans l'ordre interne. Le Conseil d'État a précisé à ce propos que "*les autorités chargées par le gouvernement français de participer à l'exécution des engagements internationaux de la France (...) agissent en qualité d'autorités nationales*"[2]. Dès lors, même si l'autorité qui intervient dans la mise en œuvre du traité relève par ailleurs d'une personne infra-étatique, elle est à cette occasion considérée comme agent de l'État. Le raisonnement ainsi suivi pour l'exécution des traités doit être reproduit en ce qui concerne la conclusion de ceux-ci.

2° - Dans le cadre d'un État fédéral

368. La question de la personnalité internationale des personnes infra-étatiques se pose avec plus d'acuité pour les États fédérés que pour les États unitaires ; en particulier, pour celles des fédérations où les entités fédérées bénéficient d'un *jus tractandi* (a). Toutefois, ce dernier n'implique pas l'émergence d'une personnalité internationale dérivée des États fédérés. Il s'agit ici d'une simple compétence d'exercer la capacité internationale de la fédération (b).

a) Le jus tractandi des États fédérés

369. Certaines constitutions d'États fédéraux habilitent les États fédérés à conclure, dans certaines matières, des traités[3]. Ainsi, en Suisse, l'article 9 de la Constitution fédérale prévoit "*(qu')exceptionnellement, les cantons conservent le droit de conclure des traités sur des objets concernant l'économie publique, les rapports de voisinage et de police*"[4]. En revanche, aux États-Unis, "*aucun État ne*

---

avril 1996, p. 5699. On doit alors admettre que "*dans ces hypothèses, ces autorités agissent selon les instructions de l'État et sont donc placées sous l'autorité hiérarchique du ministre des affaires étrangères*" : V. GOESEL-LE BIHAN, "Sur quelques aspects récents du droit constitutionnel français des relations extérieures", *A.F.D.I.*, 1997, p. 58-81, spéc. p. 62. Pour de nombreux ex. de traités signés au nom de l'État par le président du territoire : F. BRIAL, *op. cit.*, p. 109-110. Le nouveau statut de la Nouvelle-Calédonie, issu de la loi n° 99-209 du 19 mars 1999, prévoit un mécanisme un peu différent en ce qu'il distingue selon que la matière traitée par l'accord relève de la compétence de l'État ou de la compétence de la Nouvelle-Calédonie. Mais, même dans cette seconde hypothèse, l'art. 29 de la loi prévoit qu'à l'issue de la négociation menée par le président du gouvernement du territoire, les autorités de l'État confient à celui-ci "*les pouvoirs de signer ces accords*" qui, en outre, "*sont, s'il y a lieu, soumis à ratification ou à approbation dans les conditions prévues aux articles 52 et 53 de la Constitution*" : *J.O.*, 21 mars 1999, p. 4197. Sur cette question : V. GOESEL-LE BIHAN, "La Nouvelle-Calédonie et l'accord de Nouméa...", art. préc., p. 38-46.

[1] R. CHAPUS, *op. cit.*, t. I, n° 326.

[2] C.E., 2 octobre 1981, *Groupement d'intérêt économique Vipal*, *Rec.*, p. 341 ; *D.*, 1982.II.209, concl. GENEVOIS ; *R.D.P.*, 1982, p. 1113, note AUBY.

[3] O.J. LISSITZYN, *Territorial entities other than independent states in the law of treaties*, *R.C.A.D.I.*, 1968 (III), vol. 125, p. 4-88, spéc. p. 24-50. Ce n'est pas le cas de tous les États fédéraux. Ainsi, par exemple, les constitutions du Brésil et du Mexique ne comportent pas de telles dispositions.

[4] C. WILHEM, *Introduction et force obligatoire des traités internationaux dans l'ordre juridique suisse*, Zurich : Schultess, 1993, spéc. p. 29-40.

pourra conclure des traités"[1], mais il est reconnu aux États fédérés la possibilité de conclure des "*agreements*" ou "*compacts*" à condition d'avoir l'assentiment du Congrès[2]. En Allemagne, les *Länder* ont quant à eux une compétence extérieure en ce qui concerne les relations audiovisuelles et culturelles[3].

Le mouvement semble d'ailleurs s'amplifier puisque de nouveaux États fédéraux comme l'Autriche[4] et la Belgique[5] ont ouvert la possibilité à leurs États fédérés d'entretenir des relations internationales et de conclure des traités sous certaines conditions. Or, il convient d'apprécier les conséquences de l'exercice de ce *jus tractandi*, dont certaines constitutions investissent les États fédérés.

b) Les conséquences de l'exercice de ce jus tractandi

370. La première conséquence est que l'accord conclu par un État fédéré conformément au cadre défini par sa Constitution est un traité à condition, bien évidemment, que le cocontractant soit un État souverain ou, à la limite, un État fédéré bénéficiant d'une habilitation du même type[6]. Le problème s'est posé en Allemagne fédérale. La Cour constitutionnelle de ce pays a été saisie d'un accord signé le 19 octobre 1951 entre le *Land* de Bade et le Port autonome de Strasbourg qui est un établissement public industriel et commercial du droit français[7]. Les juges

---

1 Art. I, sect. 10 (1) de la Constitution fédérale.

2 Art. I, sect. 10 (3) de la Constitution fédérale.

3 T. STEIN, "Conclusion and implementation of treaties in the Federal Republic of Germany" *in Reports on German Public Law, XIIth International Congress of Comparative Law - Montréal, 1990 -*, R. BERNHARDT, U. BEYERLIN, dir., Heildelberg : C.F. Müller, 1991 ; D. RAUSCHNING, "The authorities of german länder in foreign relations", *Ann. La Haye D.I.*, 1989, p. 131-138.

4 En 1988, la Constitution autrichienne a été modifiée, ouvrant aux *länder* une possibilité - limitée - de conclure des traités : R. RACK, "Österreichs Länder und das Völkerrecht", *Archiv des Völkerrechts*, 1989, p. 31-44.

5 Une réforme identique s'est opérée en 1993 en Belgique : P. GAUTIER, "Le régime des traités dans l'État fédéral ...", art. préc. ; Y. LEJEUNE, "Le droit fédéral belge des relations internationales", *R.G.D.I.P.*, 1994, p. 577-628. Sur la situation antérieure : Y. LEJEUNE, "Les communautés et les régions belges dans les relations internationales", *R.G.D.I.P.*, 1981-1982, p. 53-80. Le Canada a adopté un système un peu différent. En effet, il n'existe pas dans le système constitutionnel de cet État de dispositions qui habilitent les États fédérés à conclure des traités. Toutefois, le Québec est autorisé à conclure des "ententes" avec des pouvoirs étrangers à la condition que celles-ci interviennent dans le cadre d'un traité de couverture conclu par le gouvernement fédéral : S. BASTID, *op. cit.*, note 1, p. 84. En l'absence d'un tel traité de couverture, l'entente ne produit aucun effet juridique, au moins en droit interne. La Cour d'appel du Québec a précisé ce point à l'occasion d'un litige relatif à un jugement français ayant accordé un droit de visite à un père résidant en France. L'exécution de cette décision était réclamée au Québec en vertu d'une loi assurant l'application d'une entente sur l'entraide judiciaire entre la France et le Québec conclue en 1977. Devant la Cour, il fut plaidé que l'entente était un traité international dont la conclusion ne ressortissait pas à la compétence constitutionnelle du Québec et que sa législation de mise en œuvre était de ce fait *ultra vires*. Sans se prononcer expressément sur le *jus tractandi* de la province, la Cour affirma que l'entente avec la France "*était un simple arrangement administratif (...) et non pas un accord obligatoire, encore moins un traité international*" qui excédait la compétence de la province. Sur cette affaire, voy. D. TURP, "L'arrêt Bazylo c. Collins et la nature juridique des ententes internationales du Québec", *R.Q.D.I.*, 1984, p. 345-357.

6 J. WOEHRLING, "La conclusion et la mise...", art. préc., p. 102.

7 Il s'agissait d'organiser une gestion commune du port de Strasbourg et de celui de Kehl, situé de l'autre côté du Rhin. Contestant les conditions de conclusion de cet accord, des parlementaires allemands saisirent la Cour fédérale en invoquant une contrariété avec l'article 59 (2) de la

fédéraux ont logiquement estimé qu'au regard de la Constitution allemande, les accords passés par les *Länder* sont des traités s'ils ont été conclus avec un sujet du droit international, ce qui n'inclut pas les personnes publiques infra-étatiques. La qualification de traité n'a donc pas été retenue pour l'accord du 19 octobre 1951[1].

371. Mais la question centrale est de déterminer si un traité conclu en application et en conformité avec une de ces habilitations constitutionnelles engage la seule entité fédérée signataire ou bien l'ensemble de l'État fédéral. En d'autres termes, ces délégations ont-elles pour conséquence de consacrer une personnalité internationale dérivée des États fédérés, ou bien leur accordent-elles la compétence d'exercer la capacité internationale de l'État fédéral ?

Comme l'expose un auteur, "*ou l'État membre a la capacité de conclure des traités qui le lient immédiatement dans l'ordre international, et il convient de lui reconnaître la qualité de sujet du droit des gens, ou le traité est en réalité conclu pour le compte de l'État fédéral, conformément à la règle constitutionnelle qui détermine les autorités compétentes pour représenter la Fédération dans les relations publiques internationales, et il est attribuable à l'Union mais ne s'applique qu'à l'une de ses parties constituantes*"[2]. Le premier cas revient à analyser l'habilitation constitutionnelle en un transfert de la *jouissance* du *jus tractandi* et donc en l'octroi par l'État souverain d'une personnalité internationale dérivée à l'État fédéré. Dans la seconde hypothèse, au contraire, il n'y a qu'un transfert de l'*exercice* du *jus tractandi* et l'État fédéré agit comme un simple organe de la fédération.

372. Et il n'est pas sans conséquence que l'on retienne un transfert de la *jouissance* ou simplement de l'*exercice* du *jus tractandi* puisque, dans le premier cas, seul l'État fédéré signataire serait internationalement responsable en cas de violation du traité. Ce point n'est pas dénué d'importance en particulier pour le cocontractant de l'État fédéré. C'est ainsi, à titre d'exemple, que le traité créant la chaîne culturelle européenne *Arte* a été signé le 2 octobre 1990 entre la France et chacun des *Länder*. De peur que l'État fédéral ne soit pas internationalement responsable en cas d'inexécution du traité, le gouvernement français a exigé du

---

constitution qui impose une autorisation parlementaire de ratification pour certains traités, dont l'accord en question aurait fait selon eux partie. Les demandeurs estimaient, en effet, que l'État de Bade avait agi dans le cadre défini par l'article 32 (3) de la Loi fondamentale en vertu duquel "*dans la mesure de leur compétence législative, les Länder peuvent, avec l'assentiment du Gouvernement fédéral, conclure des traités avec les États étrangers*" : *Bundesverfassungsgericht* (Cour constitutionnelle fédérale), 30 juin 1953, *Port de Kehl*, *JZ*, 8 (1953), p. 569 ; *I.L.R.*, 1953, p. 407-409. La décision de la Cour fédérale est partiellement traduite en français par P. GUGGENHEIM, *Traité*, *op. cit.*, t. I, note 2, p. 133.

1 Les relations entre les ports de Kehl et de Strasbourg font désormais l'objet d'un véritable traité passé entre la France et le Bade-Wurtemberg : *J.O.*, 22 juin 1994, p. 8968. En France, lors du vote de la loi autorisant l'approbation de cet accord, un parlementaire a fait observer que le Bade-Wurtemberg n'étant pas un État souverain, il ne s'agissait pas là d'un traité. En réponse, le ministre interpellé a indiqué que le gouvernement allemand a approuvé, par une note verbale, la conclusion de cet accord. Mais il a ensuite refusé de se prononcer sur la question de savoir s'il s'agissait là d'un traité ou d'un contrat : chr. D. MAUSS, *R.F.D. const.*, 1994, p. 97-98. L'auteur de cette chronique signale toutefois qu'un avis du Conseil d'État, en date du 1er février 1991, confirme la possibilité pour la France de conclure des traités avec des États fédérés habilités en ce sens par leur constitution : *id.*, note 39, p. 98.

2 Y. LEJEUNE, *Le Statut international des...*, *op. cit.*, n° 189, p. 254.

gouvernement fédéral une approbation formelle. Celle-ci a été communiquée sous la forme d'une lettre du directeur général des Affaires culturelles du Ministère fédéral des Affaires étrangères[1].

Une telle précaution était pourtant inutile car, comme l'énonce M. Gautier, "*une interprétation du phénomène fédéral respectueuse de l'unité de l'État sur le plan international consiste à voir dans les entités fédérées des organes de l'État fédéral, qui agissent en cette qualité lorsqu'elles concluent des traités. De la sorte, on évite une fragmentation de la personnalité juridique de l'État fédéral, seul titulaire d'une subjectivité internationale*"[2]. La meilleure preuve en est que l'exercice du *jus tractandi* se fait sous le contrôle de l'État central. Ainsi, en Allemagne, en Autriche et en Suisse, une autorisation de l'État fédéral est nécessaire pour qu'un État fédéré puisse conclure un traité[3]. Le nouveau droit fédéral belge des relations internationales prévoit également ce contrôle[4]. Un auteur a d'ailleurs écrit à propos de cette réforme : "*Il s'agit d'une pure répartition interne des compétences au sein d'un sujet étatique unique dont la capacité internationale demeure entière*"[5].

373. De même, lors du long processus qui mena à l'élaboration de la Convention de Vienne de 1969, l'un des projets posait une règle relative à la compétence des États fédérés. Il s'agit de l'article 5 du projet de 1966 qui disposait dans son second paragraphe que les États membres d'une union fédérale pouvaient avoir la capacité de conclure des traités si celle-ci était admise par la Constitution fédérale[6]. Même si le rapport annexé à ce projet n'est pas très explicite sur le sujet, cet article 5 peut se concevoir comme autorisant l'État fédéral à conférer une personnalité internationale limitée à ses entités fédérées. Or, il est significatif que cette disposition ait finalement été écartée par les États eux-mêmes[7].

Le *jus tractandi* consenti à certains États fédérés ne peut donc pas être assimilé à l'octroi d'une personnalité internationale limitée. Il s'agit juste d'une répartition des compétences extérieures et donc de l'*exercice* de la capacité internationale de l'État souverain au sein de la fédération. Lorsqu'un État fédéré conclut un accord en application de l'habilitation constitutionnelle dont il bénéficie, celui-ci relève du droit international. Mais il convient alors de s'interroger sur la nature d'un accord

---

[1] X. de VILLEPIN, "Rapport sur le projet de loi autorisant la ratification", Sénat, Annexe au procès-verbal de la séance du 7 mai 1991, p. 12.

[2] "Le régime des traités dans...", art. préc., n° 51, p. 52 ; *adde*, H. KELSEN, *Principles of International Law*, *op. cit.*, p. 260-262.

[3] L. FAVOREU, art. préc., p. 35-46, spéc. p. 39. Voy. les art. 7, 8 et 9 de la Constitution suisse, l'art. 32 (3) de la Loi fondamentale allemande et l'art. I, sect. 10 (3), de la Constitution américaine.

[4] Y. LEJEUNE, "Le droit fédéral belge des...", art. préc., p. 597.

[5] *Ibid.*, p. 592.

[6] H. STEINBERGER, "Constitutional Subdivisions of States or Unions and their Capacity to conclude Treaties", *ZaöRV*, 1967, p. 411-428 ; P. REUTER, "Confédération et fédération : vetera et nova" *in Mélanges Rousseau*, *op. cit.*, p. 199-218, spéc. p. 208-212 ; J. HOSTERT, art. préc., p. 94-99. Dans son troisième rapport sur le droit des traités, G. FITZMAURICE préconisait que la capacité internationale de conclure des traités soit réservée aux seules fédérations à l'exclusion de leurs États membres : Art. 8 §3, *A.C.D.I.*, 1958, II, p. 24.

[7] J. HOSTERT, art. préc., p. 98.

qui serait conclu *en dehors* de cette habilitation. Or, dans cette hypothèse, l'accord ne devrait pas pouvoir être *imputé* à l'État-souverain puisque l'entité signataire n'appartient pas à l'État-personne publique[1]. Il s'agira donc d'une convention de droit interne, autrement dit d'un contrat[2].

374. A cette étape du développement, deux conclusions se dégagent. Tout d'abord, il est avéré qu'aucune personne infra-étatique n'est investie d'une personnalité internationale propre, qu'elle soit autonome ou dérivée. Ensuite, dans quelques systèmes juridiques, certaines d'entre elles ont une faculté, strictement encadrée, de conclure des traités au nom de l'État. Ces deux points étant admis, il convient de s'attacher à l'opération de qualification proprement dite des accords infra-étatiques.

§ 2. - LA QUALIFICATION DES ACCORDS INFRA-ÉTATIQUES

375. Le problème de qualification posé par les accords infra-étatiques est, à nos yeux, dès à présent résolu. En effet, l'absence de toute personnalité internationale au profit des personnes publiques infra-étatiques conduit irrémédiablement à écarter toute qualification de traité pour un accord infra-étatique[3]. Mais cette conclusion est fondée sur la distinction entre sujet de droit interne et sujet de droit international, dont nous estimons qu'elle est à l'origine du départ entre le contrat et le traité[4]. Si l'on admet cette prémisse, alors le problème de qualification a été résolu à l'issue du précédent paragraphe. Mais bien des auteurs préfèrent fonder leur analyse des accords infra-étatiques non sur la nature des sujets de droit en cause mais sur les accords eux-mêmes. Certaines qualités intrinsèques à ceux-ci permettraient de déterminer s'ils relèvent de la catégorie des traités ou de celle des contrats. Toutefois, on verra que cette approche mène également à l'incompétence de l'ordre juridique international (**A**), au profit de la compétence des ordres internes (**B**).

A. - L'INCOMPÉTENCE DE L'ORDRE JURIDIQUE INTERNATIONAL

376. En vertu d'une certaine opinion, tout ou partie des accords infra-étatiques relèverait du droit international public. Précisons que cette soumission au droit des gens n'est envisagée qu'à l'égard des accords passés entre personnes publiques

---

1 Pour reprendre un débat connu, les articles 7 et 8 de la Convention de Vienne devraient alors être envisagés comme des règles d'imputabilité et non, à la différence des arrangements administratifs, comme des règles de validité : *supra*, n° 308.

2 En l'absence de délégation du *jus tractandi*, on est alors en présence de "*contrats 'transnationaux' de droit public, soumis à la lex contractus définis par ces contrats eux-mêmes (...) ou à une législation interne qu'il convient de déterminer conformément aux règles ordinaires du droit international privé*": Y. LEJEUNE, "Le droit fédéral belge...", art. préc., p. 600.

3 On observera qu'un accord conclu par un État fédéré avec un État souverain, en application d'une délégation du *jus tractandi*, n'est pas *stricto sensu* un accord infra-étatique puisqu'il n'est pas imputable à l'entité fédéré, personne infra-étatique, mais à la fédération toute entière.

4 *Supra*, n° 48.

territoriales. Les accords entre personnes publiques spécialisées, fort peu étudiés au demeurant, ne sont jamais envisagés comme pouvant être sous l'emprise directe du droit international[1]. On laissera donc ceux-ci de côté pour ne prendre en compte que les accords mettant en présence des collectivités territoriales ou des États fédérés[2]. La compétence du droit international à régir les accords infra-étatiques s'envisage de deux manières. En vertu de la première, une partie seulement de ceux-ci relèverait du droit international (**1°**). Une fois écartée cette première proposition, on verra que celle selon laquelle l'ensemble de ces accords relèverait de ce droit devra l'être également (**2°**).

1° - La thèse de la soumission partielle au droit international

377. Il s'agit d'examiner ici la thèse selon laquelle seule une partie des accords infra-étatiques est régie par le droit des gens. Une telle opinion postule la mise en place de critères, permettant de distinguer ceux de ces accords qui entrent dans cette catégorie. On examinera successivement les différents critères qui ont été proposés.

378. M. Dupuy, dans une étude sur la coopération transfrontalière, a ainsi suggéré de s'appuyer sur le domaine d'intervention de l'accord[3]. Pour cet auteur, si la convention "*réalise un objet entrant dans le champ d'application normal des compétences reconnues à l'organe public par son droit interne, la présomption jouera en faveur de l'identification d'un contrat échappant au droit international public et soumis à un ou plusieurs droits internes*". En revanche, "*si (...) l'objet du contrat paraît tant soit peu excéder le cadre légal des compétences de l'organe contractant, il y aura lieu d'examiner si celui-ci agit pour le compte de l'État, en engageant des intérêts plus larges que ceux qu'il est ordinairement autorisé à gérer*"[4]. Ce domaine d'intervention de l'accord est donc, dans l'esprit de l'auteur, directement lié à la compétence du signataire. Toutefois, M. Dupuy n'utilise pas la

---

[1] On trouve néanmoins trace d'une éventuelle relation entre accords entre personnes publiques spécialisées et droit des gens dans des débats parlementaires. Il était alors question de conventions passées par Gaz de France avec l'organisme soviétique Soyougaz et la société nationale algérienne Sonatrach. Des parlementaires avaient, par le biais d'une proposition de loi constitutionnelle, revendiqués la soumission de ces accords à un vote du Parlement au motif que ceux-ci engageaient - indirectement - les finances de l'État et que leur "*nature de droit privé commercial n'est que formelle et fonctionnelle*" : *Proposition de loi constitutionnelle portant modification de l'article 53 de la Constitution*, n° 258, Sénat, Seconde session ordinaire de 1981-1982, Annexe au procès-verbal de la séance du 8 avril 1982. La proposition de loi constitutionnelle était ainsi rédigée : "*Les accords engageant les finances de l'État ne peuvent être approuvés, ni directement, ni indirectement, par le vote de crédits dans une loi de finance. Ces accords, quelle que soit leur nature et même s'ils découlent d'une autorisation législative de portée générale, doivent dans tous les cas, faire l'objet d'une approbation législative dans les conditions prévues au présent article*". Il est vrai que les parlementaires ne se prononçaient pas explicitement sur la qualification des accords ainsi conclus par Gaz de France. Cependant, ils entendaient tout de même soumettre ceux-ci à une procédure parlementaire similaire à celle en vigueur pour les traités.

[2] Mais puisque notre propos est de démontrer l'incompétence du droit international pour ce qui est de ces derniers, *a fortiori* l'est-il pour les accords des personnes publiques spécialisées.

[3] P.-M. DUPUY, "La coopération régionale transfrontalière et le droit international", *A.F.D.I.*, 1977, p. 837-860, spéc. p. 852.

[4] *Ibid.* Ce critère du domaine d'intervention se retrouve dans un autre article de M. DUPUY : "Legal Aspects of Transfrontier Regional Co-operation", *West European Politics*, 1982, p. 50-63, spéc. p. 58-59.

compétence comme un véritable critère de qualification. Celle-ci peut seulement remettre en cause une qualification d'ores et déjà déterminée. Pour lui, les accords transfrontaliers sont des contrats sauf lorsqu'existe une "*habilitation expresse des autorités centrales*"[1]. Or, ceci ne nous dit pas pourquoi ces accords seraient en principe des contrats et non des traités ?

379. Un autre auteur, M. Seerden, a tenté de répondre à cette question en proposant d'autres critères. C'est ainsi que celui-ci restreint l'emprise directe du droit des gens sur les accords infra-étatiques aux "*public law agreements*"[2]. Seuls les accords infra-étatiques "*(not) of private law character*"[3] seraient susceptibles de relever du droit international public. Cette soumission serait accueillie à la double condition d'une délégation implicite du *jus tractandi* et d'une intention des parties en ce sens[4]. Celle-ci admise, il s'agirait non pas de traités au sens propre du terme mais de "*international administrative agreements*"[5]. L'auteur estime, en effet, qu'il s'agit là d'une catégorie de conventions reconnue par le droit des gens mais indépendante de celle des traités[6]. Or ce dernier point de vue est, à lui seul, contestable. La seule convention reconnue par le droit des gens nous semble être le traité.

---

1 Estimant ensuite qu'il est possible de voir "*une illustration de cette seconde théorie dans les accords (...) intervenus entre les länders allemands et un État étranger*" : P.-M. DUPUY, "La coopération régionale transfrontalière et...", art. préc., p. 852. *Adde*, B. DOLEZ, *Coopération décentralisée et...*, *op. cit.*, p. 286-287.

2 "The public international law character of transfrontier agreements between decentralized authorities", *L.J.I.L.*, 1992, p. 187-231, spéc. p. 201.

3 *Ibid.*, note 4, p. 188.

4 *Ibid.*, p. 196 et s., et spéc. p. 212 : "Pour savoir si un accord transfrontalier entre autorités décentralisées a un statut équivalent à celui d'un traité, il est nécessaire de procéder à une étude au cas par cas, qui permette de déterminer si les parties avaient implicitement le pouvoir de conclure des actes internationaux. Si c'est le cas, ces accords administratifs semblent se rapprocher des accords régis par le droit international public. Mais on peut alors estimer que leur éventuel caractère juridiquement obligatoire n'est pas nécessairement celui d'un traité (...). Pour déterminer le caractère internationalement obligatoire de ces accords, l'applicabilité du droit international public fondée sur l'accord de volontés des parties est un élément essentiel. Cette compétence s'ajoute à la compétence internationale dérivée des États et les accords passés entre elles [les autorités administratives] ne peuvent être soumis au droit international public que si telle est l'intention des États" ("*In order to find out whether transfrontier agreements between decentralized organs have treaty-related status they require case by case examination to determine whether the parties have implicit powers to act internationally. If so, these administrative agreements seem to resemble agreements governed by public international law. But their possible legal binding force is, it is submitted, not necessarily treaty-related (...). For defining the (binding) international law character of agreements the applicability of public international law to them, based on the intentions of the parties, is an essential element. It is additional to that of the state-derived power to act internationally, the agreements concluded between them can only be of a public international law character, if that is the intention of the states*").

5 *Ibid.*, p. 190. En France, M. DELAHAYE, ancien délégué pour l'action extérieure des collectivités locales, a également été tenté d'analyser les accords de coopération décentralisée en arrangements administratifs. Lors d'un colloque sur la coopération décentralisée, il s'exprimait ainsi : "*J'avais proposé, pour ma part, de les assimiler à des arrangements administratifs. Mais pour qu'ils puissent l'être, il aurait fallu des accords-cadres. Or, il n'y en avait pas. On pourrait imaginer que les États, lorsque la coopération décentralisée entre collectivités territoriales se développe d'une façon substantielle, concluent un accord-cadre qui consacre le caractère de droit public de ces accords*" : *Coopération décentralisée et coopération multilatérale francophone*, G. CONAC, C. DESOUCHES, J.-C. NEMERY, dir., Paris : Economica, 1989, p. 272.

6 R. SEERDEN, art. préc., p. 191-192.

380. Mais indépendamment de cette première remarque, on constate que M. Seerden utilise plusieurs critères de qualification déjà rencontrés : l'objet de l'accord, la volonté des parties et la compétence du signataire. Or ils sont tous critiquables. En premier lieu, ainsi que l'on a pu le constater à plusieurs reprises, la volonté ne peut en aucun cas être un critère de qualification[1]. Ensuite, l'admission d'une délégation *implicite* du *jus tractandi* est très contestable. Elle conduirait non seulement à reconnaître l'*imputabilité* de l'ensemble des accords infra-étatiques aux États souverains, mais encore que ces derniers se trouvent être *valablement engagés* par ces accords puisque, précisément, il y aurait eu délégation du *jus tractandi.*

Enfin, le droit des gens n'est pas matériellement limité à ce qui constituerait, dans l'ordre interne, des rapports de droit public. Par conséquent, sous cette forme, le critère de l'objet ne peut pas non plus être retenu. Pourrait-il l'être sous une autre forme ? On aurait pu penser à une distinction entre intérêt national et intérêt local. Les accords ayant un objet d'ordre local seraient des contrats tandis que ceux qui se rattachent à un intérêt national constitueraient des traités. Ainsi, a-t-on pu écrire que "*les 'accords internationaux' passés par les collectivités infra-étatiques sont des accords mineurs portant sur des objets de moindre importance*", et en déduire que "*ces accords échapperaient au droit international*"[2]. Mais cette nouvelle formulation du critère de l'objet ne correspond pas non plus à la réalité, puisqu'il existe des traités qui portent sur des intérêts de type local "*sans qu'aucun soupçon ne vienne troubler leur nature d'accords de droit des gens*"[3]. Ainsi, un accord en date du 28 septembre 1967, relatif à l'alimentation en eau de la ville de Menton, permet à celle-ci de prélever de l'eau dans la rivière italienne de la Roya. Il s'agit là d'un intérêt strictement local et, pourtant, cet accord a fait l'objet d'un traité conclu entre la France et l'Italie et publié au Journal Officiel[4].

381. Aucun des critères proposés n'est donc en mesure de désigner la portion des accords infra-étatiques qui relèverait du droit des gens. Il faut en déduire qu'une telle répartition ne peut être mise en pratique. Par conséquent, soit tous les accords infra-étatiques sont soumis au droit des gens, soit ils sont tous soumis au droit interne. Il n'existe pas de position intermédiaire.

---

[1] *Supra*, n° 174-176 et n° 286-290. M. MESTRE fait également ce constat : "La coopération décentralisée et le droit international" *in Le Droit appliqué à la coopération interrégionale en..., op. cit.*, p. 47-70, spéc. p. 65-66.

[2] J.-C. NÉMERY, art. préc., p. 39-40.

[3] P. GAUTIER, *Essai sur la définition..., op. cit.*, p. 298.

[4] *J.O.*, 27 avril 1974, p. 4160. Pour un autre accord de ce type, franco-suisse cette fois, et relatif à la station d'épuration des eaux usées de Bâle et de Saint-Louis-Huningue : non-publié au *J.O.* mais reproduit par H.T. ADAM, *Les Organismes internationaux spécialisés, Contribution à la théorie générale des établissements publics internationaux*, t. IV, Paris : LGDJ, 1977, p. 365-370. Si la voie de l'accord inter-étatique est toujours possible en théorie, il est à noter qu'elle n'est pas nécessairement la plus opportune en pratique. Ce dernier traité, par exemple, n'a jamais été exécuté faute d'un consensus local sur la coopération qu'il prévoyait : P. ECKLY, *op. cit.*, p. 16.

2° - *La thèse de la soumission intégrale au droit international*

382. Tous les accords infra-étatiques ou, du moins, ceux passés entre personnes publiques territoriales seraient sous l'emprise directe du droit des gens. Cette thèse connaît peu de partisans[1]. M. Mestre est l'auteur qui, à notre connaissance, y a le plus ouvertement adhéré. Ainsi, affirme-t-il que "*le cadre juridique de la coopération décentralisée est bien le droit international public*"[2], ou encore que "*les collectivités locales, tout comme l'État, passent des conventions soumises naturellement au droit international public*"[3]. Mais il va de soit que, contrairement à ce qui est suggéré par cet auteur, une telle soumission ne saurait dériver du fait qu'une opération est financée en partenariat entre l'État et les collectivités territoriales[4], ou de ce que les termes utilisés pour dénommer des accords infra-étatiques s'apparentent à ceux en cours dans les relations interétatiques[5].

383. Des arguments en faveur d'une soumission intégrale au droit des gens semblent donc difficiles à déceler. Mais cette soumission est-elle souhaitable ? Rappelons que si ces accords sont soumis au droit international, ils devront être qualifiés de traités et non de contrats même internationalisés[6]. En outre, les collectivités territoriales et, avec elles, l'ensemble des personnes infra-étatiques, ne sont pas des sujets du droit international, même dérivés. Par suite, c'est à l'État souverain dans son ensemble que serait imputable la convention infra-étatique. En outre, celle-ci s'avérera nulle au regard du droit des gens pour défaut de compétence. On ne voit donc pas quel avantage pratique il pourrait y avoir à prôner la soumission des accords infra-étatiques au droit des gens. Puisqu'il ne s'agit pas

---

1 Mme GOESEL-LE BIHAN estime qu'il existe "*une présomption léguée par l'histoire et favorable à l'application du droit international et de la répartition des compétences y afférente. L'on ne peut nier que régnait, dans un passé encore récent, une certaine idée de la répartition entre les ordres juridiques international et interne. Elle signifiait l'appartenance obligée au droit des gens de certains accords dont le contenu, de second ordre, participe cependant de la puissance publique. (...) En particulier, les rares accords intéressant la coopération entre autorités décentralisées relevaient de l'ordre international*" : *op. cit.*, p. 276. L'auteur propose alors, dans une perspective "*diachronique*", de "*disqualifier*" ces accords vers le droit interne : *id.*, p. 277. MM. COLIN et BOURGI, quant à eux, renoncent à se prononcer sur la qualification des accords infra-étatiques pour se concentrer sur la responsabilité internationale de l'État. Ils estiment, en effet, que celle-ci peut être engagée à l'occasion de la signature d'un tel accord : "Droit international et Coopération décentralisée" *in Coopération décentralisée et coopération multilatérale francophone*, *op. cit.*, p. 91-107, spéc. p. 97-98 et p. 105. Mais il s'agit alors d'un "fait" de l'État susceptible d'être pris en compte par le droit international pour générer une responsabilité de celui-ci ; ce qui place la coopération décentralisée à l'extérieur d'une compétence directe du droit des gens. Comme l'écrit M. CLAISSE, "*L'imputation à l'État d'un fait illicite au regard du droit international ne saurait préjuger de la nature juridique de l'acte qui lui a donné naissance, lequel peut être un acte de droit interne*" : *Le Droit de la coopération décentralisée*, Paris : LGDJ, 1994, p. 26.

2 *Op. cit.*, p. 61.

3 *Ibid.*, p. 62.

4 *Ibid.*

5 "*Il suffit de se pencher sur le vocabulaire utilisé pour les accords infra-étatiques pour comprendre la dépendance de la coopération décentralisée à l'égard non pas du vocabulaire de droit international, mais bien du droit international. En dehors du nom d'accord, on peut relever les termes de protocole, de charte, de convention, et de déclaration commune. Cette profusion est bien connue des internationalistes et tend à prouver, s'il en était encore besoin, que l'on ne peut pas soustraire, comme par enchantement, la coopération décentralisée du poids du droit international*" : *op. cit.*, p. 61. Pour notre part, nous pensons que la dénomination choisie par les parties ne préjuge pas de la qualification juridique d'un acte.

6 Contrairement à ce qui a parfois été écrit : C. MESTRE, *op. cit.*, p. 63.

non plus d'une nécessité logique, il convient donc d'écarter la thèse d'une soumission intégrale au droit international des accords infra-étatiques.

B. - LA COMPÉTENCE DES ORDRES JURIDIQUES INTERNES

384. Comme il n'est envisageable ni que le droit international s'applique à l'ensemble des accords infra-étatiques, ni à une fraction d'entre eux, il faut en déduire que celui-ci est incompétent. Ce sont donc les ordres internes qui sont compétents en la matière. Les accords infra-étatiques sont par conséquent des contrats ; ils relèvent du champ des ordres internes. Cette affirmation n'est pas en contradiction avec le constat selon lequel certains États fédérés sont parfois habilités à agir pour le compte de l'État souverain dont ils relèvent. Dans le cadre défini par leur Constitution et sous le contrôle de l'exécutif fédéral, ils concluent des traités avec des entités souveraines ou des organisations internationales. Mais, dès que l'on sort de ce cadre, l'État fédéré, au même titre que toute autre personne publique infra-étatique, ne peut conclure que des conventions de droit interne.

385. Nous souscrivons donc, sans réserve, à l'affirmation suivante extraite d'une étude limitée à la coopération transfrontalière, mais qui peut être étendue à l'ensemble des accords infra-étatiques : "*Le droit international public ne régit pas les différentes formes de relations transfrontalières infra étatiques. Cela ne signifie pas cependant qu'il les prohibe ou qu'il les exclut : cela veut dire seulement que ces relations se déroulent en dehors de son champ d'application. Cette situation est d'ailleurs logique : le droit international étant dans son acception classique un droit interétatique, il reste étranger à des modes de relations infra-étatiques*"[1]. De même, lors d'un symposium sur les aspects juridiques de la coopération transfrontalière, il avait été affirmé que ces accords "*n'empiètent pas sur les compétences de l'État en matière de relations internationales dans la mesure où ils ne se situent pas au niveau du droit international ni ne sont directement réglementés par celui-ci. Il s'agit en effet de relations et d'actes qui, soit sont dépourvus d'effet juridique obligatoire (tel le cas des déclarations d'intention), soit établissent des obligations régies par un ou plusieurs droits internes*"[2]. D'ailleurs, une large doctrine s'est prononcée en faveur de cette qualification contractuelle appliquée non seulement aux accords transfrontaliers mais aussi à l'ensemble des accords infra-étatiques[3].

---

[1] J.-M. WOEHRLING, *Les Problèmes juridiques de la coopération transfrontalière au niveau local ou régional*, doc. O.C.D.E. ENV./TFP/77.10, octobre 1977, p. 9.

[2] *Déclaration sur les aspects juridiques de la coopération transfrontalière*, Symposium universitaire européen sur la coopération transfrontalière, Jaca (Espagne), 29-31 août 1987, Strasbourg : Conseil de l'Europe, 1988, n° 1-2. Cette déclaration est l'œuvre de MM. D. BARDONNET, M. BERNAD, M. BOTHE, L. CONDORELLI, P.-M. DUPUY, A.-C. KISS, et J.A. PASTOR.

[3] F. OSMAN, "Un nouveau champ d'exploration...", *op. cit.*, p. 412-421 ; E. ZOLLER, *Droit des relations extérieures*, *op. cit.*, n° 17, p. 28 ; V. GOESEL-LE BIHAN, *op. cit.*, p. 297-315 ; J.-M. WOEHRLING, *op. cit.*, p. 18 et s. ; Y. CLAISSE, *op. cit.*, p. 23-30 ; Étude du C.E., *Droit international et droit français*, *op. cit.*, p. 10, c. Pour une position qui n'est pas tranchée : P. GAUTIER, *Essai sur la définition...*, *op. cit.*, p. 306-307.

- CONCLUSION DU CHAPITRE I -

386. Les limites du champ du droit des gens sont désormais tracées. À partir du moment où un accord met en présence deux personnes publiques dont l'une au moins est infra-étatique, l'ordre international s'écarte au profit des droits internes. Il existe alors un contrat et non un traité. Mais il ne s'agit là que de qualification, il convient maintenant de déterminer le régime juridique de ces contrats. Or, si ce régime relève de l'ordre interne, il fait parfois l'objet de conventions internationales entre les États.

Chapitre II

LES TRAITÉS ORGANISANT LES RELATIONS INFRA-ÉTATIQUES

387. Les accords infra-étatiques ne sont pas *per se* des traités, mais corrélativement rien n'interdit qu'ils fassent l'objet de dispositions issues d'un traité. La pratique internationale en la matière n'est d'ailleurs pas aussi exceptionnelle qu'il pourrait sembler au premier abord.

Certes, les États se contentent bien souvent d'évoquer tel ou tel accord particulier conclu entre deux de leurs personnes publiques respectives. Il s'avère alors difficile d'évaluer l'incidence juridique d'une telle "prise en considération"[1]. Il arrive également qu'un traité habilite expressément des personnes infra-étatiques à conclure des accords entre elles[2]. Il ne s'agit toutefois là que d'un embryon d'encadrement concernant certaines personnes publiques bien déterminées. En outre, il paraît délicat d'affirmer que ces traités organisent des relations infra-étatiques lorsqu'ils ne font qu'effleurer la question en réglant tout au plus un

---

[1] Ainsi deux traités, sous forme d'échange de notes, entre le Gouvernement français et le Conseil fédéral suisse reconnaissent-ils les accords infra-étatiques instituant, pour l'un, le Conseil du Léman entre les départements de l'Ain et de la Haute-Savoie et les cantons de Vaud, du Valais et de Genève (D. publ. n° 89-366, 5 juin 1989 : *J.O.*, 9 juin 1989, p. 7143) et, pour l'autre, la Communauté de travail du Jura entre la région de Franche-Comté et les cantons du Jura, de Berne, de Vaud et de Neufchâtel (D. publ. n° 89-451, 30 juin 1989 : *J.O.*, 6 juillet 1989, p. 8427). De la même manière, un accord entre la France et l'Espagne relatif à la construction d'un pont sur la rivière Major, signé à Paris le 19 octobre 1994 et à Madrid le 21 octobre 1994, retient que "*les modalités de construction et d'entretien du pont font l'objet d'un projet d'accord entre le département des Pyrénées-Orientales et la Généralité de Catalogne, entités compétentes pour les routes qui, de part et d'autre de la frontière, se trouveront reliées par le pont international*" (D. publ. n° 95-1301, 14 décembre 1995 : *J.O.*, 21 décembre 1995, p. 18475).

[2] Ainsi le traité entre la France et l'Allemagne, représentée à cette occasion par le *Land* du Bade-Wurtemberg, concernant les relations de coopération entre les établissements portuaires de Strasbourg et de Kehl prévoit-il, dans son article 5, que "*les modalités d'application du présent accord feront l'objet, en tant que besoin, d'arrangements administratifs ou techniques entre les deux établissements portuaires avec l'accord préalable de leurs autorités de tutelle respectives*" : *J.O.*, 22 juin 1994, p. 8968.

problème de compétence[1]. Il n'y est fait mention ni du droit applicable, ni du régime des accords ainsi conclus. En définitive, le seul domaine dans lequel les États ont affiché, avec plus ou moins de réussite, une réelle volonté d'encadrer les relations infra-étatiques est celui de la coopération transfrontalière[2]. Nous limiterons donc nos observations à cette matière.

388. Une organisation internationale, le Conseil de l'Europe, a joué un rôle majeur dans ce domaine, en particulier par l'édiction de textes conventionnels ouverts à la signature de ses États membres (**section I**). Prenant la suite de ce mouvement, les États européens ont alors conclu de leur propre chef des traités organisant les relations transfrontalières de leurs collectivités territoriales respectives (**section II**).

SECTION I
LES INSTRUMENTS CONVENTIONNELS DU CONSEIL DE L'EUROPE EN MATIÈRE TRANSFRONTALIÈRE

389. L'essor du mouvement transfrontalier en Europe est à inscrire principalement au crédit de cette organisation intergouvernementale[3]. Par

---

[1] Et plus spécifiquement de compétence externe. Sur cette notion : *infra*, n° 460 et s.

[2] Ceci ne s'est d'ailleurs pas étendu à l'ensemble des rapports infra-étatiques entre collectivités territoriales, particulièrement ceux entretenus dans le cadre de l'aide au développement. Le seul traité conclu par la France en ce domaine l'a été avec le Cameroun à Rennes le 20 novembre 1990 et ne vise qu'à créer une "Sous-commission de liaison franco-camerounaise pour la coopération décentralisée" (D. publ. n° 91-1156, 5 novembre 1991 : *J.O.*, 10 novembre 1991, p. 14724). Il existe des projets identiques avec le Sénégal et la Côte d'Ivoire.

[3] Même si le Traité d'Amsterdam a introduit la notion en droit communautaire (modification de l'art. 198 C du Traité de Rome, devenu l'art. 263 dans la nouvelle numérotation), le soutien apporté par l'Union européenne à la coopération transfrontière s'exerce d'une tout autre manière, essentiellement financière. L'organisation ayant découvert ici un moyen de favoriser l'Europe des régions, la Commission européenne dote les projets intra-européens de coopération de subventions parfois très importantes par le biais du programme INTERREG. Initialement fondé sur l'article 11 du Règlement CEE n° 4253/88 en date du 19 décembre 1988 (*J.O.C.E.*, n° L. 374, 31 déc. 1988, p. 1) et adopté en août 1990 (communication C (90) 1562/3 : *J.O.C.E.*, n° 215, 30 août 1990, p. 4), ce Programme d'Initiative Communautaire (P.I.C.) a été relancé en 1994 sous le nom d'INTERREG II puis d'INTERREG II C en juillet 1996. A l'occasion de ce dernier, la Commission a débloqué sur trois ans la somme de 120 millions d'euros (soit 720 millions de francs). C'est ainsi que, pour donner un exemple de projet bénéficiant d'un financement européen, la Commission a décidé, début 1996, de contribuer à hauteur de 30,2 millions d'euros (190 millions de francs) à un vaste programme de coopération transfrontalière entre la Belgique, la France et le Luxembourg : *Le Bulletin Quotidien*, 8 février 1996, p. 4. Les collectivités françaises concernées par ce projet sont la Meuse, la Meurthe-et-Moselle et la Moselle. Sur ces financements communautaires : Y. PETIT, "Financements communautaires en faveur de la coopération transfrontalière et mise en cause des frontières entre États" *in Les Régions de l'espace communautaire*, J. CHARPENTIER, C. ENGEL, dir., Presses Universitaires de Nancy, 1992, p. 189-216. Pour un aperçu d'ensemble de la politique communautaire en la matière : J.-C. GAUTRON, "La politique régionale de la communauté et les relations extérieures des collectivités locales" *in Le Droit appliqué à la coopération interrégionale en..., op. cit.*, p. 81-97 ; C. MESTRE, "La Communauté économique européenne et le développement de la coopération transfrontalière" *in Les Régions de l'espace communautaire, op. cit.*, p. 163-188. Enfin, une dernière organisation internationale a joué un rôle certes moindre mais non négligeable en la matière. Il s'agit de l'OCDE. Ainsi la résolution 78-77 du 21 septembre 1978 sur le renforcement de la coopération internationale en vue de la protection de l'environnement dans les régions frontalières recommande-t-

l'intermédiaire de certaines de ses institutions, telles que l'Assemblée parlementaire ou la Conférence des Pouvoirs locaux et régionaux de l'Europe[1], elle est à l'origine de nombreuses initiatives visant à faire d'admettre aux États que le développement de la coopération entre collectivités locales ne porte atteinte ni à leur souveraineté, ni à leurs prérogatives dans la sphère internationale. Cet objectif n'est d'ailleurs pas définitivement atteint, tant les réticences étatiques sont encore fortes. Toujours est-il que l'œuvre principale réalisée par le Conseil de l'Europe en la matière a consisté dans la mise au point d'un traité multilatéral. Il s'agit de la convention-cadre européenne sur la coopération transfrontalière des collectivités ou des autorités locales adoptée à Madrid le 21 mai 1980 (**§ 1**) que d'autres textes conventionnels sont ensuite venus compléter (**§ 2**).

§ 1. - LA CONVENTION DE MADRID DU 21 MAI 1980

390. La convention-cadre européenne sur la coopération transfrontalière des collectivités ou autorités locales est le premier texte de portée significative tendant à faciliter et organiser ce type de coopération[2]. Signée puis ratifiée par la France[3] comme par une grande partie des pays membres du Conseil de l'Europe[4], elle est le

---

elle la coopération internationale au niveau local et régional comme moyen de lutte contre la pollution transfrontalière.

1 Voy. les textes suivants : la résolution 687 (1979) relative à l'aménagement du territoire européen et au rôle et à la fonction des régions alpines ; l'avis n° 96 (1979) relatif au projet de convention-cadre européenne sur la coopération transfrontalière des collectivités ou autorités territoriales ; la résolution n° 791 (1983) relative à la Conférence des régions pyrénéennes ; la recommandation 1013 (1985) relative à la coopération transfrontalière en Europe ; la directive n° 425 (1985) relative à un médiateur pour les questions transfrontalières, *etc*.

2 Les États scandinaves ont ouvert la voie avec la signature le 26 mai 1977, sous l'égide du Conseil nordique, d'une convention entrée en vigueur le 26 janvier 1979 habilitant leurs communes respectives à coopérer. Pour le texte conventionnel : *Transfront/Office* (83) 35. Pour un commentaire : N. LEVRAT, *Le Droit applicable au*..., *op. cit.*, p. 90-93 ; A. BERG, "Grenzüberschreitende unterstaatliche Zusammenarbeit in Europa : Zum Übereinkommen zwischen Dänemark, Finnland, Norwegen und Schweden über grenzüberschreitende Zusammenarbeit von Gemeiden des nordischen Staaten", *ZaöRV*, 1980, p. 600-624.

3 D. publ. n° 84-432, 4 juin 1984 : *J.O.*, 9 juin 1984, p. 1802. La loi n° 83-1131 du 23 décembre 1983 autorisant la ratification a été publiée au *J.O.* du 27 décembre 1983 : Doc. A.N., projet de loi n° 1715, 7ème législature, Rapport de M. MAHÉAS, n° 1828. Pour le Sénat : projet de loi n° 79, Rapport de M. JUNG, n° 115. La convention est entrée en vigueur en France le 14 mai 1984. Le Conseil d'État, saisi par le gouvernement de la "*question de savoir si la Constitution s'oppose ou non à ce que l'État français s'engage à promouvoir la conclusion d'arrangements entre les collectivités ou autorités locales françaises et des autorités ou collectivités étrangères dans les conditions prévues par le projet de convention et par des accords bilatéraux interétatiques à intervenir*", a conclu à la compatibilité du texte de la convention avec les dispositions de la Constitution de 1958 et notamment son titre VI : C.E., ass., séance du 16 mai 1980, avis n° 326-996 *in Droit international et droit français*, *op. cit.*, p. 109-111.

4 La Convention est officiellement entrée en vigueur, suite à 4 ratifications, le 22 décembre 1981. En 1998, le texte avait été ratifié par 20 États : Norvège (12 août 1980), Danemark (2 avril 1981), Suède (23 avril 1981), Allemagne (21 septembre 1981), Pays-Bas (26 octobre 1981), Suisse (3 mars 1982), Autriche (18 octobre 1982), Irlande (3 novembre 1982), Luxembourg (30 mars 1983), Liechtenstein (26 janvier 1984), France (14 février 1984), Italie (29 mars 1985), Belgique (6 avril 1987), Portugal (10 janvier 1989), Espagne (24 août 1990), Finlande (11 septembre 1990), Pologne (19 mars 1993), Ukraine (21 septembre 1993), Hongrie (21 mars 1994), Lituanie (13 juin 1997). La convention a été signée mais n'a pas encore été ratifiée par la Roumanie (27 février 1996), la Slovénie (28 janvier 1998), la Turquie (4 février 1998) et la Moldavie (4 mai 1998). Ce traité a été abondamment commenté et les principales contributions en la matière sont celles citées dans le cours de l'exposé.

texte de référence en la matière même si, en réalité, son contenu reste très limité. Cette convention se divise en deux parties distinctes avec, d'une part, le texte conventionnel proprement dit (**A**) et, d'autre part, les annexes (**B**).

A. - LE TEXTE CONVENTIONNEL

391. Comme nous l'apprend l'un d'entre eux, les rédacteurs de cette convention "*sont partis de la conviction que les autorités locales et régionales ont une vocation naturelle à prendre en charge la coopération transfrontalière au niveau local et que l'on peut en déduire que leur compétence générale pour gérer les affaires communales s'étend aussi au pouvoir de nouer des relations avec les autorités locales et régionales limitrophes*"[1]. Mais la conviction des rédacteurs sur ce point n'est pas celle d'États qui, comme la France, ont derrière eux une longue tradition centraliste ou jacobine. Les lenteurs et les vicissitudes qui ont jalonné l'élaboration définitive de la convention en portent le témoignage[2]. Un texte a tout de même fini par être adopté. Il sera examiné au travers d'un prisme, déjà évoqué[3], revenant à distinguer les obligations internationales des États parties (**1°**) des dispositions d'incidence interne (**2°**).

1° - Les obligations internationales des États parties

392. On se situe ici sur un plan interétatique, autrement dit sous l'emprise directe du droit international. Une seule question pertinente se pose dans ce cadre : celle de déterminer si la Convention de Madrid donne ou non naissance à des obligations internationales qui pourraient, en cas d'inexécution de la part des États signataires, être sanctionnées par cet ordre juridique ? Rien n'est moins sûr, car la teneur du texte est juridiquement pauvre. De nombreux commentateurs sont d'ailleurs arrivés à la conclusion que la Convention de Madrid ne soumet en définitive les États à aucune obligation stricte[4].

393. Il semble que les rédacteurs aient en permanence cherché à ménager les susceptibilités des gouvernements en leur laissant la marge de manœuvre la plus large qui soit. Ainsi, en vertu du premier article, chaque partie contractante s'engage "*à faciliter et à promouvoir la coopération transfrontalière*" de ses collectivités et "*s'efforcera de promouvoir*" la conclusion des accords et arrangements nécessaires

---

[1] R. LOCATELLI, "La décentralisation de la coopération transfrontalière en Europe. La mise en œuvre de la convention-cadre européenne sur la coopération transfrontalière des collectivités ou autorités territoriales", *Pouvoirs*, n° 19, 1981, p. 59-66, spéc. p. 61.

[2] Sur l'historique de l'élaboration de la Convention de Madrid : E. DECAUX, "La convention-cadre européenne sur la coopération transfrontalière des collectivités ou des autorités locales", *R.G.D.I.P.*, 1984, p. 557-615, spéc. p. 579-586.

[3] *Supra*, n° 90-94.

[4] C. AUTEXIER, V° "L'action extérieure des collectivités territoriales françaises dans le cadre européen", *Rép. Dalloz, Collectivités locales*, vol. IV, chap. I, n° 101-103 ; N. LEVRAT, *Le Droit applicable aux...*, *op. cit.*, p. 98-99 ; R. LOCATELLI, art. préc., p. 63 ; P. NDIAYE, *Les Collectivités territoriales et...*, *op. cit.*, p. 259-262.

à cette fin[1]. De même, "*s'efforcera(-t-elle) de résoudre les difficultés d'ordre juridique, administratif ou technique*" propres à son ordre interne et susceptibles d'entraver le développement de la coopération[2]. En outre, les États parties "*envisageront l'opportunité*" d'accorder aux collectivités engagées dans des actions de coopération transfrontalière les mêmes facilités que lorsque la coopération s'exerce sur le plan interne[3]. Enfin, ils fourniront "*dans toute la mesure du possible*" les informations qui leur sont demandées par d'autres parties contractantes en vue de faciliter la mise en œuvre de la convention[4].

À la lecture de ces "morceaux choisis", il ne fait plus de doute que l'engagement des États est réduit à sa plus simple expression. On est ici plus près d'un accord non contraignant que d'un véritable traité international générateur de droits et d'obligations[5].

394. Mais sans doute était-ce déjà beaucoup puisque le gouvernement français a jugé nécessaire de poser une condition supplémentaire au mécanisme pourtant peu ambitieux de la convention-cadre. Lors de la ratification de celle-ci, une "*déclaration*" a été enregistrée par la France qui subordonne l'application du traité à la conclusion d'accords interétatiques. Ceci signifie qu'en théorie, tant qu'un traité n'a pas été conclu avec un État donné, les collectivités territoriales françaises ne peuvent pas engager d'actions de coopération transfrontalière et, *a fortiori*, conclure d'accords infra-étatiques avec les collectivités relevant de celui-ci. Il s'agit donc d'une véritable réserve à la convention-cadre[6]. Toutefois, elle n'a eu qu'une incidence mineure en pratique puisque les collectivités territoriales ont continué, et même accentué la conclusion de liens transfrontaliers, alors même qu'aucun des traités prévus par cette réserve n'avait encore été signé. Quoi qu'il en soit, ce débat est aujourd'hui clos, la France ayant retiré sa déclaration[7].

---

1 Cette formulation peut être rapprochée de celle utilisée par l'art. 14 de la Charte européenne des langues régionales ou minoritaires, signée à Strasbourg le 5 novembre 1992 : "*Les parties s'engagent : [...] b) dans l'intérêt des langues régionales ou minoritaires, à faciliter et/ou à promouvoir la coopération à travers les frontières internationales, notamment entre collectivités régionales ou locales sur le territoire desquelles la même langue est pratiquée de façon identique et proche*".

2 Art. 4 de la Convention de Madrid.

3 Art. 5 de la Convention de Madrid.

4 Art. 6 de la Convention de Madrid.

5 P. NDIAYE, *Les Collectivités territoriales et..., op. cit.*, p. 259-262. *Contra, M.* BERNAD Y ALVAREZ DE EULATE pour qui la Convention de Madrid, "*qui parle des difficultés d'ordre juridique, administratif ou technique, établit une obligation internationale à la charge des États*" : *La Coopération transfrontalière..., op. cit.*, p. 370. De même, M. DOLEZ estime dans sa thèse que "*la première obligation qui pèse sur les États consiste donc à adopter une législation compatible avec le développement de la coopération transfrontalière. Ceci constitue une obligation de résultat*" : *op. cit.*, p. 26.

6 Le fondement de cette réserve était d'ailleurs plus que contestable : P. NDIAYE, *Les Collectivités territoriales et..., op. cit.*, p. 257-258. Lorsque l'Italie et l'Espagne ont ratifié la Convention de Madrid, ces États ont déposé une réserve identique à celle de la France.

7 Décret n° 95-913 du 5 août 1995 portant publication de la lettre française du 24 janvier 1994 relative au retrait d'une déclaration formulée par le Gouvernement de la République française lors de l'approbation de la convention-cadre européenne sur la coopération transfrontalière des collectivités ou autorités territoriales : *J.O.*, 15 août 1995, p. 12220.

2° - Les dispositions d'incidence interne

395. Afin de promouvoir l'efficacité de la Convention de Madrid, il était nécessaire d'insérer au sein de celle-ci des dispositions permettant l'élaboration d'un véritable régime interne de la coopération transfrontalière. Comment en effet encourager concrètement cette forme nouvelle de coopération sans passer par une adaptation des systèmes nationaux ? Il est vrai que la convention contient des dispositions propres à s'insérer immédiatement dans l'ordre interne participant, d'une part, de la compétence (a) et, d'autre part, du régime contractuel (b). Toutefois, l'ensemble constitué par ces dispositions est bien trop parcellaire pour constituer ne serait-ce qu'un commencement de régime juridique interne applicable aux accords transfrontaliers.

a) Les dispositions intéressant la compétence

396. La Convention de Madrid limite son champ d'application aux "*rapports de voisinage entre collectivités ou autorités territoriales de deux ou plusieurs Parties contractantes*" ; ce qui, précise-t-elle, comprend "*la conclusion des accords et arrangements utiles à cette fin*"[1]. La possibilité pour les collectivités concernées de conclure des conventions transfrontalières est donc affirmée. Il est même précisé à cet égard que "*la coopération transfrontalière s'exercera dans le cadre des compétences des collectivités ou autorités territoriales, telles qu'elles sont définies par le droit interne*"[2]. Il est en effet légitime que les compétences d'une personne publique, c'est-à-dire les domaines dans lesquels celle-ci est habilitée à intervenir, soient définies par le système juridique dont elle relève. En revanche, l'affirmation selon laquelle "*l'étendue et la nature de ces compétences ne sont pas affectées*" par la convention[3] peut surprendre. Il est légitime que ce texte ne porte pas atteinte aux compétences matérielles ou même territoriales des personnes publiques telles qu'elles sont définies par leurs droits respectifs. En revanche, la convention aurait dû donner un élan nouveau en matière de compétence externe des collectivités territoriales, en leur conférant la possibilité de développer une action internationale et, le cas échéant, de nouer des relations conventionnelles à l'étranger.

397. Il s'agissait là, lors de la signature du traité en 1980, d'une compétence résolument nouvelle des autorités locales, dont le champ d'intervention était traditionnellement circonscrit au territoire national. Bien des États, au premier rang duquel se trouve la France, n'étaient absolument pas enclins à reconnaître une telle aptitude au profit de leurs collectivités territoriales. Or, même sur ce chapitre, la convention-cadre n'a pas opéré de réel changement puisqu'il est précisé dans

---

1 Art. 2 §1 *in limine*.

2 Art. 2 §1 *in fine*. Comp. les déclarations sur ce point du groupe d'experts réunis à Jaca : "*Rien ne s'oppose du point de vue juridique à ce qu'à fin de régler des problèmes d'intérêt commun, les États admettent le principe d'après lequel leurs autorités régionales et locales respectives sont normalement habilitées à entretenir des relations, passer des contrats et entreprendre certaines actions conjointes avec les autorités correspondantes de l'autre côté de la frontière, dans la mesure où les matières traitées rentrent dans les compétences définies pour chacune d'entre elles par son droit public interne*", *Déclaration de Jaca* préc., n° 2.1.

3 Art. 2 §1 *in fine*.

l'article 3 §4 que "*les accords et arrangements sont conclus dans le respect des compétences prévues par le droit interne de chaque Partie contractante en matière de relations internationales et d'orientation politique générale, ainsi que dans le respect des règles de contrôle ou de tutelle auxquelles sont soumises les collectivités ou autorités territoriales*"[1].

Il résulte de ce texte que la compétence matérielle des personnes publiques parties à un contrat transfrontalier - ce qui est dans la logique des choses -, comme la compétence externe de celles-ci - ce qui est plus surprenant -, sont entièrement définies par le droit interne de l'État dont elles relèvent. Il faut en déduire que la Convention de Madrid ne consacre pas, par elle-même, une aptitude internationale ou transfrontalière des collectivités territoriales et laisse le soin de le faire aux droits internes. Mais comme elle n'impose pas non plus l'obligation aux États d'adapter leur droit interne en ce sens[2], la portée de la convention-cadre sur cette question est au bout du compte inexistante. Même sur la question de la compétence externe des collectivités territoriales où fondamentalement on attendait son intervention, elle se désiste finalement au profit des ordres internes[3].

b) Les dispositions intéressant le régime contractuel

398. La convention-cadre n'est pas plus prolixe sur le thème du régime juridique des contrats transfrontaliers[4]. La seule disposition s'y rattachant est l'article 3 §4 déjà cité. Le rapport explicatif précise à son propos qu'en "*cas d'accords éventuels conclus en violation des compétences prévues par le droit interne de chaque Partie contractante en matière de relations internationales et d'orientation politique générale, ou de règles de contrôle ou de tutelle auxquelles sont soumises les collectivités ou autorités territoriales, il a été précisé lors des négociations qu'il va sans dire que des accords et arrangements conclus en dérogation des normes contenues dans les législations internes sont nuls et sans effet*"[5]. C'est donc la reconnaissance d'une condition de validité tributaire d'autant de droits nationaux qu'il y a de collectivités contractantes.

Cette disposition constitue une esquisse de régime juridique, même s'il ne s'agit que d'une déduction du texte du traité. En outre, c'est là l'unique disposition

---

1 Art. 3 §4.

2 Puisqu'on a vu que la Convention de Madrid n'impose aucune obligation internationale stricte aux États qui y sont parties : *supra*, n° 392-394.

3 M. DOLEZ fait également cette remarque : "*La capacité des collectivités territoriales en matière de coopération transfrontalière est délibérément placée sous l'empire du droit interne*". Mais il en conclut, à notre avis à tort, que reste "*à charge pour chaque État-partie de mettre sa législation en conformité avec les engagements qu'il a souscrit en ratifiant la convention-cadre*" : *Coopération décentralisée et souveraineté de l'État, op. cit.*, p. 35.

4 Certains pourraient d'ailleurs douter de la qualification contractuelle de ces conventions puisqu'il n'est question dans le traité de Madrid que des "*accords et arrangements*" pouvant être conclus par les collectivités frontalières. Pourtant, celle-ci ne fait pas de doute dans la mesure où la volonté des États parties a été de placer les relations transfrontalières exclusivement sous l'égide des ordres internes. Partant, il ne peut s'agir que de contrats.

5 *Rapport explicatif relatif à la convention-cadre européenne sur la coopération transfrontalière des collectivités ou autorités territoriales*, Strasbourg : Conseil de l'Europe, 1980, p. 15.

d'incidence interne reconnue, à vrai dire de façon tout implicite, par la Convention du 21 mai 1980. Pour le reste, le texte conventionnel s'en tient à l'échelon interétatique tel qu'examiné plus haut.

B. - LES ANNEXES À LA CONVENTION DE MADRID

399. Le texte conventionnel est assorti d'annexes qualifiées de "*modèles de schémas d'accords, de statuts et de contrats en matière de coopération transfrontalière de collectivités ou autorités territoriales*". Le contenu de ces annexes (**1°**) sera examiné avant que ne soit appréciée leur valeur juridique (**2°**).

1° - Le contenu des annexes à la Convention de Madrid

400. Ces annexes à la Convention de Madrid constituent un catalogue d'accords-types appartenant à deux catégories. La première comprend des modèles d'accords interétatiques (a) et s'adresse, par conséquent, aux États désireux de passer un traité dans le but d'encadrer la coopération transfrontalière. La seconde propose au contraire des modèles d'accord infra-étatiques (b).

a) Les modèles d'accords interétatiques

401. La Convention de Madrid propose en premier lieu des modèles de traités. Ceux-ci sont destinés aux États désireux d'encadrer plus avant la coopération transfrontalière. Ils procèdent d'une gradation subtile en fonction de la marge de manœuvre que les États entendent laisser, en la matière, à leurs collectivités locales respectives. Sans entrer dans le détail, on constatera tout de même que ces modèles vont de la simple promotion de cette coopération, en passant par la concertation régionale ou locale transfrontalière, jusqu'à la coopération contractuelle entre autorités locales et l'élaboration d'organismes communs de coopération. La liberté laissée aux collectivités locales est donc plus ou moins grande selon le modèle retenu. En cas de promotion ou de concertation, les liens autorisés entre autorités locales sont très ténus. En revanche, avec l'élaboration d'un organisme transfrontalier et, plus encore, avec la conclusion de contrats, de véritables liens juridiques pourront s'instaurer entre celles-ci. Se poseront alors des questions nouvelles comme celles du droit applicable ou de la juridiction compétente.

402. C'est ainsi qu'il est reconnu aux collectivités la faculté de choisir un droit, public ou privé est-il précisé, applicable à leur contrat. En l'absence de choix, c'est "*(le droit) de l'État dont relève l'autorité locale qui, en vertu de l'accord, est chargée de l'exécution de la prestation en nature la plus importante, ou à défaut, l'autorité locale dont l'engagement financier est le plus important*" qui sera applicable[1]. En cas de litige, ce droit définit la juridiction compétente, sauf à recourir à l'arbitrage qui est autorisé[2]. Enfin, une clause originale concerne les administrés de chacune des autorités locales contractantes. Ils conservent à l'encontre de leur collectivité territoriale "*tout droit d'action et recours dont ils auraient bénéficié (...) si celle-ci avait conservé par-devers elles la charge d'effectuer les prestations, fournitures ou services*"[3]. Par conséquent, le fait d'avoir, par exemple, transféré la gestion des ordures ménagères à un cocontractant par-delà la frontière, n'affecte pas la possibilité pour les administrés de procéder à des recours internes à l'encontre de leur collectivité territoriale si la gestion s'avère défectueuse ou bien leur porte préjudice. La collectivité mise en cause de ce chef dispose cependant "*d'une action récursoire contre les autorités locales qui ont assumé la charge des prestations, fournitures ou services*"[4]. L'insertion d'un mécanisme aussi original aurait mérité de plus amples développements. On peut regretter que rien ne soit dit sur le droit applicable et, par voie de conséquence, sur le régime de cette action récursoire.

b) Les modèles d'accords infra-étatiques

403. En sus de modèles de traités, les annexes de Madrid proposent des *schémas d'accords, de statuts et de contrats à conclure entre autorités locales*. On retrouve ici la gradation en vigueur au niveau interétatique, pour passer de la concertation ou de la coordination à l'élaboration d'organismes communs, en allant jusqu'à la conclusion de contrats de "droit privé" et même, selon les textes, de "droit public". Il va de soit que cet échelonnement dans l'engagement des autorités locales est directement tributaire de celui accepté par les États[5]. Ce sont les accords interétatiques qui définissent la voie à suivre. En fonction du modèle de traité adopté, les collectivités locales bénéficieront dans leurs droits internes respectifs du cadre juridique correspondant à tel ou tel mode de relations transfrontalières plus ou moins poussé.

Dans la mesure où les États l'autorisent, les collectivités territoriales peuvent donc conclure des contrats. Ceux dits de "droit privé" seront employés pour "*la vente, la location, un marché de travaux, la fourniture de biens ou de prestations, la cession de droits d'exploitation, etc.*"[6] et, de manière plus générale, toutes les fois où "*il s'agit d'une opération plutôt de type commercial ou économique qu'une personne physique ou morale de droit privé aurait également pu conclure*"[7]. Les contrats de "droit public", quant à eux, seront utilisés pour "*la concession de services publics ou de travaux publics (ou en tout cas considérés comme 'publics'*

---

[1] Art. 3 du modèle d'accord interétatique sur la coopération transfrontalière contractuelle entre autorités locales (1.4).

[2] Art. 5 du modèle préc.

[3] Art. 3 du modèle préc.

[4] *Ibid.*

[5] E. DECAUX, art. préc., p. 609.

[6] Note liminaire au *schéma de contrat de fourniture ou de prestation de services entre collectivités locales frontalières (de type "droit privé")* : § 2.4.

[7] *Ibid.*

par un des pays en cause), l'affermage et les offres de concours d'une commune à une autre commune ou à un autre organisme de l'autre côté de la frontière"[1]. Il est toutefois constaté que "*la possibilité de 'faire passer la frontière' à de tels types de contrats n'est pas forcément admise par tous les pays*"[2]. Le franchissement de frontière n'est pourtant pas le véritable problème. Il n'existe en effet aucune opposition à ce qu'un contrat de droit public soit exécuté à l'étranger. C'est au niveau du droit applicable que se situe la réelle difficulté. Bien des pays auront du mal admettre qu'un contrat de droit public passé par une de leurs personnes publiques puisse être soumis à un droit étranger.

2° - La valeur juridique des annexes à la Convention de Madrid

404. Les annexes ont donc un contenu nettement plus élaboré que le texte conventionnel lui-même. Malheureusement, elles ne revêtent qu'un caractère incitatif. La convention-cadre ne laisse planer aucun doute sur ce point puisque les parties "*pourront, si elles l'estiment nécessaire, prendre en considération les modèles d'accords interétatiques, bilatéraux ou multilatéraux mis au point au Conseil de l'Europe et destinés à faciliter la coopération entre les collectivités et autorités locales*"[3]. Aucune obligation n'est faite aux États d'adopter ces modèles. Pareillement, les modèles d'accords infra-étatiques destinés aux collectivités territoriales sont "*de nature indicative*" et "*n'ont pas de valeur conventionnelle*"[4]. L'ensemble des annexes n'entre donc pas dans le champ conventionnel du traité signé à Madrid. Il faut en conclure notamment que les collectivités ne peuvent pas se référer aux modèles fournis à leur intention par le Conseil de l'Europe[5].

405. C'est donc bien le seul corps de la convention qui engage les États. Or, on a pu s'apercevoir de la faiblesse de cet engagement[6]. Il n'est néanmoins pas certain qu'il faille au total s'offusquer d'un tel constat. Si la convention s'était engagée sur la voie d'un juridisme plus rigoureux, elle n'aurait peut-être pas eu le même impact et c'est alors tout le développement de la coopération transfrontalière qui en aurait souffert. Il convient donc d'apprécier la Convention de Madrid à sa juste valeur, celle d'un texte à l'objectif avant tout politique : faire admettre aux États le principe d'une coopération transfrontalière[7]. Il s'agissait d'indiquer la direction à suivre et, sur ce chapitre, la Convention de Madrid a tenu ses promesses. On lui doit, à coup

---

1 Note liminaire au *schéma de contrat de fourniture ou de prestation de services entre collectivités locales frontalières (de type "droit public")* : § 2.5.

2 *Ibid.*

3 Art. 3 §1.

4 *Ibid.*

5 Comme le précise le rapport explicatif : "*Il ne s'agit que de 'modèles', de formules types offertes à l'examen des États et des autorités ou collectivités territoriales pour faciliter leurs efforts de coopération. La présence de ces textes en annexe à la convention ne crée pas d'obligation pour les Parties contractantes d'y recourir (...). La mention de ces modèles dans la convention ne leur confère pas de valeur conventionnelle, mais implique seulement l'engagement des États de leur accorder toute l'attention souhaitable*", *op. cit.*, p. 14.

6 A telle enseigne que "*le rôle de la convention-cadre semble se réduire à une simple déclaration d'intention*" : E. DECAUX, art. préc., p. 597.

7 En ce sens : N. LEVRAT, *Le Droit applicable aux...*, *op. cit.*, p. 109.

sûr, la multiplication des textes internes et internationaux venus jeter les fondations d'un régime juridique de la coopération transfrontalière et, au-delà, de toute la coopération décentralisée.

D'ailleurs, le Conseil de l'Europe lui-même n'en est pas resté là. Il a développé d'autres textes dans la lignée de la Convention de Madrid.

§ 2. - LES SUITES DE LA CONVENTION DE MADRID DU 21 MAI 1980

406. Le Conseil de l'Europe a poursuivi son travail en faveur du développement de la coopération transfrontalière[1]. Dans le prolongement du traité de 1980, de nouveaux textes au contenu plus ambitieux sont d'ores et déjà entrés en vigueur, comme le Protocole additionnel à la Convention de Madrid (**A**), ou restent en préparation, comme le projet de convention interterritoriale (**B**).

A. - LE PROTOCOLE ADDITIONNEL À LA CONVENTION DE MADRID

407. Ce Protocole additionnel, ouvert à la signature le 9 novembre 1995, est entré en vigueur en France[2]. Les insuffisances de la Convention de Madrid sont à l'origine de ce nouveau document. Les instances du Conseil de l'Europe ont en effet constaté que le traité de 1980 pêchait à un double titre. Au niveau interétatique tout d'abord, car aucun engagement précis n'incombe aux États. Au niveau interne ensuite, car aucun des aménagements nécessaires à l'insertion des contrats transfrontaliers dans les systèmes juridiques étatiques n'est prévu par la convention-cadre. C'est de ce constat qu'est née l'idée d'élaborer un Protocole additionnel[3].

---

[1] Ainsi, sous son égide, a été élaborée une Charte européenne de l'autonomie locale en date du 15 novembre 1985 qui prévoit la faculté pour les collectivités territoriales de coopérer entre elles (art. 10 §3). Ce texte a été signé mais n'a pas été ratifié par la France. On peut également citer en ce sens la *Déclaration du Comité des ministres sur la coopération transfrontalière en Europe à l'occasion du 40ème anniversaire du Conseil de l'Europe*, Strasbourg, 1989.

[2] *D.* 2000, lég., p. 116. Le Protocole additionnel a été ratifié par la Suède (9 novembre 1995), le Luxembourg (25 février 1997), les Pays-Bas (9 mai 1997) et la France (D. publ. n° 2000-25, 7 janvier 2000 : *J.O.*, 14 janvier 2000, p. 672). En 1998, il avait reçu la signature des pays suivants : l'Allemagne (9 novembre 1995), la Suisse (28 février 1997), le Portugal (9 mai 1997), la Belgique (25 juillet 1997), la Slovénie (28 janvier 1998) et la Roumanie (5 mai 1998). Pour un commentaire : N. LEVRAT, *Le Droit applicable au..., op. cit.*, p. 109-112 ; du même auteur, "De quelques paradoxes du droit de la coopération transfrontalière" *in L'Extranéité ou le dépassement de l'ordre juridique étatique*, Actes du colloque organisé par l'I.E.D.I. de la Faculté de Lausanne, 27-28 novembre 1997, E. WYLER, A. PAPAUX, dir., Paris : Pedone, 1999, p. 205-221, spéc. p. 217-219 ; P. NDIAYE, *Les Collectivités territoriales et..., op. cit.*, p. 262-264 et p. 409 ; C. AUTEXIER, "L'action extérieure des collectivités territoriales françaises dans...", art. préc., n° 107 ; B. DOLEZ, "Le Protocole additionnel à la convention-cadre européenne sur la coopération transfrontalière des collectivités ou autorités territoriales", *R.G.D.I.P.*, 1996, p. 1005-1022 ; C. SCHNEIDER, art. préc., *passim*.

[3] *Rapport explicatif relatif au Protocole additionnel à la convention-cadre européenne sur la coopération transfrontalière des collectivités ou autorités territoriales*, p. 1-2. Comme le dit un auteur, "*la souplesse et le caractère faiblement contraignant de la convention de Madrid ont cessé d'être un*

En dehors des dispositions relatives aux organismes transfrontaliers que nous n'étudions pas ici[1], le Protocole additionnel porte, d'une part, sur la compétence (**1°**) et, d'autre part, sur le régime contractuel (**2°**).

1° - Les dispositions intéressant la compétence

408. Certaines des carences les plus regrettables de la Convention de Madrid ont été corrigées par le Protocole additionnel, à commencer par la reconnaissance par les États parties d'une véritable compétence externe et, plus spécifiquement, transfrontalière de leurs collectivités territoriales. Cette reconnaissance est d'ailleurs assortie d'une l'obligation internationale à la charge des États. Il est en effet stipulé que "*chaque Partie contractante reconnaît et respecte le droit des collectivités ou autorités territoriales soumises à sa juridiction (...) de conclure, dans les domaines communs de compétence, des accords de coopération transfrontalière avec les collectivités ou autorités territoriales d'autres États*"[2]. Le Protocole consacre ici une véritable obligation conventionnelle sanctionnable par le droit des gens[3]. Celle-ci est d'ailleurs renforcée par l'impossibilité d'émettre des réserves[4]. En outre, cette obligation internationale a une incidence interne. Les collectivités territoriales d'un État signataire pourront "*mettre en œuvre dans le cadre interne les mécanismes juridictionnels leur permettant de faire respecter en cas de violation ou de contestation leur droit à la coopération décentralisée*"[5].

409. En revanche, pour ce qui est du contenu de la compétence cette fois-ci matérielle, la référence au droit interne de chaque partie subsiste comme le montre la locution "*dans les domaines communs de compétence*". Dès lors, les contrats conclus sont circonscrits à la compétence matérielle de chaque collectivité signataire, à leurs affaires locales[6]. Le Rapport explicatif précise à cet effet que "*les collectivités ou autorités territoriales ne peuvent pas, à l'occasion de la conclusion d'un accord de coopération transfrontalière, acquérir des compétences qui ne leur sont pas reconnues par le droit national*"[7].

2° - Les dispositions intéressant le régime contractuel

410. La question du régime juridique applicable aux contrats transfrontaliers est à peine évoquée par le Protocole. Celui-ci ne contient, en particulier, aucune

avantage, pour devenir progressivement un inconvénient" : B. DOLEZ, "Le Protocole additionnel à la convention-cadre européenne...", art. préc., p. 1006.

[1] Cette question a été laissée en dehors du champ de la présente étude : *supra*, n° 13.

[2] Art. 1 §1.

[3] Ceci tranche avec le texte retenu par la Convention de Madrid où les États "*s'engageaient à faciliter et à promouvoir la coopération transfrontalière*".

[4] Art. 9.

[5] P. NDIAYE, *Les Collectivités territoriales et...*, *op. cit.*, p. 263-264 ; *adde*, C. SCHNEIDER, art. préc., p. 433.

[6] C. SCHNEIDER, art. préc., p. 429.

[7] *Op. cit.*, n° 13, p. 11.

disposition de droit international privé permettant de définir le droit applicable à l'accord ou la juridiction compétente en cas de litige. Il ne prévoit pas non plus de régime substantiel relatif, par exemple, aux conditions de validité des contrats transfrontaliers.

411. En définitive, la seule disposition congrue a trait à la mise en œuvre des contrats transfrontaliers. Il s'agit de l'article 2 qui énonce :

> "*Les décisions convenues dans le cadre d'un accord de coopération transfrontalière sont mises en œuvre par les collectivités ou autorités territoriales dans leur ordre juridique national en conformité avec leur droit national. Les décisions ainsi mises en œuvre sont considérées comme ayant la valeur juridique et les effets qui se rattachent aux actes de ces collectivités ou autorités dans leur ordre juridique national*".

La signification de cette disposition est pour le moins sibylline. La lecture du Rapport explicatif ne fait que l'obscurcir un peu plus. Selon ce dernier, les mesures convenues dans le cadre d'un contrat transfrontalier doivent "*faire l'objet d'un acte de chacune des collectivités ou autorités territoriales parties à l'accord afin d'être, pour ainsi dire, 'transposée' dans l'ordre juridique national de ces collectivités, en respectant les règles de procédure qui s'imposent à elles*"[1]. Cette "*transposition*" peut être faite de plusieurs manières, à titre d'exemple, par "*le vote d'une décision prise par le conseil municipal ou par le vote d'une délibération reprenant le contenu de la décision commune des collectivités ou autorités territoriales dans le cadre transfrontalier*"[2]. Cette explication laisse perplexe. Elle a d'ailleurs semé le trouble parmi les commentateurs du Protocole additionnel.

412. L'un d'entre eux estime à regret que les termes de l'article 2 donnent "*à penser que l'accord de coopération transfrontalière est fondé sur un ordre juridique autre (international, transnational ?) que le droit interne des États des collectivités territoriales parties à cet accord*"[3]. Selon une autre opinion, plus radicale encore, l'article 2 a pour conséquence de ne conférer aucune valeur juridique *ab initio* aux accords transfrontaliers[4]. Au moment de leur conclusion, ceux-ci seraient dépourvus de toute existence juridique. L'accord de volontés n'accéderait à la juridicité qu'à la faveur d'une transposition de son contenu dans chacun des droits internes des collectivités contractantes[5].

---

[1] *Op. cit.*, n° 17, p. 12.

[2] *Ibid.*

[3] P. NDIAYE, *Les Collectivités territoriales et...*, *op. cit.*, p. 409.

[4] C. SCHNEIDER, art. préc., p. 439. Dans le même sens : L. CONDORELLI, N. LEVRAT, "*Les régions d'Europe : des espaces de paix et de prospérité*" in *La Régionalisation en Europe : bilans et prospectives*, Réunion du CPLRE (Genève, juin 1993), Strasbourg : Conseil de l'Europe, 1994, p. 230.

[5] "*Une fois transformé selon les procédures propres et forcément différentes de l'ordre juridique national de chacun des participants, l'acte ainsi transposé acquiert en matière de coopération transfrontalière valeur juridique interne*" : C. SCHNEIDER, art. préc., *loc. cit.* Ou encore : "*C'est bien l'acte de transformation qui compte et non la décision initiale prise en commun dans le cadre de l'accord de coopération*" : *id.* Cette opinion ne soulève dans son principe aucune objection théorique. Il a été vu, lors de l'examen des engagements d'honneur (*supra*, n° 109 et s.), que des parties à un accord ne sont pas en mesure de s'exclure du droit. Cette volonté *élisive* doit en toute hypothèse

Pour notre part, nous pensons que ces deux thèses ont pour origine la rédaction fort maladroite du Rapport explicatif car, d'après la lettre de l'article 2, c'est uniquement "*la mise en œuvre*" des "*décisions convenues dans le cadre d'un accord de coopération transfrontalière*" qui est appelée à se conformer aux droits nationaux des collectivités contractantes. Par conséquent, cet article porte non sur *les obligations stipulées par l'accord transfrontalier* mais sur *les mesures nécessaires à l'exécution de ces obligations.* La mise en œuvre de l'accord peut nécessiter, par exemple, le déblocage de fonds ou le lancement d'un appel d'offres afin de déterminer l'entreprise en charge de la construction de l'ouvrage public commun prévu au contrat. Dans ces hypothèses, les seules dispositions conventionnelles ne suffisent plus et un nouvel acte de volonté s'avère nécessaire. En ne prenant pas l'acte susdit, la collectivité ne met pas en œuvre le contrat transfrontalier. Elle ne souscrit pas à ses obligations conventionnelles et risque de voir sa responsabilité engagée sur le fondement du droit applicable au contrat. Or, et c'est la précision avancée par l'article 2, cette nouvelle manifestation de volonté doit transiter par les canaux du droit national de la collectivité contractante concernée.

413. Par conséquent, l'article 2 ne fonde pas la juridicité de l'accord frontalier sur un très hypothétique ordre transnational ou même sur l'ordre juridique international[1]. Il ne dénie pas non plus toute juridicité *ab initio* à cet accord. En fait, il n'évoque tout simplement pas cette question. Son objet se limite exclusivement aux mesures nécessaires à l'exécution des obligations contenues dans le contrat.

B. - LE PROJET DE CONVENTION INTERTERRITORIALE

414. Outre le Protocole additionnel, le Conseil de l'Europe dispose dans ses cartons d'un nouveau projet de convention. Son contenu définitif n'est pas encore fixé mais on sait d'ores et déjà qu'il a pour objectif d'extraire la coopération infra-étatique du strict cadre frontalier.

C'est la Conférence des Pouvoirs régionaux et locaux de l'Europe qui est à l'origine de cette entreprise. À l'occasion d'une résolution sur les relations extérieures des collectivités territoriales adoptée en 1991[2], la Conférence avait formé le souhait d'un prolongement de la Convention de Madrid vers une coopération qui ne serait plus strictement transfrontalière[3]. Puis, en 1993, elle a émis des propositions plus précises sous la forme d'un avant-projet de convention[4].

---

recevoir l'aval de l'ordre juridique auquel la convention se rattache. Mais c'est ici la situation inverse. Ce sont les parties au Protocole, c'est-à-dire des États souverains, qui décideraient de placer les accords transfrontaliers en dehors du droit. Or, l'État souverain, sujet du droit des gens, est la personnification dans l'ordre international d'un ordre interne. Par conséquent, en signant le Protocole, c'est la voie des ordres juridiques internes qui se fait entendre. On en déduit que ceux-ci peuvent très bien décider d'exclure du droit un certain type d'accords de volontés.

1 En ce sens : B. DOLEZ, "Le Protocole additionnel à la convention-cadre européenne...", art. préc., p. 1014.

2 Résolution 227 (1991) sur les Relations extérieures des collectivités territoriales.

3 *Ibid.*, n° 16.

4 Résolution 248 (1993) sur l'Avant-projet de convention sur la coopération interterritoriale des collectivités ou autorités territoriales. Pour un commentaire : N. LEVRAT, *Le Droit applicable au...*,

Celui-ci reconnaît un droit général en faveur des collectivités territoriales d'entretenir des relations transfrontières et non plus seulement transfrontalières. Il est permis, en particulier, "*de conclure des accords de coopération pouvant entraîner des obligations pour ces collectivités ou autorités*"[1]. De tels accords pourront générer un effet juridique dans l'ordre interne de chacun des cocontractants qui "*prennent (...) les mesures nécessaires pour mettre en œuvre ledit accord ainsi que tout acte qui en découle*"[2]. Ces actes auront d'ailleurs dans le droit interne "*la même valeur juridique et les mêmes effets que s'ils ne produisaient (leurs) effets que dans le cadre de l'ordre juridique interne*"[3]. Toutefois, et ceci est devenu une condition classique, la collectivité devra respecter à la fois son domaine de compétence, et les mécanismes de contrôle prévus par son droit interne[4]. Pour ce qui est du règlement des différends, seule est prévue la possibilité de recourir à l'arbitrage[5]. C'est là le principal contenu du projet qu'il est inutile de développer plus avant puisqu'il est amené, selon toute vraisemblance, à évoluer.

SECTION II

LES AUTRES INSTRUMENTS CONVENTIONNELS EN MATIÈRE TRANSFRONTALIÈRE

415. La Convention de Madrid du 21 mai 1980 est essentiellement une déclaration d'intention. Mais si ses effets juridiques sont très limités, son retentissement politique et même psychologique est en revanche indéniable. Dès le milieu des années quatre-vingt et surtout à compter de 1990, les instruments conventionnels intéressant la coopération transfrontalière se sont multipliés. L'essor de ce mouvement conventionnel est à mettre au crédit de la Convention de Madrid. Conclus le plus souvent sous une forme bipartite, ces traités couvrent nombre de frontières européennes. En outre, ils ont souvent un contenu plus ambitieux que le texte de Madrid. Ainsi, nombreux sont ceux qui instaurent un véritable régime juridique des contrats transfrontaliers, au moyen de dispositions ayant vocation à s'insérer dans les systèmes juridiques des États parties pour régir directement ces contrats. Ces conventions internationales seront analysées en commençant par les traités auxquels la France n'est pas partie (**§ 1**) pour poursuivre par ceux qu'elle a signés (**§ 2**).

---

op. cit., p. 125-128 ; P. NDIAYE, *Les Collectivités territoriales et...*, *op. cit.*, p. 265-267 et p. 410 ; C. AUTEXIER, "L'action extérieure des collectivités territoriales françaises dans...", art. préc., n° 106 ; C. SCHNEIDER, art. préc., *passim*.

[1] Art. 2 (1).

[2] Art. 2 (2).

[3] Art. 4.

[4] Art. 3 (1) et art. 6.

[5] Art. 9 et annexe VI.

§ 1. - LES TRAITÉS INTERNATIONAUX AUXQUELS LA FRANCE N'EST PAS PARTIE

416. Dès le 26 mai 1977, le Danemark, la Finlande, la Norvège et la Suède concluaient un traité en matière de coopération transfrontalière sous l'égide du Conseil nordique[1]. Ce texte a toutefois fait figure d'exception pendant de nombreuses années, et ce n'est que depuis le début des années 1990 que le mouvement conventionnel a pris en Europe son essor. Pour donner quelques exemples, on citera l'Italie qui a conclu une convention internationale de ce type avec l'Autriche le 27 janvier 1993[2], puis avec la Suisse le 24 février 1993[3]. À l'autre extrémité du continent européen, la Finlande et la Fédération de Russie ont organisé la coopération transfrontalière à Mourmansk, en République de Carélie, à Saint-Pétersbourg et dans la région de Leningrad par un traité conclu le 20 janvier 1992[4]. Ces traités ne manifestent cependant pas tous la même ambition, aussi a-t-il fallu opérer un choix. À cet égard, deux d'entre eux font figure de précurseurs. On en fera la présentation (**A**) avant de considérer le régime qu'ils prévoient pour les contrats transfrontaliers (**B**).

A. - LA PRÉSENTATION DES TRAITÉS PRÉCURSEURS EN MATIÈRE TRANSFRONTALIÈRE

417. Certains des traités conclus en matière transfrontalière font figure de précurseurs en raison de dispositions particulièrement élaborées. Ce sont les conventions Benelux du 12 septembre 1986 (**1°**) et germano-néerlandaise du 23 mai 1991 (**2°**).

1° - La convention Benelux du 12 septembre 1986

418. Signée entre les États membres du Benelux, cette convention est entrée en vigueur le 1er avril 1991[5]. Elle ne limite pas son champ d'application aux stricts rapports de voisinage, puisqu'elle concerne l'ensemble des collectivités ou autorités locales visées en son article 1er sans limite géographique[6]. Ce traité fut longtemps

---

[1] Accord entre le Danemark, la Finlande, la Norvège et la Suède concernant la coopération transfrontalière au niveau des collectivités locales du 26 mai 1977 : préc., *supra* n° 390, en note.

[2] Accord-cadre entre l'Italie et l'Autriche sur la coopération transfrontalière des collectivités et autorités régionales et locales du 27 janvier 1993 : *Riv. D.I.*, 1996, p. 196-197.

[3] Accord-cadre entre la Confédération suisse et la République italienne sur la coopération transfrontalière des collectivités et autorités régionales et locales du 24 février 1993.

[4] Accord entre les Gouvernements de la République de Finlande et de la Fédération de Russie concernant la coopération à Mourmansk, en République de Carélie, à Saint-Pétersbourg et dans la région de Leningrad conclu le 20 janvier 1992 : *Transfront* (94) 4.

[5] Accord entre la Belgique, le Luxembourg et les Pays-Bas concernant la coopération transfrontalière entre collectivités ou autorités territoriales : *Transfront/Office* (86) 14. Pour un commentaire : N. LEVRAT, *Le Droit applicable aux...*, *op. cit.*, p. 112-119 ; C. AUTEXIER, "L'action extérieure des collectivités locales françaises dans...", art. préc., n° 109 ; R. SEERDEN, art. préc., p. 206-209.

[6] Pour la Belgique, il s'agit des provinces, communes, associations de communes, centres publics d'aide sociale, polders et Wateringues. On notera que les régions belges sont exclues du champ de la

considéré comme la référence en la matière et ce pour deux raisons. La première, c'est qu'il reconnaît explicitement, à la différence de la Convention de Madrid, un droit à la coopération transfrontière pour les collectivités locales. La seconde, c'est que prenant acte de "*collaborations issues du droit privé*"[1], la convention traite exclusivement de la coopération de droit public. C'est ainsi que les "*autorités visées à l'article 1er peuvent, pour la concrétisation de la coopération, conclure des accords administratifs, ainsi que créer des organismes communs ou des organismes publics*"[2]. La convention germano-néerlandaise de 1991 reprend cette structure, tout en étant plus audacieuse dans son contenu.

2° - La convention germano-néerlandaise du 23 mai 1991

419. La convention sur la coopération transfrontalière des collectivités ou autorités territoriales et autres organismes publics, signée entre la République fédérale d'Allemagne, le *Land* de Basse Saxe, le *Land* de Rhénanie-Westphalie et le Royaume des Pays-Bas, également dénommée convention d'Isselburg-Anholt, est entrée en vigueur le 1er janvier 1993[3]. Ce traité repose sur un cadre élargi puisque, pour les Pays-Bas, il concerne toutes les collectivités territoriales et leurs groupements, même non frontaliers[4]. En Allemagne, il est circonscrit aux entités équivalentes relevant des *Länder* de Basse Saxe et de Rhénanie-Westphalie[5]. Affranchi d'une conception trop restrictive de la coopération transfrontalière, le traité permettrait le cas échéant que "*la commune de Rotterdam, qui gère le plus grand port de mer du monde, (puisse) convenir d'une forme de coopération concernant les installations portuaires avec la ville de Duisburg, dans laquelle se situe le plus grand port fluvial du monde*"[6].

À l'instar de la convention Benelux, le traité d'Isselburg-Anholt tout en prenant acte des "*possibilités offertes par le droit civil*", concède aux collectivités néerlandaises et allemandes désignées la faculté de coopérer sur le fondement du

---

convention. Pour le Luxembourg, il s'agit des communes, syndicats de commune et établissements publics communaux ; et pour les Pays-Bas, des provinces, communes, wateringues et de certains établissements publics. Sur l'organisation de la décentralisation territoriale dans ces trois pays : J. ZILLER, *op. cit.*, spéc. n° 341 et s.

1 Art. 2 §1.

2 Art. 2 §2. Il est à signaler qu'un Protocole complétant la Convention Benelux, adopté par le Comité des ministres de cette organisation mais non encore ratifié par ses États-membres, vise à ouvrir la coopération transfrontalière de droit public aux personnes morales de droit privé en charge d'une mission de service public : *Transfront* (97) 2.

3 Convention sur la coopération transfrontalière des collectivités ou autorités territoriales et autres organismes publics, conclue entre l'Allemagne, le *Land* de Basse-Saxe, le *Land de* Rhénanie-Westphalie et le Royaume des Pays-Bas : *Transfront* (92) 3. Pour un commentaire : C. AUTEXIER, "L'action extérieure des collectivités territoriales françaises dans...", art. préc., n° 110-111 ; N. LEVRAT, *Le Droit applicable aux...*, *op. cit.*, p. 119-125 ; R. SEERDEN, art. préc., p. 209-212.

4 C'est-à-dire les provinces (*provincies*), les communes (*gemeenten*) et syndicats de communes et les établissements publics (*openbare lichamen*). Sur l'organisation de la décentralisation territoriale aux Pays-Bas : J. ZILLER, *op. cit.*, *loc. cit.*

5 C'est-à-dire les communes (*Gemeinden*), cercles de communes (*Kreise*) et les associations ou syndicats de communes (*Kommunalverband, Zweckverbände, etc.*). Sur l'organisation de la décentralisation territoriale dans les *Länder* allemands : J. ZILLER, *op. cit.*, *loc. cit.*

6 *Exposé des motifs*, p. 4.

droit public[1]. Afin d'éviter toute interférence avec le droit international public, les organismes dépendant directement des administrations centrales allemande et néerlandaise ainsi que les *Länder* ne peuvent pas collaborer sur la base du traité d'Isselburg-Anholt[2]. Il est, en effet, exclusivement question d'une coopération de droit public interne à travers la création d'organismes transfrontaliers et surtout, en ce qui nous concerne, la conclusion d'accords de droit public[3].

B. - LE RÉGIME DES CONTRATS TRANSFRONTALIERS INSTAURÉ PAR CES TRAITÉS

420. La convention Benelux et le traité d'Isselburg-Anholt reconnaissent donc un véritable *jus contrahendi* transfrontalier aux entités territoriales auxquelles ils s'appliquent. Les contrats dont la conclusion est ainsi permise ont pour particularité d'être "*administratifs*"[4] ou de "*droit public*"[5]. Mises à part les interrogations suscitées par une telle qualification[6], un encadrement juridique des contrats est prévu. Une distinction s'opère entre les accords qui visent simplement à organiser des rapports conventionnels et ceux qui ont pour but de créer un organisme transfrontalier. Nous ne traiterons ici que des premiers. Or, un traité institué en vue d'organiser en droit interne l'encadrement juridique de rapports contractuels transfrontaliers peut comprendre trois types de normes : des règles à caractère substantiel qui appréhendent directement le contrat (**1°**), des règles de renvoi aux droits internes (**2°**), et enfin des règles de droit international privé (**3°**). Il est à noter que le traité germano-néerlandais comprend ces trois types de normes tandis que la convention Benelux, de facture plus rudimentaire, ne contient que des règles de la deuxième catégorie[7].

1° - Les règles à caractère substantiel

421. La convention germano-néerlandaise du 23 mai 1991 comprend des dispositions à caractère substantiel ou encore matériel. Elles sont ainsi dénommées parce qu'elles régissent directement les contrats transfrontaliers, sans passer par

---

1 Art. 5.

2 *Exposé des motifs*, p. 5. Il s'agit de parer à toute confusion entre le *jus contrahendi* transfrontalier reconnu par le traité et le *jus tractandi* dont ces autorités peuvent par ailleurs se prévaloir.

3 Ce qui correspond en droit allemand au concept d'*öffentlich-rechtliche Vereinbarungen* et, en droit néerlandais, à celui de *gemeenschappelijke regeling* : *ibid.*, p. 7 et 13.

4 Art. 2 de la convention Benelux.

5 Art. 2 (2) de la convention germano-néerlandaise.

6 Pour déterminer si un des deux traités s'applique, il faudra définir si le contrat en question est ou non de droit public. Or, une telle qualification ne peut s'apprécier dans l'abstrait. Elle nécessite les lumières d'un ordre juridique interne. Sachant que les conceptions peuvent varier d'un système étatique à l'autre, que se passera-t-il si le contrat n'est qualifié de droit public que dans un des droits internes en présence ? Devra-t-on appliquer les dispositions du traité ?

7 Comme le constate l'*Exposé des motifs* de la convention Benelux, "*la possibilité d'opter pour l'accord administratif comme forme de collaboration n'(y) est pas spécifiquement définie*".

l'intermédiaire d'un droit interne[1]. Il est ainsi précisé que les accords doivent être passés par écrit[2] et prévoir les conditions auxquelles il peut être mis fin à la coopération[3]. En outre, le contrat doit aborder les questions de responsabilité et préciser si, "*dans leurs relations, les organismes publics intéressés pourront être exonérés en tout ou partie de leur responsabilité à l'égard des tiers*"[4].

422. Certaines des règles à caractère substantiel prévues intéressent un type particulier de contrats transfrontaliers. Il s'agit des accords par lesquels une collectivité territoriale transfère, dans un domaine particulier, l'exercice de l'une de ses compétences à sa cocontractante. Ces contrats sont courants dans les relations internes[5]. En droit néerlandais, ils sont désignés sous le nom de *centrumgemeente* et ils sont également connus du droit allemand[6]. Le traité transpose ce mécanisme aux relations transfrontalières à travers la disposition suivante :

> "*Un accord de droit public peut notamment spécifier qu'un organisme public exercera certaines fonctions d'un autre organisme, au nom et selon les instructions de ce dernier, en observant le droit interne dont relève cet organisme. L'accord ne pourrait pas prévoir l'exercice des fonctions d'un autre organisme en son nom propre.*"[7]

Le traité autorise ainsi la passation de contrats transfrontaliers portant sur l'exercice de compétences appartenant à l'un des contractants. Par convention, un syndicat de communes allemandes pourra donc accepter de traiter les eaux usées d'une ville hollandaise. Mais un tel contrat se conçoit de deux manières. Selon la première, l'accord opère un véritable transfert de compétence de l'un des contractants vers l'autre. En l'espèce, la compétence en matière de traitement des eaux de la ville hollandaise sera désormais exercée par le syndicat allemand en son nom propre. Selon la seconde, il n'y a pas transfert de compétence mais un simple mandat. La collectivité "réceptionnaire" exerce alors la compétence de sa cocontractante au nom et sous la responsabilité de cette dernière. C'est ce second schéma qui a été retenu par le traité. Les contrats opérant un véritable transfert de compétence ont été exclus en raison du droit allemand qui n'autorise pas ce type d'aliénations au profit d'organismes étrangers[8].

423. Il est à noter que les droits des tiers ne sont pas affectés par l'exercice sous mandat de la compétence d'une collectivité territoriale. Ils conservent "*à l'égard de l'organisme public (...) au nom duquel un autre organisme public exerce des*

---

[1] Ce qui ne signifie pas que leur application effective puisse se passer de la médiation des ordres internes. Elle est au contraire subordonnée à l'incorporation de l'ensemble du traité dans les différents systèmes juridiques en présence.

[2] Art. 6 (1). Il s'agit là d'une règle empruntée au droit néerlandais : *Exposé des motifs*, p. 22.

[3] Art. 6 (4).

[4] Art. 6 (3).

[5] C'est-à-dire entre deux personnes publiques relevant d'un même ordre juridique. Pour une analyse du phénomène en droit français : J.-D. DREYFUS, *Contribution à une théorie générale des contrats entre personnes publiques*, Paris : L'Harmattan, 1998, p. 191-257.

[6] *Exposé des motifs*, p. 22.

[7] Art. 6 (2).

[8] *Exposé des motifs*, p. 22-23.

fonctions, tous les droits qui leur seraient reconnus si ces fonctions n'étaient pas exercées dans le cadre de la coopération transfrontalière"[1]. Par ailleurs, le droit qui régit les voies de recours est celui de l'organisme public dont les compétences ont été exercées[2].

2° - Les règles de renvoi aux droits internes

424. Sur certaines questions, les conventions Benelux et d'Isselburg-Anholt prescrivent l'application du droit public des cocontractants. Ainsi, la procédure de conclusion d'un contrat transfrontalier est soumise aux mêmes règles que l'ensemble des contrats des personnes publiques concernées[3]. Il est en particulier nécessaire de respecter les dispositions relatives à la compétence et à la prise de décision des organes représentant les collectivités signataires, aux conditions de forme, ou encore aux autorisations et aux publications[4]. Un accord de droit public transfrontalier ne sera "*valablement*" conclu qu'à condition que les prescriptions du droit interne en ces matières aient été observées dans chacun des deux États[5]. En outre, les règles de contrôle et de tutelle auxquelles sont soumises les collectivités ou autorités territoriales en temps normal restent applicables en matière transfrontalière[6].

425. On assiste donc à un renvoi au droit interne en matière de procédure de conclusion, de compétence de l'autorité signataire représentant la personne publique et de contrôle des actes des autorités locales. Ce n'est pas tout. Les traités en appellent également aux droits internes en ce qui concerne la compétence de la personne publique elle-même. Un *jus contrahendi* transfrontalier est reconnu aux collectivités. Mais celui-ci doit s'exercer dans les limites de la compétence de chacun des cocontractants, telle qu'elle est définie par leurs droits internes[7]. Il est à noter que la convention Benelux dresse en annexe la liste des textes pertinents en la matière de chaque État.

---

[1] Art. 10 (1).

[2] *Ibid.*

[3] Art. 8 (1) de la convention d'Isselburg-Anholt.

[4] *Ibid.*

[5] *Ibid.*

[6] Art. 9 de la convention d'Isselburg-Anholt et art. 2 (3) de la convention Benelux.

[7] Art. 2 (1) de la convention d'Isselburg-Anholt : "*Des organismes publics peuvent coopérer sur la base de la présente convention, dans les limites des compétences que leur reconnaît leur droit interne*".
Art. 2 (1) de la convention Benelux : "*Les collectivités ou autorités territoriales (...) peuvent, dans les limites des compétences que leur attribue le droit interne de leur pays, coopérer sur base de la présente convention en vue de défendre des intérêts communs*".

3° - *Les règles de droit international privé*

426. La présence de règles de droit international privé dans une convention internationale, comme celle d'Isselburg-Anholt[1], dont l'objet est spécifiquement la coopération transfrontalière de droit public est *a priori* surprenante. Le droit international privé a pour objet les relations internationales de droit privé et il est traditionnellement considéré comme réfractaire au droit public. Du moins s'agit-il là de l'opinion la plus répandue. Indépendamment des objections soulevées par cette *doxa*[2], on conviendra que le droit international privé est avant tout une méthode ou plutôt un ensemble de méthodes. Or, les rédacteurs du traité d'Isselburg-Anholt ont manifestement entendu appliquer cette méthode à des relations contractuelles qualifiées par ailleurs de droit public. Ils ont ainsi prévu des principes aux fins de déterminer la loi applicable aux contrats transfrontaliers (a), de même que la juridiction compétente en cas de litige (b).

a) La détermination du droit applicable

427. L'article 6 (5) de la convention d'Isselburg-Anholt dispose que le droit applicable au contrat doit être "*celui de l'État contractant sur le territoire duquel l'obligation découlant de l'accord doit être exécutée*". Cette formulation appelle quelques remarques. Tout d'abord, on peut constater qu'elle ne laisse aucune place à la volonté des parties dans la détermination du droit applicable. Les rédacteurs du traité ont, sans doute, estimé que la nature publique des contrats comportait une incompatibilité avec le principe d'autonomie, lequel est traditionnellement cantonné au droit privé. Il s'agit là d'un choix méthodologique dont on aura l'occasion d'apprécier le bien-fondé.

428. La formulation retenue par le traité est aussi sujette à certaines interrogations. Comme la plupart des contrats, les accords transfrontaliers sont le plus souvent synallagmatiques. Ils créent un écheveau d'obligations réciproques. Quelle est alors cette "*obligation découlant de l'accord*" que le traité impose de prendre en considération ? Plusieurs réponses sont à envisager. Une telle formule peut signifier que chaque obligation créée par le contrat est soumise à la loi du lieu de son exécution. On remarque alors que la localisation spatiale de certaines obligations sera particulièrement ardue. On pense en particulier aux obligations monétaires, loin d'être inexistantes dans les contrats transfrontaliers. En outre, lorsque le lieu d'exécution d'une obligation pourra être déterminé, il se situera le

---

[1] La convention Benelux a un objet identique mais ne comprend aucun régime de droit international privé. Il n'est prévu aucune règle permettant de désigner un droit applicable ou une juridiction compétente en cas de litige. Est en revanche instituée une commission intergouvernementale qui a, entre autres, pour fonction "*d'examiner les différends et les litiges qui surviennent, en vue de les résoudre par voie de conciliation et de les soumettre au Comité des Ministres*" [art. 6 (2) c]. Le Conseil des Ministres est l'instance exécutive du Benelux. Ses décisions en la matière pourront être déférées à la Cour de justice Benelux (art. 10).

[2] *Infra*, IIe Partie, Titre I, Chap. II : « Les conflits de lois en droit public ».

plus souvent sur le sol de la partie à laquelle incombe cette obligation[1]. Le contrat, par hypothèse synallagmatique, sera donc écartelé entre les systèmes juridiques de chacune des parties.

Une autre solution serait de retenir l'obligation principale ou caractéristique du contrat. Mais l'issue n'est pas pleinement satisfaisante. Il est vrai que dans le cas d'un accord où une commune s'engage à incinérer les ordures de sa voisine transfrontalière contre rémunération, l'obligation caractéristique de même que son lieu d'exécution sont aisés à déterminer. Mais peut-on en dire autant du contrat qui installe un projet universitaire bilatéral avec échange et accueil d'étudiants dans les universités des deux collectivités contractantes ? Aucune des deux parties ne prend dans ce cas une part prépondérante à la réalisation du contrat. Il en va de même, pour prendre un autre exemple, en cas de création d'un parc naturel transfrontalier, ou d'organisation en commun de la pêche sur une rivière frontalière ou encore de gestion en commun de nappes phréatiques. Bien souvent, les contrats transfrontaliers permettent d'organiser une coadministration de problèmes communs, et la détermination d'une obligation prépondérante s'avère alors des plus subtile.

En conséquence, le système retenu par le traité germano-néerlandais quant à la détermination du droit applicable aux contrats transfrontaliers mériterait d'être amélioré[2].

b) La détermination de la juridiction compétente

429. L'article 11 de la convention d'Isselburg-Anholt prévoit que "*les voies de recours en cas de litige de droit public entre organismes publics, syndicats intercommunaux ou groupements de travail intercommunaux dans le cadre de la coopération transfrontalière sont celles de l'État contractant dans lequel le défendeur a son siège*". La souveraineté des États sur leurs propres collectivités publiques est ainsi préservée en permettant à ces dernières de se voir condamnées le cas échéant par un tribunal de l'État dont elles relèvent[3]. Outre ces considérations, l'article 11 a surtout pour immense mérite de poser une règle simple et claire dont on verra qu'elle tranche singulièrement avec le mécanisme instauré par les traités signés par la France[4]. Ce compliment doit d'ailleurs être étendu à l'autorisation faite par la convention d'Isselburg-Anholt du recours à l'arbitrage. L'article 11 (2) précise en effet que "*les organismes publics concernés peuvent conclure une convention d'arbitrage*".

[1] Dans le cadre de relations transfrontalières, on ne voit guère que les contrats organisant une assistance mutuelle en cas d'incendies ou de catastrophes naturelles dont l'exécution se situe de l'autre côté de la frontière.

[2] Pour des propositions générales sur cette question : *infra*, n° 654 et s.

[3] *Exposé des motifs*, p. 30.

[4] *Infra*, n° 449-450.

§ 2. - LES TRAITÉS INTERNATIONAUX AUXQUELS LA FRANCE EST PARTIE

430. Hormis la Convention de Madrid, la France est partie à trois traités organisant les relations transfrontalières de ses collectivités territoriales (**A**). Le mérite essentiel de ces instruments internationaux est qu'ils comportent un véritable régime juridique applicable aux contrats transfrontaliers (**B**).

A. - LA PRÉSENTATION DES TRAITÉS CONCLUS PAR LA FRANCE EN MATIÈRE TRANSFRONTALIÈRE

431. La France est partie à une convention avec chacun des pays partageant avec elle une frontière terrestre, à l'exception de la Belgique, et ce par le truchement de trois conventions internationales signées entre 1993 et 1996. Les deux premières sont biparties. Il s'agit du traité du 26 novembre 1993 conclu à Rome avec l'Italie (**1°**) et celui du 10 mars 1995 conclu à Bayonne avec l'Espagne (**2°**). La dernière, de nature quadripartite, associe à la France, l'Allemagne, la Suisse et le Luxembourg. Il s'agit de l'accord de Karlsruhe du 23 janvier 1996 (**3°**).

1° - La convention franco-italienne du 26 novembre 1993

432. L'accord entre l'Italie et la France sur la coopération transfrontalière entre collectivités territoriales est entré en vigueur le 6 octobre 1995[1]. Il limite son champ d'application aux collectivités, régions, départements et communes, dès lors que ceux-ci jouxtent la frontière entre les deux États[2]. Le traité s'applique également, pour la partie française, aux "*groupements pouvant être constitués par les collectivités précitées*"[3]. Les dispositions du traité intéressent donc, en sus des collectivités elles-mêmes, les personnes morales de droit public qui regroupent ces collectivités telles que, par exemple, les syndicats de communes ou les communautés urbaines[4]. On rassemble en général ces différentes formes de regroupement de collectivités sous la dénomination d'établissements publics territoriaux[5].

---

[1] D. publ. n° 96-8, 2 janvier 1996 : *J.O.*, 6 janvier 1996, p. 227. Pour un commentaire : C. AUTEXIER, "L'action extérieure des collectivités territoriales françaises dans...", art. préc., n° 112 ; M. ROUSSET, *L'Action extérieure des collectivités locales*, Paris : LGDJ, 1998, p. 65-68.

[2] Ce qui comprend la Corse : art. 2.

[3] *Ibid.*

[4] Sur les différents types de regroupement de collectivités territoriales connus du droit français : A. de LAUBADÈRE, J.-C. VENEZIA, Y. GAUDEMET, *op. cit.* t. I, p. 205-222. Du côté italien, le traité s'applique de la même façon aux communautés de montagne et aux coopératives communales et provinciales.

[5] *Ibid.*, n° 173, p. 137. Les textes du Code général des Collectivités territoriales relatifs à ces établissements publics sont les art. L. 5210-1 et s. (communes), L. 5411-1 et s. (départements), L. 5611-1 et s. (régions) et L. 5711-1 et s. (syndicats mixtes).

433. Le champ d'application du traité ainsi défini, on en vient aux moyens mis à la disposition des personnes publiques pour que la coopération transfrontalière puisse se développer. Elles sont autorisées à conclure des "*accords et arrangements*"[1], dont le traité ne détermine pas explicitement la nature juridique. Toutefois, il y est précisé que les États ne sauraient être engagés par les "*conséquences contractuelles*" des conventions ainsi conclues par leurs collectivités respectives[2]. Et, comme celles-ci ne peuvent s'obliger en leur nom propre qu'au regard du droit interne, ces "*accords et arrangements*" sont donc bien des contrats.

Un auteur en déduit que "*l'État ne peut (...) engager sa responsabilité qu'en cas de violation du traité par une collectivité territoriale et non en cas de violation des contrats de droit interne conclus par cette collectivité*"[3]. Cette affirmation est avérée dans son principe puisque la responsabilité internationale d'un État peut être engagée du fait du comportement d'une de ses collectivités territoriales[4]. Toutefois, on ne voit pas bien concrètement comment une collectivité territoriale pourrait se faire le bras de l'État dans la violation d'un traité sur la coopération transfrontalière. Si violation il y a, celle-ci sera certainement imputable directement à l'État lui-même, par exemple, parce qu'il n'a pas transposé dans son droit interne le régime prévu par le traité.

2° - La convention franco-espagnole du 26 septembre 1995

434. Les relations transfrontalières entre communes ou vallées pyrénéennes remontent à des temps très anciens. Dès le Moyen âge, il existait par exemple des accords transfrontaliers de faceries, permettant l'usage de pâturages en location[5].

---

[1] Art. 3 *in limine*.

[2] Art. 5.

[3] F. OSMAN, "Un nouveau champ d'exploration pour le droit international privé...", art. préc., p. 413. Comp. la *Déclaration de Jaca* sur ce point : "*Ce type de relations et d'actes ne saurait ainsi engager, en principe, la responsabilité internationale de l'État pour fait illicite ; il engagerait, le cas échéant, la responsabilité de droit interne des entités concernées au cas où l'une de celles-ci violerait les obligations relevant de ce droit et qu'elle aurait souscrites dans le cadre de la coopération transfrontalière*", préc., n° 1.3.

[4] J. COMBACAU, S. SUR, *op. cit.*, p. 539-540.

[5] Les frontaliers ont "*d'abord défini les limites des zones de dépaissance et les rapports entre bergers, réglé l'usage des terres, des herbes, des eaux et des bois, le régime et les chemins de la transhumance, établi des procédures d'examen et de jugement des litiges. Plus tard, ils fixèrent des garanties réciproques de sécurité pour le commerce et la circulation des personnes et des biens. Enfin, les frontaliers en vinrent non seulement à s'abstenir d'hostilités, mais mieux encore, en pleine guerre de Trente Ans, les vallées s'organisent pour se garder des conséquences d'opérations éventuelles et se donner le temps de mettre en sûreté leurs biens et, surtout, leur richesse essentielle, leur bétail... Pour se garder de la razzia, si redoutable pour des pasteurs, les gens de Barèges et de Bielsa s'engagent, le 12 septembre 1648, à s'avertir mutuellement de la venue dans leurs cantons des troupes ...*" : B. DRUÈNE, "Lies et passeries, spécialement pendant la guerre de succession d'Espagne" *in Lies et passeries dans les Pyrénées*, ouvr. coll., Tarbes, 1986, cité par M. BERNAD Y ALVAREZ DE EULATE, *La Coopération transfrontalière...*, *op. cit.*, p. 364. Sur l'historique de ces accords entre vallées ou communes françaises et espagnoles, voy. également : C. FERNÁNDEZ DE CASADEVANTE ROMANI, *La Frontière franco-espagnole et les relations de voisinages*, Bayonne : Harriet, 1989 ; M. LAFOURCADE, "La frontière franco-espagnole, lieu de conflits interétatiques et de collaboration interrégionale" *in La Frontière des origines à nos jours*, Actes des journées de la Société internationale d'histoire du droit, 15-17 mai 1997, M. LAFOURCADE (dir.), P.U. de

D'ailleurs, les traités frontaliers franco-espagnols passés au XIXe siècle évoquent eux-mêmes ces contrats entre communes frontalières. Ainsi, peut-on lire dans une convention internationale remontant à 1856 que "*les frontaliers respectifs conserveront le droit qu'ils ont toujours eu de faire entre eux, pour un temps déterminé qui ne pourra jamais excéder cinq années, et avec l'intervention obligatoire des Autorités compétentes, les contrats de pâturage ou autres qui pourraient être avantageux à leurs intérêts et à leurs rapports de bon voisinage*"[1]. Ce mouvement s'est perpétué au XXe siècle. Des accords entre communes riveraines du fleuve frontalier Bidassoa sur la navigation et la pêche ont été entérinés par une convention franco-espagnole du 14 juillet 1959. De même, un contrat pour l'approvisionnement en eau passé le 6 novembre 1981 entre Irun et le Syndicat intercommunal d'eau potable de la Bidassoa, regroupant plusieurs collectivités françaises et présidé par le maire d'Hendaye, a été repris par un échange de notes entre la France et l'Espagne des 18 janvier et 24 mars 1983.

435. Le traité entre la France et l'Espagne signé à Bayonne le 10 mars 1995 s'inscrit donc dans une longue tradition transfrontalière[2]. Il est par ailleurs construit sur un modèle identique à celui qui a prévalu dans les relations franco-italiennes. Son canevas du moins est semblable car, quant à son contenu, il est souvent plus ambitieux. Ainsi le traité de Bayonne, comme la convention franco-italienne, limite son champ d'application aux collectivités frontalières et à leurs groupements[3] et c'est aussi par le biais de conventions de droit interne que celles-ci devront coopérer[4]. Toutefois, le régime de ces contrats tel qu'il est prévu par la Convention de Bayonne est plus élaboré que celui en vigueur dans les relations transfrontalières franco-italiennes. En outre, le traité avec l'Espagne évoque la question des organismes transfrontaliers et la participation de collectivités françaises ou espagnoles aux organismes de droit public, respectivement espagnols ou français[5]. Ces précisions mises à part, les observations faites à propos du traité franco-italien s'appliquent ici.

Bordeaux, 1998, p. 331-345 ; J. SALCEDO IZU, "Les Aludes : lieu de conflits interétatiques et de coopération inter-régionale" *in La Frontière des origines à nos jours, op. cit.*, p. 379-400.

1 Art. 14 du traité frontalier franco-espagnol du 2 décembre 1856 : *Recueil général des traités de la France*, R. PINTO, H. ROLLET, 1re série : *Accords bilatéraux publiés et non publiés, 1564-1918* (1er vol.), t. I, Paris : La Documentation française, 1993, n° 44. Il existe une disposition identique à celle-ci à l'art. 23 d'un autre traité frontalier du 14 avril 1862 : *id.*, n° 58.

2 D. publ. n° 97-322, 2 avril 1997 : *J. O.*, 11 avril 1997, p. 5507. Pour un commentaire : P. CAMBOT, "Commentaire du Traité de Bayonne du 10 mars 1995 relatif à la coopération transfrontalière entre collectivités territoriales" *in La Frontière des origines à nos jours, op. cit.*, p. 477-499 ; O. TAMBOU, "Le traité de Bayonne : un succès relatif pour le développement de la coopération transfrontalière franco-espagnole", *R.B.D.I.*, 1998, p. 538-598 ; C. AUTEXIER, "L'action extérieure des collectivités territoriales françaises dans...", art. préc., n° 113 ; M. ROUSSET, *op. cit.*, p. 68-72.

3 Art. 2.

4 Art. 3 §2. D'ailleurs, "*les conventions n'engagent que les collectivités territoriales signataires. Les Parties Contractantes ne sont d'aucune manière engagées par les conséquences des obligations contenues dans les conventions conclues entre les collectivités territoriales ou par la mise en œuvre de ces conventions*" : art. 4 §2.

5 Art. 5, 6 et 7.

3° - L'accord quadripartite de Karlsruhe du 23 janvier 1996

436. Des négociations engagées avec la République fédérale d'Allemagne aboutirent tout d'abord à la signature d'une première convention[1]. Ce texte fut par la suite étendu, après quelques modifications, au Luxembourg et à la Suisse et signé à Karlsruhe entre les quatre pays[2]. Il est d'une facture identique aux deux accords précédents tout en ayant un contenu plus sophistiqué encore[3].

Il concerne les collectivités frontalières et leurs groupements[4] et c'est aussi par des conventions de droit interne que la coopération transfrontalière pourra s'opérer[5]. Il faut toutefois signaler que cette qualification contractuelle était moins évidente ici que dans le cas des deux traités précédents, ceci car sont parties à l'accord de Karlsruhe deux États fédéraux - l'Allemagne et la Suisse - dont les entités fédérées ont la particularité d'être, pour certaines matières, investies de la compétence d'engager leur État fédéral au regard du droit international[6]. C'est pour cette raison qu'une disposition spécifique de la convention quadripartite traite des accords transfrontaliers passés par les *Länder* allemands et les cantons suisses. L'article 2 (2) ne laisse planer aucun doute quant à la qualification de ces conventions puisque celles-ci sont, affirme-t-il, "*dépourvues de caractère de droit international*".

B. - LE RÉGIME DES CONTRATS TRANSFRONTALIERS INSTAURÉ PAR CES TRAITÉS

437. Les trois traités conclus par la France reconnaissent aux personnes publiques auxquelles ils s'appliquent un *jus contrahendi* transfrontalier. Mais à la différence des conventions Benelux et d'Isselburg-Anholt, le régime prévu pour encadrer ces contrats ne se limite pas aux seuls accords de droit public. Il n'est en effet apporté aucune précision sur la nature des contrats en cause. On considérera successivement les règles à caractère substantiel (**1°**), les règles de renvoi aux droits internes (**2°**) et les règles de droit international privé (**3°**).

---

1 *Transfront* (95) 5.

2 D. publ. n° 97-322, 2 avril 1997 : *J.O.*, 29 août 1997, p. 12717. Pour un commentaire : C. AUTEXIER, "L'action extérieure des collectivités territoriales françaises dans…", art. préc., n° 114 ; B. PERRIN, "Coopération transfrontalière des collectivités locales. Contenu et limites de l'accord quadrilatéral de Karlsruhe", *Rev. adm.*, 1996, p. 81-88 ; M. ROUSSET, *op. cit.*, p. 72-75.

3 Le régime applicable est, on le verra, plus complet ; de même que les dispositions concernant les organismes transfrontaliers ou la participation des collectivités d'un État aux organismes publics d'un autre (art. 8 à 15).

4 Art. 2.

5 Art. 3.

6 *Supra*, n° 369.

1° - Les règles à caractère substantiel

438. Chacun des trois traités contient des règles qui visent directement le contenu des contrats transfrontaliers mais dans des proportions variables ; l'accord de Karlsruhe étant le mieux doté à cet égard.

Ainsi, la durée de la convention doit être précisée[1]. De même, les questions de responsabilité doivent être abordées. Le traité de Bayonne précise, sur ce point, que "*lors de l'exécution des conventions, les collectivités territoriales sont responsables dans la limite de leur participation financière ou, à défaut, du bénéfice qu'elles ont tiré de cette coopération*"[2]. En vertu de l'accord de Karlsruhe, c'est "*une disposition qui détermine les modalités d'établissement de la responsabilité de chacune des collectivités territoriales ou organismes publics vis-à-vis des tiers*"[3]. Ce dernier vise en outre les problèmes de langue. Un contrat devra exister "*dans la langue de chacune des Parties concernées, chacun faisant également foi*"[4].

439. La question de l'objet du contrat est également abordée. La convention franco-italienne dresse à cet égard une liste de matières ouvertes à la coopération transfrontalière[5]. Le traité de Bayonne, comme d'ailleurs l'accord de Karlsruhe, exclut la possibilité de contrats transfrontaliers en matière de police, de réglementation et, plus généralement, pour toutes "*les attributions que les collectivités territoriales ou leurs autorités exercent en tant qu'agent de l'État pour la Partie française ou en raison du pouvoir délégué par l'État pour la Partie espagnole*"[6]. L'accord de Karlsruhe précise en outre que l'objet du contrat ne peut avoir pour conséquence de modifier le statut ou les compétences des collectivités signataires[7].

440. On s'interroge alors sur la sanction encourue en cas de non respect de ces règles à caractère substantiel. À la différence des deux autres qui ne sont guère explicites sur ce point, le traité de Bayonne semble, de prime abord, trancher de manière définitive la question. Il dispose, en effet, que les "*conventions contraires au présent Traité sont nulles*"[8]. Une telle solution paraît néanmoins trop radicale, les règles matérielles visées au traité n'ayant pas toutes la même importance. Certaines, comme celles qui ont trait à l'objet du contrat, s'apparentent à des cas de nullité

---

[1] Selon l'accord de Bayonne, elle ne peut normalement excéder dix ans, exception faite des "*conventions qui ont pour objet la création ou la gestion d'un équipement, qui peuvent être conclues pour une durée égale à celle de l'utilisation de cet équipement*" : art. 9 §2. Dans le traité de Karlsruhe, il est simplement spécifié que "*la convention prévoit la durée pour laquelle elle est conclue*". En revanche, elle doit contenir "*une disposition relative aux conditions à remplir pour mettre fin à la coopération*" : art. 4 (2).

[2] Art. 9 §1 de la convention franco-espagnole.

[3] Art. 4 (5) de l'accord de Karlsruhe.

[4] Art. 3 (1) de l'accord de Karlsruhe.

[5] Art. 3. La liste est suffisamment longue et recoupe pour l'essentiel le champ de compétence des collectivités concernées. Elle comprend le développement urbain et régional, les transports et les communications, l'énergie, la protection de l'environnement, le traitement des déchets et des eaux usées, l'enseignement et la recherche scientifique, la culture, l'enseignement, *etc*.

[6] Art. 3 §6 de la convention franco-espagnole et art. 4 (3) de l'accord de Karlsruhe.

[7] Art. 4 (4).

[8] Art. 10.

absolue tandis que d'autres, comme celles relatives à la durée ou à la responsabilité, pourraient n'être sanctionnées que par une nullité relative. Le traité n'opère aucune distinction de ce type mais il déclare, et cela revient au même, que la nullité devra être prononcée "*conformément au droit interne de la Partie Contractante dont le droit est applicable*"[1]. Par conséquent, même si la nullité trouve son origine dans une règle matérielle du traité, le régime et l'effet de cette nullité relèveront de la loi déclarée applicable au contrat[2]. Cette solution initiée par la convention franco-espagnole devrait être reprise dans le cadre des autres traités.

441. Enfin, dans l'accord de Karlsruhe, une disposition permet à un contrat transfrontalier d'emporter mandat, délégation ou concession de service public. Le contrat peut selon l'article 5 (1) "*disposer qu'une collectivité territoriale ou un organisme public local accomplit des tâches incombant à une autre collectivité territoriale ou à un autre organisme local, au nom et sur les directives de ce dernier et en respectant le droit interne de celui qui a le pouvoir de direction*". On note ici une réelle avancée par rapport à la convention d'Isselburg-Anholt où le mandat seul était permis[3]. Les deux mécanismes supplémentaires autorisés - concession et délégation de service public - n'opèrent pas un transfert de compétence, le statut ou les compétences d'une collectivité territoriale ne pouvant être modifiés par un contrat transfrontalier[4], mais ils instaurent tout de même une gestion déléguée du service public[5].

2° - *Les règles de renvoi aux droits internes*

442. Comme dans les conventions Benelux et d'Isselburg-Anholt, il est fait renvoi, pour certaines questions, au droit public de chacune des collectivités contractantes. Ainsi, tout contrat transfrontalier doit-il avoir été conclu "*dans le respect des procédures prévues par le droit interne de chacune des Parties contractantes*"[6]. De même, les différents mécanismes de contrôle du droit interne s'appliquent[7]. On pense, par exemple, au déféré préfectoral du droit français[8].

De la même manière, les traités renvoient aux droits internes en matière de compétence. Il ressort de l'esprit et de la lettre de chacun d'entre eux que les collectivités nommément désignées bénéficient en tout premier lieu d'une compétence externe et, plus précisément, transfrontalière. Elles sont autorisées à

---

1 *Ibid.*

2 Ceci ne pose d'ailleurs aucune difficulté puisqu'on verra que la loi applicable au contrat est nécessairement celle d'un des États parties au traité : *infra*, n° 446-448. Et, comme ce dernier aura été introduit dans chacun des ordres internes, même si le chef de nullité est une règle matérielle issue du traité, il sera d'ores et déjà inséré dans l'ordre juridique de la loi choisie.

3 *Supra*, n° 422.

4 Art. 4 (4).

5 Sur la gestion déléguée en droit administratif français : R. CHAPUS, *op. cit.*, n° 203-210.

6 Art. 4 de la convention franco-italienne ; art. 3 de la convention franco-espagnole ; art. 4 (1) de l'accord de Karlsruhe.

7 *Ibid.*

8 Sur le jeu du déféré préfectoral en matière transfrontalière et, plus généralement, en matière de contrats transnationaux : *infra*, n° 500-501.

entretenir des relations conventionnelles avec leurs homologues par-delà la frontière qui les borde[1]. Mais il ne s'agit pas bien évidemment de permettre n'importe quel type de convention. C'est ainsi que chacune des collectivités est astreinte à contracter à l'intérieur de la sphère de compétence que lui assigne sont propre droit public[2]. Par conséquent, la condition de compétence sera respectée à l'occasion d'un contrat donné si celui-ci porte sur un domaine pour lequel chacun des cocontractants est compétent au regard de son propre droit interne.

443. Un contrat pourrait donc être annulé sur le chef d'une règle de droit public de l'une des collectivités signataires. La question se pose alors de déterminer la loi applicable au régime et aux effets de cette nullité. En ce qui concerne les règles matérielles d'origine conventionnelle aperçues précédemment, le régime et les effets de la nullité relèvent, comme il a été vu, de la loi applicable au contrat. Il n'y a pas d'autre alternative dans ce premier cas. C'est toute la différence avec la sanction des conditions de validité définies par le droit public interne de chacune des parties. On peut alors hésiter entre la loi applicable au contrat et, lorsque celle-ci est différente, la loi qui édicte la condition de validité. Cette difficulté peut être illustrée à travers l'exemple suivant.

Imaginons un contrat conclu entre la région Lorraine et le Bade-Wurtemberg et soumis au droit allemand. Du côté français, cet accord a été signé par le président de l'exécutif régional mais sans l'aval de l'assemblée collégiale. Il ressort donc du traité de Karlsruhe que le contrat est nul, car le droit français impose une délibération de l'organe collégial comme préalable indispensable à la conclusion de l'accord. Mais faut-il appliquer le droit français ou le droit allemand au régime et aux conséquences de cette nullité ? En d'autres termes, faut-il appliquer la loi applicable au contrat, telle que définie par les règles de droit international privé prévues par les traités, ou plutôt la loi qui a édicté la cause de nullité ? Il semble que l'accord de Karlsruhe soit favorable à l'application de la seconde solution, puisqu'il y est prévu que "*si une convention de coopération est déclarée nulle dans l'une des Parties concernées conformément à son droit interne, les autres Parties concernées en sont informées sans délai*"[3]. Le traité prescrit donc l'application intégrale du droit public qui édicte la condition de validité. Cette solution, qui a l'avantage de la simplicité, devrait être étendue aux deux autres traités.

444. Enfin, l'accord de Karlsruhe prévoit quelques dispositions concernant des contrats transfrontaliers d'une nature particulière. Ainsi, les conventions de concession ou de délégation de service public dont il autorise la passation[4] sont soumises à un cumul des exigences des deux droits publics en présence. Elles sont, en effet, tributaires des "*dispositions et procédures définies par la législation interne de chacune des Parties*"[5]. Pour les contrats transfrontaliers dont l'exécution

---

[1] Art. 3 de chacune des conventions.

[2] *Ibid.*

[3] Art. 7 (2).

[4] *Supra*, n° 441.

[5] Art. 5 (2).

nécessite la passation de marchés publics, il est prévu que ces passations sont soumises au droit de la collectivité qui en assume la responsabilité[1].

3° - Les règles de droit international privé

445. Les trois traités conclus par la France en matière transfrontalière font appel aux méthodes du droit international privé. Les règles substantielles et celles de renvoi aux droits internes ne définissent pas un régime suffisant pour réglementer l'ensemble des questions juridiques pouvant se poser à l'occasion d'un contrat transfrontalier. C'est pourquoi il est prévu des règles relatives à la détermination du droit applicable au contrat (a) et à celle de la juridiction compétente en cas de litige (b).

a) La détermination du droit applicable

446. Les trois conventions autorisent les collectivités contractantes à désigner le droit applicable à leur accord[2]. Il s'agit d'une transposition aux contrats transfrontaliers d'une solution en vigueur depuis fort longtemps en matière de contrats du commerce international. En droit international privé, la possibilité pour les parties d'introduire dans leur contrat une clause d'*electio juris* est maintenant admise par la grande majorité des systèmes juridiques. L'ensemble de la doctrine reconnaît la positivité du principe d'autonomie[3]. D'ailleurs, en France et en Europe, la Convention de Rome du 19 juin 1980 a définitivement entériné la faculté pour les contractants de faire ce choix[4]. Dans les traités qui nous intéressent ici, il n'est toutefois pas aussi largement admis que dans le texte européen. L'option se limite au droit de l'une des parties contractantes[5] ; ce qui laisse de côté la possibilité de désigner la loi d'un État tiers.

447. Les limites du champ de compétence de la loi ainsi adoptée doivent être posées. Il est évident que cette loi doit être mise à l'écart devant les dispositions matérielles des traités[6]. On a vu en outre que ces derniers renvoient au droit - public

---

[1] Art. 6 (1). La convention franco-espagnole comporte une disposition similaire : art. 8.

[2] Art. 6 de la convention franco-italienne ; art. 4 de la convention franco-espagnole ; art. 4 (6) de l'accord de Karlsruhe. Il a été vu que le traité d'Isselburg-Anholt qui ne concerne que les "*accords de droit public*" ne laisse à l'opposé aucune place au principe d'autonomie en prévoyant simplement que "*le droit applicable est celui de l'État contractant sur le territoire duquel l'obligation découlant de l'accord doit être exécutée*".

[3] Ce qui n'empêche pas qu'il puisse être sévèrement critiqué : V. HEUZÉ, *La Règlementation française des..., op. cit., passim.*

[4] L'art. 3 §1 dispose : "*Le contrat est régi par la loi choisie par les parties*". La convention interaméricaine de Mexico du 17 mars 1994 sur la loi applicable aux contrats internationaux comporte une disposition similaire. Une traduction du texte de ce traité est donnée à la *Rev. crit.*, 1995, p. 173-177, comm. D.P. FERNANDEZ ARROYO, "La convention sur la loi applicable aux contrats internationaux : certains chemins conduisent au-delà de Rome", *id.*, p. 178-186.

[5] Art. 6 de la convention franco-italienne ; art. 4 de la convention franco-espagnole ; art. 4 (6) de l'accord de Karlsruhe.

[6] Comme les contractants ne peuvent choisir que l'un ou l'autre de leurs droits nationaux, le droit matériel du traité fera donc automatiquement partie de la loi choisie.

- interne de chacune des parties pour les questions de compétence et de procédure liées à la conclusion de l'accord. Le champ d'application de la loi choisie s'arrête donc là où commence celui du droit public de la partie dont le droit n'a pas été élu[1]. Bien que cette limite soit difficile à tracer, il faut convenir que la loi déterminée par les parties devra s'en tenir aux stricts rapports contractuels. Il en découlera vraisemblablement des difficultés liées à l'interaction des deux ensembles de règles. Mais le problème de loin le plus délicat apparaîtra dans l'hypothèse où les parties ne se seront pas prononcées sur la loi applicable à leur accord, ceci car aucun des traités n'a prévu de règle de conflit en cas d'absence de choix de loi par les parties, ce qui constitue une importante carence. Que doit alors faire un juge mis en présence d'un contrat transfrontalier de ce type ? Deux solutions peuvent être envisagées.

448. La première revient à déclarer la nullité du contrat dans lequel aucune loi n'a été choisie. La convention franco-italienne peut être interprétée en ce sens puisqu'elle prévoit que les parties "*doivent définir le droit applicable aux dits accords*"[2]. L'emploi du verbe "devoir" pourrait révéler l'existence d'une obligation dont la méconnaissance entraîne l'annulation de l'accord. Dans les deux autres traités, il est seulement prévu que les conventions transfrontalières "*définissent le droit applicable aux obligations qu'elles contiennent*"[3]. L'obligation serait-elle ici moins stricte ? Ce n'est pas si évident du moins dans le cas du traité de Bayonne qui, dans son article 10, déclare nuls les contrats contraires à ses dispositions[4]. Or, parmi lesdites dispositions, il y a la détermination par les contractants de la loi applicable. Toutefois, le traité précise que cette "*nullité est déclarée conformément au droit interne de la partie contractante dont le droit est déclaré applicable*"[5]. Dès lors, sous peine de créer un cercle vicieux, il faut conclure que le choix ou l'absence de choix d'une loi au contrat ne tombe pas sous le coup de l'article 10. Ce constat s'étend aux deux autres traités. En effet, il est en réalité impossible de déclarer la nullité d'un contrat transfrontalier pour lequel aucune loi n'aurait été choisie ; ceci en raison du fait que les seules dispositions du traité ne suffisent pas à assurer le régime et les effets d'une telle nullité. Il faut impérativement pour cela qu'un ordre juridique soit déclaré compétent. De même, on ne peut pas dire qu'en l'absence de choix de loi, l'accord transfrontalier est caduc ou ne crée pas d'obligations juridiques. Ce serait laisser aux contractants la maîtrise de la juridicité de leur accord de volontés, ce qui n'est pas admissible. D'ailleurs, une nullité aussi systématique n'est pas souhaitable en dehors même de ces objections théoriques. D'un point de vue pratique, elle aurait pour effet de rendre caduque une grande partie des contrats transfrontaliers où, le plus souvent, aucun choix de loi n'est prévu.

Par conséquent, il est indispensable de déterminer, à défaut de choix, un ordre juridique compétent. Et, comme les trois traités ne contiennent aucune disposition

[1] Pour la partie dont le droit a été choisi, la question ne se pose pas puisque les deux ensembles de règles appartiennent au même ordre juridique.

[2] Art. 6.

[3] Art. 4 de la convention franco-espagnole et art. 4 (6) de l'accord quadripartite.

[4] Art. 10.

[5] Art. 10 *in fine*.

sur ce point, toute latitude est laissée pour proposer une règle de conflit qui permette de définir la loi applicable dans une telle hypothèse. Une solution devra donc être proposée. Mais comme celle-ci a trait à l'ensemble des contrats transnationaux, elle sera exposée à cette occasion[1].

b) La détermination de la juridiction compétente

449. Les trois conventions posent une règle apparemment fort simple. En cas de litige contractuel, la juridiction compétente est celle de l'État dont le droit a été choisi par les cocontractants[2]. Si le système juridique désigné présente deux ordres de juridictions comme c'est le cas en France, il conviendra de trancher entre les juridictions judiciaires et administratives en vertu des principes applicables aux contrats internes. En résumé, lorsqu'une loi a été choisie, il n'y a aucune réelle difficulté de mise en œuvre de la règle de compétence juridictionnelle. En revanche, les traités n'ont prévu aucun mécanisme quant à la reconnaissance des jugements[3].

Toutes les difficultés se concentrent donc sur un cas de figure, celui très courant au vu de la pratique où les cocontractants n'ont procédé à aucun choix de loi. Comme il n'existe aucune règle permettant de déterminer la loi applicable en l'absence de choix, la juridiction compétente ne pourra pas non plus être désignée. C'est la conséquence perverse du lien opéré entre compétence législative et compétence juridictionnelle. Le recours à l'arbitrage aurait pu constituer un palliatif mais il n'est visé par aucun des trois traités.

450. Pour conclure, on retiendra que le système mis en place par les conventions conclues par la France en matière transfrontalière n'est pas à l'abri de tout reproche. À l'heure actuelle, les collectivités territoriales n'insèrent pratiquement jamais de clauses d'*electio juris* dans leurs contrats transfrontaliers. Or, dans ce cas, les traités n'apportent aucune solution quant à la détermination de la loi applicable. Et, du fait de la liaison qu'ils opèrent entre les compétences législative et juridictionnelle, le tribunal à saisir en cas de litige ne peut pas non plus être déterminé.

---

[1] *Infra*, IIe Partie, Titre II, Chapitre I : « Les contrats transnationaux et le droit international privé ».

[2] Art. 6 de la convention franco-italienne ; art. 4 de la convention franco-espagnole ; art. 4 (6) de l'accord de Karlsruhe.

[3] Contrairement au vœux de M. WOEHRLING qui proposait que "*pour éviter les incertitudes pouvant subsister en ce domaine, il sera utile de prévoir que les conventions internationales conclues en matière de coopération transfrontalière, comportent des dispositions relatives à l'exécution des décisions et jugements intervenus en ce domaine*" : *op. cit.*, p. 37.

- CONCLUSION DE LA PREMIÈRE PARTIE -

451. L'examen du champ du droit international a permis de délimiter au sein des accords entre entités publiques, ceux qu'il convient de qualifier de contrats. À partir du moment où un accord de volontés est passé entre deux personnes publiques dont l'une, au moins, est infra-étatique, cet accord relève du droit interne et il s'agit par conséquent d'un contrat. En outre, on a vu que les États ont cherché à encadrer par la voie de traités internationaux certains de ces contrats. Le régime juridique ainsi institué n'est toutefois pas parfait, ses lacunes ont été rapportées. De toute façon, il ne recouvre pas, loin s'en faut, l'ensemble des accords infra-étatiques. Dès lors, un examen du champ du droit interne s'impose.

Seconde partie

LE CHAMP DU DROIT INTERNE

452. Le chemin parcouru à travers le maquis recouvrant les conventions conclues entre personnes publiques d'origine nationale différente nous a menés du droit international au droit interne. On laisse ici l'étude du premier pour s'engager dans celle du second, étant acquis que l'accord unissant deux personnes publiques, dont l'une au moins est infra-étatique, est une convention entre sujets de droit interne, c'est-à-dire un contrat.

Ce contrat n'est toutefois pas identique à ceux que l'on rencontre dans les relations internes puisque, par définition, chacun des contractants appartient à un ordre étatique différent. S'agit-il alors d'un contrat international ? Il s'agit là d'une éventualité douteuse. Les termes de "contrat international" correspondent à une qualification juridique précise, dans le moule de laquelle il y a fort à parier que les accords infra-étatiques ne sauront se glisser sans encombre. Plusieurs indices vont en ce sens. Les contrats internationaux sont en général passés entre personnes privées. Si des personnes publiques y sont parfois parties, c'est uniquement lorsqu'elles agissent comme l'aurait fait une entreprise ou un particulier. Or, l'exposé de la pratique des accords infra-étatiques a démontré, si nécessaire, que les personnes publiques se présentent ici sous le couvert de leur spécificité. Ces accords sont bien différents des contrats qu'il est habituel de rencontrer dans les relations du commerce international. Ici, il n'est pas question de vente ou de prestation de service mais plutôt de partenariat ou de coadministration de problèmes communs. On est donc loin des modes de gestion du droit privé.

453. La véritable spécificité de ces conventions est en réalité de mettre en œuvre des modes publics de gestion, dans un cadre international. Il est organisé une collaboration à l'image de celle pouvant naître entre deux personnes publiques relevant d'un même État, mais entre personnes publiques relevant d'États différents. Or ceci a une incidence sur le régime de ces conventions, car elles ressortissent à la fois au contrat administratif et au contrat international. En d'autres termes, leur régime relève en même temps du droit public et du droit international privé. Cette spécificité ne permet de les rattacher à aucune des catégories connues du droit interne, c'est pourquoi on a choisi de les dénommer contrats transnationaux.

Leur régime participe donc de la coexistence de ces deux matières considérées comme antinomiques : le droit public (**titre I**) et le droit international privé (**titre II**). C'est ce qui constitue à la fois l'intérêt théorique majeur des contrats transnationaux et leur principale difficulté.

Titre I

LES CONTRATS TRANSNATIONAUX ET LE DROIT PUBLIC

454. L'arsenal juridique de chaque pays comporte un ensemble de règles appelé droit public ou droit administratif[1], auquel vont maintenant être confrontés les contrats transnationaux. Cette entreprise nécessite au préalable la définition de ce que nous entendons par droit public. On estime d'une manière générale que ce dernier rassemble les règles qui instituent l'appareil étatique et qui définissent ses rapports avec les administrés. Le droit privé regroupe, pour sa part, les règles applicables aux rapports entre particuliers[2].

455. La fiabilité de cette distinction, qui repose sur l'objet de chacune des branches de la *summa divisio*, a toutefois été mise à mal. On lui a reproché de laisser dans l'ombre l'existence de "*règles qui ont trait à des problèmes qui se posent aussi*

---

[1] Les deux expressions ne sont bien évidemment pas synonymes mais ne nous intéresse ici que la partie du droit public interne correspondant au droit administratif. Dès lors et sauf précision contraire, elles seront données pour équivalentes. Sur l'existence de cette branche du droit dans tous les systèmes juridiques, voy. not. : J. BELL, "De la nécessité d'un droit administratif", *A.J.D.A.*, juin 1995, n° spécial, p. 99-108.

[2] Dans son acception traditionnelle, la *summa divisio juris* est donc la "*grande division du droit objectif, selon laquelle tout le droit que nous utilisons concerne soit l'organisation des collectivités (y compris l'État) et leurs rapports avec les particuliers (droit public), soit les rapports juridiques ne mettant en cause ni l'État, ni l'administration, ni les collectivités publiques (droit privé)*" : V° "Droit privé/public", *Dictionnaire encyclopédique de théorie et de sociologie du droit*, Paris : LGDJ, 2ème éd., 1993. La plupart des manuels d'introduction au droit font écho à cette définition. Voy. not. : J. CARBONNIER, *Droit civil, Introduction*, Paris : PUF, 25ème éd., 1997, n° 64, p. 107 ; J.-L. AUBERT, *Introduction au droit*, Paris : Armand Colin, 7ème éd., 1998, n° 41, p. 40 ; J. GHESTIN, G. GOUBEAUX, M. FABRE-MAGNAN, *Traité de droit civil, Introduction générale*, Paris : LGDJ, 4ème éd., 1994, n° 95, p. 68. On a pu reprocher à cette distinction d'avoir un caractère idéologique : F.X. TESTU, "La distinction du droit public et du droit privé est-elle idéologique ?", *D.*, 1998, chron., p. 345-355. *Adde*, S. PAPAEFTHYMIOU, *La Distinction "droit public-droit privé" dans la théorie du droit et de l'État*, th. multigr., Paris X, 1994.

bien pour l'administration que pour les particuliers"[1]. Sont en effet employés en droit administratif des principes directement empruntés au Code civil[2] ; d'où le constat de la "privatisation du droit public"[3], à la suite duquel bien des auteurs ont renoncé à tracer les contours de ce dernier. Les plus tenaces, au contraire, ont poussé plus loin leurs recherches. Mais comme l'*objet* de la règle ne pouvait plus constituer un critérium adéquat, en raison de l'existence supposée de règles de droit privé dans les matières de droit public et vice-versa, il fallut s'attacher à la *teneur* de celle-ci, c'est-à-dire dégager la différence intrinsèque séparant une règle de droit public d'une règle de droit privé. L'impérativité ne pouvait pas marquer cette différence[4], ou alors il aurait fallu en conclure que toutes les règles de droit privé étaient supplétives. Laissons donc de côté cet avatar du subjectivisme juridique, pour nous concentrer sur un critère plus pertinent : le caractère dérogatoire.

456. Le doyen Héron a ainsi considéré que "*le droit public est constitué par l'ensemble des règles dérogatoires du droit privé dont une personne publique est spécifiquement destinataire*"[5]. Le critère proposé est toutefois d'un maniement délicat, car avant de déterminer ce qui est dérogatoire du droit privé, encore faut-il savoir ce qu'est le droit privé. D'ailleurs, si l'on savait ce qu'est le droit privé, il ne

---

1 J. WALINE, "Droit public-droit privé, institutions publiques-institutions privées. Le point de vue d'un publiciste" *in La Pensée de Charles Eisenmann*, P. AMSELEK (dir.), Paris : Economica/Presses universitaires d'Aix-Marseille, 1986, p. 147-156, spéc. p. 150.

2 Le juge administratif fait couramment application des articles 1153 et suivants relatifs aux intérêts moratoires, de l'article 1326 relatif à la rédaction des engagements de payer une somme d'argent, des articles 1376 et suivants relatifs à la répétition de l'indu, *etc*. Sur cette appropriation par le juge administratif des règles du droit civil : J. WALINE, *Recherches sur l'application du droit privé par le juge administratif*, th. multigr., Paris, 1962 ; A. HAURIOU, "L'utilisation en droit administratif des règles et principes du droit privé" *in Mélanges François Gény*, t. III, Paris, 1935, p. 52-65.

3 Ce débat, associé à son pendant la publicisation du droit privé, est devenu un thème doctrinal important au sortir de la seconde guerre mondiale. Voy. not. : G. RIPERT, *Le Déclin du droit, Études sur la législation contemporaine*, Paris : LGDJ, 1949, p. 37 et s ; G. GUILLIEN, "Droit public et droit privé" *in Mélanges offerts à Jean Brèthe de la Gressaye*, Bordeaux : Éd. Brière, 1967, p. 311-330 ; H. MAZEAUD, "Défense du droit privé", *D.*, 1946, chron., p. 17-18 ; J. RIVERO, "Droit public et droit privé : conquête ou *statu quo*", *D.*, 1947, chron., p. 69-72 ; R. SAVATIER, "Droit privé et droit public", *id.*, p. 25-28. La discussion n'est pas inconnue des pays de *common law* : D. KENNEDY, "The stages of the decline of the public/private distinction", *Univ. of Pennsylvania Law Revue*, 1982, p. 1349-1357 ; M.J. HORWITZ, "The history of the public/private distinction", *id.*, p. 1423-1428.

4 Cette opinion a parfois cours dans la doctrine privatiste. Ainsi, selon le doyen SAVATIER, le droit public est un droit impératif tandis que le droit privé serait essentiellement fondé sur la liberté individuelle. Il en déduisait qu'entre 1804 et 1950, l'aménagement autoritaire des relations privées a en réalité traduit une expansion du droit public au dépens du droit privé. Ces idées, le doyen SAVATIER les avaient réunies dans un ouvrage intitulé *Les Métamorphoses économiques et sociales du droit civil d'aujourd'hui* (2ème éd., 1952) qui suscita une réponse critique d'EISENMANN dans un article dénommé "Droit public - Droit privé, en marge d'un livre sur l'évolution du droit civil français du XIXe au XXe siècle" (*R.D.P.* 1952). Pour le récit et l'analyse de cette polémique : J. WALINE, "Droit public - droit privé...", art. préc. ; J. GHESTIN, "Droit public - droit privé, institutions publiques - institutions privées, le point de vue d'un privatiste" *in id.*, p. 157-165.

5 J. HÉRON, "Publicisation d'un droit et détermination de la méthode de règlement (exemple de la protection des mineurs et des procédures collectives)", *T.C.F.D.I.P.*, 1990-1991, p. 65-81, spéc. p. 73. Comp. : C. DEBBASCH, "Le droit administratif, droit dérogatoire au droit commun ?" *in Mélanges René Chapus*, Paris : Montchrestien, 1992 ; J.-C. VÉNÉZIA, "Le droit administratif français est-il encore un droit dérogatoire au droit commun ?" *in Mélanges Ep. Spiliotopoulos*, Athènes/Bruxelles : Sakkoulos/Bruylant, 1998, p. 453-459.

serait plus nécessaire de chercher un critère du droit public. On procéderait simplement par exclusion. Mais la proposition faite par Héron échappe sans doute à ce travers dans la mesure où le seul objectif de cet auteur est de stigmatiser les "*enclaves*" de droit public en droit privé et l'appropriation, par le droit administratif, de techniques du droit civil.

457. Est donc dérogatoire la règle qui se singularise, dans une matière de droit public, par l'utilisation d'une technique de droit privé. Mais cela signifie-t-il que cette règle *est* une règle de droit privé ? Nous ne le pensons pas. La règle prétorienne, dégagée par le juge administratif à partir du droit civil, n'en est pas pour autant une règle de droit privé. Si sa *teneur* est identique à celle d'un texte du Code civil, son *objet* reste distinct[1]. Les deux règles ne s'appliquent pas aux mêmes rapports de droit et cette différence d'objet est loin d'être anodine. Elle entraîne, dans son sillage, une différence de statut au sein de l'ordre juridique avec toutes les conséquences que cela implique, en particulier au niveau de la compétence juridictionnelle.

Par conséquent, le caractère dérogatoire éclaire l'utilisation en droit public de techniques issues du droit privé et vice-versa. En revanche, ce caractère ne suffit pas pour déterminer si une règle est de droit public. Seul l'objet de celle-ci remplit cette fonction. On considérera donc que le droit public est constitué par *les règles qui ont pour objet spécifique l'organisation institutionnelle de l'État ou les relations entre les organes étatiques et les personnes privées*. Ceci étant précisé, on en vient à déterminer si les contrats transnationaux entrent dans cet objet.

458. Or, on observe immédiatement qu'ils ne s'y glissent qu'imparfaitement. Un contrat transnational met en présence deux personnes publiques relevant d'États différents et ne correspond donc apparemment à aucune des deux branches de la définition proposée. Pourrait-on alors soutenir que ces contrats relèvent du droit privé ? Nous ne le pensons pas. En effet, au regard d'un droit public national, une personne publique étrangère ne diffère guère d'une personne privée. Ainsi, la préoccupation du droit public français est-elle avant tout de régir les activités des personnes publiques françaises, que celles-ci nouent des relations avec des personnes privées ou des personnes publiques étrangères lui est en principe indifférent. Il existe en effet une soumission de principe du contrat transnational au droit public (**chapitre I**). Mais, et c'est bien là tout ce qui fait la spécificité de ce type de contrat, ce raisonnement se vérifie pour chaque personne publique contractante. Le droit public national de chacune d'elles entend s'appliquer au contrat. Plus qu'au droit public, c'est donc à un conflit de lois de droit public que sont soumis les contrats transnationaux (**chapitre II**).

---

[1] En ce sens : C. EISENMANN, "Le rapport entre la compétence juridictionnelle et le droit applicable en droit administratif français" *in Mélanges offerts à J. Maury*, Paris : Dalloz, 1960, p. 379-403, spéc. p. 393.

Chapitre I

LA SOUMISSION AU DROIT PUBLIC

459. L'objet du présent chapitre est de mettre en évidence la soumission de principe des contrats transnationaux au droit public. Sauf exceptions très limitées, le droit privé n'intéresse pas ces rapports conventionnels d'un genre particulier. Seront donc étudiées les règles qui en droit français sont appelées à régir la conclusion et l'exécution d'un contrat transnational. Il ne s'agit bien évidemment pas de dresser un panorama complet des règles applicables en la matière, ce n'est pas l'objet de ce travail. On se contentera de recenser celles sur lesquelles la spécificité des contrats transnationaux a une incidence, dans le but d'attester de la compétence du droit public en ce domaine. Dans cette perspective, seront successivement étudiés la faculté pour une personne publique de conclure un contrat transnational (**section I**) et le régime substantiel du contrat transnational (**section II**).

SECTION I
LA FACULTÉ DE CONCLURE UN CONTRAT TRANSNATIONAL

460. Pour une personne publique, la faculté de conclure un contrat, transnational ou non, s'évalue toujours en termes de compétence. Sous-jacente à toute activité entreprise par une personne administrative, cette notion est délimitée par l'ensemble des règles qui régissent et encadrent son domaine d'intervention. Ces règles ressortissent d'ailleurs nécessairement au droit public puisque, à la racine de toute activité régalienne, elles organisent le champ d'action de l'État et de ses démembrements. Toute personne publique est donc assortie de par la loi, ou tout autre acte fondateur, d'un domaine de compétence auquel elle ne saurait déroger. Il se divise en compétence territoriale ou *ratione loci*, compétence matérielle ou *ratione materiæ* et compétence temporelle ou *ratione temporis*. On regroupera cet ensemble sous la dénomination de compétence interne, car cette triple distinction ne s'entend généralement que dans le cadre d'une activité juridique interne.

461. Or, l'émergence des contrats transnationaux vient quelque peu bousculer cette construction. Par nature, ils transcendent le cadre strictement interne et participent de la sphère internationale. Il a donc fallu adapter le régime de la compétence des personnes publiques à cette nouvelle donne. C'est ainsi qu'est apparu ce qu'on appellera, comme d'aucuns[1], la compétence externe des personnes publiques (**§ 1**) dont on délimitera ensuite le domaine (**§ 2**).

§ 1. - L'IDENTIFICATION DE LA COMPÉTENCE EXTERNE DES PERSONNES PUBLIQUES

462. La compétence externe d'une personne publique doit s'entendre comme la possibilité d'entretenir "*toute relation juridique, formalisée ou non dans un instrument contractuel, nouée par ces collectivités à la suite d'une décision de leurs organes et tendant à établir toute forme de rapports avec des personnes morales de droit public n'appartenant par à l'ordre juridique français*"[2]. Pour beaucoup cette compétence ne devait pas être admise, car elle porte atteinte au monopole de l'État en matière de relations internationales. C'est pourquoi la question de la nature de la compétence externe doit être tranchée (**A**) avant que sa reconnaissance puisse être envisagée (**B**).

A. - LA NATURE DE LA COMPÉTENCE EXTERNE

463. L'État est le représentant de la nation sur la scène internationale. Il est investi à cet effet du monopole des affaires extérieures. Or, les relations transnationales, particulièrement celles entretenues par les collectivités territoriales, ont souvent été taxées d'inconstitutionnalité comme portant atteinte à ce monopole et, partant, à la souveraineté de l'État. Dans un pays de tradition centraliste comme la France, ces arguments ont trouvé une large écoute. Mais derrière cette polémique se cache en réalité une méprise car la compétence externe ne porte aucune atteinte directe au monopole de l'État. Il ne s'agit pas en effet d'une capacité de droit international (**1°**) mais de l'exercice international de la compétence interne (**2°**).

---

[1] V. GOESEL-LE BIHAN, *La Répartition des compétences en matière de conclusion des accords internationaux sous la Ve République*, Paris : Pedone, 1995, p. 310 ; O. AUDEOUD, "Les collectivités infra-étatiques dans la vie internationale" *in L'État souverain à l'aube du XXIe siècle*, SFDI, Colloque de Nancy, Paris : Pedone, 1994, p. 139-169, spéc. p. 142. Étaient également envisageables les termes de compétence extérieure ou de compétence internationale : L. RAPP, "Les compétences internationales des collectivités locales françaises" *in L'Eurorégion, Journées d'étude (8-9 décembre 1992)*, Presses de l'Université des sciences sociales de Toulouse, 1993, p. 79-89.

[2] R. LAFORE, "L'action à l'étranger des collectivités territoriales", *R.D.P.*, 1985, p. 763-811, spéc. p. 768.

1° - L'exclusion de la capacité de droit international

464. Afin de dissiper tout malentendu, les auteurs favorables à la reconnaissance d'une compétence externe se sont employés "*à éclairer la portée du principe constitutionnel du monopole de l'État en matière internationale : celui-ci ne signifie pas que l'État est la seule personne juridique qui puisse nouer des relations avec des personnes publiques étrangères ; il signifie simplement que l'État est la seule personne publique de droit français susceptible de se placer sous l'empire du droit international public, et de conclure des traités avec des États étrangers ou des organisations internationales*"[1]. La compétence externe est donc bien distincte de la capacité de droit international qui, seule, ouvre la porte du droit international public. Ce dernier ne recouvre pas toutes les relations entre personnes publiques d'ordres juridiques différents[2]. Par conséquent, les États en reconnaissant une compétence externe à leurs personnes publiques autorisent celles-ci à conclure des contrats et non des traités, c'est-à-dire des conventions maintenues sous l'emprise du droit interne, bien qu'étant par ailleurs transfrontières. La compétence externe n'engendre donc aucune concurrence entre l'État et les autres personnes publiques vis-à-vis du droit international. En outre, s'agissant de conventions soumises au droit interne, l'État reste en mesure de contrôler l'exercice de la compétence ainsi concédée.

2° - L'exercice international de la compétence interne

465. Pas plus qu'elle n'intervient dans la sphère du droit international public, la compétence externe n'est une nouvelle compétence des personnes publiques[3]. Elle se limite à refléter leurs compétences internes dans le domaine international. Ainsi un auteur confirme-t-il qu'il est "*tout à fait raisonnable de déduire de la compétence reconnue aux collectivités et autorités locales en matière de questions locales, le pouvoir de nouer des relations avec des autorités locales étrangères dans la mesure où ces relations entrent dans le cadre de leurs compétences de caractère local*"[4].

---

[1] B. DOLEZ, "Le régime juridique de la coopération décentralisée après l'adoption de la loi d'orientation pour l'aménagement et le développement du territoire", *R.F.D.A.*, 1995, p. 936-945, spéc. p. 938. En ce sens : C. AUTEXIER, "Le cadre juridique de l'action extérieure des régions françaises", *R.F.D.A.*, 1986, p. 568-579, spéc. p. 574 ; Y. CLAISSE, *Le Droit de la coopération décentralisée*, Paris : LGDJ, 1994, p. 23 ; N. LEVRAT, *Le Droit applicable aux accords de coopération transfrontière entre collectivités publiques infra-étatiques*, Paris : PUF, 1994, p. 195 ; Y. LUCHAIRE, "Fondements juridiques de l'action extérieure des régions françaises", *Les Cahiers du CRAPS*, n° 5, 1988, p. 9-27, spéc. p. 11 ; J.-M. WOEHRLING, *Les Problèmes juridiques de la coopération transfrontalière au niveau local ou régional*, doc. O.C.D.E. ENV./TFP/77.10, octobre 1977, p. 16 ; *adde*, *Déclaration de Jaca*, préc., III.1.2.

[2] R. LAFORE, art. préc., p. 773.

[3] B. DOLEZ, *eod. loc.* ; Y. MADIOT, "Coopération décentralisée", *J.-Cl. Collectivités territoriales*, fasc. 60, n° 22.

[4] J.-M. WOEHRLING, *op. cit.*, p. 16. Cette observation est reprise par Michel PRIEUR pour qui "*dans le cadre de leurs compétences de droit interne, les collectivités locales pourraient donc passer des accords ou contrats avec des collectivités étrangères ayant les mêmes compétences, comme elles le feraient avec d'autres collectivités locales de leur ordre juridique national*" : "Les bases juridiques de la coopération frontalière locale et régionale", *R.F.D.A.*, 1985, p. 322-331, spéc. p. 326. Ce constat peut s'étendre, au-delà des seules collectivités locales, à toutes les personnes publiques.

Le principe de la compétence externe se résume donc de la manière suivante : l'État a le monopole des affaires extérieures mais ce dernier ne porte que sur les relations régies par le droit international public. Par conséquent, les personnes publiques infra-étatiques peuvent, à l'aune de leurs compétences internes, organiser leurs propres relations extérieures en particulier conventionnelles[1]. Cette interprétation de la compétence externe a finalement prévalu. Les mentalités ont changé et, à cet égard, la remise à l'ordre du jour par le traité de Maastricht du très ancien principe de subsidiarité n'a certainement pas joué un rôle négligeable[2].

B. - LA RECONNAISSANCE DE LA COMPÉTENCE EXTERNE

466. La compétence externe, interprétée comme l'engagement autonome de la personne publique sur le fondement de ses compétences internes, est en fait reconnue depuis fort longtemps dans les relations contractuelles avec des personnes privées étrangères. Lorsque par le passé, comme aujourd'hui, des collectivités territoriales ou des établissements publics ont conclu de tels contrats, il n'est venu à l'idée de personne de clamer leur incompétence. Ce sont les relations conventionnelles avec des personnes publiques étrangères qui font véritablement l'objet d'un débat, en raison de l'analogie qu'elles présentent avec les relations interétatiques. Dans cette optique, on envisagera la reconnaissance de la compétence externe en droit français (**1°**) puis en droit comparé (**2°**).

1° - La reconnaissance de la compétence externe en droit français

467. En France, la compétence externe des collectivités territoriales et des établissements publics nationaux ou territoriaux est désormais reconnue (a). Celle des établissements publics locaux reste en revanche contestée (b).

---

[1] Un auteur parle de "*principe axiomatique du parallélisme des compétences interne et externe*" : V. GOESEL-LE BIHAN, *op. cit.*, p. 310. Dans le même sens : P. ECKLY, *La Coopération transfrontalière et l'administration française*, coll. Études et travaux, Strasbourg : Conseil de L'Europe, 1989, p. 21 ; et du même auteur, "Le droit de la coopération transfrontalière" *in Guide juridique de la coopération transfrontalière*, Ministère de la culture/DRAC d'Alsace, Presses Universitaires de Strasbourg, 1995, p. 9-49, spéc. p. 37. Ce parallélisme rappelle celui qui a permis aux Communautés européennes d'acquérir, au fil du temps, une compétence internationale ; à ceci près que dans le cas des organisations européennes, c'est une capacité de droit international qu'elles ont acquise.

[2] Ce que n'ont pas manqué de noter certains auteurs : N. LEVRAT, *op. cit.*, p. 47 ; O. AUDEOUD, art. préc., p. 156. Développé par Aristote et Saint Thomas d'Aquin puis repris par le droit canon, le principe de subsidiarité confère "*à l'autorité publique supérieure de résoudre les problèmes que pose, à l'échelle universelle ou nationale, la réalisation du bien commun en matière politique, économique, sociale et culturelle*" et "*aux collectivités inférieures d'agir dans leur sphère de responsabilités propres, la collectivité supérieure n'ayant pas à intervenir dans leurs affaires, sauf pour créer les conditions leur permettant d'exercer pleinement leurs droits, devoirs et fonctions spécifiques*" : J. RAUX, "Le principe de subsidiarité", *Regards sur l'actualité*, n° 180 (*Spécial Maastricht*), 1992, p. 33-36, spéc. p. 33. Voy. également : A. DELCAMP, "Principe de subsidiarité et décentralisation" *in Le Renouveau de l'aménagement du..., op. cit.*, p. 563-581.

a) Une reconnaissance explicite en faveur des collectivités et des établissements publics nationaux ou territoriaux

468. A notre connaissance, la compétence externe des établissements publics nationaux n'a jamais été contestée, même dans le cadre de relations transnationales avec des personnes publiques étrangères. Elle est d'ailleurs explicitement ou implicitement reconnue par quelques textes ponctuels. Ainsi, en ce qui concerne les établissements publics à caractère scientifique et technique, la loi prévoit qu'ils peuvent "*recourir à l'arbitrage en cas de litiges nés de l'exécution de contrats de recherche passés avec des organismes étrangers*"[1]. Une telle formulation implique nécessairement qu'ils puissent conclure lesdits contrats et donc se prévaloir d'une compétence externe. De manière plus immédiate encore, les établissements publics d'enseignement supérieur ont la possibilité d'organiser des "*actions de coopération avec des institutions étrangères*"[2]. Pour ce faire, il leur est permis tant de conclure des "*conventions d'échanges d'étudiants, d'enseignants-chercheurs, d'enseignants et de chercheurs, de formation, d'ingénierie pédagogique*", que d'organiser "*des recherches conjointes et la publication de leurs résultats, la diffusion ou la réalisation en commun de documents d'information scientifique et technique, l'organisation des colloques et congrès internationaux*"[3]. Des exemples épars de la reconnaissance d'une compétence externe au profit d'établissements publics nationaux existent donc et, d'une manière générale, il n'est aucune opposition de principe à ce que ces personnes publiques passent des contrats transnationaux dans les domaines où elles sont matériellement compétentes.

469. La situation est toute différente pour les collectivités territoriales où une telle opposition a bel et bien existé. C'est à la suite d'un processus long d'une dizaine d'années que le législateur leur a définitivement reconnu une compétence externe. Marquant dès l'origine sa méfiance vis-à-vis des relations extérieures des collectivités territoriales, le Gouvernement par un décret du 24 janvier 1956 avait soumis les opérations de jumelage à une obligation de déclaration[4].

Cette défiance finit toutefois par s'éroder avec le temps et un premier pas fut franchi, lors de la promulgation des grandes lois sur la décentralisation, avec l'article 65 de la loi du 2 mars 1982 en vertu duquel :

> "*Le conseil régional peut décider, avec l'autorisation du Gouvernement, d'organiser, à des fins de concertation et dans le cadre de la coopération transfrontalière, des contacts réguliers avec des collectivités décentralisées étrangères ayant une frontière commune avec la région*"[5].

---

[1] Art. 19 de la Loi n° 82-610 du 15 juillet 1982 d'orientation et de programmation pour la recherche et le développement technologique de la France : *J.O.*, 16 juillet 1982, p. 2270.

[2] Art. 1 du Décret n° 85-1124 du 18 octobre 1985 relatif à la coopération internationale des établissements publics d'enseignement supérieur relevant de l'Éducation nationale : *J.O.*, 23 octobre 1985.

[3] *Ibid.*, art. 2.

[4] *J.O.*, 26 janvier 1956, p. 965.

[5] *J.O.*, 3 mars 1982, p. 730. A la suite de ce premier texte, un Délégué pour l'action extérieure des collectivités locales fut nommé par un décret du 8 juin 1983 : *J.O.*, 9 juin 1983, p. 5243. Son rôle est non seulement de contrôler le développement de la coopération décentralisée afin qu'elle ne porte pas

Ce texte est doté d'un champ d'application fort restreint, puisqu'il ne concerne que les conseils régionaux auxquels il est simplement permis de se *concerter* avec des régions frontalières, non sans l'aval du gouvernement. En dépit de cette attitude réservée, pour ne pas dire hostile de l'État français, des accords de plus en plus nombreux furent signés par les collectivités tout au long des années quatre-vingt, et ce sans aucun aval gouvernemental. De plus, ils ne se limitaient ni aux régions, ni aux relations strictement transfrontalières. Face à cette illégalité manifeste, certains ont tenté de fonder la coopération décentralisée sur l'article 72 de la Constitution de 1958[1]. Parallèlement, du côté gouvernemental, plusieurs circulaires du Premier ministre ont tenté de concilier la position de l'État central avec ces pratiques *sine lege*, voire *contra legem*[2].

470. Il fallut cependant attendre l'année 1992 pour qu'un texte admette de manière définitive la légalité de la coopération décentralisée. Il s'agit de la loi du 6 février sur l'administration territoriale de la République[3] dont l'article 131-I,

---

ombrage aux prérogatives de l'État, mais aussi de favoriser celui-ci par des conseils aux collectivités, des propositions de réforme, *etc*.

1 "*Selon l'article 72 de la constitution, les collectivités territoriales s'administrent librement par des conseils élus et dans les conditions définies par la loi. A partir du moment où, au niveau juridique le plus élevé est reconnue cette capacité de libre administration, il s'ensuit que ce qui a trait à cette administration, peut être mené de la manière qui sied à l'organe délibérant de la collectivité concernée*" : Y. LUCHAIRE, "Fondement juridique des relations extérieures des régions françaises" *in Coopération décentralisée et coopération multilatérale francophone, op. cit.*, p. 209-218, spéc. p. 212. En ce sens : M. PRIEUR, art. préc., p. 327 ; R. LAFORE, art. préc., p. 799 ; C. DEVES, "*Coopération transfrontalière et relations à l'extérieur des collectivités locales françaises*", *Ann. Fac. dr. sc. pol. Clermont-Ferrand*, 1989, p. 139-153, spéc. p. 144 ; et les différentes contributions de C. AUTEXIER, "La licéité de l'action extérieure des collectivités territoriales et préservation des intérêts nationaux" *in Coopération décentralisée et coopération multilatérale francophone, op. cit.*, p. 245-263 ; "Le cadre juridique de...", art. préc., p. 574 ; "L'action extérieure des régions", *Cahiers juridiques franco-allemands*, n° 4, 1984, p. 33. *Contra* : U. BEYERLIN, *Rechtsprobleme des lokalen grensüberschreitenden Zusammenarbeit* (Les problèmes juridiques de la coopération transfrontalière), Berlin/Heidelberg : Springer, 1988, p. 351 et p. 457 ; J. FERSTENBERT, "Droit et pratique de l'action extérieure des collectivités territoriales", *Rev. jur. Centre-Ouest*, 1988, p. 9-34, spéc. p. 16-17.

2 Une première circulaire 1789/SG du 26 mai 1983 (publiée au *Bull. Off. Prem. Min.* n° 83/2) a admis que non seulement les régions mais l'ensemble des collectivités territoriales puissent "*dans l'exercice de leurs attributions, être appelées à entretenir des contacts avec des collectivités d'autres pays*". Ont suivi d'autres circulaires allant toujours dans le sens d'une plus grande flexibilité de l'État face au phénomène de la coopération décentralisée : circulaire du Premier ministre 2053/SG du 10 mai 1985 relative à l'action extérieure des collectivités territoriales (publiée dans *Ministère des affaires étrangères*, t. I : *Attributions-organisations*, recueil de textes, JORF, n° 1620, 1989) complétée par trois circulaire du 12 mai 1987 (*J.O.*, 16 mai 1987, p. 5391).

3 Loi d'orientation n° 92-125 du 6 février 1992 relative à l'administration territoriale de la République : *J.O.*, 8 février 1992, p. 2064-2083. Sur ce texte : C. AUTEXIER, "De la coopération décentralisée (commentaire du titre IV de la loi d'orientation du 6 février 1992 relative à l'administration territoriale de la République)", *R.F.D.A.*, 1993, p. 411-425 ; J.-L. AUTIN, "Les instruments juridiques de la coopération décentralisée", *J.C.P. éd. E, Cahiers du droit de l'entreprise*, suppl. 4/1993, p. 1-8 ; A. GRUBER, "La coopération locale à l'heure de l'Union européenne : les nouvelles formes de regroupement des collectivités décentralisées", *L.P.A.*, 2 février 1994, n° 14, p. 21-23 ; B. DOLEZ, "Nouvelles perspectives de la coopération décentralisée", *Regards sur l'actualité*, n° 182, juin 1992, p. 38-47 ; les diverses contributions au n° 340 (1993) de *Territoires, La Revue des acteurs locaux*, intitulé "La coopération décentralisée : une loi, quels enjeux ?". Signalons que la loi du 6 février 1992 prévoyait par ailleurs la création d'une Commission nationale de la coopération décentralisée. La composition et le fonctionnement de celle-ci ont été précisés par le Décret n° 94-937 du 24 octobre 1994 (*J.O.*, 30 octobre 1994, p. 12427). Cette commission comprend à la fois des représentants du gouvernement et des collectivités.

alinéa 1, devenu par la suite l'article L. 1112-1 du Code général des collectivités territoriales[1], dispose :

> "*Les collectivités territoriales et leurs groupements peuvent conclure des conventions avec des collectivités territoriales étrangères et leurs groupements, dans les limites de leurs compétences et dans le respect des engagements internationaux de la France*"[2].

Il est donc reconnu une pleine et entière capacité contractuelle en matière transnationale aux collectivités territoriales[3]. Cette disposition s'étend d'ailleurs aux "*groupements*" de collectivités, c'est-à-dire aux établissements publics territoriaux tels, par exemple, les ententes départementales ou régionales, les groupements intercommunaux ou les syndicats mixtes et, plus généralement, toutes les personnes publiques réunissant plusieurs collectivités locales.

b) Une reconnaissance contestée en faveur des établissements publics locaux

471. La loi du 6 février 1992 ne mentionne que les collectivités territoriales et les établissements publics territoriaux. En revanche, rien n'est précisé concernant les établissements publics locaux. Une circulaire du 26 mai 1994 précise d'ailleurs explicitement que ceux-ci ne peuvent se prévaloir des dispositions concernant la coopération décentralisée[4]. Elle a même estimé qu'en "*toutes circonstances c'est la collectivité territoriale qui assure la responsabilité de sa coopération décentralisée même si, pour mener à bien certaines actions, elle peut déléguer par convention sa*

---

1 *J.O.*, 24 février 1996, p. 36003.

2 De même, le président du gouvernement de Polynésie française "*négocie et signe au nom de la Polynésie française, dans le respect des engagements internationaux de la République, des conventions de coopération décentralisée avec des collectivités locales françaises ou étrangères, leurs groupements ou établissements publics*" : art. 41 de la loi n° 96-312 du 12 avril 1996 portant statut d'autonomie de la Polynésie française, *J.O.*, 13 avril 1996, p. 5699. Pour un commentaire : V. GOESEL-LE BIHAN, "Sur quelques aspects récents du droit constitutionnel français des relations extérieures", *A.F.D.I.*, 1997, p. 58-81, spéc. p. 75-81. L'art. 33 de la loi n° 99-209 du 19 mars 1999 relative à la Nouvelle-Calédonie comporte une disposition similaire : *J.O.*, 21 mars 1999, p. 4197. Sur ce dernier point : V. GOESEL-LE BIHAN, "La Nouvelle-Calédonie et l'accord de Nouméa, un processus inédit de décolonisation", *A.F.D.I.*, 1998, p. 24-75, spéc. p. 46.

3 Le terme de "conventions" utilisé par la loi du 6 février 1992 correspond, d'après une circulaire du 26 mai 1994, à "*tout contrat ou acte signé entre des collectivités territoriales, françaises et étrangères, comportant des déclarations, des intentions, des obligations ou des droits opposables à l'une ou l'autre des parties. Sont visées par la loi aussi bien les conventions ayant un caractère déclaratif que celles pouvant avoir des conséquences matérielles, financières ou réglementaires pour ces collectivités*" : circulaire n° INT/B/94/00157/C des ministres de l'Intérieur et des Affaires étrangères du 26 mai 1994 relative à la coopération des collectivités territoriales françaises avec des collectivités territoriales étrangères, repr. par H. PERROT, *Le Perfectionnement des instruments internes et externes de la coopération décentralisée à la française, Rapport d'activité 1994-1995 du Délégué pour l'action extérieure des collectivités locales*, sept. 1995, annexe VI-1 ; et également par I. BOINVILLIERS, *Coopération décentralisée, Acteurs, pratiques, procédures*, Paris : Ministère des Affaires étrangères/Les éditions du GRET, 1996, p. 297-306.

4 "*La loi ne vise pas expressément les établissements publics locaux autres que les groupements des collectivités territoriales. Ceux-ci ne sont donc pas compris dans son champ d'application dans les conditions actuelles. Sauf dispositions particulières prévues par leur statut, l'article 131 de la loi du 6 février 1992 ne leur est pas applicable*" : circulaire préc. Dans le même sens : Y. MADIOT, art. préc., n° 20.

maîtrise d'œuvre à un établissement public"[1]. Les établissements locaux sont donc informés qu'ils n'ont pas la compétence de conclure un contrat transnational. Ils peuvent uniquement participer à l'exécution d'un tel accord lorsque celui-ci est conclu par leurs collectivités de rattachement. Ce serait donc les seules personnes publiques françaises sans compétence externe.

472. Que penser d'une telle exception ? Tout d'abord, l'examen de la pratique permet de constater que certains contrats transnationaux sont bel et bien conclus par des établissements publics locaux. Ensuite, cette réserve est source de dysfonctionnement. En effet, lorsqu'une collectivité crée un établissement public local, elle se dépossède au profit de celui-ci d'un ensemble de compétences. Si la collectivité tente de passer un *contrat interne* sur la base d'une compétence ainsi transférée, la juridiction administrative ne manquera pas de la rappeler à l'ordre[2]. Au dire de la circulaire du 26 mai 1994, il en irait autrement en présence d'un *contrat transnational*. Il faudra donc considérer, soit que la matière pour laquelle a été créé un établissement local ne peut pas donner lieu à coopération décentralisée, soit que la coopération est possible mais qu'elle doit être orchestrée par la collectivité elle-même. On arrivera alors à la situation paradoxale suivante : la collectivité conserve l'exercice international d'une compétence dont elle n'est plus titulaire. Il y a là un non-sens évident.

Lorsqu'une collectivité transfère à un établissement local une compétence, elle devrait également, en toute logique, l'investir de l'exercice international de celle-ci. C'est précisément ce qui se passe pour les groupements de collectivités, dont on constate qu'ils sont aussi des établissements publics auxquels sont transférées des compétences. La loi leur reconnaît explicitement une compétence externe et la susdite circulaire précise même que "*si une collectivité territoriale, qui a transféré une compétence à un groupement souhaite mener une action de coopération décentralisée ressortissant de cette compétence, cette action devra être menée par le canal du groupement*"[3]. On ne voit alors vraiment pas pourquoi refuser à l'établissement public local créé par une seule collectivité, ce qui est admis au profit de l'établissement public territorial créé, quant à lui, par une pluralité de collectivités.

2° - La reconnaissance de la compétence externe en droit comparé

473. Même si ce chapitre est essentiellement consacré à l'analyse des contrats transnationaux en droit public français, il n'est pas inutile de signaler que la reconnaissance par la France d'une compétence externe à ses collectivités n'est pas une position isolée. Elle s'inscrit dans un mouvement général en Europe, où beaucoup de pays suivent déjà cette voie ou sont en passe de la suivre[4].

---

1 Circulaire préc.

2 D. POUYAUD, *La Nullité des contrats administratifs*, Paris : LGDJ, 1991, p. 40.

3 Circulaire préc.

4 "*Dans la plupart des pays d'Europe occidentale, les autorités régionales sont autorisées à s'engager dans des activités extérieures diverses*" : C. ENGEL, "Rapport général de synthèse" *in Les Régions de*

La coopération décentralisée est en effet un phénomène général sur le continent européen. Les États s'y sont adaptés et ont fini par le prendre en compte dans leur législation. Cette reconnaissance ne revêt pas toujours un caractère aussi général qu'en France. Ainsi, en Allemagne, les communes peuvent entretenir des relations conventionnelles avec des municipalités étrangères lorsqu'il s'agit "d'affaires locales", mais il semble que la conformité à la Constitution d'un contrat portant sur une activité de puissance publique ne soit pas quant à elle totalement assurée[1]. La situation est à peu près identique au Luxembourg[2]. D'autres pays limitent plus restrictivement les relations internationales de leurs collectivités territoriales. Ainsi, la Grèce, sans doute pour des raisons historiques associées à une situation géopolitique fragile, impose soit la signature préalable d'un accord international entre les États, soit une autorisation du Ministère des affaires étrangères[3]. Au Royaume-Uni, le phénomène s'est développé en dehors de tout cadre légal mais le législateur est en passe d'intervenir, afin d'asseoir la légalité de l'action internationale des collectivités territoriales[4]. Des cadres juridiques plus ou moins permissifs existent d'ores et déjà en Autriche[5], en Belgique[6], en Espagne[7], au Portugal[8], en Italie[9] et en Suisse[10].

474. Le statut de l'action extérieure des collectivités territoriales est donc différent selon les États. Toutefois, cette situation est appelée à évoluer. D'une part, certains pays comme le Luxembourg, l'Allemagne, la Belgique, l'Autriche et l'Italie ont conclu des traités en matière transfrontalière qui ouvrent plus grande la porte à une compétence externe des collectivités territoriales. D'autre part, la plupart des

---

l'espace communautaire, J. CHARPENTIER, C. ENGEL, dir., Presses Universitaires de Nancy, 1992, p. 17-61, spéc. p. 34. Voy. également : *La Coopération décentralisée des collectivités territoriales en Europe*, Fédération mondiale des Citées Unies, Levallois-Perret : FMCU, 1990 ; *Un Atlas de la coopération décentralisée*, Citées Unies France, Paris : CUF, 1994 ; V. BORRET, "L'organisation de la coopération décentralisée dans les pays d'Europe", *Les Cahiers du CNFPT*, n° 30, 1990, p. 30-39.

1 E. EISENBERG, C. WELZ, "Allemagne. Collectivités locales et fédéralisme" *in Les Collectivités décentralisées de l'Union européenne*, A. DELCAMP (dir.), *N.E.D.*, n° 5004-05, Paris : La Documentation française, 1994, p. 19-58, spéc. p. 55.

2 C. FRIESEISEN, C. LOUTSCH-JEMMING, "Luxembourg. L'autonomie locale" *in ibid.*, p. 255-275, spéc. p. 274-275.

3 C. BACOYANNIS, "Grèce. De la déconcentration à la décentralisation" *in ibid.*, p. 171-213, spéc. p. 210-211.

4 M. WARBURTON, "Royaume-Uni. Les vicissitudes du gouvernement local" *in ibid.*, p. 327-349, spéc. p. 347.

5 C. DERTNIG, M. HANDSTANGER, "Résumé des rapports nationaux : l'Autriche" *in Les Régions de l'espace communautaire, op. cit.*, p. 86-93, spéc. p. 90.

6 Y. LEJEUNE, "Résumé des rapports nationaux : la Belgique" *in ibid.*, p. 95-111, spéc. p. 99-100.

7 L.I. SANCHEZ RODRIGUEZ, "Résumé des rapports nationaux : l'Espagne" *in ibid.*, p. 112-138, spéc. p. 127-129 ; M. PÉREZ GONZALEZ, "La coopération interrégionale et sa possible couverture conventionnelle" *in Le Droit appliqué à la coopération interrégionale en..., op. cit.*, p. 99-119, spéc. note 8, p. 103 et p. 117-119.

8 R.M. MOURA RAMOS, "Le droit de la coopération décentralisée au Portugal" *in Le Droit appliqué à la coopération interrégionale en..., op. cit.*, p. 149-168.

9 V. AGOSTINI, A. MATTIONI, "Résumé des rapports nationaux : l'Italie" *in Les Régions de l'espace communautaire, op. cit.*, p. 139-145, spéc. p. 141 ; G. CONETTI, "Enti locali e cooperazione transfrontaliera : problemi e prospettive" *in I Rapporti di Vicinato tra Italia e Francia*, A. de GUTTRY, N. RONZITTI, dir., Milan : CEDAM, 1994, p. 275-283 ; L. VANDELLI, G. ABAGNALE, "Les activités à l'étranger des régions et des organismes locaux : le cas italien", *Les Cahiers du Craps*, n° 5, 1988, p. 96-123.

10 L. WILDHABER, "Résumé des rapports nationaux : la Suisse" *in Les Régions de l'espace communautaire, op. cit.*, p. 147-159, spéc. p. 151-153.

nations européennes sont parties aux différents instruments conventionnels élaborés au sein du Conseil de l'Europe comme la Convention de Madrid, mais aussi le Protocole additionnel ou la Charte européenne de l'autonomie locale. À terme, les États signataires devront prendre acte de ces engagements internationaux et leur conférer une effectivité en droit interne.

§ 2. - LE DOMAINE DE LA COMPÉTENCE EXTERNE DES PERSONNES PUBLIQUES

475. On peut tracer deux sortes de limites au domaine de la compétence externe des personnes publiques françaises[1]. Les premières sont propres à la compétence externe (**A**) tandis que les secondes sont tirées de la compétence interne (**B**).

A. - LES LIMITES PROPRES À LA COMPÉTENCE EXTERNE

476. La première de ces limites est relative aux engagements internationaux de la France (**1°**). La seconde a trait aux relations avec les États étrangers (**2°**).

1° - Les engagements internationaux de la France

477. L'article L. 1112-1 du Code général des collectivités territoriales prévoit que les conventions de coopération décentralisée doivent être conclues "*dans le respect des engagements de la France*". Cette exigence revêt avant tout une fonction symbolique[2]. Elle rappelle que l'État est seul maître des relations extérieures de la Nation. Ceci dit, elle peut également prétendre à des applications concrètes.

À titre d'exemple, si un traité est d'ores et déjà intervenu sur une question particulière, les collectivités intéressées ne sauraient y déroger par un contrat transnational. De même, les personnes publiques françaises devront se garder de passer un accord avec les collectivités ressortissantes d'États à l'encontre desquels la France s'est engagée à rompre toute relation diplomatique et commerciale. Ceci n'est d'ailleurs pas une hypothèse d'école lorsqu'on sait que la municipalité de Nice a maintenu des relations de jumelage avec la ville sud-africaine du Cap, bien avant que l'apartheid ne soit aboli et que la France ne rétablisse ses relations

---

[1] Sauf précision inverse, ces limites concernent indifféremment les collectivités territoriales, leurs groupements ainsi que les établissements publics nationaux. En ce qui concerne les établissements publics locaux, soit on considère avec la circulaire préc. du 26 mai 1994 qu'ils ne sont pas titulaires d'une compétence externe et alors la question des limites de celle-ci ne se pose pas, soit on se range à notre argumentation et on retiendra alors que les règles applicables aux collectivités et à leurs groupements s'étendent aux établissements publics locaux.

[2] L. RAPP, art. préc., p. 86.

diplomatiques avec ce pays[1]. Les dispositions de l'article L. 1112-1 permettront donc d'éviter qu'existe un écart entre la politique étrangère nationale et l'action extérieure des collectivités locales.

2° - Les relations avec les États étrangers

478. La seconde limite à la compétence externe des collectivités territoriales et de leurs groupements est *ratione personæ* puisqu'elle tient à la nature du cocontractant. L'article 83 de la loi n° 95-115 du 4 février 1995 prévoit en effet qu'aucune convention "*de quelque nature que ce soit, ne peut être passée entre une collectivité territoriale ou un groupement et un État étranger*"[2]. Le législateur redoutait sans doute qu'un tel accord vienne se placer sous les auspices du droit des gens et concurrence l'État en matière de relations extérieures, ou même engage ce dernier sans son consentement[3].

Cette appréhension est dénuée de tout fondement. Les personnes publiques infra-étatiques n'ont ni la compétence, ni la capacité de conclure un accord de droit international. Il n'en reste pas moins que *de lege lata* les collectivités françaises et leurs groupements ne sont pas compétentes pour conclure un accord avec un État étranger. Ceux-ci sont pourtant assez courants dans la pratique. Ainsi, le 17 février 1986, un accord créant le Conseil parlementaire interrégional a été conclu à Metz entre la Lorraine, la Rhénanie-Palatinat, la Sarre et un État souverain, le Luxembourg[4]. De même, la Réunion a passé une convention relative à l'aide humanitaire avec Madagascar en 1989[5]. Il existe également un accord de coopération entre l'Institut d'aménagement et d'urbanisme de la région Ile-de-France et le ministère de l'Intérieur brésilien[6]. De tels accords sont nuls pour incompétence de la collectivité publique française en vertu du cadre défini en 1995[7].

---

[1] M. VALO, "Les valises diplomatiques des collectivités", *Le Monde*, 20 décembre 1992, Heures locales, p. I.

[2] Insérant un article 133-2 dans le Titre IV de la loi du 6 février 1992, cette disposition est aujourd'hui devenue l'article L.1112-5 du CGCT. Elle a d'ailleurs des antécédents dans la circulaire préc. du 10 mai 1985 en vertu de laquelle "*les collectivités territoriales ne peuvent conclure ni négocier des accords avec d'autres États ou avec une organisation internationale intergouvernementale*" (Annexe I) et elles "*doivent respecter la compétence exclusive de l'État en ce qui concerne les relations avec les États étrangers et les organisations interétatiques*" (Annexe III). De même, il était permis dès 1986 à la ville de Paris de "*conclure toute convention avec des personnes étrangères de droit public*" dans le but de développer son rayonnement international mais, précisait-on, "*à l'exception des États*" : art. 5 de la Loi n° 86-1308 du 29 décembre 1986 portant adaptation du régime administratif et financier de la ville de Paris, *J.O.*, 30 décembre 1986, p. 15773.

[3] J. FERSTENBERT, art. préc., p. 27-28. L'interdiction ne concerne bien évidemment pas les États fédérés : B. DOLEZ, "Le régime juridique de la coopération décentralisée...", art. préc., p. 940.

[4] C. AUTEXIER, "L'action extérieure des collectivités locales françaises dans...", art. préc., n° 147.

[5] Cité par F. BRIAL, *Décentralisation territoriale et coopération internationale, Le Cas de l'Outre-mer français*, Paris : L'Hamattan, 1997, p. 313. La Réunion a également passé des accords avec l'Île Maurice dans le domaine culturel en 1995 et avec l'Afrique du Sud dans les domaines de l'économie et de l'éducation en 1994 : *id.*

[6] Y. LUCHAIRE, B. DOLEZ, A. VANTROYS, *op. cit.*, p. 240.

[7] On pourrait objecter que les accords donnés en exemples ont été conclus pour certains bien avant la prohibition édictée par la loi de 1995. Il semble donc qu'ils doivent échapper à celle-ci. Ce n'est pas si sûr car la circulaire préc. du 10 mai 1985 interdisait déjà les relations conventionnelles entre une collectivité française et un État étranger.

Cette nullité n'est écartée que lorsqu'il existe un traité international de couverture autorisant ponctuellement des accords entre telle collectivité française et tel État étranger limitrophe[1].

B. - LES LIMITES TIRÉES DE LA COMPÉTENCE INTERNE

479. Puisque la compétence externe n'est qu'une projection au plan international de la compétence interne, elle est soumise aux mêmes restrictions que la seconde. Ceci fait dire au Conseil d'État dans son avis du 16 mai 1980 que la collaboration entre collectivités françaises et étrangères ne doit pas porter atteinte "*à l'ordre des pouvoirs au sein de la République*"[2]. Quant à l'article L. 1112-1 du Code général des collectivités territoriales, il autorise les collectivités et leurs groupements à conclure des conventions mais "*dans les limites de leurs compétences*"[3]. Le principe selon lequel la compétence externe est limitée à la compétence interne sera étudié (**1**°), avant que ne soit évoqué le cas particulier de l'aide au développement (**2**°).

1° - La compétence externe limitée à la compétence interne

480. C'est l'axiome de base de la compétence externe. On l'a énoncé à plusieurs reprises ; il s'agit maintenant d'évoquer ses implications concrètes. Ainsi, en premier lieu, les personnes publiques ne devront pas conclure de conventions dans les matières que le droit public exclut de la contractualisation, comme la fiscalité ou la police administrative[4]. Il est vrai que cette exclusion peut être appréhendée sous l'angle de l'incompétence comme sous celui de la licéité de l'objet du contrat. Toutefois, la spécificité des relations transnationales impose de les aborder sous le couvert de la compétence. En effet, l'objet relève du régime contractuel donc, dans le cas d'un contrat transnational, de la loi applicable au contrat. Or, il ne paraît pas légitime qu'une personne publique française puisse contracter sur ces matières en raison de la soumission du contrat à un droit étranger qui l'autorise.

481. Les personnes publiques ne pourront donc pas conclure de contrats transnationaux dans les matières exclues de la contractualisation. En outre, elles devront respecter le domaine de compétence défini par leur droit public. La circulaire du 26 mai 1994 est sans ambiguïté sur ce point :

---

[1] La France a ainsi signé le 17 août 1995 avec l'Île Maurice un accord qui permet la coopération culturelle entre la Réunion et cet État : cité par F. BRIAL, *op. cit.*, p. 213.

[2] *Droit international et droit français*, *op. cit.*, p. 109.

[3] Préc.

[4] A. de LAUBADÈRE, F. MODERNE, P. DELVOLVÉ, *Traité des contrats administratifs*, t. I, Paris : LGDJ, 1983, n° 24-35, p. 44-53 ; J. MOREAU, "Les matières contractuelles", *A.J.D.A.*, 1998, p. 747-752.

> "*Ces dispositions constituent une modalité particulière de l'exercice des compétences des collectivités territoriales et non une compétence nouvelle. Les collectivités locales ne peuvent donc pas mener des actions avec des collectivités territoriales étrangères en dehors des compétences qui leur sont reconnues par la loi. Les groupements ne peuvent exercer une action avec des collectivités territoriales étrangères que dans le strict cadre des compétences qui leur ont été transférées*"[1].

Pour plus de précisions, on renvoie ici aux principes régissant la compétence interne, bien qu'il convienne de garder à l'esprit la spécificité des contrats transnationaux. C'est ainsi que l'incompétence territoriale aura peu de chances d'avoir une incidence sur de tels contrats. Ce n'est toutefois pas exclu puisque l'on peut imaginer, par exemple, qu'une commune passe à tort une convention transnationale intéressant le domaine d'une autre commune[2].

482. Mais c'est sans doute l'incompétence matérielle qui jouera le plus souvent. Celle-ci est liée à la spécialité des personnes morales de droit public. D'ailleurs, "*les risques d'incompétence croissent avec le degré de spécialité des collectivités*"[3]. C'est ainsi que les établissements publics dont la spécialité, et donc la compétence matérielle, est plus limitée, sont davantage susceptibles de s'en écarter[4]. La compétence matérielle des collectivités territoriales se définit en revanche très largement, du fait de l'existence pour chacune d'entre elles d'une clause générale de compétence répondant à la notion d'affaires locales[5]. Il ne s'agit pas toutefois d'une compétence illimitée et il est, par exemple, possible de se demander si une collectivité territoriale est en mesure de contracter sur une matière comme l'enseignement supérieur dont la compétence appartient à l'État[6]. Le Conseil d'État ne s'y est pas opposé en refusant de censurer la délibération d'une commune qui avait décidé d'accorder des bourses à des étudiants étrangers, alors que le commissaire du gouvernement invoquait dans ses conclusions la compétence exclusive de l'État en la matière[7].

La jurisprudence administrative n'est donc pas *a priori* encline à censurer une convention qui aborderait la question de l'enseignement supérieur. Cette question

---

1 Préc.

2 J. FERSTENBERT, art. préc., p. 14.

3 D. POUYAUD, *op. cit.*, n° 19, p. 36 ; *adde*, J.-C. DOUENCE, "La spécialité des personnes publiques en droit français", *R.D.P.*, 1972, p. 753-770.

4 "*C'est surtout dans le domaine d'action des établissements publics que le principe de spécialité demeure vivace. Il interdit la conclusion d'un contrat dont l'objet serait extérieur à la mission spéciale conférée à l'établissement*" : J. GEORGEL, "Formation du contrat administratif. Principes", *J.-Cl. Droit administratif*, vol. 8, fasc. 505, n° 13. Toutefois, selon le constat fait par un auteur, "*en dépit de la définition précise de la spécialité des établissements publics qui devrait tendre à multiplier les risques d'incompétence, la jurisprudence n'est pas (...) très fournie en ce qui les concerne*" : D. POUYAUD, *op. cit.*, n° 22, p. 39.

5 D. POUYAUD, *op. cit.*, n° 20, p. 37.

6 Y. MADIOT, art. préc., n° 23.

7 *A.J.D.A.*, 1995, p. 834, concl. R. SCHWARTZ ; C.E., *Rapport public 1995*, Paris : La Documentation française, 1996, p. 312-313. Voy. cependant cette réponse ministérielle dans laquelle le secrétaire d'État aux collectivités locales se montre réticent à l'octroi de bourses par ces collectivités : n° 53098 du 27 janvier 1992, *J.O. Q.*, 30 mars 1992, p. 1424.

peut être rattachée aux affaires locales de la collectivité. En revanche, l'inclusion dans cette notion des opérations humanitaires ou d'aide au développement organisées par les collectivités françaises prête à hésitation.

2° - Le cas particulier de l'aide au développement

483. Depuis une quinzaine d'années, les collectivités territoriales françaises participent à des actions de solidarité internationale en soutenant leurs homologues de pays en proie à des difficultés économiques. Ceci constitue aujourd'hui un pan important de la coopération décentralisée et la question se pose de savoir si cette aide accordée aux collectivités territoriales étrangères entre dans le cadre du concept d'affaires locales[1]. En d'autres termes, il s'agit de déterminer si les collectivités françaises sont ici compétentes. Face à une illégalité de principe (a), le Conseil d'État a semble-t-il entrouvert la porte de la légalité (b).

a) L'illégalité de principe

484. Dans l'interprétation du concept d'affaires locales retenu par les juridictions administratives, il doit toujours exister un lien entre la décision de la collectivité et l'intérêt des administrés[2]. Or, ce lien est des plus ténu lorsqu'il s'agit d'une action humanitaire en faveur de la population d'un pays étranger. D'ailleurs, le Conseil d'État se méfie d'une manière générale de l'altruisme des collectivités territoriales. Dons et autres libéralités sont rigoureusement encadrés[3]. Par suite, on peut s'interroger sur la légalité d'un contrat qui, par exemple, subventionnerait le forage de puits sur le territoire d'une collectivité du Sahel. La collectivité française n'excède-t-elle pas dans une telle hypothèse sa sphère de compétence ?

Il n'existe à notre connaissance aucune décision qui se soit directement prononcée sur des conventions de ce type passées avec des personnes publiques étrangères. Cela dit, les tribunaux ont eu à connaître de conventions conclues avec des personnes privées ou d'actes unilatéraux relatifs à l'aide humanitaire qui posent des problèmes identiques de compétence ; celle-ci est, en effet, indifférente à la nature unilatérale, bilatérale et, par extension, transnationale de l'acte concerné.

485. Dans un premier temps, la jurisprudence administrative a sanctionné pour défaut de compétence les initiatives de solidarité internationale prises par des collectivités territoriales. Dès 1941, le Conseil d'État annulait la délibération d'un conseil municipal par laquelle avait été votée une subvention "*en vue de l'achat d'une voiture d'ambulance et de médicaments pour l'Espagne républicaine*", en

---

[1] Certains en doutent à l'image de M. MADIOT qui, constatant qu'une collectivité française "*ne peut pas conclure une convention avec une collectivité étrangère dans un domaine se situant en dehors de ses compétences*", en déduit qu'elle "*ne peut contracter dans un but humanitaire ou pour réaliser une opération d'aide au développement*" : art. préc., n° 22.

[2] Ainsi, pour l'octroi de subventions, l'organisme bénéficiaire doit mener une action qui profite aux habitants : C.E. ass., 25 octobre 1957, *Commune de Bondy, Rec.*, p. 552.

[3] Voy. D. POUYAUD, *op. cit.*, n° 21-22, p. 38-39.

raison de ce qu'elle ne présentait "*aucun caractère d'utilité communale*"[1]. Plus récemment, le Tribunal administratif de Paris a censuré plusieurs résolutions autorisant la subvention de l'opération "un bateau pour le Nicaragua". Il a retenu dans ses motifs que ladite opération n'est pas "*destinée à la satisfaction d'un intérêt public apprécié dans le cadre territorial de la commune et en fonction des besoins des habitants de celle-ci*"[2]. En décembre 1990, le Tribunal administratif de Versailles s'est prononcé dans le même sens à l'encontre d'un vote par lequel le Syndicat intercommunal de la Vallée de l'Orge autorisait son président à signer une convention avec l'Association des volontaires du progrès, en vue de la réalisation d'aménagements hydro-agricoles dans une région du Mali. Les juges ont ainsi fait droit à la demande du maire de l'une des communes composant le syndicat et considéré que la délibération était étrangère aux œuvres et aux services d'intérêt intercommunal prévus par les statuts du groupement[3]. De même, le tribunal administratif de Saint-Denis de la Réunion a annulé une délibération du conseil municipal de cette ville qui entendait accorder à la commune de Diégo-Suarez à Madagascar un don de véhicules usagés du parc communal et de pièces détachées pour voitures, d'une valeur totale de 100.000 francs. La juridiction a estimé que, ce faisant, la ville de Saint-Denis excédait sa compétence[4].

Soucieux de protéger les deniers des contribuables locaux, les tribunaux administratifs ne voient donc pas d'un bon œil la solidarité internationale que tentent d'organiser les collectivités infra-étatiques. Pour la sanctionner, ils se fondent sur le défaut d'intérêt local, par référence à l'ancienne jurisprudence du Conseil d'État rendu, en des temps troublés, à propos de l'aide aux républicains espagnols. Mais la position de la Haute assemblée a évolué et il semble que l'illégalité ne doive plus désormais être considérée comme systématique.

b) La porte entrouverte sur la légalité

486. Une première étape fut franchie lorsque le Conseil d'État eut à connaître de l'affaire "un bateau pour le Nicaragua". Saisi d'une requête tendant à l'annulation des jugements du Tribunal administratif de Paris, le Conseil d'État a bien maintenu la décision des premiers juges mais, ce détail est d'importance, il en a infléchi la motivation. L'intérêt communal n'est plus visé et fait place à une critique de l'ingérence des communes dans un conflit de nature politique[5]. Pour censurer les délibérations des conseils municipaux, le Conseil d'État s'est appuyé moins sur la finalité humanitaire de la subvention que sur le motif politique sur lequel elle était

---

[1] C.E., 16 juillet 1941, *Syndicat de défense des contribuables de Goussainville*, *Rec.*, p. 132.

[2] T.A. Paris, 28 octobre 1987, *Commissaire de la République de Seine-Saint-Denis*, *Rec.*, p. 489 ; T.A. Paris, 16 décembre 1987, *Commissaire de la République de Seine-Saint-Denis*, *Gaz. pal.*, 1988.I.302, concl. G. COROUGE.

[3] Cette affaire est rapportée par D. DÜRR, "Les agglomérations transfrontalières" *in Le Renouveau de l'aménagement du territoire en France et en Europe*, J.-C. NÉMERY (dir.), Paris : Economica, 1994, p. 625-641, spéc. p. 635.

[4] T.A. Saint-Denis de la Réunion, 18 décembre 1991, M. *Lechat c/ Maire de la commune de Saint-Denis*, *L.P.A.*, 21 juin 1993, n° 74, p. 5-8, note X. PHILIPPE, "Les limites et le renouveau de la coopération décentralisée".

[5] C.E., 23 octobre 1989, *Commune de Pierrefitte-sur-Seine*, *Rec.*, p. 209 ; *D.A.*, 1989, n° 622.

fondée[1]. Les juges relevaient en particulier que les associations bénéficiaires des subventions "*bien qu'ayant pour but d'apporter des secours matériels à la population du Nicaragua, se fondaient explicitement, en la critiquant, sur l'attitude d'un État étranger à l'égard du Nicaragua et imputaient aux interventions de cet État les difficultés économiques, sanitaires et sociales de la population du Nicaragua*". Il était donc reproché aux communes une immixtion dans la politique étrangère du pays.

Un auteur a déduit de l'utilisation par le Conseil d'État de l'expression "*bien qu'ayant pour but d'apporter des secours matériels*" que "*l'objet même de la subvention ne paraissait pas critiquable*"[2]. Il en a tiré pour conséquence que "*si le conseil municipal ne s'était fondé que sur des raisons humanitaires, le Conseil d'État n'aurait pas annulé sa délibération*"[3]. Il est, en effet, vraisemblable que le Conseil d'État a écarté en connaissance de cause toute référence à l'intérêt communal. Toutefois, il n'est pas certain pour autant qu'il ait entendu admettre la légalité dans son ensemble de l'aide au développement organisée par les collectivités. La jurisprudence subséquente montre que celle-ci est tout de même soumise à certaines conditions.

487. La Haute juridiction a eu l'occasion de préciser sa position lors d'une affaire où le conseil municipal de Villeneuve-d'Ascq avait décidé d'attribuer une bourse mensuelle de 5.000 francs pendant trois ans à deux étudiants, l'un roumain et l'autre polonais, en solidarité avec ces deux pays souffrant d'un manque de cadres scientifiques et techniques. Le Préfet du Nord a déféré cette délibération au tribunal administratif de Lille qui, le 4 juillet 1991, a annulé celle-ci au motif que cette action de solidarité internationale ne présentait pas un caractère d'utilité communale suffisant[4]. Le conseil municipal a alors saisi le Conseil d'État qui s'est prononcé le 28 juillet 1995[5]. La décision fait date dans l'histoire de l'action extérieure des collectivités territoriales, puisqu'elle a admis la légalité de la délibération en cause.

Quant au caractère désintéressé de l'aide octroyée, le commissaire du gouvernement avait constaté, dans ses conclusions, que les deux bourses avaient été accordées par "*altruisme (...) dans un souci de dépasser l'aide purement humanitaire en accordant une aide scientifique*"[6] et qu'il s'agissait "*d'apporter une aide internationale et non d'une décision fondée sur le motif d'assurer le développement*" du pôle universitaire que constituent Villeneuve-d'Ascq et sa

---

[1] Sur ce thème, voy. : P. TERNEYRE, "Légalité et illégalité des décisions de nature politique des collectivités locales", *Rev. adm.*, 1989, p. 538-540. Rappr. : T.A. Orléans, 5 mai 1994, *Préfet du Cher c/ Commune de la Chapelle Saint-Ursin*, cité par F. BRIAL, *op. cit.*, p. 278. Dans cette affaire, le conseil municipal de la Chapelle Saint-Ursin avait, par une délibération, décidé de parrainer des prisonniers tibétains à l'appel du Comité de soutien au peuple tibétain. Le tribunal avait néanmoins rejeté la demande en annulation du préfet arguant du fait que la délibération déférée "*dépourvue de tout effet de droit, ne (contenait) pas d'acte juridique*".

[2] Y. LUCHAIRE, "Les Régions françaises et la coopération décentralisée" *in* Y. LUCHAIRE, B. DOLEZ, A. VANTROYS, *op. cit.*, p. 2-27, spéc. p. 15.

[3] *Ibid.*

[4] Inéd.

[5] *A.J.D.A.*, 1995, p. 834, concl. R. SCHWARTZ ; C.E., *Rapport public 1995*, Paris : La Documentation française, 1996, p. 312-313.

[6] *A.J.D.A.*, 1995, p. 836.

région[1]. Il en déduisait qu'en principe un tel acte, au contenu purement libéral, était contraire à l'intérêt communal. Le Conseil d'État ne l'a pas suivi sur ce terrain et il a annulé le jugement du tribunal administratif de Lille, pour décider que l'octroi des deux bourses était bien compatible avec l'intérêt de la commune. Plusieurs motifs ont été retenus et nous les examinerons successivement.

488. Dans un premier motif, la Haute juridiction a retenu l'existence de *relations transnationales tant entre les communes qu'entre les établissements d'enseignement supérieur*. Le passage suivant est tiré de l'arrêt :

> "*Lesdites bourses étaient destinées à des étudiants originaires de deux villes de Roumanie et de Pologne jumelées avec la commune de Villeneuve-d'Ascq, et issus d'établissements universitaires entretenant eux-mêmes des relations de coopération avec l'université des sciences et techniques de Lille, dont le siège est implanté sur le territoire de la commune de Villeneuve-d'Ascq et qui avait donné son agrément audit projet*".

Dans ses conclusions, le commissaire du gouvernement soulignait d'ores et déjà que la délibération pouvait ne pas tomber sous le coup du contrôle de légalité à la condition qu'existe "*une convention préalable à la réalisation effective de l'aide*" entre la collectivité française et son homologue étranger[2]. L'association de ces conclusions et du motif de l'arrêt peut laisser penser que l'existence de relations conventionnelles transnationales, préalable à l'octroi des bourses, est de nature à assurer la compétence de la personne publique française. Finalement, celle-ci serait compétente à partir du moment où la libéralité - l'octroi des bourses - ne serait que l'exécution d'un contrat transnational passé avec la collectivité ou l'université étrangère, dont est originaire l'étudiant bénéficiaire.

489. En réalité, cette motivation n'apporte aucun élément au débat relatif à la légalité des actions humanitaires. En effet, soit cette dernière est admise, et alors la collectivité est compétente pour octroyer les bourses par acte unilatéral, et ceci sans qu'une convention préalable soit nécessaire. Elle en a la compétence, quoi qu'il arrive, et ce n'est pas la conclusion préalable d'un accord qui en est la cause[3]. Soit cette légalité n'est pas admise, et alors la signature d'un accord est bien nécessaire à l'octroi des bourses, avec cette précision que l'accord lui-même ne peut pas être désintéressé puisqu'on est justement dans l'hypothèse où la légalité des actions humanitaires n'est pas admise.

En effet, si la convention était elle-même désintéressée, la collectivité n'était pas compétente pour la conclure. Et, par répercussion, elle ne l'était pas non plus pour octroyer les bourses. En revanche, si la convention institue un rapport

---

[1] *Ibid.*

[2] *Ibid.*, p. 837.

[3] La compétence externe étant la projection au plan international de la compétence interne, une convention transnationale ne permet pas à une personne publique d'acquérir un champ de compétence plus vaste. Comp. la remarque de M. WOEHRLING selon laquelle "*la coopération transfrontalière n'entraîne par elle-même aucun transfert de compétence de quelque nature qu'il soit. Les autorités locales continuent à exercer les mêmes compétences qui leur sont reconnues par la loi*" : *op. cit.*, p. 15

synallagmatique, où coexistent des contreparties aux efforts de chacun, alors elle n'est pas totalement désintéressée et le respect de l'intérêt communal est sauvegardé. En octroyant la bourse, la collectivité française fait certes une libéralité mais, par ailleurs, elle pourra bénéficier d'une contrepartie prévue par la convention.

En fin de compte, on peut dire que ce motif n'infirme ni ne confirme la possibilité pour les personnes publiques françaises de procéder, par voie unilatérale comme bilatérale, à des actions de solidarité internationale. On ne sait toujours pas si celles-ci excèdent ou non l'intérêt local. Mais l'arrêt poursuit par un autre motif :

> "*Il ressort des motifs de la délibération contestée que le conseil municipal a entendu faciliter l'accueil d'étudiants de haut niveau, spécialistes de certaines techniques avancées, dans le but d'encourager le développement ultérieur de projets de coopération associant des instituts de recherche et des entreprises situés tant sur le territoire de Villeneuve d'Ascq que sur celui des collectivités dont étaient issus les deux étudiants bénéficiant desdites bourses*".

On peut déduire de ce considérant que les actions désintéressées sont admises à la condition que la collectivité puisse tout de même, d'une manière ou d'une autre, en percevoir les effets sur son développement économique, technologique ou scientifique. Il n'est nullement besoin que cet effet soit immédiat ou soit même un jour effectif. Il suffit qu'il soit simplement envisageable. En outre, les juges du Palais royal ont ajouté une condition directement reprise de la jurisprudence "un bateau pour le Nicaragua", en précisant qu'il ne faut pas que "*la commune ait entendu intervenir dans un différend de caractère politique*" ; ce qui n'était pas le cas en l'espèce.

490. Par conséquent, avec cet arrêt, le Conseil d'État a admis la compatibilité de certaines actions de solidarité internationale organisées par des collectivités territoriales avec l'intérêt local. Elles peuvent s'opérer par voie unilatérale comme bilatérale mais ne doivent pas, quoi qu'il en soit, interférer avec la politique étrangère de la France. En outre, le Conseil d'État impose que la collectivité puisse percevoir, même d'une manière très hypothétique, les fruits de cette aide par des retombées indirectes sur ses administrés. Il n'exige pas que ces retombées soient effectives mais qu'elles restent dans le domaine du possible. Ceci ne pose pas de problème dans un domaine comme celui de la coopération scientifique. En revanche, cet arrêt ne permet pas de dire si une action totalement désintéressée, comme par exemple le forage d'un puits dans un village du Sahel, est conforme à la légalité. Il n'y a dans cette hypothèse aucune retombée possible en France susceptible d'assurer la compatibilité avec l'intérêt local. Dès lors, une partie importante de la coopération décentralisée est exposée à une épée de Damoclès, sa légalité restant contestable au regard de la jurisprudence actuelle du Conseil d'État.

Comment pourrait-il en être autrement alors que ce type d'aide totalement désintéressée en faveur de populations étrangères est en rupture complète avec la notion d'intérêt local ? On aura beau tourner la question dans tous les sens, l'incompatibilité ne peut être écartée. Seule une mise en sommeil de l'intérêt local par la promulgation d'un texte spécial reconnaissant la possibilité pour les collectivités de participer à l'aide aux pays en difficulté permettrait finalement d'en assurer la légalité. Les collectivités sont donc réduites à attendre une intervention du législateur.

Les limites dans lesquelles une personne publique française peut conclure un contrat transnational étant désormais tracées, il est temps maintenant de se pencher sur le régime de ce contrat[1].

SECTION II
LE RÉGIME SUBSTANTIEL DU CONTRAT TRANSNATIONAL

491. Une fois définie la faculté pour les personnes publiques de conclure un contrat transnational, il convient d'étudier le régime substantiel de celui-ci, c'est-à-dire les règles qui, en droit français, vont régir ce contrat au fond. On précisera, toutefois, qu'il ne s'agit bien évidemment pas ici de procéder à un recensement complet de l'ensemble des règles qui composent ce régime substantiel. Il en sera proposé un simple aperçu nous permettant de confirmer le principe d'une soumission à un régime de droit public. Ce dernier a, en effet, vocation à régir le contrat transnational dans ses relations avec les tiers (**§ 1**), comme dans ses rapports *inter partes* (**§ 2**).

§ 1. - LE CONTRAT TRANSNATIONAL ET LES TIERS

492. Comme les contrats conclus par une personne publique, le contrat transnational peut faire l'objet d'un contrôle, plus ou moins étendu selon les cas, de la part de tiers. Il partage ainsi le sort de la totalité des contrats passés par une administration, y compris de droit privé. Ce contrôle repose sur le principe de légalité en vertu duquel "*les autorités administratives sont tenues, dans les décisions qu'elles prennent, de se conformer à la loi ou plus exactement à la légalité, c'est-à-dire à un ensemble de règles de droit de rangs et contenus divers, qui sont fonction, dans chaque cas, de la place et des compétences de l'autorité administrative qui agit*"[2]. Ce principe imprègne l'ensemble de l'activité administrative, même

---

[1] Contrairement à Mme BURDEAU, il nous semble impossible d'admettre que l'accord "*tire sa force obligatoire de la rencontre de deux compétences définies dans le cadre national de chacune des parties en présence*" : "Les accords conclus entre autorités...", art. préc., p. 116. D'une part, au plan théorique, la force obligatoire d'un accord ne peut être conférée par deux systèmes juridiques simultanément. D'autre part, au plan pratique, il est nécessaire pour les parties contractantes que des règles encadrent leur convention. D'ailleurs, dans un article plus récent, l'auteur se rapproche de cette position : "*Les données de la jurisprudence restent décevantes et, si elles permettent d'affirmer que ces accords sont des contrats de droit interne, elles ne permettent guère d'en préciser la qualification ni la loi et le régime juridique applicables*" : "Autonomies locales et droit international en France" *in I Rapporti di Vicinato...*, *op. cit.*, p. 241-274, spéc. p. 273.

[2] A. de LAUBADÈRE, J.-C. VENEZIA, Y. GAUDEMET, *op. cit.*, t. I, n° 814, p. 593. *Adde*, R. CHAPUS, *op. cit.*, t. I, n° 1200 et s. ; J. RIVERO, J. WALINE, *op. cit.*, n° 76 et s.

contractuelle[1]. Sur le fondement de celui-ci, deux types de tiers sont en mesure de contrôler la conclusion d'un contrat transnational. Ce sont, d'une part, les administrés (**A**) et, d'autre part, le représentant de l'État (**B**).

A. - LE CONTRÔLE DES ADMINISTRÉS

493. Un contrat transnational peut porter préjudice à un usager du service public. Ainsi, il est possible qu'une convention de coopération décentralisée, portant création d'une station d'épuration commune à deux municipalités frontalières, fasse grief à un résident français, en raison par exemple d'une redevance trop élevée augmentant les impôts locaux[2]. L'usager ne pourra néanmoins pas s'attaquer directement au contrat. En revanche, il lui sera possible d'exercer un recours pour excès de pouvoir à l'encontre des actes détachables de celui-ci (**1°**). Divers moyens d'annulation lui sont alors ouverts (**2°**).

1° - Le recours pour excès de pouvoir à l'encontre d'un acte détachable du contrat

494. La théorie des actes détachables a pour objectif d'individualiser les différents actes administratifs "*supports*"[3] du contrat, indépendamment du contrat lui-même. Ces actes peuvent être soumis au juge de l'excès de pouvoir et être annulés s'ils entrent en contradiction avec le principe de légalité. Ceci se vérifie pour tout contrat conclu par une personne publique, qu'il soit de droit public ou même de droit privé[4]. Il est donc logique d'étendre ce recours aux actes détachables d'un contrat transnational.

---

1 "*De la même manière qu'une décision, doit pour être légale (ou régulière), avoir été prise par l'autorité compétente et selon les procédures prescrites, un contrat n'est légal que si, notamment, il a été signé par l'autorité compétente et conclu conformément aux procédures instituées. Et tout aussi bien qu'une décision est illégale si elle est contraire à une règle de fond comme, par exemple, le principe de l'égalité des usagers des services publics, un contrat non conforme aux exigences de ce principe est irrégulier*" : R. CHAPUS, *op. cit.*, t. I, n° 1198. En ce sens, voy. not. : A. de LAUBADÈRE, J.-C. VENEZIA, Y. GAUDEMET, *op. cit.*, *loc. cit.*

2 C. AUTEXIER propose cet exemple mais en se fondant sur la seule logique contractuelle tributaire du droit applicable à la convention. Il n'y intègre pas l'incidence éventuelle du principe de légalité : "L'Action extérieure des collectivités locales françaises dans...", art. préc., n° 180.

3 D. POUYAUD, *op. cit.*, n° 407, p. 293.

4 C.E., 29 avril 1955, *Consorts Noual*, *Rec.*, p. 228. Sur ce thème : H. SAVOIE, "L'acte détachable d'un contrat de droit privé", concl. sur C.E., 10 mars 1995, *Commune de Digne*, *R.F.D.A.*, 1996, p. 429-436. Ceci a en particulier des conséquences sur la compétence judiciaire. Une Cour d'appel ne saurait par exemple interpréter la délibération d'un Conseil régional afin de déterminer si le président de celle-ci était bien mandaté pour signer un contrat. La Cour de cassation l'a rappelé à l'ordre en soulignant qu'il s'agit là d'une question préjudicielle relevant de la compétence du juge administratif : Civ. 1re, 13 janvier 1993, *Région Guadeloupe*, *Bull* I, n° 8. Voy. également : G. VEDEL, "Détermination de la compétence judiciaire en cas de difficultés relatives à la validité des contrats de droit privé passés par les personnes publiques", *C.J.E.G.*, 1956, chron., p. 63-66. Pour une application de ce principe aux contrats transnationaux de droit privé : F.-P. BÉNOIT, "Rapport de synthèse" *in Coopération décentralisée et coopération multilatérale francophone*, *op. cit.*, p. 291-303, spéc. p. 301.

495. La jurisprudence a identifié plusieurs de ces actes détachables au sein de la procédure de conclusion du contrat. L'expression de la volonté conventionnelle d'une personne publique nécessite en effet, le plus souvent, la conjonction de divers actes émanant d'autorités administratives différentes car à la tête de la plupart des personnes publiques coexistent une autorité exécutive et une assemblée collégiale[1]. L'expression de la volonté conventionnelle de la personne publique nécessite donc l'intervention de chacun de ces deux organes. Ainsi, si la signature du contrat est bien l'œuvre de l'organe exécutif, par exemple le maire ou le président du Conseil général, elle est obligatoirement précédée d'un vote de l'organe délibérant[2].

La délibération autorisant la conclusion du contrat et l'acte de conclusion lui-même constituent les principaux actes détachables d'un contrat[3]. Un recours pour excès de pouvoir pourra être exercé à leur encontre, tout d'abord par le cocontractant lui-même, c'est-à-dire la personne publique étrangère. Mais il est vraisemblable que celle-ci préférera se placer sur le terrain contractuel. C'est ce qui la différencie de l'usager du service public qui, étranger au contrat, est tout de même en mesure d'engager un recours pour excès de pouvoir à l'encontre d'un des actes détachables qui viennent d'être évoqués. Pour ce faire, il dispose de divers moyens d'annulation.

2° - *Les moyens d'annulation*

496. Le recours pour excès de pouvoir repose nécessairement sur des moyens de légalité[4]. Ceux-ci constituent autant de stigmatisations d'atteinte au principe du même nom. Les moyens de légalité susceptibles d'entraîner l'annulation d'un acte

---

1 C'est bien évidemment en premier lieu le cas des collectivités territoriales. Mais répondent également à ce schéma les établissements publics territoriaux et la plupart des établissements publics nationaux ou locaux.

2 "*Chaque fois que dans la structure de la collectivité administrative contractante coexistent un organe délibérant et un organe d'exécution : c'est l'organe d'exécution qui est qualifié pour conclure le contrat mais il ne fait, en y procédant, qu'exécuter la décision de l'organe délibérant*" : A. de LAUBADÈRE, F. MODERNE, P. DELVOLVÉ, *op. cit.*, t. I, n° 417, p. 482. *Adde*, L. RICHER, *Droit des contrats administratifs*, Paris : LGDJ, 2ème éd., 1999, n° 177, p. 133. Ceci ressort des articles suivants du CGCT : L. 2122-21 pour les communes, L. 3221-1 pour les départements, L. 4231-1 pour les régions, L. 5212-11 pour les syndicats de communes, L. 5213-10 pour les districts, L. 5214-11 pour les communautés de communes, L. 5215-14 pour les communautés urbaines et L. 5216-10 pour les communautés de villes. Le Conseil d'État a d'ailleurs dégagé les règles qui encadrent cette délibération. C'est ainsi, par exemple, qu'elle doit être spéciale au contrat : A. de LAUBADÈRE, F. MODERNE, P. DELVOLVÉ, *op. cit.*, t. I, n° 419, p. 483, avec la jurisprudence citée. Mais elle ne tient pas pour autant lieu de conclusion du contrat. Tant que l'organe exécutif n'a pas exécuté la délibération en procédant à la conclusion, le contrat n'existe toujours pas. Concomitamment l'organe exécutif est tenu de contracter dès lors que l'organe délibérant a voté en ce sens : *id.*, n° 424-425, p. 491 ; D. POUYAUD, *op. cit.*, n° 34-35, p. 46. Pour une analyse dans le cadre de la coopération décentralisée : C. AUTEXIER, "L'action extérieure des collectivités locales françaises dans...", art. préc., n° 174.

3 Pour la délibération : C.E., 4 août 1905, *Martin*, *Rec.*, p. 749, *DP*, 1907. 3. 49, concl. ROMIEU, *S.*, 1906. 3. 49, note HAURIOU, *R.D.P.*, 1906, p. 249, note JEZE, *G.A.J.A.* n° 16. Plus récemment, voy. not. : C.E., 11 février 1977, *Sté de chasse de Thénissey*, *Rec.*, p. 85, *Rev. adm.*, 1972, p. 273, note DARCY ; C.E., 17 mars 1989, *Synd. des psychiatres français*, *A.J.D.A.*, 1989, p. 407.
Pour l'acte de conclusion : C.E., 9 nov. 1934, *Ch. de commerce de Tamatave*, *Rec.*, p. 1034 ; C.E., 7 février 1936, *Département de la Creuse*, *id.*, p. 171.

4 Pour une présentation en détail des moyens de légalité : R. CHAPUS, *op. cit.*, n° 1208-1246, p. 915-948.

détachable sont de deux sortes. Les premiers sont propres à l'acte lui-même, tandis que les seconds sont dérivés du contrat[1].

Un acte détachable peut donc, tout d'abord, être annulé sur le fondement d'un vice propre. Ainsi, une décision de conclure un contrat transnational pourra être invalidée car elle a été prise par une autorité incompétente. À titre d'exemple, l'acte de conclusion par le maire d'une convention de coopération décentralisée sera annulé s'il n'a pas fait l'objet, au préalable, d'une autorisation du conseil municipal. Mais un acte détachable peut également être invalidé, alors même qu'il ne présente intrinsèquement aucune illégalité, sur le seul fondement du contrat qu'il précède[2]. On peut illustrer ceci en évoquant, à nouveau, la question de l'aide au développement organisée par les collectivités territoriales. Il a pu être observé que la légalité d'une convention passée par une collectivité française, dans un objectif purement altruiste, avec une collectivité d'un État en voie de développement est sujette à caution. Il semble qu'en concluant cet accord, la collectivité française outrepasse son champ de compétence, lequel est caractérisé par la notion d'affaire locale. Or, un administré pourrait très bien faire valoir cette illégalité à l'occasion d'un recours pour excès de pouvoir à l'encontre de l'acte de conclusion du contrat, ou même de la délibération de l'assemblée collégiale autorisant celui-ci. Ces deux actes ne présenteront en eux-mêmes aucune illégalité mais ils pourront tout de même être annulés à raison de l'illégalité que présente le contrat lui-même.

En dehors des administrés, et toujours parmi les tiers au contrat, le représentant de l'État bénéficie de moyens de contrôle privilégiés à l'encontre de certains contrats transnationaux.

B. - LE CONTRÔLE DU REPRÉSENTANT DE L'ÉTAT

497. Le recours pour excès de pouvoir à l'encontre d'un acte détachable permet *indirectement* de contrôler la légalité de tout contrat transnational. Cependant, il est possible de soumettre *directement* la légalité de certains de ces contrats à l'appréciation du juge administratif. C'est le cas en matière de coopération décentralisée, c'est-à-dire pour tous les contrats transnationaux passés par les collectivités territoriales et leurs groupements. Cette possibilité n'est toutefois ouverte qu'au représentant de l'État[3]. Elle associe la transmission et la publication du contrat (**1°**) à l'exercice du déféré préfectoral (**2°**).

---

[1] L. RICHER, *op. cit.*, n° 227-230, p. 162-164 ; P. TERNEYRE, D. de BÉCHILLON, V° "Contrats administratifs (contentieux des)", *Rép. Dalloz Contentieux administratif*, n° 121.

[2] Cette solution est traditionnellement admise depuis C.E., 12 juillet 1918, *Lefebvre*, *Rec.*, p. 698 ; C.E., 8 mars 1985, *Les amis de la Terre*, *id.*, p. 73, *R.F.D.A.*, 1985. 363, concl. P.-A. JEANNENEY, *A.J.D.A.*, 1985. 382, note J. MOREAU.

[3] C'est-à-dire le préfet. Concernant les contrats transnationaux conclus par des personnes publiques spécialisées, un autre représentant de l'État est susceptible d'intervenir. Ainsi, le décret n° 85-924 du 30 août 1985 relatif aux établissements publics locaux d'enseignement donne aux recteurs d'académie à l'égard de ces établissements la même mission et les mêmes prérogatives que celles du préfet à l'égard des collectivités locales. On peut donc légitimement penser qu'ils peuvent déférer à la censure du juge de l'excès de pouvoir les contrats transnationaux passés par ces établissements.

1° - La transmission et la publication des actes en matière contractuelle

498. Les principaux actes des collectivités territoriales n'entrent en vigueur qu'après leur publication et leur transmission au préfet[1]. Cette double obligation concerne d'abord les délibérations de l'organe collégial autorisant la conclusion d'un contrat, en vertu de diverses dispositions législatives[2]. Ces textes concernent les contrats d'une manière générale, y compris donc les conventions de coopération décentralisée. Par cet intermédiaire, le préfet prend connaissance des termes du contrat transnational avant sa signature. Ce dernier doit toujours être annexé à la délibération[3]. Le représentant de l'État peut ainsi, et dès avant la conclusion de l'acte, contrôler son contenu et présenter des observations. Selon la circulaire du 26 mai 1994, il doit notamment veiller "*à ce que le contenu de la convention ne contienne que des dispositions relevant de la compétence de la collectivité territoriale et qu'elle ne contienne pas de dispositions qui pourraient lier d'autres collectivités territoriales non signataires ou l'État (par exemple en indiquant des montants de subvention, des modalités de participation ou des exonérations de taxes ou de charges qui ne relèvent pas du pouvoir de décision de la collectivité territoriale, ceci même si elle peut y prétendre)*"[4]. Ceci met fin à certains errements passés où les autorités préfectorales étaient le plus souvent informées par voie de presse de la conclusion d'un contrat transnational par la collectivité dont elles assurent le contrôle[5].

499. Une fois la convention de coopération décentralisée signée, l'article L. 1112-1, alinéa 2, du Code général des collectivités territoriales prévoit qu'elle entre en vigueur "*dès (sa) transmission au représentant de l'État dans les conditions fixées aux articles L. 2131-1 et L. 2131-2*"[6]. Cela signifie que le contrat lui-même est soumis aux obligations de publication et de transmission et ne devient exécutoire qu'à la faveur de ces dernières.

---

1 R. CHAPUS, *op. cit.*, t. I, n° 579, p. 373 ; P. TERNEYRE, D. de BÉCHILLON, art. préc., n° 190. La publication se fait au recueil des actes administratifs et par voie d'affichage.

2 Elle résulte des textes suivants du CGCT : art. L. 2131-2-1° pour les délibérations du Conseil municipal ; art. L. 3131-2-1° pour celles du Conseil général ; art. L. 4141-2-1° pour celles du Conseil régional, *etc*. La signature d'un contrat faisant suite à une délibération qui n'a pas été transmise est d'ailleurs illégale : C.E,. avis, 10 juin 1996, *Préfet de la Côte d'or*, *D.*, 1997. II. 45, note F.-P. BÉNOIT ; *R.F.D.A.*, 1997, p. 83.

3 C.E., 13 janvier 1988, *Mutuelle générale des personnels des collectivités locales*, *Rec.*, p. 6, concl. M. ROUX, *A.J.D.A.*, 1988, p. 160, chron., *D.*, 1989. II. 66, note J.-P. NÉGRIN, *R.D.P.*, 1988, p. 852, note LLORENS.

4 Préc.

5 Y. LUCHAIRE, "Le cadre juridique français de l'action extérieure des collectivités territoriales" *in Le Droit appliqué à la coopération interrégional en...*, *op. cit.*, p. 169-184, spéc. p. 175. Pour une analyse d'ensemble, voy. J. DU BOIS de GAUDUSSON, "L'État français et le contrôle des actions extérieures des collectivités territoriales" *in id.*, p. 225-237.

6 Cette disposition était à l'origine l'article 131-I, alinéa 2, de la loi du 6 février 1992 préc.

2° - Le déféré préfectoral à l'encontre du contrat

500. Le même article L. 1112-1 prévoit également que "*les dispositions de l'article L. 2131-6 sont applicables à ces conventions*"[1]. Par cette référence, le législateur a entendu soumettre les conventions de coopération décentralisée au déféré préfectoral[2]. Ce recours, ouvert au seul représentant de l'État, a été institué par les lois sur la décentralisation pour contrebalancer la disparition de la tutelle. Substantiellement identique à un recours pour excès de pouvoir, il s'exerce à l'encontre de tous les actes soumis à l'obligation de transmission[3].

501. En matière transnationale, peuvent donc être déférés la délibération autorisant la conclusion du contrat et surtout le contrat lui-même. Selon la circulaire du 26 mai 1994, "*on peut considérer que la loi a ainsi ajouté une catégorie de convention dans les actes des collectivités territoriales soumis aux dispositions de l'article 9 de la loi du 2 mars 1982 relative aux droits et libertés des communes, des départements et des régions*"[4]. La principale particularité du déféré, en matière transnationale comme ailleurs, est en effet de pouvoir porter sur le contrat lui-même[5]. Par conséquent, un contrat de coopération décentralisée qui ne respecte pas la légalité pourra être annulé par le juge administratif. Si l'on reprend l'exemple précédent de l'aide au développement, une convention de coopération décentralisée passée en contradiction avec l'intérêt local par une commune pourra être invalidée par le juge administratif à la demande du préfet. À la différence du recours pour excès de pouvoir à l'encontre d'un acte détachable exercé pour les mêmes motifs, c'est donc le contrat lui-même qui sera annulé.

§ 2. - LE CONTRAT TRANSNATIONAL ET LES RAPPORTS *INTER PARTES*

502. À la suite des règles applicables aux tiers, on examinera celles régissant les rapports *inter partes*. Les contrats transnationaux suivent ici le régime du contrat administratif. C'est, en effet, la qualification qu'il convient de leur assigner (**A**). On étudiera ensuite les conséquences d'une telle qualification (**B**).

---

1 Préc.

2 Sur cette institution, voy. not. : R. CHAPUS, *op. cit.*, t. I, n° 579, p. 373 ; A. de LAUBADÈRE, J.-C. VENEZIA, Y. GAUDEMET, *op. cit.*, t. I, n° 384-385, p. 260-262 ; J. RIVERO, J. WALINE, *op. cit.*, n° 429, p. 411.

3 Il existe une exception à ce principe posée par C.E., 4 novembre 1994, *Département de la Sarthe*, *A.J.D.A.*, 1994, p. 898, concl. C. MAUGÜE.

4 En ce sens : J.-L. AUTIN, "Les instruments juridiques de la coopération décentralisée" *in Pratique des échanges culturels internationaux…*, *op. cit.*, p. 23-36, spéc. p. 30. Voy. sur cette question l'avis du Conseil d'État n° 356381 en date du 25 octobre 1994, *Grands avis du Conseil d'État*, p. 498-499.

5 "*C'est la convention elle-même qui est soumise au contrôle de légalité*" : circulaire préc. du 26 mai 1994. On sait que le recours pour excès de pouvoir ne concerne que les actes unilatéraux.

A. - LA QUALIFICATION DE CONTRAT ADMINISTRATIF

503. La qualification de contrat administratif répond à des critères déterminés, mais tous ne sont pas pertinents en matière transnationale. On en écartera donc certains (**1°**) pour ne retenir que les plus appropriés (**2°**).

1° - Les critères à écarter en matière transnationale

504. Un contrat transnational ne peut être qualifié de contrat administratif en vertu d'une prévision de la loi (a) ou de la volonté des parties (b).

a) La loi

505. La qualification législative est, d'après l'ordre hiérarchique, le premier des critères du contrat administratif. Le législateur peut, à cet égard, "*utiliser deux méthodes : soit il attribue compétence au juge administratif ou au juge judiciaire sur les litiges suscités par un type de contrat, soit il attribue directement le caractère de contrat administratif à une catégorie de contrat*"[1]. Mais, dans les deux cas, le résultat est le même. Du reste, en matière transnationale, on ne connaît aucun texte qui procède de l'une ou de l'autre des deux méthodes.

En ce qui concerne les collectivités territoriales et leurs groupements, la loi du 6 février 1992 ne comporte aucune précision de ce type. Pour ce qui est des établissements publics nationaux, il est possible de se référer aux textes spécifiques qui régissent chacun d'entre eux. Ainsi, les contrats conclus par La Poste ou France Télécom, qu'ils soient transnationaux ou pas, sont en principe de droit privé puisque l'article 25 de la loi du 2 juillet 1990 dispose que les relations entre ces deux établissements publics et "*les tiers sont régies par le droit commun*". De plus, "*les litiges auxquels elles donnent lieu sont portés devant les juridictions judiciaires*". Toutefois, il convient de ne point trop généraliser car ce dernier texte ne supprime pas le caractère administratif de certains contrats[2].

b) La volonté des parties

506. Il arrive que les parties à un contrat transnational précisent le régime de droit privé ou de droit public auquel elles entendent soumettre leur convention. À titre d'exemple, un accord entre le *Land* du Bade-Wurtemberg et la commune de Rhinau portant sur la gestion d'une forêt a été expressément qualifié de "contrat de droit public"[3]. La désignation du régime applicable par la volonté des parties peut

---

[1] L. RICHER, *op. cit.*, n° 131, p. 103.

[2] L. RICHER, *op. cit.*, n° 141, p. 107.

[3] *Transfront/Office* (84) 2. A l'inverse, certains contrats transfrontaliers se prononcent en faveur de l'application du droit privé. Ainsi, une convention remontant à 1970 entre les communes de Büsingen en Allemagne et Dörflingen en Suisse renvoie à l'application du droit civil allemand : "*Die*

aussi être indirecte, quand elle se produit par l'intermédiaire d'une clause attributive de compétence aux juridictions administratives. Dans un contrat conclu entre, d'une part, la Délégation générale à la Recherche scientifique et technique et, d'autre part, l'Institut Weizmann pour les sciences, il est ainsi stipulé que "*dans le cas où un accord amiable ne pourrait intervenir, tout litige au sujet du présent marché sera porté devant le Tribunal administratif de Paris*"[1].

Toutefois, la jurisprudence refuse de laisser la qualification administrative ou non d'un contrat à la discrétion des parties. Les cocontractants ne sont donc pas en mesure de désigner, à eux seuls, le régime applicable à leur accord[2]. De même, une clause attributive de compétence ne peut pas imposer la compétence des juridictions administratives et donc l'application du droit public[3]. Par conséquent, le seul choix fait par les parties n'est pas suffisant pour déterminer la nature juridique d'un contrat transnational. En dernière analyse, il n'a même aucune véritable incidence : soit il vient confirmer un autre critère et il est alors superfétatoire, soit il l'infirme et il sera alors écarté.

507. Si les parties n'ont pas les moyens de désigner expressément le régime applicable à leur contrat, il leur est toutefois possible d'insérer des clauses exorbitantes du droit commun. Ce faisant, elles influencent indirectement la qualification du contrat. Ce type de stipulations contractuelles est, en effet, utilisé par la jurisprudence administrative pour reconnaître un contrat comme étant administratif. Si une convention comporte une disposition qui sort de l'orbite du droit privé[4], elle relève alors de la juridiction et du droit administratifs.

La notion de clause exorbitante renvoie, en premier lieu, à l'existence de dispositions inégalitaires[5]. Mais, sous cette forme, l'utilisation de ce critère est vouée à l'échec en matière de contrats transnationaux. En effet, la stipulation de telles clauses dans un contrat confère un privilège à l'administration contractante et reflète la position dominante de celle-ci par rapport à son cocontractant. Cette situation, qui ne se rencontre guère dans un contrat entre personnes publiques

---

Vertragsparteien erkennen das Bürgerliche Gesetzbuch der Bundesrepublik Deutschland als ergänzend anwenbares Recht an" (art. 7). De même, la ville allemande de Constance et la commune suisse de Kreuzlingen ont soumis, sauf dispositions contraires, un accord de 1971 au droit civil allemand : "*Sofern der Vertrag es nicht andres bestimmt, gilt deutschesbürgerliches Recht*" (art. 24). Ces ex. sont donnés par P.-M. DUPUY, "La coopération régionale transfrontalière et...", art. préc., p. 843.

[1] Cité par S. COURTEIX, *Recherche scientifique et relations internationales*, Paris : LGDJ, 1972, p. 170. La DGRST est un département ministériel dépendant directement du Premier ministre. Pour une étude d'ensemble des contrats conclus par cet organisme : L. FAVOREU, "Les conventions de recherche de la DGRST et de la DRME", *A.J.D.A.*, 1965, p. 443-460.

[2] T.C., 29 juin 1987, *Ficheux, Rec.*, tables, p. 776 ; 9 juin 1986, *Fabre, R.D.P.*, 1987, p. 1682.

[3] T.C., 22 avril 1985, *Coujard de Laplanche, D.A.*, 1985, n° 289, *R.D.P.*, 1985, p. 1697 ; C.E., 19 février 1988, *SARL Pore Gestion*, *Rec.*, p. 77, *D.*, 1988. IR. 76, *L.P.A.*, 14 septembre 1988, p. 2, note F. MODERNE, *R.D.P.*, 1988, p. 1406 ; Soc., 3 juillet 1990, *J.C.P.*, 1990. IV. 334.

[4] L. RICHER, *op. cit.*, n° 116, p. 90. *Adde*, A. de LAUBADÈRE, F. MODERNE, P. DELVOLVÉ, *op. cit.*, t. I, n° 109-110, p. 149-155.

[5] R. CHAPUS, *op. cit.*, t. I, n° 726, p. 497 ; A. de LAUBADÈRE, F. MODERNE, P. DELVOLVÉ, *op. cit.*, t. I, n° 166-169, p. 218-222 ; A. de LAUBADÈRE, J.-C. VENEZIA, Y. GAUDEMET, *op. cit.*, n° 1010, p. 745 ; L. RICHER, *op. cit.*, n° 116, p. 90-91 ; J. RIVERO, J. WALINE, *op. cit.*, n° 111, p. 121.

relevant d'un même État[1], devient hautement improbable dans les relations transnationales. Les personnes publiques y sont sur un strict pied d'égalité, et on ne voit pas ce qui pourrait déclencher l'acceptation par l'une d'entre elles d'une telle clause.

Il existe toutefois un autre type de clauses exorbitantes. On leur confère cette qualité parce qu'elles ne sont ni possibles, ni concevables dans les contrats entre personnes privées[2]. Ces clauses stipulent des "*obligations qui, par leur nature, ne peuvent figurer dans un contrat analogue de droit privé*"[3]. C'est le cas, par exemple, d'un contrat qui comporterait un volet fiscal. Une telle clause est envisageable dans les relations transnationales. Toutefois, et d'une manière générale, le critère de la clause exorbitante n'a qu'un caractère subsidiaire. C'est uniquement dans la mesure où le contrat n'a pas un caractère objectivement administratif que l'on peut s'y référer. Or, la plupart des contrats transnationaux sont administratifs par leur objet. C'est le constat auquel nous conduira l'étude des critères pertinents en matière transnationale.

2° - *Les critères pertinents en matière transnationale*

508. Le plus souvent, un contrat transnational ne peut qu'être qualifié d'administratif. Deux facteurs vont dans en ce sens : la nature des parties (a) et l'objet du contrat (b).

a) La nature des parties

509. Il est des relations conventionnelles très proches des contrats transnationaux, ce sont celles entretenues entre personnes publiques d'un même système juridique. L'analogie est révélatrice. Les contrats internes entre personnes publiques, qui sont l'objet d'une attention toujours plus soutenue de la part de la doctrine[4], sont en droit français présumés administratifs[1]. Dans un arrêt *U.A.P.*, le

---

[1] Il semblerait qu'elles n'y soient toutefois pas inexistantes : J.-D. DREYFUS, *Contribution à une théorie générale des contrats entre personnes publiques*, Paris : L'Hamattan, 1997, p. 169-170.

[2] R. CHAPUS, *op. cit.*, n° 725, p. 496 ; A. de LAUBADÈRE, F. MODERNE, P. DELVOLVÉ, *op. cit.*, t. I, n° 173, p. 224 ; L. RICHER, *op. cit.*, n° 116, p. 90-91.

[3] Civ. 1re, 18 novembre 1992, *Commune de Pantin*, *J.C.P.*, 1993.IV.28.

[4] R. CHAPUS, *op. cit.*, n° 720, p. 491 ; A. de LAUBADÈRE, F. MODERNE, P. DELVOLVÉ, *op. cit.*, t. I, n° 370-401, p. 439-468 ; L. RICHER, *op. cit.*, n° 163, p. 120 ; M.-H. BERNARD-DOUCHEZ, *Recherches sur la coopération entre personnes publiques*, th. multigr., Toulouse, 1978 ; C. GALIAY, *Les Contrats entre personnes publiques*, th. multigr., Toulouse, 1979 ; M.-P. STEINMETZ, *Les Conventions entre personnes publiques territoriales dans le cadre de la décentralisation*, th. multigr., Metz, 1989 ; M.-P. STEINMETZ, *Les Conventions entre personnes publiques territoriales dans le cadre de la décentralisation*, th. multigr., Metz, 1989. Enfin, des contributions plus ponctuelles ont été consacrées aux contrats internes entre personnes publiques : J.-D. DREYFUS, "Actualité des contrats entre personnes publiques", *A.J.D.A.*, 2000, p. 575-580 ; J.-M. PEYRICAL, "Les contrats de prestation entre collectivités publiques", *id.*, p. 581-591 ; C. EMERY, "Intercommunalité et contrats entre personnes publiques", *id.*, p. 592-596 ; N. POULET-GIBOT LECLERC, "La contractualisation des relations entre personnes publiques", *R.F.D.A.*, 1999, p. 551-565 ; B. STIRN, "Le juge administratif et les contrats entre collectivités publiques", *A.J.D.A.*, 1990, p. 139-141 ; E. FATÔME, J. MOREAU, "Les relations contractuelles entre collectivités publiques. L'analyse juridique dans le

Tribunal des conflits a posé la règle selon laquelle une convention entre personnes publiques revêt "*en principe un caractère administratif (...) sauf dans le cas où, eu égard à son objet, il n'a fait naître que des rapports de droit privé*"[2]. Il s'agit donc d'une présomption d'administrativité liée à la nature des parties. On estime qu'entre deux personnes publiques, les rapports qui naissent sont le plus souvent de droit public.

510. Un auteur estime que "*cette présomption devrait - en droit comme en opportunité - trouver à s'appliquer à l'égard des actes relevant de la coopération décentralisée*"[3]. Ce point de vue doit être approuvé. Comme le dit le commissaire du gouvernement dans l'affaire *U.A.P.*, la présomption d'administrativité s'explique par le fait qu'une convention entre personnes publiques surgit "*normalement à la rencontre de deux gestions publiques*"[4]. Or, la circonstance que les deux personnes publiques soient de pays différents ne change rien à cet état de fait. Le contrat naît toujours dans un environnement de droit public. Par conséquent, la présomption d'administrativité doit être reconduite en matière transnationale. Le résultat n'est toutefois pas si automatique qu'il y paraît. Certains auteurs relèvent le caractère limité de cette présomption qui ne permet pas, en réalité, d'échapper à l'examen de l'objet du contrat[5].

b) L'objet du contrat

511. En définitive, un contrat transnational sera administratif si son objet est proprement administratif. C'est le cas, par exemple, lorsqu'il est lié à l'occupation du domaine public. Toutefois, les relations transnationales sont *a priori* peu propices à ce genre de contrat. On en connaît néanmoins quelques exemples, comme ce contrat passé entre la commune de Rhinau et le Bade-Wurtemberg concernant la

---

contexte de la décentralisation", *id.*, p. 142-147 ; F. MODERNE, "L'évolution récente du droit des contrats administratifs : les conventions entre personnes publiques", *R.F.D.A.*, 1984, p. 1-20 ; J.-C. DOUENCE, "Les conventions entre personnes publiques" *in Mélanges Stassinopoulos*, Paris : LGDJ, 1974, p. 113-134. Pour deux analyses récentes de ces contrats : J.-D. DREYFUS, th. préc. ; F. ROLLIN, *Accord de volontés et contrat dans les relations entre personnes publiques*, th. multigr., Paris II, 1997. Sur la question plus spécifique de l'attribution d'un marché public ou de la délégation de service public à une personne publique : E. DELACOUR, "Contrats publics : l'attribution d'un marché ou d'une délégation à une personne publique", *JCP*, 2001. I. 357.

[1] Dans de nombreux systèmes juridiques, ce type de contrat est nécessairement soumis au droit public : "*Les contrats entre administrations (ou entre personnes morales de droit public), qui sont nécessairement des contrats administratifs en Grèce, en France et au Portugal, le sont aussi en Belgique, au Danemark, en Allemagne, en Espagne, en Italie, au Luxembourg et aux Pays-Bas. Bien que le système juridique soit très différent, et en particulier que la notion de personne morale n'ait pas la même portée, on peut également estimer que les conventions entre le gouvernement, d'une part, et les autorités locales ou organismes autonomes, d'autre part, échappent à l'application du droit commun au Royaume-Uni et en Irlande*" : J. ZILLER, *op. cit.*, n° 538, p. 306.

[2] T.C., 21 mars 1983, *U.A.P. c/ Secrétaire d'État aux P. et T.*, *A.J.D.A.*, 1983, p. 356, concl. D. LABETOULLE, *D.*, 1984. II. 33, note J.-B. AUBY et H.-G. HUBRECHT, *Rev. adm.*, 1983, p. 368, note B. PACTEAU. Pour un ex. où les juges ont retenu la qualification de contrat de droit privé : C.E., 11 mai 1990, *B.A.S. de Blenod-les-Pont-à-Mousson*, *C.J.E.G.*, 1990, p. 347, concl. HUBERT.

[3] Y. CLAISSE, *op. cit.*, p. 32.

[4] *A.J.D.A.*, 1983, p. 358.

[5] R. CHAPUS, *op. cit.*, *loc cit.* ; L. RICHER, *op. cit.*, n° 163, p. 120.

gestion de parties de la forêt communale situées en Allemagne[1]. De la même manière, le contrat qui sera passé entre le département des Pyrénées-Orientales et la Généralité de Catalogne pour la construction d'un pont sur la rivière frontalière Major aura incontestablement un objet lié au domaine public[2].

Mais le critère de l'objet trouve principalement à s'appliquer aux contrats relatifs à *l'exécution même d'un service public* ou encore à *l'organisation du service public*. Ceux-ci sont toujours des contrats administratifs[3]. Or, lorsqu'une convention de coopération décentralisée n'est pas une simple déclaration d'intention, on peut affirmer qu'elle porte le plus souvent sur l'exécution même d'un service public. C'est incontestablement le cas dans toute coopération transfrontalière. Les contrats portent ici sur le traitement des eaux usées ou des déchets, sur la prévention des incendies, sur la protection de l'environnement, sur l'intégration économique, *etc.* Et on retrouve le même phénomène dans les relations non transfrontalières où il n'est question que de développement économique, de formation universitaire et technologique, de culture, *etc.* D'ailleurs, on ne voit pas ce qui pousserait deux collectivités territoriales à passer entre elles un accord purement commercial, éloigné de leurs préoccupations respectives. Quand une collectivité a des besoins en matière commerciale ou industrielle, elle fait appel à une entreprise dont c'est la raison d'être. Comme le constatait le commissaire du gouvernement dans l'affaire *U.A.P.*, il y a incontestablement une rencontre de gestions publiques. Tous les exemples issus de la pratique conventionnelle font montre de telles préoccupations. Dès lors, dans la grande majorité des cas, les conventions de coopération décentralisée sont bien des contrats administratifs.

512. Cette constatation doit être étendue à la plupart des établissements publics. Lorsque ceux-ci passent un contrat transnational, c'est pour mettre leurs moyens en commun et développer le service public dont ils ont la charge. On pense ici, par exemple, à un centre de recherche, une université ou un musée. Finalement, il n'est que les établissements industriels et commerciaux pour voir leurs préoccupations les amener fréquemment à conclure des contrats de droit privé. C'est le cas, par exemple, des contrats passés par Gaz de France avec la Sonatrach algérienne en matière de fourniture de gaz. Ces accords ont indéniablement un objet de droit privé. Ils sont toutefois très minoritaires.

513. En conclusion, les conventions transnationales passées par des établissements industriels et commerciaux relèveront le plus souvent d'un régime de

---

[1] Conclu le 22 décembre 1982 : *Transfront/Office* (84) 2. Un autre contrat a été passé le même jour entre les mêmes parties où, cette fois, la commune française agissait en qualité de propriétaire foncier privé : *Transfront/Office* (83) 32.

[2] Ce contrat est prévu par un traité conclu entre la France et l'Espagne à Paris le 19 octobre 1994 et à Madrid le 21 octobre 1994 : préc. *supra*, n° 387, en note.

[3] Pour le critère de l'exécution même du service public : C.E., 20 avril 1956, *Ep. Bertin*, *Rec.*, p. 167, *A.J.D.A.*, 1956, p. 221, chron. J. FOURNIER et G. BRAIBANT, et p. 272, concl. M. LONG, *D.*, 1956, p. 433, note A. de LAUBADÈRE, *Rev. adm.*, 1956, p. 496, note G. LIET-VEAUX, *R.D.P.*, 1956, p. 869, note M. WALINE. Rappr. : C.E., 11 mai 1956, *Soc. des transports Gondrand*, *Rec.*, p. 202, *A.J.D.A.*, 1956, p. 427, concl. M. LONG, *R.D.P.*, 1957, p. 101, note M. WALINE. Sur cette jurisprudence : A. de LAUBADÈRE, F. MODERNE, P. DELVOLVÉ, *op. cit.*, t. I, n° 111, p. 155. Pour le critère de l'organisation du service public : concl. BONICHOT sous C.E., 14 janvier 1998, *Syndicat national du personnel des affaires sanitaires et sociales FO*, *L.P.A.*, 1998, n° 151, p. 20.

droit privé. Pour les conventions du même type conclues par toutes les autres personnes publiques françaises, la qualification de contrat de droit privé n'est pas impossible, mais elle est improbable. D'ailleurs, on admettra ici que la dénomination de contrat transnational sera réservée aux seuls accords entre personnes publiques d'origine nationale différente qui répondent à la qualification de contrats administratifs.

B. - LES CONSÉQUENCES DE LA QUALIFICATION DE CONTRAT ADMINISTRATIF

514. Les contrats transnationaux étant des contrats administratifs, il en résulte pour eux une soumission au régime contractuel de droit public. Au niveau contentieux, ils ressortissent à la compétence des juridictions administratives. Celles-ci pourront, en particulier, être saisies d'une action en nullité formée par l'un des contractants. Cette action ne présente aucune spécificité en soi, elle suit le régime de tous les contrats administratifs. Il est inutile ici de faire une présentation de ce régime, puisqu'il est en principe le même pour n'importe quel contrat administratif. On renvoie donc à l'abondante littérature qui, en droit administratif, traite des règles applicables à la formation et à l'exécution de ces contrats[1] ; sauf en ce que ces règles nécessitent un aménagement en raison de la nature particulière des contrats transnationaux (**1**°). On évoquera en outre la question de l'incidence du droit communautaire (**2**°).

1° - L'aménagement des règles du contrat administratif

515. Le droit des contrats administratifs, dont la source est avant tout prétorienne, a été conçu pour s'appliquer aux rapports contractuels entre l'administration et les personnes privées. Ceci explique qu'il soit marqué par l'inégalitarisme et la présence de prérogatives au profit de l'administration contractante. Or, les contrats transnationaux sont très éloignés de cette configuration. Ils sont mus au contraire par un égalitarisme absolu des parties[2]. Il ne peut être fait abstraction de cette donnée dans l'application qui sera faite, à leur propos, du droit des contrats administratifs.

On prendra l'exemple, sans doute le plus flagrant, du régime exorbitant[3]. Ce régime investit l'administration contractante de prérogatives allant du pouvoir de contrôle et de direction, jusqu'à celui d'infliger des sanctions au cocontractant et

---

[1] Voy. not. : A. de LAUBADÈRE, F. MODERNE, P. DELVOLVÉ, *Traité des contrats administratifs*, 2 tomes, Paris : LGDJ, 1983-84 ; L. RICHER, *Droit des contrats administratifs*, Paris : LGDJ, 2ème éd., 1999.

[2] En ce sens : Y. CLAISSE, *op. cit.*, p. 72.

[3] Le régime exorbitant se distingue des clauses du même nom en ce qu'il ne s'agit pas "*de stipulations volontairement et librement inscrites dans le contrat par les parties, mais de règles issues de sources extérieures à ces dernières, lois ou règlements, qui fixent ainsi le cadre juridique - ou au moins des éléments du cadre juridique - dans lequel s'insère le contrat*" : A. de LAUBADÈRE, F. MODERNE, P. DELVOLVÉ, *op. cit.*, t. I, n° 175, p. 229.

même de résilier le contrat lorsque l'intérêt du service l'exige[1]. Il ne devrait pas être reconduit en présence d'un contrat transnational, car il introduirait un déséquilibre en faveur de la personne publique française, ce qui n'est certainement pas souhaitable. On peut d'ailleurs faire une analogie avec les contrats entre personnes publiques françaises. Dans ces contrats, le régime exorbitant ne doit pas être appliqué[2] ou, selon une autre opinion, ne l'être que de manière atténuée[3]. Nous pensons, pour notre part, qu'il ne doit pas être appliqué du tout dans les relations transnationales. Il en va à la fois du respect de la souveraineté étrangère et de celui de l'esprit de partenariat qui anime, en général, les relations transnationales.

516. Ces deux principes devront servir de guide à l'application du droit des contrats administratifs aux contrats transnationaux. Mais cette remarque peut être prolongée et on pourrait alors s'interroger sur la vocation du droit public à régir ces contrats ? Plutôt que l'application d'un droit public dépourvu du régime inégalitaire qu'il met en place, peut-être serait-il finalement préférable de recourir au droit privé ?

La question soulève un débat et, nous semble-t-il, elle touche en réalité au *critère du droit administratif*. Il s'agit, en effet, de déterminer si ce dernier a pour vocation d'organiser une *inégalité juridique entre les parties* ou bien d'établir un *régime spécifique des activités liées au service public*. Dans le premier cas, l'application du droit public doit être écartée puisqu'il est exclu que les contrats transnationaux soient soumis à un régime inégalitaire, investissant l'une des parties contractantes de prérogatives particulières. Dans le second cas, en revanche, les contrats transnationaux relèvent bien du droit public puisqu'ils sont incontestablement liés à l'exécution du service public.

Or, sans prétendre trancher de manière définitive cette question qui, de loin, dépasse nos compétences, l'application du second critère nous paraît plus conforme à la réalité du droit administratif contemporain. On en veut pour preuve que ce dernier régit une grande partie des contrats conclus entre personnes publiques françaises. Ce faisant, le droit administratif se départit de tout régime inégalitaire. Lorsque deux départements français concluent une convention de coadministration[4], il est en effet exclu d'investir l'une des personnes publiques contractantes de prérogatives particulières. C'est donc bien que la vocation du droit administratif n'est plus aujourd'hui nécessairement d'organiser un régime inégalitaire. Il est

---

[1] Le cas de la France n'est pas isolé. Le droit comparé montre que bien des systèmes juridiques reconnaissent des prérogatives en faveur de l'administration lorsqu'elle contracte : C. TURPIN, *Public Contracts, Int. enc. comp. law*, vol. VII, chap. 4, 1982, p. 37-44.

[2] E. FATÔME, J. MOREAU, art. préc., p. 147.

[3] J.-D. DREYFUS, *op. cit.*, p. 322-348.

[4] Selon une opinion, "*un contrat de co-administration est une convention par laquelle, deux ou plusieurs personnes publiques, exerçant des compétences concurrentes, déterminent les objectifs ainsi que les règles d'organisation et de fonctionnement d'un service commun ou coordonnent l'activité des services qu'elles gèrent*" : C. GALIAY, *Les Contrats entre personnes publiques*, th. multigr., Toulouse, 1979, p. 67.

d'ailleurs significatif que des notions comme le partenariat ou l'œuvre commune fassent leur apparition dans cette matière[1].

517. À la vérité, il n'est pas certain que l'on mesure dès à présent à quel point l'essor des relations conventionnelles entre personnes publiques constitue un bouleversement profond du droit des contrats administratifs. En effet, depuis plus d'un siècle, toute la problématique du régime applicable à ces contrats s'est construite sur l'inégalité des contractants : l'État et ses démembrements, parce qu'ils sont en charge de l'intérêt général, doivent bénéficier d'un régime contractuel dérogatoire au droit commun. Or, dans les contrats entre personnes publiques françaises, cette inégalité foncière n'existe pas[2]. Elle subsiste, sous une forme atténuée, lorsque l'État conclut avec des personnes publiques infra-étatiques, et elle disparaît totalement dans les contrats entre personnes publiques d'un même niveau[3]. Pourtant, ces conventions ne ressortissent pas au droit privé. Il faut donc bien en conclure que le droit public ne se caractérise plus aujourd'hui par la mise en place d'un régime inégalitaire ou *dérogatoire*, mais par celle d'un régime *spécifique* aux activités liées au service public.

Le critère ainsi retenu du droit administratif permet donc d'affirmer que l'instauration d'un régime juridique égalitaire entre les parties à un contrat transnational n'appelle pas nécessairement l'application du droit privé. En revanche, la circonstance que ces contrats participent à l'exécution même du service public engendre bien la compétence du droit public.

2° - L'incidence du droit communautaire

518. Le droit administratif est soumis à des incursions de plus en plus fréquentes du droit communautaire[4]. Le droit des marchés publics est principalement visé[5]. Or, il est en général admis par la doctrine qu'un marché public ne peut pas être passé entre deux personnes publiques[6]. On en déduisait que le droit interne de ces marchés, comme le droit communautaire, ne pouvait pas s'appliquer à

---

[1] V. HÉMERY, "Le partenariat, une notion juridique en formation ?", *R.F.D.A.*, 1998, p. 347-357 ; P. BERNARD, "Les affaires mixtes ou l'œuvre commune", *A.J.D.A.*, 1990, p. 131-138.

[2] En ce sens : N. POULET-GIBOT LECLERC, art. préc., p. 563.

[3] On a même pu affirmer qu'un "*contrat entre personnes publiques, même administratif, ne constituera jamais en lui-même un acte de puissance publique*" : J.-D. DREYFUS, *op. cit.*, note 1066, p. 477.

[4] Il est de notoriété publique que la conception française du service public est sans cesse remise en question par la réglementation européenne : R. CHAPUS, *op. cit.*, n° 743, p. 516.

[5] *Ibid.*, n° 1367, p. 1071. Plusieurs directives communautaires relatives à la passation de marchés publics ont été transposées en droit français : la directive "fournitures" du 22 mars 1988 (M.-A. et P. FLAMME, *Rev. Marché commun*, 1988, p. 455), la directive "travaux" du 18 juillet 1989 (C. BRÉCHON-MOULÈNES, *R.F.D.A.*, 1989, p. 834 ; M.-A. et FLAMME, *A.J.D.A.*, 1989, p. 651), la directive dite "secteurs exclus" (eau, énergie, transports, télécommunications) du 17 septembre 1990 (D. BERLIN, *A.J.D.A.*, 1991, p. 13 ; M.-A. et P. FLAMME, *Rev. Marché commun*, 1991, p. 346), la directive "services" du 18 juin 1992 (L. CARTOU, *L.P.A.*, 23 décembre 1992, p. 25 ; P. et M.-A. FLAMME, *Rev. Marché commun*, 1993, p. 150) ; la directive "recours" du 21 décembre 1989 (P. TEDESCHI, *Rev. adm.*, 1991, p. 320 ; P. TERNEYRE, *L.P.A.*, 10 décembre 1990, p. 13). Sur cette question, on pourra consulter : C. BRÉCHON-MOULÈNES, "Les Marchés publics européens", *J.-Cl. Europe*, fasc. 2400, avec les réf. citées.

[6] J.-D. DREYFUS, *op. cit.*, p. 299-301, avec les réf. citées.

de telles conventions[1]. Il y avait alors lieu de penser que les contrats transnationaux devaient être logés à la même enseigne. Cette certitude a toutefois été quelque peu ébranlée.

519. Le tribunal administratif de Strasbourg a, en effet, appliqué à un contrat entre personnes publiques françaises une directive communautaire sur les marchés publics de service[2]. L'espèce est d'autant plus intéressante qu'elle aurait très bien pu avoir pour cadre les relations transfrontalières. Une communauté de communes, qui ne souhaitait pas assurer elle-même l'exploitation de réseaux d'assainissement et d'une station d'épuration, avait confié cette activité à un autre établissement public, le service des eaux du Bas-Rhin. Une société privée, candidate malheureuse à l'obtention de ce contrat a alors agi en référé contre la communauté de communes devant le tribunal administratif de Strasbourg. La raison invoquée était une atteinte aux procédures de publicité et de mise en concurrence dont aurait été victime l'entreprise.

Le tribunal a affirmé que le contrat en cause "*n'est pas un marché public au sens du Code des marchés publics*", mais en est un au sens de la directive communautaire n° 92/50 du 18 juin 1992. Il a par conséquent appliqué au contrat les règles de publicité et de mise en concurrence. Or, cette décision a été confirmée par le Conseil d'État le 20 mai 1998[3]. Il en résulte que le droit communautaire étend désormais son application aux relations entre personnes publiques, il est vrai pour le moment françaises. Mais, à l'avenir, cette application pourrait très bien s'étendre aux relations transfrontalières intra-européennes.

- CONCLUSION DU CHAPITRE I -

520. Les personnes publiques françaises bénéficient donc, en principe, de la faculté de conclure des contrats transnationaux. Cette compétence externe ne connaît que deux exceptions, l'une étant *ratione personæ* et l'autre *ratione materiæ*. La première concerne les établissements publics locaux sur lesquels pèse une incertitude quant à leur faculté de conclure des contrats transnationaux, la loi du 6 février 1992 les ayant apparemment exclut du champ de la coopération

---

[1] *Ibid.*, p. 303 et 309.

[2] T.A. Strasbourg, ord., 23 mai 1997, *Société Lyonnaise des eaux c/ Communauté de communes du Piémont de Barr, Service des eaux et de l'assainissement du Bas-Rhin*, *R.F.D.A.*, 1998, p. 434, note J.-D. DREYFUS.

[3] C.E., 20 mai 1998, 20 mai 1998, *Communauté de communes du Piémont de Barr et autre*, *R.F.D.A.*, 1998, p. 609, concl. SAVOIE, "L'application de la directive aux contrats entre personnes publiques", *L.P.A.*, 1999, n° 4, p. 11-18, note DREYFUS, "Vers un encadrement plus strict des contrats entre personnes publiques". Dans cette affaire, le Conseil d'État a expressément retenu que "*si le Code des marchés publics ne s'applique pas à un contrat tel que celui envisagé en l'espèce, (...) et si, par suite, les règles de mise en concurrence prévues par ce code n'étaient pas applicables, un tel contrat doit être regardé comme un marché public de services au sens de la directive n° 92/50/CEE du Conseil du 18 juin 1992 portant coordination des procédures de passation des marchés publics de services*". *Adde*, J.-M. PEYRICAL, art. préc., p. 584 ; C. EMERY, art. préc., *passim*.

décentralisée. La seconde concerne les conventions transnationales portant aide en faveur de collectivités étrangères en voie de développement. Il semble que la contradiction de ce type d'aide avec la notion d'intérêt local puisse entraîner leur illégalité. Mais en dehors de ces deux cas de figure, la faculté de conclure des contrats transnationaux est donc largement ouverte. Il s'ensuit qu'un régime substantiel doit être défini pour ces contrats. Or, celui-ci appartient au droit administratif puisqu'au regard du droit français, un contrat transnational doit être qualifié de contrat administratif.

Mais il est très vraisemblable que cette soumission au droit public se vérifie à l'observation de n'importe quel système juridique. On en déduit que la conclusion d'un contrat transnational entre les personnes publiques de deux États entraîne la compétence des droits publics respectifs de ces deux États. C'est donc que ce contrat est soumis à une concurrence de régimes de droits publics compétents, autrement dit à un conflit de lois de droit public.

Chapitre II

LA SOUMISSION À UN CONFLIT DE LOIS DE DROITS PUBLICS

521. La signature par une personne publique française d'une convention avec une personne publique étrangère entraîne l'application du droit public français. C'est la conséquence de la qualification de contrat administratif affectée par notre droit à ces accords. Ceci n'offre toutefois qu'une vision tronquée de la réalité de ces contrats, qui ne tient pas compte de leur dimension transnationale. À le supposer bilatéral, un accord de ce type met en présence deux ordres juridiques, soit un par partie contractante. Il est alors possible, pour ne pas dire probable, que le contrat relève également d'un second régime de droit public, celui de l'ordre juridique étranger[1]. On sait en effet qu'un tel ensemble de règles existe, à des degrés divers, dans tous les droits nationaux[2]. La particularité du droit français est, finalement, que la qualification de contrat administratif commande certes l'application de règles spécifiques, mais également la compétence d'une juridiction particulière[3]. Cette

[1] En présence d'un accord trilatéral impliquant des personnes publiques relevant de trois États différents, c'est alors trois régimes de droit public qui sont susceptibles de régir le contrat, et ainsi de suite... Mais afin de simplifier l'exposé, nous ne raisonnerons qu'à partir d'un accord bilatéral.

[2] Tous disposent d'un ensemble de règles spécifique aux contrats passés par les personnes publiques et dérogatoire au droit commun. Selon les cas, ce régime s'applique à la totalité de ces contrats ou, comme en France, à une partie d'entre eux. On renvoie aux études de droit comparé existant sur le sujet : C. TURPIN, *Public Contracts, Int. enc. comp. law*, vol. VII, chap. 4, 1982 ; J.D.B. MITCHELL, *The Contracts of Public Authorities, A Comparative Study*, Londres : G. Bell & Sons, 1954 ; A.W. MEWETT, "The Theory of Government Contracts", *Mc Gill law journal*, 1959, p. 222-246 ; G. LANGROD, "Administrative Contracts. A Comparative Study", *Amer. journ. comp. law*, 1955, p. 325-364.

[3] C'est ainsi qu'au Royaume Uni ou aux États-Unis il existe des règles particulières aux contrats de l'administration sans qu'on y rencontre pour autant deux ordres de juridictions distincts. En Belgique, pays à système judiciaire dualiste, le concept de contrat administratif existe mais ceux-ci sont soumis aux juridictions civiles. En Italie, les contrats de droit public relèvent également des juridictions civiles mais le juge administratif peut connaître de la "*deliberazione a contrare*". En Espagne, la juridiction administrative est compétente à l'égard de tous les contrats passés par l'administration, public comme privé. Enfin, en Allemagne, le champ du contrat administratif est très restreint et concerne principalement les relations conventionnelles entre personnes publiques. Rares sont les contrats administratifs impliquant des particuliers. En tout état de cause, ils relèvent des juridictions administratives. Pour plus de précision : L. RICHER, *op. cit.*, n° 34-41, p. 28-31.

particularité contentieuse mise à part, un ensemble de règles spécifique aux contrats des personnes publiques et distinct du droit commun est présent dans tous les droits nationaux.

522. Si le contrat relève du droit public au regard de chacun des ordres juridiques des contractants, il est alors soumis à la concurrence de deux régimes juridiques. L'un comme l'autre sont en mesure de gouverner l'accord conclu dans son intégralité. Or, à nos yeux, cette concurrence n'est rien d'autre qu'un conflit de lois de droit public dont l'existence sera constatée (**section I**) avant qu'une méthode ne soit choisie pour le régler (**section II**).

SECTION I
L'EXISTENCE D'UN CONFLIT DE LOIS DE DROIT PUBLIC

523. A l'orée de cette première section, il est nécessaire de bien distinguer l'existence d'un conflit de lois du règlement de celui-ci. Ce sont en effet deux questions indépendantes, dans le sens où l'inexistence d'un règlement conflictuel ne préjuge pas de l'inexistence d'une situation conflictuelle. En appliquant ce précepte au droit public, on peut affirmer que l'absence de règles de conflit de lois en droit public ne démontre pas l'absence de conflits de lois dans cette matière. Cela l'explique peut-être mais en aucun cas cela ne le démontre. Il est en effet possible que le conflit de lois existe mais que les États aient décidé de ne pas le résoudre, d'où l'absence de règles de conflit en droit public.

Toutefois, la grande majorité de la doctrine contemporaine estime qu'il n'est de situation conflictuelle qu'en droit privé. Elle en déduit l'inapplicabilité des méthodes du droit international privé en droit public[1]. La situation de conflit de lois

---

[1] "*L'affirmation, souvent avancée autrefois, que les lois de droit public seraient sans application hors de leur territoire n'est pas exacte, non plus d'ailleurs que celle, opposée, selon laquelle il existerait des conflits de lois en matière de droit public*" : H. BATIFFOL, P. LAGARDE, *op. cit.*, t. I, n° 248, p. 416. En ce sens : B. AUDIT, *Traité*, n° 110, p. 93 ; P. MAYER, V. HEUZÉ, *Précis*, n° 100, p. 70. D'autres auteurs adoptent une position dont la formulation est moins catégorique. Ainsi, pour MM. HOLLEAUX, FOYER et GEOUFFRE de La PRADELLE, "*surtout, en principe, les conflits de lois n'ont d'autre domaine que le droit privé. Il faut comprendre qu'il est hors de question de soumettre à une loi étrangère les relations qui relèvent de notre droit public*" : *op. cit.*, n° 273, p. 177. Ces auteurs excluent donc toute règle de conflit en droit public, comme pouvant mener à l'application d'un droit étranger, mais pas nécessairement toute situation conflictuelle. De même, MM. LOUSSOUARN et BOUREL ne rejettent pas absolument cette dernière possibilité : *op. cit.*, n° 124. Enfin, plus loin de nous, NIBOYET n'avait aucun état d'âme à affirmer que "*(l')on a cru pendant longtemps, peut-être à cause du nom erroné qu'il porte, que le droit international privé se limitait à des conflits de lois privés. Or, c'est une idée fausse. Le droit international privé n'est pas destiné seulement à résoudre des conflits de droit privé, mais des conflits en général, de droit public ou privé*" : *Les Doubles impositions au point de vue juridique*, *R.C.A.D.I.*, 1930 (I), vol. 31, p. 5-105, spéc. p. 49. *Adde*, du même auteur, son *Traité de droit international privé français*, t. IV, Paris : Sirey, 1947, n° 1127 et s, p. 116 et s. De même, pour VALLINDAS, "*le droit international privé doit (...) embrasser l'ensemble des règles de droit, aussi bien du droit public que du droit privé. Le problème auquel le droit international privé doit faire face est un, sans distinction entre droit public et droit privé : la coexistence parallèle de plusieurs ordres juridiques et d'organes judiciaires, administratifs et législatifs à l'intérieur de chacun de ces ordres*" : "Droit international privé *lato sensu* ou *stricto sensu*" in *Mélanges offerts à J. Maury*, t. I, Dalloz/Sirey, 1960, p. 509-518, spéc. p. 510. D'ailleurs jusqu'au XIXème siècle, au moins une partie du droit public, en l'occurrence le droit pénal, faisait

est, en effet, la pierre angulaire du droit international privé. C'est la présence sous-jacente de la première qui justifie la mise en œuvre des méthodes du dernier. Toutefois, cette présence est moins posée que supposée. En pratique, seule l'existence d'un rapport de droit privé présentant des éléments d'extranéité est constatée et non la concurrence de lois nationales que ce rapport fait surgir[1]. On présume celle-ci avérée sans la constater. C'est pourquoi la notion même de situation conflictuelle est peu étudiée dans les ouvrages de droit international privé. Mais comme il nous semble que les contrats transnationaux sont en prise à un conflit de lois de droit public, la situation conflictuelle doit ici être définie plus avant.

524. L'origine du conflit de lois - ou de la situation conflictuelle[2] - nous est connue. Il résulte de la coexistence dans l'ordre mondial de systèmes juridiques distincts susceptibles d'appréhender différemment une même situation de fait[3]. De cette origine, on peut tirer un premier constat : les systèmes étatiques n'ont pas la maîtrise du conflit de lois. Ils peuvent choisir de résoudre ou non celui-ci mais son existence proprement dite échappe à leur volonté. C'est donc une sorte de phénomène "naturel" que nous tentons ici d'approcher. Afin de l'identifier, il est nécessaire de poser un critère permettant de déterminer avec précision quand se présente une situation de conflit de lois.

Or, il nous apparaît que celui-ci survient lorsqu'existe à propos d'une question de droit un *choix de règles de droit*, au sens *passif* de ce terme ; le sens *actif* du mot "choix" étant l'action de choisir, caractérisée en droit international privé par la règle de conflit de lois. On peut également parler d'une *nécessité de choix*. Le juge saisi d'une telle question ne pourra appliquer simultanément les différentes règles de droit en présence sans commettre un non-sens[4].

525. Mais une règle de droit n'existe pas par elle-même. Si elle est règle de droit, c'est parce qu'un ordre juridique lui attribue cette qualité et la reconnaît ainsi comme l'une de ses composantes[5]. C'est pourquoi l'*existence d'un choix passif de*

---

partie du droit des conflits de lois. Et il semble bien que l'appellation "private international law" lancée en 1834 par STORY, "*par l'accent qu'elle mettait sur l'opposition entre le droit privé et le droit public (...) peut avoir contribué à l'éviction de notre discipline de tout ce qui touche au droit public*" : G. VAN HECKE, "Droit public et conflits de lois", *T.C.F.D.I.P.*, 1983-84, p. 228-235, spéc. p. 229.

1 Pourtant, "*la présence d'un élément d'extranéité dans la relation ne soulève de problème que parce qu'elle met en jeu un droit étranger, qui peut être différent du droit français*" : P. MAYER, *La Distinction entre règles et...*, *op. cit.*, n° 27, p. 19.

2 Sauf précision contraire, on tiendra désormais ces deux expressions pour équivalentes.

3 F. RIGAUX, *Les Situations juridiques individuelles dans...*, *op. cit.*, n° 20, p. 41.

4 P. MAYER, *La Distinction entre règles et...*, *op. cit.*, n° 116, p. 84. Le non-sens est manifeste lorsque les deux règles de droit sont de contenu différent. Il est moins flagrant lorsque les deux règles sont de contenu identique, sans pour autant disparaître totalement ; le juge devant bien formellement décider d'appliquer l'une des deux règles plutôt que l'autre.

5 KELSEN en a fait la démonstration dans la *Théorie pure du droit*. Selon cet auteur, la fonction de toute norme est de servir de référent aux conduites humaines. Elle indique, ordonne ou prescrit un certain comportement. Dans le vocabulaire kelsennien, c'est un *sollen*. Mais l'existence de normes n'est pas propre au monde juridique. Morale et religion en font également usage et il n'existe aucune différence intrinsèque entre une norme religieuse, morale ou juridique. C'est donc que la différence est extrinsèque à la norme elle-même. Pour l'auteur autrichien, une norme est dite juridique parce qu'elle relève d'un ordre juridique ou plutôt parce que celui-ci la reconnaît comme un de ses composants :

règles de droit postule une compétence concurrente des ordres étatiques dont ces règles font partie[1]. Une telle concurrence survient lorsque les domaines de compétence de plusieurs ordres juridiques se chevauchent. Pour dégager plus avant cette occurrence bien particulière que constitue le conflit de lois, il convient par conséquent d'étudier le mode de détermination du domaine de la compétence étatique. Or, l'État procède à une autodélimitation du domaine de sa compétence (§ **1**). C'est la raison pour laquelle une concurrence entre les deux ordres étatiques compétents est possible, même en droit public (§ **2**).

§ 1.- L'AUTODÉLIMITATION DU DOMAINE DE LA COMPÉTENCE DE L'ORDRE ÉTATIQUE

526. L'État détermine lui-même le domaine de sa compétence. Il existe en effet un principe d'autodélimitation du domaine de la compétence étatique (**A**), dont on examinera ensuite la mise en œuvre (**B**).

A. - LE PRINCIPE D'AUTODÉLIMITATION DU DOMAINE DE LA COMPÉTENCE ÉTATIQUE

527. Le principe d'autodélimitation sera mis en lumière à travers l'étude de la notion de compétence étatique (**1°**) puis de sa source (**2°**).

1° - La notion de compétence étatique

528. La compétence d'un ordre juridique est une expression souvent employée, et il est vrai que l'on perçoit intuitivement plus ou moins ce qu'elle recouvre. Toutefois, une telle perception s'avère trop sommaire pour notre étude. Cette dernière nécessite de scruter de plus près la notion de compétence étatique. Pour ce faire, il convient en tout premier lieu de s'attacher à la signification du terme "compétence". Ce dernier fait l'objet d'usages multiples dans le domaine juridique. Ne serait-ce que dans le cadre de cette recherche, il compte pas moins de cinq utilisations différentes. On a évoqué la compétence d'une autorité administrative qui

---

"*Une norme donnée est juridique en tant qu'elle appartient à un ordre juridique, et elle fait partie d'un ordre juridique déterminé si sa validité repose sur la norme fondamentale de cet ordre*" : *Théorie pure*, *op. cit.*, p. 43. M. TROPER met bien en lumière cet aspect de l'œuvre de Kelsen : "*La norme ne peut être définie que par son insertion dans un système normatif et la seule différence entre la norme juridique et la norme morale ou religieuse est que la première est insérée dans un ordre normatif spécifique, l'ordre juridique. La Théorie kelsenienne apporte ainsi, selon l'expression de Bobbio, 'un renversement de perspective'. Désormais l'ordre juridique n'est pas défini comme un ensemble de normes juridiques, mais c'est la norme juridique qui est définie par son appartenance à l'ordre juridique*", "Système juridique et État", *A.P.D.*, 1986, t. XXXI, p. 29-44, spéc. p. 31.

[1] Cette idée est exprimée en termes différents par M. BERGEL pour qui "*les conflits de lois apparaissent quand les législations de deux ou plusieurs pays ont cumulativement vocation à régir une question de droit*" : *Théorie générale du droit*, Paris : Dalloz, 2ème éd., 1989, p. 142.

diffère de celle de la personne publique représentée par cette autorité[1]. Par la suite, on aura l'occasion d'étudier la loi et la juridiction compétentes[2]. Enfin, l'on s'intéresse ici à la compétence de l'ordre juridique.

La signification des mots n'étant pas extensible à l'infini, on se rend compte qu'il existe un point commun entre les diverses utilisations du mot de compétence qui viennent d'être recensées. Toutes renvoient à l'idée d'*aptitude*[3]. L'autorité administrative et la personne publique peuvent prendre tel acte ; de même, la loi peut régir cet acte et la juridiction en juger. Pour définir la compétence étatique, il convient donc de se demander en quoi consiste l'aptitude de l'État envisagé comme ordre juridique[4].

529. Est-elle celle de produire des normes ? Certains l'affirment[5], mais une telle acception de la compétence n'est envisageable qu'à partir du moment où l'ordre étatique reçoit de l'extérieur, c'est-à-dire en pratique du droit international, cette capacité à produire des normes. Or, il n'existe aucun lien de cette sorte entre le droit international et l'ordre interne[6]. La capacité de produire des normes, l'État la détient par lui-même. Elle est même consubstantielle à sa qualité d'ordre juridique et, par conséquent, ne saurait constituer une aptitude. En effet, dès lors que l'ordre juridique est constitué de normes[7], il n'y a aucun sens à évoquer son aptitude à

---

[1] *Supra*, n° 460.

[2] *Infra*, Chap. 7.

[3] Ce terme d'*aptitude* se retrouve chez de nombreux auteurs aux spécialités pourtant différentes. Ainsi, en droit administratif, il est utilisé par DE SOTO (*Contribution à la théorie des nullités des actes administratifs unilatéraux*, th. multigr, Paris, 1941, n° 115, p. 94) ou DI QUAL (*La Compétence liée*, Paris : LGDJ, p. 60), en procédure civile par MM. GIVERDON (V° "Compétence", *Encycl. Dalloz, Procédure civile*, n° 1) ou HÉRON (*Droit judiciaire privé*, Paris : Montchrestien, 1991, n° 74, p. 583), en contentieux international par HOLLEAUX (*Compétence du juge étranger et reconnaissance des jugements*, Paris : Dalloz, 1970, note 1, p. 1) et en droit international par Mme STERN ("Quelques observations sur les règles internationales relatives à l'application extraterritoriale du droit", *A.F.D.I.*, 1986, p. 7-52, spéc. p. 17). Ces auteurs sont cités par P. de VAREILLES-SOMMIÈRES, *La Compétence internationale de l'État en matière de droit privé, Droit international public et droit international privé*, Paris : LGDJ, 1997, note 115, p. 86. Ce dernier rejette cependant l'utilisation de l'idée d'aptitude au profit de la locution "*titularité d'un pouvoir*" : *id.*, n° 126, p. 88.

[4] Signalons que pour toute théorie du droit d'obédience positiviste, il n'est guère contestable que l'État soit un ordre juridique : H. KELSEN, *Théorie pure*, *op. cit.*, p. 378-379 ; et du même auteur, *General Theory of Law and State*, *op. cit.*, p. 181-191 (ce passage a été traduit en français et repris sous le titre "L'unité de l'État et du droit" *in* C. GRZEGORCZYK, F. MICHAUT, M. TROPER, dir., Bruxelles/Paris : Story Scientia/LGDJ, 1992, p. 381-387).

[5] B. STERN, "Quelques observations sur...", art. préc., p. 11 : "*La compétence normative de l'État est le pouvoir qu'a un État d'édicter des règles générales ou individuelles, à travers ses organes législatif, exécutif ou juridictionnel*" ; S. JOVANOVIC, *Restrictions aux compétences discrétionnaires des États en droit international*, Paris : Pedone, 1988, p. 51-53.

[6] Ceci résulte de la construction dualiste des relations entre le droit interne et le droit international : *supra*, n° 82 et s.

[7] Une telle acception de l'ordre juridique est défendue par les tenants de l'École de Vienne. Pour KELSEN, initiateur de celle-ci, l'ordre juridique n'est effectivement qu'un système de normes hiérarchiquement agencées : *Théorie pure*, *op. cit.*, not. p. 42-43 et p. 299-369. Mais, en dehors des normativistes kelseniens, bien d'autres théoriciens du droit estiment que le système juridique est uniquement constitué de règles ou de normes. C'est, entre autres, le cas de H.L.A. HART : *Le Concept de droit*, trad. M. VAN DE KERCHOVE, Bruxelles : Facultés universitaires Saint-Louis, 1976. Il a d'ailleurs été souligné que "*les théories de Kelsen et de Hart présentent le point commun de réduire les éléments du système juridique à des règles ou à des normes*" : M. VAN DE KERCHOVE, F. OST, *Le Système juridique entre ordre et désordre*, Paris : PUF, 1988, p. 47. L'auteur anglais s'écarte du maître autrichien par sa conception de la norme. Il en différencie deux types au sein du système juridique, les normes primaires et secondaires, là où Kelsen estime qu'elles ont toutes une structure

produire ces dernières. Ce serait identifier le *destinataire* de cette aptitude à l'*objet* de celle-ci. Il y aurait là un vice logique manifeste.

Toutefois, il est vrai que ce défaut disparaît dans une vision organiciste de l'ordre juridique où celui-ci ne se résume pas à un assemblage normatif[1]. Dans cette thèse, l'ordre juridique "*est une entité qui, dans une certaine mesure, se conduit selon les normes mais conduit surtout, un peu comme les pions sur un échiquier, les normes elles-mêmes*", à telle enseigne que "*celles-ci représentent plutôt l'objet et même plutôt l'instrument de son action qu'un élément de sa structure*"[2]. En d'autres termes, la production de normes s'identifie ici non plus au système juridique lui-même mais à la *fonction* de celui-ci. Cette fonction lui est toutefois consubstantielle. Sans elle, il n'est plus d'ordre juridique. Dès lors, même en adoptant la thèse organiciste, il nous semble que la compétence ne peut pas être l'aptitude à produire du droit. L'*objet* de la compétence se confondrait alors avec la *fonction* de l'ordre juridique, une fonction tellement essentielle que l'existence d'un ordre juridique est inimaginable sans celle-ci. On ne saurait par conséquent en faire une aptitude.

530. Finalement, que l'on retienne une conception normativiste ou organiciste de l'ordre juridique, ceci est sans incidence sur la compétence : celle-ci ne peut être une aptitude à produire ou formuler des règles de droit. D'ailleurs, si tel était le cas, on ne voit guère comment il pourrait exister une concurrence entre les ordres juridiques étatiques. Il n'est de concurrence possible que parce que les règles de plusieurs ordres juridiques entendent régir une même situation de fait. C'est pourquoi la compétence de l'État envisagé comme un ordre juridique nous semble pouvoir se définir comme l'*aptitude à régir une situation de fait*[3]. On en déduit que

---

identique et se distinguent uniquement par leur rang hiérarchique. Sur l'acception hartienne de la norme, voy. : N. BOBBIO, "Nouvelles réflexions sur les normes primaires et secondaires" *in La Règle de droit*, C. PERELMAN (dir.), Bruxelles : Bruylant, 1971, p. 115-130. Un auteur comme MOTULSKY reconnaît également que "*l'ordre juridique ne peut (...) se définir que comme un ensemble de normes de conduite sociale, comme un corps de règles, lesquelles, en raison de leur nature, doivent être appelées règles de Droit*" : *Principes d'une réalisation méthodique du droit privé*, Paris : Sirey, 1948 (réimpr. Dalloz, 1991), p. 9. Voy. également les textes en ce sens de G. WROBLEWSKI, J. RAZ, C. ALCHOURRON et E. BULYGIN réunis dans *Le Positivisme juridique*, *op. cit.*, p. 389-400.

1 Une telle acception de l'ordre juridique a été défendue dès 1918 par SANTI ROMANO : *L'Ordre juridique*, *op. cit.*, *passim*. Signalons que cet auteur est souvent présenté comme l'anti-Kelsen, selon l'expression utilisée par FRANCESCAKIS dans son introduction à la traduction française de l'*Ordinamento giuridico*. Or, il ne nous semble pas qu'une opposition aussi radicale existe entre les deux auteurs. A la différence de KELSEN, SANTI ROMANO met certes l'accent sur l'ordonnancement juridique mais il n'en intègre pas moins le phénomène normatif : *id.*, p. 7 et p. 9-10. Quant à la théorie kelsenienne, si elle s'articule autour de la norme, elle postule également que l'ordre juridique puisse être présenté comme un ensemble d'organes créateurs de droit : "*pour Kelsen, un système juridique est composé exclusivement d'un ensemble de normes juridiques et d'une norme fondamentale supposée qui en assure l'unité et la validité. Comme, par ailleurs, est établie l'identité entre système juridique et collectivité juridique fondée par cet ordre (l'État, dans le cas des ordres juridiques relativement centralisés), le système juridique peut également être présenté comme un ensemble d'organes créateurs de droit*" : M. VAN DE KERCHOVE, F. OST, *op. cit.*, p. 33.

2 SANTI ROMANO, *op. cit.*, p. 10.

3 On rappellera que "*les rapports de la vie humaine et réelle ne présentent pas, dans leur essence, un lien inné avec l'un ou l'autre des ordres juridiques. Il s'agit de rapports de fait qui prennent un caractère juridique seulement lorsqu'ils sont considérés juridiquement par un ordre juridique déterminé*" : R. AGO, *Règles générales des conflits de lois*, *R.C.A.D.I.*, 1936 (IV), vol. 58, p. 241-469, spéc. p. 279. *Adde*, D. ANZILOTTI, *Cours de droit international*, 1er vol. : *Introduction - Théorie générale*, trad. GIDEL, Paris : Sirey, 1929, p. 333.

le domaine de la compétence d'un État comprend l'ensemble des situations de fait dont il est en mesure de tirer des conséquences juridiques. Or, l'étendue de ce domaine est déterminée par l'État lui-même.

2° - La source de la compétence étatique

531. Il s'agit ici d'établir comment sera déterminé l'ensemble des situations de fait dont un ordre étatique peut avoir à connaître. L'alternative est simple, ce rôle reviendra soit au droit international public, soit à un ordre interne.

À l'appui de la première branche de l'alternative, on constate que le droit international public comprend plusieurs principes gouvernant la compétence des systèmes étatiques[1]. Toutefois ces règles sont peu nombreuses puisque, comme la C.P.J.I. a pu l'affirmer dans l'affaire du *Lotus*, le droit des gens "*leur laisse, à cet égard une grande liberté qui n'est limitée que dans quelques cas par des règles prohibitives*"[2].

532. Certains, à la suite de Kelsen[3], ont pu en déduire que le domaine de la compétence d'un ordre interne était fixé par le droit des gens. Mais ceci implique que l'existence de l'État en tant qu'ordre juridique lui soit conférée par l'ordre juridique international. Kelsen l'affirme expressément : "*L'État apparaît comme déterminé dans son existence juridique par le droit international, dans toutes les directions : il apparaît donc comme un ordre juridique délégué par l'ordre international, et dans sa validité et dans son domaine de validité*"[4]. Or, cette affirmation ne nous semble pas conforme à la réalité des relations entre le droit international et les droits internes[5]. Il n'existe en effet entre eux aucune unité. L'État puise en lui-même sa validité en tant qu'ordre juridique. Il est premier, de même que l'est d'ailleurs également, de son côté, le droit international. Ni l'un, ni l'autre ne doit son existence en tant qu'ordre juridique à une délégation de l'autre[6].

---

1 J. COMBACAU, S. SUR, *op. cit.*, p. 342 et s. ; NGUYEN QUOC DINH, P. DAILLIER, A. PELLET, *op. cit.*, p. 458-507 ; P.-M. DUPUY, *op. cit.*, p. 47-68.

2 "*... pour les autres cas, chaque État reste libre d'adopter les principes qu'il juge les meilleurs et les plus convenables*" : arrêt n° 9 rendu le 7 septembre 1927, *Rec.*, série A, n° 10, *Rev. crit.*, 1928, p. 354, note DONNEDIEU DE VABRES.

3 H. KELSEN, *Théorie pure, op. cit.*, p. 442-443.

4 *Théorie pure, op. cit.*, p. 443. Et l'auteur de poursuivre : "*Seul l'ordre juridique est souverain ; aucun ordre étatique ne l'est. Si on qualifie les ordres étatiques ou les collectivités fondées par eux, les États, de 'souverains', cela signifie simplement qu'ils sont soumis uniquement à l'ordre juridique international, qu'ils sont immédiats au droit international (völkerrechtsunmittelbar)*". Comp. : H.L.A. HART, *op. cit.*, n° 65, p. 89 : "*Il est important de comprendre que le pouvoir du souverain est juridiquement illimité par définition : la théorie affirme simplement que le pouvoir législatif ne pourrait connaître de limites juridiques que dans le cas où le législateur serait lui-même sous les ordres d'un autre législateur, et dans ce cas, il ne serait plus souverain. S'il est souverain, il n'obéit à aucun autre législateur et son pouvoir législatif ne connaît aucune limite juridique*".

5 On a d'ailleurs déjà eu l'occasion d'écarter ce monisme au profit du dualisme : *supra*, n° 82.

6 Ainsi que l'énonce Roberto AGO, "*tout ordre juridique originaire est un système de normes exclusif et fermé, dans ce sens : que, pour lui-même, il n'y a rien qui soit hors de lui et qui soit doué de valeur juridique ; que l'on ne peut pas prendre en considération à la fois plus d'un seul ordre juridique ; qu'entre deux ordres juridiques qui sont tous les deux originaires, on ne saurait établir un lien juridique*" : cours préc., p. 259.

533. L'observation de la pratique internationale confirme cette opinion. Ainsi, la délimitation de la compétence des ordres internes ne fait montre d'aucune uniformité et surtout d'aucune harmonie, qui sont les marques incontournables d'une répartition au niveau interétatique des compétences étatiques. L'existence de normes dont les prétentions extraterritoriales confinent au viol de souveraineté est là pour en attester[1]. En outre, une unité entre le droit international et les droits internes postulerait qu'existe au sein du premier un contentieux de l'annulation des normes internes. Si, comme le pense Kelsen, l'ensemble du phénomène juridique est recouvert par un seul ordre juridique hiérarchiquement structuré, le droit international devrait pouvoir annuler une norme interne qui n'est pas conforme à ses prescriptions. Or, tel n'est pas le cas. L'État lésé par "*un acte interne contraire au droit international pourra seulement prétendre que la responsabilité de l'État qui n'a pas adapté son droit interne à ses obligations internationales est engagée*"[2]. Mais en aucun cas, il ne pourra demander l'annulation de cet acte interne.

C'est donc que les règles, par ailleurs peu nombreuses, posées par le droit des gens ne délimitent au mieux que la sphère de compétence "idéale" des États. Ces derniers peuvent les respecter comme les enfreindre. Dans la dernière hypothèse, ils se mettront en infraction avec le droit international. Or, le simple fait qu'il soit techniquement possible pour les États de commettre une infraction internationale sur ce sujet implique que la délimitation de leur champ de compétence, telle qu'envisagée par le droit international, est sans effet direct sur les ordres internes[3].

534. Puisque le droit international ne fixe pas de manière définitive le domaine de la compétence des ordres juridiques internes, il faut en conclure que la question est du ressort de ces derniers. On se demande alors si un ordre interne procède nécessairement par lui-même à la délimitation de sa propre compétence ou si cette tâche peut être assurée par un ordre étranger, comme par exemple celui du tribunal saisi. Il nous semble qu'il n'est pas impossible pour un ordre juridique interne de tenter de délimiter la compétence de l'un de ses congénères. On a toutefois bien conscience qu'une telle délimitation est à la fois contingente, relative et surtout peu efficace puisque l'État dont la compétence a ainsi été définie n'est pas tenu de s'y conformer.

---

[1] Sur ces questions, voy. not. : *L'Application extra-territoriale du droit économique*, CEDIN, Paris : Montchrestien, 1987 ; B. STERN, "Quelques observations sur...", art. préc., *passim* ; "L'extraterritorialité revisitée", *A.F.D.I.*, 1992, p. 239-313 ; J.-M. JACQUET, "La norme juridique extraterritoriale dans le commerce international", *J.D.I.*, 1985, p. 327-405 ; B. AUDIT, "Extraterritorialité et commerce international. L'affaire du gazoduc sibérien", *Rev. crit.*, 1983, p. 401-434.

[2] P. GUGGENHEIM, *Traité de droit international public*, t. I, Genève : Georg, 2ème éd., 1967, p. 67 ; *adde*, P. CAHIER, "Les caractéristiques de la nullité en droit international et tout particulièrement dans la Convention de Vienne de 1969 sur le droit des traités", *R.G.D.I.P.*, 1972, p. 645-691, spéc. p. 648.

[3] MM. COMBACAU et SUR ont un point de vue approchant : "*Si on peut légitimement alléguer que la répartition des pouvoirs normatifs entre les États résulte du droit international, on ne doit pas entendre par là qu'il leur attribuerait des compétences ; plus modestement, il se borne à prendre acte des pouvoirs normatifs que chaque État se reconnaît à lui-même lorsque, à l'occasion de son activité législative ou réglementaire, il détermine le champ d'application de ses règles, et à habiliter chacun des autres États à se les déclarer inopposables dans la mesure où elles enfreindraient une règle prohibitive reconnaissant par exemple la compétence exclusive de l'un d'entre eux*", *op. cit.*, p. 343.

Il faut donc en conclure qu'en dernière analyse c'est l'État lui-même qui procède à la délimitation de son domaine de compétence. Les prescriptions des autres ordres étatiques ne s'imposent pas à lui. Quant à celles du droit international, elles ne produisent aucun effet direct sur les droits internes. On peut donc affirmer qu'existe *un principe d'autodélimitation du domaine de la compétence de l'ordre juridique étatique*. Ceci est d'ailleurs confirmé par le fait que "*dans tout ordre juridique le corps des règles contient en puissance la solution de tout problème de droit qui peut se poser*"[1]. Il n'existe aucune lacune dans l'ordre juridique étatique[2]. Cela signifie que ce dernier est potentiellement en mesure de répondre à toute question de droit, quelle qu'elle soit. C'est certain en droit privé[3]. C'est peut-être plus litigieux en droit public. Pourtant dès lors que l'on se fonde sur la structure de la règle[4] et que, par ailleurs, on n'estime pas que les règles de droit privé sont intrinsèquement différentes des règles de droit public, il faut en conclure que la démonstration de l'absence de lacunes à partir de la structure d'une règle de droit privé doit être transposable à une règle de droit public. Il ne nous semble donc pas que l'absence de lacune puisse être limitée au seul droit privé[5].

---

1 P. MAYER, *La Distinction entre règles et...*, *op. cit.*, n° 102, p. 69.

2 Sur ce problème classique de la théorie générale du droit, voy. not. : F. GÉNY, *Méthodes d'interprétation et sources en droit privé positif*, t. I, 2ème éd., Paris, p. 193 et s. ; H. KELSEN, *Théorie pure...*, *op. cit.*, p. 22 et p. 329-334 ; *Le Problème des lacunes en droit*, C. PERELMAN (dir.), Bruxelles : Bruylant, 1968.

3 P. MAYER, *La Distinction entre règles et...*, *op. cit.*, n° 104-4°, p. 71.

4 C'est le cas de M. MAYER. Cet auteur appuie sa démonstration sur le problème de droit, celui-ci consistant à se demander si un ensemble de faits (a) entraîne une conséquence (b). Or, ce problème est résolu soit par une règle "A entraîne B", dite règle d'imputation, soit par une règle "A n'entraîne pas B", dite règle d'indépendance. La clef de voûte de l'analyse est qu'il existe dans toute législation l'une ou l'autre de ces règles. Cette existence est manifeste dans le cas où le droit positif pose *expressis verbis* la règle d'imputation. En revanche, dans le silence du droit positif, on ne peut pas soutenir qu'elle existe. M. JACQUET estime que l'observation du droit positif contredit sur ce point précis la théorie de M. MAYER. Il donne à cet égard des exemples de règles d'imputation créées par les tribunaux afin de palier une carence du législateur, telle que l'obligation de sécurité dans les contrats de transport : *Principe d'autonomie et contrats internationaux*, Paris : Économica, 1983, n° 92 et s., p. 72 et s. Ce reproche ne se justifie toutefois pas car M. MAYER ne se fonde pas sur le seul silence du législateur mais sur celui du droit positif dans son ensemble, y compris du droit prétorien. En ce sens : V. HEUZÉ, *La Réglementation française des contrats internationaux*, Paris : GLN-Joly, 1990, note 30, p. 20. Ainsi, puisque la responsabilité du transporteur par voie ferrée n'est pas limitée par une disposition expresse de la loi, on ne peut pas en conclure qu'elle est sous-entendue. Or, "*si deux propositions sont contradictoires, la vérité ou la fausseté de l'une impliquent respectivement la fausseté ou la vérité de l'autre*" : P. MAYER, *La Distinction entre règles et...*, *op. cit.*, n° 104, p. 70. Par conséquent, si la proposition "A entraîne B" n'est pas exacte car elle n'a été posée par aucune des sources de droit de l'ordre juridique, la proposition "A n'entraîne par B" l'est. M. HEUZÉ a sur ce point adressé une critique à la théorie de M. MAYER dont il estime qu'elle "*relève de la façon la plus évidente la fragilité de (la) démonstration*" : *La Réglementation française des...*, *op. cit.*, n° 30, p. 21. Il s'agit de l'hypothèse où les tribunaux ont créé une règle d'imputation sur une matière laissée vierge par le législateur. Dans ce cas, M. MAYER considère que le juge modifie l'état du droit et abroge la règle antérieure d'indépendance. Or, M. HEUZÉ estime qu'on en arrive ici à une violation de la hiérarchie des normes car le droit prétorien est venu abroger la règle d'indépendance dont il considère que "*(résultant) du silence de toutes les sources de droit*", elle "*était, par voie de conséquence, une règle implicitement posée par le législateur*" : *id.* Pour notre part, il nous semble que le reproche est injustifié, tout simplement parce que la règle d'indépendance déduite du silence du droit positif est imputable au droit positif lui-même et non au seul législateur. En outre, et au-delà du principe général mais théorique de soumission du juge à la loi, la place du droit prétorien dans la hiérarchie des normes est suffisamment ambiguë pour ôter tout espoir à qui voudrait bâtir un argumentaire solide à partir de celle-ci.

5 Pour Kelsen, l'absence de lacune dans l'ordre juridique existe aussi bien en droit privé qu'en droit public, pour la simple raison que cette distinction est d'ordre "idéologique" (*Théorie pure...*, *op. cit.*,

On objectera sans doute que l'ordre juridique français ne contient aucune réponse à un problème constitutionnel italien. Et il est vrai que "*l'objet du droit constitutionnel français est : la Constitution de la France, tandis que l'objet du droit constitutionnel italien est : la Constitution de l'Italie*"[1]. La compétence de l'État est donc ici matériellement limitée[2]. Mais cette limite est posée par l'État lui-même et non par le droit international[3]. En droit privé, comme en droit public, l'État reste un ordre juridique premier, c'est pourquoi il définit lui-même le domaine de sa compétence.

B. - LA MISE EN ŒUVRE DE L'AUTODÉLIMITATION DU DOMAINE DE LA COMPÉTENCE ÉTATIQUE

535. En tant que système juridique premier, l'ordre interne a finalement une compétence virtuellement universelle[4]. Il est originellement en mesure de régir n'importe quelle situation de fait. Seulement, il n'entend pas le faire et autodélimite le domaine de sa compétence. À partir de ce principe, il définit son propre champ de compétence en droit privé (**1**°) et en droit public (**2**°).

1° - Le domaine de la compétence étatique en droit privé

536. Il existe en droit privé des règles dont l'effet est de délimiter le domaine de la compétence de l'État (a). Celles-ci se distinguent des règles relatives à la prise en considération de la compétence étrangère (b).

---

p. 373), c'est-à-dire qu'elle s'écarte du cadre épistémologique dans lequel s'inscrit la théorie pure (*id.*, p. 141 et s.). Les normes dites de droit public ne sont pas intrinsèquement différentes des normes dites de droit privé. Elles présentent la même structure et participent de manière équivalente à l'édification de l'ordonnancement juridique. En conséquence, pour l'auteur autrichien, l'absence de lacune de l'ordre juridique concerne ce dernier dans son ensemble et non les seules règles dites de droit privé.

[1] P. MAYER, "Droit international privé et droit international public sous l'angle de la notion de compétence", *Rev. crit.*, 1979, p. 1-29, p. 349-388 et p. 537-583, spéc. n° 29, p. 350.

[2] *Ibid.*, n° 36, p. 355.

[3] *Contra*, P. MAYER, *ibid.*, n° 31, p. 351.

[4] Ainsi, avec une remarquable acuité, AGO le constatait déjà en son temps : "*L'ordre juridique, tant qu'il est un ordre juridique originaire, peut être défini comme virtuellement universel*", cours préc., p. 261. De même, constatait-il également : "*Si donc dans un ordre juridique donné on pose une norme déterminée pour le règlement d'une certaine catégorie de faits, cette norme, tant qu'elle reste le seul critérium existant dans son ordre juridique pour l'évaluation des faits qu'elle envisage, ne peut par sa nature même, que les régler tous. L'exclusion d'une partie de ces faits du règlement établi par la norme ne peut être produite que par quelque chose d'extérieur à la nature de la norme : il faut que le législateur pose lui même une limite formelle à l'action de la norme, ou bien qu'il pose une deuxième règle substantielle, qui envisage les faits de la même catégorie lorsque ceux-ci présentent certains caractères particuliers, et qui doive prévaloir sur la première, lors du règlement de ces derniers faits. Mais si la norme n'est accompagnée par aucune limite extérieure, ni par une règle de droit spécial qui touche à la même matière qu'elle envisage, il est logiquement nécessaire que dans cette matière elle soit universelle*", *id.*, p. 297.

a) Les règles délimitant le domaine de la compétence étatique en droit privé

537. Quelles sont les règles qui, dans l'ordre interne, délimitent la compétence de l'État en droit privé ?

On pense en premier lieu aux règles de conflit de lois. Elles ont été considérées comme des règles de compétence par une large doctrine tenante du *Grenzrecht*, c'est-à-dire d'un droit international privé fixant les frontières des compétences étatiques[1]. Dans les nombreux courants doctrinaux, qui depuis plus d'un siècle ont traversé cette matière, il s'est trouvé bon nombre d'auteurs pour prôner le *Grenzrecht*.

Aux yeux des universalistes, comme Pillet, une telle conception du droit international privé était, en définitive, naturelle. Puisque les règles de conflit sont intégrées au droit des gens, il est logique qu'elles répartissent les compétences étatiques[2]. Toutefois, la thèse universaliste fit long feu. Tout d'abord, elle n'a pas résisté à la confrontation avec le droit positif. Il est manifeste que les règles de conflit sont élaborées dans l'ordre interne[3], à telle enseigne que pour une même matière comme par exemple le statut personnel, certains États adoptent la loi du domicile et d'autres la loi de la nationalité. Ensuite, cette thèse universaliste contredit une vision réaliste des relations entre le droit international et les droits internes. Son effectivité passe, en effet, par l'unité des deux ordres juridiques ; unité qui, nous semble-t-il, n'existe pas.

538. Une étude récente renouvelle toutefois ce débat. Il s'agit des travaux de M. de Vareilles-Sommières[4]. Cet auteur entend remettre au goût du jour la théorie du *Grenzrecht*. Il estime en effet que les règles de droit international privé sont des règles de compétence[5] et, par ailleurs, que c'est le droit international public qui a vocation à "*régler les questions de compétence normative de l'État en matière de droit privé*"[6]. Néanmoins, "*le droit international contemporain non conventionnel ne fournit aucune réponse directe aux questions de conflit de lois et de juridictions*

---

[1] H. BATIFFOL remarquait que "*le droit international privé peut être aussi présenté comme ayant pour objet l'exercice d'une compétence étatique, celle de légiférer*" : "Points de contacts entre le droit international public et le droit international privé" *in Hommage à Yangas-Messia*, Madrid : Instituto Francisco de Vitoria, 1972, p. 77 et s., repr. *in Choix d'articles*, Paris : LGDJ, 1976, p. 37-48, spéc. p. 43.

[2] A. PILLET, *Principes de droit international privé*, Paris : Pedone, 1903, n° 23 et s., p. 64 et s. ; et du même auteur, *Traité pratique de droit international privé*, t. I, Paris : Sirey, 1923, n° 8, p. 18 et s. La doctrine universaliste avait également des défenseurs en Allemagne comme ZITELMANN (*Internationales Privatrecht*, t. I, 1897, p. 72 et s.) ou en Italie comme DONATI ("Stato e territorio", *Riv. D.I.*, 1924, p. 93 et s.).

[3] Dans son arrêt rendu dans les affaires des emprunts serbes et brésiliens le 12 juillet 1929, la C.P.J.I. en avait déjà fait le constat : "*Il y a lieu de considérer que (les règles de conflits) font partie du droit interne*", arrêts n° 14 et 15 du 22 juillet 1929, *Rec.*, série A, n° 20/21, *D.P.*, 1930.2.45, note DECENCIÈRE-FERRANDIÈRE, *S.*, 1929.4.17, *Rev. crit.*, 1929, p. 427, note NIBOYET, *J.D.I.*, 1929, p. 572 et p. 837, comm. PRUDHOMME.

[4] *La Compétence internationale de l'État en..., op. cit., passim.*

[5] Pour les règles de conflit de lois : *ibid.*, n° 129 et s., p. 90 et s. ; pour les règles de compétence internationale directe et indirecte : *id.*, n° 144 et s., p. 96 et s.

[6] *Ibid.*, n ° 225, p. 142.

en matière de droit privé, vues comme questions portant sur la régularité des normes internes de droit privé"[1].

Mais même si elle rejette l'utopie universaliste d'un Pillet[2], cette théorie encourt les mêmes critiques quant aux relations entre le droit interne et le droit international. Elle entend les écarter en adoptant le pluralisme[3]. Cette thèse serait celle d'après laquelle "*une question de droit concrète donnée peut trouver, dans les ordres juridiques différents, des réponses différentes, et néanmoins simultanément valables*"[4]. Or, tel ne nous semble pas être le fond du problème. Pour admettre un *Grenzrecht* situé dans le droit international et ayant une incidence effective en droit interne, encore faut-il que la réponse donnée par le premier à la question de droit s'impose au second. Si l'ordre interne y répond différemment du droit international, alors le système s'effondre. Or, le pluralisme auquel renvoie M. de Vareilles-Sommières admet explicitement le caractère premier des ordres internes[5]. Il reconnaît également implicitement que l'annulation d'une norme interne n'est pas possible en droit international[6].

Il faut donc en conclure, une fois de plus[7], que la thèse pluraliste n'est en réalité qu'un nouveau nom dont on a affublé la doctrine dualiste. Elle n'est pas en mesure de justifier l'existence d'un *Grenzrecht* dans l'ordre international ou, plus exactement, de l'incidence effective de celui-ci dans l'ordre interne. C'est pourquoi la théorie de M. de Vareilles-Sommières nous paraît devoir également être écartée.

539. Mais le *Grenzrecht* a aussi été repris par certaines doctrines particularistes, dites publicistes qui, par définition, n'encourent pas le reproche de battre en brèche une vision réaliste des relations entre le droit international et le droit interne. Celles-ci estiment en effet que puisque le droit international est dans l'impossibilité de répartir les compétences législatives, les systèmes étatiques définissent eux-mêmes les critères de cette répartition. Pour les particularistes unilatéralistes, comme Niboyet, la règle de conflit délimite la compétence du seul

---

1 *Ibid.*, n° 241, p. 157.

2 *Ibid.*

3 *Ibid.*, n° 60, p. 53-54 et n° 168, p. 110.

4 *Ibid.*, note 178, p. 54.

5 M. VIRALLY, "Sur un pont aux ânes : les rapports entre droit international et droits internes" *in Mélanges offerts à Henri Rolin, Problèmes de droit des gens*, Paris : Pedone, 1964, p. 488-505, repr. *in Le Droit international en devenir, Essais écrits au fil des ans*, Paris : PUF, 1990, p. 103-117, spéc. p. 108 : "*L'État trouve en lui-même, dans l'assentiment du groupe humain qu'il intègre, le fondement de sa légitimité. Tout ordre étatique est auto-créateur et se développe à partir de sources originaires qui lui sont propres et qui n'ont besoin, pour affirmer leur validité, de se référer à aucune norme supérieure. C'est forcer la réalité que d'affirmer que le droit international délègue les compétences nécessaires à la création de l'ordre interne*". De même, évoquant les ordres international et internes, SANTI ROMANO constate que "*chacun d'eux est indépendant et possède une autonomie propre, de façon que chacun dans sa sphère se déploie librement*" : art. préc., p. 84.

6 M. VIRALLY, art. préc., p. 113. D'ailleurs, M. de VAREILLES-SOMMIÈRES, après avoir envisagé l'existence d'un régime en droit international de légalité des normes internes, est bien forcé d'admettre que ce dernier se mue en un régime d'inopposabilité de celles-ci : *op. cit.*, n° 262, p. 170. Voy. : H. MUIR WATT, Compte rendu de P. de VAREILLES-SOMMIÈRES, *La Compétence internationale de l'État en matière de droit privé*, *Rev. crit.*, 1997, p. 396-398, spéc. p. 398.

7 *Supra*, n° 86.

ordre juridique du for[1] ; tandis que pour les particularistes bilatéralistes, comme Bartin ou Maury, elle délimite également la compétence des ordres juridiques étrangers[2].

À la suite d'Ago[3], de nombreux auteurs ont critiqué cette acception de la règle de conflit perçue comme règle de compétence[4]. Ainsi, certains ont pu opposer à cette perception que si la règle de conflit répartit les compétences entre les États, elle ne peut se situer que dans le droit supranational[5]. Les ordres internes ne pourraient ici se substituer à ce dernier dans une fonction qui lui revient naturellement. D'autres ont fait remarquer que la règle de conflit délimitant la compétence d'un État étranger violerait la souveraineté de celui-ci[6]. Mais un tel reproche ne concerne que les règles de conflit bilatérales. Or, une critique effective des théories analysant les règles de conflit de lois comme des règles délimitant la compétence des ordres juridiques doit s'appliquer à l'unilatéralisme comme au bilatéralisme. Il est envisageable que cette critique puisse être trouvée dans l'application du droit étranger, application qui est commune aux deux théories[7].

540. On sait qu'il est deux types de normes dans l'ordre juridique étatique, à savoir les règles et les décisions[8]. À l'intérieur de la seconde de ces catégories, il existe des sous-catégories parmi lesquelles on distingue "*les décisions dont le contenu a été déduit d'une ou plusieurs règles, et celles pour l'élaboration desquelles il a été fait abstraction du corps de règles*"[9]. Nous nous attachons ici à la

---

[1] "*La règle française de conflit est purement unilatérale, c'est-à-dire qu'elle ne détermine que les cas de compétence française*" : J.-P. NIBOYET, *Traité de droit international privé français*, t. III, Paris : Sirey, 1944, n° 931 bis, p. 244.

[2] "*C'est bien par la détermination des sphères de compétence des divers ordres juridiques étatiques que les normes de conflits s'efforcent de réaliser la réglementation des rapports de la vie internationale*" : J. MAURY, *Règles générales des conflits de lois*, *R.C.A.D.I.*, 1936 (III), vol. 57, p. 327-570, spéc. p. 371. De même, pour BARTIN, le droit international privé est constitué pour les États de "*règles de répartition de leurs compétences respectives*" : *Principes de droit international privé*, t. I, Paris : Domat-Montchrestien, 1931, § 55, p. 112. En Allemagne, un auteur comme KAHN se rattache à ce courant doctrinal : *Abhandlungen zum internationalen Privatrecht*, t. I, Munich/Leipzig : Verlag Duncker/Humblot, 1928, p. 255 et s.

[3] Cours préc., *passim*. *Adde*, du même auteur, *Teoria del diritto internazionale privato*, Padoue : A. Milani, 1934.

[4] Voy. not. : B. AUDIT, *Le Caractère fonctionnel de la règle de conflit*, *R.C.A.D.I.*, 1984 (III), vol. 186, p. 227-397 ; H. MUIR WATT, *La Fonction de la règle de conflit de lois*, th. multigr, Paris II, 1985, n° 131 et s., p. 178 et s. ; V. HEUZÉ, *La Réglementation française des...*, *op. cit.*, n° 181-182, p. 98-99 ; P. MAYER, "Droit international privé et...", art. préc., n° 16, p. 19-20.

[5] En ce sens : V. HEUZÉ, *La Réglementation française des...*, *op. cit.*, *loc. cit.* ; P. MAYER, "Droit international privé et...", art. préc., n° 4, p. 6 ; du même auteur, "L'État et le droit international privé", *Droits*, n° 16, 1992, p. 33-44, spéc. p. 36 ; R. AGO, cours préc., p. 275 ; P. de VAREILLES-SOMMIÈRES, *op. cit.*, n° 48, p. 46. BARTIN avait d'ailleurs conscience de cette contradiction qu'il qualifiait d'insoluble : *op. cit.*, *loc. cit.*

[6] D. HOLLEAUX, J. FOYER et G. GEOUFFRE de La PRADELLE, *op. cit.*, n° 291, p. 183 ; P. MAYER, "Droit international privé et...", art. préc., n° 4, p. 7.

[7] "*Dans un système unilatéraliste, la règle de conflit du for ne désigne pas la loi étrangère applicable, elle laisse s'appliquer la loi étrangère qui se déclare applicable à la situation litigieuse*" : H. BATIFFOL, P. LAGARDE, *op. cit.*, t. I, n° 253, p. 423.

[8] Cette distinction a été élaborée dans sa thèse par P. MAYER, *La Distinction entre règles et...*, *op. cit.*, *passim*.

[9] *Ibid.*, n° 77, p. 54. Comp. : P. de VAREILLES-SOMMIÈRES, *op. cit.*, n° 78-87, p. 66-69.

première sous-catégorie, dont relèvent les jugements[1]. Au cours de l'élaboration d'une telle catégorie de décisions, il arrive qu'une règle de conflit impose l'application d'un droit étranger ou, dans un système unilatéral, qu'une règle du for impose l'application du droit étranger désigné par la règle de conflit étrangère. Le contenu de la décision qui fera suite à cette application aura été déduit à la fois de la règle de conflit ou d'une règle du for dans le système unilatéraliste, et de la règle étrangère désignée par l'une ou l'autre de ces deux règles.

Il s'agit donc d'une norme décisionnelle prise en application de règles de droit appartenant à deux ordres juridiques différents. Si l'on s'en tient à la théorie du *Grenzrecht*, l'application des règles étrangères est une manifestation de la compétence de l'ordre juridique étranger. En conséquence, la décision rendue dans ces conditions est une norme appartenant aux deux ordres juridiques[2]. Or, il ne nous paraît pas possible qu'une norme puisse appartenir simultanément à deux ordres juridiques, par ailleurs totalement indépendants l'un par rapport à l'autre. D'ailleurs, si tel était le cas, l'ordre juridique étranger devrait dispenser la décision ainsi rendue de tout *exequatur*, ce qu'il ne fait pas.

541. Il faut donc en conclure que *les règles de conflit ne délimitent pas la compétence de l'ordre juridique étatique*[3]. D'ailleurs, *ce constat peut être étendu aux règles de reconnaissance des jugements étrangers* dont on ne voit pas comment il leur serait possible d'assurer cette fonction. On cherche alors un autre type de règles susceptible de remplir cet office.

On pense alors aux règles de compétence juridictionnelle et, plus particulièrement, aux *règles de compétence internationale directe*. Elles sont effectivement, chronologiquement, les premières règles de l'ordre juridique à appréhender le rapport de droit. Elles délimitent la compétence du for à l'aide de critères spatiaux comme les règles de compétence internationale ordinaire, personnels comme les articles 14 et 15 du Code civil, ou volontaires comme la clause attributive de juridiction. Dès lors que l'un de ces critères se réalise à l'occasion d'une situation de fait donnée, la compétence de l'ordre juridique est assurée. Par la suite, cette situation sera soumise à la règle de conflit et, éventuellement, à l'application d'un droit étranger. Mais aucune de ces étapes ne remet en question la compétence de l'ordre juridique du for et c'est donc bien que

---

[1] A la seconde sous-catégorie correspondent principalement les décisions législatives, comme les lois de nationalisation ou d'amnistie.

[2] On arrive à un résultat équivalent dans une vision organiciste de l'ordre juridique : le tribunal qui a rendu la décision est devenu à cette occasion un organe de l'ordre juridique étranger.

[3] Comme le constate Mme STERN, "*lorsqu'un tribunal suisse par exemple, applique en vertu de ses règles de conflit (...) la loi française, il ne donne pas compétence à la France pour régler la situation qui lui est soumise, il met en œuvre la compétence du droit international privé suisse qui choisit d'appliquer la loi française à la situation*" : "Quelques observations sur...", art. préc., p. 22. De même pour M. MAYER, "*appliquer la loi d'un État étranger, ce n'est ni lui attribuer, ni lui reconnaître une compétence, c'est simplement raisonner sur la proposition qu'elle énonce pour en déduire des droits subjectifs ; c'est la prendre pour majeure du syllogisme juridique*" : "Droit international privé et...", art. préc., n° 18, p. 21. La plus grande partie des auteurs contemporains sont de cet avis. Voy. not. : D. HOLLEAUX, J. FOYER et G. GEOUFFRE de La PRADELLE, *op. cit.*, n° 291, p. 183 ; J.-M. JACQUET, "La norme juridique extraterritoriale...", art. préc., n° 24, p. 341.

les règles de compétence internationale directe délimitent le domaine effectif de la compétence de l'ordre juridique.

542. Il est vrai que les règles de compétence juridictionnelle sont bien souvent vues, avec quelque condescendance, comme des règles purement fonctionnelles au service des règles de fond, jugées plus nobles. Hormis le fait que la mise en œuvre des droits est au moins aussi importante que les droits eux-mêmes, il reste vrai qu'une affaire soit jugée à Toulouse plutôt qu'à Lille n'a aucune incidence de fond. Mais, à la vérité, le constat ainsi fait au sujet des relations internes ne doit pas être étendu aux relations internationales. Dans ces dernières, la règle de compétence juridictionnelle, internationale et directe, prend une tout autre valeur. Elle ne se limite plus à une simple fonction technique ou fonctionnelle mais procède à une répartition globale entre les situations de fait. Elle distingue celles qui entrent dans la sphère d'influence du droit français de celles qui n'y entreront jamais. On est alors loin de la simple désignation d'un tribunal compétent.

Dès lors, la règle de compétence internationale directe nous paraît effectivement tracer les limites de la compétence de l'ordre juridique. On en déduit que ces seules règles constituent, en droit international privé, un *Grenzrecht*. En revanche, les règles de conflit de lois et les règles de reconnaissance des jugements étrangers ne délimitent pas la compétence de l'État, elles se bornent à prendre en considération la compétence des ordres juridiques étrangers.

b) Les règles de prise en considération de la compétence étrangère

543. Puisque l'on vient de voir que les règles de conflit de lois et celles de reconnaissance des jugements étrangers ne délimitaient aucune compétence étatique, il convient de rechercher la fonction qui leur est assignée. Or, il nous semble que celle-ci est constituée par la prise en considération de la compétence étrangère.

Concernant la règle de conflit, la doctrine contemporaine dans son ensemble estime qu'il s'agit là d'un procédé de réglementation des relations privées comportant un élément d'extranéité[1]. En substance, il semble donc juste d'affirmer que les systèmes conflictuels des différents États "*se bornent à utiliser des droits étrangers dans l'accomplissement d'une mission qui leur est propre, et qui n'est autre que la réglementation matérielle des relations privées comportant un élément d'extranéité*"[2]. Toutefois, la fonction de la règle de conflit ainsi définie fait table rase du principe fondateur du droit international privé, à savoir de l'existence larvée de conflits de lois, autrement dit d'une compétence concurrente entre les ordres juridiques en droit privé[3].

---

[1] B. AUDIT, *Le Caractère fonctionnel de...*, *op. cit.*, *passim* ; H. MUIR WATT, *op. cit.*, *passim* ; V. HEUZÉ, *La Réglementation française des...*, *op. cit.*, n° 182, p. 99.

[2] V. HEUZÉ, *ibid.*

[3] Cette existence justifie la mise en œuvre des méthodes du droit international privé : *supra*, n° 524.

544. Quelle est alors la fonction de la règle de conflit face à cette concurrence des compétences étatiques ? Faute de pouvoir répartir la compétence des ordres juridiques, elle ne consiste pas dans la résolution de cette concurrence. Sa fonction est simplement de permettre la *prise en considération de la compétence étrangère.* On s'interroge alors sur la méthode utilisée pour mettre en œuvre cette prise en considération.

Il s'agit bien évidemment de recourir à l'application du droit étranger. On aura toutefois compris que cette application n'emporte pas attribution de compétence à l'ordre juridique étranger. Alors quelle est-elle ? Il s'agit d'une appropriation par le for du *matériel normatif étranger.* Les règles étrangères désignées par la règle de conflit deviennent des règles du for[1].

545. On objectera sans doute qu'une telle conception de la règle de conflit revient à se rallier à la théorie de l'exclusivisme de l'ordre juridique. Mais ceci s'avère peu gênant dans la mesure où l'affirmation selon laquelle "*l'ordre juridique est toujours nécessairement exclusif, dans le sens qu'il exclut le caractère juridique de tout ce qui ne rentre pas en lui-même*"[2] nous paraît des plus fondée. En outre, la théorie du *Grenzrecht* et celle de l'exclusivisme de l'ordre juridique constituent les deux faces d'une même pièce de monnaie[3]. En écartant la première, on est voué à admettre la seconde. En effet, soit l'application du droit étranger se fait sous le couvert d'une attribution de compétence à l'État étranger, et alors l'ordre juridique du for s'écarte au profit de celui-ci, soit ce n'est pas le cas, et alors le droit étranger est intégré au système juridique du for, ce qui constitue la marque de l'exclusivisme. Aucune solution intermédiaire n'est envisageable, car les règles étrangères s'appliquent nécessairement sous le couvert d'un ordre juridique[4]. Pour les tenants du *Grenzrecht*, il s'agit de l'ordre juridique étranger, tandis que pour les tenants de l'exclusivisme, auxquels nous nous rattachons, il s'agit de l'ordre juridique du for.

D'ailleurs, lorsque la doctrine contemporaine distingue, au sein de la loi étrangère, les facteurs impératif et rationnel, tout en précisant que seul ce dernier est pris en compte par le juge du for[5], il ne nous semble pas qu'elle remette en cause la théorie de l'exclusivisme. Ainsi, en affirmant que la loi étrangère "*est appliquée sur l'ordre du législateur français, et comme un fait observé, c'est-à-dire dépouillé de l'élément impératif étranger*"[6], on écarte définitivement la règle de conflit envisagée comme *Grenzrecht*. Mais se présente alors une alternative : soit la loi étrangère est

---

1 Et même, pour les matières où est admis le renvoi, les règles substantielles désignées par la règle de conflit de la *lex causæ*.

2 R. AGO, cours préc., p. 302.

3 D'ailleurs l'initiateur de cette théorie, l'italien AGO, l'a conçue en réaction au *Grenzrecht* : cours préc., not. p. 300. En ce sens : H. BATIFFOL, P. LAGARDE, *op. cit.*, t. I, note 5, n° 327, p. 527 ; R. DE NOVA, "Conflits des lois et normes fixant leur propre domaine d'application" *in Mélanges offerts à J. Maury*, t. I, Paris : Dalloz, 1960, p. 377-401, spéc. p. 379.

4 Sous peine de perdre leur qualité de règle de droit : *supra*, n° 525.

5 H. BATIFFOL, P. LAGARDE, *op. cit.*, n° 328, p. 529. *Adde*, H. BATIFFOL, *Aspects philosophiques du droit international privé*, Paris : Dalloz, 1956, n° 53.

6 H. BATIFFOL, P. LAGARDE, *op. cit.*, *loc. cit.*

du fait, soit cette dernière est intégrée à l'ordre juridique du for[1]. Et, puisqu'il est inimaginable qu'un fait en régisse un autre, à savoir la situation litigieuse, c'est qu'il ne peut s'agir que d'une règle de droit intégrée par la règle de conflit à l'ordre juridique du for[2].

546. On se demande alors si la loi étrangère ne doit pas être interprétée en fonction des concepts de l'ordre juridique du for puisqu'elle en fait désormais partie[3]. Nous ne le pensons pas. En effet, il existe des raisons qui poussent le for à prendre en considération la compétence des ordres juridiques étrangers en utilisant leur matériel normatif. Une telle démarche n'est pas gratuite. Ainsi, une de ces raisons est-elle d'appliquer le droit dont la proximité avec la situation de fait est la plus grande[4]. La recherche d'une plus grande harmonie des solutions ou d'une certaine permanence dans le droit applicable aux personnes privées en sont d'autres. Or, pour que ces objectifs soient pleinement satisfaits, il est nécessaire d'appliquer le droit étranger tel qu'il est en vigueur dans son système d'origine. C'est pourquoi les règles étrangères s'incorporent dans le système du for tout en conservant "*la signification et la valeur qu'elles revêtent au sein du système dans lequel on les a créées*"[5].

Il convient donc d'admettre que la règle de conflit est bien un procédé de réglementation des relations privées comportant un élément d'extranéité. Mais la particularité de ce procédé est de prendre en considération la compétence d'un ordre juridique étranger[6]. En définitive, la règle de conflit délimite *à l'intérieur de la compétence de l'ordre juridique du for, elle-même délimitée par les règles de compétence internationale directe, le champ d'application du droit substantiel du for*. Ensuite, dans l'espace laissé vacant entre les limites de la compétence de l'ordre juridique du for et celles du droit substantiel du for, elle fait appel au *matériel normatif d'ordres juridiques étrangers* afin de prendre en considération la compétence de ces derniers[7]. Ce matériel est en général constitué par le droit substantiel de la *lex causæ*, mais il n'est pas exclu dans le cadre du renvoi que ce soit celui d'un ordre tiers.

547. La règle de conflit n'est d'ailleurs pas la seule règle chargée de prendre en considération la compétence étrangère. Les règles de reconnaissance des jugements

---

1 Puisque, une fois encore, il ne peut exister de règles de droit indépendamment d'un ordonnancement juridique.

2 R. AGO, cours préc., p. 302.

3 Certains l'ont pensé : M. PACCHIONI, *Diritto internazionale privato*, 2ème éd., Padoue : A. Milani, 1935, p. 137, cité par H. BATIFFOL, P. LAGARDE, *op. cit.*, t. I, n° 327, p. 528.

4 P. LAGARDE, *Le Principe de proximité en droit international privé*, *R.C.A.D.I.*, 1986 (I), vol. 196, p. 9-237.

5 R. AGO, cours préc., p. 307. *Adde*, du même auteur, *Teoria del diritto...*, *op. cit.*, p. 111.

6 Comp. : SANTI ROMANO, *op. cit.*, note 1 *in fine*, p. 107.

7 On peut renvoyer ici aux travaux de B. ANCEL pour qui "*la règle de conflit (...) accomplit son programme par la localisation juridique du projet dans un ordre, de préférence à tous autres avec lesquels la relation est en contact*" : "L'objet de la qualification", *J.D.I.*, 1980, p. 227-268, spéc. n° 47, p. 258. Pour M. ANCEL, le "projet" est une question de droit, c'est-à-dire dans la terminologie de cet auteur un "*lien entre l'objet d'une allégation et l'objet d'une prétention*" : *id.*, n° 11, p. 235. *Adde*, du même auteur, *Les Conflits de qualifications à l'épreuve des donations entre époux*, Paris : Dalloz, 1977, n° 212 et s., p. 216 et s.

étrangers remplissent exactement la même fonction. En posant les conditions de l'efficacité des décisions étrangères, elles assurent, par là même, les conditions de prise en compte de la compétence de l'ordre juridique étranger dont est issue la décision. Une fois l'*exequatur* accordé, la décision étrangère devient une norme du for, comme l'est la loi étrangère désignée par la règle de conflit.

Finalement, la prise en considération par le for de la compétence d'un ordre juridique étranger est assurée, pour ses *règles*, par les règles de conflit de lois et, pour ses *décisions*, par les règles de reconnaissance des jugements étrangers. Mais ceci ne concerne que le droit privé, c'est pourquoi on en vient maintenant à la délimitation du domaine de la compétence étatique en droit public.

2° - *Le domaine de la compétence étatique en droit public*

548. Les limites de la compétence des États sont plus simples à définir en droit public, puisque l'on ne retrouve pas ici de règles de prise en considération de la compétence étrangère comme c'est le cas en droit privé. On examinera les limites du domaine assigné par l'État à sa compétence en droit public général (a) puis, plus spécifiquement, en droit administratif (b).

a) Le domaine de la compétence étatique en droit public général

549. En l'absence de règles de conflit de lois, la situation apparaît plus simple en droit public. On a coutume de constater qu'en ce domaine, il ne se pose qu'un problème de délimitation dans l'espace du champ d'application des règles de droit public[1]. On a d'ailleurs cru pendant longtemps que cette application spatiale se limitait au territoire national[2], bien que cette opinion n'ait plus cours aujourd'hui. Il est de fait possible que certaines règles de droit public limitent leur application dans l'espace par un ancrage territorial, mais c'est loin d'être une nécessité. À titre d'exemple, le droit fiscal impose les bénéfices perçus par des personnes physiques dès lors qu'elles sont résidentes en France. Mais, corrélativement, le droit fiscal prend en compte pour ces personnes leurs sources étrangères de revenus. En dépit d'un rattachement territorial, cette règle de droit public appréhende donc des situations de fait localisées au-delà des frontières nationales. On peut également citer l'exemple du droit pénal qui réprime certaines infractions situées à l'étranger[3].

---

[1] H. BATIFFOL, P. LAGARDE, *op. cit.*, t. I, n° 245, p. 411.

[2] Cette opinion a été résumée de la manière suivante : "*Les lois de droit public ayant une portée qui, par nature, est strictement limitée au territoire national de l'État dont elles émanent, ne (pourraient) prendre en considération et comprendre dans leur champ d'application que des droits et intérêts eux-mêmes localisés sur le territoire national*" : J.-M. BISCHOFF, "La 'territorialité' des lois de droit public dans ses rapports avec les principes de non-discrimination et d'égalité d'accès reconnus en matière de pollution transfrontière" *in Aspects juridiques de la pollution transfrontière*, Paris : OCDE, 1977, p. 132-150, spéc. p. 134 ; G. BISCOTTINI, "L'efficacité des actes administratifs étrangers", *R.C.A.D.I.*, 1961 (III), vol. 104, p. 632-695.

[3] A. HUET, R. KOERING-JOULIN, *Droit pénal international*, Paris : PUF, 1994, n° 136-139, p. 221-227. Pour d'autres exemples d'application extra-territoriale de dispositions de droit public :

Il est même des règles de droit public dont l'objet est exclusivement extraterritorial, comme celles relatives au contrôle des changes. Par conséquent, les limites spatiales d'une règle de droit public peuvent s'étendre au-delà du territoire du pays l'ayant édictée[1]. Finalement, le droit public a toute latitude pour circonscrire comme il l'entend "*les frontières de son application territoriale*"[2].

550. La question est alors de savoir quels sont les liens que les limites de l'application spatiale du droit public entretiennent avec celles du domaine de la compétence de l'ordre juridique en droit public. Plus précisément, la question de l'éventuelle confusion de ces limites se pose.

M. Mayer écarte cette confusion. Nous reprendrons ici l'un des exemples proposés par l'auteur. Le droit fiscal français assujettit à l'impôt sur le revenu les personnes résidentes en France, le non-résident ne sera donc pas soumis à cet impôt. Cela n'implique pas pour autant, dans l'esprit de l'auteur, que l'ordre juridique français doive être considéré comme incompétent à son égard. En effet, le critère spatial de la résidence trace "*à l'intérieur de l'ordre juridique français, la frontière entre une solution substantielle (l'imposition) et la solution opposée (la non-imposition)*"[3]. Lorsque les critères spatiaux ne sont pas remplis et donc lorsque les règles de droit public ne s'appliquent pas, il existe alors "*d'autres règles (en général implicites) appartenant à la même législation qui sont applicables, et qui consacrent la solution opposée*"[4].

551. Mais, plus que l'existence d'une règle implicite, il nous semble même que la structure de la règle de droit public démontre que la compétence de l'ordre juridique va au-delà de l'application du critère territorial[5]. Reprenons l'exemple de la règle fiscale soumettant à l'impôt sur le revenu les personnes résidentes en France. Cette soumission constitue l'effet juridique de la règle et, pour la mise en œuvre de cet effet, un critère spatial est utilisé : la résidence en France. Mais si l'on considère maintenant l'objet de la règle, on voit clairement qu'il porte à la fois sur

---

C. FREYRIA,"La notion de conflit de lois en droit public", *T.C.F.D.I.P.*, 1963, p. 103-119, spéc. p. 106-107.

1 En dépit de sa prétendue territorialité, "*la loi de sécurité sociale suit les nationaux à l'étranger. Le français victime d'un accident de travail bénéficiera des rentes malgré son départ à l'étranger. Il y percevra sa pension d'assurance vieillesse dès lors qu'il a satisfait au versement des cotisations pendant les délais réglementaires. De même, notre loi fiscale frappe de l'impôt général les revenus de source française perçus par le Français qui part résider à l'étranger*". Bref, "*on n'observe aucune coïncidence de notre législation avec les cadres géographiques de notre territoire*" : C. FREYRIA, art. préc., *loc. cit.*

2 "*Le droit fiscal définit les contribuables, les capitaux ou les revenus qu'il taxe, le droit pénal les individus qu'il condamne et les faits délictueux qu'il réprime, le droit de la sécurité sociale l'usage du service, le débiteur des cotisations et le bénéficiaire des prestations*" : C. FREYRIA, art. préc., p. 103.

3 P. MAYER, "Le rôle du droit public en droit international privé", *R.I.D.C.*, 1986, p. 467-485, spéc. p. 474. L'auteur reprend cette démonstration en droit pénal (p. 472), en droit de la sécurité sociale (p. 473) et en droit de la nationalité (p. 477).

4 *Ibid.*, p. 480. Et l'auteur de poursuivre en donnant l'exemple suivant : "*De la règle française selon laquelle une résidence d'au moins cinq ans en France est nécessaire, ordinairement, pour solliciter la naturalisation française, il résulte a contrario qu'un individu qui n'a jamais résidé en France ne pourra être naturalisé*".

5 Cette réfutation, par la structure de la règle, de la limitation spatiale de la compétence étatique en droit public est également faite par M. MAYER dans une autre contribution à cette question : "Droit international privé et...", art. préc., n° 38, p. 358.

les résidents en France et sur les non-résidents. L'ordre juridique français est donc compétent également à l'égard des non-résidents. Il tire une conséquence juridique de la situation de non-résident : la non imposition.

Conformément à l'opinion de M. Mayer, il nous apparaît que le champ de la compétence de l'État s'étend donc au-delà des limites de l'application spatiale du droit public. Le domaine de sa compétence en droit public se définit matériellement, à l'exclusion de tout critère territorial[1]. Il inclut sa politique pénale, son système de protection sociale, sa fiscalité, *etc.* L'ordre juridique français est compétent pour la seule fiscalité française. Il ne régira pas, par exemple, la fiscalité de l'Allemagne. C'est donc bien que soient posées là les limites du domaine de sa compétence en droit public. À l'intérieur de celles-ci, il lui est néanmoins loisible de poser des critères spatiaux afin de dégager certaines solutions substantielles.

b) Le domaine de la compétence étatique en droit administratif

552. La démonstration qui vient d'être proposée se vérifie en droit administratif. La transposition est d'autant plus simple qu'il n'existe pas, pour ce pan particulier du droit public, de limites à son application spatiale. La jurisprudence du Conseil d'État fournit de nombreux exemples de litiges soumis au droit administratif français quoique nés à l'étranger[2].

Le critère définissant le domaine de la compétence d'un ordre juridique en droit administratif est l'existence d'une activité administrative imputable à une personne publique de cet ordre juridique. En France, c'est donc l'existence d'une *activité administrative française*[3]. Et, pour la détermination de celle-ci, "*il n'y a pas à considérer le lieu dans lequel s'exécute l'activité administrative. Celle-ci peut conserver un caractère français tout en étant accomplie en dehors des territoires français*"[4]. La seule exigence posée, afin qu'elle puisse être qualifiée de française,

---

[1] *Ibid.*, n° 35-36, p. 354-355. Nous nous écartons cependant de la position de cet auteur en ce qu'il nous semble que c'est l'État lui-même qui délimite matériellement cette compétence et non le droit international public.

[2] Voy. not. : C.E., 17 nov. 1965, *Soc. Neptun-Transport, Rec.*, p. 614 ; 2 décembre 1966, *Soc. France Reconstruction-Plan, Rec.*, p. 635, *A.J.D.A.*, 1967, p. 183, concl. J. FOURNIER ; 3 juillet 1968, *Lavigne et Le Mée* et *Lavigne*, *Rec.*, tables, p. 1184, *A.J.D.A.*, 1969, p. 253, concl. G. BRAIBANT ; 5 janvier 1972, *Soc. Unitchadienne, Rec.*, p. 4. Pour des litiges nés en dehors des eaux territoriales, en Haute mer : C.E., 30 mars 1966, *Ignazio Massina, Rec.*, p. 258, *R.D.P.*, 1966, p. 789, concl. QUESTIAUX, *id.*, p. 143, note WALINE, *J.C.P.*, 1967.II.15024, note LANGAVANT, *A.F.D.I.*, 1966, p. 805, note LUCHINI ; 4 décembre 1970, *Starr, Rec.*, p. 733, *A.J.D.A.*, 1971, p. 113, note F. MODERNE, *D.*, 1971.II.253, note P. TEDESCHI, *J.C.P.*, 1971.II.16764, note D. RUZIÉ, *R.G.D.I.P.*, 1970, p. 112, concl. G. GUILLAUME, *R.D.P.*, 1971, p. 1219, chron. WALINE ; 1er décembre 1971, *Vve Benoist, Rec.*, p. 732.

[3] Ceci explique que "*le juge administratif (soit) par principe et évidemment incompétent à l'égard des activités non françaises*" : E. PICARD, V° "Droit international (La juridiction administrative au regard du)", *Rép. Dalloz Contentieux administratif*, n° 7.

[4] J.-M. AUBY, R. DRAGO, *Traité de contentieux administratif*, t. I, Paris : LGDJ, 3ème éd., 1984, n° 48, p. 77.

est que cette activité soit imputable à une personne publique française, soit qu'elle ait agi directement, soit qu'une personne privée ait agi pour son compte[1].

Ainsi, la juridiction administrative a refusé de connaître de décisions prises par des autorités administratives étrangères[2]. De même, elle s'est déclarée incompétente à l'égard d'un marché passé par un État étranger[3] et, plus généralement, de tout contrat conclu par une personne publique étrangère[4]. La circonstance que le contrat doive être exécuté sur le sol français est d'ailleurs indifférente. Le Conseil d'État a eu l'occasion de le préciser au sujet d'un contrat passé avec l'Armée de l'air américaine pour la fourniture de matériels destinés à la construction en France d'une piste d'aérodrome[5].

Dans tous ces exemples, les activités en cause étaient des activités administratives non françaises, imputables à des personnes publiques étrangères. Or, l'ordre juridique français ne s'estime pas compétent à leur égard. Et c'est pour cette raison ultime que le droit administratif ne leur est pas applicable et que le Conseil d'État a refusé d'en connaître.

§ 2.- LA CONCURRENCE D'ORDRES ÉTATIQUES COMPÉTENTS EN DROIT PUBLIC

553. A partir du moment où les États délimitent eux-mêmes leur domaine de compétence, le chevauchement devient nécessairement possible, même en droit public (**A**). C'est uniquement si les compétences sont réparties au niveau de l'ordre supranational que la concurrence des compétences est exclue. On pourra toutefois

---

1 Quant à la qualification d'activité administrative, elle renvoie à l'objet *ratione materiæ* du droit administratif. Notons également que ceci exclut l'hypothèse où une autorité française agit pour le compte ou même exerce les pouvoirs d'une autorité étrangère. A titre d'exemple, le préfet du Bas-Rhin a exercé, en vertu de conventions internationales, les pouvoirs d'une autorité allemande dans la zone de Kehl : C.E., 21 décembre 1951, *Korette, Rec.*, p. 603.

2 Voy. not. : C.E., 10 mars 1952, *Szanta, Rec.*, p. 154 ; 30 novembre 1962, *Manfred Weiss, Rec.*, p. 643, *A.J.D.A.*, 1963, p. 93, note GENTOT et FOURRÉ ; 23 décembre 1966, *X, A.J.D.A.*, 1967, p. 480, note DRAGO, *D.*, 1967, p. 147, concl. LAVONDÈS ; 31 décembre 1977, *X, Rec.*, p. 513. Pour d'autres exemples et une analyse de cette jurisprudence : E. PICARD, art. préc., n° 46-53. N'ont pas non plus un caractère français les activités administratives de territoires ayant rompus leurs liens avec la France. C'est le droit administratif du nouvel État qui est alors compétent : J.-M. AUBY, R. DRAGO, *op. cit.*, n° 49, p. 79-81 ; E. PICARD, art. préc., n° 154-207 ; avec la jurisp. citée.

3 C.E., 4 mars 1970, *Desdame, Rec.*, p. 152. Il en va de même pour un marché exécuté ou conclu pour le compte d'un État étranger par des services français : T.C., 20 janvier 1945, *Exposition internationale de Paris 1937 c/ Suchet, Rec.*, p. 265, *D.*, 1948, p. 396, note de SOTO. Rappr. : C.E., 17 juin 1955, *Groupement des scieurs alsaciens et mosellans, Rec.*, table, p. 631 ; 1er octobre 1958, *Soc. Copibor, Rec.*, table, p. 862 ; 20 janvier 1961, *Min. Agriculture c/ Cie générale des parquets et menuiseries, Rec.*, table, p. 902 ; 8 mars 1968, *Soc. anonyme de chalandage et de remorquage de l'Indochine, Rec.*, table, p. 884 ; Trib. adm. Paris, 15 avril 1975, *Trolliet, Rec.*, p. 705, *A.F.D.I.*, 1976, p. 880, chron. LACHAUME ; Trib. adm. Paris, 2 juillet 1979, *Banque populaire de l'Ouest, Rec.*, p. 523, *A.F.D.I.*, 1980, p. 884, chron. LACHAUME ; C.E., 27 avril 1987, *Boulard, Rec*, p. 148, *A.J.D.A.*, 1987, p. 776, obs. J.-B. AUBY, *R.D.P.*, 1987, p. 1657.

4 C.E., 19 juin 1963, *Compagnie des eaux de Hanoi, Rec.*, p. 375.

5 C.E., 13 mai 1970, *Soc. des établissements Abonat, Rec.*, p. 323. La confusion venait de ce que les contrôles de qualité, les essais et la réception des matériaux ont été confiés à l'administration française des Ponts et Chaussées.

constater qu'il est finalement rare qu'une concurrence de compétences se rencontre en droit public, sauf en matière de contrats transnationaux (**B**).

A. - LA POSSIBILITÉ D'UNE CONCURRENCE DE COMPÉTENCES ÉTATIQUES EN DROIT PUBLIC

554. On a constaté, au cours du paragraphe précédent, que les États limitent leur compétence à leur propre politique pénale, fiscalité ou activité administrative. La répartition des compétences étatiques est donc *a priori* harmonieuse en droit public. Le droit administratif allemand entend ainsi régir les activités administratives des personnes publiques allemandes, tandis que le droit administratif français se concentre sur les activités administratives des personnes publiques françaises. Pourtant, la concurrence de compétences est possible en droit public. Cela ressortira de l'examen successif des deux principales objections avancées contre l'existence d'une telle concurrence. Il s'agit de la compétence exclusive des États en droit public (**1°**) et de la duplicité de la question de droit en droit public (**2°**).

1° - La compétence exclusive de l'État en droit public

555. L'État dispose en droit public d'une compétence exclusive. Mais l'existence de celle-ci n'exclut pas celle d'une compétence concurrente (a). Elle implique seulement le refus de prendre en considération cette dernière (b).

a) La compétence exclusive et l'existence d'une compétence concurrente

556. Il a pu être soutenu que la compétence exclusive dont est investi l'État en droit public a pour conséquence d'exclure toute compétence concurrente. Ainsi, pour M. Mayer, dans les matières de droit public, "*la compétence matérielle de l'État est exclusive ; un seul État est compétent pour édicter une norme*"[1]. Il en résulte une "*absence de compétences cumulatives (qui) élimine en particulier tout conflit de lois*"[2]. Mais pour admettre la proposition selon laquelle *l'existence d'une compétence exclusive au profit de l'État A exclut celle de toute compétence concurrente de la part de l'État B*, il est indispensable de reconnaître que *ce n'est pas l'État A qui décrète lui-même la nature exclusive de sa compétence*. En effet, l'État A n'est pas en mesure d'imposer à l'État B l'exclusivité de sa compétence et d'éviter ainsi que l'État B ne se reconnaisse une compétence concurrente.

---

1 P. MAYER, "Droit international privé et droit international public...", art. préc., n° 35, p. 354.

2 *Ibid.* ; *adde*, P. MAYER, "Le rôle du droit public en droit international privé français" *in Colloque de Bâle sur le rôle du droit public en droit international privé (20-21 mai 1986)*, Bâle : Helbing & Lichtenhahn, 1991, p. 63-83, spéc. n° 19, p. 78 : "*La compétence ratione materiæ de l'État (...) est certaine et exclusive, ce qui prévient tout conflit de lois*" ; et du même auteur, "Le rôle du droit public en droit international privé", art. préc., p. 477.

C'est pourquoi M. Mayer place cette compétence exclusive dans le droit international. Cet auteur estime en effet qu'en matière de droit public, l'État est "*impliqué dans la substance de la situation juridique*"[1], et il en résulte que "*le droit international public (lui) attribue compétence exclusive*"[2]. Mais nous avons déjà eu l'occasion d'affirmer à plusieurs reprises que le droit international n'a pas d'effet direct en droit interne. L'exclusivité qu'il décrète ne s'impose donc pas aux États et, plus précisément, pas aux États étrangers. C'est ainsi qu'un État peut décider unilatéralement d'édicter lui-même les conditions d'attribution d'une nationalité étrangère[3]. Ce faisant, il se mettra certes en contradiction avec le droit des gens, mais il n'empêche qu'il aura créé un cumul de compétences dans une matière de droit public[4]. Il est absolument certain que l'État de la nationalité ne prendra jamais en compte cette compétence concurrente, mais cela ne permet pas d'en conclure qu'elle n'existe pas.

Comme la compétence exclusive dont le droit international investit l'État en droit public est sans effet direct sur les États étrangers, une compétence concurrente peut naître sur une matière de droit public. La compétence exclusive est donc sans incidence sur l'existence d'une compétence concurrente. Elle a en revanche un effet direct sur la prise en considération de cette dernière.

b) La compétence exclusive et la prise en considération d'une compétence concurrente

557. La compétence exclusive a une incidence sur la prise en considération de la compétence concurrente. Avant d'examiner cette incidence, il convient de souligner que le droit international a beau déclarer exclusive la compétence de l'État, ce dernier a toujours le dernier mot. En sa qualité d'ordre juridique premier,

---

[1] P. MAYER, "Droit international privé et...", art. préc., n° 30, p. 350. L'État est ainsi impliqué "*lorsqu'il occupe la situation de sujet de droit : ainsi, en droit fiscal, où il est créancier des impôts, et en droit administratif ; également en droit monétaire, dans la mesure où le possesseur de monnaie peut être considéré comme titulaire d'une créance sur l'État qui l'a émise. Il peut l'être aussi par le fait que l'un de ses éléments constitutifs : population ou territoire, est directement en cause. Le premier élément est au centre de la nationalité. Le second est concerné lorsqu'il s'agit, notamment, d'autoriser l'entrée ou la sortie des personnes ou des biens (droit de la condition des étrangers, droit douanier, droit du contrôle des changes)*" : *id.* Cette notion d'implication de l'État a été contestée par V. HEUZÉ, *La Réglementation française des..., op. cit.*, n° 342-354, p. 166-171.

[2] P. MAYER, "Droit international privé et...", art. préc., n° 31, p. 351, n° 54, p. 374 et n° 71, p. 537 ; *adde*, du même auteur, "Le rôle du droit public en droit international privé", art. préc., p. 472 et p. 477.

[3] La Cour de cassation ne fait rien de plus lorsqu'elle fait application des critères de la nationalité française pour déterminer une nationalité étrangère, belge dans un cas (Civ., 31 mai 1907, *Rev. crit.*, 1907, p. 593) et polonaise dans l'autre (Civ., 2 juin 1908, *J.D.I.*, 1908, p. 1155). Le fait qu'il s'agisse de règles prétoriennes ne change rien à l'affaire. D'ailleurs, l'article 8 du Code civil, dans sa rédaction issue de la loi du 26 juin 1889, disposait que "*l'enfant naturel dont la filiation est établie pendant la minorité, par reconnaissance ou par jugement, suit la nationalité de celui de ses parents à l'égard duquel la preuve a d'abord été faite*", ce qui revenait à poser un critère pouvant amener l'attribution d'une nationalité étrangère à un enfant.

[4] Il y a dans ce cas un conflit de lois sur la nationalité. Des règles du pays A et du pays B entendent régir la nationalité B. Ceci se distingue très nettement du cas où un individu se voit attribuer la nationalité A par la loi du pays A et celle de B par le pays B. Dans ce dernier cas, il n'y a qu'un cumul ou conflit positif de nationalités sans que "*ces lois soient en conflit, puisqu'elles règlent des objets différents*" : P. MAYER, "Droit international privé et...", art. préc., n° 35, p. 355.

il décide en dernière analyse des circonstances dans lesquelles sa compétence doit être considérée comme exclusive. De la même façon qu'il autodélimite le domaine de sa compétence, il autodétermine la nature celle-ci.

Or, en marquant sa compétence en droit public du sceau de l'exclusivisme, il entend signifier qu'il refuse toute prise en considération d'une compétence concurrente. Comme ont pu le souligner certains auteurs, "*il est hors de question de soumettre à une loi étrangère les relations qui relèvent de notre droit public*"[1]. On peut prolonger cette remarque en soulignant qu'il est également impensable de reconnaître une décision étrangère portant sur un litige du ressort de notre droit public. En droit privé, en revanche, l'État admet que sa compétence ne soit que concurrente et, il prend en considération la compétence étrangère grâce aux règles de conflit de lois et de reconnaissance des jugements étrangers[2].

Dès lors, la prise en considération de la compétence concurrente d'un État étranger est directement fonction de la nature, exclusive ou concurrente, de la compétence que se reconnaît l'État.

2° - La duplicité de la question de droit en droit public

558. M. Mayer a démontré qu'en droit public, la duplicité de la question de droit est révélatrice de l'inexistence d'une compétence concurrente[3]. C'est ainsi que lorsqu'on se demande si une opération est imposable en France et, parallèlement, si elle fait l'objet d'une taxation en Angleterre, on pose deux questions de droit distinctes. Et il n'y aurait aucun sens à s'interroger sur la loi applicable à ce prélèvement ou à cette imposition. De même, pour reprendre un exemple donné par l'auteur, lorsqu'un contrat implique un transfert de devises de France vers l'étranger, seule la loi française peut dire si elle autorise ou prohibe ledit transfert[4]. Il serait parfaitement absurde de questionner la loi anglaise sur ce point. À chacune de ces interrogations correspond une règle de droit et, plus précisément, une règle de droit appartenant à un seul ordre juridique : "*L'identité de l'État est à chaque fois précisée dans l'énoncé même de la question*"[5].

Il s'agit toutefois ici d'un état de fait. On n'y décèle aucune nécessité logique. En effet, un État peut légiférer sur la fiscalité d'un autre. De même, la loi anglaise pourrait prétendre autoriser ou, au contraire, prohiber l'exportation des devises de France. Certes, ce faisant, l'Angleterre "*empiéterait sur la compétence exclusive reconnue par le droit international public à chaque État, et en l'espèce à la France,*

---

[1] D. HOLLEAUX, J. FOYER et G. de GEOUFFRE de La PRADELLE, *op. cit.*, n° 273, p. 177.

[2] *Supra*, n° 546-547.

[3] Ce point est particulièrement mis en valeur dans l'article suivant : "Le rôle du droit public en droit international privé français", art. préc., n° 3, p. 64-65, n° 10, p. 70 et n° 19, p. 78. On retrouvera également les idées de l'auteur sur ce sujet dans "Le rôle du droit public en droit international privé", art. préc., p. 477-478 ; et dans "Droit international privé et...", art. préc., n° 35, p. 354-355 et n° 103, p. 568.

[4] P. MAYER, "Le rôle du droit public en droit international privé français", art. préc., n° 3, p. 64.

[5] P. MAYER, V. HEUZÉ, *Précis*, n° 100, p. 69.

pour déterminer à quelles conditions des devises (ou d'autres biens ou des personnes) peuvent pénétrer sur son territoire ou en sortir"[1]. Mais on est alors en terrain connu. La compétence exclusive d'un État, telle que définie par le droit des gens, peut être violée. Elle ne s'impose pas, au sens le plus fort de ce terme, à l'Angleterre. Il y a alors une infraction internationale et la responsabilité de l'État fautif pourra être recherchée au regard du droit international. Il n'empêche qu'une compétence concurrente est née sur une même question de droit public.

B. - LA CONCURRENCE DE COMPÉTENCES EN MATIÈRE DE CONTRATS TRANSNATIONAUX

559. L'existence d'une concurrence de compétences est donc possible en droit public. Les exemples qu'on en connaît sont toutefois soit théoriques, comme celui où un État entend régir la fiscalité d'un autre[2], soit constitutifs d'un viol de souveraineté au regard du droit international public, comme les règles en matière de nationalité étrangère[3]. Il est alors bien légitime pour l'État dont la souveraineté a été atteinte de ne tenir aucun compte de cette compétence concurrente et du conflit de lois engendré par cette dernière.

La situation est tout autre en matière de contrats transnationaux. Ces derniers donnent bien lieu à une compétence concurrente, c'est-à-dire un conflit de lois (**1°**), mais sans qu'il y ait atteinte à la souveraineté des États en présence. Chacun d'eux est resté cantonné à un domaine de compétence légitime au regard du droit des gens. Or, ceci ouvre des perspectives quant au règlement du conflit de lois (**2°**).

1° - L'existence du conflit de lois en matière de contrats transnationaux

560. On a observé que l'ordre juridique français s'estime compétent chaque fois qu'il existe une activité administrative imputable à une personne publique française, indépendamment de la localisation géographique de celle-ci. Cette observation se vérifie en matière contractuelle. Ainsi, le droit administratif français a été appliqué à des contrats conclus par des autorités françaises en dépit du fait qu'ils étaient destinés à s'exécuter sur un territoire étranger[4]. En conséquence, dès

---

1 P. MAYER, "Le rôle du droit public en droit international privé français", art. préc., n° 3, p. 64 ; *adde*, du même auteur, "Le rôle du droit public en droit international privé", art. préc., p. 477.

2 On connaît néanmoins un exemple de conflit de lois apparu dans le cadre d'une convention fiscale, celle conclue entre la France et la Suisse le 9 septembre 1966 : Com., 24 mars 1992, *Rev. crit.*, 1993, p. 261, note J.-P. BERTOLAS et D. COHEN.

3 *Supra*, n° 556, en note.

4 Voy. not. : C.E., 25 novembre 1949, *Sté technique des appareils centrifuges et industriels*, *Rec.*, p. 512, *S.*, 1950.III.33, concl. ODENT : marchés de travaux passés par le ministère de l'Air pour être exécutés principalement au Maroc et au Liban ; 5 novembre 1949, *Chami*, *Rec.*, p. 542 : marché de fourniture passé par le même ministère pour être exécuté au Moyen-Orient ; sect., 11 janvier 1952, *Habib Bechara*, *Rec.*, p. 30, *Rev. jur. et pol. Union française*, 1952, p. 292, concl. BARBET : marché de transport pour la poste militaire française du Moyen-Orient. Voy. également : C.E., 27 janvier 1922, *Compagnie française des tramways et d'éclairage public de Shanghai*, *Rec.*, p. 87 ; 8 avril 1961, *Houille*, *Rec.*, p. 217 ; 31 janvier 1968, *Bronnier*, *Rec.*, p. 884 ; 7 octobre 1970, *Lavigne*, *Rec.*,

lors qu'il répond à la qualification de contrat administratif telle que posée en droit français[1], un contrat transnational conclu par une personne publique française est soumis au droit administratif français, et relève de la compétence de l'ordre juridique français. Mais tout contrat transnational met en présence deux personnes publiques de pays différents. À ce titre, il entre dans la sphère de compétence de deux ordres internes. Le contrat transfrontalier entre une commune française et une ville allemande constitue à la fois une activité administrative française et une activité administrative allemande. Il existe donc bien une concurrence de compétences étatiques, c'est-à-dire un conflit de lois.

561. Cette opinion n'emporte pas l'unanimité. On trouve dans une sentence rendue sous les auspices de la Chambre de Commerce Internationale en 1995[2], l'expression d'une opinion inverse. Il ne s'agissait pas, dans cette affaire, d'un véritable contrat transnational. L'espèce était toutefois proche de ces accords, puisque l'ensemble du litige portait sur une convention quadripartite unissant deux personnes publiques, l'une française, l'autre étrangère, à deux personnes privées, l'une française, l'autre étrangère, et concernait un service public dont la particularité est d'être localisé à la fois en France et à l'étranger. Or, le tribunal arbitral a considéré que cet accord n'était ni une activité administrative française, ni une activité administrative étrangère et il en a déduit l'inapplicabilité des deux droits publics. Les arbitres ont pour ce faire avancé trois raisons principales que nous examinerons successivement.

562. La première raison, considérée comme secondaire par les arbitres, est que "*les deux États étant intéressés de façon identique, il serait arbitraire de décider que c'est le droit de l'un plutôt que de l'autre qui s'applique*"[3]. Or, ceci constitue la marque de tout conflit de lois. Même en droit privé, lorsqu'un conflit de lois se présente, il faut choisir une des lois en présence et, comme tout choix, celui-ci recèle une part d'arbitraire. En outre, soit il existe un conflit de lois et il faut bien alors se résoudre à choisir, aussi arbitraire que cela puisse être ; soit il n'y a pas de conflit de lois et il n'est alors ni choix à faire, ni risque d'arbitraire.

La deuxième raison, la plus essentielle, est que "*le service public envisagé par le contrat est un service public interétatique organisé en commun par les émanations des deux États, alors que la vocation nécessaire du droit administratif, dans chaque État, est de régir les services publics internes à cet État*"[4]. Plus qu'une distinction entre service public interne et service public interétatique, il nous semble que le droit administratif français, par exemple, distingue les services publics français des services publics étrangers. Or, dans l'espèce tranchée par le tribunal

---

p. 979, *Rev. adm.*, 1971, p. 286, note TEDESCHI. Le juge administratif s'est même déclaré compétent à l'égard d'un contrat conclu par le gouvernement français où celui-ci n'a agi que comme intermédiaire d'un État étranger : C.E., 12 décembre 1930, *Société des moteurs Gnome et Rhône*, *Rec.*, p. 1067.

[1] La qualification se fait bien évidemment selon le droit français dans les mêmes conditions qu'un contrat interne : C.E., sect., 21 février 1964, *Cie de navigation Denis frères et autres*, *Rec.*, p. 126 ; sect., 25 mai 1979, *Mme Rabut*, *Rec.*, p. 231, concl. GENEVOIS.

[2] Sentence inédite.

[3] Sentence, p. 25.

[4] *Ibid.*

arbitral, il s'agissait bien d'un service public français. Il nous semble en effet que le fait d'avoir été organisé, d'une part, pour les usagers de l'administration française et, d'autre part, par une personne publique française en fait un service public français. La principale difficulté est qu'il s'agissait également d'un service public étranger. Il était les deux à la fois. Or, une telle dualité se rencontre dans beaucoup de contrats transnationaux[1].

Enfin, la troisième raison, qui découle de la précédente, repose sur la considération selon laquelle "*le droit administratif d'un État a pour objet de régir les rapports qu'entretiennent les personnes publiques de cet État (ou exceptionnellement, en droit français, des personnes privées ayant agi 'pour le compte' d'une personne publique), soit avec des personnes privées, soit avec d'autres personnes publiques du même État ; il ne revendique pas l'organisation des rapports des personnes publiques de cet État avec celles d'un État étranger*"[2]. Nous ne pouvons pas ici non plus souscrire aux conclusions du tribunal arbitral ; ceci car, pour le droit administratif français, la personne publique étrangère n'a pas un statut différent d'une simple personne privée.

563. D'une manière plus générale, comment imaginer qu'un droit public national se désintéresse totalement de l'activité, serait-elle transnationale, de l'une de ses personnes publiques ? D'autant que les questions traitées par les contrats transnationaux ne diffèrent guère de celles que peuvent évoquer les contrats entre personnes publiques d'un même pays. Non seulement, la matière est la même, mais l'incidence pour les usagers du service public est également identique. Pour prendre un exemple, la vocation du droit administratif français à régir l'accord conclu entre la ville de Sarreguemines et l'*Abwasserverband Saar* de Sarrebruck, concernant l'exploitation d'une station de traitement des eaux usées[3], et la convention entre une communauté de communes alsacienne et le Service des eaux du Bas-Rhin, ayant un objet équivalent[4], est identique.

La seule différence repose sur l'aspect transnational imprimé à l'accord par la présence d'un cocontractant étranger. Mais, à notre sens, ceci n'affecte en rien la compétence du droit administratif. Cela a simplement pour conséquence d'entraîner une vocation identique de la part du droit public étranger, et c'est bien là que se situe le nœud du problème. L'application d'un droit public emportant compétence exclusive de l'ordre juridique, on est en présence d'une compétence à la fois concurrente et exclusive des deux ordres juridiques en présence[5]. En d'autres termes, le conflit de lois existe bel et bien mais les États n'entendent pas le régler.

---

[1] En particulier en matière transfrontalière, il a été observé que de nombreux contrats transnationaux donnent naissance à un service public commun : *supra*, n° 341-342.

[2] Sentence préc., *loc. cit.*

[3] Accord conclu le 20 décembre 1974 : préc. *supra*, n° 341.

[4] Convention ayant fait l'objet d'un arrêt du Conseil d'État en date du 20 mai 1998 : préc. *supra*, n° 519.

[5] Ce constat était d'ailleurs fait dans la sentence précitée (p. 28) : "*D'ailleurs, la vocation du droit administratif d'un État à s'appliquer, si elle existait, ne pourrait être qu'impérative (...) : fondé sur l'existence d'intérêts publics dont l'État a la charge et sur la nécessité d'une réglementation spécifique tenant compte de ses intérêts, le droit administratif s'applique inéluctablement chaque fois qu'ils sont en jeu, à l'exclusion de toutes autres lois - sauf celles qu'il décide lui-même de prendre en considération. On voit que cela créerait, pour les conventions relatives à un service public*

2° - Les perspectives quant au règlement du conflit de lois

564. Du fait de l'existence d'une compétence concurrente, chaque contrat est soumis dans son intégralité à deux droits publics. Cette conséquence est gênante. Elle risque d'entraîner une relativité des solutions. Par exemple, l'un des droits pourra déclarer l'accord valable et l'autre l'annuler. Un tel épilogue n'est pas souhaitable pour des personnes publiques qui ont la volonté de tisser des liens solides susceptibles d'être garantis par le droit, par un même droit. Il convient donc de rechercher une certaine harmonie, une uniformité du régime juridique applicable aux contrats transnationaux. Mais celle-ci est entravée par l'exclusivisme de la compétence des ordres juridiques en droit public.

L'exclusivisme que l'ordre juridique assigne à son droit public a pour conséquence l'impossibilité de prendre en considération la compétence concurrente. Or, la solution pour les contrats transnationaux passe justement par cette prise en considération. Il est, toutefois, un point positif. À la différence de certains auteurs, nous ne pensons pas que cette exclusivité de la compétence trouve sa source dans le droit international. À nos yeux, l'État décrète et met en œuvre de lui-même cette compétence. Dès lors, il lui est toujours loisible de la remettre en question pour de bonnes raisons.

565. Or, il nous semble qu'il existe au moins deux bonnes raisons pour l'État de revenir sur sa compétence exclusive en ce domaine. La première est que la concurrence de compétences en matière de contrats transnationaux ne résulte pas d'une autodélimitation de la compétence d'un des États manifestement abusive au regard du droit international public. Aucun des États n'a commis ici d'infraction internationale. La prise en considération de la compétence étrangère n'a donc pas la même signification que dans le cas où un État entend régir la nationalité d'un autre. En outre, il est une seconde raison, propre à la coopération décentralisée. En effet, le législateur a formellement autorisé, par la loi du 6 février 1992, la conclusion par les collectivités territoriales et leurs groupements de contrats transnationaux[1]. La suite logique de cette démarche est la mise en place d'un régime juridique permettant aux relations contractuelles de se développer dans de bonnes conditions. Et, pour ce faire, la seule solution satisfaisante est le règlement du conflit de lois auquel donne naissance cette catégorie de contrats.

SECTION II
LE CHOIX D'UNE MÉTHODE DE RÈGLEMENT DU CONFLIT DE LOIS

566. Les contrats transnationaux sont soumis à la compétence d'autant d'ordres juridiques qu'ils comptent de contractants. Engendrée par l'application de leurs droits publics respectifs, cette compétence est regardée comme exclusive par chacun

---

interétatique et impliquant deux ou plusieurs États, une situation inextricable, un seul droit pouvant s'appliquer, et tous pouvant prétendre au même exclusivisme". C'est à notre sens exactement l'état du droit positif.

[1] *Supra*, n° 470.

des ordres juridiques en présence. Cela implique pour chacun d'eux un refus de prendre en compte la compétence concurrente. Or, cette prise en compte est nécessaire. Elle permettrait d'éviter une relativité des solutions et participerait à la construction d'un régime internationalement uniforme du contrat transnational. L'ouverture d'une brèche dans l'exclusivisme des droits publics s'impose. Les ordres juridiques doivent admettre que leur compétence n'est plus exclusive mais concurrente en matière de contrats transnationaux passés par leurs personnes publiques. Ils doivent reconnaître qu'un ordre juridique distinct puisse, au moins dans certaines hypothèses, régir le contrat. Dans cette optique, deux méthodes peuvent être envisagées. La première est celle du droit administratif international (**§ 1**), elle sera écartée au profit de celle du droit international privé (**§ 2**).

§ 1. - L'IMPASSE DU DROIT ADMINISTRATIF INTERNATIONAL

567. Alors que l'harmonieuse coexistence entre les différents droits privés est assurée par le droit international privé, aux yeux de certains, celle relative aux droits publics ferait l'objet d'une branche spécifique de la science juridique appelée le droit administratif international. On dira quelques mots sur le développement de celui-ci (**A**) avant d'examiner sa pertinence (**B**).

A. - LE DÉVELOPPEMENT DU DROIT ADMINISTRATIF INTERNATIONAL

568. Développé par la doctrine allemande lors de la première moitié du XXe siècle (**1°**), le droit administratif international a connu un certain renouveau avec l'essor des contrats transnationaux (**2°**).

1° - La naissance du droit administratif international

569. Le droit administratif international est le résultat d'une entreprise doctrinale initiée dès le XIXe siècle en Allemagne. Il semble que la paternité de ce concept, dénommé en allemand par les termes d'*internationales Verwaltungsrecht*, revienne à Lorenz von Stein[1]. Reprise par la doctrine italienne au début du XXe siècle, l'idée est alors exploitée par Donati[2]. Mais si l'expression connut un certain succès, force est de constater que sa signification n'était pas précise pour autant. Le concept était en définitive censé regrouper tous les domaines du droit qui régissent des activités présentant la double caractéristique d'être à la fois administratives et internationales. C'est ainsi que sous la dénomination de droit administratif international pouvaient être classées l'étude du droit des relations extérieures, celle du fonctionnement interne des organisations internationales,

---

[1] L. von STEIN, *Die Verwaltungslehre*, vol II : *Die Lehre von der inneren Verwaltung*, 1866, cité par K. VOGEL, V° "Administrative law, international aspects", *Enc. of public int. law*, vol. 9, 1986, p. 3.

[2] D. DONATI, *I Trattati internazionali nel diritto constituzionale*, vol. I, 1906, cité par K. VOGEL, art. préc., *loc. cit.*

comme celle de l'application internationale des règles de droit administratif[1] ; des matières dont on se rend aisément compte, aujourd'hui, qu'elles reposent sur une problématique fort différente.

570. C'est à l'auteur allemand Neumeyer qu'il revient d'avoir mis un terme à cette confusion terminologique, en proposant une systématisation complète de la matière débarrassée de toute scorie[2]. Dans l'esprit de celui qui consacra à cette entreprise la majeure partie de sa vie, le droit administratif international devait composer en droit public le pendant du droit international privé. Il devait permettre de répartir et de coordonner le champ d'application dans l'espace des lois de droit public. Toute la mécanique du système ainsi proposé par Neumeyer à ses contemporains reposait sur des *Grenznormen*, c'est-à-dire des règles de compétence unilatérales. L'auteur estimait, en effet, que "*tandis qu'en droit civil les règles de compétence sont bilatérales, elles sont unilatérales en droit administratif*"[3]. Mais le droit administratif international conçu par Neumeyer n'a jamais connu le succès du droit international privé[4]. Il ne dépassa jamais le cercle des auteurs de langue allemande et même celui des administrativistes de ce pays. En dépit de quelques réapparitions sporadiques dans la sphère doctrinale[5], il semblait pour ainsi dire éteint lorsqu'il fut exhumé pour servir la cause des contrats transnationaux.

2° - *Le renouveau lié aux contrats transnationaux*

571. Le rapprochement qu'organise le droit administratif international entre droit international privé et droit public a paru pour certains des mieux adapté aux problèmes posés par les contrats transnationaux. L'auteur allemand Beyerlin fut le premier à suivre cette voie[6]. Il limite cependant sa réappropriation du système

---

[1] Voy. not. le cours de J. GASCON Y MARIN intitulé *Les Transformations du droit administratif international*, *R.C.A.D.I.*, 1930 (IV), vol. 34, p. 1-75.

[2] L'œuvre majeure de K. NEUMEYER en la matière est constituée par les cinq volumes de *Internationales Verwaltungsrecht*, Zurich/Leipzig, vol. 1 (1910), vol. 2 (1922), vol. 3/I (1926, réimpr. en 1980), vol. 3/II (1930), vol. 4 (1936).

[3] K. NEUMEYER, "Le droit administratif international", *R.G.D.I.P.*, 1911, p. 492-499, spéc. p. 496. *Contra* K. ZWEIGERT pour qui "*de véritables règles de conflit bilatérales se dégagent en droit administratif*" : "Droit international privé et droit public", *Rev. crit.*, 1965, p. 645-666, spéc. p. 651.

[4] S'il fait souvent l'objet d'une attention polie, le droit administratif international n'a en réalité jamais séduit les spécialistes du conflit de lois. Écoutons M. LALIVE : "*Je ne vois guère de justification ou même d'intérêt, a priori, aux théories allemandes qui (sous l'influence sans doute du volumineux ouvrage de Neumeyer, Internationales Verwaltungsrecht, 1910-1936) soutiennent l'existence d'un 'droit public international' distinct, parallèle au droit international privé*", "Le droit public étranger et le droit international privé", *T.C.F.D.I.P.*, 1975, p. 215-245, spéc. p. 216. Dans le même sens : F.A. MANN, *Conflict of laws and public law*, *R.C.A.D.I.*, 1971 (I), vol. 132, p. 108-196, spéc. p. 118-119.

[5] K. VOGEL, *Der räumliche Anwendungsbereich der Verwaltungsrechtsnorm*, th., Hambourg, 1963 ; J.-M. MÖSSNER, "Des Begriff des Internationalen Steuerrechts in der neueren Literatur", *ÖZÖRV*, 1974, p. 255-287 ; G. HOFFMANN, "Internationales Verwaltungsrecht" *in Besonderes Verwaltungsrecht*, I. von MÜNCH (dir.), 6ème éd., 1982, p. 989-1011.

[6] Cette proposition d'appliquer le droit administratif international aux contrats transnationaux fait l'objet de longs développements dans la principale contribution consacrée par l'auteur à ces accords : U. BEYERLIN, *Rechtsprobleme des lokales...*, *op. cit.*, p. 397-435. Mais l'auteur expose également ses vues de manière plus succincte dans une autre contribution : "Dezentrale grenzüberschreitende Zusammenarbeit als transnationales Rechtsphänomen", *Archiv des Völkerrechts*, 1989, p. 286-327, spéc. p. 322-325. La définition qu'il propose du droit administratif international est d'ailleurs une

autrefois élaboré par son illustre compatriote aux seuls accords transnationaux entre personnes publiques[1]. Ces dernières bénéficieraient d'un système de règles de conflit de lois, semblable à celui en vigueur en droit international privé, leur accordant la possibilité de choisir un droit public national. Les États n'y auraient pas accès en raison de ce que leurs relations conventionnelles viennent inexorablement se placer sous l'égide du droit des gens. Quant aux personnes privées, leur état de subordination par rapport aux autorités administratives, ne leur permettrait pas non plus d'en connaître.

S'il n'exclut pas une démarche unilatérale, Beyerlin suggère que la meilleure voie pour mettre en place ce droit administratif international passe par la conclusion de traités entre les États concernés[2]. Cette proposition, parfois critiquée[3], a reçu l'adhésion de certains spécialistes de la coopération décentralisée, même en France[4].

B. - LA PERTINENCE DU DROIT ADMINISTRATIF INTERNATIONAL

572. Le système élaboré par Neumeyer est bancal et prête le flanc à la critique tant sur la question de l'origine des règles de droit administratif international (**1°**) que sur celle de l'incidence de telles règles sur l'exclusivisme de la compétence étatique en droit public (**2°**).

1° - L'origine des règles de droit administratif international

573. En matière de source des règles de droit administratif international, l'alternative est élémentaire. Soit ces règles appartiennent au droit international public et, dans ce cas, il existe au plan supranational une organisation générale de la compétence des États en droit public. Soit elles font partie de l'ordre interne et c'est alors chaque État qui, de son côté, organise la délimitation spatiale de son droit public.

---

référence explicite aux théories de NEUMEYER : "Le droit administratif international n'est pas le droit de l'administration internationale, c'est-à-dire un droit matériellement international, il est un pendant au droit international privé, c'est-à-dire un droit qui régit les conflits de lois en matière administrative" ("*Internationales Verwaltungsrecht ist nicht das Recht einer internationale, d.h. auf Sachverhalte von internationalem Gehalt sich beziehende Verwaltung, sondern das Gegenstück zum internationalen Privatrecht, als ein Grenzrecht oder echtsanwendungsrecht im Bereich des Verwaltungsrecht*"), *Rechtsprobleme des lokales...*, *op. cit.*, p. 399.

[1] *Rechtsprobleme des lokales...*, *op. cit.*, p. 412.

[2] *Ibid.*, p. 472-473.

[3] N. LEVRAT, *Le Droit applicable aux accords de coopération transfrontière entre collectivités publiques infra-étatiques*, Paris : PUF, 1994, p. 246 et p. 322-330.

[4] Ainsi, M. AUTEXIER s'interroge-t-il : "*La solution ne consisterait-elle pas à imaginer un système de droit public transnational, en adaptant au droit administratif les techniques du droit international privé*", V° "L'Action extérieure des collectivités locales françaises dans le cadre européen", *Rép. Dalloz Collectivités territoriales*, vol. IV, chap. 1, n° 177. Et l'auteur de citer BEYERLIN bien sûr, mais également LEVRAT, ce qui est plus curieux car ce dernier conteste la viabilité du système proposé par le premier. *Adde*, J.-M. WOEHRLING, *Les problèmes juridiques de la coopération transfrontalière au niveau local ou régional*, doc. O.C.D.E. ENV./TFP/77.10, octobre 1977, note 23, p. 42.

Neumeyer s'est expressément prononcé en faveur de la seconde branche de l'alternative. Pour lui, le droit des gens peut seulement "*influencer le droit administratif international*", lui fournir "*une pierre angulaire à savoir : l'idée d'une répartition de la compétence entre États*"[1]. Mais, en pratique, ce sont les États qui posent leurs propres règles unilatérales de compétence. Le droit administratif international "*dans son ensemble, reste le droit de chaque État en particulier*"[2]. C'est bien là la seule opinion admissible. Le degré de perfectionnement atteint par le droit inter-étatique n'est pas suffisant pour permettre de fixer avec la précision d'un géomètre le champ d'application de chaque droit public national.

Ainsi, s'il est un droit administratif international, celui-ci est entièrement compris dans l'ordre interne. Or, un rapide examen des grands systèmes juridiques nationaux démontre que ces règles n'existent pas. Ou alors, il faut comprendre que la règle de droit administratif international est tout entière comprise dans la règle substantielle de droit public[3]. Mais, dans ces conditions, le droit administratif international ne constitue pas un ensemble particulier de règles, une branche du droit interne comme l'est le droit international privé. Il ne s'agit plus que d'une dénomination particulière de l'application spatiale des règles substantielles de droit public.

2° - Le droit administratif international et la compétence exclusive de l'État

574. En droit international privé, "*lorsqu'un État n'est pas lui-même compétent pour régler un cas déterminé, il ne reste pas inactif mais applique les lois de l'État étranger compétent*"[4]. Mais "*pour le droit public et pour le droit administratif, en particulier, il n'en va pas de même. Ou bien l'État est compétent, ou bien il se désintéresse de la question. Ou bien il réclame les impôts, exige la fréquentation de l'école, ou bien il reste inactif. Mais jamais s'il est lui-même incompétent il n'a le devoir de régler les affaires des autres États*"[5]. Par conséquent, dans le système élaboré par Neumeyer, il n'est pas concevable d'appliquer une loi étrangère[6]. Il existe toutefois des exceptions à ce principe lorsque le droit administratif étranger à des effets transfrontières, *verwaltungsrechtliche Überwirkungen* dit-on en allemand. Mais les hypothèses envisagées s'apparentent à la reconnaissance d'un droit acquis à l'étranger en vertu d'une loi de droit public. Neumeyer cite ainsi l'exemple de l'individu qui a passé à l'étranger "*les examens prescrits par les règlements pour exercer la profession médicale*"[7].

---

1 K. NEUMEYER, "Le droit administratif international", art. préc., p. 498.

2 *Ibid.*

3 En ce sens : K. VOGEL, *Der räumliche Anwendungsbereich des…*, *op. cit.*, IIème partie, chap. 3, n° 2, cité par K. ZWEIGERT, art. préc., p. 664.

4 K. NEUMEYER, "Le droit administratif international", art. préc., *loc. cit.*

5 *Ibid.*

6 L'auteur y voit une conséquence directe de l'unilatéralisme dont est empreint le droit administratif : *ibid.* Mais ceci est contestable car on peut très bien appliquer le droit public étranger sans passer par un système bilatéral. Il suffit de se fonder sur la règle de conflit étrangère.

7 *Ibid.*, p. 496. En ce sens : K. VOGEL, V° "Administrative law, international aspects", art. préc., p. 4-5.

Quoi qu'il en soit, même si l'application du droit public étranger est possible dans une certaine mesure, il ne semble pas que celle-ci puisse se faire si le droit du for est applicable[1]. Par conséquent, aucune remise en cause de l'exclusivisme de la compétence étatique en droit public n'est admise et, de ce fait, le droit administratif international n'offre pas de solutions intéressantes quant à la détermination d'un régime uniforme au profit des contrats transnationaux.

§ 2. - LA SOLUTION DU DROIT INTERNATIONAL PRIVÉ

575. Lorsqu'on écarte la solution du droit administratif international, il reste alors celle proposée par le droit international privé. La fonction de cette matière est précisément de prendre en considération la compétence concurrente des ordres juridiques étrangers. Les spécialistes estiment toutefois que les méthodes du droit international privé ne sont pas applicables en droit public. Ils invoquent comme justification de cet ostracisme l'absence de conflit de lois. Or, nous espérons avoir montré qu'il existe des conflits de lois en droit public. Si le droit international privé ne s'étend pas au droit public, c'est à notre avis plutôt parce que l'État refuse de tenir compte de l'existence de ce conflit, estimant que sa compétence est exclusive. Il n'y a d'ailleurs pas lieu de l'en blâmer, sauf en ce qui concerne les contrats transnationaux. Pour des raisons déjà exposées[2], il nous semble que l'exclusivité de la compétence de l'État devrait être ici remise en question et que la prise en considération par l'intermédiaire des méthodes du droit international privé de la compétence des États étrangers devrait être autorisée[3]. Il est toutefois possible que la mise en pratique de cette approche théorique rencontre des obstacles liés à la structure du système juridique. C'est ainsi que l'application du droit public étranger pourrait faire difficulté (**A**), surtout lorsque cette application est faite à une activité administrative française (**B**).

A. - L'APPLICATION DU DROIT PUBLIC ÉTRANGER

576. L'application du droit public étranger s'est longtemps heurtée au principe de territorialité (**1**°) aujourd'hui abandonné (**2**°).

---

[1] M. VAN HECKE a bien mis en lumière que dans la doctrine de NEUMEYER, l'application du droit public du for exclut celle du droit étranger quand "*la règle étrangère de droit public joue le rôle de majeure du syllogisme judiciaire*". Mais ceci ne chasse pas la possibilité de la prendre en considération lorsqu'elle "*se voit confier un rôle dans l'application de la lex fori, ce qui la situe donc dans la mineure, non la majeure, du syllogisme judiciaire*". Ainsi, on vérifiera "*pour l'application d'une règle pénale ou fiscale de non bis in idem, si une incrimination ou une imposition existe à l'étranger*" : art. préc., p. 232.

[2] *Supra*, n° 566.

[3] En ce sens : J.-M. WOEHRLING, *op. cit.*, p. 18-24.

1° - Le principe de territorialité des lois de droit public

577. Ce principe était réputé limiter l'application des règles de droit public au seul territoire de l'État les ayant émises ; ce qui peut en réalité revêtir deux significations[1]. Selon la première, une disposition de droit public ne pourrait pas avoir un champ d'application extra-territorial. Mais on a vu que cette description ne correspond pas à la réalité du droit positif[2], et il semble bien que celui-ci ne l'ait jamais retenu.

En revanche, le droit positif a pendant longtemps été influencé par la seconde acception du principe de territorialité. Selon celle-ci, un texte ne pourrait pas être appliqué par des juridictions en dehors de celles de l'État qui l'a émis. En un mot, ce n'est plus la loi elle-même qui est territoriale mais son application[3]. Une loi est territoriale dans cette nouvelle acception "*lorsqu'elle est seule à pouvoir s'appliquer sur le territoire de l'État dont elle émane, sans souffrir la concurrence d'une loi étrangère du même type ; et sans pouvoir avoir, corrélativement, la prétention de s'appliquer à l'étranger*"[4]. La jurisprudence a parfois fait application de ce principe bien curieux[5], qui suppose contraire à la substance même d'une règle de droit public le fait d'être appliquée par un tribunal étranger. Or, toutes les règles de droit public ne véhiculent pas une charge de puissance publique telle que leur application emporte systématiquement atteinte à la souveraineté du for. En outre, il existe en droit international privé des outils, comme l'exception d'ordre public, qui permettent de faire échec à l'application d'une loi étrangère portant atteinte aux intérêts du for.

On a finalement attribué les couleurs d'un principe au refus systématique de prendre en compte les lois étrangères de droit public. Mais aucune justification satisfaisante n'en a été proposée à tel point que "*loin d'expliquer l'affirmation de l'inapplicabilité du droit public étranger, (le principe de territorialité) se confond purement et simplement avec elle*"[6]. Assorti d'un fondement aussi factice, il n'y a rien d'étonnant à ce que la territorialité ait été abandonnée.

---

1 De nombreux auteurs ont mis en lumière ces deux significations. Voy. not.: J.-M. JACQUET, "La norme juridique extraterritoriale...", art. préc., n° 12-15, p. 332-335 ; A. HUET, "Pour une application limitée de la loi pénale étrangère", *J.D.I.*, 1982, p. 625-659, spéc. p. 627-628.

2 *Supra*, n° 549.

3 J.-M. BISCHOFF, art. préc., p. 139.

4 *Ibid.*

5 Trib. civ. Seine, 31 mai 1933, *J.D.I.*, 1934, p. 368 ; Trib. civ. Seine, 27 mars 1935, *J.D.I.*, 1936, p. 590 ; Paris, 30 juin 1933, *J.D.I.*, 1933, p. 963 ; Colmar, 16 février 1937, *Rev. crit.*, 1937, p. 685, note BATIFFOL ; Cass. civ., 3 juillet 1928, *S.*, 1928.1.356, *J.D.I.*, 1929, p. 385, note J.P. ; Besançon, 14 mai 1959, *D.*, 1959, p. 515, note ESMEIN. Ces arrêts sont cités par P. MAYER, "Le rôle du droit public en droit international privé", art. préc., p. 469-470.

6 V. HEUZÉ, *La Réglementation française des..., op. cit.*, note 19, p. 161 ; *adde*, G. BISCOTTINI, "L'efficacité des actes administratifs étrangers", *R.C.A.D.I.*, 1961 (III), vol. 104, p. 632-695.

2° - L'abandon du principe de territorialité des lois de droit public

578. Dès 1929, l'auteur italien Fedozzi constatait que "*la doctrine est tellement convaincue que les lois de droit public sont par définition des lois territoriales que généralement elle s'abstient de donner une justification quelconque d'un principe, qui d'après elle s'impose avec les caractères de l'évidence et partant apparaît comme impossible à démontrer*"[1]. Lui succédant à l'Académie de droit international de La Haye une quarantaine d'années plus tard, M. Mann relevait pour sa part que rien ne peut remettre en cause "la conclusion générale selon laquelle il n'y a plus de place pour la notion de territorialité en matière de conflit de lois"[2]. Cette opinion traduit en fait le sentiment général des internationalistes de droit privé pour qui n'existe plus aujourd'hui d'opposition de principe à l'application du droit public étranger[3].

Lors de sa session de Wiesbaden en 1975, l'Institut de droit international a d'ailleurs adopté la résolution suivante :

> "*Le caractère de droit public attribué à une disposition du droit public étranger par la règle de conflit de lois ne fait pas obstacle à l'application de cette disposition, sous la réserve fondamentale de l'ordre public*"[4].

Cette résolution a porté l'estocade au principe de territorialité auquel on ne connaît plus de défenseurs. On ne voit maintenant aucune objection à ce qu'un juge fasse application d'une loi étrangère de droit public[5], au moins lorsque celle-ci fait partie du droit désigné par la règle de conflit.

579. Une application au titre de loi de police est quant à elle plus litigieuse, bien que certains auteurs l'admettent implicitement ou explicitement. Ainsi, pour Francescakis, ces règles sont à la frontière du droit privé et du droit public[6]. De

---

[1] *De l'Efficacité extra-territoriale des lois et des actes de droit public*, *R.C.A.D.I.*, 1929 (II), vol. 27, p. 141-210, spéc. p. 149.

[2] "*The broad conclusion that there is no room for the notion of territoriality in the conflict of laws*" : F.A. MANN, *Conflict of laws and...*, *op. cit.*, p. 190.

[3] M. BAUER, *Le Droit public étranger devant le juge du for*, thèse multigr., Paris II, 1977, t. I, n° 111-114, p. 97-99 ; J.-M. BISCHOFF, art. préc., *passim* ; C. FREYRIA, art. préc., *passim* ; P. MAYER, "Droit international privé et...", art. préc., n° 53, p. 371 ; K. ZWEIGERT, art. préc., *passim*. *Adde*, les différentes contributions de P. LALIVE à cette question : "Le droit public étranger et...", art. préc., *passim* ; "Sur l'application du droit public étranger", *Ann. suisse D.I.*, 1971, p. 103-142 ; "Droit public étranger et ordre public suisse" *in Mélanges Eranion Maridakis*, t. III, Athènes, 1964, p. 189-208.

[4] *Rev. crit.*, 1976, p. 423. Voy. le rapport M. LALIVE intitulé "L'application du droit public étranger", *A.I.D.I.*, 1975, vol. 56, p. 157-278 et p. 219-259. Le rapporteur indique que la résolution adoptée ne concerne pas les conflits de lois en droit public, dont il conteste d'ailleurs l'existence : *id.*, p. 240-246.

[5] Pour des exemples en jurisprudence : Civ., 25 janvier 1966, *D.*, 1966, p. 390, note LOUSSOUARN, *Rev. crit.*, 1966, p. 238, note FANCESCAKIS ; 18 juin 1969, *J.C.P.*, 1969.II.16131, note P.L., *Rev. crit.*, 1970, p. 464, note DRAKIDIS ; 17 mars 1970, *Rev. crit.*, 1970, p. 688, note LAGARDE, *J.D.I.*, 1970, p. 923, note GEOUFFRE de La PRADELLE ; 6 février 1973, *J.D.I.*, 1975, p. 66, note AUDIT ; 1er juillet 1981, *J.D.I.*, 1982, p. 148, note BOUREL, *Rev. crit.*, 1982, p. 336, note LAGARDE. Ces arrêts sont cités par P. MAYER, "Le rôle du droit public en droit international privé", art. préc., p. 470-471. Pour un récapitulatif des différents types de règles étrangères de droit public susceptibles de s'appliquer : G. SPERDUTI, "Droit international privé et droit public étranger", *J.D.I.*, 1977, p. 5-15.

[6] "Quelques précisions sur les lois d'application immédiate et leurs rapports avec les règles de conflit de lois", *Rev. crit.*, 1966, p. 1-18, spéc. p. 15.

même, pour Sperduti, rien n'empêche que l'expression de "lois d'ordre public", par laquelle il désigne les lois de police, comprenne "*toute loi - de droit privé ou de droit public - pourvue d'une efficacité qui se manifeste par la détermination directe de sa propre sphère d'application*"[1]. Mais il est vrai que ce point de vue est contesté en particulier par M. Mayer. Pour cet auteur, les lois de police sont à nettement distinguer des lois de droit public[2].

Toutefois, M. Mayer lui-même ne nie pas qu'une loi étrangère de droit public puisse être appliquée comme une loi de police, en utilisant par exemple l'article 7 de la Convention de Rome sur la loi applicable aux obligations contractuelles[3]. C'est également la position défendue par M. Héron. En effet, cet auteur tout en soulignant que "*la loi de police, en tout cas la vraie loi police, est une règle de droit privé*", n'en estime pas moins souhaitable que la méthode soit appliquée à la protection des mineurs, matière dont il revendique le caractère de droit public.

580. En définitive, ces auteurs distinguent en principe lois de police et lois de droit public mais reconnaissent par ailleurs qu'une loi de droit public peut être *appliquée au titre de loi de police.* Nous pensons de notre côté qu'il n'est pas d'obstacle à ce qu'une loi de droit public soit *qualifiée de loi de police.* En effet, la distinction préconisée entre ces deux types de règles repose sur l'absence de conflit de lois en droit public[4]. Or, pour notre part, ce fondement ne saurait porter dans la mesure où comme nous avons tenté de le démontrer, il existe des conflits de lois en droit public. Dans ces conditions, nous ne voyons aucune objection à ce qu'une loi étrangère de droit public soit qualifiée de loi de police étrangère.

De ce fait, on ne verra pas d'objection à appliquer le droit public étranger en matière de contrats transnationaux, qu'il soit intégré à la *lex causæ* ou à titre de loi de police.

B. - L'APPLICATION DU DROIT ÉTRANGER À UNE ACTIVITÉ ADMINISTRATIVE FRANÇAISE

581. La conclusion d'un contrat transnational par une personne publique française constitue une activité administrative française. À ce titre, cet accord relève du droit administratif français et de la compétence des juridictions administratives françaises. Toutefois, il est également sous l'emprise d'une compétence concurrente de la part de l'ordre juridique de la personne publique cocontractante. La prise en

---

[1] G. SPERDUTI, "Les lois d'application nécessaire en que lois d'ordre public", *Rev. crit.*, 1977, p. 257-270, spéc. p. 264.

[2] P. MAYER, "Les lois de police étrangères", *J.D.I.*, 1981, p. 277-345, spéc. n° 26-29, p. 301-304. Rappr. : J.-M. JACQUET, "La norme juridique extraterritoriale...", art. préc., n° 98-104, p. 383-387.

[3] P. MAYER, "Le rôle du droit public en droit international privé français", art. préc., n° 7, p. 67-68.

[4] C'est manifeste chez un auteur comme Pierre MAYER pour qui "*les lois de police sont en conflit avec les lois des autres pays, et notamment avec la loi désignée par la règle de conflit*" alors que "*les lois de droit public ne posent quant à elles aucun problème de conflit de lois, la répartition des compétences étant opérée entre les États par le droit international public*" : "Les lois de police étrangères", art. préc., n° 27, p. 302. MM. HÉRON et JACQUET reprennent les théories de M. MAYER.

considération de cette compétence concurrente nécessite une application du droit public étranger avec laquelle les juridictions administratives sont, au mieux, peu familières[1]. L'habitude est plutôt de considérer que la compétence du juge administratif se limite aux litiges trouvant leur solution "*dans la seule application des règles de droit interne*"[2]. D'ailleurs, le Conseil d'État a rendu des décisions qui vont dans ce sens[3]. Toutefois, cette position tend à évoluer et l'application à titre incident (**1°**) et même à titre principal (**2°**) du droit étranger ne rencontre plus aujourd'hui la même opposition.

1° - L'application à titre incident du droit étranger

582. Même si ce n'est pas monnaie courante, il arrive que les juridictions administratives fassent état de textes de lois étrangères. Le plus souvent, il ne s'agit toutefois pas d'une véritable application, même à titre incident, mais d'une simple prise en considération. On rappellera que "*la prise en considération se distingue de l'application en ce que la règle appliquée fournit elle-même la solution substantielle de la question posée, tandis que la règle prise en considération est intégrée dans le présupposé de la règle qui se réfère à elle, et dont l'effet juridique détermine seul la substance de la relation juridique*"[4]. Autrement dit, l'application de la loi substantielle du for présuppose l'examen d'une loi étrangère[5]. C'est ainsi que le Conseil d'État a examiné le contenu d'une loi pénale allemande afin de déterminer si le caractère rétroactif de celle-ci ne faisait pas obstacle à une procédure d'extradition[6]. Il a également été amené à examiner le droit algérien des associations parce qu'un règlement administratif y faisait expressément référence[7].

---

1 Sur ce thème : B. DOLEZ, "Le juge administratif et les conflits de lois", *R.D.P.*, 1995, p. 1029-1051 ; J. FOYER, "Le Conseil d'État et le conflit de lois" *in Mélanges Holleaux*, Paris : Litec, 1990, p. 103-119.

2 J.-M. AUBY, R. DRAGO, *op. cit.*, t. I, n° 35, p. 50.

3 Voy. not. : C.E., 30 novembre 1932, *Nguyen Van Hoach, Rec.*, p. 1008 ; 6 juin 1934, *Tep Suon, Rec.*, p. 644 ; sect., 21 février 1947, *Bessis, Rec.*, p. 65 ; ass., 18 avril 1947, *Lemaigre-Dubreuil, Rec.*, p. 149 ; sect., 11 juillet 1952, *Ciampoli, Rec.*, p. 376 ; sect., 5 décembre 1952, *Cie des Hydrocarbures, Rec.*, p. 561, *R.D.P.*, 1953, p. 177, concl. GAZIER, *D.*, 1953, p. 373, note HEILBRONNER ; 1er avril 1960, *Consorts Lecallenec et autres, D.*, 1960, p. 419, concl. HENRY ; T.C., 11 mai 1964, *Bucciali, Rec.*, p. 790, *D.*, 1964, p. 552, concl. CHARDEAU ; Trib. adm. Paris, 15 avril 1975, *Trolliet, Rec.*, p. 705, *A.F.D.I.*, 1976, p. 880, chron. LACHAUME ; C.E., 16 avril 1975, *Consorts Lecallenec, Rec.*, table, p. 890.

4 P. MAYER, "Droit international privé et...", art. préc., n° 49, p. 368. La prise en considération peut être appréhendée sous l'angle de la méthode des *data* : H.W. BAADE, *Operation of Foreign Public Law, Int. enc. comp. law*, vol. III, chap. 12, 1991, n° 31 et s.

5 M. BAUER, art. préc., n° 64, p. 55 et n° 70-75, p. 59-64.

6 C.E., ass., 7 juillet 1978, *Croissant, Rec.*, p. 292, *A.J.D.A.*, 1978, p. 559, chron. DUTHEILLET DE LAMOTHE et ROBINEAU, *Gaz. pal.*, 1979.1.34, note DEROUIN, *R.G.D.I.P.*, 1979, p. 848, note PRÉVOST, *J.D.I.*, 1979, p. 90, note RUZIÉ. Dans une espèce similaire, le Conseil d'État a examiné ce même Code pénal allemand afin de conclure à l'équivalence des infractions : 27 juillet 1979, *Salati, Rec.*, p. 333, *Rev. crit.*, 1980, p. 550, note LAGARDE, *Gaz. pal.*, 1979.2.686, note JULIEN-LAFÉRIÈRE. Mais il ne s'agit pas d'appliquer ou même de contrôler l'exacte application de la loi pénale étrangère. Sauf erreur évidente, le juge refuse en effet de connaître de la réalité des charges pesant sur la personne réclamée : C.E., ass., 15 février 1980, *Gabor Winter, Rec.*, p. 87, *D.*, 1980, p. 449, note LABETOULLE, *Gaz. pal.*, 1980.2.794, note JULIEN-LAFERRIÈRE ; 4 mars 1983, *Suami Mavambu, D.A.*, 1983, n° 176.

7 C.E., 19 juin 1981, *D.*, 1982.II.612, note AUTIN. Il s'agissait d'un recours en vue de l'annulation d'une élection des représentants de parents d'élèves au conseil d'établissement du lycée Descartes à

Il arrive aussi que le juge administratif prenne en considération non pas des règles, mais des décisions étrangères comme un jugement ou une décision gouvernementale[1].

Beaucoup plus rarement, le Conseil d'État fait proprement application de lois étrangères. Ainsi, dans le cadre d'une action intentée par un assureur contre l'État français, en remboursement d'indemnités versées à un assuré pour un dommage imputable à l'État français, il a été fait application du Code civil espagnol afin d'établir la subrogation de l'assureur dans les droits et actions de l'assuré[2]. De même, le Conseil d'État a eu à connaître de la conformité d'un transfert de propriété au droit roumain[3], ou de la déclaration d'une créance conformément au droit allemand[4].

Mais il s'agit là d'applications incidentes de lois étrangères portant sur des questions annexes ressortissant au droit privé. Dans les exemples venant d'être mentionnés, l'activité administrative française litigieuse n'est pas elle-même soumise au droit étranger.

2° - L'application à titre principal du droit étranger

583. La jurisprudence du Conseil d'État fournit des exemples d'application à titre principal de lois étrangères (a). On procédera ensuite à l'appréciation théorique d'une telle application (b).

a) Les exemples jurisprudentiels d'une telle application

584. Ces exemples appartiennent tous à la matière contractuelle. Il s'agit donc de contrats administratifs qui ont été partiellement soumis à une loi étrangère. Cette intrusion du droit étranger ne s'est d'ailleurs pas faite sans mal puisque dans un

---

Alger. Une association avait été écartée du scrutin car elle ne bénéficiait pas d'un agrément des autorités algériennes. Or, le règlement du 29 juin 1974 relatif à l'organisation des conseils des établissements de l'office universitaire et culturel français de l'Algérie prévoit que "*seuls les associations ou les groupements de parents dûment habilités par la direction de l'office, en accord avec les autorités algériennes, peuvent présenter des listes de candidats*".

1 C.E., 9 février 1973, *dame veuve Taleb Laid Ould Ali, Rec.*, p. 124 ; ass., 23 juillet 1974, *dame veuve Naoui Ben Abdallah, Rec.*, p. 428, concl. MORISOT : prise en considération d'un jugement algérien constatant un mariage ; Trib. adm. Paris, 9 juillet 1973, *Soc. Duvoir, Rec.*, p. 797 : prise en considération d'une décision du Gouvernement algérien.

2 C.E., 26 juillet 1982, *Ministère de la défense et autre c/ Soc. Spantax et autre, Rec.*, p. 313.

3 C.E., 21 juillet 1972, *Dame Bratianu, Rec.*, p. 588. La Commission de répartition de l'indemnité des nationalisations roumaines avait déclaré non conforme à la loi roumaine un transfert de propriété opéré par lettre entre une femme et son mari à l'occasion d'un bien sis en Roumanie. Intervenant au titre de juge de cassation, le Conseil d'État refusa de contrôler l'application qui avait été faite de la loi roumaine.

4 C.E., 8 décembre 1967, *Resweber, Rec.*, p. 472 : répartition d'une indemnité versée par la R.F.A. aux créanciers du Reich ayant déclaré leurs créances conformément à une loi allemande. Rappr. : C.E., 13 février 1963, *Cie d'assurances de l'Union et le Phénix espagnol et autres c/ République du Congo, Rec.*, p. 87 ; sect., 21 janvier 1977, *Salah Ben Mohamed Ben Lakoud, Rec.*, p. 35 ; 16 mai 1980, *Ministère de l'intérieur c/ Bennacer, Rec.*, p. 226.

premier temps, le Conseil d'État y était totalement opposé. En 1952, il affirma avec force qu'un contrat administratif conclu par une personne publique française ne saurait être soustrait à l'empire de la loi française, même si ce contrat a été conclu et exécuté à l'étranger[1]. Les conclusions du commissaire du gouvernement Barbet résumaient bien la position adoptée à l'époque par le Conseil d'État, à travers la formule suivante : "*Nous pensons que pour un juge il n'existe qu'une seule loi, la loi en vigueur dans le pays où il exerce sa juridiction*"[2]. Au fil du temps, cette intransigeance finit toutefois par se fissurer.

Ainsi, quelques années plus tard, était-elle battue en brèche par le commissaire du gouvernement Gand, dans une affaire d'emprunts émis aux États-Unis. Alors qu'il procédait à une analyse en détail du contrat et n'y décelant aucune "*disposition expresse*" soumettant "*l'emprunt à la législation américaine comme à la compétence des juridictions américaines*", il en déduit que celui-ci relevait de la juridiction administrative française et du droit administratif français[3]. Il trouvait toutefois envisageable que le juge administratif applique une loi étrangère "*sous réserve qu'elle ne soit pas contraire à une règle d'ordre public du droit interne français*"[4]. De même dix ans plus tard, "*un même contrat*", affirmait M. Braibant, "*peut être soumis à la loi française et à la loi locale simultanément*"[5]. Puis, il ajoutait qu'en tout état de cause, "*le contrat doit respecter les dispositions d'ordre public de la législation locale*" pour conclure enfin "*(qu')en pareil cas il appartient au juge français d'appliquer la loi étrangère*"[6].

585. Le commissaire du gouvernement Braibant prenait ainsi acte du revirement de jurisprudence du Conseil d'État intervenu le 8 mai 1968, c'est-à-dire un mois auparavant, dans l'affaire des *Époux Fourny*[7]. Il s'agissait en l'espèce d'une convention verbale par laquelle le Ministère des Affaires étrangères avait engagé et affecté les époux Fourny au Consulat de France à Conakry. Cet accord avait été conclu sous le couvert d'une instruction du 10 mars 1949 concernant le personnel des postes diplomatiques et consulaires aux termes de laquelle "*en matière de licenciement l'employé congédié a droit à une indemnité calculée d'après les prescriptions de la loi locale sur le travail*". Suite à la suppression de leurs postes, les époux saisirent le Conseil d'État. Or, conformément aux dispositions de l'instruction émise en 1949, ce dernier fit application de la loi guinéenne aux calculs des indemnités de licenciement et de congés payés.

---

1 C.E., sect., 11 janvier 1952, *Habib Bechara, Rec.*, p. 30, *Rev. jur. et pol. Union française*, 1952, p. 292, concl. BARBET : marché de transport pour la poste militaire française du Moyen-Orient. Rappr. : C.E., sect., 5 décembre 1952, *Cie des Hydrocarbures*, *Rec.*, p. 561, *R.D.P.*, 1953, p. 177, concl. GAZIER.

2 Concl. préc. En ce sens : HENRY, concl. sous C.E., 1er avril 1960, *consorts Lecallenec et autres*, *D.*, 1960, p. 419.

3 Concl. sous C.E., 28 novembre 1958, *Veuve Langlois*, *Rec.*, p. 590, spéc. p. 594.

4 *Ibid.* Dans cette affaire, le Conseil d'État a préféré pour sa part conclure que "*la loi française régit l'exécution d'un emprunt public de l'État français, nonobstant la circonstance qu'il était émis aux États-Unis et que le règlement des sommes dues aux échéances devait se faire à New York*".

5 BRAIBANT, concl. sous C.E., 3 juillet 1968, 1ère esp., *Lavigne et Le Mée*, *A.J.D.A.*, 1969, p. 253, spéc., p. 254. En ce sens : GENEVOIS, concl. sous C.E., sect., 25 mai 1979, *Mme Rabut*, *Rec.*, p. 231.

6 BRAIBANT, concl. préc., *loc. cit.*

7 C.E., 8 mai 1968, *Fourny*, *Rec.*, p. 289.

586. C'est, à notre connaissance, la première fois qu'une loi étrangère était ainsi appliquée à titre principal[1] dans un litige relevant des juridictions administratives. D'aucuns argueront qu'il s'agit là d'une application très circonstanciée résultant de la seule instruction ministérielle. Cela n'ôte, à notre sens, rien à sa valeur théorique. L'application d'un droit étranger est toujours commandée par une règle du for. L'instruction du 10 mars 1949 fait, dans cette affaire, office de règle de conflit. En outre, cette jurisprudence n'est pas restée isolée. Elle a connu un développement qui dépasse le champ d'application de cette instruction.

On s'en aperçoit avec l'examen de la seconde affaire où il fut fait application d'une loi étrangère à un contrat administratif[2]. Les faits de l'espèce y étaient d'ailleurs très semblables à ceux de l'affaire *Fourny*. Il s'agissait d'un contrat verbal par lequel le poste d'expansion commerciale de Manchester, relevant du Ministère de l'Économie et des Finances, employait une citoyenne anglaise, Mme Johnston, au titre de secrétaire sténodactylographe. Suite à la suppression de son poste, celle-ci voulu faire valoir ses droits à une indemnité de licenciement. Dans un arrêt rendu le 28 janvier 1983, le Conseil d'État refusa à la requérante l'octroi de cette indemnité, sur le fondement de la loi anglaise. Cette fois, l'application de la loi étrangère n'était pas justifiée par l'existence d'une instruction ministérielle[3] ; les juges du Palais Royal relevant que "*la commune volonté des parties a été de soumettre l'exécution du contrat de l'intéressée aux dispositions des législations sociales et du travail britanniques*". Cette arrivée fracassante de la loi d'autonomie en matière administrative ne connut cependant pas un succès prolongé, le Conseil d'État lui substituant par la suite un rattachement objectif dans une troisième affaire.

Il était encore une fois question du licenciement d'un agent public travaillant à l'étranger[4]. Mme Félicien était employée par contrat verbal dans un emploi de secrétaire dans les services de l'ambassade de France à Mexico. Dans un arrêt rendu le 7 janvier 1987, le Conseil d'État retint que cet accord a "*le caractère d'un contrat administratif dont l'exécution (est) soumise aux dispositions des législations sociales et du travail mexicaines*". Mais cette soumission n'est justifiée ni par référence à une instruction ministérielle, comme dans l'arrêt *Fourny*, ni par la commune volonté des parties, comme dans l'arrêt *Dame Johnston*. Il semble donc que ce soit la localisation objective de l'activité au Mexique qui justifie la soumission de l'exécution du contrat à la loi de ce pays[5]. Toutefois, la compétence ainsi attribuée à la loi mexicaine est partiellement mise en échec sur la question de la prescription. Alors que le ministre invoquait la prescription annale du droit du travail mexicain, le Conseil d'État lui a opposé la prescription quadriennale résultant

---

1 *Contra P.* MAYER qui estime qu'il s'agit là d'une simple "*prise en considération*" : "Le rôle du droit public en droit international privé", art. préc., p. 478.

2 C.E., 28 janvier 1983, *Dame Johnston, Rev. crit.*, 1985, p. 316, concl. FRANC, note RODIÈRE.

3 Il est vrai que le commissaire du gouvernement signale l'existence d'une instruction en date du 3 décembre 1973 renvoyant à la législation locale : *ibid.*, p. 319. Toutefois, celle-ci est postérieure à la conclusion du contrat. C'est donc à raison que le Conseil d'État n'en fait pas état dans sa motivation.

4 C.E., 7 janvier 1987, *Dame Félicien, D.*, 1987, somm., p. 350, obs. AUDIT, *Rev. crit.*, 1988, p. 687, note RODIÈRE.

5 En ce sens : P. RODIÈRE, note préc., p. 690 ; B. AUDIT, obs. préc. *Contra J.-B.* AUBY, obs. sous C.E., 27 avril 1987, *Boulard, A.J.D.A.*, 1987, p. 776.

de la loi française du 31 décembre 1968[1]. Il est possible d'y voir une manifestation de la technique des lois de police[2].

587. L'arrêt *Dame Félicien* a été confirmé par une décision du Conseil d'État en date du 10 mars 1997[3]. Il s'agissait d'un contrat par lequel le service culturel, scientifique et de coopération de l'ambassade de France au Mexique recrutait Mme de Waele en qualité de lecteur de français pour exercer ses fonctions au *Colegio de Mexico*. L'arrêt est *a priori* moins instructif que ses devanciers puisque le contrat est simplement évoqué en tant que "*soumis à la loi fédérale mexicaine du travail*", cette soumission constituant une simple application de la jurisprudence précédente. Mais à y regarder de plus près, il comporte une différence notable tirée de l'absence de limitation du champ d'application de loi étrangère au seul titre de *lex executionis*. Toutefois, il est possible que ceci ne constitue qu'un écart de plume[4].

Ces quatre arrêts consacrent donc explicitement une application par le Conseil d'État de lois étrangères à titre principal. Cette application est tout de même doublement limitée. D'une part, elle ne concerne que le recrutement d'agents publics en terre étrangère par des ambassades ou des organismes consulaires. D'autre part, jusqu'à preuve du contraire, le droit étranger n'est appliqué qu'au titre de *lex executionis*[5].

b) L'incidence théorique d'une telle application

588. Même si elle est bien circonscrite, l'application du droit étranger à titre principal existe. Elle implique qu'une activité administrative française, en l'espèce des contrats administratifs de recrutement d'agents publics, est en partie soumise à

---

[1] La Haute juridiction précise que la prescription du droit français s'applique "*à l'ensemble des dettes de l'État qu'elles soient régies par le droit public ou par le droit privé y compris le droit d'un pays étranger*". Dans une affaire portant sur un emprunt international de l'État français, il avait déjà été fait application de la prescription quadriennale française : C.E., 21 juillet 1972, *Veuve Hermann*, *D.*, 1973, p. 503, concl. BRAIBANT, *J.D.I.*, 1973, p. 706, note WEILL, *Rev. crit.*, 1974, p. 330, note BATIFFOL.

[2] J. FOYER, art. préc., p. 107 ; B. AUDIT, obs. préc. sous l'arrêt. Un arrêt *Troquet* rendu par le Conseil d'État le 7 juin 1991 (*Rec.*, p. 223) fait application d'un raisonnement similaire en jugeant que la soumission au droit britannique du contrat de travail du cuisinier d'une ambassade ne peut faire échec aux dispositions, d'ordre public, du décret du 18 juin 1969 portant fixation du statut des agents contractuels, de l'État et des établissements publics de l'État à caractère administratif, de nationalité française en service à l'étranger.

[3] C.E., 10 mars 1997, *Dame de Waele*, *Rev. crit.*, 1997, p. 695, note COURSIER.

[4] D'ailleurs, les articles 50 et 51 de la loi fédérale mexicaine dont il est finalement fait application par le Conseil d'État dans son arrêt sont bien relatifs à l'exécution du contrat.

[5] En outre, le Conseil d'État est partiellement revenu sur cette jurisprudence : C.E., 19 novembre 1999, *Tegos*, *R.F.D.A.*, 2000, p. 833, concl. ARRIGHI de CASANOVA, *Rev. crit.*, 2000, p. 407, note LEMAIRE, *J.D.I.*, 2000, p. 742, note FLAUSS. La compétence des juridictions administratives françaises semble désormais exclue en présence d'un contrat entièrement soumis à un droit étranger. En revanche, elle subsiste lorsque le contrat ne relève que partiellement du droit étranger. Telle semble être du moins l'opinion du commissaire du Gouvernement : "*Il faut d'abord déterminer si le droit français est applicable - le cas échéant concurremment avec le droit étranger - et c'est seulement en cas de réponse affirmative que la question de la compétence du juge administrative peut se poser*", J. ARRIGHI de CASANOVA, concl. préc., p. 840 et p. 841.

un droit étranger. Toutefois, c'est moins la soumission au droit étranger que la non application du droit public français qui est remarquable[1]. On est en présence d'une activité qui normalement relève de notre droit public[2] et auquel ce dernier ne sera finalement pas appliqué. C'est bien là tout l'enjeu théorique de la jurisprudence issue de l'arrêt *Époux Fourny*.

Il est vrai que dans ces arrêts l'atteinte à la compétence du droit public est minime. Elle l'est d'une part, car l'application du droit étranger se limite à l'exécution du contrat et même, plus concrètement, à la rupture de celui-ci par licenciement. Si on s'en tient aux faits des quatre espèces citées, ce sont même uniquement les conséquences pécuniaires du licenciement que le Conseil d'État laisse à la loi mexicaine, anglaise ou encore guinéenne le soin de fixer. L'atteinte à la compétence du droit public est également minime en raison de la nature des règles françaises de droit public écartées au profit du droit étranger. Celles-ci sont principalement constituées par une réception prétorienne des principes du Code du travail[3]. Elles sont donc très proches du droit privé où l'application du droit étranger est monnaie courante.

589. On imagine bien que l'enjeu serait autrement plus important si l'on avait dû renoncer, par exemple, aux règles sur les marchés publics en raison de l'exécution de l'un d'eux à l'étranger. Dans cette hypothèse, l'application du droit étranger serait certainement ressentie comme une véritable atteinte à la souveraineté de l'État. Et pourtant, il s'agirait d'une atteinte que l'État se ferait subir lui-même ; ce qui revient à reconnaître qu'il n'y a pas d'atteinte du tout. Un "*ordre étatique souverain (...) peut parfaitement admettre ou vouloir que (le juge administratif) prenne en considération le droit étranger ou même l'applique purement et simplement*"[4]. Il choisit souverainement de renoncer dans certains cas à l'application de son droit public.

Et, il ne faut pas croire qu'une telle renonciation ait une incidence sur la nature de l'activité administrative qui en subit les effets. Ce n'est pas parce qu'un droit étranger est appliqué à une activité administrative française que celle-ci change de nature et devient une activité administrative étrangère. La confusion vient de ce que l'existence d'une activité administrative étrangère peut être révélée par la volonté décelée auprès d'une loi étrangère de la régir[5]. Mais ce n'est pas l'hypothèse qui nous intéresse ici. Un auteur fait bien au plan contentieux cette distinction : "*Quand le juge se reconnaît compétent tout en appliquant le droit étranger, il consacre cette seconde hypothèse : bien que l'activité relève de l'ordre juridique français, elle peut se voir appliquer, sur tel point, une règle de droit étranger. Quand il se déclare au contraire incompétent en alléguant que l'activité n'est pas régie par le droit*

[1] "*L'audace ne consiste pas tellement dans l'application de (la loi étrangère) que dans la non application de la loi française*" comme le dit M. FOYER : art. préc., p. 114.

[2] C'est manifeste dès lors que la juridiction administrative s'est déclarée compétente.

[3] J.-L. REY, "L'application des règles issues du Code du travail aux agents publics", *L.P.A.*, 9 février 1996, n° 18, p. 20.

[4] E. PICARD, art. préc., n° 25.

[5] C.E., ass., 30 janvier 1948, *Leheriq*, *Rec.*, p. 41 ; sect., 16 juin 1961, *Rakotomo*, *Rec.*, p. 414, *Rev. jur. pol. Outre-mer*, 1962, p. 541, concl. ORDONNEAU ; 13 février 1963, *Banque de l'Afrique occidentale*, *Rec.*, p. 85.

français, on se retrouve dans la première hypothèse et le juge veut dire en réalité que l'activité ne relève pas l'ordre juridique français ou de la souveraineté française"[1]. Pour notre part, nous nous intéressons à la première hypothèse, celle où en présence d'une activité administrative française, l'application d'un droit étranger est envisagée. Or, nous avons pu constater qu'il est toujours possible pour un ordre juridique de renoncer à son droit public puisque précisément, cela constitue un apanage de sa souveraineté.

- CONCLUSION DU TITRE I -

590. Les règles substantielles applicables aux contrats transnationaux relèvent donc essentiellement du droit public. Mais comme chaque contrat met au moins en présence deux ordres juridiques différents, ce sont autant de droits publics qui peuvent et même veulent s'appliquer. On est alors en présence d'un conflit de lois de droit public qu'il est nécessaire de régler pour assurer la pérennité des contrats transnationaux. Le règlement de ce conflit implique de revenir sur la compétence exclusive de l'État en droit public afin de permettre la prise en considération de la compétence étrangère. Or, seul le droit international privé permet un tel résultat. On va donc tenter maintenant d'en importer les méthodes dans le domaine des contrats transnationaux. C'est l'objet du dernier titre.

[1] E. PICARD, art. préc., n° 36.

Titre II

LES CONTRATS TRANSNATIONAUX ET LE DROIT INTERNATIONAL PRIVÉ

591. Sauf à être des engagements non contraignants[1], les accords entre personnes publiques infra-étatiques françaises et étrangères sont le plus souvent des contrats administratifs. C'est la qualification que leur assigne en principe le droit français[2]. Cette qualification engendre l'exclusivisme des compétences législative et juridictionnelle de l'ordre juridique français à leur égard. Concrètement, cela signifie que ce dernier se refusera à admettre que le contrat puisse être soumis à une loi étrangère ou déféré à une juridiction étrangère. Pour notre système juridique, un tel contrat ne peut être soumis qu'au droit administratif français et ne peut être déféré qu'aux juridictions administratives françaises[3].

---

1 Ainsi, une convention de jumelage sera-t-elle, en règle générale, qualifiée d'engagement non contraignant. Sur ces derniers : *supra*, n° 109.

2 On rappellera à ce propos que la dénomination de contrats transnationaux a été réservée aux contrats entre personnes publiques relevant d'États différents dont le régime substantiel appartient au droit public interne : *supra*, n° 513. On s'était toutefois aperçu à cette occasion qu'une minorité d'accords infra-étatiques pouvait être qualifiée de contrats de droit privé. Ce sont principalement les contrats conclus par les établissements publics industriels et commerciaux. Les méthodes du droit international privé s'appliquent à leur égard sans difficulté particulière puisqu'il s'agit de conventions de droit privé. Les parties peuvent choisir la loi applicable et la juridiction compétente, et même recourir à l'arbitrage. La seule différence avec un contrat international classique, c'est-à-dire entre personnes privées, résulte de la possibilité d'annuler un acte détachable du contrat. Dans cette hypothèse, les solutions préconisées pour les contrats transnationaux pourront être reproduites pour les contrats de droit privé.

3 On remarquera que la qualification retenue par l'ordre juridique de la personne publique étrangère est sans incidence sur ce constat. Que la convention transnationale soit qualifiée de contrat de droit privé ou de contrat de droit public par le système juridique étranger ne change rien quant à l'attitude du droit français. Ce dernier estime, en tout état de cause, que le contrat est administratif et en déduit l'exclusivisme de sa compétence. Il y a simplement lieu de constater que lorsque le contrat relève également du droit public étranger, l'exclusivisme de la compétence française se double d'un exclusivisme de la compétence étrangère.

Or, pour que perdure le phénomène des contrats transnationaux, comme tel semble être la volonté du législateur français[4], il doit être creusé une brèche dans la compétence exclusive que se reconnaît l'ordre juridique français à l'égard de ces contrats administratifs. Il a été vu que, pour ce faire, les méthodes du droit international privé sont incontestablement les plus adaptées et leur transposition à une matière régie par le droit public ne se heurte à aucun obstacle théorique. Mais la construction du droit public étant *de lege lata* exclusive de toute ingérence d'autres systèmes juridiques, il est nécessaire de l'adapter. On aura donc compris que c'est moins une description du droit positif qu'une proposition de modification de celui-ci que nous allons ici présenter. Cette dernière s'avère en effet indispensable à l'élaboration d'un régime international uniforme des contrats transnationaux.

592. Elle suppose que soit admis qu'un contrat, qualifié d'administratif au regard du droit français, puisse être soumis à une loi ou à une juridiction étrangères[5] et ce, dans les hypothèses qu'il reste à définir en application des méthodes du droit international privé. Un recours pur et simple du régime du contrat international tel qu'il existe en droit privé serait toutefois inadapté. Il est, en effet, nécessaire de concilier la nature administrative de ces contrats avec leur régime international. Or, une transposition du régime en vigueur entre personnes privées ne permet pas d'aboutir à ce résultat. On s'attachera donc à transposer les méthodes du droit international privé, tout en prenant garde de respecter les exigences les plus fondamentales du droit administratif. Cette transposition sera envisagée en distinguant selon que les personnes publiques contractantes ont choisi de recourir à une juridiction étatique (**chapitre I**) ou à l'arbitrage (**chapitre II**).

---

[4] Puisqu'il en a autorisé la conclusion, en particulier par la loi du 6 février 1992. Cette loi a d'ailleurs tôt fait d'ouvrir aux collectivités et à leurs groupements la faculté de conclure de tels accords, tout en ne disant mot sur les questions de droit international privé, pourtant essentielles, posées par ces derniers.

[5] Dans la circulaire du 26 mai 1994 consacrée par les Ministères de l'Intérieur et des Affaires étrangères à l'entrée en vigueur des dispositions sur la coopération décentralisée de la loi du 6 février 1992, il est un passage concernant le contentieux de ces contrats qui va dans ce sens et remet en cause l'exclusivisme des compétences législative et juridictionnelle en droit public : "*En l'absence de disposition législative et de jurisprudence sur ce point, il conviendra de soumettre au juge administratif les litiges nés sur le territoire national et mettant en cause une collectivité territoriale française ou un groupement. Si la convention est régie par le droit étranger et que le litige survient dans le pays auquel appartient la collectivité territoriale étrangère, il appartiendra à la collectivité française de s'assurer qu'elle dispose de voies de recours en cas de contentieux*" : Circulaire n° INT/B/94/00147/B relative à la coopération des collectivités territoriales françaises avec des collectivités territoriales étrangères, repr. par H. PERROT, *Le Perfectionnement des instruments internes et externes de la coopération décentralisée à la française, Rapport d'activité 1994-1995 du Délégué pour l'action extérieure des collectivités locales*, sept. 1995, annexe VI-1 ; et également par I. BOINVILLIERS, *Coopération décentralisée, Acteurs, pratiques, procédures*, Paris : Ministère des Affaires étrangères/Les éditions du GRET, 1996, p. 297-306. Ce texte admet explicitement qu'une convention de coopération décentralisée puisse, dans certains cas, être soumise à une loi étrangère et à une juridiction étrangère.

Chapitre I

LE RECOURS A UNE JURIDICTION ÉTATIQUE

593. Dans l'hypothèse où les parties à un contrat transnational n'ont pas prévu de recourir à l'arbitrage, elles devront nécessairement, en cas de litige, s'en remettre à une juridiction étatique. Deux questions principales se posent alors. La première porte sur la détermination de la juridiction internationalement compétente. La seconde vise à désigner la loi que ce tribunal devra appliquer au contrat.

594. Mais, au préalable, quelques remarques sur l'immunité de juridiction s'imposent. En effet, l'entrelacement au sein de cette notion des droit public interne, droit international public et droit international privé donne à penser que la question de l'immunité de juridiction intéresse de près les contrats transnationaux[1]. Il y a pourtant lieu de constater qu'aucune incidence sur la matière ne devrait être reconnue à cette immunité. Deux raisons s'y opposent en effet, la première contingente, la seconde plus fondamentale. On constate tout d'abord que l'immunité est accordée aux États mais déniée aux autres collectivités territoriales étrangères. Les États fédérés[2], les régions[3], les départements[4] ou les villes[5] ne bénéficient pas d'une immunité de juridiction. Dès lors, si l'une de ces personnes publiques conclut une convention avec une administration française et qu'un litige survient,

---

[1] Le régime des immunités est une des rares questions abordées par les manuels ou traités de droit international public comme de droit international privé. Pour le droit international public, voy. : J. COMBACAU, S. SUR, *op. cit.*, p. 243 et s. ; P.-M. DUPUY, *op. cit.*, n° 112-118, p. 88-92 ; NGUYEN QUOC DINH, P. DAILLIER, A. PELLET, *op. cit.*, n° 289-291, p. 446-449 ; P.-M. MARTIN, *op. cit.*, n° 125-129, p. 58-61. Pour le droit international privé, voy. : B. AUDIT, *Traité*, n° 393-406, p. 348-360 ; H. BATIFFOL, P. LAGARDE, *op. cit.*, t. II, n° 690-694, p. 509-526 ; D. HOLLEAUX, J. FOYER, G. de LA PRADELLE, *op. cit.*, n° 871-890, p. 403-412 ; Y. LOUSSOUARN, P. BOUREL, *op. cit.*, n° 469-483 ; P. MAYER, V. HEUZÉ, *Précis*, n° 320-329, p. 209-217. *Adde*, M. COSNARD, *La Soumission des États aux tribunaux internes*, Paris : Pedone, 1996 ; I. PINGEL-LENUZZA, *Les Immunités des États en droit international*, Bruxelles : Bruylant, 1997.

[2] Par ex. : Civ., 24 octobre 1932, *D.P.*, 1933.1.196, note GROS.

[3] Par. ex. : Poitiers, 26 juillet 1937, *S.*, 1938.2.17.

[4] Par ex. : Paris, 11 juillet 1924, *Gaz. pal.*, 1925.1.389.

[5] Par ex. : Req., 1er janvier 1895, *S.*, 1896.1.225.

l'immunité de juridiction ne pourra pas faire échec à la compétence des juridictions françaises. Il en résulte, en définitive, que l'ensemble de la coopération décentralisée est exclu du domaine de cette immunité.

Il est toutefois une autre raison. Dans l'interprétation reçue par le droit français, celui-ci accorde aux États étrangers, et aux organismes agissant sur leur ordre et pour leur compte, une immunité de juridiction "*non seulement pour les actes de puissance publique mais aussi pour ceux accomplis dans l'intérêt d'un service public*"[1], ce service public étant par définition étranger. Or, un contrat transnational est conclu dans l'intérêt des services publics dont ont la charge les personnes publiques contractantes. Il intéresse donc le service public étranger et, à ce titre, l'immunité pourrait être reconnue. Mais, et la spécificité des contrats transnationaux se fait ici jour, il intéresse également le service public français. On se trouve, en conséquence, face à une configuration distincte de celle dans laquelle l'immunité de juridiction fait traditionnellement connaître ses exigences. Cette dernière s'oppose à l'immixtion des juridictions françaises dans le fonctionnement d'un service public étranger. Mais tel n'est pas le cas pour les contrats transnationaux. Les juridictions françaises et, plus précisément, celles de l'ordre administratif sont compétentes en raison de l'existence d'une activité administrative française, d'un contrat conclu dans l'intérêt d'un service public français. Faire jouer l'immunité de juridiction, au motif que ce contrat intéresse *par ailleurs* un service public étranger, reviendrait à priver les juridictions françaises d'une compétence légitime, celle résultant de l'existence d'un service public français. On en conclut que le jeu de l'immunité de juridiction doit être écarté en matière de contrats transnationaux, sous peine de priver les juridictions françaises de la compétence de statuer sur une activité accomplie dans l'intérêt d'un service public français[2]. Cette précision faite, il est temps d'en venir au cœur du débat qui nous occupe.

595. Dans la perspective d'un litige opposant les parties à un contrat transnational, il est nécessaire d'étudier les problèmes relatifs à la détermination de la juridiction compétente et à la reconnaissance des jugements étrangers (**section II**), puis ceux propres à la détermination de la loi applicable (**section III**).

---

[1] Civ. 1re, 2 mai 1990, *Soc. nationale iranienne de gaz*, *Rev. crit.*, 1991, p. 140, note BOUREL. Rappr. : Civ. 1re, 19 mai 1976, *Banque du Japon*, *Rev. crit.*, 1977, p. 359, note BATIFFOL, *J.D.I.*, 1976, p. 687, note KAHN ; Civ. 1re, 25 février 1969, *Soc. Levant Express Transport*, *Rev. crit.*, 1970, p. 102, note BOUREL, *G.A.D.I.P.* n° 47.

[2] En revanche, on ne voit pas d'opposition au maintien de l'immunité d'exécution, dont la problématique est toute autre et qui n'aura pas pour effet de paralyser la compétence des juridictions françaises. Ainsi, lorsqu'une personne publique française conclut avec un État étranger, ce dernier pourra bénéficier dans tous les cas d'une immunité d'exécution sur le sol français. La Cour de cassation a, en effet, prévu que l'immunité d'exécution doit être écartée "*lorsque le bien saisi a été affecté à l'activité économique ou commerciale relevant du droit privé qui donne lieu à la demande en justice*" : Civ., 14 mars 1984, *J.D.I*, 1984, p. 598, note OPPETIT, *Rev. crit.*, 1984, p. 644, note BISCHOFF, *D.*, 1984, p. 629, rapp. FABRE, note ROBERT, *J.C.P.*, 1984.II.20205, concl. GULPHE, note SYNVET, *Rev. arb.*, 1985, p. 69, note COUCHEZ, *G.A.D.I.P.* n° 65. Or, dans le cas d'un contrat transnational, l'activité donnant lieu à la demande en justice ne relève précisément pas du droit privé. Dans l'hypothèse, bien plus fréquente, où le cocontractant de la personne publique française est un organisme public, personnalisé ou non, distinct de l'État, l'immunité pourra être écartée si le bien objet de la saisie, même s'il est sans rapport avec la demande en justice, est "*affecté à une activité principale relevant du droit privé*" : Civ. 1re, 1er octobre 1985, *J.D.I.*, 1986, p. 170, note OPPETIT, *Rev. crit.*, 1986, p. 527, note AUDIT, *J.C.P.*, 1986.II.20566, concl. GULPHE, note SYNVET, *G.A.D.I.P.* n° 66.

Mais, avant de procéder à cette double recherche, on constate qu'existe un lien en droit public entre la juridiction compétente et la loi applicable. Dans cette matière, elles appartiennent en principe au même ordre juridique, tandis qu'en droit international privé elles sont indépendantes l'une de l'autre. Comme il s'agit ici de transposer les méthodes du droit international privé à une matière régie par le droit public, une étude particulière doit en conséquence être consacrée au lien entre la loi applicable et la juridiction compétente (**section I**).

SECTION I
LE LIEN ENTRE LA LOI APPLICABLE ET LA JURIDICTION COMPÉTENTE

596. En droit public en général et en droit administratif en particulier, il existe un lien entre la loi applicable et la juridiction compétente[1]. Celui-ci consiste dans le fait que les juridictions administratives ne font application que du droit administratif et, plus précisément, que du droit administratif français[2]. Or, le droit international privé s'oppose à une telle conception. Le principe, en cette matière, est que la compétence juridictionnelle et la loi applicable sont indépendantes l'une de l'autre[3]. Il convient donc de déterminer si le règlement de la situation de conflit de lois, c'est-à-dire la concurrence d'ordres juridiques compétents sous l'emprise de laquelle sont les contrats transnationaux, implique nécessairement une remise en question du lien existant en droit public entre la loi applicable et la juridiction compétente. On envisagera donc la liaison entre la loi applicable et la juridiction compétente (**§ 1**) puis, la dissociation entre ces deux questions (**§ 2**).

§ 1. - LA LIAISON ENTRE LA LOI APPLICABLE ET LA JURIDICTION COMPÉTENTE

597. Deux systèmes de règlement conflictuel faisant l'économie d'une dissociation entre ces deux questions sont envisageables. Dans le premier, la loi

---

[1] R. CHAPUS, *Droit administratif général*, *op. cit.*, t. I, n° 976, p. 683 ; C. DUVAL, *La Liaison entre la compétence et le fond en droit administratif français*, th. multigr., Aix-Marseille III, 1994 ; C. EISENMANN, "Le rapport entre la compétence juridictionnelle et le droit applicable en droit administratif français" *in Mélanges offerts à J. Maury*, Paris : Dalloz, 1960, p. 379-403 ; *adde*, A. VAN LANG, *Juge judiciaire et droit administratif*, Paris : LGDJ, 1996.

[2] On a vu qu'existent de très rares exceptions à ce principe : *supra*, n° 588-589.

[3] B. AUDIT, *Traité*, n° 320, p. 291 ; H. BATIFFOL, P. LAGARDE, *op. cit.*, t. II, n° 668, p. 446 ; D. HOLLEAUX, J. FOYER, G. de LA PRADELLE, *op. cit.*, n° 706, p. 349 ; Y. LOUSSOUARN, P. BOUREL, *op. cit.*, n° 439 ; P. MAYER, V. HEUZÉ, *Précis*, n° 279, p. 185 ; J. GONZALES CAMPOS, *Les Liens entre la compétence judiciaire et la compétence législative en droit international privé*, *R.C.A.D.I.*, 1977 (III), vol. 156, p. 225-376 ; H. BATIFFOL, "Observations sur les liens de la compétence judiciaire et de la compétence législative" *in De conflictu legum, Mélanges Kollewijn et Offerhaus*, Leiden : A.W. Sijthoff, 1962, p. 55-66. Pour une comparaison sur ce point entre le droit administratif et le droit international privé : P. HÉBRAUD, "De la corrélation entre la loi applicable à un litige et le juge compétent pour en connaître", *Rev. crit.*, 1968, p. 205-258.

applicable suit la juridiction compétente (**A**) alors que, dans le second, c'est l'inverse qui se produit (**B**).

A. - LA LOI APPLICABLE SUIT LA COMPÉTENCE JURIDICTIONNELLE

598. On peut envisager un encadrement international des contrats transnationaux qui fasse l'économie d'une atteinte à la compétence législative du droit public. Le règlement de la concurrence des ordres juridiques ne s'y ferait qu'au niveau de la compétence juridictionnelle. Un tel système impliquerait toutefois que le juge administratif accepte de ne pas se déclarer exclusivement compétent à l'égard de tous les contrats transnationaux conclus par des personnes publiques françaises. Cependant, dès lors qu'il serait compétent, il ferait exclusivement application du droit administratif français.

Dans ce système, la clause attributive de juridiction aurait donc également la valeur d'une élection de droit. En outre, la stipulation d'une élection de droit serait interprétée comme une élection de for. En définitive, toute référence par les parties contractantes à un système juridique donné emporterait attribution de compétence à ses tribunaux. Au plan pratique, cette solution est tout à fait acceptable. À la vérité, c'est en l'absence d'une clause de choix, qu'un système fondé uniquement sur la compétence juridictionnelle s'avère d'application plus délicate. Il comporte alors deux inconvénients majeurs que l'on examinera successivement.

599. Le premier inconvénient réside dans la possibilité de voir plusieurs juridictions se reconnaître simultanément compétentes. On se trouvera alors en présence de plusieurs lois applicables. La solution serait ici d'en appeler à un traité répartissant les chefs de compétence entre les différents ordres juridictionnels. Mais il n'existe aucun traité de cette nature. Même l'application de la Convention de Bruxelles du 27 septembre 1968 ne permettrait pas d'arriver au résultat souhaité. En matière contractuelle, le demandeur a le choix entre la saisine du tribunal du défendeur et celle du tribunal du lieu d'exécution de l'obligation qui sert de base à la demande. Or, en faisant dépendre la compétence législative de la compétence juridictionnelle, le demandeur pourrait choisir, au moment du litige, la loi applicable au contrat ; ce qui pour des raisons bien compréhensibles n'est évidemment pas souhaitable.

600. En outre, même s'il existait un traité permettant d'attribuer compétence à une juridiction unique, il subsisterait un autre inconvénient au système étudié. L'élaboration des règles de compétence juridictionnelle est gouvernée par des impératifs de nature procédurale. En règle générale c'est la configuration du litige, et non celle du contrat à l'origine de celui-ci, qui permet de déterminer la juridiction compétente. Dès lors, cette dernière ne peut être déterminée avant la naissance du litige. Ainsi, l'application de la règle *actor sequitur forum rei* nécessite qu'un défendeur puisse être identifié. Et il ne peut bien évidemment pas l'être dès la conclusion du contrat. Il en résulte qu'avant la survenance du litige, la juridiction compétente ne peut être déterminée ; ce qui n'est pas très gênant en soi mais le devient lorsque celle-ci est associée à la loi applicable. Avant tout contentieux, les parties seront dans l'incertitude quant à la loi applicable à leur contrat. À titre d'exemple, selon que l'une ou l'autre d'entre elles a la qualité de défendeur, le contrat sera soumis à une loi différente.

En l'absence de choix de la part des parties contractantes, la sécurité juridique que celles-ci sont en droit d'attendre sera donc sérieusement battue en brèche. C'est pourquoi ce premier système paraît devoir être écarté. Mais une seconde méthode de règlement conflictuel, maintenant la liaison entre les compétences législative et juridictionnelle, peut être envisagée. Elle consiste à déterminer la juridiction compétente à partir de la loi applicable.

B. - LA COMPÉTENCE JURIDICTIONNELLE SUIT LA LOI APPLICABLE

601. Dans ce second mode de règlement conflictuel, la loi applicable au contrat commande la juridiction compétente. Ainsi, un contrat transnational soumis au droit français sera du ressort des juridictions françaises[1]. De même, une clause attributive de juridiction aux tribunaux français emportera élection de droit. À l'instar du système précédent, dès lors que le contrat fait référence d'une manière ou d'une autre à un système juridique donné, la méthode envisagée apporte une solution satisfaisante. Mais qu'en est-il lorsque les parties n'ont procédé ni à une élection de loi, ni à une élection de for ?

Dans ce cas, la loi applicable et, par suite, la juridiction compétente doivent être déterminées par une règle de conflit désignant la *lex contractus* en l'absence de choix. Or, la mise en œuvre de cette règle de conflit nécessite, au préalable, la désignation d'un for. On aboutit alors au paradoxe suivant : en l'absence de choix par les parties, il devient nécessaire de déterminer un for afin de désigner le for compétent. Le cercle vicieux que comporte cette proposition peut toutefois être rompu. Les parties pourraient saisir l'un ou l'autre de leurs tribunaux, "*quitte à ce que le premier ou le second se déclare incompétent après avoir déclaré applicable, à titre de lex contractus, le droit de l'autre État, c'est-à-dire une loi qui ne serait pas la loi du for*"[2]. Le système connaît au moins un précédent. Pour déterminer le lieu d'exécution de l'obligation servant de base à la demande visé à l'article 5-1° de la Convention de Bruxelles du 27 septembre 1968, la C.J.C.E. recommande en effet de se fonder sur la loi applicable à cette obligation, loi déterminée par la règle de conflit du for saisi[3]. Le juge devant lequel est porté le litige n'admettra donc sa

---

[1] Les traités conclus par la France en matière transfrontalière se sont ralliés à cette méthode.

[2] F. OSMAN, "Un nouveau champ d'exploration pour le droit international privé : la coopération transfrontière entre collectivités publiques infra-étatiques", *Rev. crit.*, 1997, p. 403-445, spéc. p. 426. Un autre auteur fait des propositions qui vont également dans ce sens : V. HAÏM, "Le choix du juge dans le contentieux des contrats administratifs", *A.J.D.A.*, 1992, p. 315-320, spéc. p. 320, art. également publié au *J.C.P.*, 1992.I.3586.

[3] Cette solution a été affirmée pour la première fois dans l'arrêt *Tessili* du 6 octobre 1976 : "*Le lieu où l'obligation a été ou doit être exécutée au sens de l'article 5-1° (...) est déterminé conformément à la loi qui régit l'obligation litigieuse selon les règles de conflits de la juridiction saisie*". Sur le développement de cette jurisprudence : H. GAUDEMET-TALLON, *Les Conventions de Bruxelles et de Lugano*, Paris : LGDJ, 2ème éd., 1996, n° 172-176, p. 126-133.

compétence qu'à la condition que la loi désignée par sa règle de conflit localise le lieu d'exécution de l'obligation sur son territoire.

602. La difficulté de ce mécanisme est évidente. Les règles de conflit pouvant être différentes d'un système juridique à l'autre, elles ne désigneront donc pas toutes la même loi[1]. Selon le système envisagé, le contrat pourra être soumis à une loi différente. L'existence d'un traité unifiant le droit applicable aux contrats transnationaux permettrait d'éviter ce risque. On pense alors à l'application de la Convention de Rome. Mais, en admettant qu'elle puisse s'appliquer à des contrats de droit public, celle-ci ne fonctionnera que dans les relations transfrontières intra-européennes. C'est pourquoi, il nous semble que le règlement conflictuel devrait passer par une dissociation du lien entre la loi applicable et la juridiction compétente.

§ 2. - LA DISSOCIATION ENTRE LA LOI APPLICABLE ET LA JURIDICTION COMPÉTENTE

603. Finalement, le maintien du lien n'est envisageable qu'en présence d'un traité indiquant spécifiquement la loi applicable au contrat transnational à défaut de choix effectué par les contractants. Dans ce cas, la loi pourrait être définie préalablement à tout contentieux et on éviterait les désagréments liés à la diversité des systèmes conflictuels. Mais, en l'absence d'un tel traité, la dissociation entre les compétences législative et juridictionnelle est tout simplement inévitable. On observera qu'elle ne se heurte d'ailleurs à aucun obstacle théorique (**A**). En outre, elle est sans incidence sur la compétence juridictionnelle (**B**).

A. - L'ADMISSIBILITÉ D'UNE DISSOCIATION ENTRE LA LOI APPLICABLE ET LA JURIDICTION COMPÉTENTE

604. Au regard de l'ordre juridique français, un contrat transnational est un contrat administratif et, à ce titre, il relève de la compétence d'attribution des juridictions administratives. Afin de déterminer si la dissociation entre les compétences législative et juridictionnelle est théoriquement admissible, il convient de se demander si, suite à cette qualification, le contrat peut malgré tout être soumis à une loi étrangère.

Certains auteurs ont émis des doutes sur ce point. Ainsi, M. Mayer a constaté que "*le contrat administratif relève naturellement de la compétence (au sens du*

[1] Dans le cadre de l'article 5-1° de la Convention de Bruxelles, cet inconvénient est évité ou fortement amoindri par le fait que les États parties à ce traité ont souvent ratifié les mêmes conventions internationales en matière de loi applicable aux obligations contractuelles et, en particulier, celle de Rome du 19 juin 1980. Ceci a pour conséquence que les règles de conflit sont les mêmes partout et désignent donc la même loi quel que soit le juge saisi. En outre, même lorsque cette coïncidence n'existe pas, la Convention de Bruxelles comporte une solution de repli avec le tribunal du domicile du défendeur prévu à l'article 2.

droit international public) de l'État"[1] et que "*fondamentalement, un contrat administratif conclu par l'État français est soumis au droit français*"[2]. Mais il ne nous semble pas que ceci prive l'ordre juridique étatique de la faculté de soumettre, de son propre chef, un contrat relevant de son droit administratif à une loi étrangère. Si le droit international public lui assure une compétence exclusive en cette matière, c'est uniquement, à nos yeux, dans le but de le protéger contre les immixtions d'autres systèmes juridiques. Ce que prohibe le droit international public, c'est la soumission, par un ordre juridictionnel étranger, d'un accord que le système juridique français juge relever de son droit administratif, à une loi étrangère. À titre d'exemple, ce serait le cas si un juge allemand décidait de soumettre à la loi allemande un marché public passé par une personne publique française. Ce faisant, il risquerait d'engager la responsabilité de l'État fédéral au regard du droit international. Et encore ce raisonnement n'est-il pas transposable aux contrats transnationaux. Dans le cas de ces derniers, il est légitime au regard du droit international pour le juge de chacune des parties contractantes de soumettre le contrat à sa propre loi. Car la convention entre deux personnes publiques, l'une allemande, l'autre française, portant sur la gestion en commun d'un service public, est à la fois un contrat administratif allemand et un contrat administratif français.

605. Le droit international public n'interdit donc pas à un système étatique de décider, de lui-même, de soumettre ses contrats administratifs à un droit étranger. C'est d'ailleurs exactement ce qui ressort de la jurisprudence *Époux Fourny* du Conseil d'État et des arrêts qui ont suivi celle-ci[3]. Aucun obstacle théorique ne s'oppose donc à ce qu'un accord, qualifié de contrat administratif au regard du droit français, soit soumis à une loi étrangère[4]. En revanche, on peut s'interroger sur l'incidence de cette soumission sur la compétence juridictionnelle.

B. - L'ABSENCE D'INCIDENCE DE LA LOI APPLICABLE SUR LA COMPÉTENCE JURIDICTIONNELLE

606. La qualification de contrat administratif a pour conséquence première d'entraîner la compétence des juridictions administratives. Or, le fait que le contrat soit finalement soumis à une loi étrangère ne conduit-il pas à lui faire perdre sa qualification initiale et, du même coup, remettre en cause la compétence du juge administratif qui en résulte ? Si c'était le cas, le juge administratif appliquant un droit étranger scierait la branche sur laquelle il est assis. Le commissaire du gouvernement Franc s'interrogeait à ce propos dans ses conclusions sur l'arrêt *Dame Johnston* : "*La circonstance qu'il faille appliquer éventuellement le droit local, c'est-à-dire le droit britannique, serait, selon nous, de nature à remettre en*

[1] P. MAYER, note sous C.A. Rouen, 13 novembre 1984, *Rev. crit.*, 1985, p. 673.
[2] P. MAYER, "Le rôle du droit public en droit international privé", *R.I.D.C.*, 1986, p. 467-485, spéc. p. 478.
[3] *Supra*, n° 585.
[4] En ce sens : Y. CLAISSE, *Le Droit de la coopération décentralisée*, Paris : LGDJ, 1994, p. 29.

question la compétence de la juridiction administrative voire de la juridiction française"[1].

607. Mais cette opinion procède d'une appréciation erronée de ce qui fonde l'application de la loi étrangère. Pour appliquer celle-ci, le juge s'appuie nécessairement sur une règle de conflit de lois, c'est-à-dire une règle de son propre ordre juridique qui lui prescrit l'application du droit étranger[2]. On le vérifie dans les rares affaires où le juge administratif a eu à se servir d'une loi étrangère. Dans les arrêts *Fourny, Félicien* et *de Waele*, la loi étrangère est appliquée comme loi du lieu d'exécution du contrat tandis que dans l'arrêt *Johnston*, c'est par référence à la volonté des parties que le contrat est partiellement soumis à des dispositions étrangères[3]. Il s'agit là de règles de conflit de lois dont le Conseil d'État a révélé l'existence pour l'occasion[4].

Or, on a déjà pu constater que la règle de conflit ne délimite pas la compétence de l'ordre juridique du for, de même qu'elle n'attribue pas compétence aux ordres juridiques étrangers. Elle procède simplement à une réception du matériel normatif étranger[5]. Ce dernier devient une part intégrante de l'ordre juridique du for. Dès lors, l'application du droit étranger par le juge administratif est sans incidence sur sa compétence juridictionnelle. On peut en déduire, en compagnie de M. Chapus, que "*la qualité de juge national du juge administratif français n'exclut pas, quand il est compétent, qu'il puisse statuer sur le fondement d'une règle appartenant à un ordre juridique étranger*"[6]. Une fois le contrat qualifié d'administratif, il n'y aura pas de remise en cause possible de la compétence juridictionnelle selon que le juge applique le régime du droit administratif français ou un régime emprunté à un ordre juridique étranger. La soumission au droit étranger n'infère pas sur la qualification initiale du contrat[7].

La dissociation des compétences législative et juridictionnelle étant ainsi à la fois possible et souhaitable, la juridiction compétente et la loi applicable peuvent être envisagées séparément.

---

[1] Concl. sous C.E., 28 janvier 1983, *Rev. crit.*, 1985, p. 316-321, spéc. p. 318. Deux auteurs se sont penchés sur cette question : B. AUDIT, obs. sous l'arrêt *Mme Félicien*, C.E., 7 janvier 1987, *D.*, 1987, somm. com., p. 350 ; B. DOLEZ, "Le juge administratif et les conflits de lois", *R.D.P.*, 1995, p. 1029-1051, spéc. p. 1046.

[2] Le juge du for n'est pas un organe de l'ordre juridique étranger, dès lors on ne peut pas considérer que c'est ce dernier qui lui enjoint l'application de ses normes. A l'origine de l'application d'une loi étrangère, il y a nécessairement une norme du for.

[3] Sur ces affaires : *supra*, n° 585 et s.

[4] C'est évident concernant la loi du lieu d'exécution mais ça l'est peut-être moins concernant le choix de la loi par les parties. Pourtant, la loi d'autonomie est sans conteste une règle de conflit. La seule différence avec les autres règles de cette nature est qu'elle "*ne procède pas directement à la désignation de la loi applicable, à partir d'éléments objectifs, mais attribue aux individus le pouvoir de déterminer les règles de droit en vertu desquelles le for devra apprécier leur situation*" : V. HEUZÉ, *La Réglementation française des contrats internationaux*, Paris : GLN-Joly, 1990, n° 232, p. 126.

[5] *Supra*, n° 546.

[6] R. CHAPUS, *Droit administratif général, op. cit.*, t. I, n° 974, p. 682.

[7] En ce sens : B. DOLEZ, "Le juge administratif et les...", art. préc., p. 1047-1048.

SECTION II

LA JURIDICTION COMPÉTENTE ET LA RECONNAISSANCE DES JUGEMENTS ÉTRANGERS

608. Si un litige survient entre les parties à un contrat transnational, celles-ci doivent pouvoir porter leur différend devant une juridiction étatique. Il convient donc de définir, parmi les ordres juridictionnels en présence, celui qui paraît être le plus apte à trancher un litige *inter partes*[1]. En outre, lorsque le tribunal ainsi désigné aura rendu sa décision, celle-ci doit pouvoir être reconnue par l'État dont les juridictions n'ont pas été initialement saisies. Ces questions constituent les deux pendants du conflit de juridictions dont on envisagera le règlement en l'absence de traité (**§ 1**), puis sur le fondement de la Convention de Bruxelles du 27 septembre 1968 (**§ 2**).

§ 1.- LA JURIDICTION COMPÉTENTE ET LA RECONNAISSANCE DES JUGEMENTS ÉTRANGERS EN L'ABSENCE DE TRAITÉ

609. En droit public, la compétence de l'ordre juridique et, par suite, celle de l'ordre juridictionnel est *de lege lata* exclusive[2]. Concrètement, cela signifie que les juridictions administratives françaises vont se déclarer exclusivement compétentes à l'égard d'un contrat transnational conclu par une personne publique française. Or, un litige relatif à ce type d'accord devrait pouvoir être porté indifféremment devant les juridictions de l'un ou l'autre des contractants et même, éventuellement, devant un tribunal tiers. Il est donc indispensable que les juridictions administratives s'ouvrent à la compétence juridictionnelle étrangère. À partir du moment où se fait jour la volonté étatique d'élaborer un régime des contrats transnationaux internationalement cohérent, celui-ci appelle la mise en place d'une compétence juridictionnelle non exclusive (**A**). En outre, les parties contractantes peuvent être tentées d'aménager, par elles-mêmes, les problèmes de compétence juridictionnelle en recourant à une clause attributive de juridiction (**B**).

A. - LA MISE EN PLACE D'UNE COMPÉTENCE JURIDICTIONNELLE NON EXCLUSIVE

610. La compétence juridictionnelle non exclusive se définit comme la faculté pour un ordre juridictionnel d'admettre qu'un litige, pour lequel il se reconnaît compétence, puisse être tranché par un autre que lui. Cette acception de la compétence des tribunaux est courante en droit privé, mais totalement inconnue du

---

[1] En revanche, pour tout le contentieux *extra partes*, la nature transnationale du contrat n'influe pas sur la compétence juridictionnelle. Les tribunaux administratifs français restent seuls compétents pour connaître d'un déféré préfectoral à l'encontre d'un contrat transnational passé par une personne publique française ou d'un recours pour excès de pouvoir tendant à l'annulation d'un acte détachable de celui-ci. Pour reprendre la terminologie du droit administratif, c'est le juge du contrat qu'il s'agit ici de déterminer.

[2] P. MAYER, V. HEUZÉ, *Précis*, n° 375, p. 253.

droit public. Son adoption par les juridictions administratives nécessite que celles-ci se dotent d'une compétence internationale (**1°**) et d'un système de reconnaissance des jugements étrangers (**2°**).

1° - L'adoption d'une compétence internationale en matière administrative

611. Le Conseil d'État n'a jamais eu à se prononcer sur sa compétence internationale. Et pour cause : cette notion est ignorée du contentieux administratif où seules existent les deux autres formes de compétence juridictionnelle que sont la compétence territoriale et la compétence d'attribution. Pourtant, si un jour la Haute juridiction administrative devait étudier cette question, elle ne serait pas en terre inconnue. D'une part, la compétence internationale n'est qu'une limite à la compétence d'attribution (a) et, d'autre part, elle prend comme modèle la compétence territoriale (b).

a) La compétence internationale comme limite à la compétence d'attribution

612. La compétence d'attribution détermine le type de litige dont peut connaître une juridiction donnée. C'est pourquoi elle est également dénommée compétence matérielle ou encore compétence *ratione materiæ*. Dans le domaine contractuel, la compétence d'attribution des juridictions administratives se cantonne aux contrats dits administratifs. Toutefois, elle ne comprend pas tous les contrats administratifs. On a déjà eu l'occasion d'exposer que seuls sont concernés les contrats administratifs conclus par une personne publique française ou au nom de celle-ci[1]. La convention signée entre une administration allemande et un ressortissant de ce pays, quand bien même elle répondrait favorablement aux critères du contrat administratif, n'entrera pas dans la compétence des tribunaux administratifs français[2]. Il en est ainsi même si l'accord est passé avec une personne privée française et s'exécute sur le sol français[3].

La compétence d'attribution des juridictions administratives françaises ne comprend donc que les contrats conclus par une personne publique française ou pour son compte. Mais il s'agit alors de l'ensemble de ces contrats sans exception. La localisation du contrat à l'étranger ne fait, en particulier, pas obstacle à cette compétence. Le Conseil d'État a eu, à de maintes reprises, à connaître de litiges portant sur des contrats conclus ou exécutés à l'étranger[4]. Il existe bien, par

---

[1] *Supra*, n° 552.

[2] Sur l'incompétence des tribunaux administratifs français en matière de contrats conclus par des personnes publiques étrangères : C.E., 19 juin 1963, *Compagnie des eaux de Hanoï*, *Rec.*, p. 375 ; 4 mars 1970, *Desdame*, *Rec.*, p. 152. La solution est la même lorsque le contrat a été passé par une autorité française au nom d'une collectivité étrangère : C.E., 8 mars 1968, *Soc. an. de chalandage et de remorquage de l'Indochine*, *Rec.*, p. 813.

[3] C.E., 13 mai 1970, *Soc. des établissements Abonat*, *Rec.*, p. 323.

[4] Pour un litige portant sur un marché de travaux publics conclu par une ambassade : C.E., 3 juillet 1968, *Lavigne et Le Mée* et *Lavigne*, *Rec.*, p. 900, *A.J.D.A.*, 1969, p. 253, concl. BRAIBANT. A propos d'un contrat conclu et exécuté au Liban : C.E., 11 janvier 1952, *Habib Bechara*, *Rec.*, p. 30, *Rev. jur. et pol. de l'Union fr.*, 1952, p. 292, concl. BARBET. Pour d'autres exemples, voy. not. :

conséquent, une compétence internationale en matière administrative, mais celle-ci se fond dans la compétence d'attribution. Ou, plus exactement, la compétence internationale des juridictions administratives recouvre exactement leur compétence d'attribution.

613. La compétence internationale étant ainsi identifiée, il importe ensuite de la limiter. Car la seule reconnaissance par le Conseil d'État du caractère non exclusif de cette compétence internationale ne saurait suffire. Cela ouvrirait, certes, la possibilité de reconnaître des décisions étrangères en matière administrative mais, en pratique, on ne saura pas plus avancé dans le raisonnement. En cas de litige, la personne publique française continuera à saisir ses propres tribunaux et sa cocontractante, les siens. Il est donc nécessaire de limiter, d'une façon ou d'une autre, la compétence internationale des juridictions administratives en matière de contrats transnationaux.

Sa limitation au plan matériel n'apparaît pas envisageable. On ne voit pas comment les juridictions françaises pourraient faire moins que de se déclarer compétentes à l'égard des contrats administratifs conclus par une personne publique française. Cette compétence ne peut donc être assortie de limites qu'au plan spatial. C'est pourquoi nous allons proposer d'utiliser à cet effet les critères de la compétence territoriale.

b) La compétence territoriale comme modèle de la compétence internationale

614. Dans l'ordre judiciaire, on sait que la majorité des critères de compétence internationale des tribunaux fut élaborée à partir des principes gouvernant la compétence territoriale. Depuis l'arrêt *Pelassa* rendu par la Cour de cassation en 1959 coexistent, au côté des règles de compétence territoriale, des règles de compétence internationale dites directes[1]. Les dernières reprennent à leur compte les

C.E., 11 février 1976, *Beauvais, Rec.*, p. 90 ; 7 octobre 1970, *Lavigne, Rec.*, p. 979, *A.J.D.A.*, 1971, p. 314, *Rev. adm.*, 1971, p. 286, note TEDESCHI ; 26 novembre 1969, *Soc. "Les entreprises Safont" et soc. "L'entreprise industrielle", Rec.*, p. 535 ; 8 mai 1968, *Époux Fourny, Rec.*, p. 289 ; 31 janvier 1968, *Bronnier, Rec.*, p. 884 ; 13 juillet 1967, *"The Algiers land and Warehouse Cy", Rec.*, p. 320 ; 8 avril 1961, *Houille, Rec.*, p. 217 ; 5 décembre 1949, *Chami, Rec.*, p. 542 ; 25 novembre 1949, *Sté technique des appareils centrifuges et industriels, Rec.*, p. 512, *S.*, 1950.III.33, concl. ODENT ; 27 janvier 1922, *Compagnie française des tramways et d'éclairage public de Shanghai, Rec.*, p. 87. Le juge administratif s'est même déclaré compétent à l'égard d'un contrat conclu par le gouvernement français, dans lequel celui-ci a agi comme intermédiaire d'un État étranger : C.E., 12 décembre 1930, *Société des moteurs Gnome et Rhône, Rec.*, p. 1067. Voy. également s'agissant d'un contentieux quasi contractuel : C.E., 2 décembre 1966, *Soc. France-Reconstruction-Plan, Rec.*, p. 635, *A.J.D.A.*, 1967, p. 183, concl. FOURNIER.

[1] C'est dans cet arrêt *Pelassa* que la Cour de cassation a pour la première fois affirmé le principe *"(d')extension à l'ordre international des règles françaises internes de compétence"* : Civ., 19 octobre 1959, *Rev. crit.*, 1960, p. 215, note Y.L., *D.*, 1960, p. 37, note HOLLEAUX. En dehors des règles déterminées de cette manière, la compétence internationale en droit privé des juridictions françaises s'appuie principalement sur le critère de nationalité des articles 14 et 15 du Code civil. La jurisprudence accorde d'ailleurs aux personnes publiques françaises le bénéfice du privilège de juridiction institué par ces deux articles : Paris, 4 juin 1964, *J.C.P.*, 1964. II. 13951 ; Paris, 15 janvier 1973, *Rev. crit.*, 1973, p. 723, note HUET. Il paraît néanmoins souhaitable que les contrats transnationaux conclus par les personnes publiques françaises y échappent. Dans le cas contraire, les juridictions françaises seraient toujours exclusivement compétentes, ce qui est en contradiction avec la recherche d'un mode de règlement satisfaisant du conflit de juridictions.

critères des premières mais il n'empêche qu'il s'agit de règles d'une nature différente[1].

Un cheminement similaire est envisageable en droit public. L'article R. 46 du Code des Tribunaux administratifs et des Cours administratives d'appel pourrait ainsi servir à l'élaboration d'une règle de compétence internationale directe. Aux termes de cette disposition, le tribunal territorialement compétent est "*celui dans le ressort duquel a légalement son siège l'autorité qui, soit en vertu de son pouvoir propre, soit par délégation, a pris la décision attaquée ou a signé le contrat litigieux*"[2]. Si le contenu de cette disposition est repris pour forger une règle de compétence internationale applicable en matière de contrats transnationaux, les juridictions administratives françaises se déclareront internationalement compétentes dans le cas où la personne publique française est en position de défendeur. La partie demanderesse viendra saisir les tribunaux français. Signalons, à ce propos, que sa qualité de personne publique étrangère ne lui posera aucun problème d'accès à la juridiction administrative. Il a, en effet, été admis à plusieurs reprises qu'une collectivité publique étrangère puisse saisir les juridictions administratives françaises[3].

615. Lorsque la personne publique française n'est pas défenderesse, les juridictions administratives françaises pourraient tout de même connaître de l'affaire si le lieu d'exécution du contrat est situé en France. Il serait possible en effet de forger une seconde règle de compétence internationale directe, à partir de l'article R. 55 du Code des Tribunaux administratifs et des Cours administratives d'appel qui permet de saisir le tribunal du lieu d'exécution du contrat[4].

---

[1] Les règles de compétence internationale n'ont pas pour objet de délimiter la compétence territoriale de tel ou tel tribunal. Leur fonction est de tracer les contours de la compétence de l'ensemble des juridictions françaises à l'égard des litiges internationaux de droit privé. C'est pourquoi, même si elles utilisent en principe des critères *ratione loci*, ce ne sont certainement pas des règles de compétence territoriale. On considère généralement que ce ne sont pas non plus des règles de compétence d'attribution mais qu'elles ont un caractère *sui generis*. Sans entrer dans le détail de cette polémique, on observera toutefois que les règles de compétence internationale s'apparentent *volens nolens* à la compétence d'attribution, puisqu'elles procèdent à une limitation de cette dernière. Ainsi, les juridictions de l'ordre judiciaire sont compétentes en matière de contrats de droit privé. Mais, dans la sphère internationale, cette compétence d'attribution est limitée aux contrats de droit privé exécutés en France ou conclus par un Français. La compétence internationale est donc bien une limitation, pour les litiges internationaux, de la compétence d'attribution.

[2] Le droit du contentieux administratif reprend à son compte l'adage "*actor sequitur forum rei*" et rejoint ici la procédure civile où, en vertu de l'article 42 du nouveau Code de procédure civile, "*la juridiction territorialement compétente est, sauf disposition contraire, celle du lieu où demeure le défendeur*".

[3] C.E., 23 décembre 1981, *Commune de Thionville et autres, Rec.*, p. 484-487, *D.*, 1982, inf. rap., p. 347, comm. P. BON, *C.J.E.G.*, 1982, p. 119, note J.-P. PAPIN ; C.E., 18 avril 1986, *Société Les mines de potasse d'Alsace, Rec.*, p. 115, *A.J.D.A.*, 1986, p. 292, chron. AZIBERT et FORNACCIARI, *R.F.D.A.*, 1987, p. 479, concl. DANDELOT, note RUZIE ; C.E., 30 juin 1989, *Min. de l'Industrie c/ État de Sarre, Rec.*, p. 278 ; C.E., 15 octobre 1990, *Province de Hollande septentrionale, Rec.*, p. 278 ; C.E., 27 mai 1991, *Ville de Genève, Rec.*, p. 205, *A.J.D.A.*, 1991, p. 733 ; T.A. Strasbourg, 8 septembre 1986, *Association de sauvegarde de la vallée de la Moselle et autres, Rec.*, p. 318-319, *A.J.D.A.*, 1987, p. 122, note C.-A. G. Sur cette question : R. LAFORE, "L'action à l'étranger des collectivités territoriales", *R.D.P.*, 1988, p. 763-811, spéc. p. 806 ; J.-F. FLAUSS, note sous T.A. Strasbourg, 3 août 1989, *Province de Hollande septentrionale et autres c/ État, D.*, 1991, II, p. 49-56, spéc. p. 53 et s.

[4] L'application de cette règle pourra cependant être compromise par l'absence fréquente d'un lieu d'exécution unique dans les contrats transnationaux. Dans cette hypothèse, on pourrait toutefois

La compétence internationale des juridictions administratives françaises devrait se limiter à ces deux cas de figure. En imaginant que la personne publique française soit en position de demandeur, elle sera donc en principe obligée de plaider à l'étranger, à moins que la localisation en France du lieu d'exécution du contrat ne lui permette d'obtenir réparation devant ses propres tribunaux. Dans cette hypothèse, la personne publique française devra tenter de faire exécuter la décision dans l'État dont est ressortissante sa cocontractante. Mais cela implique que l'ordre juridictionnel de la personne publique étrangère soit doté d'un système de reconnaissance des jugements étrangers en matière administrative, à l'image de celui que nous allons maintenant suggérer pour les juridictions françaises.

2° - L'adoption d'un système de reconnaissance des jugements étrangers

616. Dès lors que les juridictions administratives ne s'arrogent plus une compétence exclusive, elles doivent corrélativement admettre qu'un tribunal étranger puisse se prononcer sur un contrat transnational passé par une personne publique française et, le cas échéant, reconnaître sa décision[1]. On ne saurait toutefois procéder à une telle reconnaissance sans que soient vérifiées certaines conditions. Mais avant d'examiner celles-ci, il convient de désigner la juridiction chargée d'une telle reconnaissance. Les juridictions de l'ordre judiciaire ont une grande habitude de ces procédures d'*exequatur*, alors qu'il s'agit pour les juridictions administratives d'une *terra incognita*. Pourtant, au vu de la nature administrative du contrat transnational objet de la décision rendue à l'étranger, il paraît légitime que les juridictions administratives soient chargées d'assurer la reconnaissance de cette dernière sur le sol français. En cas contraire, on en viendrait à laisser les juridictions judiciaires se prononcer sur un contrat ne relevant pas de leur compétence d'attribution.

617. La compétence du juge administratif n'exclut cependant pas que le système en vigueur en droit privé puisse constituer une source d'inspiration. C'est ainsi qu'à l'imitation du droit privé, la révision du procès devrait être bannie au profit d'un simple contrôle ponctuel de régularité[2]. Quant aux caractéristiques de ce contrôle, on s'inspirera du système ayant cours devant les juridictions civiles et commerciales, sans pour autant l'adopter totalement[3]. On examinera successivement la compétence du tribunal étranger (b) et les autres conditions de régularité de la

---

s'inspirer de la jurisprudence *de Bloos* de la C.J.C.E. et ne retenir la compétence des juridictions françaises que si le lieu d'exécution de l'obligation qui sert de base à la demande est situé en France : CJCE, 6 octobre 1976, *J.D.I.*, 1977, p. 719, note BISCHOFF, *Rev. crit.*, 1977, p. 761, note GOTHOT et HOLLEAUX, *D.*, 1977, p. 618, note DROZ.

[1] Sur la nécessité d'un système de reconnaissance des décisions en matière transnationale : J.-M. WOEHRLING, *Les Problèmes juridiques de la coopération transfrontalière au niveau local ou régional*, doc. O.C.D.E. ENV./TFP/77.10, octobre 1977, p. 37.

[2] La révision, qui implique une nouvelle instance au fond, a été définitivement abandonnée par la Cour de cassation lors de l'arrêt *Munzer* du 7 janvier 1964 : *J.D.I.*, 1964, p. 302, note GOLDMAN, *Rev. crit.*, 1964, p. 344, note BATIFFOL, *J.C.P.*, 1964.II.13590, note ANCEL, *G.A.D.I.P.* n° 41.

[3] Ce système issu du même arrêt *Munzer* pose cinq conditions à l'*exequatur* d'une décision étrangère : la compétence du juge étranger, la régularité de la procédure suivie, la compétence de la loi appliquée au fond, le respect de l'ordre public et l'absence de fraude.

décision étrangère (c). Mais, avant cela, on s'interrogera sur l'opportunité d'instaurer au moment de l'*exequatur* un contrôle de légalité (a).

a) La question du contrôle de légalité

618. Il a pu être observé que la légalité joue un rôle important en matière de contrats transnationaux[1]. Elle offre en particulier aux tiers - usagers du service public ou représentants de l'État - l'occasion de s'opposer à la conclusion de tels accords par la voie du recours pour excès de pouvoir ou du déféré préfectoral. Il y a donc lieu de s'intéresser aux effets de telles actions à l'encontre d'un contrat transnational à propos duquel un jugement a été rendu à l'étranger, jugement dont l'*exequatur* est demandé. Nous nous plaçons dans l'hypothèse où le juge de l'excès de pouvoir a d'ores et déjà rendu une décision constatant une illégalité. Il s'agit de déterminer dans quelle mesure le juge de l'*exequatur* doit prendre acte de cette décision.

Une distinction doit être faite en fonction de la nature de l'acte jugé illégal. S'il s'agit du contrat lui-même, et on sait que cela est possible dans le cadre d'un déféré préfectoral, alors l'*exequatur* d'une décision étrangère statuant sur ce contrat devrait dans tous les cas être refusé. L'accord ayant totalement disparu au regard du droit français, on ne voit pas ce qui pourrait justifier qu'il réapparaisse par l'intermédiaire d'une décision étrangère. En revanche, la solution est moins claire en présence de l'annulation d'un acte détachable. C'est alors un acte juridique distinct du contrat qui a été annulé. En outre, le droit administratif ne conclut pas nécessairement à l'annulation d'un contrat dont un acte détachable a été lui-même annulé[2]. À partir de ces constatations, on pourrait proposer que l'*exequatur* soit accueilli lorsque l'acte détachable a été infirmé non sur le fondement d'un vice du contrat, mais sur celui d'un vice propre[3]. À l'inverse, lorsque l'acte détachable a été annulé sur le fondement d'un vice du contrat, l'*exequatur* pourrait être rejeté. Un parallèle peut ici être proposé avec le droit privé où la reconnaissance d'une décision étrangère est exclue lorsqu'il existe une décision française passée en force de chose jugée[4].

En définitive, l'existence d'une décision des juridictions françaises constatant directement ou indirectement l'illégalité du contrat devrait inciter le juge de l'*exequatur* à s'opposer à la reconnaissance en France de la décision étrangère. Mais ce n'est pas la seule condition à respecter, la compétence du tribunal étranger devant également être contrôlée.

---

[1] *Supra*, n° 492 et s.

[2] Pour un exposé des solutions retenues en la matière : L. RICHER, *Droit des contrats administratifs*, Paris : LGDJ, 2ème ed., 1999, n° 232, p. 166.

[3] On sait qu'un acte détachable est susceptible d'annulation, alors même qu'il n'est affecté d'aucun vice intrinsèque, sur le seul fondement du contrat qu'il précède : *supra*, n° 496.

[4] B. AUDIT, *Traité*, n° 466, p. 405.

b) Le contrôle de la compétence du tribunal étranger

619. Pour le juge de l'*exequatur*, il ne s'agit bien évidemment pas ici de contrôler la compétence du juge étranger au regard des règles de compétence de celui-ci. Cette question n'intéresse pas l'ordre juridique français. Le débat porte sur le point de savoir si ce dernier reconnaît compétence au juge étranger, et ce au regard de critères que le droit français définit lui-même à cet effet. Ces critères sont fixés par des règles de compétence internationale indirecte, bien connues des spécialistes du droit international privé.

De lege lata, les juridictions administratives ne s'intéressent pas à cette question : leur compétence d'attribution, et donc leur compétence internationale puisque les deux sont confondues, sont exclusives. Mais si cette exclusivité devait être remise en cause en matière de contrats transnationaux comme nous le souhaitons, la compétence internationale indirecte deviendrait d'actualité. Dans quels cas va-t-on alors admettre que les juridictions étrangères tranchent le litige ? Autrement dit, dans quels cas va-t-on reconnaître une compétence indirecte aux tribunaux étrangers ?

620. Une première réponse pourrait être : en toute hypothèse. Toutefois, une telle solution entraînerait une rupture d'égalité entre les parties contractantes. En effet, la personne publique étrangère pourra toujours saisir ses tribunaux[1] et obtenir ensuite une décision qu'elle pourra faire exécuter en France. Sa cocontractante, au contraire, sera dans l'obligation d'aller plaider à l'étranger dès lors que les critères de compétence internationale directe des tribunaux administratifs français ne seront pas remplis. La rupture d'égalité se ferait donc, de surcroît, au préjudice de la personne publique française.

En conséquence, il convient de limiter les cas dans lesquels la compétence indirecte des tribunaux étrangers sera reconnue. Notre suggestion est d'admettre la compétence du tribunal étranger, si celle-ci correspond à l'un des deux critères de compétence internationale des juridictions administratives françaises. Il faudra donc que le tribunal étranger ait statué soit en tant que juge du défendeur, soit comme juge du lieu d'exécution du contrat. La compétence internationale indirecte doit donc, selon nous, s'apprécier à la faveur d'une bilatéralisation des critères français de compétence internationale directe. Il est vrai qu'une telle solution, jugée trop restrictive en droit privé, a été abandonnée dans ce domaine[2]. Sa réintroduction en matière de contrats transnationaux nous paraît toutefois se justifier. Elle permet en effet d'obliger les ordres juridictionnels étrangers à ne pas se déclarer compétents sur le seul fondement de la présence au contrat transnational de l'une de leurs personnes publiques, sous peine que soit refusé l'*exequatur* en France de leurs décisions. Il s'agit en dernière analyse de ne pas désavantager les personnes publiques françaises dans l'occurrence d'un litige contractuel transnational. En vertu des règles de compétence internationale directe proposées, elles devront aller plaider à l'étranger si elles sont demanderesses à l'action et si le lieu d'exécution du contrat

---

[1] Sous réserve bien évidemment du respect des éventuels critères que ceux-ci posent.

[2] P. MAYER, V. HEUZÉ, *Précis*, n° 370-371, p. 249-250.

n'est pas situé en France. Il est donc légitime que la personne publique étrangère placée dans la même position ne puisse bénéficier d'un statut plus avantageux. Ce serait le cas si l'on ne procédait pas à une bilatéralisation des critères de la compétence directe. À cela, on ajoutera que la compétence indirecte du tribunal étranger devrait également être admise lorsque celui a été désigné à la faveur d'une clause attributive de juridiction.

Au contrôle de la compétence du tribunal étranger, il faut également adjoindre un contrôle des autres conditions de régularité de la décision étrangère.

c) Le contrôle des autres conditions de régularité de la décision étrangère

621. Pour effectuer ce contrôle, les conditions de régularité exigées en droit privé nous serviront de guide. Ainsi le respect des droits de la défense et l'absence de fraude nous paraissent-ils devoir être repris tels quels[1]. En revanche, le contrôle de la loi appliquée, qui constitue une exigence déjà critiquée devant les tribunaux judiciaires[2], devrait être abandonné. On ne saurait, en effet, reprocher au juge étranger d'avoir appliqué au contrat son propre droit public, lorsqu'il est vraisemblable que le juge français en aurait fait autant, au moins en l'état actuel du droit positif[3]. Un contrôle de la conformité de la loi appliquée par le juge étranger à la conception française de l'ordre public devrait toutefois être maintenu.

En conclusion, l'efficacité sur le sol français d'un jugement étranger rendu sur un contrat transnational conclu par une personne publique française sera admise si ce dernier se révèle régulier sur cinq points : le respect des droits de la défense, l'absence de fraude, la conformité de la loi appliquée à l'ordre public, le respect du principe de légalité et la compétence internationale indirecte. Si ces conditions sont satisfaites, le jugement pourra alors être exécuté selon les règles qui guident l'exécution des jugements en matière administrative[4].

622. La mise en place d'une compétence juridictionnelle non exclusive en droit public nécessite donc une adaptation importante des règles en vigueur devant les juridictions administratives. Celles-ci devront se doter d'une compétence internationale et d'un système de reconnaissance des jugements étrangers. On envisagera maintenant l'hypothèse où les parties contractantes ont entendu régler, par elles-mêmes, les questions relatives à la compétence juridictionnelle. Pour ce faire, elles auront eu recours à une clause attributive de juridiction.

---

[1] On trouve d'ailleurs trace en droit administratif de l'abus de droit et de la fraude à la loi : R. CHAPUS, *Droit administratif général*, t. I, *op. cit.*, n° 1205, p. 911.

[2] Pour un compte rendu de ces débats : P. MAYER, V. HEUZÉ, *Précis*, n° 388, p. 263. Pour une analyse approfondie et renouvelée de cette question : E. PATAUT, *Principe de souveraineté et conflits de juridiction*, th. multigr., Paris I, 1997, p. 377-494.

[3] Pour une proposition de réforme de celui-ci : *infra*, section III.

[4] R. CHAPUS, *Droit du contentieux administratif*, Paris : Montchrestien, 7ème éd., 1998, p. 873 et s.

B. - LE RECOURS À UNE CLAUSE ATTRIBUTIVE DE JURIDICTION

623. La clause attributive de juridiction est une technique couramment utilisée pour déterminer la juridiction compétente dans les litiges du commerce international. On connaît même quelques exemples de contrats transnationaux qui y ont eu recours. Ainsi, un accord passé en 1921 entre les villes de Büsingen en Allemagne et de Schaffouse en Suisse, prévoyait de soumettre tout litige aux tribunaux de cette dernière[1]. De même, une convention signée en 1964 et relative à l'exploitation d'une ligne d'autobus, reliant La Calamine en Belgique à Aix-la-Chapelle en Allemagne, prévoit qu'à défaut de règlement amiable, "*les contestations seront, de convention expresse, déférées aux tribunaux de Liège*"[2]. Enfin, une autre convention conclue en 1971 entre l'Intercommunale des Eaux de La Calamine et la Société communale de distribution des eaux d'Aix-la-Chapelle attribue compétence aux tribunaux de cette dernière[3]. Dans tous ces exemples, les parties contractantes ont désigné le tribunal de l'une d'entre elles (**1°**), mais il n'est pas inconcevable qu'elles aient eu recours à un tribunal tiers (**2°**).

1° - La désignation du tribunal de l'une des parties contractantes

624. Il existe, en droit administratif, des mécanismes de prorogation volontaire de compétence dont on proposera un aperçu (a), avant d'étudier la possibilité de les étendre aux contrats transnationaux (b).

a) La prorogation de compétence en droit administratif

625. Les règles déterminant la compétence d'attribution ont un caractère d'ordre public, les parties à un contrat ne pouvant en principe y déroger[4]. Ainsi, un contrat de droit privé ne peut pas être conventionnellement soumis aux juridictions administratives[5]. À l'inverse, les parties à un contrat administratif ne peuvent attribuer compétence aux tribunaux judiciaires[6]. De même, il est proscrit qu'un

---

[1] L'art. 14 du *Vertrag zwischen der Stadt Schaffhausen und der Gemeinde Büsingen über die Lieferung von Wasser aus der Wasserversorgung des Stadt Schaffhausen* signé le 27 décembre 1921 prévoit la stipulation suivante : "*Streitigkeiten aus Anlage des Vertrages unterstehen der Gerichtsbarkeit des Kantons Schaffhausen*", cité par N. LEVRAT, *Le Droit applicable aux accords de coopération transfrontière entre collectivités publiques infra-étatiques*, Paris : PUF, 1994, note 35, p. 61.

[2] Art. 9 de l'accord du 23 janvier 1964 : *Doc. Conseil de l'Europe CE/Loc (74) 96*, également cité par N. LEVRAT, *ibid.*, note 34, p. 61. Notons que la mention "*de convention expresse*" ôte une grande partie de son intérêt à l'élection de for puisqu'un nouvel accord sera nécessaire pour qu'elle se réalise.

[3] Art. 8 de l'accord du 22 mars 1971, cité par P. GAUTIER, *Essai sur la définition des traités entre États*, Bruxelles : Bruylant, 1993, p. 286.

[4] R. CHAPUS, *Droit du contentieux administratif*, *op. cit.*, n° 297, p. 219 ; D. POUYAUD, *La Nullité des contrats administratifs*, Paris : LGDJ, 1991, n° 260, p. 193-194 et n° 514, p. 345-346 ; V. HAÏM, art. préc., p. 316.

[5] T.C., 22 avril 1985, *Coujard de Laplanche*, *D.A.*, 1985, n° 289, *R.D.P.*, 1985, p. 1697 ; C.E., 19 février 1988, *SARL Pore Gestion*, *Rec.*, p. 77, *D.*, 1988, inf. rap., p. 76, *L.P.A.*, 14 septembre 1988, p. 2, note F. MODERNE, *R.D.P.*, 1988, p. 1406 ; Soc., 3 juillet 1990, *J.C.P.*, 1990.IV.334.

[6] T.C., 6 novembre 1978, *Dhenin*, *Rec.*, p. 658.

litige relevant en première instance d'un tribunal administratif, soit porté directement devant le Conseil d'État[1] et vice-versa[2].

Il est permis, en revanche, de déroger dans une large mesure à la compétence territoriale des juridictions administratives[3]. Cette faculté a d'ailleurs été admise de longue date par le Conseil d'État[4], et elle est aujourd'hui consacrée par un décret du 28 novembre 1953[5]. Il est donc admis en matière contractuelle que les parties puissent choisir le tribunal territorialement compétent. Ce choix peut être exercé dans toutes les conventions de nature administrative, à l'exception de celles, non concernées par notre étude, qui lient les agents publics à leurs administrations[6]. La validité de cette option est toutefois soumise à deux conditions : l'intérêt public ne doit pas s'y opposer[7] et l'attribution conventionnelle de compétence doit être antérieure à la naissance du litige[8].

b) L'extension aux contrats transnationaux

626. On sait que la jurisprudence judiciaire a reconnu la licéité des clauses attributives de juridiction dans les contrats internationaux de droit privé[9], c'est-à-dire des stipulations portant dérogation non pas à la compétence territoriale, ni même à la compétence d'attribution, mais à la compétence internationale. L'admissibilité d'une démarche similaire en matière administrative est toutefois sujette à caution.

On raisonnera à partir d'un exemple : un accord entre la D.G.R.S.T., service du Premier ministre français, et un organisme allemand, l'Institut Weizmann, stipule que "*dans le cas où un accord amiable ne pourrait intervenir, tout litige au sujet du présent marché sera porté devant le Tribunal administratif de Paris*"[10]. Cette

---

1 C.E., 31 mars 1954, *Salini*, *A.J.D.A.*, 1954, II, p. 244. Dans des circonstances très particulières, des parties ont toutefois été autorisées à déroger aux règles répartissant la compétence d'attribution à l'intérieur de l'ordre juridictionnel administratif : C.E., 25 novembre 1949, *Société technique des appareils centrifuges*, *Rec.*, p. 512, *S.*, 1950.III.33, concl. ODENT, *Penant*, 1951.I.127, note CHARLIER.

2 C.E., 5 janvier 1972, *Société Unitchadienne*, *Rec.*, p. 4.

3 R. CHAPUS, *Droit du contentieux administratif*, *op. cit.*, n° 306-307, p. 226-227 ; A. de LAUBADÈRE, F. MODERNE, P. DELVOLVÉ, *op. cit.*, t. II, n° 1746, p. 968 et n° 1765, p. 987.

4 C.E., 1er août 1924, *Chemins de fer de l'État c/ Gauthereau*, *S.*, 1925.III.20, concl. MAYER.

5 Les textes régissant la matière sont actuellement les articles R. 47 et R. 55 du Code des Tribunaux administratifs et des Cours administratives d'appel.

6 C.E., 9 février 1968, *Canaut*, *Rec.*, p. 105 ; T.A. Grenoble, 5 avril 1988, *Époux Maupuy*.

7 C.E., 28 avril 1976, *Schmitt*, *Rec.*, p. 816. C'est ainsi que l'encombrement du rôle du tribunal administratif de Paris ne s'oppose pas à ce que sa compétence soit retenue pour connaître d'un litige relatif à un contrat d'occupation du domaine public : C.E., 29 mars 1957, *Roger*, *Rec.*, p. 323, *A.J.D.A.*, 1957, II, p. 206, concl. GRÉVISSE.

8 C.E., 31 mai 1985, *Labrunie*, *R.D.P.*, 1985, p. 1726 ; 29 mai 1957, *Roger*, préc.

9 Voy. not. : Civ., 19 février 1930, 27 janvier 1931, *Mardelé* et *Dambricourt*, *S.*, 1933.1.41, note NIBOYET. Cette admission a toutefois suscité de nombreux débats doctrinaux dont il est rendu compte par MM. ANCEL et LEQUETTE dans leurs obs. sous l'arrêt *Cie des Signaux*, Civ. 1re, 17 décembre 1985 : *G.A.D.I.P.* n° 72.

10 Art. 13 de l'accord passé entre la Direction générale de la Recherche scientifique et technique et l'Institut Weizmann pour les sciences.

formulation, dans un contrat manifestement international, laisse à penser qu'il s'agit d'une clause attributive de juridiction. À la vérité, cette appréciation est toute relative, car cette stipulation ne permet pas au contrat d'échapper à la compétence internationale objective des juridictions administratives françaises. Même si le contrat est international ou transnational, la clause ne constitue donc pas une véritable élection de for. Elle ne déroge pas à la compétence internationale française. En revanche, du côté du cocontractant allemand, la situation est toute différente. Il y a bien atteinte, permise ou non, aux règles de compétence internationale de ce pays. Vis-à-vis de l'ordre juridictionnel allemand, la clause est bien attributive de juridiction.

627. On peut alors s'interroger sur l'attitude qu'aurait adoptée le Conseil d'État face à un contrat similaire, attribuant compétence aux tribunaux allemands. La Haute juridiction administrative admettrait-elle qu'un accord, dont elle considère qu'il est de droit administratif français, soit déféré à un tribunal étranger ? Rien n'est moins sûr. Entre la dérogation conventionnelle à la compétence du tribunal administratif territorialement compétent permise par les textes, et la soustraction complète de litiges relatifs à un contrat administratif à la connaissance des juridictions françaises de droit public, le fossé semble infranchissable[1].

De lege lata, la juridiction administrative ne laisse donc aucune place aux clauses d'élection de for, celles-ci ne pouvant fonctionner qu'à sens unique. Si elles ne dérogent pas à la compétence internationale de l'ordre administratif, elles sont valables puisqu'il ne s'agit plus, en réalité, que d'une prorogation conventionnelle de la compétence territoriale. En revanche, en y dérogeant, elles perdent du même coup toute validité aux yeux du Conseil d'État qui considère sa compétence comme exclusive.

Mais, *de lege ferenda*, en admettant comme nous l'avons proposé que l'ordre administratif abandonne au moins en partie l'exclusivité de sa compétence, la validité des clauses attributives de juridiction s'avère alors concevable. On pourrait ainsi forger une règle autorisant l'élection de for dans les contrats transnationaux conclus par les personnes publiques françaises, en s'inspirant du libéralisme dont a pu faire preuve le droit international privé français en la matière.

Si le principe de l'élection de for est ainsi admis en matière transnationale, on peut alors s'interroger quant à la possibilité pour les parties contractantes de désigner un tribunal tiers, c'est-à-dire un tribunal qui n'est celui d'aucune d'entre elles.

[1] Il est à cet égard significatif qu'une circulaire relative à la passation des marchés publics à l'étranger incite à la stipulation dans ces contrats d'une clause attributive de juridiction en faveur du juge administratif français afin de couper court à tout litige sur la compétence juridictionnelle : *J.O.*, 8 mai 1988, p. 6547, *D.*, 1988, lég., p. 305.

2° - *La désignation d'un tribunal tiers*

628. La désignation d'un ordre juridictionnel tiers constitue une option tentante pour les parties à un contrat transnational. Elle permet d'éviter la soumission du contrat au juge de l'une des parties contractantes, inévitablement soupçonné de parti pris[1]. La licéité de la clause d'élection d'un for neutre doit donc être envisagée. Un tel choix revêt une double incidence sur l'ordonnancement des compétences internationales. D'une part, il écarte la compétence des juridictions de chacune des parties contractantes. D'autre part, il délivre compétence à une juridiction qui, vraisemblablement, n'aurait pas été compétente en l'absence de clause. Or, comme "*la seule loi qui ait vocation à admettre ou refuser, dans son principe, une extension ou une restriction conventionnelle de compétence des tribunaux d'un État est la loi de cet État*"[2], l'efficacité d'un tel choix repose sur sa licéité tant au regard des lois des tribunaux évincés (a), que de celle du tribunal désigné (b).

a) La licéité au regard de la loi des tribunaux évincés

629. En choisissant un tribunal tiers, les parties au contrat transnational écartent corrélativement la compétence de leurs juridictions respectives. D'aucuns penseraient qu'il n'est nul besoin d'apprécier le sort de la clause à travers le prisme de ces dernières qui ont été écartées par les personnes publiques contractantes. Mais à supposer que le tribunal saisi soit celui désigné par la clause, sa décision devra être exécutée dans l'État de la partie succombante. Or, à l'occasion de la procédure d'*exequatur*, les juridictions de cet État contrôleront l'atteinte portée par la clause à leur propre compétence. En outre, l'un des contractants pourrait décider d'ignorer l'élection de for et saisir ses propres tribunaux. Ces derniers porteront alors un jugement sur l'efficacité à leur égard du choix d'une juridiction étrangère.

L'efficacité du choix d'un tribunal tiers nécessite donc bien que les juridictions des personnes publiques contractantes en reconnaissent la licéité. Or cela implique qu'elles acceptent de revenir sur la nature exclusive de leur compétence en droit public. Si cette condition *sine qua non* est respectée, on en déduit que les lois des tribunaux évincés par la clause autorisent le choix d'un tribunal tiers. Mais cela ne suffit pas à rendre généralement efficace la clause, il convient en outre d'interroger la loi du tribunal choisi.

---

[1] C'est l'une, si ce n'est la principale utilité de la clause d'élection de for que de pouvoir choisir un tribunal tiers : J. JODLOWSKI, *Les Conventions relatives à la prorogation et à la dérogation à la compétence internationale en matière civile*, *R.C.A.D.I.*, 1974 (III), p. 477-587, spéc. p. 555 et s. ; KAUFMANN-KOHLER, *La Clause d'élection de for dans les contrats internationaux*, Bâle, 1980, p. 141. On rappellera qu'une telle désignation est toutefois exclue du champ d'application des traités conclus par la France en matière transfrontalière. En effet, dans ces traités, l'élection de droit emporte élection de for. Or, comme seule peut être choisie la loi de l'une des parties contractantes, c'est uniquement les juridictions de celles-ci qui peuvent être saisies.

[2] P. MAYER, V. HEUZÉ, *Précis*, n° 301, p. 198.

b) La licéité au regard de la loi du tribunal désigné

630. L'ordre juridictionnel désigné par la clause attributive de juridiction d'un contrat transnational est tiers. À ce titre, il ne bénéficie vraisemblablement d'aucune règle lui attribuant une compétence objective à l'égard dudit contrat. Autrement dit, les juridictions de l'État désigné n'auraient jamais eu à en connaître en l'absence de cette clause. Il apparaît douteux que par la simple présence d'une telle stipulation, ces juridictions consentent à statuer sur un litige dans lequel leur système juridique n'est aucunement impliqué.

Aucune des personnes publiques de l'État choisi comme for n'étant partie au contrat, il s'agit pour celui-ci d'un litige de droit public étranger ou, plus exactement, de droits publics étrangers. Il n'a donc objectivement aucun intérêt à lui ouvrir ses prétoires. C'est d'ailleurs le sens d'une résolution rendue par l'Institut du droit international à la session d'Oslo et selon laquelle :

> "*Dans la mesure où du point de vue du for, leur objet est lié à l'exercice de la puissance publique, les demandes en justice d'une autorité étrangère ou d'un organisme public étranger fondées sur les dispositions de droit public, devraient en principe être considérées comme irrecevables*"[1].

La résolution d'Oslo apporte une réponse de résonance internationale. Elle nous apprend qu'*a priori* des juridictions étatiques refuseront de se saisir d'un contrat transnational si l'une de leurs personnes publiques n'y est pas partie. Mais une telle hypothèse ne s'apprécie véritablement qu'à la lumière d'un ordre juridique donné. Imaginons ainsi que deux personnes publiques étrangères parties à un contrat transnational attribuent compétence aux juridictions françaises. Ces dernières accepteraient-elles de connaître d'un tel contrat ?

631. Rien n'est moins sûr. Il est possible que les juridictions de l'ordre judiciaire[2] soient tentées de soulever un défaut de pouvoir de juridiction, distinct de la compétence internationale et antérieur à celle-ci[3]. Cette probabilité ressort de la jurisprudence dite *République du Guatemala*. L'affaire portait sur une exportation illicite de café guatémaltèque. La Cour de cassation française a refusé de faire droit aux demandes du Guatemala tendant à recouvrir des droits de douane ainsi que diverses redevances exigées par la législation de ce pays et qui n'avaient pas été versés lors de l'exportation. Pour ce faire, la Haute juridiction a repris, en substance, les termes de la recommandation d'Oslo précitée : "*Il résulte des principes de droit international régissant les relations entre États que, dans la mesure où du point de vue de la loi du for, leur objet est lié à l'exercice de la puissance publique, les demandes d'un État étranger fondées sur des dispositions de droit public ne peuvent être portées devant les juridictions françaises. Toutefois, ce principe peut être*

---

[1] *Rev. crit.*, 1978, p. 224. Voy. le rapport M. LALIVE intitulé "Les demandes fondées par une autorité étrangère ou par un organisme public étranger sur des dispositions de son droit public", *A.I.D.I.*, 1977, vol. 57, t. II, p. 2-18 et p. 166-190.

[2] Comme aucune personne publique française n'est partie au contrat, il s'agit d'une activité administrative étrangère et les juridictions administratives françaises sont incompétentes.

[3] P. THÉRY, *Pouvoir juridictionnel et compétence*, th. multigr., Paris II, 1981.

écarté, notamment si, du point de vue du for, les exigences de la solidarité internationale ou la convergence des intérêts en cause le justifient"[1]. Elle approuvait, par la suite, la Cour d'appel d'avoir constaté son défaut de pouvoir de juridiction.

632. Cette jurisprudence est-elle transposable en matière de contrats transnationaux étrangers ? La réponse à cette question est en fait fonction de l'interprétation que l'on retient du principe dégagé à Oslo et repris par la Cour de cassation.

Une première interprétation consiste à admettre une coïncidence entre la résolution d'Oslo et les critères qui répartissent, en droit français, la compétence entre les juridictions judiciaires et administratives. Ainsi, pour MM. Ancel et Lequette, "*s'il ne saurait être question d'appliquer purement et simplement ces critères aux demandes formulées par les États étrangers, du moins peut-on s'en inspirer pour en déduire, non plus la compétence ratione materiæ des juridictions administratives ou judiciaires, mais le pouvoir ou le défaut de pouvoir de l'ensemble des tribunaux français*"[2]. Il y aurait, selon cette interprétation, une correspondance générale des critères retenus entre la compétence *ratione materiæ* des juridictions administratives, le défaut de pouvoir en matière d'actions des États étrangers, et l'octroi à ces derniers d'une immunité de juridiction[3]. La construction se résume dans la formule suivante : pour les litiges qui relèveraient des juridictions administratives s'ils impliquaient une personne publique française, une personne publique étrangère bénéficie d'une immunité de juridiction lorsqu'elle est en position de défendeur, et se voit opposer le défaut de pouvoir de juridiction lorsqu'elle est en position de demandeur.

L'unité d'un tel système force l'admiration et c'est probablement vers celui-ci que s'oriente la jurisprudence. Si ce sentiment venait à être confirmé, les tribunaux français devraient refuser de trancher tout litige issu d'un contrat transnational conclu entre personnes publiques étrangères, quand bien même elles auraient été désignées à la faveur d'une élection de for. Le défaut de pouvoir serait alors patent.

633. Une interprétation différente de la résolution d'Oslo et de l'arrêt *République du Guatemala* est toutefois envisageable. En vertu de celle-ci, le défaut de pouvoir se limiterait aux demandes de l'État étranger revêtues de "*la toge pourpre de l'imperium*"[4], c'est-à-dire celles qui manifestent, comme dans l'affaire *République du Guatemala*, une tentative d'exercice de la puissance publique en

---

[1] Civ. 1re, 2 mai 1990, *Rép. du Guatemala c/ SINCAFC*, *Rev. crit.*, 1991, p. 378, note AUDIT, *J.D.I.*, 1991, p. 137 et chron. DEHAUSSY, "Le statut de l'État étranger demandeur sur le sol français : Droit international coutumier et droit interne", *id.*, p. 109-129, *G.A.D.I.P.* n° 74. Rappr. : Civ. 1re, 29 mai 1990, *État d'Haïti c/ J.-C. Duvalier*, *J.D.I.*, 1991, p. 133.

[2] Obs. préc. sous l'arrêt *République du Guatemala*, p. 717.

[3] Le critère retenu en matière d'immunité de juridiction et examiné plus haut (n° 594) correspond, en effet, à celui qui est utilisé pour délimiter la compétence d'attribution de l'ordre juridictionnel administratif : H. BATIFFOL, P. LAGARDE, *op. cit.*, t. II, n° 693-2, p. 518-519 ; Y. LOUSSOUARN, P. BOUREL, *op. cit.*, n° 480 ; P. MAYER, V. HEUZÉ, *Précis*, n° 325, p. 214 ; *adde*, B. ANCEL, Y. LEQUETTE, obs. sous l'arrêt *Soc. Levant Express Transport*, *G.A.D.I.P.* n° 47, spéc. n° 3-4.

[4] J. DEHAUSSY, "Le statut de...", art. préc., p. 113.

territoire étranger. L'atteinte à la souveraineté du for justifierait alors le défaut de pouvoir[1]. Or, si les contrats transnationaux sont soumis à un régime de droit public, c'est parce qu'ils intéressent directement un service public, et non parce qu'ils mettent en œuvre des prérogatives de puissance publique. On a constaté que leur régime appartient certes au droit public, mais il ne devrait conférer aucun pouvoir particulier en faveur de l'une des administrations contractantes. Dans ces conditions, les inconvénients d'une atteinte portée à la souveraineté de l'État du for se dissipent et ce dernier pourrait admettre son pouvoir de juridiction et, par suite, sa compétence internationale.

Cette solution n'est pas à exclure. Toutefois, il paraît plus probable qu'un ordre juridique tiers, sans lien avec le litige, refusera effet à la clause. Car au-delà de la théorie, se rencontrent des considérations pratiques. L'ordre juridictionnel tiers, réputé neutre et conventionnellement désigné, ne sera guère enclin à trancher un litige qui ne le concerne en rien. De ce fait, nous pensons que l'efficacité d'une clause attributive de juridiction à un tribunal tiers est soumise à un fort aléa, à moins qu'un cadre conventionnel ne l'autorise. Celui-ci pourrait être constitué par la Convention de Bruxelles du 27 septembre 1968.

§ 2.- LA JURIDICTION COMPÉTENTE ET LA RECONNAISSANCE DES JUGEMENTS ÉTRANGERS SUR LE FONDEMENT DE LA CONVENTION DE BRUXELLES

634. L'abandon de l'exclusivisme de la compétence juridictionnelle en droit public nécessite une adaptation importante des règles du contentieux administratif. Il n'est pas certain que le Conseil d'État soit prêt à franchir ce pas, d'autant qu'il ne bénéficie d'aucune garantie quant à la réciprocité d'un tel renoncement de la part des États étrangers. Si de véritables règles de compétence internationale et un système de reconnaissance des jugements étaient institués en droit public français, il y aurait lieu d'en attendre autant de la part des États étrangers, faute de quoi les personnes publiques françaises parties à des contrats transnationaux seraient injustement pénalisées[2]. Ce problème de réciprocité ne se poserait bien évidemment pas s'il existait un cadre conventionnel. Celui-ci conduirait non seulement à une remise en cause de la compétence exclusive mais il comporterait, en outre,

---

[1] M. MANN défend une conception proche de cette interprétation : "*L'État qui au-delà des limites de sa propre souveraineté exerce une action pénale, fiscale ou toute autre action de droit public invoque ses droits de souveraineté dans le territoire du for*", "L'exécution internationale des droits publics", *Rev. crit.*, 1988, p. 1-27, spéc. p. 5. Ou encore : "*Les demandes, droits et actions revenant à l'État étranger dans l'exercice de son autorité souveraine ne peuvent pas être internationalement mis à exécution. (...) La véritable question est de savoir si la demande constitue au regard du droit international une atteinte à la souveraineté de l'État du for*", *id.*, p. 10-11. *Adde*, J. DEHAUSSY, "Le statut de...", art. préc., p. 127 : "*On peut penser que, s'agissant du statut de l'État demandeur, il existe une règle coutumière symétrique de droit international public. L'exclusivité des compétences de l'État, en ce qui concerne l'exercice de la puissance publique, en même temps qu'elle interdit aux autres États d'intervenir dans ses affaires, lui donne le devoir de les exercer seul, sauf convention expressément contraire*".

[2] Demanderesses à l'action, elles ne pourraient pas saisir leurs tribunaux et seraient dans l'obligation d'aller plaider à l'étranger tandis que, dans la même situation, leurs cocontractantes pourraient toujours saisir les leurs.

l'avantage certain de répartir harmonieusement les compétences entre les divers ordres juridictionnels impliqués.

635. Or, un tel traité existe puisque la Convention de Bruxelles du 27 septembre 1968 paraît pouvoir s'appliquer *ratione materiæ* aux contrats transnationaux (**A**). On examinera ensuite les effets de cette application (**B**).

A. - L'APPLICATION *RATIONE MATERIÆ* DE LA CONVENTION DE BRUXELLES

636. La Convention de Bruxelles du 27 septembre 1968 a pour objet la réglementation des conflits de juridictions entre États européens[1]. Or, la coopération transfrontière est très développée sur ce continent. Dès lors, si elle s'avérait admissible, l'application *ratione materiæ* de cette convention aux contrats transnationaux profiterait utilement au développement d'un cadre juridique pour ces contrats. On confrontera donc le champ d'application *ratione materiæ* de la convention aux contrats transnationaux (**1°**). Cette étape franchie, il conviendra de dégager le lien entre la Convention de Bruxelles et les traités conclus par certains pays européens en matière transfrontalière (**2°**).

1° - L'application de la Convention de Bruxelles aux contrats transnationaux

637. La Convention de Bruxelles réglemente *la compétence judiciaire et l'exécution des décisions* mais uniquement *en matière civile et commerciale*. L'intitulé de la convention laisse donc peu d'espoir quant à son application aux contrats objets de cette étude. La référence explicite aux matières civile et commerciale indique que ce texte ne s'étend pas aux questions administratives. D'ailleurs, la convention d'adhésion du Danemark, de l'Irlande et du Royaume-Uni, signée à Luxembourg le 9 octobre 1978 précise qu'elle "*ne recouvre notamment pas*

---

[1] Texte publié au *J.O.C.E.* L. 299, 31 décembre 1972. L'adhésion du Danemark, de l'Irlande et du Royaume-Uni à la Communauté européenne fut marquée par la signature le 9 octobre 1978 de la Convention de Luxembourg qui étend à ces pays celle de Bruxelles (texte au *J.O.C.E.* L. 304, 30 octobre 1978 ; publication en France par un décret du 30 janvier 1987 : *J.O.*, 5 février 1987, p. 1324). La même procédure a été suivie à l'égard de la Grèce le 25 octobre 1982 (texte au *J.O.C.E.* L. 388, 31 décembre 1982 ; publication en France par le décret n° 89-277, 28 avril 1989). Puis a été conclue la Convention de Lugano le 16 septembre 1988 qui étend les dispositions de celle de Bruxelles aux pays de l'AELE (texte à la *Rev. crit.*, 1989, p. 149 ; publication en France par le décret n° 92-111, 3 février 1992 : *J.O.*, 5 février 1992). Enfin, l'Espagne et le Portugal ont adhéré au système de la Convention de Bruxelles par la Convention de Saint-Sébastien du 26 mai 1989 (texte au *J.O.C.E.* L. 285, 3 octobre 1989 ; publication en France par le décret n° 91-175, 12 février 1991 : *J.O.*, 19 février 1991, p. 2493). Sur l'ensemble de ces conventions, voy. not. : H. GAUDEMET-TALLON, *Les Conventions de Bruxelles et de Lugano*, 2ème éd., Paris : LGDJ, 1996 ; P. GOTHOT, D. HOLLEAUX, *La Convention de Bruxelles du 27 septembre 1968*, Paris : Jupiter, 1985 ; J.-P. BERAUDO, *J.-Cl. Europe*, fasc. 3000 et s., *J.-Cl. Dr. int.*, fasc. 631 et s., *J.-Cl. Procédure civile*, fasc. 52-1 et s. ; D. ALEXANDRE, V° "Convention de Bruxelles (Généralités)" et V° "Convention de Bruxelles (Compétence)", *Rép. Dalloz, Droit communautaire* ; A. HUET, V° "Convention de Bruxelles (Reconnaissance et exécution des jugements)", *Rep. Dalloz, Droit communautaire*. Le texte de la Convention de Bruxelles a été repris au sein d'un règlement communautaire : Règlement (CE) n° 44/2001 du Conseil du 22 décembre 2000 concernant la compétence judiciaire, la reconnaissance et l'exécution des décisions en matière civile et commerciale, *JOCE* n° L12 du 16 janvier 2001, p. 1, *Rev. crit.*, 2001, p. 188.

les matières fiscales, douanières ou administratives"[1]. Tout donne donc à penser que le champ de l'application matérielle de la Convention de Bruxelles s'arrête là où commence la compétence des tribunaux administratifs et ne comprend pas les contrats transnationaux. Il apparaît pourtant que l'application de la Convention de Bruxelles à ces accords n'est pas à proscrire absolument[2].

638. En effet, la Cour de Justice des Communautés a eu l'occasion de préciser ce qu'il fallait entendre par "matière civile et commerciale", dans les arrêts *Eurocontrol* du 14 octobre 1976[3] et *Rüffer* du 16 décembre 1980[4]. Comme à son habitude, la Cour a dégagé de ces termes une interprétation autonome, c'est-à-dire indépendante des droits internes des États membres. Il en découle deux constats. Tout d'abord, la circonstance qu'un contrat soit qualifié d'administratif au regard du droit français n'implique pas nécessairement son exclusion du champ d'application de la convention. Pour qu'il en soit ainsi, ce contrat doit correspondre à la notion d'activité administrative telle que définie de manière autonome par la Cour de Justice. Or, la notion d'activité administrative ainsi définie par la Cour est circonscrite aux seules activités de puissance publique.

Les juges de Luxembourg ont, en effet, estimé que les affaires impliquant "*(l')intervention d'une autorité publique agissant dans l'exercice de la puissance publique*" échappent à la Convention de Bruxelles. Ce critère fait appel à la mise en œuvre, par l'autorité administrative, de prérogatives étatiques ou de pouvoirs exorbitants du droit commun. Ainsi, dans l'affaire *Eurocontrol*, l'organisation européenne pour la sécurité de la navigation aérienne avait intenté une action en recouvrement de redevances de circulation aérienne. La Cour a exclu ce litige du champ d'application de la convention. Ce faisant, elle a en particulier noté que l'autorité est réputée avoir agi dans l'exercice de la puissance publique car le litige "*concerne le recouvrement de redevances dues par une personne de droit privé à un organisme national ou international de droit public en vertu de l'utilisation des installations et services de celui-ci, notamment*", précise-t-elle, "*lorsque cette utilisation est obligatoire et exclusive*". Au surplus, les juges ont relevé que "*le taux des redevances, les modes de calcul et les procédures de perception sont fixés de manière unilatérale vis-à-vis des usagers, comme c'est le cas dans l'espèce, où*

---

1 Texte publié au *J.O.C.E.* L. 304, 30 octobre 1978. Le règlement communautaire du 22 décembre 2000 reprend cette exclusion.

2 On peut signaler que la Commission européenne a suggéré d'appliquer la Convention de Bruxelles aux affaires de concurrence relevant de la compétence des juridictions administratives : Communication relative à la coopération entre la Commission et les juridictions nationales pour l'application des art. 85 et 86, *J.O.C.E.* C. 39, 13 février 1993, point 44. En outre, la Cour administrative d'appel de Nantes a admis que le président du Tribunal administratif de Rouen, statuant en matière de référé, puisse se déclarer compétent sur le fondement de l'article 24 de la Convention de Bruxelles dans une affaire de sous-traitance d'un marché public : CAA Nantes, 15 avril 1999, *Soc. Mammoet Stoof Vof*, *R.F.D.A.*, 2000, p. 1110, concl. R. LALAUZE.

3 C.J.C.E., 14 octobre 1976, *LTU c/ Eurocontrol*, aff. 29/76, *Rec.*, p. 1541, *Rev. crit.*, 1977, p. 772, note DROZ, *J.D.I.*, 1977, p. 707, obs. A. HUET.

4 C.J.C.E., 16 décembre 1980, *État néerlandais c/ Rüffer*, aff. 814/79, *Rec.*, p. 3807, *J.D.I.*, 1982, p. 463, obs. BISCHOFF.

l'organisme a unilatéralement fixé le lieu d'exécution de l'obligation à son siège et choisi les juridictions nationales compétentes pour juger de son exécution"[1].

639. Dans l'affaire *Rüffer*, un bateau appartenant à un résident allemand avait coulé dans la baie de Watum où, par traité entre l'Allemagne et les Pays-Bas, ces derniers avaient été chargés de l'enlèvement des épaves. Cette opération effectuée, le gouvernement néerlandais a réclamé à Rüffer le remboursement des frais exposés. Or, il est apparu à la Cour que cette action n'entrait pas dans le champ de la Convention de Bruxelles car les Pays-Bas sont intervenus dans l'exercice de leur puissance publique. Elle a retenu notamment que ce pays avait été investi d'un pouvoir de police en vertu du traité conclu avec l'Allemagne.

640. Ces espèces dénotent la volonté de la Cour de lier étroitement la matière administrative à l'exercice par les autorités publiques de prérogatives de puissance publique, mais au sens littéral de l'expression et non par référence à l'acception plus ou moins édulcorée qu'en retiennent les droits des États membres. C'est ainsi qu'il a pu être jugé, dans une affaire où le rôle d'un enseignement d'une école publique était en jeu, que la responsabilité du service public de l'enseignement entrait dans le domaine d'application de la convention et ne pouvait pas être qualifiée de matière administrative[2]. La Cour a spécialement constaté que "*même s'il agit pour le compte de l'État, un fonctionnaire n'exerce pas toujours la puissance publique*"[3]. Les fonctions d'enseignant ne relèvent pas à ce titre d'un authentique "*exercice de pouvoirs exorbitants par rapport aux règles applicables dans les relations entre particuliers*"[4].

L'interprétation autonome dégagée par la Cour de la matière administrative s'écarte donc singulièrement des conceptions du droit français[5]. Elle est loin de recouvrir l'ensemble de notre droit administratif, et il faut en conclure que la soumission d'un litige à la juridiction des tribunaux administratifs n'exclut pas que la convention lui soit applicable. Restent alors à déterminer les actes et faits qui, bien que soumis au droit administratif français et à ses juges, relèvent malgré tout du champ d'application de la convention.

641. Un auteur, M. Beraudo, estime que le critère dégagé par la C.J.C.E. inclut dans le domaine de la convention une grande partie des contrats administratifs du droit français[6]. Il soutient, en effet, qu'au regard de la jurisprudence de la Cour, il

---

1 Aff. *Eurocontrol* préc., 4ème attendu, alinéas 2 à 4. Signalons que la Cour a eu à connaître d'une autre affaire portant sur des redevances dues à Eurocontrol : C.J.C.E., 14 juillet 1977, *Bavaria Fluggesellschaft et Germanair c/ Eurocontrol*, aff. j. 9/77 et 10/77, *Rec.*, p. 1517, *J.D.I.*, 1978, p. 393, obs. HUET.

2 C.J.C.E., 21 avril 1993, *Volker Sonntag*, aff. C-172/91, *Rec.*, I, p. 1963, *Rev. crit.*, 1994, p. 96, note GAUDEMET-TALLON, *J.D.I.*, 1994, p. 528, obs. BISCHOFF.

3 *Ibid.*, motif n° 21.

4 *Ibid.*, motif n° 22.

5 La Cour l'a confirmé dans l'affaire *Volker Sonntag* : "*Même si le droit interne de l'État contractant d'origine de l'enseignant concerné qualifie l'activité de surveillance dudit enseignant envers ses élèves comme un exercice de la puissance publique, cette circonstance demeure sans incidence sur la qualification du litige au principal au regard de l'article 1er de la Convention*" (motif n° 25).

6 J.-P. BERAUDO, "Convention de Bruxelles du 27 septembre 1968. Champ d'application", *J.-Cl. Europe*, fasc. 3001, n° 11.

n'y a exercice d'une prérogative de puissance publique qu'en l'absence de tout consensualisme[1]. C'est ainsi que, selon l'auteur, la circonstance que des clauses exorbitantes du droit commun aient "*été acceptées par le cocontractant auquel la personne publique les applique leur retire tout caractère de puissance publique*"[2]. En dernière analyse, "*au sens communautaire, dès qu'il y a consentement à l'acte, il n'y a plus, de la part de l'autre partie, exercice d'une prérogative de puissance publique mais exercice d'une prérogative contractuelle*"[3].

Pour séduisante qu'elle soit, cette analyse n'emporte cependant pas la conviction. La C.J.C.E. n'a jamais formellement associé action unilatérale et puissance publique dans les espèces précitées. À notre sens, la puissance publique peut tout à fait se manifester à l'occasion d'un contrat administratif. Dans l'esprit de la Cour, l'essentiel est que l'autorité publique soit en mesure d'exercer des "*pouvoirs exorbitants par rapport aux règles applicables dans les relations entre particuliers*"[4]. Or, le fait que ceux-ci lui soient dévolus avec l'accord de son cocontractant est indifférent. En outre, en dehors même de tout accord, il est un cas de figure que M. Beraudo n'envisage pas. C'est celui dans lequel le contrat relève, indépendamment de la volonté des parties, d'un régime exorbitant du droit commun. L'exercice de la puissance publique n'est donc pas exclusif de tout consensualisme.

642. En fin de compte, un contrat administratif ressortit à la Convention de Bruxelles à condition de ne pas mettre en œuvre l'exercice de la puissance publique[5], c'est-à-dire que ses clauses comme son régime ne soient pas exorbitants du droit commun[6]. Or, les contrats transnationaux répondent à cette définition. On a pu constater que l'égalitarisme qui anime ces contrats s'oppose à ce qu'une des parties contractantes bénéficie de prérogatives exorbitantes du droit commun[7].

Dès lors, il est possible de conclure que la Convention de Bruxelles s'applique *ratione materiæ* aux contrats transnationaux[8]. Ni leur soumission à un régime de droit public, ni la compétence des juridictions administratives qui s'ensuit, ne s'avère dirimante à cet égard.

---

[1] *Ibid.*, n° 6 : "*(L'organisme public) doit exercer une prérogative de puissance publique. C'est-à-dire qu'il ne doit pas y avoir de trace de consensualisme. Le particulier doit être soumis à des obligations imposées par l'autorité publique dans leur principe et leur quantum*".

[2] *Ibid.*, n° 11.

[3] *Ibid.*

[4] Aff. *Volker Sonntag* préc.

[5] Ainsi, dans l'affaire *Soc. Mammoet Stoof Vof,* la Cour administrative d'appel de Nantes a jugé que le marché public litigieux ne peut "*se rattacher à une décision d'une autorité publique agissant dans l'exercice de la puissance publique [et] ne relève pas des matières administratives exclues du champ d'application de la Convention de Bruxelles au sens de son article 1er*" : préc., p. 1113.

[6] Concernant les clauses exorbitantes du droit commun, une précision s'impose. On a pu constater qu'il en existe de deux types : *supra*, n° 507. Or, à notre avis, les seules qui, lorsqu'elles sont stipulées dans un contrat administratif, excluent obligatoirement celui-ci du domaine d'application de la Convention de Bruxelles, sont les stipulations inégalitaires. La puissance publique s'impose alors au cocontractant privé. En revanche, lorsque la clause est exorbitante simplement parce qu'elle n'est pas concevable dans un contrat de droit privé, le contrat n'est pas de ce seul fait écarté de la Convention de 1968. Il faudra constater si, par ailleurs, il n'est pas soumis à un régime exorbitant du droit commun.

[7] *Supra*, n° 515.

[8] Y. CLAISSE fait également ce constat : *op. cit.*, p. 46.

2° - *Le lien avec les traités existant en matière transfrontalière*

643. Il existe un nombre important de traités intra-européens en matière transfrontalière[1]. Or, les conventions de Bruxelles et de Lugano[2] couvrent la plus grande partie du continent européen. En conséquence, il convient de s'interroger sur les interférences susceptibles d'intervenir entre ces deux groupes de conventions internationales. À dire vrai, ce type de difficulté ne devrait survenir que dans un nombre de cas extrêmement restreint. La plupart des traités conclus en matière transfrontalière ne comportent, en effet, aucune disposition quant au règlement des conflits de juridictions. L'application de la Convention de Bruxelles aux contrats régis par ces traités ne posera donc aucun problème.

En revanche, il n'en va pas de même pour les traités qui ont eu la velléité de s'intéresser à la question des conflits de juridictions. Dans ce cas, il y a lieu d'appliquer l'article 57 de la Convention de Bruxelles. L'alinéa 1er de ce texte indique, en effet, que la Convention de Bruxelles réserve l'application de conventions conclues entre États contractants sur des "matières particulières"[3]. Les dispositions pertinentes des traités transfrontaliers trouveront donc à s'appliquer dans ce cadre. Toutefois, on a pu constater que ces traités ne réglementent pas l'ensemble des questions relatives aux conflits de juridictions. Dès lors, la Convention de Bruxelles retrouvera son empire sur les points non réglés par les traités transfrontaliers[4].

644. On peut illustrer ces réflexions en commençant par l'exemple de la convention d'Isselburg-Anholt conclue entre l'Allemagne et les Pays-Bas le 23 mai 1991. Celle-ci règle les problèmes de compétence internationale directe par référence à la règle *actor sequitur forum rei*[5]. La solution retenue par cette convention, et dont on a eu l'occasion de vanter les mérites[6], devrait donc se substituer à l'ensemble des dispositions de la Convention de Bruxelles concernant l'instance directe. En revanche, les principes de la Convention de Bruxelles régissant l'effet des jugements et ceux concernant la clause attributive de compétence, devraient venir compléter le traité germano-néerlandais dans sa mission d'encadrement des relations transfrontières entre personnes publiques des deux pays.

Il existe d'autres traités conclus en matière transfrontalière comportant des dispositions en matière de compétence juridictionnelle. Ce sont ceux auxquels la France est partie : la convention franco-italienne du 26 novembre 1993, la convention franco-espagnole du 26 septembre 1995 et l'accord quadripartite de

---

[1] Un chapitre leur est entièrement consacré : *supra*, n° 37 et s.

[2] La convention signée à Lugano le 16 septembre 1988 a permis une extension des dispositions de la Convention de Bruxelles aux États de l'Association Européenne de Libre Échange : *Rev. crit.*, 1989, p. 149.

[3] Sur cette disposition : H. GAUDEMET-TALLON, *op. cit.*, n° 18, p. 14.

[4] *Ibid.*, note 32, p. 14, avec les réf. citées.

[5] L'art. 11 prévoit en effet que "*les voies de recours en cas de litige de droit public entre organismes publics, syndicats intercommunaux ou groupements de travail intercommunaux dans le cadre de la coopération transfrontalière sont celles de l'État contractant dans lequel le défendeur a son siège*".

[6] *Supra*, n° 429.

Karlsruhe du 23 janvier 1996. Les règles posées par ces accords constituent, toutefois, un système très parcellaire. Le tribunal internationalement compétent est celui dont la loi a été choisie par les parties. Mais aucune solution de rechange n'est prévue en l'absence d'*electio juris*, de même qu'aucun système de reconnaissance des jugements n'est envisagé. En conséquence, il nous apparaît qu'en ce qui concerne la reconnaissance des jugements et la compétence directe en l'absence d'un choix de loi par les parties, la Convention de Bruxelles devrait être utilisée pour compléter ces trois traités.

645. On a donc pu constater que l'application *ratione materiæ* de la Convention de Bruxelles aux contrats transnationaux est en accord avec la jurisprudence de la C.J.C.E., laquelle exclut du domaine du traité les seules activités mettant en œuvre la puissance publique. Dès lors, l'application de la Convention est envisageable soit pour régir directement les contrats transnationaux, soit le cas échéant pour compléter les traités conclus en matière transfrontalière. La mise en pratique de cette application va maintenant être étudiée.

B. - LES EFFETS DE L'APPLICATION *RATIONE MATERIÆ* DE LA CONVENTION DE BRUXELLES

646. En supposant admise l'application *ratione materiæ* de la Convention de Bruxelles aux relations conventionnelles transnationales, on doit maintenant examiner l'application à ces contrats des règles qu'elle prévoit. Toutefois, à ce stade du raisonnement, une remarque s'impose. Il est, en effet, certain que la Convention de Bruxelles a été conçue pour des relations de droit privé. Dès lors, son extension à une matière teintée de droit public, malgré sa conformité au champ matériel de la convention défini par la C.J.C.E., n'ira pas toujours sans difficulté pratique. Il s'agit pourtant d'un moindre mal, car si cette convention n'est pas totalement adaptée aux contrats transnationaux, elle est néanmoins la plus adaptée *de lege lata*. Elle permet de régler par un texte déjà existant l'inévitable question du conflit de juridictions posée par ces contrats au niveau de l'instance directe (**1°**) et simplifie également la reconnaissance des jugements étrangers (**2°**).

1° - L'instance directe

647. Concernant l'instance directe, la Convention de Bruxelles institue des règles de compétence internationale (a) et organise le recours à la clause attributive de juridiction (b).

a) La compétence internationale

648. On peut tout d'abord constater qu'aucune des compétences exclusives visées à l'article 16 de la convention ne s'applique aux contrats transnationaux. Dès lors, en matière d'instance directe, rien ne s'oppose au jeu de l'article 2 en vertu duquel "*les personnes domiciliées sur le territoire d'un État contractant sont attraites (...) devant les juridictions de cet État*". La convention reprend ici la règle bien établie en procédure civile, comme d'ailleurs en contentieux administratif : *actor sequitur forum rei.*

En outre, s'agissant d'une matière éminemment contractuelle, le demandeur pourra opter pour l'article 5-1° qui prévoit la saisine du "*tribunal du lieu où l'obligation qui sert de base à la demande a été ou doit être exécutée*". On a pu constater, lors de l'étude de la convention d'Isselburg-Anholt, que l'obligation caractéristique ou principale est parfois délicate à déterminer pour certains contrats transnationaux[1]. L'article 5-1° échappe précisément à cette difficulté puisqu'il ne renvoie pas à l'obligation caractéristique ou principale mais à l'obligation litigieuse. Or, cette dernière peut toujours être déterminée, quel que soit le contrat concerné.

Ces règles de compétence directe fournissent une solution simple et satisfaisante concernant les contrats transnationaux conclus entre personnes publiques des pays membres des conventions de Bruxelles et de Lugano. En cas de litige contractuel, le tribunal internationalement compétent sera alors soit celui du défendeur soit, s'il est différent, celui du lieu d'exécution de l'obligation objet de la demande[2].

b) La clause attributive de juridiction

649. Le recours à une clause attributive de juridiction dans un contrat transnational sera également facilité par l'application de la Convention de Bruxelles[3]. L'article 17 autorise la prorogation volontaire de compétence, dans la mesure où l'une des parties contractantes relève d'un État partie, et où le tribunal choisi est celui d'un État partie. Compte tenu de ces conditions, plusieurs situations sont envisageables.

---

[1] *Supra*, n° 428. On retrouvera cette question avec l'étude de la loi applicable : *infra*, n° 669.

[2] On n'imagine guère que l'obligation litigieuse ait son lieu d'exécution dans un État autre que ceux des parties contractantes. La seule hypothèse est celle où deux personnes publiques européennes décident de s'associer dans le cadre d'une action de solidarité en faveur d'une région d'un pays en difficulté. Ainsi, Annemasse en Haute-Savoie et sa ville jumelle allemande de Gaggenau ont un projet commun de coopération avec la ville de Rutare au Rwanda : I. BOINVILLIERS, *op. cit.*, p. 39. Mais, sur le fondement de l'art. 5-1°, seuls peuvent être saisis les tribunaux d'un État partie à la Convention de Bruxelles. Dès lors, sauf à envisager une action commune de deux collectivités européennes en faveur d'une troisième, le lieu d'exécution de l'obligation litigieuse se situera toujours sur le sol de l'un des contractants. En pratique, l'alternative offerte par l'art. 5-1° se résume donc aux tribunaux du demandeur.

[3] Un auteur, dans l'idée de faire admettre qu'une clause attributive de juridiction à un tribunal étranger puisse être adoptée dans un contrat administratif, a choisi de s'appuyer sur les dispositions de la Convention de Rome sur la loi applicable aux obligations contractuelles : V. HAÏM, art. préc., p. 318-320. En substance, cet auteur veut attester de l'applicabilité de ce traité aux contrats administratifs et en déduit que le choix d'une loi dans un tel contrat emporte, sous le couvert de la Convention, élection du for correspondant. Or, un tel raisonnement est concevable à la condition d'être mené jusqu'à son terme. En effet, si on lie définitivement droit applicable et juridiction compétente, cela ne peut se limiter aux cas de choix de loi. On doit en toute logique l'étendre aux cas où la loi n'a pas été choisie ; ce qui transforme *ipso facto* l'article 4 de la Convention de Rome en une règle de compétence juridictionnelle en matière administrative.

Si les deux personnes publiques relèvent d'États parties à la convention, il leur est loisible de choisir le tribunal de l'une d'entre elles. La juridiction ainsi désignée admettra une compétence que, de toute façon, elle se serait reconnue en dehors même de l'article 17, en tant que tribunal de l'une des personnes publiques contractantes. Quant au tribunal écarté, il se voit enjoindre par la convention de renoncer à sa compétence. Les contractants ont même la possibilité de désigner un tribunal tiers dans la mesure où ce dernier relève également d'un État partie à la Convention de Bruxelles. En définitive, dès lors que les trois ordres juridictionnels concernés par la clause relèvent d'États parties à la convention[1], la mécanique de l'article 17 s'applique sans difficulté aux contrats transnationaux.

650. En revanche, l'immixtion de l'ordre juridictionnel d'un État non adhérent est lourde de conséquence. Ce sera le cas chaque fois qu'une personne publique européenne contractera avec une personne publique extérieure à ce continent. Si la clause désigne un tribunal européen, la renonciation à sa compétence par le tribunal extra-européen n'est pas imposée par la Convention de Bruxelles, puisqu'il n'est précisément pas partie à ce traité. On en est réduit à espérer qu'il accepte unilatéralement de revenir sur sa compétence exclusive. Si la clause désigne le tribunal extra-européen, on aboutit également à une impasse. En effet, l'article 17 s'applique uniquement dans le cas où c'est un État membre qui est désigné par la clause. Il n'imposera donc pas aux tribunaux de la personne publique contractante européenne d'admettre l'atteinte qui est ainsi faite à leur compétence. On peut simplement espérer qu'ils y renoncent d'eux-mêmes, conformément à ce que nous avons suggéré[2].

En conséquence, pour que l'article 17 puisse produire pleinement ses effets en matière de contrats transnationaux, il est nécessaire que tous les ordres juridictionnels potentiellement impliqués par la clause attributive de juridiction relèvent d'États membres de la Convention de Bruxelles.

651. L'application, aux contrats transnationaux, des règles relatives à la compétence internationale et celles ayant trait à la clause attributive de juridiction permettent donc de désigner un tribunal compétent lors de l'instance directe. Mais une fois la décision intervenue, l'une des parties peut souhaiter qu'elle soit exécutée dans l'État de sa cocontractante. C'est alors qu'interviennent les règles de la Convention de Bruxelles relatives à la reconnaissance des jugements étrangers.

2° - La reconnaissance des jugements étrangers

652. Les règles de la Convention de Bruxelles relatives à la reconnaissance des jugements étrangers sont visées dans ses articles 25 et suivants. Toutefois, l'objectif de ce traité étant d'assurer une circulation aisée des décisions de justice, le contrôle

---

1 C'est-à-dire les ordres juridictionnels des personnes publiques contractantes et celui, éventuellement tiers, désigné par la clause.

2 *Supra*, n° 609.

opéré par le juge du for lors d'une instance en *exequatur* y est limité au strict minimum.

Or il est possible qu'une action introduite auparavant dans l'ordre juridique français ait annulé un acte détachable du contrat, voire le contrat lui-même à l'occasion d'un déféré préfectoral. Dans ces conditions, l'*exequatur* devrait pouvoir être rejeté au moins dans certains cas[1]. On cherche alors une disposition de la Convention de Bruxelles permettant d'obtenir un tel résultat.

Il existe bien un article 27-3° qui écarte la reconnaissance "*si la décision est inconciliable avec une décision rendue entre les mêmes parties dans l'État requis*". Mais le recours pour excès de pouvoir est, dans l'immense majorité des cas, exercé par un tiers et non par le cocontractant. Quant au déféré, il n'appartient qu'au représentant de l'État d'y recourir. Il ne s'agit donc pas de décisions rendues "*entre les mêmes parties*". On proposera plutôt que l'*exequatur* soit rejeté sur le fondement de l'article 27-1° en considérant, dans les cas où une illégalité a été constatée, que "*la reconnaissance est contraire à l'ordre public de l'État requis*". Même si cette règle a été posée par référence au droit privé, il ne nous semble pas inconcevable d'insérer dans l'ordre public le respect du principe de légalité, véritable colonne vertébrale de notre droit public.

653. Le système de la Convention de Bruxelles permet donc, au niveau de l'instance directe comme à celui de l'effet des jugements, de régler d'une manière satisfaisante le conflit de juridictions auquel donne lieu la conclusion d'un contrat transnational. Mais ce système ne concerne que les accords conclus entre personnes publiques relevant des États parties au traité. Pour les contrats conclus par des personnes publiques françaises avec des entités administratives d'États non parties à la convention[2], on retombe dans le système exposé plus haut[3], avec l'aléa très important qu'il comporte quant à sa mise en place effective par les tribunaux administratifs.

Le conflit de juridictions auquel donnent lieu les contrats transnationaux peut donc être résolu soit par application de la Convention de Bruxelles, soit unilatéralement par chaque État. Toutefois, en raison de la dissociation opérée entre la juridiction compétente et la loi applicable, la question de la détermination de cette dernière se pose en termes identiques dans les deux hypothèses. C'est celle-ci que nous allons à présent examiner.

---

1 Examinés *supra*, n° 618.

2 L'application de la Convention de Bruxelles est en effet exclue dans ce cas. Si la personne publique française est demanderesse et tant que les critères proposés (*supra*, §1) n'auront pas été adoptés par la juridiction administrative, rien ne l'empêche *de lege lata* de saisir ses propres tribunaux puisque la défenderesse n'est pas ressortissante d'un pays membre. Si c'est la personne publique étrangère qui est demanderesse, la Convention ne s'impose pas à elle puisque son pays n'en est pas membre. Dès lors, elle peut également saisir ses propres tribunaux.

3 *Supra*, §1.

SECTION III
LA LOI APPLICABLE

654. Notre tentative de transposition des méthodes du droit international privé aux contrats transnationaux se poursuit par la question de la loi applicable. Une fois qu'une juridiction étatique s'est déclarée compétente, il lui appartient de trancher le litige contractuel en application de règles de droit. Or, *de lege lata*, tout contrat transnational conclu par une personne publique française relève de manière absolue du droit français, et ce en raison de l'exclusivisme de la compétence législative que se reconnaît cet ordre juridique pour les questions relevant de son droit public.

655. On a pu constater que cette démarche n'était pas propice à un règlement satisfaisant des litiges pouvant naître à l'occasion d'un tel contrat[1]. Nous proposons donc une méthode nouvelle, élaborée à partir des principes régissant les relations internationales des personnes privées. Comme en matière de juridiction compétente, où l'idée principale était de démontrer qu'un contrat transnational conclu par une personne publique française ne relevait pas nécessairement de la compétence des juridictions administratives françaises, il s'agit ici de reconnaître que la loi applicable à ce contrat pourra ne pas toujours s'avérer être le droit administratif français. Partant de ce principe, on tâchera de déterminer la loi applicable à un contrat transnational (**§ 1**) puis son domaine (**§ 2**).

§ 1. - LA DÉTERMINATION DE LA LOI APPLICABLE

656. La détermination de la loi applicable au contrat peut se faire par un choix effectué par les parties contractantes (**A**). En l'absence de ce choix, c'est au juge saisi qu'il reviendra de déterminer la loi applicable (**B**).

A.- LE CHOIX DE LA LOI APPLICABLE PAR LES PARTIES CONTRACTANTES

657. En droit privé, le choix, par les parties à un contrat, de la loi applicable à celui-ci est autorisé par une règle de conflit de lois dénommée principe d'autonomie[2]. La transposition de celle-ci à des contrats de droit public soulève la question de la validité (**1°**) et celle des modalités (**2°**) d'un tel choix.

1° - La validité du choix de loi dans un contrat transnational

658. Il convient en premier lieu d'observer qu'il existe, en pratique, des contrats transnationaux dans lesquels ont été stipulées des clauses d'*electio juris*.

---

[1] *Supra*, n° 564-565.

[2] J.-M. JACQUET, *Le Contrat international*, *op. cit.*, p. 35 et s.

Deux conventions conclues entre le *Land* du Bade-Wurtemberg et la commune française de Rhinau le 22 décembre 1982, prévoient que "*pour l'application et l'interprétation de la présente convention on se basera sur le droit allemand*"[1]. On est pourtant tenté de douter de la licéité de ce type de clauses eu égard à la nature administrative des contrats transnationaux. À première vue, il paraît en effet contre-nature de laisser les parties à un contrat administratif désigner la loi applicable à celui-ci.

Mais, à y regarder de plus près, plusieurs facteurs semblent aller dans le sens de l'admission du principe d'autonomie dans les contrats transnationaux. Tout d'abord, les trois traités conclus par la France en la matière autorisent les collectivités concernées à choisir le droit applicable à leur accord[2]. Or, nombreux sont les contrats transfrontaliers susceptibles d'être régis par ces traités qui ont une nature administrative. C'est là un premier signe de l'absence d'une incompatibilité absolue entre le contrat administratif et le principe d'autonomie[3]. Ensuite, il semble également possible d'en appeler à la Convention de Rome du 19 juin 1980 sur la loi applicable aux obligations contractuelles[4]. Celle-ci est applicable "*dans les situations comportant un conflit de lois, aux obligations contractuelles*"[5] et n'exclut pas expressément de son champ d'application la matière administrative[6]. Or les contrats transnationaux donnent précisément lieu à un conflit de lois[7]. Dès lors, il semble possible de leur appliquer les dispositions de la Convention de Rome dont l'article 3 §1 dispose que "*le contrat est régi par la loi choisie par les parties*".

659. Enfin, le Conseil d'État a lui-même fait usage, à une occasion au moins, de la loi d'autonomie. En effet, dans l'arrêt *Dame Johnston*[8], que l'on a déjà eu l'occasion d'évoquer, la Haute juridiction administrative a constaté que le contrat litigieux qui "*avait pour objet de faire participer directement l'agent au fonctionnement du service public, avait le caractère d'un contrat administratif*". Or l'attribution de cette qualification n'a pas fait obstacle, en l'espèce, à la constatation selon laquelle "*la commune volonté des parties a été de soumettre l'exécution du contrat (...) aux dispositions des législations sociales et du travail britanniques*". La place laissée dans cet arrêt à l'autonomie de la volonté est certes mineure, puisqu'il ne s'agit que de l'exécution du contrat et que seule la législation sociale britannique est concernée, mais il n'en reste pas moins que le Conseil d'État y reconnaît une

---

1 *Transfront/Office* (83) 32 et *Transfront/Office* (84) 2.

2 La convention franco-italienne prévoit que les parties "*doivent définir le droit applicable audits accords*". Quant à la convention franco-espagnole et au traité de Karlsruhe, ils disposent que les conventions transfrontalières "*définissent le droit applicable aux obligations qu'elles contiennent*".

3 F. OSMAN, art. préc., p. 418.

4 D. publ. n° 91-242, 28 février 1991 : *J.O.*, 3 mars 1991, p. 3072.

5 Art. 1 §1.

6 Il n'en est fait aucune mention dans la liste dressée à l'art. 1 §2. Un arrêt du Conseil d'État a d'ailleurs été rendu au visa de la Convention de Rome : C.E., 19 novembre 1999, *Tegos*, *R.F.D.A.*, 2000, p. 833, concl. ARRIGHI de CASANOVA, *Rev. crit.*, 2000, p. 407, note LEMAIRE, *J.D.I.*, 2000, p. 742, note FLAUSS. En faveur de l'application de la Convention de Rome aux contrats administratifs, voy. V. HAÏM, art. préc., p. 318-320.

7 *Supra*, n° 563 *in fine*.

8 C.E., 28 janvier 1983, *Dame Johnston*, *Rev. crit.*, 1985, p. 316, concl. FRANC, note RODIÈRE.

absence d'incompatibilité entre le caractère administratif d'un contrat et le principe d'autonomie.

660. Il ressort donc de ces observations que le choix par les parties de la loi applicable à un contrat qualifié d'administratif au regard du droit français est admissible. En outre, il existe des considérations pratiques qui militent en faveur d'une telle hypothèse. D'une part, c'est le moyen le plus fiable pour déterminer la loi applicable car on s'apercevra qu'à défaut de choix, cette opération s'avère souvent hasardeuse. D'autre part, le principe d'autonomie assure une parfaite sécurité juridique des parties qui ont ainsi connaissance dès la conclusion de leur contrat de la loi applicable à leur accord. Il nous semble, par conséquent, que les personnes publiques devraient être autorisées à stipuler des clauses d'*electio juris*[1]. Une telle admission du choix de la loi implique toutefois de s'enquérir des modalités de celui-ci.

2° - *Les modalités du choix de loi dans un contrat transnational*

661. Diverses modalités peuvent être envisagées quant au choix de la loi applicable à un contrat transnational. On s'intéressera successivement au dépeçage du contrat (a), à la faculté pour les parties de se prononcer en faveur d'un régime de droit public ou de droit privé (b) et, enfin, au choix d'une loi d'un État tiers par rapport aux systèmes juridiques respectifs des personnes publiques contractantes (c).

a) Le dépeçage du contrat

662. Le droit international privé des contrats reconnaît aux contractants la possibilité de scinder leur convention en différentes parties, et de soumettre celles-ci à des lois différentes[2]. La Convention de Rome du 19 juin 1980 a entériné cette faculté, généralement désignée par le terme de "dépeçage", en précisant que "*les parties peuvent désigner la loi applicable à la totalité ou à une partie seulement de leur contrat*"[3]. La question de l'opportunité de l'admission de cette technique dans les contrats transnationaux se pose.

Or il nous semble que le dépeçage ne revêt pas plus d'inconvénient pour un contrat transnational que pour un contrat international entre personnes privées. Cette technique est d'ailleurs utilisée dans certains accords de coopération transfrontalière. Ainsi, une convention remontant à 1971 entre la commune allemande de Constance et celle de Kreuzlingen en Suisse renvoie à l'application du droit allemand, à l'exception des installations réalisées pour l'exécution de l'accord

---

1 En ce sens : J.-M. WOEHRLING, *op. cit.*, p. 23.

2 P. LAGARDE, "Le 'dépeçage' dans le droit international privé des contrats", *Riv. dir. int. civ. e proc.*, 1975, p. 649-677.

3 Art. 3 (1).

qui demeurent sous l'empire du droit de l'État où elles se situent[1]. Comme le montre cet exemple, l'utilisation du dépeçage permet aux parties contractantes de ménager les intérêts de leurs systèmes juridiques respectifs. Dès l'instant où l'utilisation de cette technique ne porte pas atteinte à la cohérence du contrat[2], le dépeçage devrait donc être permis.

b) Le choix entre un régime de droit public ou de droit privé

663. On a émis le souhait que les personnes publiques puissent choisir la loi applicable à leur contrat. Mais il convient de se demander s'il devrait, en outre, leur être permis d'opter en faveur d'un régime de droit public ou de droit privé. M. Osman estime, pour sa part, que "*si les parties sont libres de désigner le droit national devant régir leur contrat, il ne leur appartient pas pour autant de choisir à l'intérieur de ce système juridique, le corps de règles privées ou publiques devant s'appliquer à leur convention*"[3]. Pour rouvrir ce débat, il semble nécessaire de retracer les diverses qualifications applicables au contrat transnational. On prendra comme point de départ la saisine des juridictions françaises.

L'accord sera tout d'abord qualifié de contrat administratif, ce qui engendre la compétence des juridictions administratives. Si les parties ont fait le choix de soumettre le contrat à une loi étrangère sans plus de précision, on procédera alors à une nouvelle qualification dite en sous-ordre, guidée par les principes de l'ordre juridique étranger[4], afin de connaître le régime que celui-ci lui assigne. Il est d'ailleurs concevable que l'accord soit qualifié par le droit étranger de contrat de droit privé. Il n'existe pas, en effet, de *rapports de droit qui par essence relèvent du droit public ou du droit privé.* Seuls existent des *rapports de droit qu'un ordre juridique donné va considérer comme relevant de son droit public ou de son droit privé.* Or si l'ordre juridique français soumet les contrats transnationaux à un régime de droit public[5], cela n'exclut pas qu'un système juridique étranger ait une position différente. Dans cette hypothèse, le juge saisi appliquera les règles étrangères de droit privé.

664. Mais rappelons que l'hypothèse qui nous préoccupe est celle dans laquelle les parties ont précisé le régime auquel elles entendent soumettre le contrat. On s'interroge alors, dans un deuxième temps, sur la validité de ce choix lorsque le

---

[1] Citée par N. LEVRAT, *op. cit.*, p. 59-60. Il s'agit d'un accord visant au raccordement de la commune de Kreuzlingen au réseau égoutier de la ville de Constance.

[2] P. LAGARDE, "Le nouveau droit international privé des contrats après l'entrée en vigueur de la Convention de Rome du 19 juin 1980", *Rev. crit.*, 1991, p. 287-340, spéc. p. 302 ; *adde*, du même auteur, "Le 'dépeçage' dans le droit international privé des contrats", *Riv. dir. int. civ. e proc.*, 1975, p. 649-677.

[3] F. OSMAN, art. préc., p. 429.

[4] Ce principe n'est pas toujours respecté. Ainsi, dans une affaire opposant le *Land* de Hesse à un ressortissant français, la Cour d'appel de Paris a refusé de qualifier une convention de prêt de contrat administratif de droit allemand en s'appuyant sur les critères français du contrat administratif : Paris, 5 novembre 1969, 1er arrêt, *Gouvernement du Land de Hesse c. Neger*, *Rev. crit.*, 1970, p. 703, note LOUSSOUARN.

[5] *Supra*, n° 514.

régime choisi diffère de celui auquel l'ordre juridique désigné aurait soumis le contrat. Deux cas de figure peuvent se présenter : soit le contrat est qualifié de droit public par la *lex causæ*, et les parties ont opté pour un régime de droit privé ; soit il est qualifié de contrat de droit privé par la *lex causæ*, et les parties ont choisi un régime de droit public. Les choix ainsi exprimés par les parties sont-ils acceptables ?

Contrairement à l'opinion précitée de M. Osman, nous pensons qu'il n'est pas de position de principe en la matière. Seul l'ordre juridique désigné nous semble, en effet, pouvoir répondre à cette question. Et si celui-ci admet que les parties à un contrat puissent expressément choisir le régime qui lui est applicable, on ne voit pas ce qui pourrait remettre en cause ce choix. Précisons, toutefois, que tel n'est pas le cas du droit français. Dès lors, si les parties ont choisi ce dernier, elles ne pourront pas opter pour un régime de droit privé lorsque leur accord répondra aux critères du droit administratif. La jurisprudence est formelle sur ce point[1]. Mais un ordre juridique étranger peut admettre la position inverse et, dans ce cas, le choix des parties s'avérera licite.

c) Le choix de la loi d'un État tiers

665. Tout comme la possibilité de choisir un tribunal tiers, celle de choisir la loi d'un État tiers représente un enjeu psychologiquement important pour les parties contractantes. Dans l'esprit de celles-ci, la neutralité présumée d'une telle loi en fait une option séduisante. Pourtant, on a pu constater que les traités conclus par la France en matière transfrontalière excluent cette possibilité, seul le choix de la loi de l'une des collectivités contractantes y étant autorisé[2].

Il n'en demeure pas moins qu'en dehors du champ d'application *ratione materiæ* de ces traités, il n'existe aucun motif à l'exclusion du choix de la loi d'un État tiers. Ainsi, un contrat entre deux régions, l'une française et l'autre bulgare par exemple, pourra attribuer compétence au droit suisse. Cela comporte l'avantage de ne favoriser aucun des contractants. En outre, il ne nous semble pas exister d'obstacle théorique à une telle application. À partir du moment où il est admis que le juge administratif puisse faire application d'une loi étrangère à un contrat administratif français, le fait que cette loi soit celle du cocontractant de la personne publique française ou une autre loi est indifférent. Dans ces conditions, il paraît acceptable que les parties à un contrat transnational puissent choisir la loi d'un État tiers.

---

1 T.C., 29 juin 1987, *Ficheux*, *Rec.*, tables, p. 776.

2 *Supra*, n° 446.

B. - LA DÉTERMINATION PAR LE JUGE DE LA LOI APPLICABLE À DÉFAUT DE CHOIX

666. En l'absence d'un choix de loi par les personnes publiques contractantes, le juge saisi devra déterminer lui-même la loi applicable au contrat. Quant aux modalités de cette détermination, un auteur en appelle au texte de la Convention de Rome du 19 juin 1980[1]. Cela n'a d'ailleurs rien de choquant puisque faisant l'objet d'un conflit de lois, les contrats transnationaux entrent dans le champ d'application de ce traité. Le système de détermination de la loi applicable à défaut de choix instauré par ce dernier repose sur l'identification d'une prestation caractéristique (**1**°) et de liens plus étroits avec un système juridique (**2**°).

1° - L'identification d'une prestation caractéristique

667. En vertu de l'article 4 §2 de la Convention de Rome, il est présumé que le contrat présente les liens les plus étroits avec le pays du siège du débiteur de la prestation caractéristique. On constatera que cette règle est applicable à la majorité des contrats transnationaux (a), à l'exception de certains d'entre eux pour lesquels la prestation caractéristique est plus difficilement identifiable (b).

a) Les contrats dans lesquels la prestation caractéristique est identifiable

668. En règle générale, la prestation caractéristique est clairement identifiable au sein d'un contrat transnational. Dans ce type de contrats, il s'agit le plus souvent d'un échange de services, même s'il n'est pas inimaginable que celui-ci s'accompagne d'une vente ou d'un prêt de matériel par exemple. Le débiteur de la prestation caractéristique peut alors être facilement déterminé. Il s'agit de la personne publique en charge dudit service. Par exemple, si un centre français de recherche fait appel à un organisme public étranger, soit que celui-ci dispose de compétences particulières dans tel ou tel domaine, soit qu'il détienne un matériel particulier, c'est ce dernier qui sera en charge de la prestation caractéristique. Aux termes de l'article 4 §2 de la Convention de Rome, la *lex contractus* sera donc présumée être la loi nationale de la personne publique étrangère.

De même, dans certaines conventions de coopération décentralisée, la prestation caractéristique peut aisément être déterminée. Il s'agit des contrats transfrontaliers qui instaurent une gestion déléguée d'un service public au profit d'une personne publique étrangère[2]. De tels accords sont de plus en plus courants et permettent une rationalisation de l'action des collectivités frontalières. Ainsi la

---

[1] F. OSMAN, art. préc., p. 425.

[2] Sur l'existence de conventions identiques entre personnes publiques françaises : J.-D. DREYFUS, *Contribution à une théorie générale des contrats entre personnes publiques*, Paris : L'Harmattan, 1997, p. 193 et s. ; E. DELACOUR, "Contrats publics : l'attribution d'un marché ou d'une délégation à une personne publique", *J.C.P.*, 2001. I. 357 ; E. FATÔME, J. MOREAU, "Les relations contractuelles entre collectivités publiques. L'analyse juridique dans le contexte de la décentralisation", *A.J.D.A.*, 1990, p. 142-147, spéc. p. 144-147. Sur le régime de ces contrats en droit administratif français, voy. not. : L. RICHER, *op. cit.*, p. 354 et s.

communauté urbaine de Strasbourg s'est-elle engagée par convention à traiter les déchets de l'*Ortenaukreis* d'Offenburg en Allemagne[1]. Dans le même domaine, un accord permet à la ville de Menton d'utiliser le centre de déchet de la municipalité italienne de Vintimille[2]. Dans le premier exemple, la collectivité française est en charge de la prestation caractéristique et c'est donc la loi française qui sera présumée être applicable tandis que, dans le second, la personne publique italienne étant investie de la tâche d'effectuer la prestation caractéristique, c'est la loi italienne qui sera présumée être applicable. Autrement dit, dans le cas d'un contrat de délégation transfrontalière de la gestion d'un service public, c'est la loi du délégué qui est en principe compétente, en application de l'article 4 §2 de la Convention de Rome. Cette compétence pourra toutefois être remise en cause au profit de la loi du délégant lorsque ce dernier est passé outre son domaine de compétence. En effet, les contrats de cette nature emportent transfert de l'exercice d'une compétence appartenant à la personne publique délégante et définie par la loi nationale de celle-ci. Par conséquent, si un contrat de délégation transfrontalière de gestion d'un service public porte atteinte au domaine de compétence du délégant, l'application de principe de la loi du délégué, résultant de l'article 4 §2 de la Convention, pourra être écartée au profit de la loi du délégant, cette dernière pouvant recevoir la qualification de loi de police prévue par l'article 7 de cette même Convention[3]. Cette solution est préférable au système retenu par le traité de Karlsruhe consistant à cumuler les exigences des lois des deux parties contractantes[4]. En application de la Convention de Rome, la compétence de principe appartient à la loi du délégué, la loi du délégant ne pouvant intervenir qu'exceptionnellement au titre de loi de police lorsque le contrat porte atteinte au domaine de compétence du délégant.

Pour bien des contrats transnationaux, l'identification de la prestation caractéristique et, par voie de conséquence, la transposition des règles de la Convention de Rome en matière de détermination de la loi applicable à défaut de choix ne posent donc pas de réelle difficulté. Mais tel n'est pas le cas pour l'ensemble de ces contrats.

b) Les contrats dans lesquels la prestation caractéristique est difficilement identifiable

669. Dans certains contrats transnationaux, spécialement en matière de coopération décentralisée, la prestation caractéristique est plus délicate à identifier. Cela s'explique par la place que tiennent les obligations monétaires dans ces contrats. Le plus souvent, la notion de prestation caractéristique correspond à un

---

1 *Transfront/Office* (85) 21.

2 F. OSMAN, art. préc., note 62, p. 426. Pour d'autres exemples : *supra*, n° 244.

3 *Infra*, n° 684 et s.

4 En vertu de l'article 5 (2) de l'accord de Karlsruhe du 23 janvier 1996, "*les concessions ou délégations de service public auxquelles une collectivité territoriale ou un organisme public local relevant d'une Partie pourrait procéder au profit d'une collectivité territoriale ou d'un organisme public local d'une autre Partie (...) sont soumises aux dispositions et procédures définies par la législation interne de chacune des Parties*".

schéma contractuel de droit privé où l'une des parties s'engage à une prestation déterminée - délivrance d'un bien, édification d'une construction, exécution d'un travail, *etc.* -, que son cocontractant s'engage à rémunérer en contrepartie. La prestation caractéristique est constituée par l'obligation non monétaire. Sa détermination implique par conséquent l'existence d'obligations clairement distinctes de la part de chacune des parties, monétaire pour l'une et non pour l'autre. À partir du moment où cette partition disparaît, il devient plus difficile d'identifier la prestation caractéristique.

C'est le cas, par exemple, dans un contrat d'échange mais c'est également vrai pour de nombreux contrats transnationaux. Si les obligations monétaires existent pour ces derniers, parfois elles n'incombent pas à l'une des parties plus qu'à l'autre. Chacun des contractants s'engage à participer financièrement à l'opération. Ainsi, l'exemple d'un protocole de collaboration passé entre la communauté autonome de Galice et la région des pays de la Loire est éloquent[1]. La première annexe de l'accord prévoit un programme d'échanges de savoir-faire en matière d'aquaculture. Chaque partie y contribuera pour une somme identique[2]. Or, le débiteur de la prestation caractéristique est identifiable à la condition qu'une seule des parties soit en charge de l'obligation monétaire et par opposition à cette dernière, ce qui n'est pas le cas en l'espèce.

Par suite, la *lex contractus* ne peut pas être déterminée de cette manière. Dans cette hypothèse, on est alors contraint de revenir au principe posé par l'article 4 §1 de la Convention de Rome aux termes duquel la loi applicable est celle qui présente les liens les plus étroits avec le contrat.

2° - L'identification des liens les plus étroits avec un système juridique

670. Lorsqu'une prestation caractéristique est identifiable, celle-ci permet de désigner la loi applicable à défaut de choix. Même lorsque celle-ci s'avère plus délicate à déterminer, le retour à la règle générale des liens les plus étroits permettra de définir quelle est la loi applicable. Des indices comme le lieu d'exécution, la monnaie ou la langue utilisée permettront d'identifier celle-ci. Mais force est de constater que pour certains contrats transnationaux, la méthode des liens les plus étroits trouve ses limites (a) et, pour ces derniers, une solution alternative doit être recherchée (b).

---

[1] Signé à Saint-Jacques le 14 mars 1991, le texte de cet accord est reproduit *in extenso* par Y. CLAISSE, *op. cit.*, annexe 3, p. 96-102.

[2] Il est également prévu un programme commun de formation de professionnels au tourisme rural (annexe n° 2) et d'échanges de professeurs de langues étrangères (annexe n° 3) avec à chaque fois un partage du financement.

a) L'inadaptation de la méthode des liens les plus étroits à certains contrats

671. Il est vrai que certains contrats transnationaux, mais uniquement certains d'entre eux, présentent des caractéristiques pouvant parfois mettre en difficulté la méthode des liens les plus étroits. Lorsqu'il s'agit, par exemple, de créer un parc naturel transfrontalier, de gérer en commun une nappe phréatique, de procéder à un échange d'étudiants ou d'enseignants, de créer une liaison par transports en commun, ou encore d'adopter un schéma de planification territoriale, l'identification de liens plus étroits avec un système juridique peut être problématique.

Ainsi, le lieu d'exécution du contrat n'est pas toujours significatif. Il est possible que les obligations s'exécutent de part et d'autre de la frontière. Dans l'objectif de déterminer une loi unique, il sera donc nécessaire de distinguer l'obligation principale du contrat, autrement dit la prestation caractéristique. Or, il a été vu que celle-ci n'est pas toujours identifiable[1]. Une autre solution consisterait à se contenter du lieu d'exécution de l'obligation litigieuse. Mais en dehors du fait que plusieurs obligations peuvent s'avérer litigieuses et avoir des lieux d'exécution situés dans des pays différents, l'inconvénient majeur de cette solution est que la loi applicable ne pourra pas être déterminée en l'absence de tout contentieux[2]. Or, cette absence de prévisibilité constitue pour les parties un facteur d'insécurité juridique.

672. Un recours au lieu d'exécution n'étant pas pleinement satisfaisant, des critères traditionnellement considérés comme subsidiaires peuvent être envisagés. Ainsi, la langue du contrat pourra entrer en ligne de compte, sauf à ce que le contrat comporte un exemplaire dans la langue de chacune des parties[3]. De même, la monnaie de paiement pourra également être retenue. Mais, dans le cadre européen, la mise en place d'une unité monétaire commune prive ce critère de tout intérêt. Enfin, en dernière analyse, le lieu de conclusion pourra également jouer un rôle.

Il est toutefois possible que, pour un contrat en particulier, aucun de ces critères ne fonctionne. Ceci s'explique par le fait qu'il n'existe pas, lors de sa signature, d'ordre juridique prépondérant. Le droit international privé des contrats trouve ici ses limites. C'est même le droit international privé dans son ensemble qui est tenu en échec par un contrat transnational de ce type. En effet, la problématique contemporaine du règlement conflictuel tend à déterminer l'ordre juridique le plus proche de la situation de fait. Or, pour certains contrats transnationaux, il faut bien reconnaître que l'emprise de l'ordre juridique de chacune des administrations contractantes peut s'avérer exactement équivalente[4].

---

[1] *Supra*, n° 669.

[2] On a déjà eu l'occasion d'aborder ce problème lors de l'étude de la règle de conflit visée à l'article 6 (5) de la Convention d'Isselburg-Anholt, en vertu de laquelle le droit applicable est "*celui de l'État contractant sur le territoire duquel l'obligation découlant de l'accord doit être exécutée*" : *supra*, n° 427-428.

[3] Il doit en toute hypothèse comporter un exemplaire en français : *infra*, n° 585.

[4] D'ailleurs, M. OSMAN reconnaît incidemment que cette catégorie de contrats est "*bien souvent caractérisée par le principe d'une participation équilibrée de chacune des collectivités locales*" : art. préc., p. 426.

673. En fait, les contrats qui font difficulté sont ceux dans lesquels les personnes publiques s'engagent chacune de son côté à fournir des prestations équivalentes, voire identiques. Elles s'engagent à participer pour un même montant au projet, à accueillir des étudiants, des enseignants ou des chercheurs, dans les mêmes conditions, à mettre en place une planification territoriale à l'identique de part et d'autre de la frontière, *etc*. De tels schémas contractuels peuvent dans certains cas ne présenter aucune prise à la méthode des liens les plus étroits. Lorsque tel est le cas, une solution alternative doit être envisagée.

b) La recherche d'une solution alternative

674. Quand véritablement aucun ordre juridique prépondérant ne peut être déterminé, la seule solution envisageable est de procéder à un dépeçage systématique du contrat. Chacune des obligations du contrat sera soumise à la loi de la partie à laquelle elle incombe. C'est ainsi que la résolution pour inexécution du contrat relèvera d'une loi différente pour chaque partie. Mais cela n'empêche pas que l'inexécution constatée selon une loi entraînera la nullité de l'ensemble du contrat. En dépit d'une soumission à deux lois, il s'agit toujours d'un seul et même contrat. De même, le caractère éventuellement vicié du consentement d'une partie contractante sera apprécié au regard de la loi nationale de celle-ci[1]. À la vérité, dès lors que les règles substantielles applicables n'envisagent pas le contrat de manière transversale mais seulement au regard de l'une des parties contractantes, le dépeçage systématique ne pose pas de réelle difficulté.

En revanche, l'existence de règles substantielles qui appréhendent le contrat dans son ensemble s'avère plus problématique. En effet, la répartition entre les deux systèmes juridiques n'est plus alors automatique. On pense ici, par d'exemple, à l'objet ou à la cause, notions qui ne peuvent être envisagées au seul regard de l'une des parties contractantes mais concernent le contrat dans son intégralité[2]. Pour ces matières, le choix de l'une ou l'autre des deux lois en présence n'est pas possible, car celui-ci implique de déterminer un critère de rattachement. Or, en l'absence d'ordre juridique prépondérant, cette détermination n'est pas envisageable. Par conséquent, il convient de cumuler les conditions des deux lois en présence. Cette solution présente sans doute un caractère restrictif mais c'est la seule imaginable.

En conclusion, on admettra sans difficulté que le recours au dépeçage systématique n'est pas une solution parfaite. En outre, il est fort possible que sa mise en place rencontre des difficultés pratiques. Néanmoins, à défaut de choix de la loi applicable et faute de liens plus étroits avec un système juridique, il constitue l'unique méthode pour déterminer la *lex contractus* à certains contrats transnationaux. Bien heureusement, il ne s'agit pas ici de l'ensemble de ces contrats dont la loi pourra, le plus souvent, être déterminée soit grâce à la prestation caractéristique, soit en application du principe général des liens les plus étroits. Mais

---

[1] Sur les vices du consentement en droit administratif : L. RICHER, *op. cit.*, p. 128-129.

[2] Ces notions existent en droit administratif des contrats : *ibid.*, p. 133 et p. 137-138.

une fois cette question tranchée, encore faut-il s'interroger sur le domaine de la loi applicable.

§ 2. - LE DOMAINE DE LA LOI APPLICABLE

675. Une fois la loi applicable déterminée par les parties ou par le juge, il convient d'étudier son domaine. Celui-ci devrait logiquement couvrir le contrat dans son ensemble. Pourtant, on va constater que le domaine de la *lex contractus* se trouve en concurrence avec d'autres lois, tant au moment de la formation du contrat (**A**) qu'à celui de son exécution (**B**).

A. - LE DOMAINE DE LA *LEX CONTRACTUS* ET LA FORMATION DU CONTRAT

676. Il existe dans chaque système juridique des règles substantielles particulières qui régissent la volonté des personnes publiques (**1°**). Celles-ci sont susceptibles d'affecter le domaine de la *lex contractus*, car la loi applicable à la volonté des personnes publiques n'est pas nécessairement la loi applicable au contrat (**2°**).

1° - Les règles substantielles régissant la volonté des personnes publiques

677. Le contrat transnational est formé, comme tout contrat, par un échange de consentements. Or, du côté de chaque personne publique, "*la volonté s'exprime dans un cadre et selon des modes particuliers qui portent la marque du droit public*"[1]. Dans chaque État, le droit public national contient des règles qui régissent et organisent l'expression de la volonté conventionnelle des personnes publiques.

En droit français, ces règles ont déjà été évoquées[2] et on se contentera de les rappeler brièvement afin d'illustrer notre propos. Elles s'ordonnent autour de la notion de compétence, et ce à un double niveau. Il est tout d'abord nécessaire que la personne publique ait contracté dans les limites de son domaine de compétence. Tel ne sera pas le cas, par exemple, si l'objet du contrat outrepasse la spécialité de la personne publique ou s'il est exclu de la contractualisation. De même, l'autorité signataire du contrat doit également être compétente. C'est ainsi, en particulier, que l'autorité exécutive ne peut conclure de contrat sans une autorisation préalable de l'organe délibérant.

678. Toutes ces règles conditionnent l'élaboration d'une volonté conventionnelle licite de la personne publique. Elles diffèrent de celles qui, en droit

---

[1] L. RICHER, *op. cit.*, n° 164, p. 125.

[2] *Supra*, n° 492 et s.

privé, régissent la capacité des contractants, car la notion de compétence sur laquelle elles reposent "*constitue une fonction d'intérêt général et non un droit subjectif*"[1]. Il en résulte que "*les règles de compétence sont extérieures au contrat et que leur violation entraîne toujours la nullité du contrat*"[2]. Cette conséquence se vérifie, que la compétence en cause soit celle de la personne publique engagée ou celle de l'autorité signataire[3]. En matière de contrats transnationaux, il est essentiel d'examiner l'application de ces principes de droit français lorsque l'un de ces contrats est soumis à une loi étrangère. Et, inversement, il faut s'interroger sur l'application des règles gouvernant la volonté conventionnelle des personnes publiques étrangères, lorsque le contrat relève du droit français.

2° - La loi applicable à la volonté des personnes publiques

679. Il nous semble que la volonté conventionnelle d'une personne publique française ne peut être régie que par le droit français, de même que celle d'une personne publique étrangère ne peut l'être que par le droit étranger[4]. L'ordre juridique désigné comme *lex contractus* ne comporte en principe aucune disposition ayant trait à la volonté conventionnelle des personnes publiques étrangères. Si tel était le cas ou si la juridiction saisie tentait d'appliquer par analogie les principes gouvernant la volonté des personnes publiques locales aux personnes publiques étrangères, on serait en présence d'une immixtion d'un ordre étatique dans le fonctionnement institutionnel d'un État étranger, difficilement admissible au regard du droit international public. On sait en effet que ce dernier accorde une compétence exclusive à chaque État en ce qui concerne son auto-organisation[5].

680. La volonté conventionnelle d'une personne publique ne doit donc pas quitter le giron de son droit public national. Mais il faut concilier cette exigence avec l'existence d'une loi applicable au contrat transnational qui peut être une loi étrangère. Dans cette perspective, M. Woehrling préconise une analogie avec la loi applicable à la capacité des personnes privées et estime que "*le fait qu'un contrat soit soumis à un droit étranger ne porte en rien atteinte aux règles de contrôle ou de tutelle*" car "*ces règles se rattachent en effet au statut personnel de chacun des contractants*"[6]. L'adoption de ce système implique que le juge saisi vérifie la licéité de la volonté conventionnelle des personnes publiques au regard de leurs droits respectifs. Il doit procéder lui-même à cet examen et peut, à cette occasion, prendre acte d'une décision judiciaire intervenue dans l'ordre juridique de la personne publique contractante. On pense ici, par exemple, à une décision du juge français de

---

[1] L. RICHER, *op. cit.*, n° 166. *Adde*, A. de LAUBADÈRE, F. MODERNE, P. DELVOLVÉ, *op. cit.*, t. I, n° 651-652, p. 673-674.

[2] Alors qu'en droit privé, "*le contrat ne peut être valablement conclu que par la personne physique ayant la qualité pour engager une personne morale ; mais le principe est largement tempéré par la théorie du mandat apparent et de l'inopposabilité*" : L. RICHER, *op. cit.*, *loc. cit.*

[3] *Ibid.*, p. 117.

[4] P. MAYER, "La neutralisation du pouvoir normatif de l'État en matière de contrats d'État", *J.D.I.*, 1986, p. 5-78, spéc. n° 59, p. 45 et n° 69, p. 53.

[5] *Supra*, n° 556.

[6] J.-M. WOEHRLING, *op. cit.*, p. 33.

l'excès de pouvoir qui aurait annulé un acte détachable du contrat. Dans cette hypothèse, le juge du contrat, qu'il soit français ou étranger, devra prendre en compte la décision ainsi intervenue.

681. La place réservée à la loi du contrat se voit donc amputée en grande partie des questions relatives à la formation du contrat. Il ne saurait toutefois en être autrement, eu égard au caractère fondamental de l'exigence de compétence en droit public. Nous allons constater maintenant que l'autorité de la *lex contractus* sur l'exécution du contrat peut également se voir affectée par les lois nationales des parties contractantes.

B. - LE DOMAINE DE LA *LEX CONTRACTUS* ET L'EXÉCUTION DU CONTRAT

682. A la différence de la formation du contrat, l'exécution de celui-ci relève en principe intégralement des règles de la *lex contractus*. Le domaine de celle-ci peut toutefois se trouver exposé aux interférences, d'une part, du principe de légalité (1°) et, d'autre part, des lois de police (2°).

1° - L'incidence de la légalité sur l'exécution du contrat

683. Il convient de préciser que le principe de légalité porte essentiellement sur la formation du contrat. Or on a vu précédemment que, dans ce cas, la volonté conventionnelle des personnes publiques échappe à la *lex contractus* et relève, en tout état de cause, du domaine de leur droit public. Le juge saisi est donc tenu de s'y référer et de prendre éventuellement en compte l'existence d'une décision ayant d'ores et déjà annulé un acte détachable relatif à la conclusion du contrat.

Cependant, la légalité peut aussi affecter l'exécution du contrat. On pense ici à l'incidence d'un déféré qui aurait annulé l'ensemble du contrat, ou même à un recours pour excès de pouvoir ayant affecté certaines clauses réglementaires du contrat[1]. De telles décisions devraient être prises en compte par le juge saisi, quand bien même la *lex contractus* ne serait pas la loi française. Dans l'hypothèse où le

---

[1] Certains contrats administratifs classiques peuvent contenir des clauses réglementaires : L. RICHER, *op. cit.*, n° 71, p. 58 ; A. de LAUBADÈRE, F. MODERNE, P. DELVOLVÉ, *op. cit.*, t. I, n° 82, p. 122 ; D. de BÉCHILLON, "Le contrat comme norme dans le droit public positif", *R.F.D.A.*, 1992, p. 15-35, spéc. p. 21-23 et p. 33-35. C'est le cas en particulier de telle ou telle disposition du cahier des charges, annexé à une concession. Mais ce n'est pas le seul exemple. En réalité, une grande partie des conventions portant gestion déléguée du service public est susceptible de comprendre des clauses réglementaires. Or, le Conseil d'État a longtemps été opposé à tout recours pour excès de pouvoir à l'encontre de ces dispositions. Mais à propos d'un contrat pour la collecte et l'évacuation des ordures ménagères, la Haute juridiction administrative a finalement admis que les clauses réglementaires puissent être contestées devant le juge de l'excès de pouvoir : C.E., ass., 10 juillet 1996, *Cayzeele*, *A.J.D.A.*, 1996, p. 732, chron. CHAUVAUX et GIRARDOT, *R.F.D.A.*, 1997, p. 89, note DELVOLVÉ. Or, ce type de clause existe entre personnes publiques françaises : J.-D. DREYFUS, *op. cit.*, p. 356 et s. ; J.-C. DOUENCE, "Les conventions entre personnes publiques" *in Mélanges Stassinopoulos*, Paris : LGDJ, 1974, p. 113-134, spéc. p. 120-123. Il est donc fort possible que l'on puisse en rencontrer entre celles-ci et des personnes publiques étrangères.

litige contractuel est porté devant un juge français, cela ne posera pas de difficulté particulière. Même si la *lex contractus* est étrangère, le juge du contrat tiendra compte de la décision du juge de l'excès de pouvoir dans les mêmes conditions que si celle-ci était française. En revanche, si le juge saisi est étranger, il est fort probable qu'il ne fasse aucun cas d'une décision française constatant l'illégalité du contrat. Dans cette hypothèse, l'illégalité pourra toujours être soulevée au moment de l'*exequatur* de la décision étrangère[1].

2° - L'incidence des lois de police

684. Le domaine d'application de la *lex contractus* est également susceptible de subir l'interférence de lois de police. La solution est communément admise en matière de contrats de droit privé[2]. La Convention de Rome prévoit elle-même expressément le jeu de ces règles internationalement impératives dans son article 7.

Mais comment déterminer, en matière de contrats transnationaux, les règles relevant d'un ordre juridique différent de celui de la *lex contractus*, qui pourront être qualifiées de lois de police. Il pourrait s'agir des règles tirées du droit communautaire de la concurrence. L'application de ce dernier aux activités des personnes publiques est en plein essor[3]. On a déjà vu, à ce sujet, que le Conseil d'État a soumis un marché public passé entre personnes publiques françaises à une directive communautaire[4]. L'incidence éventuelle de cette décision en matière de contrats transnationaux a également été évoquée. La méthode des lois de police pourrait être ici utilisée pour donner effet aux principes communautaires.

685. Enfin, sans prétendre à une présentation exhaustive de la question de l'incidence des lois de police en matière de contrats transnationaux, nous proposerons d'examiner un exemple particulier, celui de la langue du contrat. Le droit français comporte des dispositions particulièrement intéressantes en la matière. Le premier alinéa de l'article 5 de la loi du 4 août 1994 énonce en effet :

> "*Quels qu'en soient l'objet et les formes, les contrats auxquels une personne morale de droit public (... est partie) sont rédigés en langue française. Ils ne peuvent contenir ni expression ni terme étrangers lorsqu'il existe une expression ou un terme français de même sens approuvés dans les conditions prévues par les dispositions réglementaires relatives à l'enrichissement de la langue française*"[5].

---

1 *Supra*, n° 618.

2 J.-M. JACQUET, *Le Contrat international*, *op. cit.*, p. 92-100.

3 P. LIGNIÈRES, "La participation des collectivités locales à des actions économiques internationales", *D.P.C.I.*, 1996, p. 31-52, spéc. p. 40-41.

4 *Supra*, n° 518-519.

5 Loi n° 94-665, *J.O.*, 5 août 1994. Cette loi a été complétée par un décret n° 95-240 du 3 mars 1995 (*J.O.*, 5 mars 1995, p. 3514) et a fait l'objet d'une circulaire du Premier ministre en date du 19 mars 1996 (*J.O.*, 20 mars 1996, p. 4258). Ce dispositif remplace celui instauré par la loi n° 75-1349 du 31 décembre 1975 relative à l'emploi de la langue française. Sur cette dernière, voy. not. : V. DELAPORTE, "La loi relative à l'emploi de la langue française", *Rev. crit.*, 1976, p. 447-476.

Et le dernier alinéa prévoit quant à lui :

> "*Une partie à un contrat conclu en violation du premier alinéa ne pourra se prévaloir d'une disposition en langue étrangère qui porterait préjudice à la partie à laquelle elle est opposée*".

On mesure immédiatement à la lecture de ces dispositions, leur incidence sur l'ensemble des relations conventionnelles transnationales des personnes publiques françaises. La loi n'admet qu'une seule exception, celle des contrats conclus par des établissements publics industriels ou commerciaux et destinés à être intégralement exécutés à l'étranger. Hormis ce cas de figure, toutes les relations contractuelles des personnes publiques sont concernées par l'interdiction.

686. Or il semble bien que l'on doive lui attribuer la qualité de loi de police. C'est du moins la conclusion à laquelle sont arrivés à regret plusieurs commentateurs[1]. C'est surtout la direction dans laquelle nous engage l'article 20 de la loi précitée, puisqu'il précise que "*la présente loi est d'ordre public*". Elle se trouve, en outre, confortée par la sanction prévue par le législateur, en vertu de laquelle une partie à un contrat non rédigé en français "*ne pourra se prévaloir d'une disposition en langue étrangère qui porterait préjudice à la partie à laquelle elle est opposée*". Ainsi, à la nullité, le législateur a préféré une sanction pour le moins atypique. Son effet sur les contrats transnationaux n'en est que plus radical. Un contrat transnational conclu par une personne publique française, quelle que soit la loi qui le régit, ne pourra lui être opposé qu'à la condition d'être rédigé en français. En outre, quand bien même serait-il rédigé en français, tout risque n'est pas écarté pour autant.

On peut envisager, en effet, que la loi de l'administration étrangère cocontractante comporte des dispositions similaires à celles de la loi française de 1994. Dans ces conditions, la meilleure solution est de prévoir un exemplaire du contrat dans la langue de chaque partie contractante, chacun de ces exemplaires faisant également foi[2]. La solution est, d'ailleurs, réservée par la loi de 1994. Il est vrai que la rédaction d'un contrat transnational s'en trouvera d'autant plus compliquée, mais il s'agit là du prix de son efficacité.

---

[1] D. BASDEVANT, "L'obligation d'utilisation de la langue française dans les contrats conclus par les personnes publiques", *D.P.C.I.*, 1996, p. 53-66, spéc. p. 63 ; L. RUET, "Les fonctions juridiques de la langue", *J.D.I.*, 1998, p. 697-719, spéc. p. 717. Dans un contrat de droit privé, la langue du contrat ne peut pas en principe faire l'objet d'une loi de police : Com., 11 mars 1997, *Rev. crit.*, 1997, p. 537, rapp. RÉMERY, note H. G.-T.

[2] J.-M. WOEHRLING, *op. cit.*, p. 32.

- CONCLUSION DU CHAPITRE I -

687. Afin que les contrats transnationaux puissent se développer dans un cadre juridique satisfaisant, il est nécessaire que l'État abandonne l'exclusivité de sa compétence, tant législative que juridictionnelle, en droit public. Ceci implique qu'un contrat qualifié d'administratif au regard du droit français puisse, en dépit de cette qualification et en raison de son caractère transnational, être soumis à une juridiction étrangère et/ou à une loi étrangère.

Une telle adaptation du droit positif tiendrait, il est vrai, de la "révolution culturelle" pour les juridictions administratives. Celles-ci devront, d'une part, renoncer au lien entre loi applicable et juridiction compétente et, d'autre part, se doter de règles de compétence internationale directe, de règles d'effet des jugements étrangers et enfin de règles de conflit de lois. Mais peut-être s'agit-il là d'une transformation trop importante et, dans ce cas, une solution alternative pourrait être d'autoriser plus largement le recours à l'arbitrage. Nous allons voir que ce dernier nécessite une réforme moins ambitieuse du système juridique.

Chapitre II

LE RECOURS A L'ARBITRAGE

688. La réception d'une logique conflictualiste en matière de contrats transnationaux implique une distorsion importante des compétences juridictionnelle et législative en droit public. Il est pourtant incontestable que l'adoption par le Conseil d'État de méthodes issues du droit international privé contribuerait grandement à une unification internationale du régime applicable à ces contrats. C'est l'objectif à atteindre mais il implique de franchir un barrage culturel. En effet, les juridictions administratives n'ont jamais apprécié leur compétence que de manière exclusive et il semble peu probable qu'elles acceptent de se départir de leur position du jour au lendemain.

689. Dans ces conditions, le recours à l'arbitrage constitue une alternative intéressante. À condition d'être reconnu par les États en présence, il permettrait de sortir de l'ornière dans laquelle les plonge l'exclusivisme des systèmes juridiques nationaux en matière de droit public. De plus, la souplesse de ses mécanismes nécessite un simple aménagement de ces systèmes et non une transformation substantielle. Certaines personnes publiques l'ont d'ailleurs bien compris et insèrent des clauses compromissoires dans leurs contrats transnationaux[1]. L'introduction générale de l'arbitrage doit néanmoins faire face à un écueil redoutable, celui de l'accès des personnes publiques à l'arbitrage (**section I**). Dans la mesure où cet obstacle peut être surmonté, on se penchera sur le régime de l'arbitrage en matière de contrat transnational (**section II**).

---

[1] Voy. les ex. présentés *infra*, n° 714.

SECTION I
L'ACCÈS DES PERSONNES PUBLIQUES À L'ARBITRAGE

690. L'accès des personnes publiques à l'arbitrage est limité par un principe d'inarbitrabilité édicté à l'origine pour les litiges internes (**§ 1**), et dont on étudiera l'incidence dans les litiges internationaux (**§ 2**).

§ 1. - LE PRINCIPE D'INARBITRABILITÉ DANS LES LITIGES INTERNES

691. L'arbitrabilité "*exprime la qualité qui s'applique à une matière, à une question ou à un litige, d'être soumis au pouvoir juridictionnel des arbitres*"[1]. Or, dans de nombreux systèmes juridiques, les litiges des personnes publiques sont en principe inarbitrables. L'énonciation de ce principe en droit français répond à un double critère à la fois organique (**A**) et matériel (**B**).

A. - LE CRITÈRE ORGANIQUE

692. Historiquement, le principe interdisant aux personnes publiques de recourir à l'arbitrage a été échafaudé à partir d'un critère organique ; c'est-à-dire que tous les litiges, de droit public comme de droit privé, impliquant des personnes publiques sont exclus du champ de l'arbitrage. Ce principe a été affirmé par le Conseil d'État dès le XIXe siècle. Les premières décisions en ce sens se fondent sur l'atteinte à la séparation des pouvoirs que constituerait la soumission d'une autorité publique à un tribunal arbitral. Dès 1824, la Haute juridiction administrative soulignait "*que notre Ministre de la guerre n'aurait pu, et, qu'à plus forte raison, un intendant d'armée n'a pu changer, à cet égard l'ordre des juridictions ; qu'ainsi la clause du traité qui soumet les contestations qui pourraient s'élever à un jugement arbitral doit être réputée non écrite*"[2].

Par la suite, un argument de texte est venu étayer cette jurisprudence. Il résulte d'une combinaison des articles 83 et 1004 de l'ancien Code de procédure civile. Tandis que le dernier de ces textes interdisait l'arbitrage des causes "*sujettes à communication au ministère public*", le premier dresse la liste de ces causes parmi lesquelles se trouvent justement "*celles qui concernent l'ordre public, l'État, le domaine, les communes, les établissements publics*". Ces articles furent régulièrement invoqués au XIXe siècle afin de proscrire toute procédure arbitrale impliquant des personnes publiques[3].

---

[1] P. LEVEL, "L'arbitrabilité", *Rev. arb.*, 1992, p. 213-240, spéc. p. 213.

[2] C.E., 17 novembre 1824, *Ouvrard c/ Ministre de la guerre, Rec.*, p. 631, *S.*, chron., t. VII, 2, 443. Rappr. : C.E., 17 août 1825, *Boyer c/ Ministre de la guerre, Rec.*, p. 492 ; 20 juillet 1836, *Ministre de l'intérieur c/ héritiers Klein, Rec.*, p. 365.

[3] C.E., 23 décembre 1887, *de Dreux-Brézé, Évêque de Moulins, Rec.*, p. 842, concl. LE VAVASSEUR de PRÉCOURT, *S.*, 1889, 3, 57, *D.P.*, 1889, 3, 1 ; 24 juillet 1891, *Sté générale des téléphones, Rec.*,

693. Tout au long de la première moitié de notre siècle, le principe d'interdiction a été réitéré par la jurisprudence administrative[1], comme judiciaire[2]. Dans l'après-guerre, certains auteurs ont toutefois conçu l'espoir de voir l'arbitrage s'immiscer dans les litiges des établissements industriels ou commerciaux, une catégorie de personnes publiques alors en plein essor[3]. Toutefois, le Conseil d'État a refusé de remettre en cause sa prohibition dans une affaire connue sous le nom de "Société nationale de vente des surplus"[4].

Une loi du 24 août 1946, complétée par un décret du 15 octobre 1946, avait créé un établissement public industriel et commercial, dénommé la Société nationale de vente des surplus. Tandis que la loi précisait que l'établissement "*se conforme en matière de gestion financière et comptable aux règles en usage dans les sociétés commerciales*", l'article 10 du décret l'autorisait à recourir à l'arbitrage. C'est ce qu'il fit dans un litige l'opposant à une société de transport. Mais, suite à sa condamnation par les arbitres, l'établissement public saisit les juridictions judiciaires afin de voir constater son incapacité à compromettre et, en conséquence, la nullité de la sentence. Jugeant que la solution du litige résidait dans la légalité de l'article 10 du décret, la Cour de Paris sursit à statuer en attendant la solution des juridictions administratives.

694. Le Conseil d'État prononça la nullité de la disposition litigieuse, rappelant au passage que "*si la société en cause est un établissement à caractère commercial, cette circonstance ne lui retire pas la qualité d'établissement public dont découle pour elle l'interdiction susrappelée*". Les magistrats du Palais Royal fondaient leur décision sur les articles 83 et 1004 du Code de procédure civile. Mais ceux-ci ne constituent en fait qu'une "*façade législative*"[5], derrière laquelle se dissimule un principe général de droit public. Ce dernier est ancré dans notre tradition juridique plus profondément que ne le laissent penser les motifs de l'arrêt. En effet, si l'arbitrage des personnes publiques est proscrit c'est fondamentalement parce qu'il

---

p. 574, *D.P.*, 1893, 3, 5 ; 19 mai 1893, *Ville d'Aix-les-Bains*, *S.*, 1895, 3, 36 ; 17 juillet 1896, *Clouzard c/ département de l'Yonne*, *Rec.*, p. 45, *D.P.*, 1905, 3, 33, *S.*, 1906, 3, 61.

[1] C.E., 22 janvier 1904, *Ducastaing*, *S.*, 1906, 3, 61 ; 8 avril 1921, *Cie de N'goko-Sangha*, *Rec.*, p. 351 ; 27 janvier 1928, *Bardot et Verboom*, *Rec.*, p. 137, *S.*, 1929, 3, 118 ; 22 janvier 1937, *Debachy*, *Rec.*, p. 93 ; 24 mai 1944, *Commune de Ligny-en-Barrois*, *Rec.*, p. 148, *S.*, 1945, 3, 20 ; 27 juin 1945, *Soc. les Ardoises électriques*, *Rec.*, p. 140 ; 17 juillet 1946, *Min. Travaux publics*, *Rec.*, p. 473 ; 28 avril 1948, *O.P.H.L.M. de Seine-et-Oise*, *Rec.*, p. 180 ; 27 décembre 1948, *Hospices de Montpellier*, *Rec.*, p. 497 ; 30 juillet 1949, *Syndicat intercommunal d'électrification de Plombières-les-Dijon*, *Rec.*, p. 402 ; 5 juillet 1950, *Chambre de commerce de Bordeaux*, *Rec.*, p. 416 ; 8 mars 1961, *Soc. Air Couzinet Transocéanic*, *Rec.*, p. 162 ; 20 mai 1966, *Meunier*, *Rec.*, p. 343.

[2] Cass. req., 25 janvier 1926, *Veil-Picard et Cie c/ État*, *D.H.*, 1926, p. 99 ; Trib. civ. Lille, 13 avril 1929, *D.H.*, 1929, p. 376 ; Com., 25 mars 1952, *Bull. civ.* II, n° 145.

[3] Voy. not. : L. MAZEAUD, G. VEDEL, "Électricité de France et Gaz de France ont-ils la capacité de compromettre ?", *C.J.E.G.*, 1950, p. 224-241.

[4] C.E., ass., 13 décembre 1957, *Société nationale de vente des surplus*, *Rec.*, p. 678, *D.*, 1958, p. 517, concl. GAZIER et note L'HUILLIER, et p. 699, note ROBERT, *Dr. Social*, 1958, p. 89, *C.J.E.G.*, 1958, p. 31, *A.J.D.A.*, 1958, II, p. 91, chron. FOURNIER et BRAIBANT, *Gaz. pal.*, 1958, 1, 66 et 1, doctr. 21, note LANDRE, *J.C.P.*, 1958.II.10800, note MOTULSKY, *R.P.D.A.*, 1958, chr., p. 81, note BORELLA. Pour une analyse en détail de cette affaire : A. PATRIKIOS, *L'Arbitrage en matière administrative*, Paris : LGDJ, 1997, p. 72 et s. ; P. STILLMUNKES, *L'Arbitrage en droit administratif*, th. multigr., Paris, 1960, p. 37 et s. La solution fut réaffirmée : C.E., sect., 20 mai 1966, *Meunier*, *Rec.*, p. 343.

[5] L'expression est du commissaire du Gouvernement GAZIER dans ses conclusions sous l'arrêt : *D.*, 1958, p. 517.

porte atteinte à la compétence d'ordre public des juridictions étatiques. Dans l'esprit de bien des spécialistes du droit administratif, du XIXe siècle jusqu'à nos jours, il est impensable qu'un juge privé puisse trancher les litiges de l'État ou de ses démembrements, seraient-ils commerciaux[1]. Les prescriptions des articles 83 et 1004 ont donc paru bien dérisoires au regard d'un principe aussi fondamental, et un besoin impérieux de modifier le fondement de cette interdiction s'est fait sentir. C'est ainsi qu'à l'occasion de la refonte du droit de l'arbitrage, par la loi du 5 juillet 1972, fut inséré dans le Code civil un nouvel article 2060 qui énonce clairement que l'on "*ne peut compromettre (...) sur les contestations intéressant les collectivités publiques et les établissements publics*". À une heure où la doctrine appelait de ses vœux la possibilité pour les personnes publiques de compromettre en matière commerciale, le législateur de 1972 est donc resté fermement campé sur la position traditionnelle en la matière.

695. Certains auteurs avaient alors espéré que, s'agissant des établissements publics industriels et commerciaux, la prohibition ne s'étende pas aux litiges relevant de la compétence du juge judiciaire[2]. Le législateur, une fois encore, préféra emprunter une autre voie et consacrer une solution plus restrictive. L'article 2060 fut en effet assorti par la loi du 9 juillet 1975 d'un second alinéa en vertu duquel : "*Des catégories d'établissements publics à caractère industriel et commercial peuvent être autorisées par décret à compromettre*"[3]. Mais de décret, il n'y eu point[4]. Seules quelques lois ont sporadiquement autorisé des établissements publics industriels et commerciaux à compromettre. On peut citer celle du 30 décembre 1982 qui constitue la SNCF sous forme d'établissement public, et

---

1 Ainsi déjà pour LAFERRIÈRE, "*il est de principe que l'État ne peut pas soumettre ses procès à des arbitres, tant à raison des conséquences aléatoires de l'arbitrage que des considérations d'ordre public qui veulent que l'État ne soit jugé que par des juridictions établies par la loi*" : *Traité de la juridiction administrative*, t. II, Paris : Berger-Levrault, 1re éd., 1888 (réimpr. LGDJ, 1989), p. 145-146. Le principe fut également énoncé dans ses conclusions, par le commissaire du gouvernement ROMIEU dans une affaire portant sur une transaction : concl. sous C.E., 17 mars 1893, *Chemins de fer du Nord, de l'Est et autres c/ Min. de la guerre*, *S.*, 1894, 3, 119. Plus près de nous, le Conseil d'État a rappelé que "*les personnes morales de droit public ne peuvent pas se soustraire aux règles qui déterminent la compétence des juridictions nationales en remettant à la décision d'un arbitre la solution des litiges auxquels elles sont parties et qui se rattachent à des rapports relevant de l'ordre juridique interne*" : Avis n° 339-710 du 6 mars 1986, *Grands avis du Conseil d'État* n° 21, comm. D. LABETOULLE.

2 Dans un projet de principes d'arbitrage remontant à 1971, le Comité français de l'arbitrage énonçait que "*les personnes morales de droit public peuvent compromettre à la condition qu'à défaut d'arbitrage, la contestation relève de la compétence des Tribunaux de l'ordre judiciaire et qu'elle soit née à propos de l'activité de services publics à forme industrielle et commerciale*" : *Rev. arb.*, 1971, p. 55. Dans le même sens, une proposition de loi relative à l'arbitrage, présentée par M. FORTUIT préconisait une exception à la prohibition lorsque "*la contestation relève de la compétence des tribunaux de l'ordre judiciaire et qu'elle [est] née à propos de l'activité des services publics à forme industrielle et commerciale*" : *Doc. Ass. nat. 2ème sess. ord. 1971-1972, n. 2260, 4ème législature.* Voy. aussi : J. RIVERO, "Personnes morales de droit public et arbitrage", *Rev. arb.*, 1973, p. 263-275, spéc. p. 271 ; P. STILLMUNKES, *op. cit.*, p. 45.

3 Sur ce texte : A. MESTRE, "Les établissements publics industriels et commerciaux et le recours à l'arbitrage (l'apport de la loi n° 75-596 du 9 juillet 1975)", *Rev. arb.*, 1976, p. 3-17.

4 Il et vrai qu'un décret a autorisé l'Office national d'études et de recherches aéronautiques (O.N.E.R.A.) a conclure des "compromis" : D. n° 84-31 du 11 janvier 1984. Mais cet établissement public n'a pas un caractère industriel et commercial. La même remarque s'applique au décret n° 2000-764 du 1er août 2000 fixant les conditions dans lesquelles les établissements publics d'enseignement supérieur peuvent transiger et recourir à l'arbitrage : *J.O.*, 6 août 2000, p. 12234.

l'investit de la "*faculté de transiger et de conclure des conventions d'arbitrage*"[1]. De même celle du 2 juillet 1990, relative à l'organisation du service public de la poste et des télécommunications, prévoit que La Poste et France Télécom "*disposent de la faculté de transiger et de conclure des conventions d'arbitrage*"[2].

Mais tandis que le législateur posait ces quelques exceptions au principe d'inarbitrabilité, le Conseil d'État est venu renforcer celui-ci par la juxtaposition au critère organique d'un critère matériel.

B. - LE CRITÈRE MATÉRIEL

696. La loi du 31 décembre 1987 portant réforme du contentieux administratif avait vu resurgir quelques espoirs, quant à l'introduction de l'arbitrage en matière administrative. Au détour de l'article 13, il est prévu que des décrets en Conseil d'État pourront déterminer dans quelles conditions les litiges administratifs pourraient être soumis à des procédures préalables de recours administratifs ou de conciliation "*avant toute instance arbitrale ou contentieuse*"[3]. Cette référence explicite à l'arbitrage n'eut, toutefois, aucune suite et la position du Conseil d'État tendit même à se radicaliser. L'inarbitrabilité qui reposait jusqu'ici sur un critère organique, à savoir l'impossibilité pour les personnes publiques de conclure des clauses compromissoires ou des compromis, a été confortée par un critère matériel.

Ainsi que l'énonce M. Gaudemet, "*ce principe général, de caractère organique, qui considère les parties au litige, pour interdire l'arbitrage, sous toutes ses formes dès lors que l'une d'entre elles est une personne publique, est prolongé par un second principe, de caractère matériel, dont la formulation par la jurisprudence est plus récente. Il s'agit de l'interdiction de la clause compromissoire dans tous les contrats de la compétence du juge administratif*"[4]. Le Conseil d'État a procédé à cette extension de l'inarbitrabilité à l'occasion d'un litige de marché public opposant un groupe d'entrepreneurs et un concessionnaire de travaux autoroutiers[5]. Bien que conclu entre personnes privées, ce contrat avait une nature administrative[6]. Pour annuler la clause compromissoire prévue à l'accord, les

---

[1] Art. 25 de la loi n° 82-1153 du 30 décembre 1982.

[2] Art. 28 de la loi n° 90-568 du 2 juillet 1990 : *J.O.*, 8 juillet 1990, p. 8069. Sur ce texte : P. FOUCHARD, "Une nouvelle extension de l'arbitrage en droit public : la faculté de compromettre de la Poste et France Telecom", *Rev. arb.*, 1990, p. 945-947.

[3] Loi n° 87-1127 du 31 décembre 1987.

[4] Y. GAUDEMET, "L'arbitrage : aspects de droit public. État de la question", *Rev. arb.*, 1992, p. 241-257, spéc. p. 245.

[5] C.E., sect., 3 mars 1989, *Société des autoroutes de la région Rhône-Alpes*, *Rec.*, p. 69, concl. GUILLAUME, *A.J.D.A.*, 1989, p. 391, note DUFAU, *Rev. arb.*, 1989, p. 215, chr. FOUSSARD, "Le juge administratif et l'arbitrage (Remarques à propos de l'arrêt *A.R.E.A.* du 3 mars 1989)", *id.*, p. 167-188, *J.C.P.*, 1989.II.21323, note LEVEL, *R.F.D.A.*, 1989, p. 619, note PACTEAU, *Mon. trav. pub.*, 15 sept. 1989, note M., *D.*, 1990, somm., p. 67, chr. TERNEYRE. *Adde*, Y. GAUDEMET, "Intervention relative à l'arrêt *A.R.E.A.* du Conseil d'État (3 mars 1989) au cours du rapport de M. Jarrosson", *Rev. arb.*, 1992, p. 279-283.

[6] En application de la jurisprudence "Entreprise Peyrot" : T.C., 8 juillet 1963, *Rec.*, p. 787, *J.C.P.*, 1963.II.13375, note AUBY. L'application de cette jurisprudence à l'espèce a d'ailleurs été contestée par une partie de la doctrine : Y. GAUDEMET, "Intervention relative à l'arrêt *A.R.E.A.* ...", art. préc.,

magistrats se sont fondés sur l'article 2061 du Code civil en vertu duquel "*la clause compromissoire est nulle s'il n'est disposé autrement par la loi*". Mais on peut assurément y déceler la volonté de bannir l'arbitrage du domaine des contrats administratifs.

Il faut donc en conclure qu'un contrat administratif conclu par une personne publique est en principe sous le coup d'une double inarbitrabilité. Il cumule les effets des critères organique et matériel. Ceci ne constitue bien évidemment pas un bon présage quant à l'admission de l'arbitrage en matière de contrats transnationaux. On va toutefois constater que le principe d'inarbitrabilité s'émousse quelque peu dans les litiges internationaux.

§ 2. - LE PRINCIPE D'INARBITRABILITÉ DANS LES LITIGES INTERNATIONAUX

697. Dans les litiges internes, le principe d'inarbitrabilité connaît très peu d'exceptions[1]. Il s'y applique dans toute sa rigueur. En revanche, son incidence est moindre dans les litiges internationaux. On y rencontre en effet d'importantes dérogations (**A**), auxquelles devrait être ajoutée l'hypothèse des contrats transnationaux (**B**).

A. - LES DÉROGATIONS ADMISES AU PRINCIPE D'INARBITRABILITÉ

698. Les personnes publiques sont incontestablement plus fréquemment autorisées à recourir à l'arbitrage dans les litiges internationaux. Cette dérogation est même générale en matière de contrats internationaux de droit privé (**1°**). En revanche, elle reste ponctuelle en matière de contrats internationaux de droit public (**2°**).

---

p. 280.

[1] La plus large et la plus connue des exceptions législatives au principe d'inarbitrabilité est constituée par l'article 69 de la loi du 17 avril 1906 qui dispose que "*pour la liquidation de leurs dépenses de travaux publics et de fournitures, l'État, les départements et les communes pourront recourir à l'arbitrage tel qu'il est réglé par le livre III du Code de procédure civile*". Un décret du 25 juillet 1960 est venu ajouter à cette liste les établissements publics locaux : D. n° 60-724 : *J.O.*, 27 juillet 1960. Ces textes sont aujourd'hui regroupés aux articles 247 et suivants du Code des marchés publics pour l'État et 361 du même Code pour les collectivités locales et leurs établissements. On constatera que l'exception ainsi portée à l'inarbitrabilité est limitée. Elle ne concerne que les marchés de travaux publics et de fournitures et uniquement les litiges concernant la liquidation de leurs dépenses. En outre, les établissements publics de l'État n'en bénéficient pas. Enfin, seuls sont autorisés les compromis sur des litiges nés et non les clauses compromissoires. Pour un commentaire de ces textes : S. RIALS, V° "Arbitrage et règlement amiable", *Rép. Dalloz Contentieux administratif*, n° 45-54 ; B. PACTEAU, "Arbitrage en droit administratif", *J.-Cl. Procédure civile*, fasc. 1048, n° 69-80 ; A. de LAUBADÈRE, F. MODERNE, P. DELVOLVÉ, *op. cit.*, t. II, n° 1724, p. 948 ; J.-M. AUBY, R. DRAGO, *op. cit.*, t. I, n° 25, p. 51. Pour une application en jurisprudence : T.A. Strasbourg, 24 janvier 1997, *L.P.A.*, 19 mars 1997, n° 34, p. 16, note MARCHESSOU.

1° - Une dérogation générale pour les contrats internationaux de droit privé

699. Dans les contrats internationaux de droit privé, les personnes publiques bénéficient de la faculté de compromettre. La Cour de Paris a eu l'occasion d'affirmer ce principe dès 1957, dans une affaire portant sur un contrat conclu en 1940 entre la Mission française des Transports maritimes à Londres et des armateurs grecs. Alors qu'une clause compromissoire avait été incluse dans le contrat, l'administration française refusa de se soumettre à l'arbitrage. La société *Myrtoon Steamship*, armateur du navire, désigna malgré tout un arbitre, lequel rendit sa sentence le 26 janvier 1951. Cette dernière reçut l'*exequatur* du Président du Tribunal civil de la Seine, mais le Ministre de la marine marchande s'opposa à cette ordonnance. Il appuyait son refus sur la nullité de la clause compromissoire, suite à l'interdiction faite aux personnes publiques françaises de compromettre. Un déclinatoire fut déposé devant la Cour d'appel, visant l'incompétence des tribunaux judiciaires quant à apprécier si le signataire de la clause arbitrale avait le pouvoir de compromettre au nom de l'État.

700. La Cour de Paris ne s'est pas contentée de rejeter ce déclinatoire. Elle a, en outre, affirmé sans ambages que "*la prohibition (de l'arbitrage) est limitée aux contrats d'ordre interne, et est sans application pour les conventions ayant un caractère international*"[1]. Elle a donc refusé d'étendre aux contrats internationaux de droit privé la prohibition de compromettre. Deux raisons au moins permettent d'expliquer cette décision. La première est d'ordre économique puisque l'interdiction de l'arbitrage n'était pas pour faciliter l'engagement de l'État, et de ses démembrements, dans les opérations du commerce international. La seconde est d'ordre moral. En effet, il n'est pas de bonne justice que les personnes publiques puissent se dégager d'une clause compromissoire, à laquelle elles ont pourtant bel et bien donné leur accord[2] ; et ce d'autant plus que dans un contrat international, le cocontractant étranger n'a pas forcément connaissance de la prohibition posée par le droit français.

En 1958, le Tribunal des conflits a indirectement entériné la solution retenue par la Cour de Paris en reconnaissant aux juridictions judiciaires, s'agissant d'un contrat de droit privé, la capacité "*d'apprécier la validité de la clause compromissoire*"[3]. La Cour de cassation confirma, de manière définitive, la

---

1 Paris, 1re ch., 10 avril 1957, *Sté Myrtoon Steam Ship c/ Agent judiciaire du Trésor, J.C.P.*, 1957.II.10077, note MOTULSKY, *Rev. crit.*, 1958, p. 120, note LOUSSOUARN, *D.*, 1958, p. 702, note ROBERT, *J.D.I.*, 1958, p. 1002, note B.G., *Rev. arb.*, 1957, p. 34. Dans ses motifs, la Cour soulignait en particulier "*qu'il serait contraire aux intérêts de l'État de défendre à ses représentants d'accepter un mode de règlement de ses différends conforme aux usages du commerce international, alors que son refus entraînerait souvent la rupture des pourparlers engagés*".

2 Notons que le Conseil d'État n'a jamais été sensible a un tel argument. Sous sa compétence, l'administration a pu à plusieurs reprises se défaire d'un arbitrage auquel elle avait initialement consenti et même, auquel elle avait collaboré. Voy. not. : C.E., 19 mai 1893, *Ville d'Aix-les-Bains c/ Cie des travaux hydrauliques*, *Rec.*, p. 442 ; ou encore C.E., 20 mai 1966, *Meunier*, *Rec.*, p. 343 : "*Considérant que les établissements publics ne peuvent légalement compromettre ; qu'en se refusant à exécuter la sentence arbitrale rendue, le centre national n'a commis aucune faute engageant sa responsabilité*".

3 T.C., 19 mai 1958, *Sté Myrtoon Steam Ship et Cie c/ Ministère de la Marine marchande*, *Rec.*, p. 793, *D.*, 1958, p. 699, note ROBERT. Le Tribunal des conflits a toutefois annulé la décision de la Cour d'appel, qui aurait dû surseoir à statuer pour permettre au juge administratif d'apprécier le

possibilité pour les personnes publiques de recourir à l'arbitrage dans leurs contrats internationaux de droit privé dans un arrêt *Galakis*[1]. Elle a constaté que la prohibition de compromettre, édictée pour les contrats internes, ne doit pas être étendue à un contrat international, passé pour les besoins et dans les conditions conformes aux usages du commerce international[2]. Ce faisant, la Haute juridiction forge une règle matérielle de droit international privé[3], applicable aux contrats du commerce international passés par les personnes publiques françaises.

2° - *Des dérogations ponctuelles pour les contrats internationaux de droit public*

701. La règle élaborée par la Cour de cassation dans l'arrêt *Galakis* ne concerne *a priori* que les contrats relevant de la compétence des tribunaux de l'ordre judiciaire. D'aucuns se sont toutefois demandé si elle ne pourrait pas être étendue aux "*contrats administratifs portant sur des opérations du commerce international*"[4]. Il existerait ainsi une catégorie de contrats à la fois internationaux et administratifs, pour laquelle le recours à l'arbitrage serait admis.

---

pouvoir de l'autorité signataire du contrat "*d'accepter qu'il y fût inséré la clause compromissoire litigieuse*". Le Tribunal des conflits estime en effet que "*la question de savoir si le membre de la mission française de transports maritimes qui, le 29 février 1940, a signé, au nom de l'État, le contrat dont il s'agit, avait ou non le pouvoir d'accepter qu'il y fut insérée la clause compromissoire litigieuse est une question de compétence d'un agent d'un service public administratif qui, par sa nature, relève de la juridiction administrative*". Cette seconde partie de l'arrêt du Tribunal des conflits, à laquelle on ne connaît d'ailleurs aucun précédent, est critiquable. La raison en est qu'il n'existe pas de règles de compétence spécifiques à la conclusion par les autorités administratives de conventions d'arbitrage. Ces règles s'adressent aux personnes publiques et non aux autorités qui les représentent. C'est toujours à la personne publique qu'il est interdit, ou au contraire permis, de donner son accord à une clause compromissoire ou à un compromis. En conséquence, si la personne publique est habilitée à compromettre dans une matière donnée, l'autorité administrative signataire du contrat au nom de celle-ci l'est aussi. Et, comme le tribunal des conflits reconnaît implicitement la faculté pour les personnes publiques françaises de compromettre dans les contrats internationaux de droit privé, il n'y a pas lieu pour le juge judiciaire de surseoir à statuer. Le seul cas dans lequel il est tenu de consulter le juge administratif, survient lorsque l'autorité n'était pas habilitée, non pas à accepter la clause compromissoire - on vient de voir que cela n'avait aucun sens - mais, tout simplement à signer le contrat. On revient alors dans un ordre de considérations. Par conséquent, seule la reconnaissance de la compétence des juridictions judiciaires pour apprécier la validité des clauses compromissoires insérées dans les contrats privés de l'administration devrait être retenue de l'arrêt rendu par le tribunal des conflits. *Contra* J. RIBS, "Ombres et incertitudes de l'arbitrage pour les personnes morales de droit public français", *J.C.P.*, 1990.I.3465, spéc. n° 8.

[1] Civ. 1re, 2 mai 1966, *Trésor Public c/ Galakis*, *D.*, 1966, p. 575, note ROBERT, *J.C.P.*, 1966.II.14798, note LIGNEAU, *Rev. crit.*, 1967, p. 553, note GOLDMAN, *J.D.I.*, 1966, p. 648, note LEVEL, *G.A.D.I.P.* n° 44. Rappr. : Civ. 1re, 14 avril 1964, *Bull. civ.* I, n° 188, *D.*, 1964, p. 637, note ROBERT, *J.C.P.*, 1965.II.14406, note P.L., *S.*, 1964, p. 93, note PLANQUEEL, *J.D.I.*, 1965, p. 645, note GOLDMAN, *Rev. crit.*, 1966, p. 68, note BATIFFOL.

[2] La formule exacte est "*un contrat international passé pour les besoins et dans des conditions conformes aux usages du commerce maritime*". Mais il ne fait plus de doute aujourd'hui que cette règle s'étend à l'ensemble du commerce international. La Haute juridiction a sans doute pris acte de la convention européenne sur l'arbitrage commercial international du 21 avril 1961 qui prévoit explicitement à son article 2 que les "*personnes morales, qualifiées par la loi qui leur est applicable de personnes morales de droit public, ont la faculté de conclure valablement des conventions d'arbitrage*" : D. publ. n° 68-117, 26 janvier 1968 : *J.O.*, 9 février 1968. Le traité autorise le dépôt sur ce point d'une réserve par les États signataires (art. 2 §2) ; faculté que l'État français n'a pas exercé.

[3] Un auteur préfère y voir une bien mystérieuse "*règle de droit transnational non écrit*" : G. TEBOUL, "Arbitrage international et personnes morales de droit public", *A.J.D.A.*, 1997, p. 25-29, spéc. p. 28.

[4] M. de BOISSÉSON, "Interrogations et doutes sur une évolution législative : l'art. 9 de la loi du 19 août 1986", *Rev. arb.*, 1987, p. 3-21, spéc. p. 15.

Le Conseil d'État a eu l'occasion de se prononcer sur cette question à propos d'un contrat conclu entre la société américaine Walt Disney Productions et des personnes publiques françaises, à savoir l'État, la région Ile-de-France, le département du Val-de-Marne et l'établissement public d'aménagement de la ville nouvelle de Marne-la-Vallée, en vue de l'installation sur le territoire de cette commune d'un parc d'attractions. Le Conseil d'État était saisi, pour avis, de la question de savoir si des clauses compromissoires pouvaient être insérées dans ce contrat, dont la nature administrative était patente en présence de clauses exorbitantes du droit commun portant, par exemple, sur le droit de l'urbanisme ou le droit de l'expropriation.

702. Dans un avis rendu le 6 mars 1986, les juges du Palais Royal ont estimé que ce contrat "*relève de l'ordre juridique interne français*" et non des "*principes applicables en matière de commerce international*"[1]. En conséquence, il ne pouvait valablement contenir "*une clause compromissoire qui serait entachée d'une nullité d'ordre public*". Ainsi, pour les juridictions administratives, l'existence d'un contrat administratif, comporterait-il des éléments d'internationalité comme c'était le cas en l'espèce, exclut le recours à l'arbitrage. Seul le législateur peut apporter des exceptions à ce principe. C'est ce qu'il fit dans l'article 9 de la loi du 19 août 1986 portant diverses dispositions relatives aux collectivités locales :

> "*Par dérogation à l'article 2060 du Code civil, l'État, les collectivités territoriales et les établissements publics sont autorisés, dans les contrats qu'ils concluent conjointement avec des sociétés étrangères pour la réalisation d'opérations d'intérêt général, à souscrire des clauses compromissoires en vue du règlement, le cas échéant définitif, de litiges liés à l'application et l'interprétation de ces contrats*"[2].

703. De même, les personnes publiques impliquées dans la réalisation de la "liaison fixe à travers la Manche" ont été autorisées à recourir à l'arbitrage par le traité de Cantorbery conclu entre la France et la Grande-Bretagne le 12 février 1986[3], dont le dispositif a par la suite été complété par un règlement d'arbitrage, lequel fut adopté par un échange de lettres entre les gouvernements le 29 juillet 1987[4]. Sur le fondement de ces textes, il a été inséré dans la concession de service

---

[1] Avis préc. du 6 mars 1986.

[2] Loi n° 86-972 : *J.O.*, 22 août 1986, p. 10190. Pour un commentaire : M. de BOISSÉSON, "Interrogations et doutes sur ...", art. préc. ; B. PACTEAU, "Une nouvelle hypothèse d'arbitrage pour les litiges administratifs, l'article 9 de la loi du 19 août 1986", *L.P.A.*, 8 octobre 1986, p. 12-14. Statuant au contentieux, le Conseil d'État a admis la validité de la clause compromissoire autorisée par ce texte : C.E., 23 mars 1992, *Martin et autres*, *Rec.*, p. 1103. *Adde*, P. FOUCHARD, "La désignation des arbitres dans les contrats Eurodisney", note sous T.G.I. (jug. réf.), 12 et 20 décembre 1991, *Rev. arb.*, 1996, p. 516-523.

[3] Ce traité a été incorporé dans l'ordre interne britannique par le *Channel Tunnel Act* du 23 juillet 1987. Le Parlement français en a autorisé la ratification le 15 juin 1987 et a approuvé, le même jour, la signature de la concession au profit de la société Eurotunnel : Lois n° 87-383 et n° 87-384 : *J.O.*, 16 juin 1987. D. publ. du traité n° 87-757, 9 septembre 1987 : *J.O.*, 16 septembre 1987, p. 10769. Un contentieux arbitral a par la suite opposé la société Eurotunnel à la SNCF et à British Rail : G. MARCOU, "La sentence arbitrale relative à la convention d'utilisation du tunnel sous la Manche par la SNCF et British Rail", *A.F.D.I.*, 1997, p. 811-842.

[4] D. publ. n° 87-870, 23 octobre 1987 : *J.O.*, 29 octobre 1987, p. 12572. Sur le système de règlement des différends ainsi aménagé, voy. G. MARCOU, "Le régime juridique" *in Le Tunnel sous la Manche*

public conclue le 14 mars 1986 entre les États français et britannique et la société franco-britannique Eurotunnel la clause compromissoire suivante :

> "*À la demande de l'une quelconque des parties, tout différend relatif à l'application de la concession survenant entre les concessionnaires ou l'un d'entre eux, doit être soumis à un tribunal arbitral, conformément aux dispositions de l'article 19 du traité*"[1].

704. Toutefois, hormis ces exceptions législatives de caractère circonstanciel, la transposition de la solution de l'arrêt *Galakis* aux contrats administratifs se trouve enrayée par le refus manifeste du Conseil d'État. Cette position de principe s'expose d'ailleurs au feu de la critique. On lui a notamment reproché de dresser une barrière trop hermétique entre l'administrativité du contrat et son éventuelle implication dans une opération du commerce international. M. Gaudemet, par exemple, trouve très discutable que l'on puisse considérer que "*dans l'affaire Disneyland, l'investissement américain réalisé en France ne constituait pas une opération du commerce international, alors que, au regard des définitions données par les traités internationaux concernant l'arbitrage international, la réponse était inverse*"[2].

705. La Cour d'appel de Paris a d'ailleurs rendu des décisions qui remettent en question la stricte séparation entre contrat administratif et contrat du commerce international. À plusieurs reprises, cette juridiction a eu à connaître de recours à l'encontre d'instances arbitrales opposant des sociétés commerciales à des États ou des organismes publics étrangers. Or, elle a considéré que la qualification de contrat administratif retenue par le droit interne desdits États et la prohibition de la clause compromissoire qui en découle, devaient s'effacer devant la mise en jeu par l'opération contractuelle des intérêts du commerce international[3].

---

entre États et marchés, G. MARCOU, R. VICKERMAN, Y. LUCHAIRE, dir., Presses Universitaires de Lille, 1992, p. 61-143, spéc. p. 136-143.

1 Il s'agit de l'art. 40 (1) du contrat de concession. Des extraits du contrat de concession sont reproduits en annexe de l'article suivant : J.M.D., "Eurotunnel : les contrats relatifs à la construction du tunnel sous la Manche", *L.P.A.*, 20 septembre 1995, n° 113, p. 4-12, spéc. p. 10-11. Signalons que cette clause compromissoire ne s'applique qu'entre concessionnaires. C'est ainsi que le Tribunal administratif de Lille a exclu la compétence d'un tribunal arbitral concernant un litige opposant la société Eurotunnel, exploitante du tunnel, et une société de restauration, et rétabli celle du juge administratif : T.A. Lille, req. n° 94-3118, ord. du conseiller délégué du 12 septembre 1994, citée par F. DUCAROUGE, "Le juge administratif et les modes alternatifs de règlement des conflits", *R.F.D.A.*, 1996, p. 86-95, spéc. p. 88.

2 Y. GAUDEMET, "L'arbitrage : aspects de droit public ...", art. préc., p. 254. Dans le même sens : D. FOUSSARD, "L'arbitrage en droit administratif", *Rev. arb.*, 1990, p. 3-32, spéc. p. 23-24 ; M. de BOISSESON, art. préc., p. 8 et s. ; C. JARROSSON, "L'arbitrage en droit public", *A.J.D.A.*, 1997, p. 16-24, spéc. p. 20-21 ; L. BOY, "L'arbitrabilité des litiges concernant les personnes morales de droit public en droit français", *Rev. int. de droit économique*, 1992, p. 99-127. La France a en particulier ratifié la Convention de Washington du 18 mars 1965 "pour le règlement des différends relatifs aux investissements entre États et ressortissants d'autres États" qui permet la soumission de tels litiges aux arbitrages du CIRDI (Centre international pour le règlement des différends relatifs aux investissements). Or, le Conseil d'État a considéré que cette ratification "*n'emporte aucune conséquence quant à la possibilité de compromettre d'une personne publique française*" : Avis préc. du 6 mars 1986.

3 C.A. Paris, 13 juin 1996, *Société K.F.T.C.*, *J.D.I.*, 1997, p. 151, note LOQUIN ; 24 février 1994, *Société Bec Frères*, *Rev. arb.*, 1995, p. 275, *R.T.D. com.*, 1994, p. 254, obs. LOQUIN et DUBARRY ; 17 décembre 1991, *Gatoil*, *Rev. arb.*, 1993, p. 281, note SYNVET. Dans tous ces arrêts, la personne publique étrangère plaide la qualité administrative du contrat au regard de son propre ordre juridique

Ceci n'est d'ailleurs guère contestable. Il est évident que la souscription d'un marché public par un opérateur étranger met en jeu les intérêts du commerce international. Lorsque le Koweït fait appel à une entreprise italienne pour construire son ambassade à Alger[1] ou lorsque la Tunisie confie à une société française l'édification de routes[2], les opérations économiques qui se nouent ont bien une dimension internationale. Il en va de même lorsque des personnes publiques françaises s'emploient à faire bâtir, par une société américaine, un parc d'attractions en Ile-de-France.

Toutes ces opérations mettent en jeu les intérêts du commerce international. Mais corrélativement, elles intéressent également des intérêts publics. Or, le Conseil d'État est plus sensible à ces derniers. L'enjeu du débat tourne en réalité autour de la règle énoncée par l'article 1492 du nouveau de Code de procédure civile, en vertu de laquelle "*est international l'arbitrage qui met en cause les intérêts du commerce international*". La qualification de contrat du commerce international implique l'application des règles peu restrictives sur l'arbitrage international, dont il constitue la clef. C'est dans le souci d'éviter cet enchaînement que le Conseil d'État dénie qu'un contrat administratif puisse être un contrat du commerce international. Il

---

et la prohibition de la clause compromissoire qui s'en suit. La Cour de Paris a écarté cette prétention en opposant que, cette prohibition n'étant pas "*d'ordre public international*", il suffit pour valider la clause incluse dans le contrat de "*constater l'existence d'un contrat international passé pour les besoins et dans les conditions conformes aux usages du commerce international*". Cette motivation nous inspire deux remarques. La première est qu'au moins deux des contrats litigieux sont incontestablement des marchés publics puisqu'ils portent sur la construction de routes, pour l'un, et d'une ambassade, pour l'autre. Dès lors, s'ils avaient été conclus par une personne publique française, ils seraient assurément des contrats administratifs français. La clause compromissoire et l'arbitrage auraient, en conséquence, été invalidés par le Conseil d'État. On rappellera à ce propos qu'il s'agit là d'une nullité d'ordre public, qui joue même si la personne publique a participé à l'arbitrage et qu'une sentence a été rendue (C.E., 8 juillet 1959, *Houseaux*, préc.). En outre, celle-ci ne commet aucune faute en refusant d'exécuter la sentence (CE., 20 mai 1966, *Meunier*, préc.). Il est donc pour le moins gênant d'en appeler à un retentissant "*ordre public international*" mais d'en réserver la rigueur aux seuls États étrangers. La deuxième remarque tient à la méthode. La Cour affirme que "*la prohibition par un État de compromettre est limitée aux contrats d'ordre interne et n'est pas d'ordre public international*" et que "*la validité de la convention (doit) être contrôlée au regard des seules exigences de l'ordre public international*" (aff. *KFTC*, p. 156). Mais qu'est-ce donc que cet ordre public international ? Il s'agit sans doute d'une référence à l'ordre public réellement ou véritablement international dont l'existence est revendiquée par certains (voy. not. : P. LALIVE, "Ordre public transnational ou réellement international et arbitrage international", *Rev. arb.*, 1986, p. 329-373). Mais là où n'existe pas d'ordre juridique, il n'y a pas non plus d'ordre public. Dès lors, la Cour d'appel de Paris fonde sa décision sur des principes inexistants. Une démarche plus orthodoxe aurait voulu que l'on constate, dans un premier temps, l'applicabilité de la norme étrangère prohibitive. D'une part, il est certain que celle-ci s'applique aux contrats internationaux de ses personnes publiques et, d'autre part, elle est la seule qui puisse se prononcer sur cette question. On ne saurait en effet interroger la loi du contrat ou la loi du for sur la capacité à compromettre de personnes publiques étrangères. Seules leurs lois nationales apportent une réponse à cette question (P. MAYER, "La neutralisation du pouvoir normatif de l'État", *J.D.I.*, 1986, p. 5-78, spéc. n° 69, p. 53). Ensuite, il était toujours possible d'opposer à l'application de cette règle étrangère la conception française de l'ordre public international. Celle-ci s'oppose, du moins si on s'en tient à la jurisprudence judiciaire, à ce qu'une personne publique admette de stipuler une clause compromissoire, puis entende par la suite - parfois après avoir participé à l'instance arbitrale - contester la validité de celle-ci. Il y aurait là une atteinte à la loyauté des relations commerciales. C'est à peu de chose près la solution retenue par l'art. 177 §2 de la Loi fédérale suisse : "*si une partie à la convention d'arbitrage est un État, une entreprise dominée ou une organisation contrôlée par lui, cette partie ne peut invoquer son propre droit pour contester l'arbitrabilité d'un litige ou sa capacité d'être partie à un arbitrage*", *Rev. crit.*, 1988, p. 442.

1 Affaire *société KFTC* préc.

2 Affaire *société Bec Frères* préc.

entend ainsi protéger les personnes publiques de l'application de règles peu compatibles à ses yeux avec la protection de l'intérêt public.

706. C'est pourquoi nous pensons qu'en tentant de démontrer qu'un contrat peut constituer une opération du commerce international tout en étant administratif, on fausse en réalité le débat. Il s'agit là d'une évidence qui n'échappe aucunement au Conseil d'État. Mais celui-ci entend laisser prédominer l'administrativité des contrats sur leur commercialité[1], afin d'éviter l'application des règles des articles 1492 et suivants du nouveau Code de procédure civile[2]. Dans ces conditions, il y a fort à parier que les dérogations au principe d'inarbitrabilité resteront ponctuelles en matières de contrats administratifs internationaux. Et cette position de la Haute juridiction administrative laisse peu d'espoir quant à une éventuelle arbitrabilité des contrats transnationaux.

B. - LA NÉCESSITÉ D'UNE DÉROGATION EN MATIÈRE DE CONTRATS TRANSNATIONAUX

707. Le Conseil d'État refusant d'admettre l'arbitrage pour les contrats administratifs constituant des opérations du commerce international, on ne voit pas pourquoi il se départirait de cette attitude pour les contrats transnationaux ; d'autant que l'argument de la commercialité n'est pas invocable en l'espèce, ces contrats étant pour le coup fort éloignés du monde marchand. Pourtant, dans le cas des collectivités territoriales et de leurs groupements (**1°**) comme dans celui des établissements publics (**2°**), une nouvelle dérogation devrait être posée.

1° - Dans le cas des collectivités territoriales et de leurs groupements

708. La circulaire du 26 mai 1994 précise explicitement que "*les conventions d'arbitrage, c'est-à-dire des procédures non juridictionnelles de règlement des litiges, sont proscrites*"[3]. En outre, les traités conclus par la France en matière transfrontalière ont eux aussi exclu le recours à l'arbitrage[4]. Les collectivités territoriales et leurs groupements ne peuvent donc pas *de lege lata* recourir à l'arbitrage.

---

[1] Voy. les commentaires sur cette question de A. de LAUBADÈRE, F. MODERNE, P. DELVOLVÉ : *op. cit.*, t. II, note 18, p. 954. *Adde*, P. DELVOLVÉ, *Intervention dans le cadre du colloque du 17 septembre 1990 à la Chambre de commerce et d'industrie de Paris*, Paris : Association française d'arbitrage, 1990, p. 26-27.

[2] Pour surmonter cette difficulté, la solution serait peut-être de ménager un régime de l'arbitrage distinct de celui actuellement en vigueur dans le commerce international, un régime plus soucieux des exigences propres au droit public. Cette solution est en tout cas celle que nous entendons préconiser pour les contrats transnationaux : *infra*, section II.

[3] Préc.

[4] C'est une différence notable avec la convention germano-néerlandaise du 23 mai 1991 dont l'article 11 (2) précise que "*les organismes publics concernés peuvent conclure une convention d'arbitrage*".

Toutefois, *de lege ferenda* le recours à l'arbitrage devrait, nous semble-t-il, être autorisé. Il s'agirait, concernant les collectivités territoriales et leurs groupements, d'une suite logique à la loi du 6 février 1992. Les collectivités territoriales et leurs groupements étant autorisés par ce texte à contracter avec des personnes publiques étrangères, il est naturel de les autoriser à résoudre au moyen de l'arbitrage les litiges pouvant naître à l'occasion de ces contrats. D'ailleurs, une large fraction de la doctrine s'est prononcée en ce sens[1]. Plus encore, une étude consacrée par le Conseil d'État à l'arbitrage en matière administrative, pourtant très mesurée dans ses propositions, reconnaît elle-même "*(qu')il faut prévoir un recours à l'arbitrage pour les contrats que la loi du 6 février 1992 leur permet de conclure avec des collectivités étrangères. En l'absence d'arbitrage, il sera difficile de déterminer la juridiction compétente en cas de litige. Le recours à l'arbitrage est une solution non seulement utile mais nécessaire*"[2]. On ne peut donc qu'attendre du juge administratif ou du législateur qu'ils rendent effective cette proposition.

2° - Dans le cas des établissements publics nationaux

709. Pour ce qui est des contrats transnationaux des établissements publics qu'une loi habilite déjà à compromettre, ils n'éprouveront ici aucune difficulté[3]. Par ailleurs, l'article 19 de la loi du 15 juillet 1982 prévoit expressément que "*les établissements publics à caractère scientifique et technologique sont autorisés (...) à recourir à l'arbitrage en cas de litiges nés de l'exécution de contrats de recherche passés avec des organismes étrangers*"[4]. De même, un décret du 1er août 2000 prévoit que les établissements publics d'enseignement supérieur "*sont autorisés à conclure des conventions d'arbitrage en vue du règlement de litiges nés de l'exécution de contrats passés avec des organismes étrangers dans le cadre de leurs missions*"[5].

Mais la possibilité de recourir à l'arbitrage devrait être ouverte plus largement. Ce constat apparaît également dans l'étude déjà citée du Conseil d'État : "*Certains [établissements publics] effectuent à l'étranger des prestations pour lesquelles*

---

[1] Voy. not. : Y. CLAISSE, *op. cit.*, p. 49 ; R. LAFORE, art. préc., p. 810 ; A. PATRIKIOS, *op. cit.*, p. 9 et note 93, p. 56 ; B. MATHIEU, "Les relations extérieures des régions. Des actions en plein développement dans un cadre juridique mal adapté", *L.P.A.*, 15 juin 1990, n° 72, p. 7-13, spéc. p. 12 ; J.-M. WOEHRLING, *op. cit.*, p. 34.

[2] *Régler autrement les conflits : conciliation, transaction, arbitrage en matière administrative*, Étude du C.E., Paris : La Documentation française, 1993, spéc. p. 93. Ce rapport n'a débouché jusqu'ici que sur l'édiction d'une circulaire en date du 6 février 1995 et relative au développement de la transaction en matière administrative : *J.O.*, 15 février 1995, p. 2518, *D.*, 1995, lég., p. 196, *J.C.P.*, 1995.III.67306. Pour un commentaire : C. JARROSSON, "Remarques sur la circulaire du 6 février 1995 relative au développement de la transaction en matière administrative", *Rev. arb.*, 1995, p. 435-439.

[3] *Supra*, n° 695. D'ailleurs, lors de l'élaboration du texte qui a autorisé la SNCF a recourir à l'arbitrage, il a été observé que cette faculté sera surtout "*utile lors de la passation de contrats à l'étranger*" : *J.O.*, débats A.N., rapport de M. CHENARD, n° 133, annexé au P.V. de la séance du 7 octobre 1982, p. 87.

[4] Loi n° 82-610 d'orientation et de programmation pour la recherche et le développement technologique de la France : *J.O.*, 16 juillet 1982, p. 2270. Le texte précise que le recours à l'arbitrage doit être autorisé "*par arrêté du ministre chargé de la tutelle*", mais il ne semble pas que cette condition soit en pratique très respectée.

[5] *J.O.*, 6 août 2000, p. 12234.

l'arbitrage est toujours une nécessité (EDF, GDF, Aéroport de Paris par exemple) ; d'autres concluent en France avec des partenaires, souvent étrangers, des contrats complexes, dont le contentieux ne peut trouver de solution que dans l'arbitrage (Assistance publique - Hôpitaux de Paris, pour des activités de recherche)"[1].

710. Une introduction contrôlée de l'arbitrage en matière de contrats transnationaux est donc infiniment souhaitable. Elle permettrait de régler un grand nombre des litiges auxquels ces contrats donnent ou donneront lieu. Et il est inutile de s'appesantir sur ce sujet puisque le Conseil d'État a lui-même exposé dans son rapport qu'il est en tout point d'accord avec ce point de vue. Mais cette introduction d'une justice privée devra tenir compte de la nature administrative des contrats en cause. C'est pourquoi il importe de ne pas reprendre *in extenso* les règles de l'arbitrage commercial international. Elles devront faire l'objet d'une adaptation, afin de ménager l'intérêt public qui perce sous l'administrativité de ces contrats.

SECTION II
LE RÉGIME DE L'ARBITRAGE EN MATIÈRE DE CONTRAT TRANSNATIONAL

711. La question du régime de l'arbitrage en matière de contrats transnationaux ne se posera véritablement que si les personnes publiques se voient un jour habilitées à compromettre. En attendant, il est toujours possible d'émettre quelques propositions, d'autant que certaines personnes publiques françaises passent outre l'interdiction en stipulant des clauses compromissoires dans leurs contrats transnationaux. Le processus arbitral sera étudié (**§ 1**) suivi d'une question cardinale, celle du droit appliqué par l'arbitre (**§ 2**).

§ 1. - LE PROCESSUS ARBITRAL

712. Il ne s'agit pas ici de faire une étude complète du processus arbitral. Seules seront évoquées les étapes sur lesquelles la nature des contrats transnationaux a une incidence, c'est-à-dire en réalité les deux extrémités du processus arbitral, à savoir la constitution du tribunal (**A**) et l'insertion de la sentence dans l'ordre interne (**B**). On laissera notamment de côté toutes les questions relatives à la procédure devant l'arbitre[2].

---

[1] *Régler autrement les conflits ..., op. cit.*, p. 94.

[2] Sur ces questions, voy. not. : M. de BOISSÉSON, *Le Droit français de l'arbitrage interne et international*, Paris : GLN/Joly, 1990, p. 230-280 ; P. FOUCHARD, E. GAILLARD, B. GOLDMAN, *Traité de l'arbitrage commercial international*, Paris : Litec, 1996, p. 671-722 ; J. ROBERT, *L'Arbitrage, Droit interne et droit international privé*, Paris : Dalloz, 6ème éd. (en coll. avec B. MOREAU), 1993, p. 130-169.

A. - LA CONSTITUTION DU TRIBUNAL ARBITRAL

713. Les modalités qui entourent la constitution du tribunal arbitral sont, en général, prévues par convention entre les parties (**1°**). Il peut arriver, toutefois, que ces dernières demandent assistance aux juridictions étatiques (**2°**).

1° - La constitution conventionnelle du tribunal arbitral

714. C'est l'hypothèse la plus simple, dans laquelle les parties ont assorti leur clause compromissoire d'un mécanisme permettant de mettre en place le tribunal arbitral. On peut citer quelques exemples, tirés de la pratique des contrats transnationaux. Ainsi, un contrat du 7 mai 1982 par lequel la commune italienne de Clivio confie le traitement de ses eaux usées à un syndicat intercommunal suisse comporte une clause selon laquelle :

> "*Chaque partie (...) désigne un arbitre. Ces arbitres désigneront un tiers, lequel aura la fonction de président. Si la désignation du Président ou d'un arbitre n'est pas possible dans le délai d'un mois à compter du jour de la décision contestée, par une simple demande d'une partie, le Président (...) de la Commission internationale pour la protection des eaux italo-suisse, est compétent pour désigner le Président ou l'arbitre*"[1].

715. De la même manière, un avenant au contrat du 16 mai 1974 par lequel la Communauté urbaine de Strasbourg s'engage à traiter les déchets en provenance de l'*Ortenaukreis* d'Offenburg en Allemagne prévoit que :

> "*(Le) tribunal sera composé (...) d'un arbitre choisi par chacune des parties. Les deux arbitres ainsi désignés procéderont à la nomination d'un surarbitre ressortissant d'un pays tiers. Si les deux arbitres ne peuvent pas se mettre d'accord sur le choix du surarbitre, celui-ci sera désigné par le doyen de la Faculté de droit de Bâle*"[2].

716. Délaissant l'arbitrage *ad hoc*, les parties au contrat transnational préfèrent parfois s'en remettre à un centre d'arbitrage. C'est le choix opéré dans une convention entre le CNRS et un institut d'astrophysique espagnol qui stipule que :

> "*Tout litige entre les parties (...) sera résolu conformément au règlement de Conciliation et d'Arbitrage de la Chambre internationale de Commerce, par un ou plusieurs arbitres désignés par celle-ci conformément à son règlement intérieur*"[3].

---

[1] *Transfront/Office* (84) 21.

[2] Repr. *in La Protection de l'environnement dans ..., op. cit.*, p. 269.

[3] Inéd.

717. Dans tous ces exemples, les personnes publiques contractantes ont été prévoyantes, et la constitution du tribunal arbitral se fera *a priori* sans difficulté. Mais les clauses compromissoires sont parfois plus sommaires, à l'image de celle-ci tirée d'une convention de coopération décentralisée : "*À défaut de règlement à l'amiable, (les parties) choisiront un arbitre international qui tranchera le différend*"[1]. Il en va de même de la clause suivante, extraite d'un accord entre le CNRS et le *Consiglio Nazionale delle Ricerche* italien : "*En cas de désaccord persistant le litige sera soumis à l'arbitrage*"[2]. En présence de telles clauses, la mise sur pied du tribunal ne se fera probablement pas toujours sans mal et il faudra, le cas échéant, recourir à l'aide des juridictions étatiques.

2° - *La constitution assistée du tribunal arbitral*

718. A défaut d'accord, l'assistance des parties par un juge étatique dans la constitution du tribunal arbitral s'avérera nécessaire. Cette intervention du juge existe en droit français[3], ainsi que dans tous les États qui connaissent l'institution de l'arbitrage[4]. Or, dans le cas d'un contrat transnational, il est important de pouvoir déterminer quelles sont les juridictions nationales qui seront en charge d'assister la constitution du tribunal arbitral. Cette fonction devrait, en principe, revenir aux tribunaux du siège de l'arbitrage. Il s'agit là de la meilleure des solutions envisageables mais elle nécessite l'accord des parties sur le lieu de ce siège. À défaut d'accord sur le siège, on proposera l'alternative suivante. Chaque partie fera appel à sa propre juridiction pour qu'elle désigne un arbitre. Les deux arbitres ainsi désignés nomment à leur tour un président[5].

719. Dans l'hypothèse où le siège du tribunal arbitral est situé en France ou, à défaut de siège défini, si l'une des personnes publiques est française, les juridictions françaises pourront donc intervenir dans la mise en place du tribunal arbitral. Il convient alors de déterminer si la compétence du président du Tribunal de grande instance prévue par le nouveau Code de procédure civile doit être maintenue et ce, en dépit de la nature administrative du contrat transnational. Un auteur s'y montre

---

[1] Convention portant création d'un centre de formation à la gestion industrielle et au management signée le 12 avril 1991 entre l'Institut Polytechnique de Lublin et le Cofidor, sous l'égide de la mairie de Nancy et dans le cadre des relations de coopération entretenues par celle-ci avec la ville de Lublin : repr. par Y. CLAISSE, *op. cit.*, annexe 1, p. 87-90.

[2] Inéd.

[3] Art. 1444, 1457 et 1493 du NCPC.

[4] A. PATRIKIOS, *op. cit.*, p. 186.

[5] Dans un contrat du 27 septembre 1971 liant Constance en Allemagne à Kreuzlingen en Suisse, les parties ont conventionnellement institué un système de ce type. En l'absence de nomination par une partie d'un arbitre, ce sont les tribunaux de celle-ci qui sont désignés pour procéder à la nomination. Dans sa version originale, la clause est ainsi rédigée : "*Jede Vertagspartei bestimmt einen Schiedsrichtern. Hat eine Vertagspartei innerhalb von zwei Wochen nach dem Schiedsbegehren des Schiedrichter nicht bestimmt, so wird er auf Begehren der anderen Vertragspartei durch den Präsidenten des Landgerichts Konstanz für die Stadt Konstanz bezw. des Obergerichts des Kantons Thurgau für die Stadt Kreuzlingen bestimmt*" : cité par N. LEVRAT, *Le Droit applicable aux accords de coopération transfrontière entre collectivités publiques infra-étatiques*, Paris : PUF, 1994, note 38, p. 62. Les deux arbitres désignés par les parties ou à défaut par leurs tribunaux respectifs choisissent un président. A défaut d'accord, le Président du "*Landesgericht in Feldkirch (Vorarlberg)*", une autorité judiciaire autrichienne, procède au choix du président.

favorable[1], tandis que d'autres revendiquent au contraire la compétence du juge administratif[2]. Mais la constitution du tribunal arbitral ne présente aucune spécificité par rapport à un arbitrage entre personnes privées. La nature administrative du contrat à propos duquel les arbitres devront se prononcer est ici sans incidence. Par conséquent, il nous semble que la compétence du président du tribunal de grande instance devrait être maintenue.

B. - L'INSERTION DE LA SENTENCE DANS L'ORDRE INTERNE

720. L'*exequatur* de la sentence (**1°**) puis les voies de recours ouvertes contre celle-ci (**2°**) seront successivement examinés.

1° - L'exequatur de la sentence

721. Il n'existe aucune voie d'exécution forcée à l'encontre des personnes morales de droit public[3]. Seule l'astreinte et certaines règles s'adressant au comptable public permettent d'assurer l'exécution des jugements rendus contre l'administration. De ce fait, certains auteurs se sont interrogés quant à la pertinence d'un *exequatur* à l'égard des personnes publiques. Ainsi, pour M. Rials, "*la question de l'exequatur ne semble pas revêtir le même intérêt dans le champ étudié et dans l'arbitrage entre particuliers. Les personnes publiques bénéficient en effet d'une immunité à l'encontre des voies d'exécution habituelles*"[4]. Cependant, l'*exequatur* n'a pas pour unique fonction d'assurer le caractère exécutoire de la sentence. Il ne s'agit même que d'un effet secondaire à sa fonction première, qui consiste à faire passer la sentence d'une qualité d'acte privé à celle de norme. En accordant l'*exequatur* à une sentence arbitrale, l'ordre juridique du for lui reconnaît la qualité de norme juridique, avec toutes les conséquences qui s'en suivent. À cet égard, l'*exequatur* apparaît donc indispensable.

722. Il est nécessaire alors de déterminer la juridiction chargée de procéder à la reconnaissance de la sentence. Les parties contractantes sont ici parfois dans l'embarras. Une affaire relative à un marché public international est assez significative à cet égard. Il s'agissait du percement d'un tunnel entre la France et l'Espagne dont les modalités avaient été prévues par traité. Du côté français, le maître d'ouvrage était le département des Hautes-Pyrénées. Le maître d'œuvre assigna celui-ci ainsi que l'État espagnol devant un tribunal arbitral conformément à

---

[1] D. FOUSSARD, art. préc., p. 35.

[2] A. PATRIKIOS, *op. cit.*, p. 194-195 ; Étude du C.E., *Régler les conflits autrement ...*, *op. cit.*, p. 95 et p. 97 ; et de manière plus nuancée, P. DELVOLVÉ, intervention préc., p. 29.

[3] R. CHAPUS, *op. cit.*, t. I, n° 1293, p. 946 ; A. de LAUBADÈRE, J.-C. VENEZIA, Y. GAUDEMET, *op. cit.*, n° 613, p. 450 ; J. RIVERO, J. WALINE, *op. cit.*, n° 231, p. 221.

[4] Art. préc., n° 87. *Contra* B. PACTEAU pour qui "*la formalité de l'exequatur a tout de même une fonction d'officialisation de la sentence par les juridictions étatiques, de sorte qu'il paraît difficile de la rejeter des arbitrages qui touchent justement les personnes publiques elles-mêmes*" : "Arbitrage en droit administratif", art. préc., n° 124. Dans le même sens : A. de LAUBADÈRE, F. MODERNE, P. DELVOLVÉ, *op. cit.*, t. II, n° 1741, p. 963.

ce qu'avait prévu le traité. Une fois la sentence rendue, l'*exequatur* fut prononcé par le premier vice-président du Tribunal de grande instance de Paris. Or, afin de diligenter une procédure d'appel contre cette ordonnance, l'État étranger et le département ont saisi successivement la Cour d'appel de Paris et le Conseil d'État[1].

723. Mais contrairement à la constitution du tribunal arbitral qui ne présente aucune spécificité en matière administrative, l'*exequatur* appelle quant à lui un traitement particulier. Car en attribuant compétence au juge judiciaire à l'égard d'une sentence portant sur un contrat administratif, l'on irait à l'encontre de la séparation établie entre les ordres juridictionnels. Même si l'instance en *exequatur* ne porte pas directement sur le contrat, le respect de la compétence d'attribution du juge administratif impose qu'il en soit saisi. Dans son étude sur l'arbitrage, le Conseil d'État suggère de reconnaître ce pouvoir au président du tribunal administratif dans le ressort duquel la sentence a été rendue[2]. Dans le cas d'une sentence rendue à l'étranger, le président du tribunal du siège de la personne publique française pourrait être désigné ou encore celui du tribunal administratif de Paris.

724. De plus, la compétence du juge administratif emporte une conséquence intéressante, quant aux règles fixant les conditions de la reconnaissance. En effet, depuis longtemps le Conseil d'État a posé en principe l'autonomie de la procédure administrative contentieuse et le défaut d'applicabilité générale de la procédure civile aux juridictions administratives[3]. Ainsi, le Code de procédure civile ne constitue-t-il qu'une source d'inspiration pour le droit du contentieux administratif. Dans ces conditions, le juge administratif n'est pas tenu par les règles régissant l'*exequatur* des sentences en vigueur devant le juge judiciaire[4].

725. Il est donc possible pour le Conseil d'État d'élaborer un régime propre à la reconnaissance des sentences portant sur des contrats administratifs. Concernant les contrats transnationaux, les dispositions de l'article 1502 du nouveau Code de procédure civile pourraient constituer une source d'inspiration, à condition d'y associer le respect du principe de légalité. On sait, en effet, que les décisions administratives intervenant dans le cadre du recours à l'arbitrage peuvent faire l'objet d'un recours pour excès de pouvoir, au même titre que tout acte administratif[5]. En outre, un acte détachable du contrat ou le contrat lui-même peuvent avoir d'ores et déjà été annulés au moment où l'instance en *exequatur* est

---

1 Pour un compte-rendu complet de cette affaire : C. VALLÉE, "L'affaire d'Aragnouet-Bielsa : impasse pour un tunnel", *A.F.D.I.*, 1974, p. 354-374.

2 *Régler autrement les conflits ...*, *op. cit.*, p. 99. Certains auteurs estiment toutefois qu'en l'absence de texte, il paraît difficile d'admettre que cette fonction puisse revenir aux juridictions administratives : B. PACTEAU, "Arbitrage en droit administratif", art. préc., n° 125. *Contra* R. DRAGO, J.-M. AUBY, *op. cit.*, t. I, n° 32, p. 54 ; J. PUISOYE, "Les juridictions arbitrales dans le contentieux administratif", *A.J.D.A.*, 1969, p. 277-284. Comp. : P. DELVOLVÉ, intervention préc., p. 32-33.

3 R. CHAPUS, *Droit du contentieux administratif*, *op. cit.*, n° 216, p. 164, avec les arrêts cités.

4 P. DELVOLVÉ, intervention préc., p. 28 ; Étude du C.E., *Régler autrement les conflits ...*, *op. cit.*, p. 95.

5 C.E., 7 décembre 1934, *Soc. varoise d'entreprises*, *Rec.*, p. 1164, *S.*, 1937; 3, 9, note MONTMERLE ; 8 février 1935, *Ville de Saint-Servan*, *Rec.*, p. 173 ; 1er février 1946, *O.P.H.B.M. de Marseille*, *Rec.*, p. 35 ; 13 juillet 1961, *Commune de Thuir*, *Rec.*, p. 483 ; T.A. Strasbourg, 24 janvier 1997, préc.

introduite. Dans ces hypothèses, l'*exequatur* devrait être rejeté dans les mêmes conditions que celles posées en matière de jugements rendus à l'étranger[1].

Mais outre d'une procédure d'*exequatur*, la sentence doit également pouvoir faire l'objet de voies de recours.

2° - Les voies de recours contre la sentence

726. Pour les mêmes raisons qu'en matière d'*exequatur*, les voies de recours devront être exercées devant le juge administratif[2], sous peine de laisser le juge judiciaire se prononcer indirectement sur un contrat administratif. Mais se pose alors la question de la nature de ces voies de recours.

Dans l'avis rendu le 6 mars 1986 à propos du contrat conclu avec la société Walt Disney Production, le Conseil d'État a considéré que "*l'appel à l'encontre d'une sentence arbitrale est (...) ouvert de plein droit, et ne peut être écarté que par une disposition législative expresse*"[3]. Ainsi, dans le cas d'un arbitrage, pour lequel un décret précisait pourtant que la sentence devait être rendue "*en dernier ressort*", la Haute juridiction a considéré qu'il subsistait en tout état de cause un appel devant elle[4]. Cet attachement à la procédure d'appel manifeste la volonté du Conseil d'État d'assurer une meilleure intégration de la procédure arbitrale dans le contentieux administratif et, il faut bien le reconnaître, d'accorder à la juridiction administrative un contrôle le plus vaste possible sur le processus arbitral.

727. Cette intégration du processus arbitral dans le contentieux administratif se justifie sans doute pour les litiges internes. En revanche, elle devient hautement problématique dans le cas des litiges opposant les personnes publiques parties à un contrat transnational. En effet, l'appel n'est véritablement envisageable qu'à condition que les arbitres aient fait application du droit français. Or, dans le cas d'un contrat transnational, le tribunal arbitral a pu appliquer le droit de la personne publique étrangère. L'admission d'un pourvoi en cassation mène à un résultat identique. On sait que le Conseil d'État a eu l'occasion de se prononcer au titre de juge de cassation à l'égard de certaines sentences[5]. En outre, l'étude qu'il a consacrée à l'arbitrage en matière administrative envisage également ce recours[6].

---

1 *Supra*, n° 621.

2 En ce sens : S. RIALS, art. préc., n° 90 ; D. FOUSSARD, art. préc., p. 41 et s.

3 Préc. En ce sens : S. RIALS, art. préc., n° 92. Dans un arrêt très ancien, il a été jugé qu'une clause de renonciation à l'appel est nulle et de nul effet : C.E., 31 août 1863, *Maret Besson*, *Rec.*, p. 720.

4 C.E., ass., 4 janvier 1957, *Lamborot*, *Rec.*, p. 12, *A.J.D.A.*, 1957, II, p. 108, concl. CHARDEAU. Il s'agit de l'arbitrage organisé par la loi du 17 mai 1946 sur les Houillères du Bassin et aménagé par le décret du 27 décembre 1948. Rappr. : C.E., 28 mars 1945, *Schneider*, *Rec.*, p. 66 ; 2 juillet 1945, *Société des torpilles de Saint-Tropez*, *Rec.*, p. 157 ; 2 mars 1956, *Le secteur électrique de Reuilly*, *Rec.*, p. 102, *C.J.E.G.*, 1956, p. 179, concl. CHARDEAU, 25 avril 1958, *Sec. d'État à la marine c/ Soc. lorraine des aciéries de Rombas*, *Rec.*, p. 233 ; 13 février 1959, *Cie des chemins de fer du midi*, *Rec.*, p. 113.

5 C.E., 8 février 1981, *Melle Balzano*, *Rec.*, p. 68, *A.J.D.A.*, 1981, p. 267, note PEISER ; 7 février 1947, *d'Aillères*, *Rec.*, p. 50, *R.D.P.*, 1947, p. 68, concl. ODENT, note WALINE, *J.C.P.*, 1947.I.3508, note MORANGE.

6 *Régler autrement les conflits ...*, *op. cit.*, p. 100.

Mais, comme l'appel, le pourvoi en cassation implique l'application par l'instance arbitrale de la loi française.

728. L'appel comme le pourvoi en cassation comportent donc pour inconvénient majeur d'imposer indirectement aux arbitres l'application du droit français. Or, si les juridictions des personnes publiques étrangères adoptent une position similaire en ce qui concerne leur propre droit, la situation deviendra intenable pour les arbitres. Il leur sera imposé de faire application de deux droits nationaux différents à un même contrat. Il est donc absolument certain que ces deux voies de recours ne doivent pas être admises en toutes circonstances. Leur champ d'application doit en tout état de cause être limité. On peut à cet égard envisager deux hypothèses. La première est d'admettre l'appel ou le pourvoi en cassation uniquement lorsque la sentence fait application du droit français. Mais peut-être est-ce encore faire montre d'une trop grande volonté d'intégration de la sentence dans le contentieux administratif français. C'est pourquoi une seconde solution nous paraît préférable. Elle consiste à autoriser ces voies de recours sur la seule question de la volonté conventionnelle de la personne publique françaises. Il a été vu que l'application du droit français s'impose sans conteste sur ce point[1], et on pourrait de cette manière imposer aux arbitres d'en tenir compte.

729. Mais en dehors de l'appel ou du pourvoi en cassation restreints aux hypothèses venant d'être retenues, il nous semble qu'un recours en annulation devrait en tout état de cause être maintenu. Celui-ci est d'ailleurs parfois envisagé[2]. Il laisse place à un contrôle de la sentence sans imposer pour autant l'application d'une loi particulière aux arbitres. Les conditions de ce recours pourraient être calquées sur les dispositions de l'article 1502 du nouveau Code de procédure civile, avec en sus la possibilité de soulever, comme en matière d'*exequatur*, l'existence d'une illégalité. Enfin, à la différence de ce qui est prévu par l'article 1504 du Code précité, le recours en annulation devrait être ouvert même si la sentence n'a pas été rendue en France, dès lors qu'une personne publique française était partie à l'instance arbitrale.

730. La sentence rendue en matière transnationale devrait pouvoir faire l'objet de trois recours devant les juridictions administratives françaises : une procédure d'*exequatur*, une procédure d'appel, ou éventuellement un pourvoi en cassation, limitée aux questions directement attachées à la volonté conventionnelle de la personne publique française et un recours en annulation. L'insertion de la sentence dans l'ordre interne ainsi envisagée clôt le processus arbitral. Elle a toutefois été envisagée avant le problème du droit appliqué par l'arbitre car elle conditionne en grande partie les réponses à cette dernière question.

---

[1] *Supra*, n° 680.

[2] *Régler autrement les conflits ...*, *op. cit.*, p. 100 ; E. GUILLAUME, concl. préc. sous l'arrêt *A.R.E.A.*

§ 2. - LE DROIT APPLIQUÉ PAR L'ARBITRE

731. Le plus souvent, les parties contractantes auront procédé à un choix (**A**) et, dans ce cas, l'arbitre n'aura qu'à respecter celui-ci. Mais en l'absence de choix, il devra déterminer lui-même le droit applicable (**B**).

A. - LE CHOIX DES PARTIES CONTRACTANTES

732. Les personnes publiques contractantes ont pu choisir une loi nationale (**1°**) mais elles ont également pu opter pour l'amiable composition (**2°**).

1° - Le choix d'une loi nationale

733. Reconnu par les juridictions administratives, le principe d'autonomie doit *a fortiori* l'être devant un tribunal arbitral, même statuant en matière administrative. Le pouvoir de l'arbitre procédant de la volonté des parties, il est en principe tenu de respecter celle-ci lorsqu'elle lui indique la loi devant régir le contrat. Ainsi, dans une sentence CIRDI du 25 février 1988, *Soabi c/ République du Sénégal*, le tribunal relève que "*les parties sont d'accord pour considérer que le droit applicable est le droit administratif sénégalais*"[1]. Quant aux modalités de ce choix, tout est fonction du cadre astreint par les États à l'arbitrage en matière de contrats transnationaux. S'il est calqué sur celui en vigueur dans les relations commerciales internationales, alors la plus grande liberté est laissée aux parties. Celles-ci pourront choisir une loi d'un État tiers ou même l'application d'un droit privé plutôt que d'un droit public. Mais il est vraisemblable que les États soumettent à des conditions plus strictes les sentences rendues en matière de contrats transnationaux. Dans ce cas, l'arbitre devra tenir compte de ces exigences dans son évaluation du choix fait par les parties, afin que sa sentence puisse être par la suite reconnue par les ordres internes.

734. Il ne devra en particulier pas étendre le champ de la loi choisie aux questions relatives à la volonté conventionnelle des personnes publiques, qui demeurent sous l'empire de leurs droits publics nationaux. En effet, un des objectifs de l'arbitre doit être de "*s'efforcer de rendre une sentence efficace dans le ou les systèmes juridiques éventuellement concernés par l'exécution de celle-ci*"[2]. Or, en étendant le domaine de la *lex contractus* à la volonté conventionnelle des personnes publiques, il risque de rendre sa sentence inexécutable sur le sol de la personne publique concernée.

Plutôt que de choisir une loi nationale, il est toutefois possible que les parties aient préféré s'en remettre à l'équité. Pour ce faire, elles désigneront l'arbitre en qualité d'amiable compositeur.

---

[1] *Rev. arb.*, 1994, p. 192.

[2] J.-M. JACQUET, *Le contrat international, op. cit.*, p. 55-56.

2° - Le choix de l'amiable composition

735. Le mécanisme de l'amiable composition est consacré en droit français par l'article 1474 du nouveau Code de procédure civile[1]. Mais sa transposition en matière administrative prête à hésitation, même si certaines personnes publiques, étrangères il est vrai, n'ont pas hésité à y recourir. Ainsi, un accord entre la commune de Clivio en Italie et un syndicat intercommunal suisse de traitement des eaux usées signé le 7 mai 1982 contient la clause suivante :

> "*Les parties conviennent de se soumettre au jugement de bono et aequo d'un collège arbitral pour tout litige relatif à la présente convention*"[2].

736. Mais la doctrine publiciste marque dans l'ensemble son hostilité à l'égard de l'amiable composition, tant elle est peu familière de telles fuites supposées hors du droit. Ainsi, dans ses conclusions sous l'affaire *A.E.R.A.* du 3 mars 1989, le commissaire du Gouvernement excluait tout arbitrage en équité, celui-ci lui paraissant être en absolue contradiction avec le droit administratif[3]. Pour M. Auby, la clause d'amiable composition n'est pas impossible mais se trouve restreinte par les règles d'ordre public "*qui sont justement plus nombreuses en matière administrative que dans les relations privées*"[4]. On est toutefois tenté de dire que dans la mesure où le droit administratif n'est qu'ordre public, la clause s'en trouverait alors toujours exclue.

737. Tout dépend en réalité du mode de contrôle de la sentence retenu par les juridictions administratives. Si un mécanisme d'appel est prévu, il est alors impossible de permettre l'amiable composition. Ainsi, en droit privé, l'article 1484 écarte l'appel "*lorsque l'arbitre a reçu mission de statuer comme amiable compositeur*". Il est vrai que ce texte apporte toutefois la précision suivante : "*À moins que les parties n'aient expressément réservé cette faculté dans la convention d'arbitrage*". Mais une telle mécanique n'est guère transposable devant les juridictions administratives. En effet, celles-ci ne sont nullement familières du jugement en équité alors que le juge judiciaire l'est, au moins dans les textes, puisqu'en vertu de l'article 12, alinéa 3, les parties à un litige peuvent lui conférer "*mission de statuer comme amiable compositeur*". On en connaît de - rares - exemples en jurisprudence[5]. Mais, à notre connaissance, le juge administratif ne

---

1 E. LOQUIN, *L'Amiable composition en droit comparé et international*, Paris : Litec, 1980.

2 *Transfront/Office* (85) 21. Dans le contrat de concession conclue le 14 mars 1986 entre les États français et britannique et la société Eurotunnel, il est prévu dans le cadre du règlement des litiges, que le tribunal arbitral pourra faire application "*si les parties en sont d'accord, du principe d'équité*" : art. 40 (4), repr. par J.M.D., art. préc., p. 11.

3 Préc. En ce sens : Étude du C.E., *Régler autrement les conflits ..., op. cit.*, p. 98. *Contra* A. PATRIKIOS qui ne voit "*aucune objection théorique ou de principe (s'opposant) à l'admission de l'amiable composition en matière d'arbitrage administratif*" : *op. cit.*, p. 264

4 J.-M. AUBY, "L'arbitrage en matière administrative", *A.J.D.A.*, 1955, I, p. 81-89, spéc. p. 85. Dans le même sens : S. RIALS, art. préc., n° 83. *Adde*, l'opinion de MM. de LAUBADÈRE, MODERNE et DELVOLVÉ qui restent réservés sur l'amiable composition en matière administrative sans l'exclure absolument : *op. cit.*, t. II, n° 1734, p. 959.

5 Com., 9 janvier 1979, *D.*, 1979.IV.291, obs. JULIEN, et 1980.II.205, note ROBERT, *Rev. arb.*, 1979, p. 468, note LOQUIN ; Civ. 1re, 24 mars 1993, *J.C.P.*, 1993.IV.1364.

statue jamais en équité. Il est donc guère envisageable de lui déférer un appel à l'encontre d'une sentence où les arbitres ont statué comme amiables compositeurs.

738. L'amiable composition n'est donc possible qu'à la condition de proscrire toute procédure d'appel et, *a fortiori*, tout pourvoi en cassation devant le juge administratif. Dans ces conditions, l'arbitrage en équité pourrait être retenu. Il constituerait d'ailleurs un bon compromis pour les personnes publiques qui éviteraient ainsi de favoriser le système juridique de l'une d'entre elles.

B. - L'ABSENCE DE CHOIX PAR LES PARTIES CONTRACTANTES

739. En l'absence de tout choix effectué par les parties contractantes, le tribunal arbitral doit déterminer par lui-même le droit applicable au contrat. On envisagera l'hypothèse où il décide d'appliquer une loi nationale (**1**°) et celle où il entend se référer à des principes anationaux (**2**°).

1° - L'application d'une loi nationale

740. Un tribunal arbitral étant par définition dépourvu de toute *lex fori*, aucun système de conflit de lois ne s'impose à lui de manière privilégiée. Il bénéficie donc d'une grande liberté. Traditionnellement, on considère qu'un choix entre plusieurs méthodes s'offre à lui. Il lui est possible d'appliquer cumulativement les règles de conflit des parties contractantes, dans la mesure où celles-ci désignent la même loi. À défaut, il peut dégager une règle de conflit à partir de l'observation d'un certain nombre de systèmes nationaux de droit international privé[1]. Mais quoi qu'il fasse, il sera confronté comme le juge étatique à l'inadaptation de ces systèmes à une part importante des contrats transnationaux. L'absence d'ordre juridique prépondérant va également constituer pour l'arbitre un obstacle à la détermination du droit applicable. Comme pour le juge étatique, on lui suggérera donc dans le cas où la méthode des liens les plus étroits ne fonctionne pas de procéder à un dépeçage systématique du contrat.

741. On s'est toutefois demandé si l'arbitre était en mesure d'appliquer tous les principes du droit public d'un État. Ainsi, des auteurs ont-ils affirmé avec force que le contrôle de légalité échappe à la juridiction arbitrale[2]. Avérée dans son principe, cette affirmation appelle cependant une précision. L'arbitre ne peut pas procéder à l'annulation d'un acte pris par une autorité administrative, c'est-à-dire faire disparaître celui-ci de l'ordonnancement juridique. C'est là un truisme, il n'en a ni le pouvoir, ni les moyens. En revanche, rien ne l'empêche de constater l'illégalité d'un acte et d'en tirer les conséquences sur le litige soumis à sa juridiction[3].

---

[1] Sur ces méthodes : J.-M. JACQUET, *Le Contrat international, op. cit.*, p. 56-57.

[2] C. JARROSSON, "L'arbitrage en droit public", art. préc., p. 20 ; P. DELVOLVÉ, intervention préc. ; Étude du C.E., *Régler autrement les conflits ..., op. cit.*, p. 89-90.

[3] *"Il peut arriver que l'arbitre soit appelé à contrôler des actes administratifs et à se prononcer sur la*

Plutôt que de se référer à une loi étatique, il est possible que l'arbitre préfère s'en remettre à des principes anationaux.

2° - L'application de principes anationaux

742. Il est assez courant que les arbitres internationaux se réfèrent à des usages propres au commerce international plutôt qu'à une loi étatique[1]. Toutefois, cette *lex mercatoria* ne paraît pas adaptée à la gestion publique que manifestent les contrats transnationaux[2]. D'ailleurs Goldman lui-même, dont on sait qu'il est en grande partie à l'origine de ce *jus mercatorum*, faisait entrer dans le champ d'application de celui-ci "*l'ensemble des relations commerciales internationales, à la seule exceptions de celles qui ne mettent en présence que des collectivités publiques agissant selon les procédés qui leur sont propres*"[3].

743. Dans les contrats transnationaux, les personnes publiques agissent selon des procédés qui n'appartiennent qu'à elles. On est loin ici des relations commerciales internationales auxquelles s'adresse la *lex mercatoria*. Pour la même raison, il nous semble que les "Principes relatifs aux contrats du commerce international" édictés en 1994 par l'Institut international pour l'unification du droit - Unidroit - peuvent difficilement s'adapter à un contrat transnational[4]. Il en va de même pour toutes les conventions portant loi uniforme en matière de vente internationale, du type de la Convention de Vienne du 11 avril 1980. Il est nécessaire de prendre en compte que les contrats transnationaux ne sont pas une nouvelle catégorie de contrat du commerce international. Ils participent d'un phénomène original où les collectivités publiques utilisent un mode de gestion public dans un cadre transfrontière. Dès lors, on pourrait effectivement envisager l'édiction de principes anationaux propres à ce type de contrats mais, *de lege lata*, ceux-ci n'existent pas, et ceux du commerce international ne sont pas adaptés.

744. Dès lors, il nous semble qu'à défaut de choix, la meilleure des solutions pour l'arbitre reste de s'en tenir aux droits étatiques, soit qu'ils soient désignés par la méthode des liens les plus étroits, soit par celle d'un dépeçage systématique.

---

légalité de ces actes. Bien sur, il est impossible de reconnaître aux arbitres un pouvoir d'annulation de tels actes qui, émanant de la puissance publique, ne peuvent être annulés que par les juridictions administratives compétentes et suivant les conditions prévues par l'ordre juridique" : A. PATRIKIOS, *op. cit.*, p. 198 et également p. 213-220.

[1] P. FOUCHARD, E. GAILLARD, B. GOLDMAN, *Traité de l'arbitrage commercial international*, Paris : Litec, 1996, n° 1443 et s. ; A. KASSIS, *Théorie générale des usages du commerce*, Paris : LGDJ, 1984 ; J.-M. JACQUET, *Le contrat international*, *op. cit.*, p. 58-64. L'existence de ces usages n'implique pas celle d'un ordre juridique tiers : *supra*, n° 102. Concernant la désignation volontaire du droit international public par les parties contractantes, on renvoie aux développements consacrés à cette question au cours du Chapitre préliminaire : *supra*, n° 67 et s.

[2] En ce sens : B. DOLEZ, *Coopération décentralisée et souveraineté de l'État*, th. multigr., Lille II, 1993, p. 282 ; F. OSMAN, "Un nouveau champ d'exploration ...", art. préc., p. 415.

[3] B. GOLDMAN, "Frontières du droit et *Lex mercatoria*", *A.P.D.*, 1964, t. IX, p. 177-192, spéc. p. 177.

[4] A. GIARDINA, "Les principes UNIDROIT sur les contrats internationaux", *J.D.I.*, 1995, p. 547-558 ; C. KESSEDJIAN, "Un exercice de rénovation des sources du droit des contrats du commerce international : les principes proposés par UNIDROIT", *Rev. crit.*, 1995, p. 641-663.

- CONCLUSION DU TITRE II -

745. La mise en place des méthodes du droit international privé devant les juridictions étatiques appelle une adaptation importante du système juridique. Elle nécessite l'introduction de règles bien particulières, dites de conflits de lois et de conflits de juridictions, auxquelles le juge administratif n'a jusqu'ici jamais eu affaire. C'est pourquoi, le recours à l'arbitrage constitue incontestablement une excellente solution en matière de litiges contractuels transnationaux. Mais, en l'état du droit positif, il se heurte à l'interdiction faite aux personnes publiques françaises de recourir à cette forme de justice. Afin d'inciter le Conseil d'État à revenir sur celle-ci, on préconise la mise en place en matière de contrats transnationaux d'un régime de l'arbitrage qui, d'une part, tient compte des spécificités du droit public et qui, d'autre part, se déploie sous le contrôle du juge administratif. Ceci nécessite donc une adaptation du droit positif moins substantielle que dans le cas d'un recours aux juridictions étatiques, sans être pour autant, il est vrai, indolore.

CONCLUSION GÉNÉRALE

746. L'objectif exprimé dans les premières pages de cette étude était de définir le régime applicable aux accords conclus entre personnes publiques relevant d'États différents. En partant d'une constatation d'ordre factuelle, qui est l'existence de ce nouveau phénomène conventionnel dans les relations internationales, on a tenté de dégager un cadre juridique adapté à ces conventions d'un type nouveau. L'analyse développée à partir de cette première étape, nous a menés du droit international public au droit interne dans un premier temps puis, dans un second temps, du droit public au droit international privé.

747. A l'issue de ce parcours, une nouvelle catégorie de contrats a été mise à jour. Il s'agit de conventions qui se caractérisent à la fois par leurs parties contractantes et par un régime juridique particulier. Concernant les parties contractantes, il s'agit bien évidemment de personnes publiques ressortissantes d'États différents. L'ensemble des accords conclus entre celles-ci ne relève toutefois pas de la catégorie des contrats transnationaux. On a eu l'occasion d'observer, en effet, que les conventions conclues entre des autorités relevant de deux États-personnes publiques doivent être considérées comme imputables aux États souverains et, de ce fait, soumises au droit international public. En revanche, dès lors qu'un accord met en présence deux personnes publiques dont l'une au moins est infra-étatique, il s'agit d'un contrat.

748. Ce contrat a pour seconde particularité d'être soumis à un régime relevant à la fois du droit international privé et du droit public interne. À l'encontre des conceptions généralement retenues en la matière, il a pu être observé que la coexistence de ces deux domaines ne rencontre aucun obstacle théorique. Elle se heurte, en revanche, à l'exclusivisme de la compétence de l'État en droit public. *De lege lata*, les juridictions administratives françaises n'admettent pas, en principe, qu'un contrat qu'elles jugent relever du droit administratif français soit soumis à une loi étrangère et, moins encore, qu'il puisse être déféré à une juridiction étatique étrangère.

749. Pourtant, *de lege ferenda*, la remise en cause de cet exclusivisme devrait être admise. Cela devient même une nécessité depuis que par la loi du 6 février 1992 le législateur a autorisé les collectivités et leurs groupements à conclure des conventions de coopération décentralisée, sans pour autant prévoir pour celles-ci un cadre juridique. Ainsi que le constatait un auteur, "*cette montée en puissance de la coopération décentralisée (...) ne s'est pas accompagnée corrélativement d'une réflexion sur le droit applicable, sur la nature juridique des accords infra-étatiques*" et "*la reconnaissance dans la plupart des États européens de la capacité des collectivités et autorités territoriales étrangères à entretenir des relations extérieures a laissé de côté toutes les questions, certes épineuses, qu'engendre cette reconnaissance*"[1].

750. Pour combler cette carence, nous proposons la mise en place d'un régime cohérent des contrats transnationaux. Celui-ci implique finalement deux adaptations fondamentales des juridictions administratives. La première est qu'elles consentent à ne plus apprécier leur compétence juridictionnelle de manière exclusive. Les personnes publiques françaises et leurs cocontractantes étrangères auraient ainsi le champ libre pour porter leur litige devant une juridiction étrangère ou pour éventuellement recourir aux services d'un tribunal arbitral. La seconde adaptation consiste, pour le juge administratif, à reconnaître une place plus importante à l'application du droit étranger. On a conscience du caractère hétérodoxe de ces propositions. Il s'agit là pourtant d'une condition nécessaire au développement des relations conventionnelles transnationales dans un cadre juridique satisfaisant.

---

[1] C. MESTRE, "La coopération décentralisée et le droit international", art. préc., p. 51-52.

INDEX ANALYTIQUE

(Les chiffres renvoient aux numéros des paragraphes)

BIBLIOGRAPHIE

I. – BIBLIOGRAPHIE GÉNÉRALE

I-A. OUVRAGES GÉNÉRAUX, TRAITÉS ET MANUELS

AGO (R.), *Teoria del diritto internazionale privato*, Padoue : A. Milani, 1934.

ANCEL (B.), LEQUETTE (Y.), *Les grands arrêts de la jurisprudence française de droit international privé*, Paris : Dalloz, 4ème éd., 2001.

ATIAS (C.), *Épistémologie juridique*, Paris : PUF, 1985.

AUBERT (J.-L.), *Introduction au droit*, Paris : Armand Colin, 7ème éd., 1998.

AUBY (J.-M.), DRAGO (R.), *Traité de contentieux administratif*, t. I, Paris : LGDJ, 3ème éd., 1984.

AUDIT (B.), *Droit international privé*, Paris : Économica, 3ème éd., 2000.

BARTIN (E.), *Principes de droit international privé*, t. I, Paris : Domat-Montchrestien, 1931.

BATIFFOL (H.), LAGARDE (P.), *Traité de droit international privé*, Paris : LGDJ, t. I, 8ème éd., 1993, t. II, 7ème éd., 1983.

BÉNABENT (A.), *Droit civil, Les Obligations*, Paris : Montchrestien, 7ème éd., 1999.

BÉNOIT (F.-P.), *Le Droit administratif français*, Paris : Dalloz, 1968.

BERGEL (J.-L.), *Théorie générale du droit*, Paris : Dalloz, 2ème éd., 1989.

BOISSÉSON (M. de), *Le Droit français de l'arbitrage interne et international*, Paris : GLN/Joly, 1990.

BROWNLIE (I.), *Principles of Public International Law*, Oxford University Press, 4ème éd., 1990.

CARBONNIER (J.), *Droit civil, Introduction*, Paris : PUF, 25ème éd., 1997.

CHAPUS (R.), *Droit administratif général*, t. I, Paris : Montchrestien, 12ème éd., 1998.

CHAPUS (R.), *Droit du contentieux administratif*, Paris : Montchrestien, 7ème éd., 1998.

COMBACAU (J.), SUR (S.), *Droit international public*, Paris : Montchrestien, 5ème éd., 2001.

CRETELLA JUNIOR (J.), *Droit administratif comparé*, Sao Paulo : J. Bushatsky, 1973.

DEBBASCH (C.), *Institutions et droit administratifs*, t. I, *Les Structures administratives*, Paris : PUF, 4ème éd., 1991.

DETTER (I.), *The International Legal Order*, Aldershot : Dartmouth, 1994.

DREYFUS (F.), d'ARCY (F.), *Les Institutions politiques et administratives de la France*, Paris : Économica, 3ème éd., 1989.

DUPUY (P.-M.), *Droit international public*, Paris : Dalloz, 4ème éd., 1998.

FLOUR (J.), AUBERT (J.-L.), *Les Obligations*, t. I : *L'Acte juridique*, Paris : Armand Colin, 8ème éd., 1998.

FOUCHARD (P.), GAILLARD (E.), GOLDMAN (B.), *Traité de l'arbitrage commercial international*, Paris : Litec, 1996.

GHESTIN (J.), GOUBEAUX (G.), FABRE-MAGNAN (M.), *Traité de droit civil, Introduction générale*, Paris : LGDJ, 4ème éd., 1994.

GHESTIN (J.), *Les Obligations, La Formation du contrat*, Paris : LGDJ, 3ème éd., 1993.

GUGGENHEIM (P.), *Traité de droit international public*, t. I, Genève : Georg, 2ème éd., 1967.

HOLLEAUX (D.), FOYER (J.), GEOUFFRE de LA PRADELLE (G. de), *Droit international privé*, Paris : Masson, 1987.

HUET (A.), KOERING-JOULIN (R.), *Droit pénal international*, Paris : PUF, 1994.

KISS (A.C.), *Répertoire de la pratique française en matière de droit international public*, t. I, Paris : C.N.R.S., 1962.

LAFERRIÈRE (E.), *Traité de la juridiction administrative*, t. II, Paris : Berger-Levrault, 1ère éd., 1888 (réimpr. LGDJ, 1989).

LAUBADÈRE (A. de), MODERNE (F.), DELVOLVÉ (P.), *Traité des contrats administratifs*, 2 tomes, Paris : LGDJ, 1983-1984.

LAUBADÈRE (A. de), VENEZIA (J.-C.), GAUDEMET (Y.), *Traité de droit administratif*, t. I, Paris : LGDJ, 14ème éd., 1996.

LOUSSOUARN (Y.), BOURREL (P.), *Droit international privé*, Paris : Dalloz, 7ème éd., 2001.

MALAURIE (P.), AYNÈS (L.), *Droit civil, Les Obligations*, Paris : Cujas, 7ème éd., 1997.

MARTIN (P.-M.), *Droit international public*, Paris : Masson, 1995.

MAYER (P.), *Droit international privé*, Paris : Montchrestien, 6ème éd., 1998.

MAYER (P.), HEUZÉ (V.), *Droit international privé*, Paris : Montchrestien, 7ème éd., 2001.

NIBOYET (J.-P.), *Traité de droit international privé français*, t. III et IV, Paris : Sirey, 1944 et 1947.

NGUYEN QUOC DINH, P. DAILLIER, A. PELLET, *Droit international public*, Paris : LGDJ, 6ème éd., 1999.

O'CONNEL (D.P.), *International Law*, vol. I, London : Stevens & Sons Ltd, 1965.

OPPENHEIM (L.), *International Law, a Treatise*, t. I, Londres : Longmans, 8ème éd., 1955.

PILLET (A.), *Traité pratique de droit international privé*, t. I, Paris : Sirey, 1923.

PILLET (A.), *Principes de droit international privé*, Paris : Pedone, 1903.

PUGET (H.), *Les Institutions administratives étrangères*, Paris : Dalloz, 1969.

RICHER (L.), *Droit des contrats administratifs*, Paris : LGDJ, 2ème éd., 1999.

RIVERO (J.), WALINE (J.), *Droit administratif*, Paris : Dalloz, 17ème éd., 1998.

ROBERT (J.), *L'Arbitrage, Droit interne et droit international privé*, Paris : Dalloz, 6ème éd. (en coll. avec B. MOREAU), 1993.

ROULAND (N.), *Anthropologie juridique*, Paris : PUF, 1988.

ROUSSEAU (C.), *Principes généraux du droit international public*, t. I, Paris : Pedone, 1970.

SCELLE (G.), *Précis du droit des gens*, t. II, Paris : Sirey, 1934.

STARCK (B.), ROLAND (H.), BOYER (L.), *Introduction au droit*, Paris : Litec, 4ème éd., 1996.

STRUPP (K.), *Éléments de droit international public*, Paris : Rousseau, 1927.

TERRÉ (F.), *Introduction au droit*, Paris : Dalloz, 5ème éd., 2000.

TERRÉ (T.), SIMLER (P.), LEQUETTE (Y.), *Droit civil, Les Obligations*, Paris : Dalloz, 7ème éd., 1999.

ZILLER (J.), *Administrations comparées, Les Systèmes politico-administratifs de l'Europe des douze*, Paris : Montchrestien, 1993.

ZOLLER (E.), *Droit des relations extérieures*, Paris : PUF, 1992.

I-B. OUVRAGES SPÉCIAUX, THÈSES ET MONOGRAPHIES

ADAM (H.T.), *Les Organismes internationaux spécialisés, Contribution à la théorie générale des établissements publics internationaux*, t. IV, Paris : LGDJ, 1977.

AGO (R.), *Le Droit des traités à la lumière de la Convention de Vienne, Introduction*, *R.C.A.D.I.*, 1971 (III), vol. 134, p. 303-330.

AGO (R.), *Règles générales des conflits de lois*, *R.C.A.D.I.*, 1936 (IV), vol. 58, p. 241-469.

AMMAR (D.), *L'Engagement d'honneur*, th. multigr., Paris I, 1990.

ANCEL (B.), *Les Conflits de qualifications à l'épreuve des donations entre époux*, Paris : Dalloz, 1977.

ANZILOTTI (D.), *Cours de droit international*, vol. I : *Introduction - Théorie générale*, trad. GIDEL, Paris : Sirey, 1929, réimpr. Éd. Panthéon-Assas, 1999, avant-propos P.-M. DUPUY et C. LEBEN.

ATIYAH (P.S.), *Essays on contract*, Oxford : Clarendon Press, 1986.

AUBY (J.-B.), *La Notion de personne publique en droit administratif*, th. multigr., Bordeaux I, 1979.

AUDIT (B.), *L'Arbitrage transnational et les contrats d'État*, La Haye : Nijhoff, 1987.

AUDIT (B.), *Le Caractère fonctionnel de la règle de conflit*, *R.C.A.D.I.*, 1984 (III), vol. 186, p. 227-397.

BAADE (H.W.), *Operation of Foreign Public Law, Int. enc. comp. law*, vol. III, chap. 12, 1991.

BARBERIS (J.A.), *La Personnalité juridique internationale, R.C.A.D.I.*, 1983 (I), vol. 179, p. 145-304.

BASDEVANT (J.), *La Conclusion et la rédaction des traités et des instruments diplomatiques autres que les traités, R.C.A.D.I.*, 1926 (V), vol. 15, p. 537-642.

BASTID (S.), *Les Traités dans la vie internationale*, Paris : Économica, 1985.

BATIFFOL (H.), *Les Contrats en droit international privé comparé*, Mc Gill University, Institut de droit comparé, 1981.

BATIFFOL (H.), *Les Sources internationales du droit international privé*, cours IHEI, 1969-1970.

BATIFFOL (H.), *Problème des contrats privés internationaux*, cours IHEI, 2 fasc., 1961-1962.

BATIFFOL (H.), *Problèmes relatifs aux contrats privés internationaux*, cours IHEI, 1956-1957.

BATIFFOL (H.), *Aspects philosophiques du droit international privé*, Paris : Dalloz, 1956.

BAUER (M.), *Le Droit public étranger devant le juge du for*, thèse multigr., 2 tomes, Paris II, 1977.

BEDOURA (J.), *L'Amitié et le droit civil*, th. multigr., Tours, 1976.

BERLIN (D.), *Le Régime juridique international des accords entre États et ressortissants d'autres États*, th. multigr., Paris I, 1981.

BERNARD-DOUCHEZ (M.-H.), *Recherches sur la coopération entre personnes publiques*, th. multigr., Toulouse, 1978.

BETTEMS (D.), *Les Contrats entre États et entreprises étrangères*, Le Mont-sur-Lausanne : Méta-Éditions, 1989.

BISCOTTINI (G.), *L'efficacité des actes administratifs étrangers, R.C.A.D.I.*, 1961 (III), vol. 104, p. 632-695.

BRIERLY (R.), *Rapport sur le droit des traités, A.C.D.I.*,1950, vol. II, *A.C.D.I.*, 1951, vol. II, *A.C.D.I.*, 1952, vol. II.

CARRE de MALBERG (R.), *Contribution à la théorie générale de l'État*, t. I, Paris : Sirey, 1920 (réimpr. CNRS, 1962).

CASTBERG (F.), *International Law in Our Time, R.C.A.D.I.*, 1973 (I), vol. 138, p. 1-260.

CAVAGLIERI (A.), *Règles générales du droit de la paix, R.C.A.D.I.*, 1929 (I), vol. 26, p. 315-581.

C.E.D.I.N., *L'Application extra-territoriale du droit économique*, Paris : Montchrestien, 1987.

CHAILLEY (P.), *La Nature juridique des traités internationaux selon le droit contemporain*, Paris : Sirey, 1932.

CHARPENTIER (J.), ENGEL (C.), dir., *Les Régions de l'espace communautaire*, Presses Universitaires de Nancy, 1992.

COLLIARD (C.A.), TIMSIT (G.), *Les Autorités administratives indépendantes*, Paris : PUF, 1988.

COMBACAU (J.), *Le Droit des traités*, Paris : PUF, 1991.

CONFORTI (B.), *International Law and the Role of Domestic Legal Systems*, Dordrecht/Boston : Martinus Nijhoff/Norwell, 1993.

Conseil d'État, *Régler autrement les conflits : conciliation, transaction, arbitrage en matière administrative*, Étude du C.E., Paris : La Documentation française, 1993.

Conseil d'État, *Droit international et droit français*, N.E.D. n° 4818, 1986.

Conseil de l'Europe, *L'Expression du consentement des États à être lié par un traité*, Strasbourg, 1987.

CONSTANS (L.), *Le dualisme de la notion de personne morale administrative en droit français*, Paris : LGDJ, 1966.

COSNARD (M.), *La Soumission des États aux tribunaux internes*, Paris : Pedone, 1996.

COURTEIX (S.), *Recherche scientifique et relations internationales*, Paris : LGDJ, 1972.

COWLES (W.B.), *International Law as Applied between Subdivisions of Federations*, *R.C.A.D.I.*, vol. 74, 1949 (I), p. 659-754.

CURTI-GIALDINO (A.), *La Volonté des parties en droit international privé*, *R.C.A.D.I.*, 1972 (III), vol. 137, p. 745-915.

DEHOUSSE (F.), *La Ratification des traités*, Paris : Sirey, 1935.

DEHOUSSE (R.), *Fédéralisme et relations internationales*, Bruxelles : Bruylant, 1991.

DELAUME (G.), *Transnational Contracts*, t. I, booklet 2, New York : Oceana, 1989.

DELCAMP (A.), dir., *Les Collectivités décentralisées de l'Union européenne*, *N.E.D.*, n° 5004-05, Paris : La Documentation française, 1994.

DELCROS (B.), *L'Unité de la personnalité juridique de l'État*, Paris : LGDJ, 1976.

DELVOLVÉ (P.), *Intervention dans le cadre du colloque du 17 septembre 1990 à la Chambre de commerce et d'industrie de Paris,* Paris : Association française d'arbitrage, 1990.

DI MARZO (L.), *Component Units of Federal States and International Agreements*, Alhen aan den Rijn : Sijthoff & Noordhoff, 1980.

DREYFUS (J.-D.), *Contribution à une théorie générale des contrats entre personnes publiques*, Paris : L'Harmattan, 1998, p. 191-257.

DUVAL (C.), *La Liaison entre la compétence et le fond en droit administratif français*, th. multigr., Aix-Marseille III, 1994.

FEDOZZI (P.), *De l'Efficacité extra-territoriale des lois et des actes de droit public*, *R.C.A.D.I.*, 1929 (II), vol. 27, p. 141-210.

FISCHER WILLIAMS (J.), *Le Droit international et les obligations financières qui naissent d'un contrat*, *R.C.A.D.I.*, 1923, vol. 1, p. 293-361.

FITZMAURICE (G.), *Rapport sur le droit des traités*, *A.C.D.I.*, 1958, vol. II, *A.C.D.I.*, 1959, vol. II.

FLOGAÏTIS (S.), *Administrative law et droit administratif*, Paris : LGDJ, 1986.

GALIAY (C.), *Les Contrats entre personnes publiques*, th. multigr., Toulouse, 1979.

GASCON Y MARIN (J.), *Les Transformations du droit administratif international*, *R.C.A.D.I.*, 1930 (IV), vol. 34, p. 1-75.

GAUDEMET-TALLON (H.), *Les Conventions de Bruxelles et de Lugano*, Paris : LGDJ, 2ème éd., 1996.

GAUTIER (P.), *Essai sur la définition des traités entre États*, Bruxelles : Bruylant, 1993.

GHAZALI (E.), *Contribution à l'étude des accords culturels*, th. multigr., Paris I, 1977, p. 330-337.

GIULIANO (M.), LAGARDE (P.), *Rapport concernant la Convention sur la loi applicable aux obligations contractuelles*, *J.O.C.E.*, 1980, n° C 282.

GIULIANO (M.), *La Loi applicable aux contrats : problèmes choisis*, *R.C.A.D.I.*, 1977 (V), vol. 158, p. 183-270.

GLAVINIS (P.), *Les Litiges relatifs aux contrats passés entre organisations internationales et personnes privées*, Paris : LGDJ, 1991.

GOESEL-LE BIHAN (V.), *La Répartition des compétences en matière de conclusion des accords internationaux sous la Vème république*, Paris : Pedone, 1995.

GONZALES CAMPOS (J.), *Les Liens entre la compétence judiciaire et la compétence législative en droit international privé*, *R.C.A.D.I.*, 1977 (III), vol. 156, p. 225-376.

GOTHOT (P.), HOLLEAUX (D.), *La Convention de Bruxelles du 27 septembre 1968*, Paris : Jupiter, 1985.

GOTLIEB (A.E.), *Canadian Treaty Making*, Toronto : Butterworths, 1968.

GOUNOT (E.), *Le Principe de l'autonomie de la volonté en droit privé, Contribution à l'étude critique de l'individualisme juridique*, th., Dijon : Rousseau, 1912.

GUGGENHEIM (P.), *La Validité et la nullité des actes juridiques internationaux, R.C.A.D.I.*, 1949 (I), vol. 74, p. 191-268.

HART (H.L.A.), *Le Concept de droit*, trad. M. VAN DE KERCHOVE, Bruxelles : Facultés universitaires Saint-Louis, 1976.

Harvard Law School, *Research in International Law, III, Law of treaties, A.J.I.L.*, Suppl. 1935, vol. 29.

HEUZÉ (V.), *La Réglementation française des contrats internationaux*, Paris : GLN-Joly, 1990.

HYDE (J.N.), *Economic Development Agreements, R.C.A.D.I.*, 1962 (I), vol. 105, p.267-374.

IJALAYE (D.), *The Extension of Corporate Personality in International Law*, Leyden : Sijthoff, 1978.

JACOMY-MILLETTE (A.M.), *Le Rôle des provinces dans les relations internationales*, Études internationales, t. X, 1979.

JACOMY-MILLETTE A.M.), *L'Introduction et l'application des traités internationaux au Canada*, Paris : LGDJ, 1971.

JACQUÉ (J.-P.), *Éléments pour une théorie de l'acte juridique en droit international public*, Paris : LGDJ, 1972.

JACQUET (J.-M.), *Le Contrat international*, Paris : Dalloz, 1992.

JACQUET (J.-M.), *Principe d'autonomie et contrats internationaux*, Paris : Économica, 1983.

JESSUP (C), *A Modern law of nations*, Archon Books, 1968.

JESSUP (C.), *Transnational Law*, New Haven : Yale University press, 1956.

JODLOWSKI (J.), *Les Conventions relatives à la prorogation et à la dérogation à la compétence internationale en matière civile, R.C.A.D.I.*, 1974 (III), p. 477-587.

JOVANOVIC (S.), *Restrictions aux compétences discrétionnaires des États en droit international*, Paris : Pedone, 1988.

KASME (B.), *La Capacité de l'O.N.U. de conclure des traités*, Paris : LGDJ, 1960.

KASSIR (W.), *Étude du contrat sans loi*, th. multigr., Paris I, 1992.

KASSIS (A.), *Théorie générale des usages du commerce*, Paris : LGDJ, 1984.

KAUFMANN-KOHLER, *La Clause d'élection de for dans les contrats internationaux*, Bâle, 1980.

KELSEN (H.), *Principles of international law*, New York : Holt, Rinehart & Winston, 2ème éd., 1966.

KELSEN (H.), *Théorie pure du droit*, trad. C. EISENMANN, Paris : Dalloz, 1962.

KELSEN (H.), *General theory of law and state*, New-York : Russel & Russel, 1945.

KELSEN (H.), *Les Rapports de système entre le droit international et le droit interne*, *R.C.A.D.I.*, 1926 (IV), vol. 14, p. 231-329.

KLABBERS (J.), *The Concept of Treaty in International Law*, The Hague/London/Boston : Kluwer Law International, 1996.

KRAUS (H.), *Système et fonctions des traités internationaux*, *R.C.A.D.I.*, 1934 (IV), vol. 50, p. 317-397.

LAGARDE (P.), *Le Principe de proximité en droit international privé*, *R.C.A.D.I.*, 1986 (I), vol. 196, p. 9-237.

LALIVE (J.-F.), *Contrats entre États et entreprises étatiques et personnes privées*, *R.C.A.D.I.*, 1984 (III), vol. 181, p. 11-283.

LAUDE (A.), *La Reconnaissance par le juge de l'existence d'un contrat*, Presses Universitaires d'Aix-Marseille, 1992.

LAUTERPACHT (H.), *Rapport sur le droit des traités*, *A.C.D.I.*, 1953, vol. II, *A.C.D.I.*, 1954, vol. II.

LAUTERPACHT (H.), *Private Law Sources and Analogies of International Law*, Londres : Longmans, Green & co, 1927.

LEBOULANGER (P.), *Les Contrats entre États et entreprises étrangères*, Paris : Économica, 1985.

LEIGH (M.), BLAKESLEE (M.R.), dir., *National Treaty Law and Practice*, Studies in Transnational Legal Policy, Washington : The American Society of International Law, 1995.

LINDITCH (F.), *Recherche sur la personnalité morale en droit administratif*, Paris : LGDJ, 1997.

LISSITZYN (O.J.), *Territorial entities other than independent states in the law of treaties*, *R.C.A.D.I.*, 1968 (III), vol. 125, p. 4-88.

LOQUIN (E.), *L'Amiable composition en droit comparé et international*, Paris : Litec, 1980.

Mc NAIR (A.D.), *The Law of Treaties*, Oxford : Clarendon Press, 1961.

MANN (F.-A.), *Conflict of laws and public law*, *R.C.A.D.I.*, 1971 (I), vol. 132, p. 108-196.

MASQUELIN (J.), *Le Droit des traités dans l'ordre juridique et la pratique diplomatique belges*, Bruxelles : Bruylant, 1980.

MAURY (J.), *Règles générales des conflits de lois*, *R.C.A.D.I.*, 1936 (III), vol. 57, p. 327-570.

MAYER (P.), *La Distinction entre règles et décisions et le droit international privé*, Paris : Dalloz, 1973.

MICHELMANN (H.J.), SOLDATOS (P.), dir., *Federalism and International Relations*, Oxford : Clarendon Press, 1990.

MITCHELL (J.D.B.), *The Contracts of Public Authorities, A Comparative Study*, Londres : G. Bell & Sons, 1954.

MOSLER (H.), *L'Application du droit international public par les tribunaux internes*, *R.C.A.D.I.*, 1957 (I), vol. 91, p. 619-711.

MOTULSKY (H.), *Principes d'une réalisation méthodique du droit privé*, Paris : Sirey, 1948, réimpr. Dalloz, 1991.

MUIR WATT (H.), *La Fonction de la règle de conflit de lois*, th. multigr, Paris II, 1985.

NEUMEYER (K.), *Internationales Verwaltungsrecht*, Zurich/Leipzig, vol. 1 (1910), vol. 2 (1922), vol. 3/I (1926, réimpr. en 1980), vol. 3/II (1930), vol. 4 (1936).

NIBOYET (J.-P.), *Les Doubles impositions au point de vue juridique*, *R.C.A.D.I.*, 1930 (I), vol. 31, p. 5-105.

OSMAN (F.), *Les Principes généraux de la lex mercatoria : contribution à l'étude d'un ordre juridique anational*, Paris : LGDJ, 1992.

PAPAEFTHYMIOU (S.), *La Distinction "droit public-droit privé" dans la théorie du droit et de l'État*, th. multigr., Paris X, 1994.

PATAUT (E.), *Principe de souveraineté et conflits de juridiction*, Paris : LGDJ, 1999.

PATRIKIOS (A.), *L'Arbitrage en matière administrative*, Paris : LGDJ, 1997.

PERELMAN (C.), dir., *Le Problème des lacunes en droit*, Bruxelles : Bruylant, 1968.

PINGEL-LENUZZA (I.), *Les Immunités des États en droit international*, Bruxelles : Bruylant, 1997.

POUYAUD (D.), *La Nullité des contrats administratifs*, Paris : LGDJ, 1991.

RAFTOPOULOS (E.), *The Inadequacy of the Contractual Analogy in the Law of Treaty*, Athènes : Hellenic Institute of International and Foreign Law, 1990.

RANOUIL (V.), *L'Autonomie de la volonté, Naissance et évolution d'un concept*, Paris : PUF, 1980.

REGLI, *Contrats d'État et arbitrage entre États et personnes privées*, Genève : Georg, 1983.

REUTER (P.), *Introduction au droit des traités*, Paris : PUF, 3ème éd. (revue et augmentée par P. CAHIER), 1995.

REUTER (P.), *La Convention de Vienne du 23 mai 1969 sur le droit des traités*, Paris : Colin, 1970.

RIGAUX (F.), *Les Situations individuelles dans un système de relativité générale, Cour général de droit international privé*, *R.C.A.D.I.*, 1989 (I), vol. 213.

RIGAUX (F.), *Droit public et droit privé dans les relations internationales*, Paris : Pedone, 1977.

RIPERT (G.), *Le Déclin du droit, Études sur la législation contemporaine*, Paris : LGDJ, 1949.

RIPERT (G.), *Les Règles du droit civil applicables aux rapports internationaux*, *R.C.A.D.I.*, 1933 (II), vol. 44, p. 569-661.

RIVERO (J.), *Droit administratif comparé, Recherches sur la notion de système juridique appliquée au droit administratif comparé*, Les Cours de droit, 1954-1955.

ROBERT (J.), *Le Phénomène transnational*, Paris : LGDJ/Éditions de l'AFA, 1989.

RODIÈRE (R.), dir., *La Formation du contrat*, Paris : Pedone, 1976.

ROLLIN (F.), *Accord de volontés et contrat dans les relations entre personnes publiques*, th. multigr., Paris II, 1997.

ROSENNE (S.), *A Guide to the Legislative History of the Vienna Convention*, Leyden : Sijthoff, 1970.

ROUHETTE (G.), *Étude critique de la notion de contrat*, th. multigr., Paris, 1965.

SANTI ROMANO, *L'Ordre juridique*, trad. L. FRANÇOIS et P. GOTHOT, Paris : Dalloz, 1975.

SEYERSTED (F.), *Applicable law in external relations of Intergovernmental Organisations with Private parties*, *R.C.A.D.I.*, 1967 (II), vol. 122, p. 434-624.

SIMONART (V.), *La Personnalité morale en droit comparé*, Bruxelles : Bruylant, 1995.

SINCLAIR (I.), *The Vienna Convention on the Law of Treaties*, Manchester University Press, 2ème éd., 1984.

SMETS (P.F.), *La Conclusion des accords en forme simplifiée : étude de droit international et de droit constitutionnel belge et comparé*, Bruxelles : Bruylant, 1969.

Société Belge de Droit International, *Les États fédérés dans les relations internationales*, Colloque de Bruxelles, Bruxelles : Bruylant, 1984.

SOURDILLE (J.), *Rapport sur la coopération scientifique et technologique avec les pays d'Europe centrale et orientale*, Assemblée nationale (n° 1481) et Sénat (n° 583), Paris : JORF, 1994.

STEINMETZ (M.-P.), *Les Conventions entre personnes publiques territoriales dans le cadre de la décentralisation*, th. multigr., Metz, 1989.

STILLMUNKES (P.), *L'Arbitrage en droit administratif*, th. multigr., Paris, 1960.

THÉRY (P.), *Pouvoir juridictionnel et compétence*, th. multigr., Paris II, 1981.

TIMSIT (G.), *Administrations et États : étude comparée*, Paris : PUF, 1987.

TRIEPEL (H.), *Les Rapports entre le droit international et le droit interne*, *R.C.A.D.I.*, 1923, vol. 1, p. 73-121.

TRIEPEL (H.), *Droit international et droit interne*, Paris : Pedone, 1920.

TURPIN (C.), *Public Contracts*, *Int. enc. comp. law*, vol. VII, chap. 4, 1982.

VAN DE KERCHOVE (M.), OST (F.), *Le Système juridique entre ordre et désordre*, Paris : PUF, 1988.

VAN HECKE (G.), *Problèmes juridiques des emprunts internationaux*, Leiden : E.J. Brill, 2ème éd., 1964.

VAN LANG (A.), *Juge judiciaire et droit administratif*, Paris : LGDJ, 1996.

VAREILLES-SOMMIÈRES (P. de), *La Compétence internationale de l'État en matière de droit privé, Droit international public et droit international privé*, Paris : LGDJ, 1997.

VERHOEVEN (J.), *Les Nullités du droit des gens*, Paris : Pedone, 1981.

VISSCHER (P. de), *Les Tendances internationales des constitutions modernes*, *R.C.A.D.I.*, 1952 (I), vol. 80, p. 511-578.

VITTA (E.), *La Validité des traités internationaux*, Leyden : Biblioteca Visseriana, 1940.

VOGEL (K.), *Der räumliche Anwendungsbereich der Verwaltungsrechtsnorm*, th., Hambourg, 1963.

WALDOCK (H.), *Rapport de la Commission à l'Assemblée générale*, A/6309, *A.C.D.I.*, 1966, vol. II.

WALINE (J.), *Recherches sur l'application du droit privé par le juge administratif*, th. multigr., Paris, 1962.

WATTS (A.), *The Legal Position in International Law of Heads of States, Heads of Governments and foreign Ministers*, *R.C.A.D.I.*, 1994 (III), vol. 247, p. 9-130.

WEIL (P.), *Problèmes relatifs aux contrats passés entre un État et un particulier*, *R.C.A.D.I.*, 1969 (III), vol. 128, p. 95-240.

WILHEM (C.), *Introduction et force obligatoire des traités internationaux dans l'ordre juridique suisse*, Zurich : Schultess, 1993.

ZAVALA (D.), *Les Prêts de la Banque Mondiale aux services publics industriels et commerciaux, Une étude des contrats*, Paris : Pedone, 1982.

I-C. ARTICLES, NOTES DE JURISPRUDENCE ET CONCLUSIONS

ADRIEN (B.), "Un problème majeur : le démembrement de la politique étrangère", *Politique étrangère*, 1985, p. 975-982.

ALEXANDRE (D.), V° "Convention de Bruxelles (Généralités)" et V° "Convention de Bruxelles (Compétence)", *Rép. Dalloz, Droit communautaire.*

ALPA (G.), "Le contrat individuel et sa définition", *R.I.D.C.*, 1988, p. 327-350.

ANCEL (B.), "L'objet de la qualification", *J.D.I.*, 1980, p. 227-268.

AUBY (J.-B.), obs. sous C.E., 27 avril 1987, *Boulard, A.J.D.A.*, 1987, p. 776.

AUBY (J.-M.), "L'arbitrage en matière administrative", *A.J.D.A.*, 1955, I, p. 81-89.

AUDIT (B.), obs. sous C.E., 7 janvier 1987, *Dame Félicien, D.*, 1987, somm., p. 350.

AUDIT (B.), "Extraterritorialité et commerce international. L'affaire du gazoduc sibérien", *Rev. crit.*, 1983, p. 401-434.

AUDIT (B.), "Les accords d'Alger du 19 janvier 1981 tendant au règlement des différends entre les États-Unis et l'Iran", *J.D.I.*, 1981, p. 713-775.

AUST (A.), "The theory and practice of informal international instruments", *I.C.L.Q.*, 1986, p. 787-812.

BASDEVANT (D.), "L'obligation d'utilisation de la langue française dans les contrats conclus par les personnes publiques", *D.P.C.I.*, 1996, p. 53-66.

BATTIFOL (H.), "Contribution de la juridiction internationale au droit international privé" *in Mélanges Rousseau*, Paris : Pedone, 1974, p. 17-32.

BATIFFOL (H.), "Points de contacts entre le droit international public et le droit international privé" *in Hommage à Yangas-Messia*, Madrid : Instituto Francisco de Vitoria, 1972, p. 77 et s., repr. *in Choix d'articles*, Paris : LGDJ, 1976, p. 37-48.

BATIFFOL (H.), "Observations sur les liens de la compétence judiciaire et de la compétence législative" *in De conflictu legum, Mélanges Kollewijn et Offerhaus*, Leiden : A.W. Sijthoff, 1962, p. 55-66.

BATIFFOL (H.), "Subjectivisme et objectivisme en droit international privé des contrats" *in Mélanges Maury*, t. I, Paris : Dalloz/Sirey, 1960, p. 39-53.

BÉCHILLON (D. de), "Le contrat comme norme dans le droit public positif", *R.F.D.A.*, 1992, p. 15-35.

BELL (J.), "De la nécessité d'un droit administratif", *A.J.D.A.*, juin 1995, n° spécial, p. 99-108.

BERAUDO (J.-P.), "Convention de Bruxelles du 27 septembre 1968. Champ d'application", *J.-Cl. Europe*, fasc. 3001.

BERNARD (P.), "Les affaires mixtes ou l'œuvre commune", *A.J.D.A.*, 1990, p. 131-138.

BIANCARELLI (J.), "CEE et collectivités territoriales, la dynamique institutionnelle", *A.J.D.A.*, 1991, p. 835-845.

BISCHOFF (J.-M.), "La 'territorialité' des lois de droit public dans ses rapports avec les principes de non-discrimination et d'égalité d'accès reconnus en matière de pollution transfrontière" *in Aspects juridiques de la pollution transfrontière*, Paris : OCDE, 1977, p. 132-150.

BLECKMANN (A.), "Völkerrecht im Bundesstaat ? Gedanken zum zweiten coburg-urteil des Bundesverfassungsgericht von 30 Januar 1973", *Ann. suisse D.I.*, 1973, p. 9-48.

BLIX (H.), "The Requirement of Ratification", *B.Y.I.L.*, 1953, p. 352-380.

BOBBIO (N.), "Nouvelles réflexions sur les normes primaires et secondaires" *in La Règle de droit*, C. PERELMAN (dir.), Bruxelles : Bruylant, 1971, p. 115-130.

BOISSÉSON (M. de), "Interrogations et doutes sur une évolution législative : l'art. 9 de la loi du 19 août 1986", *Rev. arb.*, 1987, p. 3-21.

BOLINTINEANU (A.), "Expression of consent to be bound by a treaty in the light of the 1969 Vienna Convention", *A.J.I.L.*, 1974, p. 672-686.

BOTHE (M.), "Legal and Non-Legal Norms", *Netherlands yearb. int. law*, 1980, p. 65-95.

BOURQUIN (M.), "Arbitration and Economic Development Agreement", *Business Lawyer*, 1960, p. 860-879.

BOY (L.), "L'arbitrabilité des litiges concernant les personnes morales de droit public en droit français", *Rev. int. de droit économique*, 1992, p. 99-127.

BRAIBANT, concl. sous C.E., 3 juillet 1968, 1ère esp., *Lavigne et Le Mée*, *A.J.D.A.*, 1969, p. 253.

BRÉCHON-MOULÈNES (C.), "Les Marchés publics européens", *J.-Cl. Europe*, fasc. 2400.

BURDEAU (G.), "Les engagements internationaux de la France et les exigences de l'État de droit", *A.F.D.I.*, 1986, p. 837-856.

BURDEAU (G.), "Droit international et contrats d'Etat. La sentence *Aminoil c/ Koweï* du 24 mars 1982", *A.F.D.I.*, 1982, p. 456-470.

CAHIER (P.), "Les caractéristiques de la nullité en droit international et tout particulièrement dans la Convention de Vienne de 1969 sur le droit des traités", *R.G.D.I.P.*, 1972, p. 645-691.

CAHIER (P.), "La violation du droit interne relatif à la compétence pour conclure des traités comme cause de nullité des traités", *Riv. D.I.*, 1971, p. 226-245.

CAILLOSSE (J.), "Sur la progression en cours des techniques contractuelles d'administration" *in Le Droit contemporain des contrats*, L. CADIET (dir.), Paris : Économica, 1987, p. 89-124.

CARBONNIER (J.), "L'hypothèse du non-droit", *A.P.D.*, 1963, p. 55-74.

CHAYET (C.), "Les accords en forme simplifiée", *A.F.D.I.*, 1957, p. 1-13.

COHEN (S.), "En miettes ? Fictions et fonction du discours sur 'l'éclatement' de la politique extérieure", *Politique étrangère*, 1986, p. 143-151.

COHEN-JONATHAN (G.), "L'arbitrage Texaco-Calasiatic c. Gouvernement libyen", *A.F.D.I.*, 1977, p. 452-479.

COMBACAU (J.), "Le droit international : bric-à-brac ou système ?", *A.P.D.*, t. XXXI, 1986, p. 85-105.

COMBACAU (J.), "Sur une définition restrictive du droit. Dialogue sans issue" *in Mélanges Burdeau*, Paris : LGDJ, 1977, p. 1033-1052.

CRAS (A.), "Les 'executive agreements' aux États-Unis", *R.G.D.I.P.*, 1972, p. 973-1045.

DE NOVA (R.), "Conflits des lois et normes fixant leur propre domaine d'application" *in Mélanges offerts à J. Maury*, t. I, Paris : Dalloz, 1960, p. 377-401.

DEBBASCH (C.), "Le droit administratif, droit dérogatoire au droit commun ?" *in Mélanges René Chapus*, Paris : Montchrestien, 1992.

DEHAUSSY (J.), SALEM (M.), "Sources du droit international. Les traités. Effets des traités : Force obligatoire des normes conventionnelles à l'égard des parties", *J.-Cl. Droit international*, fasc. 12-1.

DEHAUSSY (J.), "Le statut de l'État étranger demandeur sur le sol français : Droit international coutumier et droit interne", *J.D.I.*, 1991, p. 109-129.

DELACOUR (E.), "Contrats publics : l'attribution d'un marché ou d'une délégation à une personne publique", *JCP*, 2001. I. 357.

DELAPORTE (V.), "La loi relative à l'emploi de la langue française", *Rev. crit.*, 1976, p. 447-476.

DELAUME (G.), "Des stipulations de droit applicable dans les accords de prêt et de développement économique et de leur rôle", *R.B.D.I.*, 1968, p. 336-349.

DELAUME (G.), "The proper law of loans concluded by international persons : a restatement and a forecast", *A.J.I.L.*, 1962, p. 63-87.

DELCAMP (A.), "Principe de subsidiarité et décentralisation" *in Le Renouveau de l'aménagement du territoire en France et en Europe*, J.-C. NÉMERY (dir.), Paris : Économica, 1994, p. 563-581.

DHOMMEAUX (J.), "La conclusion des engagements internationaux en droit français : dix-sept ans de pratique", *A.F.D.I.*, 1975, p. 815-858.

DOLEZ (D.), "Le juge administratif et les conflits de lois", *R.D.P.*, 1995, p. 1029-1051.

DOMINICÉ (C.), "Observations sur la définition du droit des gens" *in Festschrift für R. Bindschedler*, Berne : Verlag Stämpfli & Cie, 1980, p. 71-90.

DOUCHY (M.), "La notion de non-droit", *R.R.J.*, 1992, p. 433-476.

DOUENCE (J.-C.), "Les conventions entre personnes publiques" *in Mélanges Stassinopoulos*, Paris : LGDJ, 1974, p. 113-134.

DOUENCE (J.-C.), "La spécialité des personnes publiques en droit français", *R.D.P.*, 1972, p. 753-770.

DRAGO (R.), "Le contrat administratif aujourd'hui", *Droits*, n° 12, 1990, p. 117-128.

DREYFUS (J.-D.), "Actualité des contrats entre personnes publiques", *A.J.D.A.*, 2000, p. 575-580.

DUCAROUGE (F.), "Le juge administratif et les modes alternatifs de règlement des conflits", *R.F.D.A.*, 1996, p. 86-95.

EISENMANN (C.), "Le rapport entre la compétence juridictionnelle et le droit applicable en droit administratif français" *in Mélanges offerts à J. Maury*, Paris : Dalloz, 1960, p. 379-403.

EISEMANN (P.-M.), "Le Gentlemen's agreement comme source du droit international", *J.D.I.*, 1979, p. 326-348.

EMERY (C.), "Intercommunalité et contrats entre personnes publiques", *A.J.D.A.*, 2000, p. 592-596.

FATÔME (E.), MOREAU (J.), "Les relations contractuelles entre collectivités publiques. L'analyse juridique dans le contexte de la décentralisation", *A.J.D.A.*, 1990, p. 142-147.

FATOUROS (A.A.), "International Law and the Internationalized Contract", *A.J.I.L.*, 1980, p. 134-141.

FAVOREU (L.), "Les conventions de recherche de la DGRST et de la DRME", *A.J.D.A.*, 1965, p. 443-460.

FAWCETT (J.E.S.), "The legal character of international agreements", *B.Y.I.L.*, 1953, p. 381-400.

FERNANDEZ ARROYO (D.P.), "La convention sur la loi applicable aux contrats internationaux : certains chemins conduisent au-delà de Rome", *Rev. crit.*, 1995, p. 178-186.

FIEDLER (W.), V° "Gentlemen's agreement", *Enc. of Public International Law*, vol. 7, 1984.

FOUCHARD (P.), "La désignation des arbitres dans les contrats Eurodisney", note sous T.G.I. (jug. réf.), 12 et 20 décembre 1991, *Rev. arb.*, 1996, p. 516-523.

FOUCHARD (P.), "Une nouvelle extension de l'arbitrage en droit public : la faculté de compromettre de la Poste et France Telecom", *Rev. arb.*, 1990, p. 945-947.

FOUSSARD (D.), "Le juge administratif et l'arbitrage (Remarques à propos de l'arrêt *A.R.E.A.* du 3 mars 1989)", *rev. arb.*, 1989, p. 167-188.

FOUSSARD (D.), "L'arbitrage en droit administratif", *Rev. arb.*, 1990, p. 3-32.

FOYER (J.), "Le contrat d'*electio juris* à la lumière de la Convention de Rome du 19 juin 1980" *in Mélanges Loussouarn*, Paris : Dalloz, 1994, p. 169-179.

FOYER (J.), "Entrée en vigueur de la Convention de Rome du 19 juin 1980 sur la loi applicable aux obligations contractuelles", *J.D.I.*, 1991, p. 601-630.

FOYER (J.), "Le Conseil d'État et le conflit de lois" *in Mélanges Holleaux*, Paris : Litec, 1990, p. 103-119.

FRANC, concl. sous C.E., 28 janvier 1983, *Dame Johnston*, *Rev. crit.*, 1985, p. 316.

FRANCESCAKIS (P.), "Quelques précisions sur les lois d'application immédiate et leurs rapports avec les règles de conflit de lois", *Rev. crit.*, 1966, p. 1-18.

FRANKOWSKA (M.), "De la prétendue présomption en faveur de la ratification", *R.G.D.I.P.*, 1969, p. 62-68.

FREYRIA (C.),"La notion de conflit de lois en droit public", *T.C.F.D.I.P.*, 1963, p. 103-119.

FROMONT (M.), "La justice administrative en Europe. Convergences" *in Mélanges René Chapus*, Paris : Montchrestien, 1992.

GAND, concl. sous C.E., 28 novembre 1958, *Veuve Langlois*, *Rec.*, p. 590.

GAUDEMET (Y.), "Intervention relative à l'arrêt *A.R.E.A.* du Conseil d'État (3 mars 1989) au cours du rapport de M. Jarrosson", *Rev. arb.*, 1992, p. 279-283.

GAUDEMET (Y.), "L'arbitrage : aspects de droit public. État de la question", *Rev. arb.*, 1992, p. 241-257.

GAUDEMET-TALLON (H.), "Le nouveau droit international privé européen des contrats", *R.T.D. eur.*, 1981, p. 215-285.

GAUTIER (P.), "Le régime des traités dans l'État fédéral - I°. La conclusion des traités", *R.B.D.I.*, 1994, p. 31-57.

GECK (W.K.), "The Conclusion of Treaties in Violation of the Internal Law of a Party", *ZaöRV*, 1967, p. 429-458.

GENEVOIS, concl. sous C.E., sect., 25 mai 1979, *Mme Rabut*, *Rec.*, p. 231.

GEORGEL (J.), "Formation du contrat administratif. Principes", *J.-Cl. Droit administratif*, vol. 8, fasc. 505.

GEOUFFRE de LA PRADELLE (G. de), "La fonction des juridictions de l'ordre international", *J.D.I.*, 1998, p. 389-429.

GHESTIN (J.), "La notion de contrat", *Droits*, n° 12, 1990, p. 7-24, *D.*, 1990, chr., p. 147-156.

GHESTIN (J.), "Droit public - droit privé, institutions publiques - institutions privées, le point de vue d'un privatiste" *in La Pensée de Charles Eisenmann*, P. AMSELEK (dir.), Paris : Économica/Presses universitaires d'Aix-Marseille, 1986, p. 157-165.

GIARDINA (A.), "Les principes UNIDROIT sur les contrats internationaux", *J.D.I.*, 1995, p. 547-558.

GOESEL-LE BIHAN (V.), "Sur quelques aspects récents du droit constitutionnel français des relations extérieures", *A.F.D.I.*, 1997, p. 58-81.

GOESEL-LE BIHAN (V.), "La Nouvelle-Calédonie et l'accord de Nouméa, un processus inédit de décolonisation", *A.F.D.I.*, 1998, p. 24-75.

GOLDMAN (B.), "Frontières du droit et *lex mercatoria*", *A.P.D.*, 1964, t. IX, p. 177-192.

GOLDMAN (B.), "La *lex mercatoria* dans les contrats et l'arbitrage internationaux : réalité et perspectives", *J.D.I.*, 1979, p. 475-505.

GOLDMAN (B.), "Nouvelles réflexions sur la *lex mercatoria*" *in Mélanges P. Lalive*, Bâle/Francfort-sur-le-Main : Helbing & Lichtenhahn, 1993, p. 241-255.

GOTHOT (P.), "La méthode unilatéraliste face au droit international privé des contrats", *T.C.F.D.I.P.*, 1975-77, p. 201-218.

GOTLIEB (A.E.), "Canadian Treaty-Making : Informal Agreements and Interdepartmental Agreements" *in* MACDONALD, MORRIS et JOHNSTON, dir., *Canadian Perspective on International Law Organization*, Toronto : University of Toronto Press, 1974, p. 228-243.

GROUD (H.), "La représentation des collectivités locales auprès des institutions européennes", *Ann. coll. locales*, 1996, p. 268-283.

GUILLAUME, concl. sur C.E., sect., 3 mars 1989, *Société des autoroutes de la région Rhône-Alpes*, *A.J.D.A.*, 1989, p. 391.

GUILLIEN (G.), "Droit public et droit privé" *in Mélanges offerts à Jean Brèthe de la Gressaye*, Bordeaux : Éd. Brière, 1967, p. 311-330.

HAÎM (V.), "Le choix du juge dans le contentieux des contrats administratifs", *A.J.D.A.*, 1992, p. 315-320, art. également publié au *J.C.P.*, 1992.I.3586.

HARPIGNIES (R.H.), "Settlement of disputes of a private law character to which the United Nations is a party", *R.B.D.I.*, 1971, p. 451-468.

HAURIOU (A.), "L'utilisation en droit administratif des règles et principes du droit privé" *in Mélanges François Gény*, t. III, Paris, 1935, p. 52-65.

HÉBRAUD (P.), "De la corrélation entre la loi applicable à un litige et le juge compétent pour en connaître", *Rev. crit.*, 1968, p. 205-258.

HEDLEY (S.), "Keeping contract in its place. *Balfour vs Balfour* and the enforceability of informal agreements", *Oxford Journal of Legal Studies*, 1985, p. 391-415.

HÉMERY (V.), "Le partenariat, une notion juridique en formation ?", *R.F.D.A.*, 1998, p. 347-357.

HENRY, concl. sous C.E., 1er avril 1960, *consorts Lecallenec et autres*, *D.*, 1960, p. 419.

HÉRON (J.), "Publicisation d'un droit et détermination de la méthode de règlement (exemple de la protection des mineurs et des procédures collectives)", *T.C.F.D.I.P*, 1990-1991, p. 65-81.

HEUZÉ (V.), "La notion de contrat en droit international privé", *T.C.F.D.I.P.*, 1995-1998, p. 319-335.

HOFFMANN (G.), "Internationales Verwaltungsrecht" *in Besonderes Verwaltungsrecht*, I. von MÜNCH (dir.), 6ème éd., 1982, p. 989-1011.

HORVATH (G.J.), "The Validity of Executive Agreements", *ÖZöRV*, 1979, p. 105-131.

HORWITZ (M.J.), "The history of the public/private distinction", *Univ. of Pennsylvania Law Revue*, 1982, p. 1423-1428.

HOSTERT (J.), "Droit international et droit interne dans la Convention de Vienne sur le droit des traités du 29 mai 1969", *A.F.D.I.*, 1969, p. 92-121.

HUET (A.), V° "Convention de Bruxelles (Reconnaissance et exécution des jugements)", *Rep. Dalloz, Droit communautaire.*

HUET (A.), "Pour une application limitée de la loi pénale étrangère", *J.D.I.*, 1982, p. 625-659.

HUTCHINSON (D.), "The juridical Nature of Article 7 of the Vienna Convention on the Law of Treaties", *Australian yearb. of int. law*, 1996, p.187-224.

HUTCHINSON (D.), "The significance of the registration or non-registration of an international agreement in determining whether or not it is a treaty", *Current Legal Problems*, 1993, p. 257-290.

JACQUET (J.-M.), "La loi de l'État contractant" *in Mélanges dédiés à L. Boyer*, Presses de l'Université des sciences sociales de Toulouse, 1996, p. 283-294.

JACQUET (J.-M.), "L'État, opérateur du commerce international", *J.D.I.*, 1989, p. 621-690.

JACQUET (J.-M.), "La norme juridique extraterritoriale dans le commerce international", *J.D.I.*, 1985, p. 327-405.

JARROSSON (C.), "L'arbitrage en droit public", *A.J.D.A.*, 1997, p. 16-24.

JARROSSON (C.), "Remarques sur la circulaire du 6 février 1995 relative au développement de la transaction en matière administrative", *Rev. arb.*, 1995, p. 435-439.

JENNINGS (R.Y.), "State Contracts in International Law", *B.Y.I.L.*, 1961, p. 156-182.

JESSUP (P.), "Modernization of the law of international contractual agreements", *A.J.I.L.*, 1947, p. 378-405.

J.M.D., "Eurotunnel : les contrats relatifs à la construction du tunnel sous la Manche", *L.P.A.*, 20 septembre 1995, n° 113, p. 4-12.

KAHN (P.), "Souveraineté de l'État et règlement du litige. Régime juridique du contrat d'État", *Rev. arb.*, 1985, p. 641-661.

KELSEN (H.), "La théorie juridique de la convention", *A.P.D.*, 1940, p. 33-76.

KENNEDY (D.), "The stages of the decline of the public/private distinction", *Univ. of Pennsylvania Law Revue*, 1982, p. 1349-1357.

KESSEDJIAN (C.), "Un exercice de rénovation des sources du droit des contrats du commerce international : les principes proposés par UNIDROIT", *Rev. crit.*, 1995, p. 641-663.

KLABBERS (J.), "Qatar v. Bahreïn : the concept of 'treaty' in international law", *Archiv des Völkerrechts*, 1995, p. 361-376.

KOVAR (R.), "La distinction 'gestion publique - gestion privée' et le régime des conventions en droit international" *in Recueil d'études en hommage à C. Eisenmann*, Paris : Cujas, 1975, p. 423-439.

KRONFOL (Z.A.), "The proper law of international loans", *J. World Trade L.*, 1976, p. 129-145.

KUCHENBECKER (D.J.), "Agency-level executive agreements : a new era in U.S. treaty practice", *Colombia journal of transnational law*, 1979, p. 1-77.

LAGARDE (P.), "Le nouveau droit international privé des contrats après l'entrée en vigueur de la Convention de Rome du 19 juin 1980", *Rev. crit.*, 1991, p. 287-340.

LAGARDE (P.), "Approche critique de la *lex mercatoria*" *in Mélanges Goldman*, Paris : Litec, 1982, p. 125-150.

LAGARDE (P.), "Le 'dépeçage' dans le droit international privé des contrats", *Riv. dir. int. civ. e proc.*, 1975, p. 649-677.

LALIVE (J.-F.), "Un grand arbitrage pétrolier entre un gouvernement et deux sociétés privées étrangères", *J.D.I.*, 1977, p. 319-349.

LALIVE (P.), "Ordre public transnational ou réellement international et arbitrage international", *Rev. arb.*, 1986, p. 329-373.

LALIVE (P.), "Les demandes fondées par une autorité étrangère ou par un organisme public étranger sur des dispositions de son droit public", *A.I.D.I.*, 1977, vol. 57, t. II, p. 2-18 et p. 166-190.

LALIVE (P.), "L'application du droit public étranger", *A.I.D.I.*, 1975, vol. 56, p. 157-278 et p. 219-259.

LALIVE (P.), "Le droit public étranger et le droit international privé", *T.C.F.D.I.P.*, 1975, p. 215-245.

LALIVE (P.), "Sur l'application du droit public étranger", *Ann. suisse D.I.*, 1971, p. 103-142.

LALIVE (P.), "Droit public étranger et ordre public suisse" *in Mélanges Eranion Maridakis*, t. III, Athènes, 1964, p. 189-208.

LANGROD (G.), "Administrative Contracts. A Comparative Study", *Amer. journ. comp. law*, 1955, p. 325-364.

LAUTERPACHT (E.), "Gentlemen's Agreement" *in Internationales Recht und Wirtschaftsordnung, Festschrift für F.A. Mann*, 1977, p. 381-398.

LAUTERPACHT (H.), "The contemporary practice of the United Kingdom in the field of International Law", *I.C.L.Q.*, 1961, p. 546-586.

LAUTERPACHT (H.), "United Kingdom contemporary practice", *I.C.L.Q.*, 1957, p. 506-532.

LEBEN (C.), "Retour sur la notion de contrat d'État et sur le droit applicable à celui-ci" *in Mélanges offerts à H. Thierry, L'évolution du droit international*, Paris : Pedone, 1998, p. 247-280.

LEBEN (C.), "Une nouvelle controverse sur le positivisme en droit international public", *Droits*, n° 5, 1987, p. 121-130.

LEE (E.C.), "Bauxite for butter : the U.S.-Jamaican agreement and the future of barter in U.S. trade policy", *Law and Policy in Int. Business*, 1984, vol. 16, p. 239-261.

LEJEUNE (Y.), "Le droit fédéral belge des relations internationales", *R.G.D.I.P.*, 1994, p. 577-628.

LEJEUNE (Y.), "Les communautés et les régions belges dans les relations internationales", *R.G.D.I.P.*, 1981-1982, p. 53-80.

LEVEL (P.), "L'arbitrabilité", *Rev. arb.*, 1992, p. 213-240.

LEVEL (P.), "Le contrat dit sans loi", *T.C.F.D.I.P.*, 1964-1966, p. 209-231.

LEVEL (P.), "La publication en tant que condition d'application des traités internationaux", *Rev. crit.*, 1961, p. 83-104.

LIGNIÈRES (P.), "La participation des collectivités locales à des actions économiques internationales", *D.P.C.I.*, 1996, p. 31-52.

LIS (M.), "Inter-departmental Agreements in the Law of Treaties and Polish Practice", *Pol. yearb. int. law*, 1985, p. 183-206.

Mc NEILL (J.H.), "International agreements : recent U.S.-U.K. practice concerning the memorandum of understandings", *A.J.I.L.*, 1994.

MANIN (P.), "La Convention de Vienne sur le droit des traités entre Etats et organisations internationales ou entre organisations internationales", *A.F.D.I.*, 1986, p. 454-473.

MANN (M.D.), LEDER(P.A.), KIMEL (M.), "Coopération transfrontalière : la clé du combat contre la fraude internationale sur les valeurs mobilières", *Revue d'économie financière*, 1995, p. 223-257.

MARCOU (G.), "Le régime juridique" *in Le Tunnel sous la Manche entre États et marchés*, G. MARCOU, R. VICKERMAN, Y. LUCHAIRE, dir., Presses Universitaires de Lille, 1992, p. 61-143.

MARTIN (X.), "Anthropologie et Code Napoléon", *Bull. Soc. franç. Idées et Hist. Relig.*, 1984, p. 39-62.

MAYER (D.), "L'amitié", *J.C.P.*, 1974.I.2663.

MAYER (P.), "L'État et le droit international privé", *Droits*, n° 16, 1992, p. 33-44.

MAYER (P.), "Le rôle du droit public en droit international privé français" *in Colloque de Bâle sur le rôle du droit public en droit international privé (20-21 mai 1986)*, Bâle : Helbing & Lichtenhahn, 1991, p. 63-83.

MAYER (P.), "La neutralisation du pouvoir normatif de L'État en matière de contrats d'État", *J.D.I.*, 1986, p. 5-78.

MAYER (P.), "Le rôle du droit public en droit international privé", *R.I.D.C.*, 1986, p. 467-485.

MAYER (P.), note sous C.A. Rouen, 13 novembre 1984, *Rev. crit.*, 1985, p. 673.

MAYER (P.), "Le mythe de l'ordre juridique de base (ou *Grundlegung*)" *in Mélanges Goldmann*, Paris : Litec, 1982, p. 199-216.

MAYER (P.), "Les lois de police étrangères", *J.D.I.*, 1981, p. 277-345.

MAYER (P.), "Droit international privé et droit international public sous l'angle de la notion de compétence", *Rev. crit.*, 1979, p. 1-29, p. 349-388 et p. 537-583.

MAZEAUD (H.), "Défense du droit privé", *D.*, 1946, chron., p. 17-18.

MAZEAUD (L.), VEDEL (G.), "Électricité de France et Gaz de France ont-ils la capacité de compromettre ?", *C.J.E.G.*, 1950, p. 224-241.

MERLE (P.), "Le concept de transnationalité" *in Humanité et droit international, Mélanges Dupuy*, Paris : Pedone, 1991.

MERON (T.), "Article 46 of the Vienna Convention on the Law of Treaties", *B.Y.I.L.*, 1978, p. 175-199.

MERVYN JONES (J.), "International agreements other than 'inter-state treaties'. Modern developments", *B.Y.I.L.*, 1944, p. 111-122.

MESTRE (A.), "Les établissements publics industriels et commerciaux et le recours à l'arbitrage (l'apport de la loi n° 75-596 du 9 juillet 1975)", *Rev. arb.*, 1976, p. 3-17.

MEWETT (A.W.), "The Theory of Government Contracts", *Mc Gill law journal*, 1959, p. 222-246.

MODERNE (F.), "L'évolution récente du droit des contrats administratifs : les conventions entre personnes publiques", *R.F.D.A.*, 1984, p. 1-20.

MONACO (R.), "Accords internationaux non obligatoires et effets juridiques préliminaires" *in Liber amicorum honouring I. Seidl-Hohenveldern*, Carl Heimanns Verlag, 1988, p. 383-401.

MONACO (R.), "Le caractère constitutionnel des actes institutifs d'organisations internationales" *in Mélanges Rousseau*, Paris : Pedone, 1974, p. 153-172.

MONATERI (G.), "Règles et technique de la définition dans le droit des obligations et des contrats en France et en Allemagne : la synecdoque française", *R.I.D.C.*, 1984, p. 7-57.

MOREAU (J.), "Les matières contractuelles", *A.J.D.A.*, 1998, p. 747-752.

MÖSSNER (J.M.), "Des Begriff des Internationalen Steuerrechts in der neueren Literatur", *ÖZöRV*, 1974, p. 255-287.

MOUTON (J.-D.), "La notion d'État et le droit international public", *Droits*, n° 16, 1993, p. 45-58.

MUIR WATT (H.), Compte rendu de P. de VAREILLES-SOMMIÈRES, *La Compétence internationale de l'État en matière de droit privé*, *Rev. crit.*, 1997, p. 396-398.

MÜNCH (F.), "Non-Binding Agreements", *ZaöRV*, 1969, p. 1-11.

MYERS (D.), "The Names and Scope of Treaties", *A.J.I.L.*, 1957, p. 574-605.

NAHLIK (S.), "La conférence de Vienne sur le droit des traités. Une vue d'ensemble", *A.F.D.I.*, 1969, p. 24-53.

NEIRINCK (C.), MARTIN (P.-M.), "Un traité bien maltraité. A propos de l'arrêt *Lejeune*", *J.C.P.*, 1993.I.3677.

NEUMEYER (K.), "Le droit administratif international", *R.G.D.I.P.*, 1911, p. 492-499.

OPPETIT (B.), "Autour du contrat international", *Droits*, n° 12, 1990, p. 107-115.

OPPETIT (B.), "L'engagement d'honneur", *D.*, 1979, chr., p. 107-116.

OSMAN (F.), "La *lex mercatoria* comme dépassement de l'ordre juridique étatique" *in L'Extranéité ou le dépassement de l'ordre juridique étatique*, Actes du colloque organisé par l'I.E.D.I. de la Faculté de Lausanne, 27-28 novembre 1997, E. WYLER, A. PAPAUX, dir., Paris : Pedone, 1999, p. 111-154.

PACTEAU (B.), "Arbitrage en droit administratif", *J.-Cl. Procédure civile*, fasc. 1048.

PACTEAU (B.), "Une nouvelle hypothèse d'arbitrage pour les litiges administratifs, l'article 9 de la loi du 19 août 1986", *L.P.A.*, 8 octobre 1986, p. 12-14.

PELLET (A.), "Le 'bon droit' et l'ivraie. Plaidoyer pour l'ivraie (Remarques sur quelques problèmes de méthodes en droit international du développement)" *in Le Droit des peuples à disposer d'eux-mêmes, Mélanges offerts à C. Chaumont*, Paris : Pedone, 1984, p. 465-493.

PEYREFITTE (L.), "Le problème du contrat dit sans loi", *D.* 1965, chr., p. 113-120.

PEYRICAL (J.-M.), "Les contrats de prestation entre collectivités publiques", *A.J.D.A.*, 2000, p. 581-591.

PICARD (M.), V° "Droit international (La juridiction administrative au regard du)", *Rép. Dalloz Contentieux administratif.*

PINTO (R.) "Le juge devant les traités non publiés de la France" *in Mélanges offerts à M. Waline, Le Juge et le droit public*, t. I, Paris : LGDJ, 1974, p. 231-239.

PLOUFFE (J.-P.), "Les arrangements internationaux des agences et ministère du Canada", *Ann. can. D.I.*, 1983, p. 176-216.

POULET-GIBOT LECLERC (N.), "La contractualisation des relations entre personnes publiques", *R.F.D.A.*, 1999, p. 551-565.

PRÉVOST (J.-F.), "Observations sur la nature juridique de l'Acte final d'Helsinki", *A.F.D.I.*, 1975, p. 129-153.

PUISOYE (J.), "Les juridictions arbitrales dans le contentieux administratif", *A.J.D.A.*, 1969, p. 277-284.

RACK (R.), "Österreichs Länder und das Völkerrecht", *Archiv des Völkerrechts*, 1989, p. 31-44.

RAUSCHNING (D.), "The authorities of german länder in foreign relations", *Ann. La Haye D.I.*, 1989, p. 131-138.

RAUX (J.), "Le principe de subsidiarité", *Regards sur l'actualité*, n° 180, 1992, p. 33-36.

RAY, "The Law Governing Contracts Between States and Foreign Nationals", *Southwest Legal Institute*, 1961, p. 1-15.

REGLADE (M.), "La notion juridique de l'État en droit public interne et en droit international public" *in Mélanges G. Scelle*, t. II, Paris : LGDJ, 1950, p. 507-533.

RÉMY (P.), "Droit des contrats : questions, positions, propositions" *in Le Droit contemporain des contrats*, L. CADIET (dir.), Paris : Économica, 1987, p. 271-282.

REUTER (P.), "Le traité international, acte et norme", *A.P.D.*, t. XXXII, 1987, p. 111-117.

REUTER (P.), "Confédération et fédération : vetera et nova" *in Mélanges Rousseau*, Paris : Pedone, 1974, p. 199-218.

RIALS (S.), V° "Arbitrage et règlement amiable", *Rép. Dalloz Contentieux administratif.*

RIBS (J.), "Ombres et incertitudes de l'arbitrage pour les personnes morales de droit public français", *J.C.P.*, 1990.I.3465.

RIGAUX (F.), "Des dieux et des héros. Réflexions sur une sentence arbitrale", *Rev. crit.*, 1978, p. 435-459.

RIGAUX (F.), "La relativité générale des ordres juridiques" *in L'Extranéité ou le dépassement de l'ordre juridique étatique*, Actes du colloque organisé par l'I.E.D.I. de la Faculté de Lausanne, 27-28 novembre 1997, E. WYLER, A. PAPAUX, dir., Paris : Pedone, 1999, p. 75-86.

RIVERO (J.), "Personnes morales de droit public et arbitrage", *Rev. arb.*, 1973, p. 263-275.

RIVERO (J.), "Droit public et droit privé : conquête ou *statu quo*", *D*, 1947, chron., p. 69-72.

RODIÈRE (P.), note sous C.E., 7 janvier 1987, *Dame Félicien*, *Rev. crit.*, 1988, p. 687.

RODIÈRE (P.), note sous C.E., 28 janvier 1983, *Dame Johnston*, *Rev. crit.*, 1985, p. 316.

ROSENNE (S.), "Consent and related words in the codified law of treaty" *in Mélanges Rousseau*, Paris : Pedone, 1974, p. 229-248.

ROUHETTE (G.), "La définition du contrat et la méthode juridique française", *Droits*, n° 12, 1990, p. 58-66.

RUET (L.), "Les fonctions juridiques de la langue", *J.D.I.*, 1998, p. 697-719.

SALMON (J.), "Les contrats de la BIRD", *A.F.D.I.*, 1956, p. 635-642.

SAVATIER (R.), "Droit privé et droit public", *D.*, 1947, chron., p. 25-28.

SCHACHTER (O.), "Les actes concertés à caractère non conventionnel" *in Le Droit international, Bilan et perspective*, M. BEDJAOUI (dir.), t. I, Paris : Pedone/Unesco, 1991, p. 277-282.

SCHNEIDER (C.), "La souveraineté de l'État au carrefour du droit international et du droit administratif. Réflexions sur les développements récents du droit transnational de l'action extérieure des collectivités infra-étatiques" *in Mélanges G. Peiser*, Presses universitaires de Grenoble, 1995, p. 423-449.

SEIDL-HOHENVELDERN (I.), "Le droit applicable aux entreprises internationales communes, étatiques ou paraétatiques", *A.I.D.I.*, vol. 60 (I), 1983, p. 1-43.

SEIDL-HOHENVELDERN (I.), "Transformation or Adoption of International Law into Municipal Law", *I.C.L.Q.*, 1963, p. 88-124.

SÉRIAUX (A.), "Question controversée : la théorie du non droit", *R.R.J.*, 1995, p. 13-30.

SKILBECK (J.), "The US/UK arbitration concerning Heathrow Airport users charges", *I.C.L.Q.*, 1995, p. 171-179.

SOLYOM (L.), "Sur la coopération des cours constitutionnelles", *Ann. int. just. const.*, 1996, p. 31-48.

SOMMERS, BROCHE, DELAUME, "Conflict Avoidance in International Loans and Monetary Agreements", *Law and Contemporary Problems*, 1956, p. 463-485.

SPERDUTI (G.), "Dualism and Monism. A Confrontation to be Overcomed", *I.Y.I.L.*, 1977, p. 31-49.

SPERDUTI (G.), "Les lois d'application nécessaire en que lois d'ordre public", *Rev. crit.*, 1977, p. 257-270.

SPERDUTI (G.), "Droit international privé et droit public étranger", *J.D.I.*, 1977, p. 5-15.

STEIN (T.), "Conclusion and implementation of treaties in the Federal Republic of Germany" *in Reports on German Public Law, XIIth International Congress of Comparative Law - Montréal, 1990*, R. BERNHARDT, U. BEYERLIN, dir., Heildelberg : C.F. Müller, 1991.

STEINBERGER (H.), "Constitutional Subdivisions of States or Unions and their Capacity to conclude Treaties", *ZaöRV*, 1967, p. 411-428.

STERN (B.), "L'extraterritorialité revisitée", *A.F.D.I.*, 1992, p. 239-313.

STERN (B.), "Quelques observations sur les règles internationales relatives à l'application extraterritoriale du droit", *A.F.D.I.*, 1986, p. 7-52.

STERN (B.), "Trois arbitrages, un même problème, trois solutions. Les nationalisations pétrolières libyennes devant l'arbitrage international", *Rev. arb.*, 1980, p. 3-43.

STIRN (B.), "Le juge administratif et les contrats entre collectivités publiques", *A.J.D.A.*, 1990, p. 139-141.

TEBOUL (G.), "Arbitrage international et personnes morales de droit public", *A.J.D.A.*, 1997, p. 25-29.

TERNEYRE (P.), "Légalité et illégalité des décisions de nature politique des collectivités locales", *Rev. adm.*, 1989, p. 538-540.

TERNEYRE (P.), BÉCHILLON (D. de), V° "Contrats administratifs (contentieux des)", *Rép. Dalloz Contentieux administratif.*

TESTU (F.X.), "La distinction du droit public et du droit privé est-elle idéologique ?", *D.*, 1998, chron., p. 345-355.

THIEBAUT (W.M.), "Legal Status of Memorandum of Understandings in the US", *European Space Agency - Bulletin*, n° 38, 1984, p. 99-104.

TROPER (M.), "Système juridique et État", *A.P.D.*, 1986, t. XXXI, p. 29-44.

TRUCHET (D.), "Le contrat administratif, qualification juridique d'un accord de volontés" *in Le Droit contemporain des contrats*, L. CADIET (dir.), Paris : Économica, 1987, p. 185-206.

TSCHANZ (P.-Y.), "Contrats d'État et mesures unilatérales de l'État devant l'arbitre international", *Rev. crit.*, 1985, p. 47-84.

TURP (D.), "L'arrêt Bazylo c. Collins et la nature juridique des ententes internationales du Québec", *R.Q.D.I.*, 1984, p. 345-357.

VALLÉE (C.), "L'affaire d'Aragnouet-Bielsa : impasse pour un tunnel", *A.F.D.I.*, 1974, p. 354-374.

VALLINDAS (P. G.), "Droit international privé *lato sensu* ou *stricto sensu*" *in Mélanges offerts à J. Maury*, t. I, Dalloz/Sirey, 1960, p. 509-518.

VAN HECKE (G.), "Droit public et conflits de lois", *T.C.F.D.I.P.*, 1983-84, p. 228-235.

VAN HECKE (G.), "Les accords entre un État et une personne privée étrangère", *A.I.D.I.*, vol. 57 (I), 1977, p. 192-265.

VASSEUR (M.), "Un nouvel essor du concept contractuel. Les aspects juridiques de l'économie concertée et contractuelle", *R.T.D. civ.*, 1964, p. 5-48.

VEDEL (G.), "Détermination de la compétence judiciaire en cas de difficultés relatives à la validité des contrats de droit privé passés par les personnes publiques", *C.J.E.G.*, 1956, chron., p. 63-66.

VEICOPOULOS (N.), "Accords internationaux conclus en forme simplifiée et *gentlemen's agreements*", *Revue du Droit international, de Sciences diplomatiques et politiques*, 1949, p. 162-174.

VÉNÉZIA (J.-C.), "Le droit administratif français est-il encore un droit dérogatoire au droit commun ?" *in Mélanges Ep. Spiliotopoulos*, Athènes/Bruxelles : Sakkoulos/Bruylant, 1998, p. 453-459.

VERDROSS (A.), "Protection of Private Property under Quasi-International Agreements" *in Varia Juris Gentium, Liber amicorum Jean Pierre Adrien François*, Leyden : Sijthoff, 1959, p. 355-362.

VERDROSS (A.), "Die Sicherung von auslandischen Privatrecht aus Abkommen zur wirtschaftlichen Entwicklung mit Schiedskauseln", *ZaöRV*, 1957-58, p. 635-650.

VERHOEVEN (J.), "Droit international public, droit international privé et droit national" *in L'Extranéité ou le dépassement de l'ordre juridique étatique*, Actes du colloque organisé par l'I.E.D.I. de la Faculté de Lausanne, 27-28 novembre 1997, E. WYLER, A. PAPAUX, dir., Paris : Pedone, 1999, p. 17-35.

VERHOEVEN (J.), "Droit international privé et droit international public : où est la différence ?", *A.P.D.*, t. XXXII, 1987, p. 23-35, spéc. p. 32.

VERHOEVEN (J.), "Droit international des contrats et droit des gens", *R.B.D.I.*, 1978-79, p. 207-230.

VIANDIER (A.), "La complaisance", *J.C.P.*, 1980.I.2987.

VIRALLY (M.), "Un tiers droit ? Réflexions théoriques" *in Mélanges Goldmann*, Paris : Litec, 1982, p. 373-385.

VIRALLY (M.), "Sur la notion d'accord" *in Festschrift für Rudolf Bindschedler*, Berne : Staempfli & Cie, 1980, p. 159-172.

VIRALLY (M.), "La distinction entre textes internationaux de portée juridique et textes internationaux dépourvus de portée juridique", *A.I.D.I.*, vol. 60 (I), 1983, p. 116-257.

VIRALLY (M.), "Notes sur la validité du droit et son fondement" *in Mélanges Charles Eisenmann*, Paris : Cujas, 1977, p. 453-467.

VIRALLY (M.), "Sur un pont aux ânes : les rapports entre droit international et droits internes" *in Mélanges offerts à Henri Rolin, Problèmes de droit des gens*, Paris : Pedone, 1964, p. 488-505.

VOGEL (K.), V° "Administrative law, international aspects", *Enc. of public int. law*, vol. 9, 1986.

VON MEHREN (A.), *The Contract, Int. enc. comp. law*, vol. VII, ch. 1, 1982.

VON MEHREN (R.B.), KOURIDES (P.N.), "International Arbitration between States and Foreign Private Parties : The Libyan Nationalization Cases", *A.J.I.L.*, 1981, p. 447-552.

WALINE (J.), "Droit public-droit privé, institutions publiques-institutions privées. Le point de vue d'un publiciste" *in La Pensée de Charles Eisenmann*, P. AMSELEK (dir.), Paris : Économica/Presses universitaires d'Aix-Marseille, 1986, p. 147-156.

WEIL (P.), "Vers une normativité relative en droit international public ?", *R.G.D.I.P.*, 1982, p. 5-47.

WEIL (P.), "Principes généraux du droit et contrats d'État" *in Mélanges Goldman*, Paris : Litec, 1982, p. 387-414.

WEIL (P.), "Droit international et contrat d'État" *in Mélanges Reuter*, Paris : Pedone, 1981, p. 549-582.

WEIL (P.), "Un nouveau champ d'influence pour le droit administratif français : le droit international des contrats", *E.D.C.E.*, 1970, p. 13-25.

WENGLER (W.), "Les conventions 'non juridiques' (*nichtrechtliche Verträge*) comme voie à côté des conventions en droit (*Rechtsverträge*)" *in Nouveaux itinéraires en droit, Hommage à F. Rigaux*, Bruxelles : Bruylant, 1993, p. 637-656.

WENGLER (W.), "Les accords entre États et entreprises étrangères sont-ils des traités de droit international ?", *R.G.D.I.P.*, 1972, p. 313-345.

WENGLER (W.), "Réflexions sur l'application du droit international public par les tribunaux internes", *R.G.D.I.P.*, 1968, p. 921-990.

WENGLER (W.), "Agreements of States with other parties tant States in international relations", *Rev. hellénique D.I.*, 1955, p. 113-130.

WILDHABER (L.), V° "Executive Agreements", *Enc. pub. int. law*, vol. VII, 1984.

WOEHRLING (J.), "La conclusion et la mise en oeuvre des traités dans le fédéralisme allemand", *Rev. Jur. Thémis*, vol. 14, 1979-80, p. 73-108.

WOOLF of BARNES (R.H.L.), "Droit public - English style", *Public Law*, 1995, p. 57-71.

ZOLLER (E.), "La conclusion et la mise en oeuvre des traités dans les États fédérés et unitaires", *R.I.D.C.*, 1990, p. 735-750.

ZWEIGERT (K.), "Droit international privé et droit public", *Rev. crit.*, 1965, p. 645-666.

ZWEIGERT (K.), "Du sérieux de la promesse. Remarques de droit comparé sur la distinction des actes qui obligent de ceux qui n'obligent pas", *R.I.D.C.*, 1964, p. 33-44.

I. – BIBLIOGRAPHIE THÉMATIQUE

II-A. MONOGRAPHIES ET THÈSES SUR LES CONVENTIONS TRANSNATIONALES ENTRE PERSONNES PUBLIQUES

ALLIÈS (P.), NÉGRIER (E.), ROCHE (F.), dir., *Pratique des échanges culturels internationaux : les collectivités territoriales*, Association Française d'Action Artistique, Paris : Ministère des Affaires étrangères, 1994.

BARDONNET (D.), BERNAD (M.), BOTHE (M.), CONDORELLI (L.), DUPUY (P.-M.), KISS (A.-C.), PASTOR (J.A.), *Déclaration sur les aspects juridiques de la coopération transfrontalière*, Symposium universitaire européen sur la coopération transfrontalière, Jaca (Espagne), 29-31 août 1987, Strasbourg : Conseil de l'Europe, 1988.

BERNAD Y ALVAREZ DE EULATE (M.), *La Coopération transfrontalière régionale et locale*, *R.C.AD.I.*, 1993 (VI), vol. 243, p. 293-417.

BEYERLIN (U.), *Rechtsprobleme des lokalen grensüberschreitenden Zusammenarbeit*, Berlin/Heidelberg : Springer, 1988.

BILLET (J.), *Les Relations extérieures des régions et des collectivités locales en vue d'une amélioration des échanges économiques*, rapport présenté au Conseil économique et social, Paris : J.O.R.F., 1992.

BOINVILLIERS (I.), *Coopération décentralisée, Acteurs, pratiques, procédures*, Paris : Ministère des Affaires étrangères/Les éditions du GRET, 1996.

BOTHE (M.), PRIEUR (M.), RESS, dir., *Les Problèmes juridiques posés par les pollutions transfrontalières*, Berlin, 1984.

BRIAL (F.), *Décentralisation territoriale et coopération internationale, Le Cas de l'Outre-mer français*, Paris : L'Harmattan, 1997.

Citées Unies France, *Un Atlas de la coopération décentralisée*, Paris : CUF, 1994.

CLAISSE (Y.), *Le Droit de la coopération décentralisée*, Paris : LGDJ, 1994.

Commission européenne, *Interregional and cross-border cooperation in Europe*, Proceedings of the Conference on interregional cooperation - Regions in Partnership (Brussels, 14-15 déc. 1992), Bruxelles/Strasbourg, 1994.

Conseil de l'Europe, *La Coopération transfrontalière dans le cadre de l'aménagement durable du territoire en Europe centrale*, Aménagement du territoire européen - Série d'études, n° 55, Strasbourg, 1993.

DOLEZ (B.), *Coopération décentralisée et souveraineté de l'État, Contribution à l'étude du régime juridique de l'action extérieure des collectivités territoriales*, thèse multigr., Lille II, 1993.

DOMMERGUES (P.), GARDIN (N.), *Les Stratégies internationales des métropoles européennes*, Paris : Symos, 1989.

ECKLY (P.), *La Coopération transfrontalière et l'administration française*, coll. Études et travaux, Strasbourg : Conseil de L'Europe, 1989.

ESTROSI (C.), *La Coopération transfrontalière au service de l'aménagement du territoire*, rapport du Conseil économique et social, n° 25, Paris : J.O.R.F., 1996.

Fédération mondiale des Citées Unies, *La Coopération décentralisée des collectivités territoriales en Europe*, Levallois-Perret : FMCU, 1990.

FERNÁNDEZ DE CASADEVANTE ROMANI (C.), *La Frontière franco-espagnole et les relations de voisinages*, Bayonne : Harriet, 1989.

GODARD (S.), *Contribution à l'étude des aspects juridiques de la coopération transfrontalière appliquée à la protection de l'environnement*, thèse multigr., Bordeaux I, 1987.

LEJEUNE (Y.), *Le Statut international des collectivités fédérées à la lumière de l'expérience suisse*, Paris : LGDJ, 1984.

LEMAIRE (S.), *Les Contrats des personnes publiques internes en droit international privé*, th. multigr., 2 tomes, Paris I, 1999.

LEVRAT (N.), *Le Droit applicable aux accords de coopération transfrontière entre collectivités publiques infra-étatiques*, Paris : PUF, 1994.

LUBEN (I.), *Une Structure transfrontalière en Europe centrale des Alpes à l'Adriatique*, Dossier n° 40, Paris : Fondation pour les Études de Défense nationale, 1991.

LUCHAIRE (Y.), DOLEZ (B.), VANTROYS (A.), *Les Relations extérieures des Régions françaises*, Paris : La Documentation française, 1992.

Ministère de la Culture/DRAC d'Alsace, *Guide juridique de la coopération culturelle transfrontalière*, Presses Universitaires de Strasbourg, 1995.

NDIAYE (P.), *Les Collectivités territoriales et l'ordre international, État et perspectives de la décentralisation des relations internationales dans le cadre unitaire français*, thèse multigr., Montpellier I, 1994.

PETITEVILLE (F.), *La Coopération décentralisée, Les Collectivités locales dans la coopération Nord-Sud*, Paris : L'Harmattan, 1995.

PERROT (H.), *Le Perfectionnement des instruments internes et externes de la coopération décentralisée à la française*, Rapport d'activité 1994-1995 du Délégué pour l'action extérieure des collectivités locales, Min. des Affaires étrangères, sept. 1995.

PERROT (H.), *Les Nouvelles étapes de la coopération décentralisée*, Rapport d'activité 1991-1992 du Délégué pour l'action extérieure des collectivités locales, Min. des Affaires étrangères, nov. 1992.

RICQ (C.), *Manuel de coopération transfrontalière à l'usage des collectivités locales et régionales en Europe*, Strasbourg : Conseil de l'Europe, 2ème éd., 1995.

ROUSSET (M.), *L'Action internationale des collectivités locales*, Paris : LGDJ, 1998.

SABATIER (P.), *L'Action extérieure des régions : l'exemple de la région Rhône-Alpes*, th. multigr., Aix-Marseille, 1990.

WOEHRLING (J.-M.), *Les Problèmes juridiques de la coopération transfrontalière au niveau local ou régional*, doc. O.C.D.E. ENV./TFP/77.10, 1977.

II-B. ARTICLES SUR LES CONVENTIONS TRANSNATIONALES ENTRE PERSONNES PUBLIQUES

ABTS (M.), "L'Union Économique Bénélux : la concertation frontalière en matière d'aménagement du territoire", *transfront* (86) 3.

ALLINE (J.-P.), "Les perspectives historiographiques de la frontière pyrénéenne : thèmes fondateurs et nouveaux liens transfrontaliers", *Les cahiers du LERASS*, n° 24, 1991, p. 33-62.

ARNOLD (M.), "La coordination des schémas d'aménagement des régions frontalières. Le cas de l'Alsace, de la Rhénanie-Palatinat, du pays de Bade et de la Suisse du Nord-Ouest", Aménagement du territoire européen - Série d'études, Strasbourg : Conseil de l'Europe, 1977.

ARONOVITZ (A.), "Les compétences internationales des régions italiennes", *Revue de droit international, de sciences diplomatiques et politiques*, 1995, p. 145-162.

AUDEOUD (O.), "Les collectivités infra-étatiques dans la vie internationale" *in L'État souverain à l'aube du XXIème siècle*, SFDI, Colloque de Nancy, Paris : Pedone, 1994, p. 139-169.

AUTEXIER (C.), V° "L'action extérieure des collectivités territoriales françaises dans le cadre européen", *Rép. Dalloz, Collectivités locales*, vol. IV, chap. I.

AUTEXIER (C.), "De la coopération décentralisée (commentaire du titre IV de la loi d'orientation du 6 février 1992 relative à l'administration territoriale de la République)", *R.F.D.A.*, 1993, p. 411-425.

AUTEXIER (C.), "Le cadre juridique de l'action extérieure des régions françaises", *R.F.D.A.*, 1986, p. 568-579.

AUTEXIER (C.), "La licéité de l'action extérieure des collectivités territoriales et préservation des intérêts nationaux" *in Coopération décentralisée et coopération multilatérale francophone*, G. CONAC, C. DESOUCHES, J.-C. NEMERY, dir., Paris : Économica, 1989, p. 245-263.

AUTEXIER (C.), "Les fondements et les problèmes juridiques posés par les relations CEE/collectivités locales", *Après Demain*, mai-juin 1989, n° 314-315, p. 26-32.

AUTEXIER (C.), "L'action extérieure des régions", *Cahiers juridiques franco-allemands*, n° 4, 1984.

AUTIN (J.-L.), "Les instruments juridiques de la coopération décentralisée", *J.C.P. éd. E, Cahiers du droit de l'entreprise*, suppl. 4/1993, p. 1-8.

AUTIN (J.-L.), "La coopération décentralisée pour le développement : entre légitimité et légalité", *Les Cahiers du CNFPT*, n° 30, 1990, p. 73-80.

AUTIN (J.-L.), "Les instruments juridiques de la coopération décentralisée" *in Pratique des échanges culturels internationaux : les collectivités territoriales*, ALLIÈS (P.), NÉGRIER (E.), ROCHE (F.), dir., Association Française d'Action Artistique, Paris : Ministère des Affaires étrangères, 1994, p. 23-36.

BALME (R.), BROUARD (S.), BURBAUD (F.), "Coopération inter-régionale et genèse de l'espace public européen", *Sciences de la société*, n° 34, 1995, p. 79-95.

BATIFFOL (H.), note sous la sentence Cassin dans l'affaire des "Cargaisons déroutées", *Rev. crit.*, 1956, p. 300-304.

BORRET (V.), "L'organisation de la coopération décentralisée dans les pays d'Europe", *Les Cahiers du CNFPT*, n° 30, 1990, p. 30-39.

BENOÎT-ROHMER (F.), "Les groupements d'intérêt public de coopération transfrontalière" *in Guide juridique de la coopération culturelle transfrontalière*, Min. de la Culture/ DRAC d'Alsace, Presses Universitaires de Strasbourg, 1995, p. 245-291.

BERG (A.), "Grenzüberschreitende unterstaatliche Zusammenarbeit in Europa : Zum Übereinkommen zwischen Dänemark, Finnland, Norwegen und Schweden über grenzüberschreitende Zusammenarbeit von Gemeiden des nordischen Staaten", *ZaöRV*, 1980, p. 600-624.

BERNAD ALVAREZ DE EULATE (M.), "Un organisme de coopération transfrontalière : la Communauté de travail des Pyrénées. Organisation et fonctionnement", *A.F.D.I.*, 1984, p. 819-835.

BEYERLIN (U.), "Dezentrale grenzüberschreitende Zusammenarbeit als transnationales Rechtsphänomen", *Archiv des Völkerrechts*, 1989, p. 286-327.

BEYERLIN (U.), V° "Transfrontier cooperation between local or regional authorities", *Enc. pub. int. law*, vol. VI, 1983.

BILDER (R.B.), "The Role of States and Cities in Foreign Relations", *A.J.I.L.*, 1989, p. 821-831.

BOTHE (M.), "Rechtsprobleme grenzüberschreitender Planung", *Archiv des Öffentlichen Rechts*, 1977, p. 68-89.

BOUZELY (J.-C.), "L'action extérieure des collectivités territoriales", *Rev. adm.*, 1989, p. 251-252, *id.*, 1987, p. 373-374.

BURCKEL (J.-C.), "Évolution de la coopération interrégionale dans l'espace du Rhin supérieur : l'exemple de l'Alsace" *in Le Droit appliqué à la coopération interrégionale en Europe*, Paris : LGDJ, 1995.

BURDEAU (G.), "Autonomies locales et droit international en France" *in I Rapporti di Vicinato tra Italia e Francia*, A. de GUTTRY, N. RONZITTI, dir., Milan : CEDAM, 1994, p. 241-274.

BURDEAU (G.), "Les accords conclus entre autorités administratives ou organismes publics de pays différents" *in Mélanges Reuter*, Paris : Pedone, 1981, p. 103-126.

CAMBOT (P.), "Commentaire du Traité de Bayonne du 10 mars 1995 relatif à la coopération transfrontalière entre collectivités territoriales" *in La Frontière des origines à nos jours*, Actes des journées de la Société internationale d'histoire du droit, 15-17 mai 1997, M. LAFOURCADE (dir.), P.U. de Bordeaux, 1998, p. 477-499.

COLIN (J.-P.), BOURGI (A.), "Droit international et Coopération décentralisée" *in Coopération décentralisée et coopération multilatérale francophone*, G. CONAC, C. DESOUCHES, J.-C. NEMERY, dir., Paris : Économica, 1989, p. 91-107.

CONAC (G.), "La coopération décentralisée", *Droits africains 1989-1990*, n° 11, Paris : Centre d'études juridiques et politiques du monde africain, 1990.

CONETTI (G.), "Enti locali e cooperazione transfrontaliera : problemi e prospettive" *in I Rapporti di Vicinato tra Italia e Francia*, A. de GUTTRY, N. RONZITTI, dir., Milan : CEDAM, 1994, p. 275-283.

Conseil d'État, avis n° 356381 en date du 25 octobre 1994, *Grands avis du Conseil d'État*, p. 498-499.

DAYNAC (M.), "Coopération économique des territoires frontaliers dans le sud de l'Europe. Quelques pistes de recherche", *Inter-Régions*, 1991, p. 153-159.

DECAUX (E.), "La convention-cadre européenne sur la coopération transfrontalière des collectivités ou des autorités locales", *R.G.D.I.P.*, 1984, p. 557-615, spéc. p. 579-586.

DELAHAYE (Y.), "La coopération décentralisée entre pays développés", *Les Cahiers du CNFPT*, n° 30, 1990, p. 40-45.

DEVES (C.), "*Coopération transfrontalière et relations à l'extérieur des collectivités locales françaises*", *Ann. Fac. dr. sc. pol. Clermont-Ferrand*, 1989, p. 139-153.

DOLEZ (B.), "Le Protocole additionnel à la convention-cadre européenne sur la coopération transfrontalière des collectivités ou autorités territoriales", *R.G.D.I.P.*, 1996, p. 1005-1022.

DOLEZ (B.), "Le régime juridique de la coopération décentralisée après l'adoption de la loi d'orientation pour l'aménagement et le développement du territoire", *R.F.D.A.*, 1995, p. 936-945.

DOLEZ (B.), "L'organisation des espaces transfrontaliers" *in Le Renouveau de l'aménagement du territoire en France et en Europe*, J.-C. NÉMERY (dir.), Paris : Économica, 1994, p. 643-653.

DOLEZ (B.), "Nouvelles perspectives de la coopération décentralisée", *Regards sur l'actualité*, n° 182, juin 1992, p. 38-47.

DORMOY (D.), "Les relations internationales et l'outre-mer : l'exemple polynésien", *A.J.D.A.*, 1992, p. 575-580.

DORMOY (D.), "Le cadre juridique des relations extérieures des collectivités territoriales de l'outre-mer français" *in Le Droit appliqué à la coopération interrégionale en Europe*, Paris : LGDJ, 1995, p. 185-194.

DU BOIS de GAUDUSSON (J.), "L'État français et le contrôle des actions extérieures des collectivités territoriales" *in Le Droit appliqué à la coopération interrégionale en Europe*, Paris : LGDJ, 1995, p. 225-237.

DUPUY (P.-M.), "Legal Aspects of Transfrontier Regional Co-operation", *West European Politics*, 1982, p. 50-63.

DUPUY (P.-M.), "La frontière et l'environnement" *in La Frontière*, SFDI, Colloque de Poitiers, Paris : Pedone, 1980, p. 268-286.

DUPUY (P.-M.), "La coopération régionale transfrontalière et le droit international", *A.F.D.I.*, 1977, p. 837-860.

DÜRR (D.), "Les agglomérations transfrontalières" *in Le Renouveau de l'aménagement du territoire en France et en Europe*, J.-C. NÉMERY (dir.), Paris : Économica, 1994, p. 625-641.

ECKLY (P.), "Le droit de la coopération transfrontalière" *in Guide juridique de la coopération transfrontalière*, Ministère de la culture - D.R.A.C. d'Alsace, Presses Universitaires de Strasbourg, 1995, p. 9-49.

ERCMANN (S.), "General report for Europe" *in Transatlantic colloquy on cross-border relations, European and north american perspectives*, Zürich : Schulthess, 1987, p. 23-82.

ERNECQ (J.-M.), "La coopération inter-régionale dans le Nord-Pas-de-Calais" *in Coopération décentralisée et coopération multilatérale francophone*, G. CONAC, C. DESOUCHES, J.-C. NEMERY, dir., Paris : Économica, 1989, p. 163-167.

FANDARD (T.), "Jumelage coopération entre la préfecture de Butare au Rwanda et le département du Loiret en France", *Les Cahiers du CNFPT*, n° 30, 1990, p. 97-100.

FAVOREU (L.), "Les juridictions constitutionnelles et l'action extérieure des collectivités territoriales" *in Le Droit appliqué à la coopération interrégionale en Europe*, Paris : LGDJ, 1995, p. 35-46.

FERSTENBERT (J.), "Droit et pratique de l'action extérieure des collectivités territoriales", *Rev. jur. Centre-Ouest*, 1988, p. 9-34.

FISCHER (C.), TORRICELLI (G.P.), "Transports et coopération interrégionale dans les Alpes. Un bilan mitigé", *Sciences de la société*, n° 37, 1996, p. 132-149.

FOMERAND (G.), "Coopération internationale décentralisée et évaluation financière des projets de développement urbain dans l'espace francophone", *Rev. fr. fin. pub.*, 1991, p. 159-180.

GAUTRON (J.-C.), "La politique régionale de la communauté et les relations extérieures des collectivités locales" *in Le Droit appliqué à la coopération interrégionale en Europe*, Paris : LGDJ, 1995, p. 81-97.

GRUBER (A.), "La coopération locale à l'heure de l'Union européenne : les nouvelles formes de regroupement des collectivités décentralisées", *L.P.A.*, 2 février 1994, n° 14, p. 21-23.

HÜLSHOFF (U.), "La protection de l'environnement dans la région Sarre-Lorraine" *in La Protection de l'environnement dans les régions frontalières*, Paris : OCDE, 1979, p. 270-295.

JOHANNSON (P.R.), "British Columbia's relations with the United States", *Canadian Public Administration*, 1978, p. 212-233.

JOLY (C.), "La coopération infra-étatique en Méditerranée : vers un nouveau multilatéralisme" *in La Méditerranée, espace de coopération, En l'honneur de M. Flory*, Paris : Économica, 1994, p. 289-295.

KISS (A.C.), "La frontière - coopération" *in La Frontière*, SFDI, Colloque de Poitiers, Paris : Pedone, 1980, p. 183-223.

KROMAREK (P.), "Décentralisation et coopération transfrontalière", *Environment policy and law*, 1982, p. 119-131.

KUKAWKA (P.), "Les relations entre la région Rhône-Alpes et Genève", *Ann. Fac. Clermont-Ferrand*, 1989, p. 127-135.

LABETOULLE (D.), obs. sous Avis du C.E. du 6 mars 1986, *Grands avis du Conseil d'État* n° 21.

LAFORE (R.), "L'action à l'étranger des collectivités territoriales", *R.D.P.*, 1985, p. 763-811.

LAFOURCADE (M.), "La frontière franco-espagnole, lieu de conflits interétatiques et de collaboration interrégionale" *in La Frontière des origines à nos jours*, Actes des journées de la Société internationale d'histoire du droit, 15-17 mai 1997, M. LAFOURCADE (dir.), P.U. de Bordeaux, 1998, p. 331-345.

LEACH (R.H.), WALKER (D.E.), LEVY (T.A.), "Province-State Trans-border Relations: a Preliminary Assessment", *Canadian Public Administration*, 1973, p.468-482.

LEVRAT (N.), "La coopération transfrontalière franco-suisse et l'échéance européenne de 1992", *Ann. Fac. Clermont-Ferrand*, 1989, p. 104-126.

LEVRAT (N.), "De quelques paradoxes du droit de la coopération transfrontalière" *in L'Extranéité ou le dépassement de l'ordre juridique étatique*, Actes du colloque organisé par l'I.E.D.I. de la Faculté de Lausanne, 27-28 novembre 1997, E. WYLER, A. PAPAUX, dir., Paris : Pedone, 1999, p. 205-221.

LOCATELLI (R.), "La décentralisation de la coopération transfrontalière en Europe. La mise en oeuvre de la convention-cadre européenne sur la coopération transfrontalière des collectivités ou autorités territoriales", *Pouvoirs*, n° 19, 1981, p. 59-66.

LUCHAIRE (Y.), "Le cadre juridique français de l'action extérieure des collectivités territoriales" *in Le Droit appliqué à la coopération interrégionale en Europe*, Paris : LGDJ, 1995, p. 169-184.

LUCHAIRE (Y.), "L'euro-région, fille naturelle du tunnel sous la Manche ?" *in Le Tunnel sous la Manche entre États et marchés*, G. MARCOU, R. WICKERMAN, Y. LUCHAIRE, dir., Presses universitaires de Lille, 1992, p. 378-315.

LUCHAIRE (Y.), "Les Régions françaises et la coopération décentralisée" *in Les Relations extérieures des Régions françaises*, Y. LUCHAIRE, B. DOLEZ, A. VANTROYS, Paris : La Documentation française, 1992, p. 2-27.

LUCHAIRE (Y.), "Les régions et l'Europe", *Ann. coll. loc.*, 1990, p. 23-35.

LUCHAIRE (Y.), "La coopération décentralisée Nord-Sud", *Les Cahiers du CNFPT*, n° 30, 1990, p. 81-88.

LUCHAIRE (Y.), "Fondement juridique des relations extérieures des régions françaises" *in Coopération décentralisée et coopération multilatérale francophone*, G. CONAC, C. DESOUCHES, J.-C. NEMERY, dir., Paris : Économica, 1989, p. 209-218.

MADIOT (Y.), "Coopération décentralisée", *J.-Cl. Collectivités territoriales*, vol. I, fasc. 60.

MANN (F.-A.), "Another Agreement between States under National Law ?", *A.J.I.L.*, 1974, p. 490-497.

MANN (F.A.), "About the proper law of contracts between States" *in International Studies*, Oxford : Clarendon Press, 1973, p. 241-255.

MANN (F.A.), "Die Verträge des Völkerrechtssubjekte und die Parteiautonomie" *in Ius et Lex, Festgabe zum 70. Geburtstag von Max Gutzwiller*, Bâle : Verlag Helbing & Lichtenhahn,1959, p. 465-487.

MANN (F.-A.), "The proper law of contracts concluded by international persons", *B.Y.I.L.*, 1959, p. 34-57.

MANN (F.A.), "The Law Governing State Contracts", *B.Y.I.L.*, 1944, p. 11-23.

MARCOU (G.), "La sentence arbitrale relative à la convention d'utilisation du tunnel sous la Manche par la SNCF et British Rail", *A.F.D.I.*, 1997, p. 811-842.

MARTINENGO (R.), *La Communauté de travail des Alpes occidentales*, rapp., *transfront* (86) 13.

MATHIEU (B.), "Les relations extérieures des régions. Des actions en plein développement dans un cadre juridique mal adapté", *L.P.A.*, 15 juin 1990, n° 72, p. 7-13.

MESTRE (C.), "La coopération décentralisée et le droit international" *in Le Droit appliqué à la coopération interrégionale en Europe*, Paris : LGDJ, 1995, p. 47-70.

MESTRE (C.), "La Communauté économique européenne et le développement de la coopération transfrontalière" *in Les Régions de l'espace communautaire*, J. CHARPENTIER, C. ENGEL, dir., Presses Universitaires de Nancy, 1992, p. 163-188.

MORVIDUCCI (C.), "The international activities of the italian regions", *I.Y.I.L.*, 1976, p. 201-223.

MOURA RAMOS (R.M.), "Le droit de la coopération décentralisée au Portugal" *in Le Droit appliqué à la coopération interrégionale en Europe*, Paris : LGDJ, 1995, p. 149-168.

NDIAYE (P.), "La coopération transfrontalière des collectivités décentralisées sur l'arc méditerranéen", *Sciences de la société*, n° 37, 1996, p. 151-171.

NDIAYE (P.), "L'ouverture des régions sur le monde. Dix années de politique 'internationale' du conseil régional de Languedoc-Roussillon", *Sciences de la société*, n° 34, 1995, p. 159-176.

OLIVESI (C.), PASTOREL (J.-P.), "Pour la coopération transfrontalière Corse-Sardaigne : le programme INTERREG", *Rev. adm.*, 1991, p. 201-204.

OLIVESI (C.), PASTOREL (J.-P.), "La place de la Corse dans la coopération méditerranéenne", *Rev. adm.*, 1990, p. 201-206.

OSMAN (F.), "Un nouveau champ d'exploration pour le droit international privé : la coopération transfrontière entre collectivités publiques infra-étatiques", *Rev. crit.*, 1997, p. 403-445.

OUYAHIA (E.), "Régions transfrontalières et environnement sur l'arc méditerranéen", *Sciences de la société*, n° 37, 1996, p. 173-183.

PASTOREL (J.-P.), "Les initiatives de coopération inter-régionale entre les différentes zones de la communauté européenne : l'exemple français", *Rev. de science administrative de la Méditerranée occidentale*, 1989, p. 173-180.

PÉREZ GONZALEZ (M.), "La coopération interrégionale et sa possible couverture conventionnelle" *in Le Droit appliqué à la coopération interrégionale en Europe*, Paris : LGDJ, 1995, p. 99-119.

PERRIN (B.), "Coopération transfrontalière des collectivités locales. Contenu et limites de l'accord quadrilatéral de Karlsruhe", *Rev. adm.*, 1996, p. 81-88.

PETIT (Y.), "Financements communautaires en faveur de la coopération transfrontalière et mise en cause des frontières entre États" *in Les Régions de l'espace communautaire*, J. CHARPENTIER, C. ENGEL, dir., Presses Universitaires de Nancy, 1992, p. 189-216.

PHILIPPE (X.), "Les limites et le renouveau de la coopération décentralisée", note sous T.A. Saint-Denis de la Réunion, 18 décembre 1991, *M. Lechat c/ Maire de la commune de Saint-Denis*, *L.P.A.*, 21 juin 1993, n° 74, p. 5-8.

PONTE IGLESIAS (M.T.), "Les accords conclus par les autorités locales de différents États sur l'utilisation des eaux frontalières dans le cadre de la coopération transfrontalière", *Rev. suisse dr. int. dr. eur.*, 1995, p. 103-134.

PRIEUR (M.), "Les bases juridiques de la coopération frontalière locale et régionale", *R.F.D.A.*, 1985, p. 322-331.

RAPP (L.), "Les compétences internationales des collectivités locales françaises" *in L'Eurorégion, Journées d'étude (8-9 décembre 1992)*, Presses de l'Université des sciences sociales de Toulouse, 1993, p. 79-89.

RICQ (C.), "Les institutions interrégionales transfrontalières en Europe" *in Les Cahiers du CNFPT*, n° 30, 1990, p. 127-140.

ROBERT (J.), "La coopération entre les collectivités territoriales et notamment régionales au sein de la CEE", *Après Demain*, n° 314-315, 1989, p. 19-22.

ROBERTS (N.L.), "Private and public international law aspects of government contracts", *Military Law Review*, 1967, p. 1-60.

RODGERS(R.S.), "Conclusion of a Quebec-Louisiana Agreement on Cultural Cooperation", *A.J.I.L.*, 1970, p. 380-394.

SADOCK (H.), VINCENT (N.), "Les associations et fondations transfrontalières" *in Guide juridique de la coopération culturelle transfrontalière*, Presses Universitaires de Strasbourg, 1995, p. 199-243.

SALCEDO IZU (J.), "Les Aludes : lieu de conflits interétatiques et de coopération inter-régionale" *in La Frontière des origines à nos jours*, Actes des journées de la Société internationale d'histoire du droit, 15-17 mai 1997, M. LAFOURCADE (dir.), P.U. de Bordeaux, 1998, p. 379-400.

SALIN (P.A.), "Les contrats Landsat de télédétection signés par les agences spatiales américaines avec les stations-sol étrangères", *A.F.D.I.*, 1992, p. 998-1008.

SALIN (P.A.), "Présentation de quelques contrats bilatéraux de télédétection commerciale entre opérateurs de satellites et stations-sol", *Rev. dr. aff. int.*, 1992, p. 219-234.

SEERDEN (R.), "The public international law character of transfrontier agreements between decentralized authorities", *L.J.I.L.*, 1992, p. 187-231.

SEKUTOWICZ (J.), "Sar-Lor-Lux : un modèle de coopération interrégionale au coeur de l'Europe", *Rev. adm.*, 1989, p. 11-14.

SMETS (H.), "Améliorer les conditions de la coopération internationale pour la protection de l'environnement dans les régions frontalières" *in La Prévention des pollutions transfrontalières et la coopération des collectivités locales et régionales*, Conférence des pouvoirs locaux et régionaux, Congrès d'Aix-la-Chapelle (3-5 avril 1979) : CONG-TFP (79) 24.

TAMBOU (O.), "Le traité de Bayonne : un succès relatif pour le développement de la coopération transfrontalière franco-espagnole", *R.B.D.I.*, 1998, p. 538-598.

VANDELLI (L.), ABAGNALE (G.), "Les activités à l'étranger des régions et des organismes locaux : le cas italien", *Les Cahiers du Craps*, n° 5, 1988, p. 96-123.

VERHOEVEN (J.), "Traités ou contrats entre États ? Sur les conflits de lois en droit des gens", *J.D.I.*, 1984, p. 5-36.

VON MALCHUS (V.), "La coopération des régions frontalières européennes", *Revue de droit international, de sciences diplomatiques et politiques*, 1972, p. 206-250, *id.*, 1973, p. 52-76.

WACKERMANN 'G.), "Belfort, Colmar, Mulhouse, Bâle, Fribourg-en-Brisgau : un espace économique transfrontalier", *N.E.D.*, n° 4824, 1986.

WERNER (K.), SENIGOUT (D.), "La coopération transfrontalière de proximité un enjeu majeur de développement", *Rev. fr. fin. pub.*, 1991, p. 141-158.

TABLE DES MATIÈRES

Ouvrages parus dans la même collection

Tome 193. - *Sécurité des consommateurs et responsabilité du fait des produits défectueux*. Colloque 6-7 nov. 1986, sous la direction de J. Ghestin. 1987.
Tome 194. - POUGHON (J.-M.) : *Histoire doctrinale de l'échange*. Préface de J.-P. Braud. 1987.
Tome 195. - VASSILAKAKIS (E.) : *Orientations méthodologiques dans les codifications récentes du droit international privé en Europe*. Préface de P. Lagarde. 1987.
Tome 196. - *Le contrat aujourd'hui, comparaisons franco-anglaises*, collectif sous la direction de D. Tallon et D. Harris. 1987.
Tome 197. - MARGELLOS (T.-M.) : *La protection du vendeur à crédit d'objets mobiliers corporels à travers la clause de réserve de propriété*. Préface de J.-M. Bischoff. 1988.
Tome 198. - JARROSON (Ch.) : *La notion d'arbitrage*. Préface de B. Oppetit. 1987.
Tome 199. - CHARDIN (N.) : *Le contrat de consommation de crédit et l'autonomie de la volonté*. Préface de J.-L. Aubert. 1988.
Tome 200. - EL HASSANI (M.) : *Les groupes de société au Maroc*. 2 vol., sous presse.
Tome 201. - BUSSY-DUNAUD (F.) : *Le concours d'actions en justice entre les mêmes parties*. Préface de J. Ghestin. 1988.
Tome 202. - DUBOC (G.) : *La compensation et les droits des tiers*. Préface de J.-L. Mouralis. 1989.
Tome 203. - PENNEAU (A.) : *Règles de l'art et normes techniques*. Préface de G. Viney. 1989.
Tome 204. - CORDIER (B.) : *Le renforcement des fonds propres dans les sociétés anonymes*. Préface de Y. Guyon. 1989.
Tome 205. - POLLAUD-DULIAN (F.) : *Le droit de destination, le sort des exemplaires en droit d'auteur*. Préface de A. Françon. 1989.
Tome 206. - FERRY (C.) : *La validité des contrats en droit international privé*, France-U.S.A.. Préface de B. Teyssié. 1989.
Tome 207. - BILLIAU (M.) : *La délégation de créance*, essai d'une théorie juridique de la délégation en droit des obligations. Préface de J. Ghestin. 1989.
Tome 208. - PICOD (Y.) : *Le devoir de loyauté dans l'exécution du contrat*. Préface de G. Couturier. 1989.
Tome 209. - MONTREDON (J.-F.) : *La désolennisation des libéralités*. Préface de B. Teyssié. 1989.
Tome 210. - CONDOVASAINITIS (T.) : *Le secteur public industriel et commercial au regard du droit français et du droit communautaire de la concurrence*. Préface de M. Pédamon. 1989.
Tome 211. - MARKOVITS (Y.) : *La directive C.E.E. du 25 juillet 1985 sur la responsabilité du fait des produits défectueux*. Préface de J. Ghestin. 1990.
Tome 212. - LEVENEUR (L.) : *Situations de fait et droit privé*. Préface de M. Gobert. 1990.

Tome 213. - CABRILLAC (R.) : *L'acte juridique conjonctif en droit privé français*. Préface de P. Catala. 1990.
Tome 214. - FADEL RAAD (N.) : *L'abus de la personnalité morale en droit privé*. Préface de F. Terré. 1991.
Tome 215. - JAMIN (C.) : *La notion d'action directe*. Préface de J. Ghestin. 1991.
Tome 216. - HANNOUN (C.) : *Le droit et les groupes de sociétés*. Préface de A. Lyon-Caen. 1991.
Tome 217. - DURNERIN (P.) : *La notion de passif successoral*. Préface de G. Cornu. 1992.
Tome 218. - GUELFUCCI-THIBIERGE (C.) : *Nullité, restitutions et responsabilité*. Préface de J. Ghestin. 1993.
Tome 219. - PAMBOUKIS (C.) : *L'acte public étranger en droit international privé*. Préface de P. Lagarde. 1992.
Tome 220. - ANTONMATTEI (P.H.) : *Contribution à l'étude de la force majeure*. Préface de B. Teyssié. 1992.
Tome 221. - FABRE-MAGNAN (M.) : *De l'obligation d'information dans les contrats*. Essai d'une théorie. Préface de J. Ghestin. 1992.
Tome 222. - BRANLARD (J.-P.) : *Le sexe et l'état des personnes*. Préface de F. Terré. 1993.
Tome 223. - MAZEAUD (D.) : *La notion de clause pénale*. Préface de F. Chabas. 1992.
Tome 224. - OSMAN (F.) : *Les principes généraux de la Lex Mercatoria*. Préface de E. Loquin. 1992.
Tome 225. - LIBCHABER (R.) : *Recherches sur la monnaie en droit privé*. Préface de P. Mayer. 1992.
Tome 226. - DIAB (N. A.) : *Le tribunal internationalement compétent en droit libanais et français*. Préface de J. Foyer. 1993.
Tome 227. - FONTAINE (M.) GHESTIN (J.) : *Les effets du contrat à l'égard des tiers*. Comparaisons franco-belges. 1992.
Tome 228. - COLIN (Th.) : *Le notaire français et le notaire suisse face à l'Europe*. Préface de J. Foyer. 1993.
Tome 229. - COHEN (D.) : *Arbitrage et société*. Préface de B. Oppetit. 1993.
Tome 230. - COURSIER (Ph.) : *Le conflit de lois en matière de contrat de travail*. Préface de B. Teyssié. 1993.
Tome 231. - CASAUX (L.) : *La pluriactivité ou l'exercice par une même personne physique de plusieurs activités professionnelles*. Préface de M. Despax. 1993.
Tome 232. - DELIYANNI (E.) : *Le droit de représentation des auteurs face à la télévision transfrontalière par satellite et par câble*. Préface de A. Françon. 1993.
Tome 233. - HOCHART (C.) : *La garantie d'éviction dans la vente*. Préface de J. Ghestin. 1993.
Tome 234. - BEIGNIER (B.) : *L'honneur et le droit*. Préface de J. Foyer. 1995.
Tome 235. - LASZLO-FENOUILLET (D.) : *La conscience*. Préface de J. Cornu. 1993.
Tome 236. - D'AMBRA (D.) : *L'objet de la fonction juridictionnelle : dire le droit et trancher les litiges*. Préface de G. Wiederkehr. 1994.
Tome 237. - ROUTIER (R.) : *Les fusions de sociétés commerciales*. Préface de G. Martin. 1994.
Tome 238. - DUVAL-ARNOULD (D.) : *Le corps de l'enfant*. Préface de J. Cornu. 1994.
Tome 239. - LAGARDE (X.) : *Réflexion critique sur le droit de la preuve*. Préface de J. Ghestin. 1994.
Tome 240. - KINSCH (P.) : *Le fait du prince étranger*. Préface de J.-M. Bischoff. 1994.
Tome 241. - LABARTHE (F.) : *La notion de document contractuel*. Préface de J. Ghestin. 1994.

Tome 242. - REGNAUT-MOUTIER (C.) : *La notion d'apport en jouissance*. Préface de J. Prieur. 1994.
Tome 243. - GERSCHEL (Ch.) : *Les groupements sportifs professionnels : aspects juridiques*. Préface de Ch. Gavalda. 1994.
Tome 244. - CHANIOT-WALINE (M.) : *La transmission des clientèles civiles*. Préface de J. Ghestin. 1994.
Tome 245. - CHORIN (J.) : *Le particularisme des relations du travail dans les entreprises publiques à statut*. Préface de P. Rodière. 1994.
Tome 246. - GENDREAU (Y.) : *La protection des photographies en droit d'auteur français, américain, britannique et canadien*. Préface de A. Françon. 1994.
Tome 247. - YANNAKOUROU (S.) : *L'État, l'autonomie collective et le travailleur : étude comparée du droit italien et du droit français de la représentativité syndicale*. Préface de A. Lyon-Caen. 1995.
Tome 248. - CROCQ (P.) : *Propriété et garantie*. Préface de M. Gobert. 1995.
Tome 249. - CREPIN (S.) : *Les sentences arbitrales devant le juge français*. Préface de Ph. Fouchard. 1995.
Tome 250. - CARVAL (S.) : *La responsabilité civile dans sa fonction de peine privée*. Préface de G. Viney. 1995.
Tome 251. - MOULOUNGUI (C.) : *L'admissibilité du profit dans la subrogation*. Préface de F. Grua. 1995.
Tome 252. - THULLIER (B.) : *L'autorisation*. Etude de droit privé. Préface de A. Bénabent. 1996.
Tome 253. - WICKER (G.) : *Les fictions juridiques, contribution à l'analyse de l'acte juridique*. Préface de J. Amiel-Donat. 1997.
Tome 254. - DE MUNAGORRI (R. E.) : *L'acte unilatéral dans les rapports contractuels*. Préface de A. Lyon-Caen. 1996.
Tome 255. - MYOUNG (S. K.) : *La rupture du contrat pour inexécution fautive en droit coréen et français*. Préface de J. Ghestin. 1996.
Tome 256. - AMIEL-COSME (L.) : *Les réseaux de distribution*. Préface de Y. Guyon. 1995.
Tome 257. - DE VAREILLES-SOMMIÈRES (P.) : *La compétence internationale de l'État en matière de droit privé*. Préface de P. Mayer. 1997.
Tome 258. - PAULIN (Ch.) : *La clause résolutoire*. Préface de J. Devèze. 1996.
Tome 259. - Sous la direction de C. LABRUSSE-RIOU : *Le droit saisi par la biologie*. 1996.
Tome 260. - SOUMRANI (P.) : *Le portage d'actions*. Préface de B. Oppetit. 1996.
Tome 261. - Sous les directions de J. GHESTIN et M. FONTAINE : *La protection de la partie faible dans les rapports contractuels. Comparaisons franco-belges*. 1996.
Tome 262. - MEDJAOUI (K.) : *Les marchés à terme dérivés et organisés d'instruments financiers : étude juridique*. Préface de Ch. Gavalda. 1996.
Tome 263. - ANDORNO (R.) : *La distinction juridique entre les personnes et les choses à l'épreuve des procréations artificielles*. Préface de F. Chabas. 1996.
Tome 264. - SAVAUX (E.) : *La théorie générale du contrat, mythe ou réalité ?* Préface de J.-L. Aubert. 1997.
Tome 265. - JAULT-SESEKE (F.) : *Le regroupement familial en droit comparé français et allemand*. Préface de P. Lagarde. 1996.
Tome 266. - BERGÉ (J.-S.) : *La protection internationale et communautaire du droit d'auteur. Essai d'une analyse conflictuelle*. Préface de P. Lagarde. 1996.
Tome 267. - NICOLAS (V.) : *Essai d'une nouvelle analyse du contrat d'assurance*. Préface de J. Héron. 1996.

Tome 268. - BACACHE-GIBEILI (M.) : *La relativité des Conventions et les groupes de contrats*. Préface de Y. Lequette. 1996.
Tome 269. - STEICHEN (P.) : *Les sites contaminés*. Préface de G.-J. Martin. 1996.
Tome 270. - LE BARS (Th.) : *Le défaut de base légale en droit judiciaire privé*. Préface de J. Héron. 1997.
Tome 271. - MOINE (I.) : *Les choses hors commerce : une approche de la personne humaine juridique*. Préface de E. Loquin. 1997.
Tome 272. - FAUVARQUE-COSSON (B.) : *Libre disponibilité des droits et conflits de lois*. Préface de Y. Lequette. 1996.
Tome 273. - GATSI (J.) : *Le contrat-cadre*. Préface de M. Béhar-Touchais. 1996.
Tome 274. - LOISEAU (G.) : *Le nom, objet d'un contrat*. Préface de J. Ghestin. 1997.
Tome 275. - KONDYLI (I.) : *La protection de la famille par la réserve héréditaire en droits français et grec comparés*. Préface de P. Catala. 1997.
Tome 276. - DEBOISSY (F.) : *La simulation en droit fiscal*. Préface de M. Cozian. 1997.
Tome 277. - PARDOEL (D.) : *Les conflits de lois en matière de cessions de créances et opérations analogues*. Préface de Paul Lagarde. 1997.
Tome 278. - BORÉ (L.) : *La défense des intérêts collectifs par les associations devant les juridictions administratives et judiciaires*. Préface de G. Viney. 1997.
Tome 279. - ROUMY (F.) : *L'adoption dans le droit savant du XIIe siècle au XVIe siècle*. Préface de Anne Lefebvre-Teillard. 1998.
Tome 280. - DOUET (F.) : *Contribution à l'étude de la sécurité juridique en droit fiscal interne français*. Préface de B. Néel. 1997.
Tome 281. - REIGNÉ (P.) : *La cause efficiente dans le droit des contrats*. Préface de B. Audit. A paraître.
Tome 282. - RADÉ (C.) : *Droit du travail et responsabilité civile*. Préface de J. Hauser. 1997.
Tome 283. - LUCAS (F.-X.) : *Les transferts temporaires de valeurs mobilières. Pour une fiducie de valeurs mobilières*. Préface de L. Lorvellec. 1997.
Tome 284. - MIRABAIL (S.) : *La rétractation en droit privé français*. Préface de J.-P. Marty. 1997.
Tome 285. - MENJUCQ (M.) : *La mobilité des sociétés dans l'espace européen*. Préface de P. Le Cannu. 1997.
Tome 286. - MILHAC (O.) : *La notion de condition dans les contrats à titre onéreux*. A paraître.
Tome 287. - MOLFESSIS (N.) : *Le Conseil constitutionnel et le droit privé*. Préface de M. Gobert, 1997.
Tome 288. - SERINET (Y.-M.) : *Les régimes comparés des sanctions de l'erreur, des vices cachés et de l'obligation de délivrance de la vente*. A paraître.
Tome 289. - Sous la dir. de G. VINEY : *L'indemnisation des accidents médicaux*. Actes du colloque organisé par le Centre de droit des obligations de l'Université de Paris I (Panthéon-Sorbonne) le 24 avril 1997. Avant-propos de G. Viney. 1997.
Tome 290. - GRATALOUP (S.) : *L'enfant et sa famille dans les normes européennes*. Préface de H. Fulchiron. 1998.
Tome 291. - PETIT (F.) : *La notion de représentation dans les relations collectives du travail*. Préface de P. Rodière. 2000.
Tome 292. - CUTAJAR-RIVIÈRE (Ch.) : *La société écran*. Essai sur sa notion et son régime juridique. Préface de P. Diener. 1998.
Tome 293. - LEBEL (Ch.) : *L'élaboration du plan de continuation de l'entreprise en redressement judiciaire*. A paraître.

Tome 294. - JACOB (F.) : *Le Constitut ou l'engagement autonome de payer la dette d'autrui à titre de garantie*. 1998.
Tome 295. - MICHAS BEGUERIE (S.) : *Régimes privés de retraites*. Perspectives comparative et européenne. Préface de A. Lyon-Caen. 1998.
Tome 296. - NEUVILLE (S.) : *Le plan en droit privé*. Préface de C. Saint-Alary-Houin. 1998.
Tome 297. - SILHOL (B.) : *Le chômage partiel*. Préface de A. Cœuret. 1998.
Tome 298. - PATAUT (E.) : *Principe de souveraineté et conflits de juridictions*. Préface de P. Lagarde. 1999.
Tome 299. - TUFFERY (J.-M.) : *Ebauche d'un droit de la consommation*. La protection du chaland sur les marchés toulousains aux XVIIe et XVIIIe siècles. Préface de J. Calais-Auloy. 1998.
Tome 300. - CADOU (E.) : *La distribution de la presse*. Préface de J. Ghestin. 1998.
Tome 301. - BOUCOBZA (X.) : *L'acquisition internationale de société*. Préface de P Fouchard. 1998.
Tome 302. - SCHOLASTIQUE (E.) : *Le devoir de diligence des administrateurs de sociétés. Droits français et anglais*. Préface de A. Tunc. 1998.
Tome 303. - MONSALLIER (M.-C.) : *L'aménagement contractuel du fonctionnement de la société anonyme*. Préface de A. Viandier. 1998.
Tome 304. - CHANTELOUP(H.) : *Les quasi-contrats en droit international privé*. Préface de M.-L. Niboyet. 1998.
Tome 305. - CHEN(L.) : *Problèmes de droit international privé concernant les personnes physiques étrangères en Chine*. Préface de P. Lagarde. 1998.
Tome 306. - KARIMI (A.) : *Les clauses abusives et l'abus de droit*. Préface de P. Simler. A paraître.
Tome 307. - JOUFFIN (E.) : *Le sort des contrats en cours dans les entreprises soumises à une procédure collective*. Préface de C. Gavalda. 1998.
Tome 308. - COSTA (M.-L.) : *Le crédit documentaire. Etude comparative*. Préface de H. Lesguillons. 1998.
Tome 309. - RACINE (J.-B.) : *L'arbitrage commercial international et l'ordre public*. Préface de P. Fouchard. 1999.
Tome 310. - GUINERET-BROBBEL DORSMAN (A.) : *La GmbH et Co. KG allemande et la « commandite à responsabilité limitée » française : une illustration de la liberté contractuelle en droit des sociétés ?* Préface de M. Fromont. 1998.
Tome 311. - ROCHFELD (J.) : *Cause et type de contrat*. Préface de J. Ghestin. 1999.
Tome 312. - CHABOT (G.) : *Des distorsions entre droit civil et droit fiscal en droit successoral*. Préface de R. Le Guidec.
1999.
Tome 313. - BLANLUET (G.) : *Essai sur la notion de propriété économique en droit privé français. Recherches au confluent du droit fiscal et du droit civil*. Préface de P. Catala. 1999.
Tome 314. - COIPEL-CORDONNIER (N.) : *Les conventions d'arbitrage et d'élection de for en droit international privé*. Préface de M. Fallon. 1999.
Tome 315. - AUGUET (Y.) : *Concurrence et clientèle*. Préface de Y. Serra. A paraître.
Tome 316. - GJIDARA (S.) : *L'endettement et le droit privé*. Préface de A. Ghozi. 1999.
Tome 317. - MAGNIER (V.) : *Rapprochement des droits dans l'Union européenne et viabilité d'un droit commun des sociétés*. Préface de P. Didier. 1999.
Tome 318. - JEULAND (E.) : *La substitution de personne dans un rapport d'obligation*. Préface de L. Cadiet. 1999.

Tome 319. - TAYLOR (S.) : *L'harmonisation communautaire de la responsabilité du fait des produits défectueux. Étude comparative du droit anglais et du droit français*. Préface de G. Viney. 1999.
Tome 320. - BERTHIAU (D.) : *Le principe d'égalité et le droit civil des contrats*. Préface de J.-L. Sourioux. 1999.
Tome 321. - MALECKI (C.) : *L'exception d'inexécution*. Préface de J. Ghestin. 1999.
Tome 322. - LITTY (O.) : *Inégalité des parties et durée du contrat. Étude de quatre contrats d'adhésion usuels*. Préface de J. Ghestin. 1999.
Tome 323. - BRENNER (C.) : *L'acte conservatoire*. Préface de P. Catala. 1999.
Tome 324. - BOUSSOUGOU-BOU-MBINE (F. L.) : *La pénétration des idées communautaire dans les régimes séparatistes*. Préface de P. Simler. 1999.
Tome 325. - CHALVIGNAC (F.) : *La rédaction d'un acte juridique : le bail commercial*. Préface de J.-P. Marty. 1999.
Tome 326. - SAUPHANOR (N.) : *L'influence du droit de la consommation sur le système juridique*. Préface de J. Ghestin. 2000.
Tome 327. - GUTMANN (D.) : *Le sentiment d'identité. Etude de droit des personnes et de la famille*. Préface de F. Terré. 2000.
Tome 328. - BLÉRY (C.) : *L'efficacité substantielle des jugements civils*. Préface de P. Mayer. 2000.
Tome 329. - ALBIGES (C.) : *De l'équité du droit privé*. Préface de R. Cabrillac. 2000.
Tome 330. - LEKKAS (G.) : *L'harmonisation du droit des offres publiques et la protection de l'investisseur*. Préface de A. Viandier. 2001.
Tome 331. – LECOURT (B.) : *L'influence du droit communautaire sur la constitution de groupement*. Préface de Y. Guyon. 2000.
Tome 332. – DEFFERRARD (F.) : *La suspicion légitime*. Préface de F. Bussy. 2000.
Tome 333. – DELMAS SAINT-HILAIRE (Ph.) : *Le tiers à l'acte juridique*. Préface de J. Hauser. 2000.
Tome 334. – DILOY (C.) : *Le contrat d'agence commerciale en droit international*. Préface de L. Peyrefitte. 2000.
Tome 335. – LE GAC-PECH (S.) : *La proportionnalité en droit privé des contrats*. Préface de H. Muir-Watt. 2000.
Tome 336. – SEFTON-GREEN (R.) : *La notion d'obligation fondamentale : comparaison franco-anglaise*. Préface de J. Ghestin. 2000.
Tome 337. – STOFFEL-MUNCK (Ph.) : *L'abus dans le contrat*. Préface de R. Bout. 2000.
Tome 338. – BEAUGENDRE (S.) : *Contrat d'assistance et activité d'assurance*. Préface de F. Collart-Dutilleul. 2000.
Tome 339. – DIDIER (Ph.) : *De la représentation en droit privé*. Préface de Y. Lequette. 2000.
Tome 340. – CHEN (Ch.W.) : *Apparence et représentation en droit positif français*. Préface de J. Ghestin. 2000.
Tome 341. – CUNIBERTI (G.) : *Les mesures conservatoires portant sur des biens situés à l'étranger*. Préface de H. Muir-Watt. 2000.
Tome 342. – MASQUEFA (C.) : *La restructuration*. Préface de B. Teyssié. 2000.
Tome 343. – DARMAISIN (S.) : *Le contrat moral*. Préface de B. Teyssié. 2000.
Tome 344. – DEPADT-SEBAG (V.) : *La justification de l'article 1386 du Code civil*. Préface de J. Huet. 2000.
Tome 345. – DOUVRELEUR (O.) : *Droits de la défense et pratiques anticoncurrentielles en droit français*. Préface de C. Gavalda. 2000.

Tome 346. – ABDELGAWAD (W.) : *Arbitrage et droit de la concurrence.* Préface de E. Loquin, 2001.
Tome 347. – BRIERE (C.) : *Les conflits de conventions internationales en droit privé.* Préface de P. Courbe. 2001.
Tome 348. – CASHIN-RITAINE (E.) : *Les cessions contractuelles de créances de sommes d'argent dans les relations civiles franco-allemandes.* Préface de F. Ranieri. 2001.
Tome 349. – BOUYEKA (A.) : *La provision : essai d'une théorie générale en droit français.* Préface d'A. Bénabent. 2001
Tome 350. – MERCAT-BRUNS (M.) : *Vieillissement et droit à la lumière du droit français et du droit américain.* Préface d'A. Lyon-Caen. 2001.
Tome 351. – ZATTARA (A.-F.) : *La dimension constitutionnelle et européenne du droit de propriété.* Préface de R. Cabrillac. 2001.
Tome 352. – HENRY (M.) : *L'indépendance de l'arbitre.* Préface de M. Mayer. 2001.
Tome 353. – GANNAGE (L.) : *La hiérarchie des normes et les méthodes du droit international privé.* Préface d'Y. Lequette. 2001.
Tome 354. – BELLISSENT (J.) : *Contribution à l'analyse de la distinction des obligations de moyens et des obligations de résultat. A propos de l'évolution des ordres de responsabilité civile.* Préface de R. Cabrillac. 2001.
Tome 355. – PETERKA (N.) : *Les dons manuels.* Préface de P. Catala. 2001.
Tome 356. – ANDRÉ (C.) : *Le fait du créancier contractuel.* Préface de G. Viney. 2002.
Tome 357. – CLAVEL (S.) : *Le pouvoir d'injonction extraterritorial des juges pour le règlement des litiges privés internationaux.* A paraître.
Tome 358. – AUDIT (M.) : *Les conventions transnationales entre personnes publiques.* Préface de P. Mayer. 2002.
Tome 359. – RAIMON (M.) : *Le principe de l'unité du patrimoine en droit international privé.* A paraître.
Tome 360. – D'ALTEROCHE (B.) : *De l'étranger à la seigneurie à l'étranger au Royaume XIe-XVe siècle.* A paraître.
Tome 361. – El HUSSEINI BEGDACHE (R.) : *Le droit international privé français et la répudiation islamique.* A paraître.
Tome 362. – CAMOUS (E.) : *Règlements non juridictionnels des litiges de la consommation.* Préface de J. Calais-Auloy. Avant-propos de L. Boy. 2002.
Tome 363. – TORRE-SCHAUB (M.) : *Essai sur la construction juridique de la catégorie de marché.* A paraître.
Tome 364. – DELICOSTOPOULOS (C.) : *L'encadrement processuel des autorités de marché.* Préface de S. Guinchard. A paraître.